Perfect

재무관리 II

파생 및 특수분야

감형규 · 신용재 공저

유원북스

머 리 말

경영학의 세부 전공영역 중 하나인 재무관리는 기업가치의 극대화라는 목표를 달성하는 데 필요로 하는 투자결정 및 자본조달결정 등과 관련된 제반 재무의사결정을 다룬다. 과거 전통적인 재무관리에서는 자본예산, 포트폴리오 이론, 자본구조, 배당정책 등의 내용을 중점적으로 다루어 왔으나, 최근에는 파생상품과 위험관리, 합병, 국제재무관리 등의 영역까지 다룸으로써 재무관리의 영역이 그만큼 확장되었다고 볼 수 있다. 특히 최근 국내·외 정치 경제적 이슈로 인해 국제금융시장의 불확실성이 더욱 가중되고 있는 현실을 감안할 때 옵션과 선물 등의 파생상품을 이용한 위험관리의 지식에 대한 수요는 더욱 증가할 것으로 예상된다.

저자들은 이러한 취지를 반영함과 아울러 재무이론을 실무와 조화시킨다는 관점에서 본서를 저술하였으며, 본서의 특징으로 다음과 같은 몇 가지를 제시한다.

첫째, 기업가치의 극대화(순현가의 극대화)라는 하나의 큰 흐름 아래 파생상품과 재무관리 특수분야에 관한 내용을 일관성 있게 구성하여, 관련 이론 및 기본개념에 대한 확실한 이해를 바탕으로 응용력을 높일 수 있도록 노력하였다.

둘째, 전통적으로 중요하게 다루어져 온 기초이론에서부터 상당한 수준의 고급이론에 이르기까지 다양한 재무이론을 체계적으로 소개함으로써 경영학을 전공하는 학부의 고학년 학생들 또는 대학원과정에 있는 학생들에게 파생상품 및 재무관리의 특수분야와 관련된 영역을 체계적으로 이해할 수 있도록 배려하였다. 이와 같은 관점하에서 본서 「Perfect 재무관리 Ⅱ」는 다음과 같이 2편(9장)으로 구성되어 있다.

제 1 편　파생상품과 위험관리
제 2 편　재무관리의 특수분야

한편 본서와 별도로 「Perfect 재무관리 Ⅰ」을 발간하였다. 이 책은 총 15개의 장으로 구성되어 자본예산 및 포트폴리오 이론, 자본구조와 배당정책 등에 관한 내용을 다루고 있으니 관심 있는 독자께서는 본서와 함께 활용해 주시길 바란다.

셋째, 최근 공인회계사(CPA), 국제재무분석사(CFA), 보험계리사 등 각종 시험에서 상당한 수준의 고급재무이론과 시대의 변화에 따라 관심을 모으고 있는 최근 이론들까지 출제의 대상이 되고 있다. 이러한 출제경향은 CPA, 보험계리사 등 전문자격시험을 준비하는 대부분의 수험생들에게 재무관리는 어렵고 부담스러운 과목으로 인식되도록 만들고 있다. 이는 재무관리 자체의 난이도보다는 재무관리 학습에 필요한 적절한 교재와 효율적인 학습방법을 경험하지 못한 결과에서 비롯된 것이라 생각된다. 재무관리는 그 근간이 되는 이론 및 모형을 기초로 이해하여야 하는 학문이다. 따라서 재무관리의 특성상 제반 이론에 대한 충분한 학습과 정확한 이해 없이 단지 연습문제 풀이에만 의존하는 학습방법은 사상누각의 오류를 범할 수밖에 없으므로 이러한 점을 명심해야 한다. 특히 처음 재무관리를 시작하는 경우 먼저 본서의 각 장에서 다루고 있는 주제들에 대한 기본적 개념을 체계적으로 이해하도록 노력한 후, 습득한 기본개념과 연결시켜 연습문제를 다루는 것이 바람직할 것이다.

넷째, 공인회계사 시험, 보험계리사 시험 등에서 최근까지 출제된 문제들을 완벽하게 정리하여 수록하는 한편, 특강이나 모의고사 출제 등을 통하여 준비해 왔던 문제, 그리고 최근 출제경향에 비추어 앞으로 출제가능성이 높은 문제들을 포함시켜 이론서로서뿐만 아니라 연습서로서도 손색이 없도록 하였다. 특히 연습문제에 공인회계사 1차 기출문제 등을 포함한 객관식 문제를 수록함으로써 공인회계사 1차 시험 등 객관식 문제를 출제하는 각종 시험에도 충분히 대비할 수 있도록 하였다.

본서는 재무관리 학문 분야에서 다소 높은 수준의 지식을 다루고 있으므로 재무관리를 처음 배우는 학생 또는 실무자들에게는 본서가 부담스러울 수 있다. 따라서 그들에겐 본서의 자매서인 「에센스 재무관리」를 권하고 싶다. 독자의 수준 및 목적에 따라 「Perfect 재무관리 Ⅰ, Ⅱ」 또는 「에센스 재무관리」 중 취사선택할 수 있을 것이다.

본서는 앞에서 밝힌 네 가지 특징을 살리는 데 주안점을 두고 저술되었다. 그러나 이와 같은 의욕적인 노력에도 불구하고 여러 가지 부족한 점이 있을 것으로 생각된다. 독자들의 기탄없는 비판과 조언을 통하여 향후 완벽하게 수정 · 보완할 수 있기를 기대해 본다. 그리고 저자들은 국내 · 외 많은 문헌들을 참고하여 본서를 집필하였다. 이 자리를 빌려 국내 · 외 학자들의 양해를 구하며, 그들에게 깊은 감사의 뜻을 표한다.

본서의 내용에 대해 항상 값진 조언을 해 주고 일부 내용 집필에 직접 참여해준 전진규 교수(동국대)에게 특별히 고맙게 생각하며, 그리고 본서가 출판되기까지 적극적으로 도와준 유원북스 이구만 사장에게 다시 한 번 감사를 드린다. 끝으로 본서를 저술하는 동안 고통을 분담하면서 격려와 성원을 아끼지 않았던 가족 모두에게 충심으로 고마움을 표한다.

2019년 4월

저자 씀

목차 요약

목 차

제 1 편

파생상품과 위험관리

제 1 장 옵션의 가치평가

제 2 장 옵션투자전략

제 3 장 옵션의 응용

제 8 장 기업가치평가

제 9 장 국제재무관리

제 1 편

파생상품과 위험관리

제 1 장

옵션의 가치평가

옵션(option)은 그 소유자에게 정해진 시기 또는 그 시기 이내에 정해진 가격으로 특정 자산을 사거나 팔 수 있는 권리를 주는 특별한 계약이다. 대표적인 파생증권(derivative securities)의 하나인 옵션은 상황에 따라 그 성과가 달라지는 조건부 청구권(contingent claim)이라 할 수 있다. 옵션은 위험관리의 수단으로 활용될 수 있으며, 이를 이용하여 다양한 금융상품을 만들 수 있다. 자본자산가격결정모형(capital asset pricing model: CAPM), 차익거래가격결정이론(arbitrage pricing theory: APT) 등과 달리 옵션은 기초자산에서 파생된 증권으로서 독립적으로 평가되는 것이 아니라 주어진 기초자산의 가격에 근거하여 종속적으로 평가된다.

1 옵션의 기초개념

옵션에 대한 거래는 1973년 미국의 조직화된 거래소인 시카고옵션거래소(Chicago Board Options Exchange : CBOE)에서 주식옵션에 대한 거래가 이루어진 이후 급성장하고 있다. 그리고 현재 한국거래소(Korea Exchange : KRX)의 파생상품시장에서 코스피 200 옵션, 미니코스피 200 옵션, 개별주식옵션, 미국달러옵션 등이 거래되고 있다.[1]

1.1 옵션의 의의

옵션은 특정 자산(주로 주식)을 지정된 날짜 또는 그 이전에 미리 약정된 가격으로 사거나 팔 수 있는 권리를 그 소유자에게 부여하는 계약을 의미한다.[2] 옵션은 반드시 이행할 의무는 없으며 유리할 경우에만 그 권리를 행사할 수 있는 독특한 형태의 재무적 계약이다.[3]

재무 FOCUS

옵션 관련 용어

- 옵션의 행사(exercising the option) : 옵션의 행사는 옵션계약을 통해 기초자산을 사거나 파는 행위를 의미한다.
- 기초자산(underlying asset) : 기초자산이란 옵션계약의 대상이 되는 자산으로서 주식옵션일 경우 기초자산은 해당 주식이 된다.
- 행사가격(striking or exercise price) : 행사가격이란 옵션계약 시 약정된 기초자산의 매입 또는 매도가격을 의미한다.
- 만기일(expiration date) : 옵션의 만기일은 옵션을 행사하여야 하는 최종일로서 만기일이 지나면 그 옵션은 사라지게 된다.
- 미국형 옵션(American option)과 유럽형 옵션(European option) : 미국형 옵션은 만기일 이내 언제든지 행사가 가능하나, 유럽형 옵션은 만기일에만 행사할 수 있다.[3]
- 콜옵션(call option)과 풋옵션(put option) : 콜옵션은 기초자산을 살 수 있는 권리가 부여된 옵션이고, 풋옵션은 기초자산을 팔 수 있는 권리가 부여된 옵션이다.

1) 코스피(KOSPI) 200은 한국거래소의 유가증권시장에 상장된 주권 200종목의 시가총액기준으로 산출된 주가지수(기준시점 : 1990년 1월 3일)로서 1994년 6월 15일부터 발표되었다.
2) 옵션은 주식을 대상으로 하는 주식옵션이 가장 보편적이지만, 주가지수에 대한 옵션(주가지수옵션), 외환에 대한 옵션(통화옵션), 채권에 대한 옵션(금리옵션), 선물계약에 대한 옵션(선물옵션), 스왑에 대한 옵션(스왑션, swaption) 등 특수한 형태의 옵션도 존재한다.
3) 유럽형 옵션이나 미국형 옵션은 모두 미국, 유럽 또는 기타 다른 국가에서 거래되고 있기 때문에 '유럽형', 또는 '미국형'은 옵션이 거래되는 지역을 지칭한 것이 아님을 유의하여야 한다.

그림 1-1 옵션의 매입자와 매도자 간의 권리-의무관계

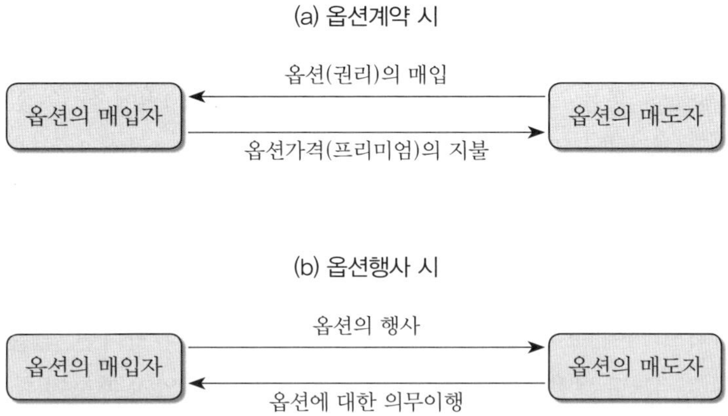

옵션거래에서 옵션을 매입한 사람을 매입자 또는 소유자(buyer, owner, holder)라 하며, 그 거래상대방, 즉 옵션을 매도한 사람을 매도자 또는 발행자(seller, writer)라 한다. 옵션거래는 기초자산인 주식의 발행자(해당기업)와 관계없이 **옵션거래소**(한국거래소의 파생상품시장)를 통해 옵션의 매입자와 매도자 간에 이루어지는 특별한 계약이다. 옵션의 매입자는 향후 옵션을 행사할 권리를 가지는 대가로서 일정한 금액(옵션가격 또는 프리미엄)을 옵션의 매도자에게 지불하게 된다. 이와 달리 옵션을 매도한 사람은 일정한 금액을 받게 되나, 향후 옵션의 매입자가 옵션을 행사할 때 반드시 이를 이행하여야 할 의무를 지게 된다. 이와 같은 관계는 [그림 1-1]에 나타나 있다.[4)]

1.2 만기일에서의 옵션가치

옵션은 기초자산의 가격에 따라 그 가치가 달라지는 조건부 청구권으로서 만기일에서의 주식옵션의 가치는 기초자산인 주식의 만기일 가치에 의해 결정된다. 콜옵션은 기초자산인 주식을 행사가격으로 살 수 있는 권리로서 만기일의 주가(S_T)가 행사가격(X)보다 높을 경우 가치를 가진다. 그러나 풋옵션은 기초자산인 주식을 행사가격으로 팔 수 있는 권리로서 만기일의 주가가 행사가격보다 낮을 경우 가치를 가진다.[5)]

4) 옵션의 매입자와 매도자 간의 손익관계는 매입자(매도자)가 얻게 되는 이익만큼 매도자(매입자)에게 손실이 발생하는 제로섬게임(zero-sum game)의 관계라 할 수 있다.

5) 풋옵션은 자산가치가 하락할 경우 이를 보전해 주는 보험(insurance)과 동일한 효과를 제공하기 때문에 풋옵션과 보험의 가치는 동일하다고 할 수 있다.

콜 옵 션

콜옵션은 그 소유자에게 기초자산(주식 등)을 지정된 날짜 또는 그 이전에 미리 약정된 가격으로 살 수 있는 권리를 부여한다. 예를 들어 어떤 사람이 옵션거래소를 통해 6개월 후 또는 그 이전에 A기업 주식 1주를 30,000원에 살 수 있는 콜옵션을 매입하였다고 생각해 보자.[6] 이 경우 콜옵션의 기초자산은 'A주식 1주', 만기일은 '6개월 후', 행사가격은 '30,000원'으로서 이는 A기업과 전혀 관계없이 옵션거래소를 통해 개인 간, 즉 콜옵션의 매입자와 매도자 사이에 이루어진 계약이다.

만기일에서의 옵션의 가치는 기초자산인 보통주의 만기일 가치에 의해 결정된다. 만기일(T)에 보통주의 가치(S_T)가 행사가격(X)보다 크다면, 콜옵션의 소유자가 보통주의 가격보다 낮은 행사가격으로 주식을 매입할 수 있기 때문에 콜옵션의 가치는 그 차이인 (S_T-X)가 된다. 예를 들어 만기일에 행사가격이 30,000원이며 기초자산인 보통주의 가격이 35,000원인 콜옵션이 있다면, 그 소유자는 콜옵션을 행사하여(콜옵션의 매도자에게 30,000원을 지불하여) 35,000원의 가치를 가진 보통주를 취득할 것이다. 따라서 만기일에서의 콜옵션의 가치는 그 차액인 5,000원(35,000원−30,000원)이 된다.

그러나 만기일(T)에 보통주의 가치(S_T)가 행사가격(X)보다 작다면, 콜옵션의 소유자는 보통주의 가격보다 높은 행사가격을 가진 콜옵션을 행사하여 주식을 매입하기보다는 직접 주식시장에서 그 주식을 매입하는 것이 더 유리하기 때문에 콜옵션을 행사하지 않을 것이다. 따라서 그 옵션의 가치는 0이 된다. 예를 들어 만기일에 행사가격이 30,000원이며 기초자산인 보통주의 가격이 25,000원인 콜옵션이 있다면, 그 소유자는 콜옵션을 행사하여(콜옵션의 매도자에게 30,000원을 지불하여) 25,000원의 가치를 가진 보통주를 취득하지는 않을 것이다. 즉 콜옵션의 소유자는 그 권리를 포기하게 되므로 그 콜옵션의 가치는 0이 된다.

따라서 만기일에서의 보통주의 가치에 따라 콜옵션의 가치는 다음과 같이 나타낼 수 있다.

$$C_T \begin{cases} S_T-X, & \text{만약 } S_T>X\text{라면} \\ 0, & \text{만약 } S_T\leq X\text{라면} \end{cases} \tag{1-1}$$

여기서 C_T: 만기일(T)에서의 콜옵션의 가치

식 (1−1)을 수학적 기호를 사용하여 하나의 식으로 나타내면 다음과 같다.[7]

---

6) 한국거래소에서 개별주식옵션의 거래단위는 10주이다.

7) $\text{Max}[S_T-X,\ 0]$는 수학적 기호로서 괄호 안의 두 값 중 큰 것을 취한다는 것을 의미한다. 즉 $S_T>X$인 경우 $(S_T-X)>0$이므로 (S_T-X)가 되며, 반대로 $S_T\leq X$인 경우 $(S_T-X)\leq 0$이므로 0이 된다.

그림 1-2 콜옵션의 만기일 가치

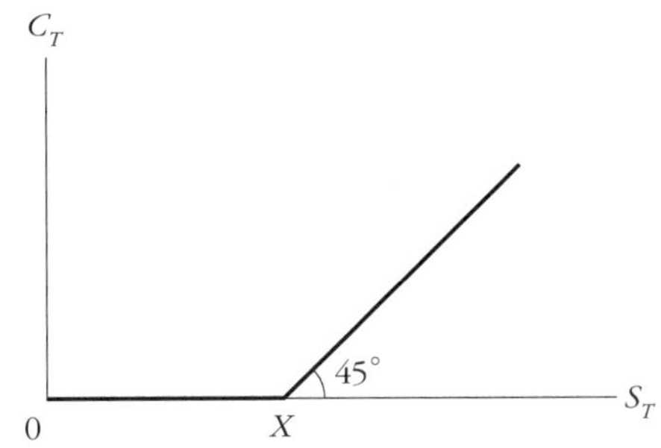

$$C_T = \text{Max}[S_T - X,\ 0] \tag{1-2}$$

이상에서 살펴본 만기일에서의 콜옵션의 가치를 그림으로 나타내면 [그림 1-2]와 같다.

[그림 1-2]에서 볼 수 있는 바와 같이 콜옵션의 가치는 결코 0보다 작을 수 없다는 점을 유의하여야 한다. 이는 콜옵션이 **유한책임증권**(limited-liability instrument)임을 나타내는 것으로 옵션매입자의 손실은 콜옵션의 매입가격에 한정되는 것이다. 즉 옵션의 매입자(소유자)는 옵션의 행사가 자신에게 불리할 경우 그 권리를 포기하면 된다.

풋 옵 션

풋옵션은 콜옵션과 상반되는 것으로서 그 소유자에게 기초자산(주식)을 지정된 날짜 또는 그 이전에 미리 약정된 가격으로 팔 수 있는 권리를 부여한다. 예를 들어 어떤 사람이 옵션거래소를 통해 6개월 후 또는 그 이전에 A기업 주식 1주를 30,000원에 팔 수 있는 풋옵션을 매입하였다고 생각해 보자. 이 경우 풋옵션의 기초자산은 'A주식 1주', 만기일은 '6개월 후', 행사가격은 '30,000원'으로서 이는 A기업과 전혀 관계없이 옵션거래소를 통해 개인 간, 즉 풋옵션의 매입자와 매도자 사이에 이루어진 계약이다.

만기일에서의 풋옵션의 가치를 결정하는 상황은 콜옵션의 경우와 상반된다. 만기일에 보통주의 가치(S_T)가 행사가격(X)보다 작다면, 풋옵션의 소유자가 보통주의 가격보다 높은 행사가격으로 풋옵션의 발행자(또는 매도자)에게 주식을 매도할 수 있기 때문에 풋옵션의 가치는 그 차이인 ($X-S_T$)가 된다. 예를 들어 만기일에 행사가격이 30,000원이며 기초자산인 보통주의 가격이 25,000원인 풋옵션이 있다면, 그 소유자는 풋옵션을 행사하여(풋옵션의 매도자로부터 30,000원을 받고서) 25,000원의 가치를 가진 보통주를 매도할 수 있다. 따라서 만기일에서의 풋옵션의 가치는 그 차액인 5,000원(30,000원−

25,000원)이 된다.

그러나 만기일(T)에 보통주의 가치(S_T)가 행사가격(X)보다 크다면, 풋옵션의 소유자는 보통주의 가격보다 낮은 행사가격을 가진 풋옵션을 행사하여 주식을 매도하기보다는 직접 주식시장에서 그 주식을 매도하는 것이 더 유리하기 때문에 풋옵션을 행사하지 않을 것이다. 따라서 그 옵션의 가치는 0이 된다. 예를 들어 만기일에 행사가격이 30,000원이며 기초자산인 보통주의 가격이 35,000원인 풋옵션이 있다면, 그 소유자는 풋옵션을 행사하여(풋옵션의 매도자로부터 30,000원을 받고서) 35,000원의 가치를 가진 보통주를 매도하지는 않을 것이다. 즉 풋옵션의 소유자는 그 권리를 포기하게 되므로 그 풋옵션의 가치는 0이 된다.

따라서 만기일에서의 보통주의 가치에 따라 풋옵션의 가치는 다음과 같이 나타낼 수 있다.

$$P_T \begin{cases} X-S_T, & \text{만약 } S_T < X \text{라면} \\ 0, & \text{만약 } S_T \geq X \text{라면} \end{cases} \tag{1-3}$$

여기서 P_T: 만기일(T)에서의 풋옵션의 가치

식 (1−3)을 앞의 식 (1−2)와 같이 수학적 기호를 사용하여 하나의 식으로 나타내면 다음과 같다.[8)]

$$P_T = \text{Max}[X-S_T,\ 0] \tag{1-4}$$

이상에서 살펴본 만기일에서의 풋옵션의 가치를 그림으로 나타내면 [그림 1−3]과

그림 1−3 풋옵션의 만기일 가치

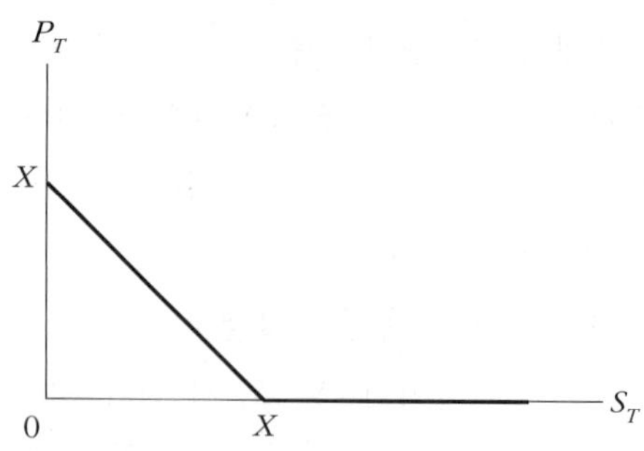

8) 콜옵션과 마찬가지로 풋옵션의 가치도 역시 0보다 작을 수 없다. 즉 풋옵션도 유한책임증권이다.

같다. [그림 1－3]을 앞의 [그림 1－2]와 비교해 보면, 콜옵션은 주가가 행사가격보다 높을 때 가치가 있는 반면, 풋옵션은 주가가 행사가격보다 낮을 때 가치가 있음을 알 수 있다. 즉 콜옵션은 향후 주가가 행사가격보다 높을 가능성이 있을 때 매입하나, 풋옵션은 주가가 행사가격보다 낮을 가능성이 있을 때 매입하게 된다.

옵션의 매도

콜옵션을 매도한 사람은 콜옵션 소유자가 그 옵션을 행사할 때 옵션계약상의 기초자산인 주식을 행사가격으로 인도할 의무를 져야 한다. 만기일에 보통주의 가격(S_T)이 행사가격(X)보다 낮으면, 콜옵션은 행사되지 않을 것이며 매도자의 의무는 없어진다. 그러나 만기일에 보통주의 가격(S_T)이 행사가격(X)보다 높으면, 콜옵션은 행사될 것이며 이 경우 매도자는 매입자가 얻게 되는 이익인 (S_T-X)만큼의 손실을 입게 된다.

한편 풋옵션을 매도한 사람은 풋옵션 소유자가 그 옵션을 행사할 때 옵션계약상의 기초자산인 주식을 행사가격으로 인수할 의무를 져야 한다. 만기일에 보통주의 가격(S_T)이 행사가격(X)보다 높으면, 풋옵션은 행사되지 않을 것이며 매도자의 의무는 없어진다. 그러나 만기일에 보통주의 가격(S_T)이 행사가격(X)보다 낮으면, 풋옵션은 행사될 것이며 이 경우 매도자는 매입자가 얻게 되는 이익인 ($X-S_T$)만큼의 손실을 입게 된다.

이상에서 설명한 콜옵션과 풋옵션 매도자의 만기일에서의 성과를 요약하면, 다음의 〈표 1－1〉과 같다.[9] 그리고 콜옵션과 풋옵션 매도자의 만기일에서의 성과를 그림으로 나타내면 [그림 1－4]와 같다.

표 1－1 콜옵션과 풋옵션 매도자의 만기일 성과

	만기일 성과	
	$S_T<X$	$S_T\geq X$
콜옵션의 매도자	0	$-(S_T-X)$
풋옵션의 매도자	$-(X-S_T)$	0

9) 옵션의 매도자는 옵션소유자가 옵션을 행사할 때 그 상대방으로서 의무를 이행해야 할 책임을 져야 한다. 따라서 옵션매도자의 만기일에서의 성과는 항상 0보다 작은 값을 가지게 된다. 수학적 등식관계 ($\text{Min}[x, y]=-\text{Max}[-x,-y]$, $\text{Min}[x, y]=y+\text{Min}[x-y, 0]$)를 이용하여 정리하면 다음과 같다.
- 콜옵션 매도자의 만기일 성과$=-C_T=-\text{Max}[S_T-X, 0]=\text{Min}[-(S_T-X), 0]$
- 풋옵션 매도자의 만기일 성과$=-P_T=-\text{Max}[X-S_T, 0]=\text{Min}[-(X-S_T), 0]$

그림 1-4 콜옵션과 풋옵션 매도자의 만기일 성과

(a) 콜옵션 매도자의 만기일 성과 (b) 풋옵션 매도자의 만기일 성과

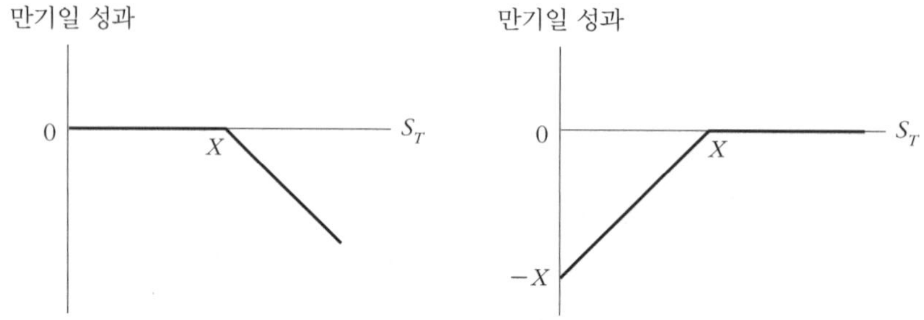

1.3 우리나라의 옵션거래

현재 우리나라에서는 KOSPI 200 옵션, 미니코스피 200 옵션, 개별주식옵션, 미국달러옵션 등이 거래되고 있다. 이 중 KOSPI 200 옵션은 실물이 없는 추상적인 주가지수를 대상으로 하고 있다. KOSPI 200 옵션의 경우 실체가 없는 주가지수를 거래대상으로 하고 있기 때문에 권리행사 시에 기초자산(주가지수)을 주고받을 수 없고, 당사자 간에 사전 설정된 주가지수(행사가격)와 만기일에서의 주가지수와의 차이에 거래승수(1포인트당 25만원)를 곱한 금액으로 결제가 이루어진다. 우리나라에서 거래되고 있는 옵션들에 대한 거래제도의 개요는 〈표 1−2〉에 나타나 있다.

〈표 1−3〉은 KOSPI 200 옵션시세표 일부를 예시한 것이다. 종가는 당일의 마지막

표 1-2 우리나라의 옵션거래제도

구 분	코스피 200 옵션	미니코스피 200 옵션	개별주식옵션	미국달러옵션
기초자산	코스피 200 지수	코스피 200 지수	한국거래소 상장기업주식*	미국달러(USD)
옵션의 종류	콜옵션과 풋옵션	콜옵션과 풋옵션	콜옵션과 풋옵션	콜옵션과 풋옵션
옵션의 유형	유럽형	유럽형	유럽형	유럽형
거래단위 (승수)	1포인트당 25만원	1포인트당 5만원	10주	US $10,000
결제방법	현금결제	현금결제	현금결제	현금결제

* 개별주식옵션의 기초자산은 주식시장에 상장되어 있고 유통주식 수가 1천만주 이상, 소액주주 수가 1만명 이상, 1년간 총거래대금이 5천억원 이상인 보통주식 중에서 시가총액과 재무상태를 감안하여 선정한다.

표 1-3 KOSPI 200 옵션시세표(20×1년 3월 2일 현재) (단위: 포인트, 계약)

구 분	결제월	행사가격	종 가	전일대비	시 가	고 가	저 가	거래량	미결제약정수량
콜	20×103	255.0	5.05	−0.65	6.20	6.50	4.65	10,824	8,138
풋	20×103	255.0	5.00	+0.45	4.00	5.75	3.95	10,407	5,683

거래에 적용된 옵션가격으로 다음 날 거래의 기준가격이 된다. 시가는 당일의 첫 거래에 적용된 옵션가격이며, 고가와 저가는 각각 당일 거래 중 가장 높은 가격과 낮은 가격을 의미한다. 여기서 행사가격이 255.0포인트인 20×1년 3월물 콜옵션 1계약을 종가로 매입하는 경우 매입금액은 1,262,500원(5.05×25만원)이며, 풋옵션 1계약을 종가로 매입하는 경우 매입금액은 1,250,000원(5.00×25만원)이 된다. 그리고 미결제약정은 현재 만기일이 도래하지 않았거나, 반대매매에 의해서 청산되지 못한 옵션의 계약수를 의미한다.

2 옵션의 결합: 풋-콜 패리티

콜옵션과 풋옵션을 이용하면 보다 다양한 형태의 금융상품을 만들 수 있다. 예를 들어 주식을 하나 매입하고 동시에 그 주식에 대한 풋옵션을 매입하여 새로운 금융상품(또는 포트폴리오)을 하나 만든다고 생각해 보자. 만약 만기일에서의 주가(S_T)가 행사가격(X)보다 더 크다면, 풋옵션은 가치가 없게 되어 주식과 풋옵션을 결합하여 만든 새로운 금융상품의 가치는 주식의 가치(S_T)와 동일하게 된다. 그러나 만약 만기일에서의 주가(S_T)가 행사가격(X)보다 작다면 풋옵션의 가치는 ($X-S_T$)가 되므로, 이것과 주식의 가치(S_T)를 합하여 새로운 금융상품의 가치를 구하면 행사가격(X)과 같게 된다. $S_T<X$일 경우 주식과 풋옵션의 결합가치가 항상 일정한 값, 즉 행사가격을 갖게 되는 것은 주식가치의 하락이 풋옵션가치의 상승에 의해서 정확히 상쇄되기 때문이다. 이상의 결과를 요약하면 〈표 1-4〉와 같다.

그리고 이와 같은 관계를 그림으로 나타내면 [그림 1-5]와 같다.[10] [그림 1-5]에서 제시된 주식과 풋옵션의 결합가치는 앞의 [그림 1-2]의 콜옵션 매입가치와 같은 형태이나, [그림 1-4] (a)의 콜옵션 매도가치와는 정반대 형태를 가지고 있다. 이는 옵션

10) 주식과 풋옵션을 매입하는 전략을 방어적 풋(protective put)이라 하며, 이는 주가가 상승하는 경우 이익을 그대로 취하나, 하락할 경우 손실을 일정수준으로 제한하는 전략이다.

표 1-4 주식과 풋옵션의 결합

포트폴리오	만기일 성과	
	$S_T<X$	$S_T \geq X$
주식 매입	S_T	S_T
풋옵션 매입	$X-S_T$	0
합 계	X	S_T

그림 1-5 주식과 풋옵션의 결합

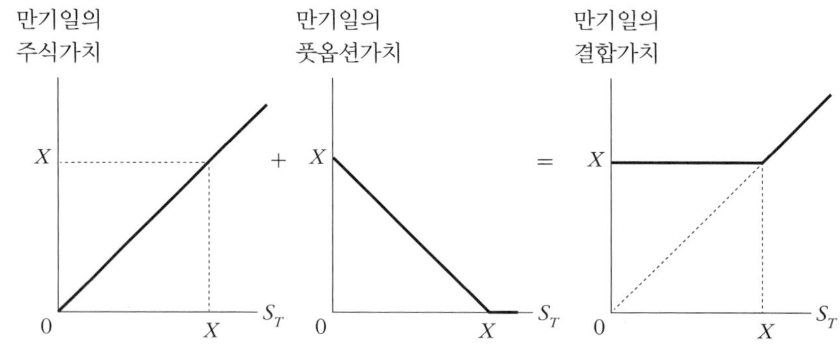

을 이용함으로써 위험을 제거할 수 있는 가능성을 보여준다. 즉 주식과 풋옵션을 각각 하나씩 매입하고, 콜옵션을 하나 매도함으로써 무위험포트폴리오를 구성할 수 있다. 이 경우 콜옵션과 풋옵션은 유럽형 옵션으로서 동일한 주식에 대하여 설정되며, 그 행사가격과 만기가 모두 같아야 한다. 이와 같이 구성된 포트폴리오의 성과는 〈표 1-5〉에 나타나 있다. 〈표 1-5〉에서 포트폴리오의 만기일 성과(또는 가치)는 미래의 주가변동에 관계없이 항상 일정한 값, 즉 행사가격(X)을 가지기 때문에 이 포트폴리오는 무위험포트폴리오이다.[11)] 무위험포트폴리오의 구성을 위한 현재의 투자액은 $(S+P-C)$이며, 그것에 대한 만기일(T)에서의 투자성과는 행사가격(X)으로서 위험이 없다.

따라서 균형상태하에서(차익거래에 의한 이익이 존재하지 않는 상황하에서)는 다음과 같은 관계가 성립한다.

---

11) 주식과 풋옵션을 매입하고 콜옵션을 매도함으로써 무위험포트폴리오를 구성할 수 있다는 사실은 다음과 같이 간단하게 생각해 볼 수 있다.

- $S_T<X$일 경우: 콜옵션은 가치가 없고 매입한 풋옵션을 행사한다. 즉 보유하고 있는 주식을 행사가격(X)으로 매도한다. 따라서 만기의 포트폴리오성과는 X이다.
- $S_T \geq X$일 경우: 풋옵션은 가치가 없고 매도하였던 콜옵션이 상대방에 의해서 행사된다. 즉 보유하고 있던 주식을 행사가격(X)으로 매도하여야 한다. 따라서 이 경우에도 만기의 포트폴리오성과는 X이다.

표 1-5 무위험포트폴리오의 구성

포트폴리오	투 자 액	만기일(T) 성과	
		$S_T < X$	$S_T \geq X$
주식 매입	S	S_T	S_T
풋옵션 매입	P	$X - S_T$	0
콜옵션 매도	$-C$	0	$-(S_T - X)$
합 계	$S+P-C$	X	X

주) S : 주식의 현재가치, P : 풋옵션의 현재가치, C : 콜옵션의 현재가치

$$S+P-C=\frac{X}{1+r_T} \tag{1-5}$$

여기서 r_T: 현재부터 만기일인 T시점까지 기간의 무위험이자율

식 (1−5)를 풋−콜 패리티(put-call parity)라 하며, 이는 동일한 행사가격과 만기를 가진 유럽형 풋옵션과 콜옵션의 가치 사이의 균형관계를 말한다. 식 (1−5)를 약간 변형하면 다음과 같다.[12)]

재무 FOCUS

합성증권의 구성

식 (1−5)에 의해서 다음과 같은 합성증권을 구성할 수 있다.

- 합성주식(synthetic stock)

$$S=-P+C+\frac{X}{1+r_T}$$: 1풋 매도, 1콜 매입, 무위험채권 $\frac{X}{1+r_T}$ 매입(대출)

- 합성풋(synthetic put)

$$P=-S+C+\frac{X}{1+r_T}$$: 1주식 공매도, 1콜 매입, 무위험채권 $\frac{X}{1+r_T}$ 매입(대출)

- 합성콜(synthetic call)

$$C=S+P-\frac{X}{1+r_T}$$: 1주식 매입, 1풋 매입, 무위험채권 $\frac{X}{1+r_T}$ 공매도(차입)

- 합성무위험채권(synthetic risk-free bond)

$$\frac{X}{1+r_T}=S+P-C$$: 1주식 매입, 1풋 매입, 1콜 매도

12) r_T의 연리가 r이고, T가 연 단위로 환산된 만기라면 복리계산방법에 따라 다음과 같이 나타낼 수 있다.

- 이산복리의 경우 : $P=C-S+\frac{X}{(1+r)^T}$
- 연속복리의 경우 : $P=C-S+Xe^{-rT}$

표 1-6 배당이 지급되는 경우 무위험포트폴리오의 구성

포트폴리오	투 자 액	만기일(T) 성과	
		$S_T<X$	$S_T \geq X$
주식 매입	S	S_T+D_T	S_T+D_T
풋옵션 매입	P	$X-S_T$	0
콜옵션 매도	$-C$	0	$-(S_T-X)$
합 계	$S+P-C$	$X+D_T$	$X+D_T$

주) D_T: 만기일 이전에 지급되는 배당금의 만기일(T)에서의 가치

$$P=C-S+\frac{X}{1+r_T} \tag{1-5}'$$

콜옵션의 현재가치가 구해지면, 식 (1−5)′를 이용하여 풋옵션의 현재가치도 구할 수 있다.

지금까지의 설명은 배당이 없는 주식을 가정한 것이다. 그러나 옵션(유럽형)의 만기일 이전에 배당이 지급되는 경우, 〈표 1−5〉와 같이 구성된 무위험포트폴리오의 성과를 수정하면 〈표 1−6〉과 같다. 〈표 1−6〉에 의해서 만기일 이전에 배당이 지급되는 경우, 풋−콜 패리티는 다음과 같이 수정될 수 있다.[13)]

$$S-PV(D)+P-C=\frac{X}{1+r_T} \tag{1-6}$$

여기서 $PV(D)$: 만기일 이전에 지급되는 배당금의 현재가치$\left(\frac{D_T}{1+r_T}\right)$

예제 1-1 풋-콜 패리티

A기업의 주식에 대한 콜옵션과 풋옵션의 행사가격이 모두 33,000원으로 동일하며, 두 옵션은 유럽형 옵션으로 만기일 전에 행사할 수 없다고 가정하자. 그리고 만기일은 1년 후, 현재의 주가는 28,000원이며 주식에 대한 배당은 없다. 또한 1년간의 무위험이자율은 10%로 알려져 있다.

(1) 주식, 풋옵션, 콜옵션을 이용하여 무위험포트폴리오를 구성하라.

---

13) 미국형 콜옵션의 가격과 풋옵션의 가격간의 관계는 다음과 같이 나타낼 수 있다.

- 배당이 없는 경우: $S-X \leq C-P \leq S-\frac{X}{1+r_T}$
- 배당이 있는 경우: $S-PV(D)-X \leq C-P \leq S-\frac{X}{1+r_T}$

두 식의 증명은, 김영규 · 감형규 · 신용재, 고급재무관리(박영사, 2007), pp. 472~474 참조.

(2) 콜옵션의 현재가격이 4,000원일 경우 풋옵션의 현재가치는 얼마인가?

| 해설 |

(1)

(단위: 원)

포트폴리오	투 자 액	만기일(T) 성과	
		$S_T<33,000$	$S_T\geq 33,000$
주식 매입	28,000	S_T	S_T
풋옵션 매입	P	$33,000-S_T$	0
콜옵션 매도	$-C$	0	$-(S_T-33,000)$
합 계	$28,000+P-C$	33,000	33,000

(2) 풋-콜 패리티를 이용하면, 다음과 같이 풋옵션의 가격을 구할 수 있다.

$$P=4,000-28,000+\frac{33,000}{1+0.1}=6,000\text{원}$$

3 옵션가격의 범위와 결정요인

지금까지 만기일에서의 옵션가치에 대해서 살펴보았다. 그러면 현재시점에서의 옵션가치는 어떻게 결정되는가? 이와 같은 물음에 구체적으로 답하기 이전에 먼저 현재시점에서의 옵션가치가 어떠한 요인들에 의해서 결정될 것인가를 살펴보도록 하자.

3.1 콜옵션가격의 범위와 결정요인

콜옵션가격의 범위

콜옵션가격의 범위를 살펴보면 다음과 같다.

첫째, 콜옵션의 가격은 현재의 주식가격보다 더 클 수는 없다($C\leq S$). 콜옵션은 행사가격을 지불하고 주식을 살 수 있는 권리이다. 따라서 주식을 구입할 수 있는 권리의 가격이 주식 자체의 가격보다 클 수는 없다.

둘째, 콜옵션의 가격은 항상 0보다 크거나 같다($C\geq 0$). 콜옵션은 권리로서 주가가 행사가격보다 작을 경우 그 권리를 포기하면 되기 때문에 그 가격은 0보다 작을 수 없다.

그림 1-6 콜옵션가격의 범위

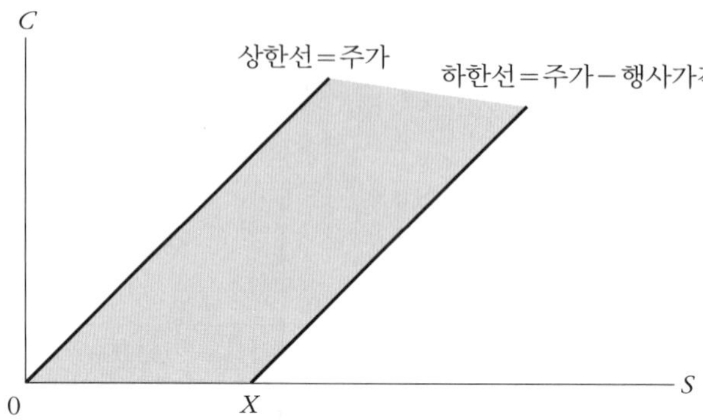

셋째, 현재의 주가가 행사가격보다 높을 경우 미국형 콜옵션의 가격은 주가에서 행사가격을 뺀 것보다 더 작을 수 없다($C \geq S-X$).[14] 만약 콜옵션의 가격 C가 $(S-X)$보다 작다면, 투자자가 콜옵션을 매입하고 그 즉시 행사함으로써 $[(S-X)-C]$의 차익거래이익을 얻을 수 있다. 이 경우 차익거래이익을 얻기 위한 투자자들의 차익거래(콜옵션을 매입하고 그 즉시 행사함)로 인하여 콜옵션의 가격이 상승하게 되고, 그 결과 콜옵션의 가격은 $(S-X)$보다 작지 않게 된다. 예를 들어 어떤 투자자가 행사가격이 30,000원인 미국형 콜옵션을 8,000원에 매입하였다고 하자. 만약 그 콜옵션의 기초증권인 주식의 현재가격이 40,000원이라면 콜옵션의 매입자는 즉시 콜옵션을 행사함으로써 2,000원[(40,000원−30,000원)−8,000원]의 차익거래이익을 얻을 수 있다. 이와 같은 차익거래는 콜옵션의 가격이 적어도 10,000원은 넘어야 사라질 것이다.

이상에서 설명한 콜옵션가격의 범위를 나타내면 [그림 1−6]과 같다. 미국형 콜옵션의 가격은 반드시 [그림 1−6]에서 상한선과 하한선 사이의 채색된 영역 내에 존재하게 된다.

콜옵션가격의 결정요인

옵션의 가치를 결정하는 요인은 크게 두 부분으로 나눌 수 있다. 한 부분은 행사

14) 유럽형 콜옵션의 경우 만기일에만 행사할 수 있기 때문에 그 가격은 주가에서 행사가격의 현재가치를 뺀 것보다 더 크다. 이와 같은 관계는 앞에서 설명한 풋−콜 패리티에 의해 확인할 수 있다.

$$P=C-S+\frac{X}{1+r_T}\geq 0 \rightarrow C\geq S-\frac{X}{1+r_T}\left(\text{배당이 있는 경우: } C\geq S-PV(D)-\frac{X}{1+r_T}\right)$$

그리고 배당이 없는 경우 미국형 콜옵션은 조기행사되지 않는데, 이는 계속 보유할 경우 행사기회 증가와 행사가격의 현재가치 감소로 인해 미국형 콜옵션가치가 더 커질 수 있기 때문이다. 따라서 그 가격범위는 유럽형 콜옵션과 동일하게 된다.

가격, 만기 등 옵션계약의 특성에 의한 부분이고, 또 다른 부분은 현재의 주식가격, 주식의 변동성, 무위험이자율 등 기초자산인 주식 및 시장의 특성과 관련된 부분이다.

■ 행사가격

행사가격은 콜옵션을 행사하여 주식을 매입할 때 지불하여야 하는 금액이다. 따라서 다른 모든 것이 일정하다면, 행사가격이 높을수록 콜옵션의 가치는 낮아지게 된다. 그러나 콜옵션의 행사가격이 아무리 높다 하여도 콜옵션의 가치는 음(−)의 값을 가지지 않는다. 만기일 이전에 기초자산의 가격이 행사가격을 초과할 가능성이 존재한다면 그 옵션은 가치를 가지게 된다.

■ 만 기

미국형 콜옵션은 만기일 이전에 언제든지 옵션의 행사가 가능하다. 따라서 미국형 콜옵션의 경우 만기가 길면 길수록 옵션을 행사할 수 있는 기회를 보다 더 많이 가지게 되므로 옵션의 가치는 상승하게 된다.

이러한 관계는 유럽형 콜옵션의 경우 성립하지 않을 수 있다. 예를 들어 다른 것은 모두 동일하지만 만기일이 11월인 유럽형 콜옵션과 그 다음 해 3월인 유럽형 콜옵션이 있으며, 이들의 기초자산인 주식을 발행한 기업이 12월 말에 대규모의 현금배당을 계획하고 있다고 하자. 이 경우 만기일이 11월인 콜옵션의 소유자는 현금배당 전인 11월에 옵션을 행사하여 주식을 보유할 수 있기 때문에 현금배당을 받을 수 있는 반면, 만기일이 다음 해 3월인 콜옵션의 소유자는 현금배당을 받을 수 없다. 따라서 현금배당 후 주가가 배당 전 주가를 회복하지 못할 경우 만기가 짧은 콜옵션(만기일이 11월인 콜옵션)의 가치가 더 높을 수 있다. 이는 옵션의 경우 현금배당이 조정되지 않기 때문이다.[15)]

■ 주식가격

다른 모든 것이 동일하다면, 현재의 주식가격이 높을수록 콜옵션의 가치는 더 높게 된다. 콜옵션의 가격과 주가와의 관계는 [그림 1−7]에 나타나 있다. 점선으로 된 곡선은 주가가 상승함에 따라 콜옵션의 가격이 상승하는 것을 보여준다. 또한 그것은 원점에 대해서 볼록한(convex) 곡선으로서 주가의 상승에 따라 콜옵션의 가격이 체증적으로 상승한다는 것을 보여준다. 즉 이는 주가가 낮은 수준에서보다 높은 수준에서 주가의 상승에 따른 콜옵션의 가격상승이 더 크게 나타남을 의미한다.

■ 주식의 변동성

주식의 변동성이 커지면, 콜옵션의 가치는 상승하게 된다. 옵션은 유한책임증권으

15) 옵션의 기한 내 주식분할이나 주식배당이 있는 경우 이에 대한 행사가격, 거래승수 등에 대한 조정은 이루어진다.

그림 1-7 콜옵션가치와 주가의 관계

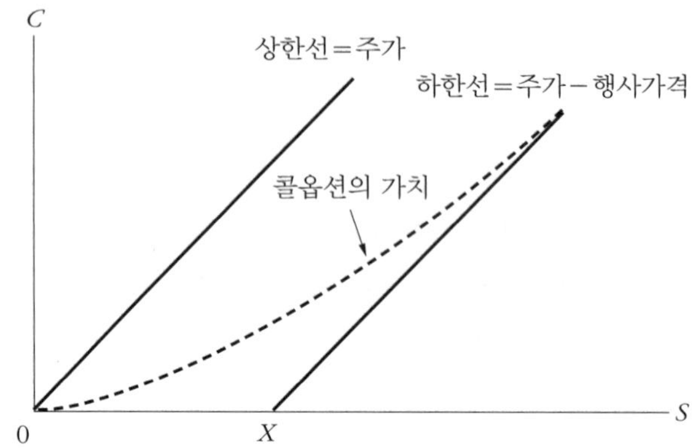

로서 주식가격이 큰 폭으로 변동한다 하더라도 옵션가치가 있는 부분(주가가 행사가격보다 큰 경우)만 옵션의 가치에 영향을 미친다. 따라서 주식의 변동성이 증가하는 경우 주가가 크게 상승하거나 하락할 수 있으나, 크게 상승하는 부분만이 옵션의 가치에 영향을 미치게 되어 콜옵션의 가치가 상승하게 된다. 예를 들어 만기일에서 주가의 확률분포가 다음과 같은 두 주식을 생각해 보자.

주식 A	주식 B	확 률
24,000원	20,000원	50%
28,000원	32,000원	50%

주) 주식 A의 기대가치=24,000×0.5+28,000×0.5=26,000원
주식 B의 기대가치=20,000×0.5+32,000×0.5=26,000원

주식 A와 B는 모두 그 기대가치가 26,000원으로서 동일하나, 주식 B가 주식 A보다 그 변동 폭이 더 크다. 여기서 두 주식 각각에 대하여 동일한 행사가격 30,000원으로 콜옵션이 설정되어 있다고 하자. 이와 같은 경우 변동 폭이 작은 주식 A에 대한 콜옵션은 만기일에서의 주식 A의 주가가 어떤 경우라도 모두 행사가격보다 작기 때문에 가치가 없다. 그러나 변동 폭이 보다 큰 주식 B에 대한 콜옵션은 만기일에서의 주식 B의 주가가 행사가격 30,000원보다 높은 32,000원일 가능성이 50%이기 때문에 가치를 가진다. 이는 기초자산에 대한 옵션을 보유하는 것과 기초자산 그 자체를 보유하는 것이 근본적으로 다름을 의미하는 것이다. 따라서 위험회피형 투자자라 하더라도 주식에 직접 투자할 경우 위험이 작은 주식 A를 선택하나, 콜옵션을 매입할 경우 변동성이 더 높은 주식 B에 대한 콜옵션을 선택하게 된다.

■ **무위험이자율**

콜옵션가격은 이자율의 수준에 의해서도 영향을 받는다. 콜옵션의 매입자는 옵션을 행사할 때까지 행사가격을 지불하지 않는다. 이와 같은 경우 이자율이 낮을 때보다 높을 때 콜옵션 행사가격의 현재가치가 더 작아지기 때문에 콜옵션은 훨씬 큰 가치를 가진다. 그러므로 콜옵션의 가치는 이자율과 양(+)의 상관관계를 가진다.

3.2 풋옵션가격의 범위와 결정요인

풋옵션가격의 범위

풋옵션가격의 범위를 살펴보면 다음과 같다.[16]

첫째, 미국형 풋옵션은 행사가격으로 주식을 팔 수 있는 권리이므로 그 가격은 항상 행사가격보다 작을 것이다($P \leq X$).

둘째, 풋옵션도 콜옵션과 마찬가지로 권리이기 때문에 그 가격은 항상 0보다 크다($P \geq 0$).

셋째, 미국형 풋옵션은 언제든지 행사가능하므로 그 가격은 항상 행사가격에서 주가를 뺀 값보다 크다($P \geq X - S$).

이상에서 설명한 풋옵션가격의 범위를 나타내면 [그림 1−8]과 같다. 미국형 풋옵션의 가격은 [그림 1−8]에서 상한선과 하한선 사이의 채색된 영역 내에 존재하게 된다.

그림 1−8 풋옵션가격의 범위

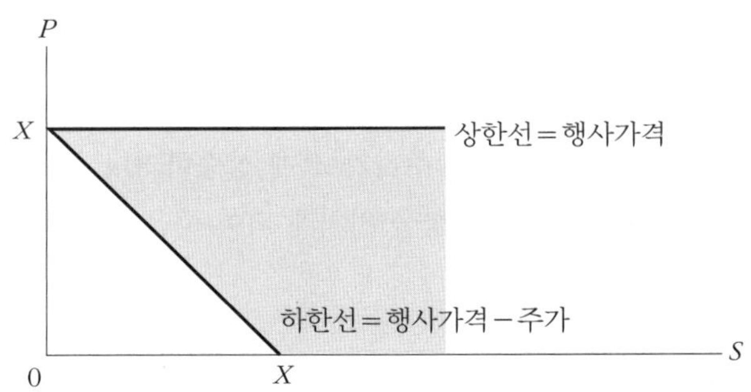

16) 유럽형 풋옵션의 경우 그 가격범위는 다음과 같다.

$$P \leq \frac{X}{1+r_T},\ P \geq 0,\ P \geq \frac{X}{1+r_T} - S(\text{배당이 있는 경우: } P \geq \frac{X}{1+r_T} - S + PV(D))$$

풋옵션가격의 결정요인

앞에서 설명한 콜옵션가격의 결정요인을 이용하여 풋옵션가격의 결정요인에 대해서도 설명해 보기로 하자.

■ 행사가격

행사가격은 풋옵션을 행사하여 주식을 매도할 때 받게 되는 금액이다. 따라서 다른 모든 것이 일정하다면, 행사가격이 높을수록 풋옵션의 가치는 높아지게 된다.

■ 만 기

미국형 풋옵션은 만기일 이전에 언제든지 옵션의 행사가 가능하다. 따라서 미국형 풋옵션의 경우 만기가 길면 길수록 옵션을 행사할 수 있는 기회를 보다 더 많이 가지게 되므로 옵션의 가치가 상승하게 된다.

이러한 관계는 유럽형 풋옵션의 경우 성립하지 않을 수 있다. 왜냐하면 유럽형 풋옵션은 만기일까지의 기간이 증가함에 따라 상반된 효과, 즉 '풋옵션의 행사기회 증가로 인한 풋옵션의 가치상승'과 '행사가격의 현재가치 감소로 인한 풋옵션의 가치하락'이 동시에 나타나기 때문이다.

■ 주식가격

다른 모든 것이 동일하다면, 풋옵션의 가치는 주가가 행사가격 이하일 때 가치를 가지기 때문에 현재의 주식가격이 높을수록 풋옵션의 가치는 하락한다.

■ 주식의 변동성

주식의 변동성이 커지면, 풋옵션의 가치가 상승하게 된다. 풋옵션도 콜옵션과 마찬가지로 유한책임증권으로서 주식가격이 큰 폭으로 변동한다 하더라도 옵션가치가 있는 부분(주가가 행사가격보다 낮은 경우)만 옵션의 가치에 영향을 미친다. 따라서 주식의 변동성이 증가하는 경우 주가가 크게 상승하거나 하락할 수 있으나, 크게 하락하는 부분만이 옵션의 가치에 영향을 미치게 되어 풋옵션의 가치가 상승하게 된다.

■ 무위험이자율

풋옵션의 매입자는 옵션이 행사될 때까지 행사가격을 받지 못할 것이다. 이자율이 높을 때 풋옵션의 매입자가 받게 되는 행사가격의 현재가치는 작아지기 때문에 풋옵션의 가치는 하락하게 된다. 그러므로 풋옵션의 가치는 이자율과 음(−)의 상관관계를 가진다.

지금까지 설명한 다섯 가지 요인들이 옵션가치에 어떤 영향을 미치는지를 요약하

표 1-7 옵션가치에 영향을 미치는 요인

요 인	콜 옵 션	풋 옵 션
행사가격(X)	−	+
만기*(T)	+	+
기초자산의 가치(주식가격)(S)	+	−
기초자산(주식)의 변동성(σ^2)	+	+
무위험이자율(r_T)	+	−

* 이 관계는 유럽형 옵션의 경우에는 성립하지 않을 수 있다.

면 〈표 1−7〉과 같다. 〈표 1−7〉에서 볼 수 있는 바와 같이 다섯 가지 요인 중 행사가격, 기초자산의 가치 및 무위험이자율이 콜옵션가치와 풋옵션가치에 미치는 영향은 서로 상반됨을 알 수 있다.

3.3 옵션의 내재가치와 시간가치

옵션의 가격은 내재가치(intrinsic value)와 시간가치(time value)의 합이라 할 수 있다. 내재가치는 권리를 즉시 행사할 때의 가치와 0 중에서 큰 값을 의미하는 것으로서 콜옵션의 내재가치는 Max$[S-X,\ 0]$이며, 풋옵션의 내재가치는 Max$[X-S,\ 0]$이다. 옵션의 소유자가 옵션을 즉시 행사할 때 양(+)의 현금흐름이 발생되는 경우(콜: $S>X$, 풋: $S<X$)에는 내가격(in the money: ITM)이라 하며, 음(−)의 현금흐름이 발생되는 경우(콜: $S<X$, 풋: $S>X$)에는 외가격(out of the money: OTM)이라고 한다. 한편 $S=X$

그림 1-9 옵션의 내재가치와 시간가치

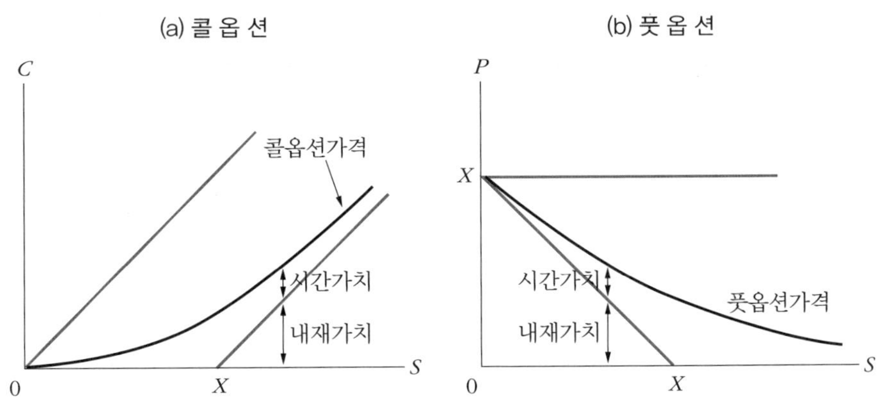

인 경우 등가격(at the money: ATM)이라 한다. 그러므로 옵션이 내가격일 경우에만 내재가치가 존재하게 된다. 그리고 시간가치 또는 시간프리미엄(time premium)은 옵션을 계속 보유할 경우 행사가치의 감소 또는 주가의 변동성 등에 의해 추가적으로 얻을 수 있는 가치이다. 옵션의 내재가치와 시간가치를 그림으로 나타내면 [그림 1-9]와 같다.

4 옵션가격결정모형

자본자산가격결정모형(CAPM), 차익거래가격결정이론(APT) 등과 달리 옵션은 기초자산에서 파생된 증권으로서, 독립적으로 평가되는 것이 아니라 주어진 기초자산의 가격에 근거하여 종속적으로 평가된다. 옵션가격결정모형(option pricing model: OPM)에는 콕스, 로스, 루빈스타인(J. Cox, S. Ross, and M. Rubinstein)에 의해서 개발된 이항옵션가격결정모형(binomial option pricing model)과 블랙과 숄즈(F. Black and M. Scholes)에 의해서 개발된 블랙-숄즈 옵션가격결정모형(Black-Scholes option pricing model)이 있다.[17)]

4.1 이항옵션가격결정모형

기본 이항옵션가격결정모형

■ 1기간 모형

이항옵션가격결정모형은 주가가 이산적(discrete)으로 변하며 그 변동은 두 가지로 한정된다는 가정, 즉 주가변동이 이항분포(binomial distribution)를 따른다는 가정하에서 도출된 모형이다. 예를 들어 현재 주가(S)가 20,000원인 주식이 콜옵션의 만기일(T)에 24,000원으로 상승하거나 18,000원으로 하락할 것이라고 가정하자. 그리고 주가가 상승할 확률은 70%이며 하락할 확률은 30%라고 하자. 이를 요약하여 나타내면 [그림 1-10] (a)와 같다. [그림 1-10] (a)에서 u는 주가의 상승계수(24,000/20,000=1.2), d는 주가의 하락계수(18,000/20,000=0.9)를 의미한다.[18)] 이제 행사가격(X)이 21,000원인

17) 두 모형에 대한 구체적인 유도과정은 다음의 두 논문을 참조.
J. Cox, S. Ross, and M. Rubinstein, "Option Pricing: A Simplified Approach," *Journal of Financial Economics*, Vol. 7(September 1979), pp. 229~263.
F. Black and M. Scholes, "The Pricing of Option and Corporate Liabilities," *Journal of Political Economy*, Vol. 81(May-June 1973), pp. 637~659.

18) $u>(1+\text{무위험이자율})>d$

그림 1-10 주가 및 콜옵션의 가치변동: 1기간

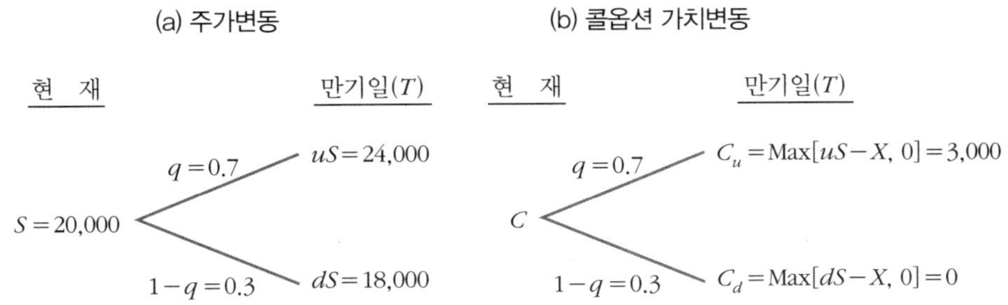

콜옵션을 생각해 보자. 만기일에 주가가 24,000원으로 상승하면, 콜옵션의 가치(C_u)는 3,000원(24,000원−21,000원)이 된다. 그리고 주가가 18,000원으로 하락하면, 콜옵션은 행사되지 않으므로 콜옵션의 가치(C_d)는 0원이 된다. 이와 같이 주가변화에 따른 콜옵션의 가치는 [그림 1−10] (b)에 제시되어 있다.

[그림 1−10] (b)에서 볼 수 있는 바와 같이 콜옵션의 가치가 만기일에서 3,000원(70%의 확률) 또는 0원(30%의 확률)이 될 때, 이 콜옵션의 현재가치(C)는 얼마인가?[19] 이에 대한 해답을 얻기 위하여, 주식을 α주 매입하고 그 주식에 대한 콜옵션 1개를 매도하는 포트폴리오를 구성해 보자. 이와 같이 구성한 포트폴리오의 성과는 [그림 1−11]과 같다. [그림 1−11]에서 ($\alpha S-C$)는 주식을 α주 매입하고 그 주식에 대한 콜옵션 1개를 매도하는 포트폴리오를 구성하기 위하여 필요한 금액(투자액)이며, ($\alpha uS-C_u$)와 ($\alpha dS-C_d$)는 각각 주가가 상승하거나 하락하였을 때의 포트폴리오의 만

그림 1-11 포트폴리오의 성과

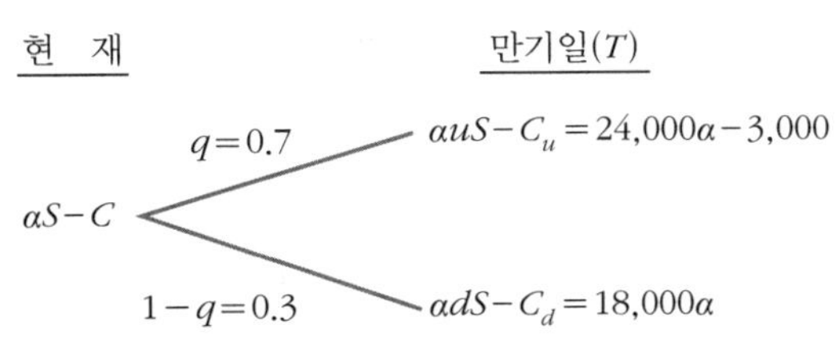

19) 현재 주가는 만기일에서의 기대가치를 위험조정할인율, 즉 기대수익률($E(r)$)로 할인하여 구할 수 있다.

$$S=\frac{quS+(1-q)dS}{1+E(r)} \rightarrow E(r)=[qu+(1-q)d]-1,\quad q=\frac{[1+E(r)]-d}{u-d}$$

주식과 콜옵션의 만기일에서의 현금흐름양상(위험)이 서로 다르기 때문에 위의 식에서 사용한 기대수익률을 이용하여 콜옵션가격을 구할 수 없다.

기일에서의 성과를 의미한다.

위험이 없는 무위험포트폴리오, 즉 **헤지포트폴리오**(hedge portfolio)를 구성하기 위해서는 주가의 상승 또는 하락과 관계없이 만기일에서의 포트폴리오의 성과가 항상 일정해야 한다.

$$\alpha uS - C_u = \alpha dS - C_d \tag{1-7}$$

식 (1−7)을 α에 관해서 풀면 다음과 같다.

$$\alpha = \frac{C_u - C_d}{(u-d)S} \tag{1-8}$$

식 (1−8)에서 α는 **헤지비율**(hedge ratio)로서 무위험포트폴리오를 구성하기 위해 콜옵션 1개를 매도(매입)할 때 매입(매도)하여야 하는 주식의 수를 의미한다. 앞의 예에서 헤지비율 α를 구하면 다음과 같다.

$$24{,}000\alpha - 3{,}000 = 18{,}000\alpha \rightarrow \alpha = 0.5$$

또는

$$\alpha = \frac{3{,}000 - 0}{(1.2 - 0.9) \times 20{,}000} = 0.5$$

20,000원하는 주식 0.5주를 매입하고 이 주식에 대한 콜옵션 1개를 매도하여 구성한 포트폴리오의 만기성과는 주가의 변동에 관계없이 9,000원(24,000×0.5−3,000=18,000×0.5)으로 항상 일정하게 된다.[20)]

이와 같이 구성한 헤지포트폴리오의 수익률은 무위험이자율 r_T가 되어야 한다.

$$(\alpha S - C)(1 + r_T) = \alpha uS - C_u = \alpha dS - C_d \tag{1-9}$$

이제 식 (1−8)과 식 (1−9)를 이용하여 콜옵션의 가격 C를 구하면 다음과 같다.

$$C = \left[C_u\left(\frac{(1+r_T)-d}{u-d}\right) + C_d\left(\frac{u-(1+r_T)}{u-d}\right)\right] \div (1+r_T) \tag{1-10}$$

여기서

$$p = \frac{(1+r_T)-d}{u-d}, \quad 1-p = \frac{u-(1+r_T)}{u-d}$$

---

20) 또는 주식 1주를 매입하고 동시에 콜옵션 2개를 매도하는 경우에도 헤지포트폴리오를 구성할 수 있다.

로 놓는다면, 식 (1－10)을 다음과 같이 간단히 표현할 수 있다.

$$C=\frac{pC_u+(1-p)C_d}{1+r_T} \tag{1-11}$$

식 (1－11)에서 p는 확률과 유사한 성격을 가지는 것으로서 **위험중립확률**(risk-neutral probability) 또는 **헤지확률**(hedge probability)이라 한다.

만기일까지의 무위험이자율이 10%라고 한다면, 이상의 예에서 콜옵션의 가격은 식 (1－11)을 이용하여 다음과 같이 구할 수 있다.[21]

$$p=\frac{(1+0.1)-0.9}{1.2-0.9}=\frac{2}{3},\quad 1-p=\frac{1.2-(1+0.1)}{1.2-0.9}=\frac{1}{3}$$

$$\therefore\ C=\frac{1}{1+0.1}\left(\frac{2}{3}\times 3{,}000+\frac{1}{3}\times 0\right)=1{,}818.18\text{원}$$

식 (1－11)은 옵션가격결정에 대한 몇 가지 중요한 특징을 내포하고 있다.

첫째, 식 (1－11)에서 볼 수 있는 바와 같이 옵션가격을 결정하는 변수에 주가가 상승할 확률(q) 또는 하락할 확률($1-q$)이 포함되어 있지 않다. 즉 현재의 주가가 주어진 상황하에서 옵션가격은 주가가 상승하거나 하락할 확률과 관계없이 결정된다.[22] 이는 옵션의 가치가 주어진 주가에 근거하여 상대적으로 평가되고, 주가의 상승 또는 하락확률은 이미 주가에 반영되어 있기 때문이다.

둘째, 위험에 대한 투자자들의 태도가 옵션가격에 영향을 주지 않는다. 식 (1－11)에서는 "부(富)는 많을수록 더 좋다"는 가정만 하고 있다.

셋째, 옵션가격은 다른 주식들, 특히 시장포트폴리오의 가격변동에 관계없이 기초주식 그 자체의 가격변동에 의해서 영향을 받는다. 옵션은 기초자산인 주식으로부터 파생된 자산으로서 주어진 주가에 근거하여 종속적으로 평가됨을 유의해야 한다.

이상의 특징들을 살펴볼 때, 콜옵션가격은 항상 무위험상태(hedge state)에서 유도되기 때문에 그 평가과정은 투자자의 위험선호형태와도 무관하게 된다는 사실을 알 수 있다. 즉 콜옵션가격은 **위험중립가격결정관계**(risk-neutral valuation relationship)에 의해서 도출된다고 할 수 있다.[23]

---

21) 또는 식 (1－9)를 이용하여 콜옵션의 가치를 직접 구하면 다음과 같다.
$(0.5\times 20{,}000-C)(1+0.1)=0.5\times 24{,}000-3{,}000\quad \therefore\ C=1{,}818.18$원

22) 확률의 변화에 따라 현재 주가가 변할 경우에는 옵션가격이 영향을 받을 수 있음을 유의해야 한다.

23) 옵션가격결정모형은 위험회피형 투자자 등 엄격한 가정하에 도출된 CAPM보다 완화된 가정하에서 도출된 모형임을 알 수 있다.

재무 FOCUS

1기간 모형의 대체적 방법

■ 복제포트폴리오를 이용하는 방법

주식을 α주 매입하고 그 주식에 대한 콜옵션 1개를 매도하여 구성한 헤지포트폴리오는 무위험채권을 복제한 것으로 볼 수 있다.

$$\alpha S-C=B \rightarrow C=\alpha S-B$$

따라서 주식 α주를 매입하고 무위험채권 B를 공매도(차입)하여 콜옵션을 복제할 수 있으며, 그 성과는 다음과 같다.

$$\alpha S-B \nearrow \alpha uS-B(1+r_T)$$
$$\alpha S-B \searrow \alpha dS-B(1+r_T)$$

콜옵션 복제포트폴리오의 만기일 성과는 콜옵션과 동일해야 한다.

$$\alpha uS-B(1+r_T)=C_u,\quad \alpha dS-B(1+r_T)=C_d$$

두 식에 의해 α와 B를 구하면 다음과 같다.

$$\alpha=\frac{C_u-C_d}{(u-d)S},\quad B=\frac{\left(\dfrac{C_u-C_d}{u-d}\right)u-C_u}{1+r_T}$$

이제 α와 B를 대입하여 콜옵션의 현재가치를 구할 수 있으며, 이는 식 (1-11)과 동일하다.

$$C=\alpha S-B=\frac{pC_u+(1-p)C_d}{1+r_T}$$

■ 위험중립확률을 이용하는 방법

만기일에서의 기대가치에서 위험부분을 제거한 가치, 즉 확실성등가가치(certainty equivalent value)를 만들어 주는 확률, 즉 위험중립확률(또는 헤지확률) p를 이용하여 현재의 주가를 계산하면 다음과 같다.

$$S=\frac{puS+(1-p)dS}{1+r_T}$$

위의 식을 이용하여 위험중립확률을 구하면 다음과 같다.

$$1+r_T=pu+(1-p)d \rightarrow p=\frac{(1+r_T)-d}{u-d}$$

위험중립확률은 주식의 기대수익률과 무위험이자율을 같아지게 만들어 주는 확률개념이라 할 수 있다. 주가변동과 동일한 이항분포를 하는 자산의 가격은 위험중립확률(p)을 이용하여 구할 수 있다. 따라서 콜옵션의 가격은 다음과 같이 구할 수 있으며, 이는 식 (1－11)과 동일하다.

$$C=\frac{pC_u+(1-p)C_d}{1+r_T}$$

콜옵션가격은 위험중립가정하에서의 기대가치(확실성등가가치)를 무위험이자율로 할인한 현재가치라 할 수 있다.

■ 2기간 모형

지금까지는 만기일까지 주가가 한 번만 변동한다는 1기간 모형을 설명하였다. 이제 이를 확장하여 만기일까지 주가가 두 번 변동하는 경우를 살펴보자. 주식가격이 이항분포를 따른다면 2기간 동안 주가 및 콜옵션의 가치변동은 [그림 1－12]와 같다.

앞에서 도출한 옵션만기일까지 1기간이 남아 있는 경우의 콜옵션평가모형인 식 (1－11)을 이용하여 먼저 1기간 말($T/2$시점)에서의 콜옵션가치인 C_u와 C_d를 구하면 다음과 같다.

$$C_u=\frac{pC_{uu}+(1-p)C_{ud}}{1+r_{T/2}},\quad C_d=\frac{pC_{du}+(1-p)C_{dd}}{1+r_{T/2}}$$

여기서 $r_{T/2}$: 1기간 동안의 무위험이자율

$$p=\frac{(1+r_{T/2})-d}{u-d},\quad 1-p=\frac{u-(1+r_{T/2})}{u-d}$$

여기서 구한 C_u와 C_d를 식 (1－11)에 대입하여 정리하면, 다음과 같은 2기간 콜옵션가격결정모형을 도출할 수 있다.

그림 1－12 주가 및 콜옵션의 가치변동: 2기간

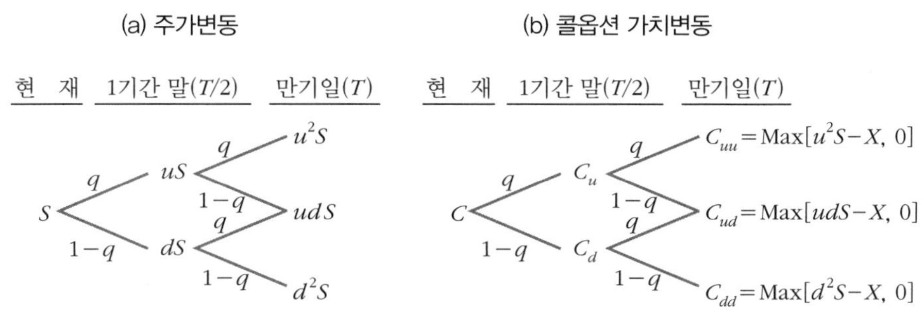

$$C=\frac{p^2C_{uu}+2p(1-p)C_{ud}+(1-p)^2C_{dd}}{(1+r_{T/2})^2} \qquad (1-12)$$

이상에서 살펴본 바와 같이 주가가 2기간 이상 변동할 경우 만기일부터 1기간씩 역순으로 콜옵션가치를 계속 추정해 나가는 방법을 이용하면 현재의 콜옵션가치를 구할 수 있을 것이다.[24)]

재무 FOCUS

파스칼의 삼각형

파스칼의 삼각형(Pascal's triangle)은 이항분포에서 시행횟수에 따른 각 상황이 발생할 경우의 수를 나타내는 것으로 다음과 같은 구조를 갖는다.

시행횟수	파스칼의 삼각형
0	1
1	1 1
2	1 2 1
3	1 3 3 1
4	1 4 6 4 1
•	• • • • • •

그림에서 각 행은 바로 위 행의 인접한 열의 값을 합하여 구할 수 있으며, 이들은 $[p+(1-p)]^n$의 전개식에서 계수를 나타낸다. 여기서 시행횟수는 옵션의 만기일까지 주가의 변동횟수로 볼 수 있다. 이를 이용하여 옵션의 만기일까지 주가가 3번 변하는 3기간 모형을 구하면 다음과 같다.

$$C=\frac{p^3C_{uuu}+3p^2(1-p)C_{uud}+3p(1-p)^2C_{udd}+(1-p)^3C_{ddd}}{(1+r_{T/3})^3}$$

24) 콜옵션의 만기일(T)까지 기간 동안 주가가 n번 변동할 경우의 일반식, 즉 n기간 이항옵션가격결정모형을 다음과 같이 나타낼 수 있다.

$$C=\frac{\sum_{j=0}^{n}\frac{n!}{j!(n-j)!}p^j(1-p)^{n-j}\text{Max}[u^jd^{n-j}S-X,\ 0]}{(1+r_{T/n})^n}, \quad p=\frac{(1+r_{T/n})-d}{u-d}$$

만기일까지 기간당 배당수익률 r_d로 배당을 m번 지급하고, 배당지급 후 주가가 S에서 $S_T(1-r_d)^m$으로 변할 경우 만기일의 옵션가치는 배당지급 후 만기일 주가, 즉 $u^jd^{n-j}S(1-r_d)^m$에 의해 계산됨을 유의해야 한다. 옵션의 경우 현금배당(보유수익)을 받을 수 없기 때문에 그 가치를 구할 때 배당부분을 차감해야 한다.

예제 1-2 2기간 콜옵션가격결정모형

현재 주가는 30,000원이며, 주가는 매 3개월마다 5% 상승하거나 5% 하락한다. 3개월간 무위험이자율은 3%이다. 행사가격이 28,000원이고 만기가 6개월인 유럽형 콜옵션의 가치를 구하라.

| 해설 |

만기일인 6개월 후 콜옵션의 가치는 다음과 같다.

현 재	3개월 후	6개월 후
		$C_{uu}=\text{Max}[u^2S-X,\ 0]=\text{Max}[(1.05)^2\times 30{,}000-28{,}000,\ 0]=5{,}075$원
	C_u	
C		$C_{ud}=\text{Max}[udS-X,\ 0]=\text{Max}[1.05\times 0.95\times 30{,}000-28{,}000,\ 0]=1{,}925$원
	C_d	
		$C_{dd}=\text{Max}[d^2S-X,\ 0]=\text{Max}[(0.95)^2\times 30{,}000-28{,}000,\ 0]=0$

그리고 헤지확률 p를 구하면 다음과 같다.

$$p=\frac{(1+r_{T/2})-d}{u-d}=\frac{1.03-0.95}{1.05-0.95}=0.8,\quad 1-p=0.2$$

$$\therefore\ C=\frac{p^2C_{uu}+2p(1-p)C_{ud}+(1-p)^2C_{dd}}{(1+r_{T/2})^2}$$

$$=\frac{0.8^2\times 5{,}075+2\times 0.8\times 0.2\times 1{,}925+0.2^2\times 0}{1.03^2}=3{,}642.19\text{원}$$

이항옵션가격결정모형의 확장

■ 풋 옵 션

먼저 1기간 모형을 살펴보자. 주가 및 풋옵션(행사가격=21,000원)의 가치변동은 [그림 1-13]과 같다. [그림 1-13] (b)에서 볼 수 있는 바와 같이 풋옵션의 가치가 만기일에서 0원(70%의 확률) 또는 3,000원(30%의 확률)이 될 때, 이 풋옵션의 현재가치(P)는 얼마인가? 이에 대한 해답을 얻기 위하여, 주식을 α'주 매입하고 동시에 그 주식에 대한 풋옵션 1개를 매입하는 포트폴리오를 구성해 보자. 이와 같이 구성한 포트폴리오의 성과는 [그림 1-14]와 같다.

헤지포트폴리오를 구성하기 위해서는 주가의 상승 또는 하락과 관계없이 만기일에서의 포트폴리오의 성과가 항상 일정해야 한다.

$$\alpha' uS+P_u=\alpha' dS+P_d \tag{1-13}$$

그림 1-13 주가 및 풋옵션의 가치변동: 1기간

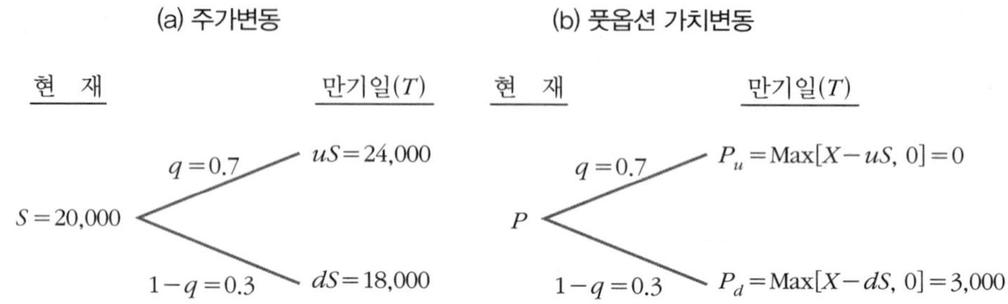

그림 1-14 포트폴리오의 성과

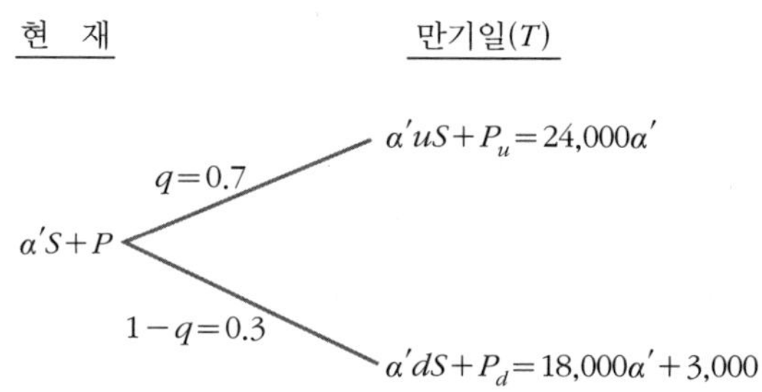

식 (1－13)을 α'에 관해서 풀면 다음과 같다.

$$\alpha'=\frac{P_d-P_u}{(u-d)S} \tag{1-14}$$

식 (1－14)에서 α'는 헤지비율로서 무위험포트폴리오를 구성하기 위해 풋옵션 1개를 매입할 때 매입하여야 하는 주식의 수를 의미한다. 위의 예에서 헤지비율 α'를 구하면 다음과 같다.

$$24,000\alpha'=18,000\alpha'+3,000 \rightarrow \alpha'=0.5$$

또는

$$\alpha'=\frac{3,000-0}{(1.2-0.9)\times 20,000}=0.5$$

20,000원하는 주식 0.5주를 매입하고 동시에 이 주식에 대한 풋옵션 1개를 매입하여 구성한 포트폴리오의 만기성과는 주가의 변동에 관계없이 12,000원(24,000×0.5=18,000×0.5+3,000)으로 항상 일정하게 된다. 이와 같이 구성한 헤지포트폴리오의

수익률은 무위험이자율 r_T가 되어야 한다.

$$(\alpha'S+P)(1+r_T)=\alpha'uS+P_u=\alpha'dS+P_d \qquad (1-15)$$

이제 식 (1−14)와 식 (1−15)를 이용하여 풋옵션의 가격 P를 구하면 다음과 같다.[25)]

$$P=\left[P_u\left(\frac{(1+r_T)-d}{u-d}\right)+P_d\left(\frac{u-(1+r_T)}{u-d}\right)\right]\div(1+r_T)$$
$$=\frac{pP_u+(1-p)P_d}{1+r_T} \qquad (1-16)$$

여기서 $p=\dfrac{(1+r_T)-d}{u-d}$, $1-p=\dfrac{u-(1+r_T)}{u-d}$

만기일까지의 무위험이자율이 10%라고 한다면, 이상의 예에서 풋옵션의 가격은 식 (1−16)을 이용하여 다음과 같이 구할 수 있다.[26)]

$$p=\frac{(1+0.1)-0.9}{1.2-0.9}=\frac{2}{3},\quad 1-p=\frac{1.2-(1+0.1)}{1.2-0.9}=\frac{1}{3}$$

$$\therefore\ P=\frac{1}{1+0.1}\left(\frac{2}{3}\times 0+\frac{1}{3}\times 3{,}000\right)=909.09\text{원}$$

이제 만기일까지 주가가 두 번 변동하고 이항분포를 따른다면 2기간 동안 주가 및 풋옵션의 가치변동은 [그림 1−15]와 같다.

이와 같은 경우 2기간 콜옵션과 동일한 방법으로 2기간 풋옵션가격결정모형을 도출하면 다음과 같다.

$$P=\frac{p^2P_{uu}+2p(1-p)P_{ud}+(1-p)^2P_{dd}}{(1+r_{T/2})^2} \qquad (1-17)$$

---

25) 주식을 α'주 매입하고 동시에 그 주식에 대한 풋옵션 1개를 매입하여 구성한 헤지포트폴리오는 무위험채권을 복제한 것으로 볼 수 있다.

$$\alpha'S+P=B' \rightarrow P=-\alpha'S+B'$$

따라서 주식 α'주를 공매도하고 무위험채권 B'를 매입(대출)하여 풋옵션을 복제할 수 있다.

26) 식 (1−15)를 이용하여 풋옵션의 가치를 직접 구하면 다음과 같다.

$$(0.5\times 20{,}000+P)(1+0.1)=0.5\times 24{,}000 \quad \therefore\ P=909.09\text{원}$$

또는 풋−콜 패리티를 이용하여 풋옵션의 가치를 구할 수도 있다.

$$P=C-S+\frac{X}{1+r_T}=1{,}818.18-20{,}000+\frac{21{,}000}{1+0.1}=909.09$$

그림 1-15 주가 및 풋옵션의 가치변동: 2기간

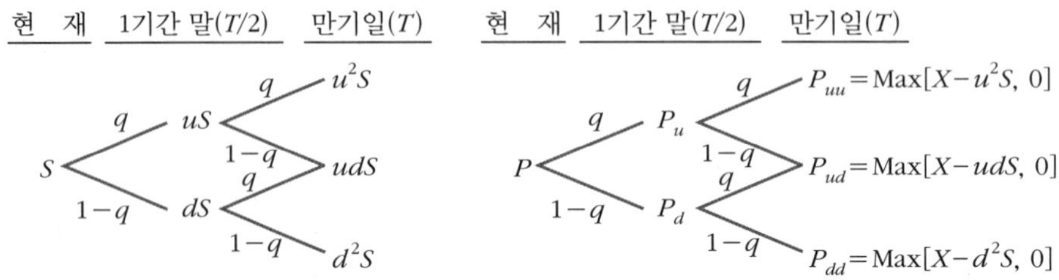

▪ 미국형 옵션과 조기행사

지금까지 도출한 옵션가격결정모형은 모두 유럽형 옵션에 대한 것이다. 미국형 옵션은 풋옵션 또는 배당이 존재하는 경우에 조기행사될 수 있다. 이와 같이 미국형 옵션의 경우 조기행사가 가능하기 때문에 유럽형 옵션과는 달리, 만기일부터 현재시점으로 이항과정을 역행하면서 매기간 말마다 옵션을 행사하는 것이 최적인지를 판단해야 한다. 즉 매기간 말마다 1기간 모형[식 (1−11) 또는 식 (1−16)]에 의해서 계산된 옵션가치와 그 시점에서 옵션을 조기행사하여 얻을 수 있는 가치를 비교한 후, 큰 값을 그 시점에서의 옵션가치로 한다. 이와 같은 방식으로 이항과정을 계속 역행하면서 매기간 말 옵션가치를 계산해 나가면 현재시점에서의 미국형 옵션가치를 구할 수 있을 것이다.

예제 1-3 미국형 풋옵션과 조기행사

현재 주가는 60,000원이며, 매 6개월마다 10% 상승하거나 10% 하락한다. 무위험이자율은 연 10%이며, 행사가격이 59,000원이다.

(1) 만기가 1년인 유럽형 풋옵션의 가치를 구하라.
(2) 만기가 1년인 미국형 풋옵션의 가치를 구하라.

▌해설▐

만기일인 1년 후 풋옵션의 가치는 다음과 같다.

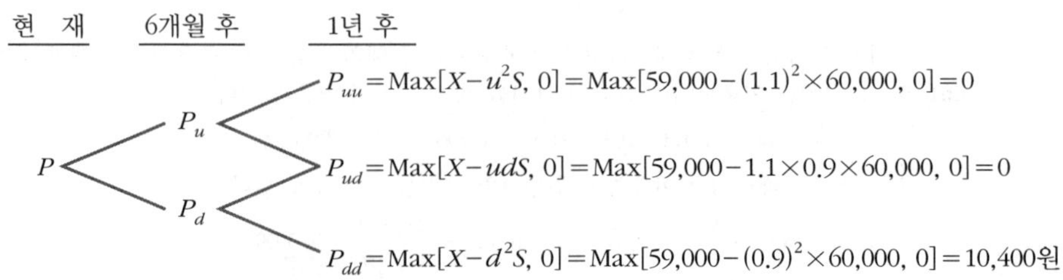

그리고 헤지확률 p를 구하면 다음과 같다.

$$p=\frac{(1+r_{T/2})-d}{u-d}=\frac{1.05-0.9}{1.1-0.9}=0.75,\quad 1-p=0.25$$

(1) 유럽형 풋옵션의 가치는 다음과 같이 구할 수 있다.

$$P=\frac{p^2P_{uu}+2p(1-p)P_{ud}+(1-p)^2P_{dd}}{(1+r_{T/2})^2}$$

$$=\frac{(0.75)^2\times 0+2\times 0.75\times 0.25\times 0+(0.25)^2\times 10{,}400}{1.05^2}=589.57\text{원}$$

(2) 미국형 풋옵션은 조기행사가 가능하므로 다음과 같은 절차에 의해서 구한다.

① 1기간 말(6개월 후)에서의 풋옵션가치평가

- 주가상승시

$$P_u=\frac{pP_{uu}+(1-p)P_{ud}}{1+r_{T/2}}=\frac{0.75\times 0+0.25\times 0}{1.05}=0\text{원}$$

$$P_u^*=\text{Max}[X-uS,\ 0]=\text{Max}[59{,}000-1.1\times 60{,}000,\ 0]=0\text{원}$$

계속 보유하는 경우의 미국형 풋옵션가치($P_u=0$원)는 조기행사시의 가치($P_u^*=0$원)와 같기 때문에 이 옵션은 조기행사에 무차별할 것이다. 따라서 이 시점에서의 미국형 풋옵션가치는 0원이 된다.

- 주가하락시

$$P_d=\frac{pP_{ud}+(1-p)P_{dd}}{1+r_{T/2}}=\frac{0.75\times 0+0.25\times 10{,}400}{1.05}=2{,}476.19\text{원}$$

$$P_d^*=\text{Max}[X-dS,\ 0]=\text{Max}[59{,}000-0.9\times 60{,}000,\ 0]=5{,}000\text{원}$$

계속 보유하는 경우의 미국형 풋옵션가치($P_d=2{,}476.19$원)는 조기행사시의 가치($P_d^*=5{,}000$원)보다 작기 때문에 이 옵션은 조기행사될 것이다. 따라서 이 시점에서의 미국형 풋옵션가치는 5,000원이 된다.

② 현재시점에서의 풋옵션가치평가

$$P=\frac{pP_u+(1-p)P_d^*}{1+r_{T/2}}=\frac{0.75\times 0+0.25\times 5{,}000}{1.05}=1{,}190.48\text{원}$$

$$P^*=\text{Max}[X-S,\ 0]=\text{Max}[59{,}000-60{,}000,\ 0]=0\text{원}$$

계속 보유하는 경우의 미국형 풋옵션가치($P=1{,}190.48$원)는 조기행사시의 가치($P^*=0$원)보다 더 크기 때문에 이 옵션은 조기행사되지 않을 것이다. 따라서 현재시점에서의 미국형 풋옵션가치는 1,190.48원이다.

■ 통화옵션

통화옵션(currency option)에서 기초자산인 외국통화는 배당수익률을 지급하는 주식과 유사하다. 외국통화의 소유자는 외국의 무위험이자율 r_T^F와 같은 수준의 배당수익률을 받는 것으로 생각할 수 있다.

현물환율(spot exchange rate) S가 콜옵션의 만기일(T)에 uS로 상승하거나 또는 dS로 하락하는 경우 현물환율 및 통화콜옵션(행사가격$=X$)의 가치변동을 나타내면 [그림 1−16]과 같다.

외국통화 $\left(\dfrac{\alpha}{1+r_T^F}\right)$단위를 매입하고 그 외국통화에 대한 콜옵션 1개를 매도하여 구성한 헤지포트폴리오의 성과는 [그림 1−17]과 같다.[27)]

헤지포트폴리오를 구성하기 위해서는 현물환율의 상승 또는 하락과 관계없이 만기일에서의 포트폴리오의 성과가 항상 일정해야 한다.

그림 1−16 현물환율(₩/$) 및 통화콜옵션의 가치변동: 1기간

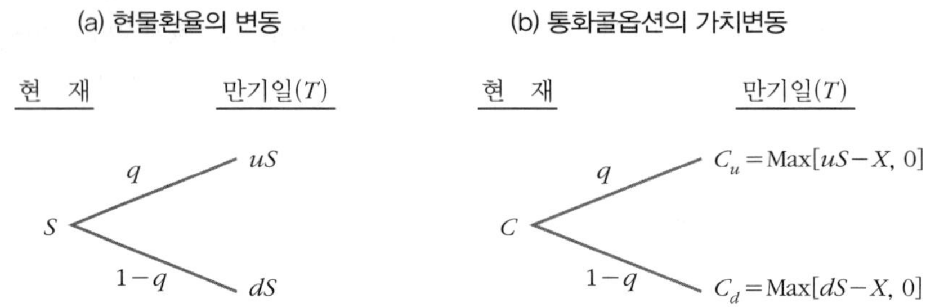

그림 1−17 헤지포트폴리오의 성과

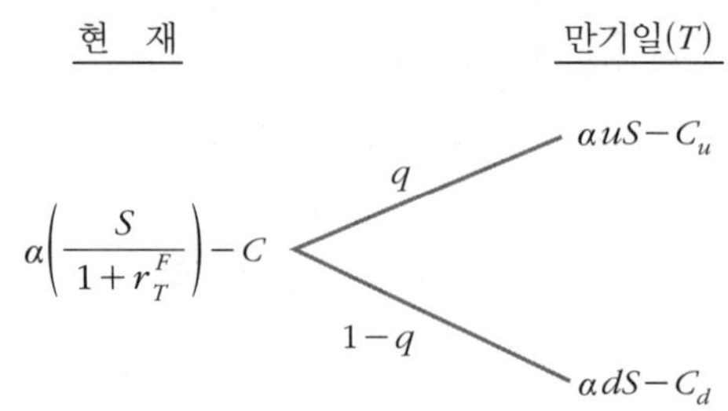

27) 외국통화의 경우 투자를 통해서 외국의 무위험이자율 r_T^F를 얻을 수 있다. 따라서 헤지포트폴리오를 구성할 때 외국통화의 투자액은 외국의 무위험이자율을 할인한 금액이 되어야 함을 유의해야 한다.

$$\alpha uS - C_u = \alpha dS - C_d \rightarrow \alpha = \frac{C_u - C_d}{(u-d)S}$$

이와 같이 구성한 헤지포트폴리오의 수익률은 무위험이자율(국내) r_T가 되어야 할 것이다.

$$\left[\alpha\left(\frac{S}{1+r_T^F}\right) - C\right](1+r_T) = \alpha uS - C_u = \alpha dS - C_d$$

이상의 두 식에 의해 통화콜옵션의 가격 C를 구하면 다음과 같다.[28)]

$$C = \frac{pC_u + (1-p)C_d}{1+r_T} \tag{1-18}$$

$$\text{여기서 } p = \frac{\left(\frac{1+r_T}{1+r_T^F}\right) - d}{u-d} = \frac{(1+r_T) - d(1+r_T^F)}{u(1+r_T^F) - d(1+r_T^F)}$$

또한 위험중립확률 p는 위험중립평가원칙에 의해서도 구할 수 있다.

$$\frac{S}{1+r_T^F} = \frac{puS + (1-p)dS}{1+r_T} \rightarrow p = \frac{\left(\frac{1+r_T}{1+r_T^F}\right) - d}{u-d}$$

그리고 유럽형 통화옵션의 풋-콜 패리티는 다음과 같다.

$$\frac{S}{1+r_T^F} + P - C = \frac{X}{1+r_T} \tag{1-19}$$

배당수익률 r_{d_T}로 배당을 지급하며, 배당지급 후 주가 또는 주가지수가 S에서 S_T(단일 기간일 경우 uS 또는 dS)로 변할 경우 주식옵션 또는 주가지수옵션의 경우도 통화옵션과 동일한 방법으로 콜옵션의 가격과 풋-콜 패리티를 구할 수 있다.

$$C = \frac{pC_u + (1-p)C_d}{1+r_T} \tag{1-18$'$}$$

$$\text{여기서 } p = \frac{\left(\frac{1+r_T}{1+r_{d_T}}\right) - d}{u-d}$$

28) $p \fallingdotseq \frac{(1+r_T - r_F^T) - d}{u-d}$

$$\frac{S}{1+r_{d_T}}+P-C=\frac{X}{1+r_T} \tag{1-19)'$$

재무 FOCUS

배당지급과 위험중립확률

배당지급(r_{d_T}) 후 주가 또는 주가지수가 S에서 S_T(단일 기간일 경우 uS 또는 dS)로 변할 경우 만기일에서 배당지급 후 주가와 콜옵션가치는 다음과 같다.[29)]

$$S \to uS(1+r_{d_T}) \to uS\ ;\ C_u=\text{Max}[uS-X,\ 0]$$
$$S \to dS(1+r_{d_T}) \to dS\ ;\ C_d=\text{Max}[dS-X,\ 0]$$

이와 같은 경우 위험중립확률은 다음과 같이 구할 수 있다.

$$p=\frac{(1+r_T)-d(1+r_{d_T})}{u(1+r_{d_T})-d(1+r_{d_T})}=\frac{\left(\dfrac{1+r_T}{1+r_{d_T}}\right)-d}{u-d}$$

한편 배당지급 후 주가 또는 주가지수가 S에서 $S_T(1-r_{d_T})$로 변할 경우 만기일에서 배당지급 후 주가와 콜옵션가치는 다음과 같다.[30)]

$$S \to uS \to uS(1-r_{d_T})\ ;\ C_u=\text{Max}[uS(1-r_{d_T})-X,\ 0]$$
$$S \to dS \to dS(1-r_{d_T})\ ;\ C_d=\text{Max}[dS(1-r_{d_T})-X,\ 0]$$

이와 같은 경우 위험중립확률은 다음과 같이 구할 수 있다.

$$p=\frac{(1+r_T)-d}{u-d}$$

---

29) 배당수익률이 현재 주가를 기준으로 계산되는 경우 위험중립확률은 약간의 차이가 있다.

$$S \to S(u+r_{d_T}) \to uS\ ;\ C_u=\text{Max}[uS-X,\ 0]$$
$$S \to S(d+r_{d_T}) \to dS\ ;\ C_d=\text{Max}[dS-X,\ 0]$$

$$\to p=\frac{(1+r_T)-(d+r_{d_T})}{(u+r_{d_T})-(d+r_{d_T})}=\frac{(1+r_T-r_{d_T})-d}{u-d}$$

30) 배당지급 후 주가의 변화과정이 앞의 주석 24)에서 설명한 경우와 동일하다.

4.2 블랙-숄즈 옵션가격결정모형과 확장

블랙-숄즈 옵션가격결정모형

블랙과 숄즈는 몇 가지 엄격한 가정하에서 콜옵션의 가치를 계산하기 위한 다음과 같은 수학적 모형을 개발하였다.[31)]

$$C = SN(d_1) - Xe^{-rT}N(d_2) \quad (1-20)$$

여기서 $d_1 = \dfrac{\ln\left(\dfrac{S}{X}\right) + \left(r + \dfrac{1}{2}\sigma^2\right)T}{\sigma\sqrt{T}}$, $d_2 = d_1 - \sigma\sqrt{T}$

C: 콜옵션의 현재가치
S: 현재의 주가
X: 행사가격
e: 자연지수(2.71828……)
r: 무위험이자율(연리)
T: 연 단위로 환산된 만기일까지의 잔여기간
$N(d)$: d에서의 누적표준정규분포의 값[32)]
ln: 자연로그(natural logarithm)
σ: 주식 연간 수익률의 표준편차

식 (1-20)에서 옵션의 가치를 결정하는 요인은 현재의 주가(S), 행사가격(X), 만기(T), 무위험이자율(r), 주가의 변동성(σ)의 다섯 가지라는 것을 확인할 수 있다. **블랙-숄즈 옵션가격결정모형**은 복잡한 식으로 표현되어 있지만 사실은 재무론의 다른 어떤 모형들보다 이용하기가 훨씬 간편하다. 왜냐하면 이 모형에서 콜옵션의 가치를 계산하는 데 필요한 5가지 변수들, 즉 S, X, T, r, σ 중에서 σ를 제외하고는 쉽고 확실하게 확인할 수 있기 때문이다.

---

31) 이 모형을 도출하기 위한 기본적인 가정은 다음과 같다.
1. 공매도(short sale)에 대한 제약과 부담금은 없다.
2. 거래비용과 세금이 존재하지 않는다.
3. 유럽형 옵션을 전제로 한다.
4. 주식(기초자산)은 배당을 지불하지 않는다.
5. 주가는 갑작스러운 변동 없이 연속적으로 변동한다.
6. 무위험이자율은 알려져 있으며 일정하다.
7. 주가는 로그노말분포(lognormal distribution)를 이룬다.

32) $N(d)$의 값은 다음의 표준정규분포 그래프에서 채색된 부분의 면적을 의미한다.

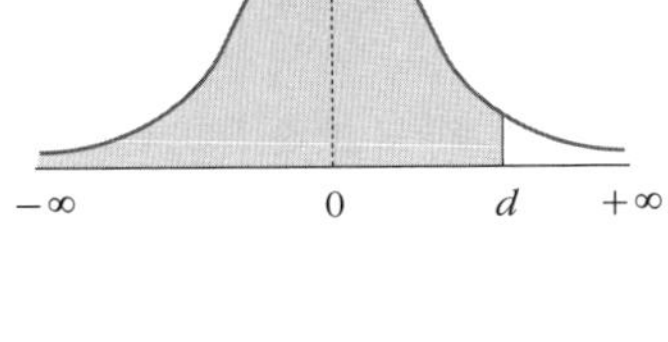

그리고 식 (1－20)에서 제시된 콜옵션의 가격결정모형을 풋－콜 패리티, 즉 앞의 식 (1－5)′에 대입하여 정리하면, 다음과 같은 풋옵션의 가격결정모형을 도출할 수 있다.

$$\begin{aligned} P &= C - S + Xe^{-rT} \\ &= SN(d_1) - Xe^{-rT}N(d_2) - S + Xe^{-rT} \\ &= Xe^{-rT}[1-N(d_2)] - S[1-N(d_1)] \end{aligned} \tag{1-21}$$

이상에서 설명한 블랙－숄즈모형은 주식과 옵션을 이용하여 헤지포트폴리오를 구성하여 옵션의 가격을 도출한다는 점에서 이항모형과 동일하다. 그러나 블랙－숄즈모형은 이항모형과 달리 주가가 연속적으로 변한다고 가정하고 있기 때문에 헤지비율도 계속 변한다는 점을 유의해야 한다.

블랙－숄즈모형에서 헤지비율은 다음과 같이 나타낼 수 있다.[33) 34)]

$$\text{콜옵션의 헤지비율} = \frac{\partial C}{\partial S} = N(d_1) \tag{1-22}$$

$$\text{풋옵션의 헤지비율} = -\frac{\partial P}{\partial S} = 1 - N(d_1) = N(-d_1) \tag{1-23}$$

식 (1－22)에서 $N(d_1)$은 주가의 변화에 대한 콜옵션가격의 민감도를 나타내는 값으로, 주가가 순간적으로 1원 변할 때 콜옵션가격은 $N(d_1)$만큼 변한다는 것을 의미한다. 따라서 콜옵션 1개를 매도하고 주식 $N(d_1)$주를 매입함으로써 헤지포트폴리오(무위험채권)를 구성할 수 있을 것이다. 그리고 식 (1－20)에 의하면 주식 $N(d_1)$주를 매입하고, 무위험채권 $Xe^{-rT}N(d_2)$를 공매도(차입)함으로써 콜옵션을 복제할 수 있음을 알 수 있다.

식 (1－23)에서 $1-N(d_1)[=N(-d_1)]$은 주가의 변화에 대한 풋옵션가격의 민감도를 나타내는 값으로, 주가가 순간적으로 1원 변할 때 풋옵션가격은 $-[1-N(d_1)]$만큼 변한다는 것을 의미한다. 따라서 풋옵션 1개를 매입하고 주식 $1-N(d_1)$주를 매입함으로써 헤지포트폴리오(무위험채권)를 구성할 수 있을 것이다. 그리고 식 (1－21)에 의하면 주식 $1-N(d_1)$주를 공매도하고, 무위험채권 $Xe^{-rT}[1-N(d_2)]$를 매입(대출)함으로써 풋옵

---

33) $C(tS, tX) = tC(S, X)$가 성립하므로 콜옵션가격은 S와 X에 대하여 1차 동차함수이다. 따라서 콜옵션가격 C를 오일러정리(Euler's theorem)를 이용하여 전개하면, $C(S, X) = \frac{\partial C}{\partial S}S + \frac{\partial C}{\partial X}X$이다. 이 식을 식 (1－20)과 비교하면 $\frac{\partial C}{\partial S} = N(d_1)$, $\frac{\partial C}{\partial X} = -N(d_2)e^{-rT}$이다. 풋옵션의 경우도 동일한 방법으로 증명할 수 있다.

34) 이항모형의 헤지비율과 비교하면 콜옵션의 헤지비율인 $N(d_1)$은 α, 풋옵션의 헤지비율인 $1-N(d_1)$은 α'와 동일한 의미를 가진다고 할 수 있다.

션을 복제할 수 있음을 알 수 있다.

한편 식 (1−20), 식 (1−21)에서 $N(d_2)$와 $1-N(d_2)[=N(-d_2)]$는 각각 콜옵션과 풋옵션이 행사될 확률을 의미한다.

예제 1-4 B−S 옵션가격결정모형

청솔주식회사의 주가는 현재 20,000원이다. 이 주식에 대한 콜옵션이 존재하며, 그 콜옵션의 만기일은 6개월 후이고, 행사가격은 21,000원이다. 그리고 주식 연간 수익률의 표준편차는 0.8이고, 연간 무위험이자율은 10%이다.

(1) 블랙−숄즈의 옵션가격결정모형을 이용하여 콜옵션의 현재가치를 계산하라.
(2) 헤지비율은 얼마인가?
(3) 위의 콜옵션과 동일한 행사가격과 만기를 가지고 있는 풋옵션의 현재가치를 구하라.

| 해설 |

(1) $S=20{,}000$원, $X=21{,}000$원, $T=0.5$년, $r=0.1$, $\sigma=0.8$이므로 먼저 d_1과 d_2의 값을 구하면 다음과 같다.

$$d_1=\frac{\ln\left(\frac{S}{X}\right)+\left(r+\frac{1}{2}\sigma^2\right)T}{\sigma\sqrt{T}}=\frac{\ln\left(\frac{20{,}000}{21{,}000}\right)+\left(0.1+\frac{1}{2}\times 0.8^2\right)\times 0.5}{0.8\times\sqrt{0.5}}=0.2850$$

$$d_2=d_1-\sigma\sqrt{T}=0.2850-0.8\times\sqrt{0.5}=-0.2807$$

본서의 〈부표−5〉를 이용하여 $N(d_1)$과 $N(d_2)$의 값을 구하면 다음과 같다.[35]

$$N(d_1)=N(0.2850)\fallingdotseq N(0.29)=0.5+0.1141=0.6141$$

$$N(d_2)=N(-0.2807)\fallingdotseq N(-0.28)=0.5-0.1103=0.3897$$

$$\therefore\ C=SN(d_1)-Xe^{-rT}N(d_2)=20{,}000\times 0.6141-21{,}000\times e^{-0.1\times 0.5}\times 0.3897=4{,}497.42\text{원}$$

(2) 헤지비율(α)은 $N(d_1)$이며, 그 값은 0.6141이다. 즉 콜옵션 1개를 매도하고 주식 0.6141주를 매입하면 헤지상태에 있게 된다.

(3) 풋−콜 패리티 공식을 이용하여 풋옵션의 가치를 구하면 다음과 같다.

$$P=C-S+Xe^{-rT}=4{,}497.42-20{,}000+21{,}000\times e^{-0.1\times 0.5}=4{,}473.24\text{원}$$

35) $N(d)$값을 보다 정확하게 계산하기 위해서는 Excel의 함수식, 즉 '=Normsdist(d)'를 이용할 수 있으나 여기서는 근사치를 사용한다.

배당과 블랙-숄즈모형

■ 조기행사가 없는 경우: 유럽형 옵션

현금배당이 있는 경우 블랙-숄즈모형은 배당을 반영하여 수정되어야 한다. 옵션의 만기일 이전에 지급될 배당금과 지급시기를 알 수 있을 경우 현재 주가(S)에서 만기일 이전에 지급되는 배당금의 현재가치($PV(D)$)를 차감한 주가, 즉 배당조정주가(S')를 구할 수 있다. 그리고 배당조정주가를 블랙-숄즈모형에서 S값 대신 사용하여 콜옵션의 가치를 구한다.

$$C = S'N(d_1) - Xe^{-rT}N(d_2) \tag{1-24}$$

여기서 $S' = S - PV(D)$

$$d_1 = \frac{\ln\left(\frac{S'}{X}\right) + \left(r + \frac{1}{2}\sigma^2\right)T}{\sigma\sqrt{T}}, \quad d_2 = d_1 - \sigma\sqrt{T}$$

한편 배당을 지급하는 경우(연속배당수익률 $=\delta$) 주가가 S에서 S_T로 변한다고 하면, 배당을 지급하지 않는 경우에는 S에서 $S_Te^{\delta T}$로 변하게 될 것이다. 즉 배당을 지급하지 않는 경우에 만기일 주가가 S_T가 되려면 현재 주가는 $Se^{-\delta T}$이어야 한다. 따라서 현재 주가를 S에서 $Se^{-\delta T}$로 감소시킨 후 마치 주식이 배당을 지급하지 않는 것처럼 블랙-숄즈모형을 사용하여 옵션의 가치를 평가할 수 있다.[36)]

$$C = Se^{-\delta T}N(d_1) - Xe^{-rT}N(d_2) \tag{1-25}$$

여기서 $d_1 = \dfrac{\ln\left(\frac{Se^{-\delta T}}{X}\right) + \left(r + \frac{1}{2}\sigma^2\right)T}{\sigma\sqrt{T}} = \dfrac{\ln\left(\frac{S}{X}\right) + \left(r - \delta + \frac{1}{2}\sigma^2\right)T}{\sigma\sqrt{T}}, \quad d_2 = d_1 - \sigma\sqrt{T}$

식 (1-25)는 머튼(R. C. Merton)에 의해 처음으로 도출된 것으로 머튼모형이라고도 한다.[37)]

통화옵션은 외국통화를 기초자산으로 하는 옵션으로서, 기초자산인 외국통화는 연속배당수익률과 동일한 의미를 가지는 외국의 무위험이자율(r^F)을 지급받을 수 있다. 따라서 연속배당수익률 대신 외국의 무위험이자율(r^F)을 사용하여 식 (1-25)에 의해 통화옵션의 가치를 구할 수 있다.

---

36) 풋-콜 패리티: $Se^{-\delta T} + P - C = Xe^{-rT}$

37) R. C. Merton, "Theory of Rational Option Pricing," *Bell Journal of Economics and Management Science*, Vol. 4(Spring 1973), pp. 141~183.

■ 조기행사가 가능한 경우: 미국형 옵션

조기행사가 가능한 경우 이를 반영하여 옵션가치를 평가하는 방법에는 크게 두 가지가 있다.[38)]

첫 번째 방법은 블랙이 제시한 방법인 **가성 미국형 옵션가치 평가방법**(pseudo-American valuation)으로 각 배당락일 직전에 만기가 되는 유럽형 옵션의 가치와, 만기일까지 보유하는 경우의 유럽형 옵션가치를 비교하여, 이 중에서 가장 큰 값을 미국형 옵션의 가치로 선택하는 방법이다. 이 방법의 구체적인 절차는 다음과 같다.

① 배당의 지급시기와 배당금을 예측한다.

② 기대배당금의 현재가치만큼 주가에서 차감하는 방법을 이용하여 각 배당락일 직전에 만기가 되는 유럽형 콜옵션의 가치를 평가한다. 또한 미국형 콜옵션과 만기가 같은 유럽형 콜옵션의 가치도 평가한다.

③ ②에서 계산한 콜옵션가격 중에서 가장 큰 값을 미국형 콜옵션의 가격으로 선택한다.

두 번째 방법으로 **이항분포모형**을 이용하는 방법이 있다. 이 방법의 구체적인 절차는 다음과 같다.

① 위험중립평가 원칙을 적용하여 이항분포모형에서 사용할 u, d, p를 각각 다음과 같이 계산한다.[39)]

$$u=e^{\sigma\sqrt{T/n}},\quad d=\frac{1}{u},\quad p=\frac{e^{r(T/n)}-d}{u-d} \tag{1-26}$$

여기서 r: 연간 무위험이자율
T: 연 단위로 환산된 만기
n: 만기일까지 기간(주가변동기간)의 수(단, $T/n \rightarrow 0$일수록 정확한 값을 구할 수 있음.)
σ: 주식 연간 수익률의 표준편차

② 배당이 예상되는 시점에 이를 반영하여 주가를 조정해 준다.

③ 배당락일 직전에 조기행사의 가능성을 고려하면서 각 시점별로 콜옵션의 가치를 평가한다. 옵션의 시간가치(또는 시간프리미엄)가 배당으로 인한 옵션가치의 하락 예상액보다 작으면 조기행사될 수 있다.

④ 앞에서 설명한 조기행사가 가능한 경우의 이항모형접근법(만기일부터 현재시점

---

38) A. Damodaran, *Investment Valuation*, 2nd ed.(John Wiley & Sons, 2002), pp. 101~104.

39) 연속배당수익률이 δ이며 배당지급 후 주가가 S에서 S_T로 변할 경우, 헤지확률 p는 다음과 같이 조정된다.

$$p=\frac{e^{(r-\delta)(T/n)}-d}{u-d}$$

까지 이항과정을 역행하면서 매시점(배당락일)마다 옵션을 행사하는 것이 최적인지를 판단함)을 사용하여 현재시점에서의 콜옵션의 가치를 평가한다.

예제 1-5 가성 미국형 옵션가치 평가방법

행사가격이 18,000원이고, 만기가 8개월인 미국형 콜옵션이 있다. 현재 주가는 20,000원이고, 주식수익률의 분산은 0.05이다. 그리고 무위험이자율은 6%이고, 다음과 같이 세 번의 배당을 기대하고 있다.

기대배당금	배당락일
400원	1개월 후
400원	4개월 후
400원	7개월 후

이상의 자료를 이용하여 미국형 콜옵션의 현재가치를 구하라.

| 해설 |

① 첫 번째 배당락일(1개월 후) 직전의 콜옵션의 가치(C_1)

블랙-숄즈모형에 각 변수의 값($S=20,000$원, $X=18,000$원, $T=1/12$, $\sigma^2=0.05$, $r=0.06$)을 대입하여 콜옵션의 가치를 구하면 다음과 같다.

$$d_1=\frac{\ln\left(\frac{S}{X}\right)+\left(r+\frac{1}{2}\sigma^2\right)T}{\sigma\sqrt{T}}=1.7420,\ \ d_2=d_1-\sigma\sqrt{T}=1.6775$$

$$\rightarrow N(d_1)=0.9592,\ \ N(d_2)=0.9533$$

$$\therefore\ C_1=SN(d_1)-Xe^{-rT}N(d_2)=2,110\text{원}$$

② 두 번째 배당락일(4개월 후) 직전의 콜옵션의 가치(C_2)

다른 변수의 값은 동일하며, 배당조정된 주가($S'=20,000-400/1.06^{1/12}=19,602$원)와 만기일($T=4/12$)을 이용하여 콜옵션의 가치를 구하면 다음과 같다.

$$d_1=0.8799,\ \ d_2=0.7508\rightarrow N(d_1)=0.8105,\ \ N(d_2)=0.7736$$

$$\therefore\ C_2=2,238\text{원}$$

③ 세 번째 배당락일(7개월 후) 직전의 콜옵션의 가치(C_3)

다른 변수의 값은 동일하며, 배당조정된 주가(S')와 만기일(T)을 이용하여 콜옵션의 가치를 구하면 다음과 같다.

- $S'=20,000-400/1.06^{1/12}-400/1.06^{4/12}=19,210$원, $T=7/12$
- $d_1=0.6713,\ \ d_2=0.5005\rightarrow N(d_1)=0.7490,\ \ N(d_2)=0.6916$

$\therefore\ C_3=2,368$원

④ 만기일(8개월 후)의 콜옵션의 가치(C_4)

다른 변수의 값은 동일하며, 배당조정된 주가(S')와 만기일(T)을 이용하여 콜옵션의 가치를 구하면 다음과 같다.

- $S'=20{,}000-400/1.06^{1/12}-400/1.06^{4/12}-400/1.06^{7/12}=18{,}823$원, $T=8/12$
- $d_1=0.5553,\ \ d_2=0.3727 \rightarrow N(d_1)=0.7107,\ \ N(d_2)=0.6453$

$\therefore\ C_4=2{,}218$원

⑤ 이상의 결과를 서로 비교하여 미국형 콜옵션의 가치를 구하면 다음과 같다.

$C=$ Max(2,110원, 2,238원, 2,368원, 2,218원) = 2,368원

4.3 옵션가치의 민감도와 헤징

옵션가치의 변화는 다양한 요인들에 의해 이루어지며, 그 결정요인의 변화에 따른 옵션가치의 변화정도를 측정하는 것을 **민감도분석**(sensitivity test)이라 한다.[40] 이와 같은 민감도분석은 다양한 헤징전략의 기초가 된다.

옵션가치의 민감도

옵션가치의 민감도분석은 기본적으로 기초자산의 가격(S), 만기(T), 기초자산의 변동성(σ), 무위험이자율(r) 등의 변화에 대한 옵션가치의 변화정도를 측정하는 것이다.

■ 옵션델타

옵션델타(delta : Δ)는 기초자산의 가격변화에 대한 옵션가격의 변화를 나타내는 것으로서 다음과 같이 측정된다.

$$\Delta=\frac{\partial C}{\partial S} \tag{1-27}$$

옵션델타는 기초자산가격의 함수인 옵션가격 곡선의 기울기를 의미한다. 만약 옵션델타가 0.5이면 기초자산이 1원 변할 때 옵션가격은 0.5원 변한다는 것을 의미한다.

40) 테일러의 전개식(Taylor's series)에 의해 옵션가치의 변동(ΔC)을 구하면 다음과 같다.

$$\Delta C=\frac{\partial C}{\partial S}\Delta S+\frac{\partial C}{\partial t}\Delta t+\frac{\partial C}{\partial \sigma}\Delta\sigma+\frac{\partial C}{\partial r}\Delta r+\frac{1}{2}\frac{\partial^2 C}{\partial S^2}\Delta S^2+\cdots$$

■ 옵션감마

옵션감마(gamma : Γ)는 기초자산의 가격변화에 대한 옵션델타의 변화를 나타내는 것으로서 다음과 같이 측정된다.

$$\Gamma = \frac{\partial \Delta}{\partial S} = \frac{\partial^2 C}{\partial S^2} \qquad (1-28)$$

식 (1－28)에서 볼 수 있는 바와 같이 옵션감마는 옵션가격을 기초자산의 가격에 의해 2차 편미분한 것으로서 옵션의 곡률(option curvature)을 의미한다. 옵션감마의 값(절대치)이 클수록, 옵션델타는 기초자산의 가격변화에 민감해진다. 그리고 옵션의 감마값은 등가격(ATM)일 때 가장 크고, 내가격(ITM)이나 외가격(OTM)으로 갈수록 작아진다.

■ 옵션세타

옵션세타(theta : Θ)는 시간경과에 대한(만기일까지의 기간이 감소함에 따른) 옵션가격의 변화를 나타내는 것으로서 다음과 같이 측정된다.

$$\Theta = \frac{\partial C}{\partial t} \qquad (1-29)$$

만기일까지의 기간($T-t$)이 감소함에 따라 옵션가치가 감소하는 경향이 있으므로 대부분의 경우에 옵션세타의 부호는 음(－)일 것이다.[41)]

■ 옵션베가

옵션베가(vega : Λ)는 기초자산 변동성의 변화에 대한 옵션가격의 변화를 나타내는 것으로서 다음과 같이 측정된다.

$$\Lambda = \frac{\partial C}{\partial \sigma} \qquad (1-30)$$

옵션베가의 값이 클수록, 옵션가치는 기초자산의 변동성의 변화에 민감해진다.

■ 옵 션 로

옵션로(rho : ρ)는 무위험이자율의 변화에 대한 옵션가격의 변화를 나타내는 것으로서 다음과 같이 측정된다.

$$\rho = \frac{\partial C}{\partial r} \qquad (1-31)$$

41) 예외적으로 무배당 주식에 대한 내가격 유럽형 풋옵션과 이자율이 매우 높은 통화에 대한 내가격 유럽형 콜옵션의 경우 옵션세타의 부호가 양(＋)일 수 있다.

주식옵션을 이용한 헤징

■ 델타헤징

주식과 그 주식을 기초자산으로 하는 옵션으로 구성된 포트폴리오의 델타(Δ)를 0으로 만들면, 주가(S)가 변하더라도 포트폴리오의 가치는 변하지 않게 된다. 이를 델타헤징(delta hedging)이라 하고, 그 포지션을 **델타중립**(delta neutral)이라 한다.

델타헤징을 위하여 구성한 헤지포트폴리오의 가치(V_H)는 다음과 같다.

$$V_H = n_S S + n_C C \tag{1-32}$$

여기서 n_S: 주식의 매입수량
n_C: 콜옵션의 매입수량

식 (1－32)에 의해 헤지포트폴리오의 델타를 구해서 0으로 놓으면 다음과 같다.

$$\frac{\partial V_H}{\partial S} = n_S \frac{\partial S}{\partial S} + n_C \frac{\partial C}{\partial S} = n_S + n_C \Delta_C = 0 \tag{1-33}$$

여기서 Δ_C: 콜옵션의 델타

식 (1－33)에서 콜옵션 1개 매도($n_C = -1$)에 대한 주식의 매입수량(n_S), 즉 헤지비율은 Δ_C이다.[42] 앞에서 설명한 이항모형과 블랙－숄즈모형에서 헤지비율을 살펴보면 다음과 같다.[43]

$$\alpha = \frac{C_u - C_d}{(u-d)S} = \frac{\Delta C}{\Delta S} = \Delta_C, \quad N(d_1) = \frac{\partial C}{\partial S} = \Delta_C$$

기초자산인 주가가 변함에 따라 델타도 변하기 때문에 헤지비율을 재조정(rebalancing)해 주어야 하며, 이를 **동적 헤징전략**(dynamic hedging schemes)이라 한다.

---

42) 주식 1주를 매입하고 콜옵션을 $1/\Delta_C$개 매도해도 델타헤징을 할 수 있다. 한편 선물계약을 이용하여 델타헤징을 할 수 있다.

$$V_H = n_F F + n_C C = n_F S(1+r_T) + n_C C \rightarrow \frac{\partial V_H}{\partial S} = n_F(1+r_T) + n_C \Delta_C = 0$$

여기서 n_F: 선물의 매입수량
F: 현재의 선물가격(보유수익 및 보유비용이 없다고 가정함)

그러므로 콜옵션 1개를 매도($n_C = -1$)할 때 델타헤징을 위해 매입해야 할 선물수량(n_F)은 $\Delta_C/(1+r_T)$가 된다.

43) 주식과 풋옵션을 매입하여 헤지포트폴리오를 구성하는 경우 헤지비율(풋옵션 1개 매입에 대한 주식의 매입수량)은 다음과 같다.

$$\alpha' = \frac{P_d - P_u}{(u-d)S} = \frac{-(P_u - P_d)}{(u-d)S} = -\frac{\Delta P}{\Delta S} = -\Delta_P, \quad 1 - N(d_1) = -\frac{\partial P}{\partial S} = -\Delta_P$$

여기서 Δ_P: 풋옵션의 델타(부호는 음(－)임)

■ 델타-감마헤징

감마(Γ)는 기초자산의 가격변화에 대한 델타의 변화를 나타내는 것으로서 감마(절대치)가 작으면 델타는 천천히 변하며, 포트폴리오가 델타중립을 유지하기 위한 재조정의 필요성이 줄어든다. 그러나 감마(절대치)가 크면 델타는 주가변화에 민감해지기 때문에 포트폴리오를 일정기간 동안 조정하지 않을 경우 델타중립이 심각하게 훼손될 수 있다.

기초자산 포지션의 감마는 0이다. 따라서 포트폴리오의 감마를 변화시킬 수 있는 유일한 방법은 거래되는 옵션에 포지션을 취하는 것이다. **델타-감마헤징**을 위하여 구성한 헤지포트폴리오의 가치(V_H)는 다음과 같다.[44]

$$V_H = V_D + n_S S + n_C C \tag{1-34}$$

여기서 V_D: 델타중립 포트폴리오의 가치

식 (1-34)에 의해 헤지포트폴리오의 델타와 감마를 구해서 0으로 놓으면 다음과 같다.

$$\frac{\partial V_H}{\partial S} = \frac{\partial V_D}{\partial S} + n_S \frac{\partial S}{\partial S} + n_C \frac{\partial C}{\partial S} = 0 + n_S + n_C \Delta_C = 0 \tag{1-35}$$

$$\frac{\partial^2 V_H}{\partial S^2} = \frac{\partial^2 V_D}{\partial S^2} + n_S \frac{\partial^2 S}{\partial S^2} + n_C \frac{\partial^2 C}{\partial S^2} = \Gamma_D + 0 + n_C \Gamma_C = 0 \tag{1-36}$$

여기서 Γ_D : 델타중립 포트폴리오의 감마
Γ_C : 콜옵션의 감마

식 (1-35)와 식(1-36)에 의해 델타-감마헤징에 필요한 주식 및 콜옵션의 매입(또는 매도)수량을 구할 수 있다. 델타중립인 포트폴리오를 감마중립으로 만드는 것은 델타헤징을 수행할 때 기초자산의 포지션을 계속적으로 조정할 수 없다는 현실에 대한 첫 번째 수정으로 볼 수 있다. 델타중립이 되면 재조정 사이에 발생하는 비교적 작은 주가변화에 대하여 포트폴리오의 가치를 보호할 수 있다. 한편 감마중립은 헤징 재조정 사이에 발생하는 비교적 큰 폭의 주가변화에 대해서도 포트폴리오의 가치를 보호해 준다.

■ 델타-감마-베가헤징

베가(Λ)는 기초자산 변동성의 변화에 대한 포트폴리오가치의 변화를 나타내는 것으로서 베가 값(절대치)이 크면 변동성의 작은 변화에 대해서도 포트폴리오의 가치가 민감하게 영향을 받는다.

---

44) $V_H = n_S S + n_{C_1} C_1 + n_{C_2} C_2$ (단, $n_{C_1} = -1$)

기초자산 포지션의 베가는 0이기 때문에 포트폴리오의 베가는 옵션의 포지션을 이용하여 변화시켜야 한다. 일반적으로 감마중립인 포트폴리오는 베가중립이지 않고, 베가중립인 포트폴리오는 감마중립이지 않다. 따라서 헤저가 감마중립과 베가중립을 동시에 원하면 최소한 2개의 옵션이 필요하게 된다. 델타-감마-베가헤징을 위하여 구성한 헤지포트폴리오의 가치(V_H)는 다음과 같다.[45)]

$$V_H = V_D + n_S S + n_{C_1} C_1 + n_{C_2} C_2 \tag{1-37}$$

식 (1－37)에 의해 헤지포트폴리오의 델타, 감마, 그리고 베가를 구해서 0으로 놓으면 다음과 같다.

$$\begin{aligned} \frac{\partial V_H}{\partial S} &= \frac{\partial V_D}{\partial S} + n_S \frac{\partial S}{\partial S} + n_{C_1} \frac{\partial C_1}{\partial S} + n_{C_2} \frac{\partial C_2}{\partial S} \\ &= 0 + n_S + n_{C_1} \Delta_{C_1} + n_{C_2} \Delta_{C_2} = 0 \end{aligned} \tag{1-38}$$

$$\begin{aligned} \frac{\partial^2 V_H}{\partial S^2} &= \frac{\partial^2 V_D}{\partial S^2} + n_S \frac{\partial^2 S}{\partial S^2} + n_{C_1} \frac{\partial^2 C_1}{\partial S^2} + n_{C_2} \frac{\partial^2 C_2}{\partial S^2} \\ &= \Gamma_D + 0 + n_{C_1} \Gamma_{C_1} + n_{C_2} \Gamma_{C_2} = 0 \end{aligned} \tag{1-39}$$

$$\begin{aligned} \frac{\partial V_H}{\partial \sigma} &= \frac{\partial V_D}{\partial \sigma} + n_S \frac{\partial S}{\partial \sigma} + n_{C_1} \frac{\partial C_1}{\partial \sigma} + n_{C_2} \frac{\partial C_2}{\partial \sigma} \\ &= \Lambda_D + 0 + n_{C_1} \Lambda_{C_1} + n_{C_2} \Lambda_{C_2} = 0 \end{aligned} \tag{1-40}$$

여기서 Λ_D: 델타중립 포트폴리오의 베가
Λ_{C_1}: 첫 번째 콜옵션의 베가
Λ_{C_2}: 두 번째 콜옵션의 베가

식 (1－38), 식 (1－39), 식 (1－40)에 의해 델타－감마－베가헤징에 필요한 주식 및 콜옵션의 매입(또는 매도)수량을 구할 수 있다. 베가중립은 기초자산 변동성의 변화로부터 포트폴리오의 가치를 보호해 준다. 감마헤징과 베가헤징을 하기 위해 옵션을 사용하는 것이 최선이냐는 헤징 재조정 간의 시간과 변동성의 변화에 달려 있다.

옵션거래자들이 델타중립, 감마중립, 베가중립 등을 유지하기 위해서는 계속적인 포트폴리오의 재조정이 필요하나, 이는 많은 거래비용을 발생시킨다. 따라서 옵션거래자들은 모든 위험을 제거하기보다는 위험의 정도를 분석하여 어느 정도의 위험을 감수할 수 있는지를 파악하는 데 보다 많은 노력을 해야 한다.

45) $V_H = n_S S + n_{C_1} C_1 + n_{C_2} C_2 + n_{C_3} C_3$ (단, $n_{C_1} = -1$)

예제 1-6 주식옵션을 이용한 헤징

헤징에 관한 다음의 상호독립적인 물음에 답하라.

(1) 투자자 갑은 콜옵션 200계약(주식 2,000주에 대한 옵션)을 매도하였다. 콜옵션의 가격은 10,000원, 주식가격은 100,000원, 콜옵션의 델타는 0.6이다. 델타헤징에 필요한 주식수를 구하라.

(2) 투자자 을은 델타중립이고 감마가 −3,000인 포트폴리오 A를 보유하고 있다. 지금 시장에서 델타는 0.62, 감마는 1.50인 콜옵션이 거래되고 있다. 투자자 을이 현재 보유하고 있는 포트폴리오 A를 델타와 감마중립으로 만들기 위해 취할 수 있는 전략은 무엇인가?

(3) 투자자 병은 델타중립이고 감마가 −5,000, 베가가 −8,000인 포트폴리오 B를 보유하고 있다. 지금 시장에서 델타는 0.6, 감마는 0.5, 베가는 2.0인 콜옵션 1과 델타는 0.5, 감마는 0.8, 베가는 1.2인 콜옵션 2가 거래되고 있다. 투자자 병이 현재 보유하고 있는 포트폴리오 B를 델타−감마−베가중립으로 만들기 위해 취할 수 있는 전략은 무엇인가?

| 해설 |

(1) 주식의 매입량 $=0.6\times2{,}000=1{,}200$주

(2) 주식과 옵션에 의해 구성된 델타−감마중립 포트폴리오는 다음과 같다.

$$V_H=V_A+n_S S+n_C C$$

$$\rightarrow \Delta_H=\Delta_A+n_S+n_C\Delta_C=0+n_S+n_C\times0.62=0$$

$$\Gamma_H=\Gamma_A+0+n_C\Gamma_C=-3{,}000+0+n_C\times1.50=0$$

$$\therefore\ n_S=-1{,}240,\ n_C=2{,}000$$

따라서 투자자 을이 델타−감마중립인 포트폴리오를 구성하기 위해서는 주식 1,240주를 매도하고, 동시에 콜옵션 2,000개(200계약)를 매입해야 한다.

(3) 주식과 옵션에 의해 구성된 델타−감마−베가중립 포트폴리오는 다음과 같다.

$$V_H=V_B+n_S S+n_{C_1}C_1+n_{C_2}C_2$$

$$\rightarrow \Delta_H=\Delta_B+n_S+n_{C_1}\Delta_{C_1}+n_{C_2}\Delta_{C_2}=0+n_S+n_{C_1}\times0.6+n_{C_2}\times0.5=0$$

$$\Gamma_H=\Gamma_B+0+n_{C_1}\Gamma_{C_1}+n_{C_2}\Gamma_{C_2}=-5{,}000+0+n_{C_1}\times0.5+n_{C_2}\times0.8=0$$

$$\Lambda_H=\Lambda_B+0+n_{C_1}\Lambda_{C_1}+n_{C_2}\Lambda_{C_2}=-8{,}000+0+n_{C_1}\times2.0+n_{C_2}\times1.2=0$$

$$\therefore\ n_S=-3{,}240,\ n_{C_1}=400,\ n_{C_2}=6{,}000$$

따라서 투자자 병이 델타−감마−베가중립인 포트폴리오를 구성하기 위해서는 주식 3,240주를 매도하고, 동시에 400개(40계약)의 콜옵션 1과 6,000개(600계약)의 콜옵션 2를 매입해야 한다.

주가지수옵션을 이용한 델타헤징

주식포트폴리오와 주가지수옵션으로 구성된 포트폴리오의 델타(Δ)를 0으로 만들면, 주가지수의 가치(I)가 변하더라도 포트폴리오의 가치는 변하지 않게 된다. 주식포트폴리오와 주가지수 콜옵션으로 구성된 헤지포트폴리오의 가치(V_H)는 다음과 같다.

$$V_H = V_S + n_C C \tag{1-41}$$

여기서 V_S: 주식포트폴리오의 가치

식 (1-41)에 의해 헤지포트폴리오의 델타를 구하면 다음과 같다.

$$\frac{\partial V_H}{\partial I} = \frac{\partial V_S}{\partial I} + n_C \frac{\partial C}{\partial I} = \frac{\partial V_S}{\partial I} + n_C \Delta_C = 0 \tag{1-42}$$

그리고 주가지수에 대한 포트폴리오의 민감도, 즉 베타(β_S)는 다음과 같이 정의될 수 있다.

$$\beta_S = \frac{\text{주식포트폴리오 가치의 변화율}}{\text{주가지수 가치의 변화율}} = \frac{\dfrac{\partial V_S}{V_S}}{\dfrac{\partial I}{I}} = \frac{\partial V_S}{\partial I} \cdot \frac{I}{V_S} \tag{1-43}$$

식 (1-43)에서 $\dfrac{\partial V_S}{\partial I} = \dfrac{\beta_S V_S}{I}$이므로 이를 식 (1-42)에 대입하여 정리하면, 델타헤징에 필요한 주가지수 콜옵션의 계약수(n_C)는 다음과 같이 구할 수 있다.[46)]

$$n_C = -\frac{\beta_S V_S}{I \Delta_C} \tag{1-44}$$

식 (1-44)에서 n_C의 부호는 음(−)이며, 이는 보유하고 있는 주식포트폴리오를 헤지하기 위해서 주가지수 콜옵션을 $\dfrac{\beta_S V_S}{I \Delta_C}$만큼 매도하여야 한다는 것을 의미한다.

---

46) 제5장에서 설명할 최소분산헤지비율 개념에 의해서도 동일한 결과를 얻을 수 있다.

$$\Delta V_H = \Delta V_S + n_C \Delta C \rightarrow \frac{\partial Var(\Delta V_H)}{\partial n_C} = 0$$

$$\therefore n_C = -\frac{Cov(\Delta V_S, \Delta C)}{Var(\Delta C)} = -\frac{V_S \times C \times Cov\left(\dfrac{\Delta V_S}{V_S}, \dfrac{\Delta C}{C}\right)}{C^2 \times Var\left(\dfrac{\Delta C}{C}\right)} = -\left(\frac{V_S}{C}\right)\beta_{SC} = -\left(\frac{V_S}{C}\right)\left(\frac{\dfrac{\partial V_S}{V_S}}{\dfrac{\partial C}{C}}\right)$$

$$= -\left(\frac{V_S}{C}\right)\left(\frac{\dfrac{\partial V_S}{V_S} \Big/ \dfrac{\partial I}{I}}{\dfrac{\partial C}{C} \Big/ \dfrac{\partial I}{I}}\right) = -\left(\frac{V_S}{C}\right)\left(\frac{\beta_S}{\dfrac{\partial C}{\partial I} \times \dfrac{I}{C}}\right) = -\frac{\beta_S V_S}{I \Delta_C}$$

만약 헤지대상자산인 현물(주식포트폴리오)과 델타헤징에 사용하는 주가지수옵션의 기초자산이 동일하다면($V_S = I$), 델타헤징에 필요한 주가지수 콜옵션의 계약수는 $n_C = -\frac{1}{\Delta_C}$ 이다. 이는 앞의 식 (1−33)에 의해 구해진 결과와 동일하다.[47]

한편 시장상황에 따라 주식포트폴리오의 베타를 변화시키고자 할 때도 주가지수옵션을 이용할 수 있다. 식 (1−41)에서 헤지포트폴리오의 베타를 구하면 다음과 같다.

$$\beta_H = \beta_S\left(\frac{V_S}{V_S + n_C C}\right) + \beta_C\left(\frac{n_C C}{V_S + n_C C}\right) \tag{1-45}$$

여기서 β_H: 헤지포트폴리오의 베타
β_C: 주가지수 콜옵션의 베타

현재 보유하고 있는 주식포트폴리오의 베타(β_S)를 임의의 헤지포트폴리오의 베타(β_H)로 조정하기 위한 주가지수 콜옵션의 계약수는 식 (1−45)에 의해서 다음과 같이 나타낼 수 있다.

$$n_C = \frac{V_S(\beta_H - \beta_S)}{C(\beta_C - \beta_H)} \tag{1-46}$$

여기서 $\beta_C = \dfrac{\frac{\partial C}{C}}{\frac{\partial I}{I}} = \dfrac{\partial C}{\partial I} \times \dfrac{I}{C} = \Delta_C \times \dfrac{I}{C}$

식 (1−46)에서 $\beta_H = 0$인 경우에는 앞의 식 (1−44)와 동일하게 된다. 따라서 식 (1−44)에 의해 구성된 헤지포트폴리오는 체계적 위험(베타)을 0으로 만드는 것으로서, 이는 시장전체의 변동에 영향을 받지 않도록 하기 위해서 구성된 포트폴리오라 할 수 있다.

동일한 방법으로 델타헤징에 필요한 주가지수 풋옵션의 계약수(n_P)를 구하면 다음과 같다.

$$n_P = -\frac{\beta_S V_S}{I\Delta_P} \tag{1-47}$$

여기서 Δ_P: 주가지수 풋옵션의 델타(<0)

식 (1−47)에서 n_P의 부호는 양(+)이며, 이는 보유하고 있는 주식포트폴리오를 헤지하기 위해서 주가지수 풋옵션을 $-\frac{\beta_S V_S}{I\Delta_P}$ 만큼 매입하여야 한다는 것을 의미한다.

47) 현물, 즉 헤지대상자산(주식포트폴리오)과 델타헤징에서 사용하는 주가지수옵션의 기초자산(주가지수)이 동일한 경우 완전헤지를 실현할 수 있으나, 서로 다를 경우 완전헤지를 달성하기 어려울 것이다.

예제 1-7 주가지수옵션을 이용한 델타헤징

현재 보유하고 있는 주식포트폴리오의 가치는 10억원이며, KOSPI 200에 대한 주식포트폴리오의 베타(β_S)는 2.0이다. KOSPI 200 콜옵션의 가격과 델타값은 각각 5.00, 0.80, 풋옵션의 가격과 델타값은 각각 3.00, −0.40이다. 현재 KOSPI 200 지수는 260.00이며, KOSPI 200 옵션의 거래승수는 1포인트당 25만원이다.

(1) KOSPI 200 콜옵션을 이용하여 헤지전략을 수립하라.

(2) KOSPI 200 풋옵션을 이용하여 헤지전략을 수립하라.

| 해설 |

(1) $n_C = -\frac{\beta_S V_S}{I\Delta_C} = -\frac{2.0 \times 100{,}000\text{만원}}{260.00 \times 25\text{만원} \times 0.80} = -38.46$

지수하락에 대비하여 현재 보유하고 있는 주식포트폴리오를 헤지하기 위해서는 KOSPI 200 콜옵션 38.46계약을 매도하여야 한다.

(2) $n_P = -\frac{\beta_S V_S}{I\Delta_P} = -\frac{2.0 \times 100{,}000\text{만원}}{260.00 \times 25\text{만원} \times (-0.4)} = 76.92$

지수하락에 대비하여 현재 보유하고 있는 주식포트폴리오를 헤지하기 위해서는 KOSPI 200 풋옵션 76.92계약을 매입하여야 한다.

요 약

옵션의 기초개념

1. 옵션의 의의

옵션은 특정자산(주식 등)을 지정된 날짜 또는 그 이전에 미리 약정된 가격으로
유럽형 옵션 / 미국형 옵션
사거나 또는 팔 수 있는 권리를 그 소유자에게 부여하는 계약을 의미한다.
콜옵션 / 풋옵션

2. 만기일에서의 옵션가치

$$C_T = \text{Max}[S_T - X,\ 0],\quad P_T = \text{Max}[X - S_T,\ 0]$$

옵션의 결합 : 풋-콜 패리티

$$S + P - C = \frac{X}{1 + r_T}$$

옵션가치의 결정요인

요 인	콜옵션	풋옵션
행사가격(X)	−	+
만기*(T)	+	+
기초자산의 가치(주식가격)(S)	+	−
기초자산(주식)의 변동성(σ^2)	+	+
무위험이자율(r_T)	+	−

* 이 관계는 유럽형 옵션의 경우에는 성립하지 않을 수 있다.

옵션가격결정모형

1. 이항옵션가격결정모형

▶ 1기간 모형

- 헤지비율$(\alpha) = \dfrac{C_u - C_d}{(u-d)S}$
- $C = \dfrac{pC_u + (1-p)C_d}{1+r_T}$

  여기서 $p = \dfrac{(1+r_T)-d}{u-d}$, $1-p = \dfrac{u-(1+r_T)}{u-d}$

☞ 위험중립적 가격결정관계

▶ 2기간 모형: $C = \dfrac{p^2C_{uu} + 2p(1-p)C_{ud} + (1-p)^2C_{dd}}{(1+r_{T/2})^2}$

▶ 이항옵션가격결정모형의 확장

- 풋옵션의 경우 콜옵션의 만기가치 대신 풋옵션의 만기가치를 대입하면 됨.
- 미국형 옵션과 조기행사: 매기간 말마다 옵션을 행사하는 것이 최적인지를 판단함.
- 통화옵션: $C = \dfrac{pC_u + (1-p)C_d}{1+r_T}$

  여기서 $p = \dfrac{\left(\dfrac{1+r_T}{1+r_T^F}\right)-d}{u-d} = \dfrac{(1+r_T)-d(1+r_T^F)}{u(1+r_T^F)-d(1+r_T^F)}$

☞ 풋-콜 패리티: $\dfrac{S}{1+r_T^F} + P - C = \dfrac{X}{1+r_T}$

2. 블랙-숄즈 옵션가격결정모형

$$C = SN(d_1) - Xe^{-rT}N(d_2)$$

여기서 $d_1 = \dfrac{\ln\left(\dfrac{S}{X}\right) + \left(r + \dfrac{1}{2}\sigma^2\right)T}{\sigma\sqrt{T}}$, $d_2 = d_1 - \sigma\sqrt{T}$

3. 옵션가치의 민감도와 헤징

▶ 옵션가치의 민감도

$$\Delta=\frac{\partial C}{\partial S},\ \Gamma=\frac{\partial \Delta}{\partial S}=\frac{\partial^2 C}{\partial S^2},\ \Theta=\frac{\partial C}{\partial t},\ \Lambda=\frac{\partial C}{\partial \sigma},\ \rho=\frac{\partial C}{\partial r}$$

▶ 주식옵션을 이용한 헤징: 델타헤징, 델타–감마헤징, 델타–감마–베가헤징

▶ 주가지수옵션을 이용한 델타헤징

콜옵션 매도: $n_C=\frac{\beta V_S}{I\Delta_C}$, 풋옵션 매입: $n_P=-\frac{\beta V_S}{I\Delta_P}$

주요 용어

옵션 • 4
옵션거래소 • 5
콜옵션 • 6
유한책임증권 • 7
풋옵션 • 7
KOSPI 200 옵션 • 10
풋–콜 패리티 • 13
내재가치 • 21
시간가치 • 22
이항옵션가격결정모형 • 22
헤지포트폴리오 • 24
헤지비율 • 24
위험중립확률 • 25
헤지확률 • 25
위험중립가격결정관계 • 25
통화옵션 • 34
블랙–숄즈 옵션가격결정모형 • 37
가성 미국형 옵션가치 평가방법 • 41
이항분포모형 • 41
민감도분석 • 43
옵션델타 • 43
옵션감마 • 44
옵션세타 • 44
옵션베가 • 44
옵션로 • 44
델타헤징 • 45
델타중립 • 45
동적 헤징전략 • 45
델타–감마헤징 • 46
델타–감마–베가헤징 • 47

사·례·연·구

새나라㈜의 현재 주식가격은 10,000원이다. 지금으로부터 1년 후 이 회사의 주식가격은 다음과 같이 예상된다.

상 황	확 률	주식가격
1	0.6	13,000원
2	0.4	9,000원

이 회사의 주식에 대한 풋옵션은 11,000원의 행사가격으로 단지 1년 후에만 행사할 수 있다. 무위험이자율이 연 5%일 때 다음의 물음에 답하라.

(1) 헤지포트폴리오를 구성하여 풋옵션의 가격을 구하라.

(2) 풋옵션의 복제포트폴리오를 구성하여 풋옵션의 가격을 구하라.

(3) 위험중립확률을 구하여 풋옵션의 가격을 구하라.

(4) 풋옵션과 동일한 기초자산, 행사가격, 만기를 가지는 콜옵션이 존재한다면 그것의 현재가치를 풋-콜 패리티를 이용하여 구하라.

(5) 상승확률이 0.6에서 0.7로 변할 경우 풋옵션 또는 콜옵션의 가격은 어떻게 변화하겠는가? 또한 투자자의 위험선호형태가 바뀔 경우 풋옵션 또는 콜옵션의 가격은 어떻게 변화하겠는가?

:: 해 설

(1)

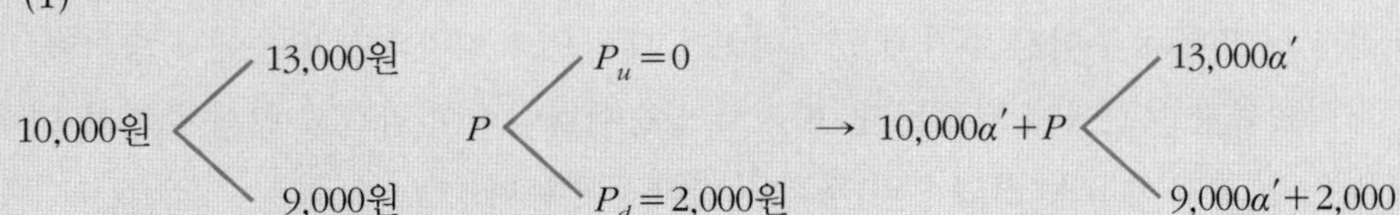

$13,000\alpha'=9,000\alpha'+2,000 \rightarrow \alpha'=0.5$

$(10,000\times0.5+P)(1+0.05)=13,000\times0.5 \quad \therefore\ P=1,190.48$원

(2) $P=-\alpha'S+B'$

$$10{,}000\text{원} \left\langle \begin{matrix} 13{,}000\text{원} \\ \\ 9{,}000\text{원} \end{matrix} \right. \qquad B' \left\langle \begin{matrix} B'(1+0.05) \\ \\ B'(1+0.05) \end{matrix} \right. \qquad \rightarrow \ -10{,}000\alpha'+B' \left\langle \begin{matrix} -13{,}000\alpha'+1.05B' \\ \\ -9{,}000\alpha'+1.05B' \end{matrix} \right.$$

$-13{,}000\alpha'+1.05B'=0,\ -9{,}000\alpha'+1.05B'=2{,}000 \rightarrow \alpha'=0.5,\ B'=6{,}190.48$원

$\therefore\ P=-0.5\times 10{,}000+6{,}190.48=1{,}190.48$원

(3) $10{,}000=\dfrac{13{,}000p+9{,}000(1-p)}{1+0.05} \rightarrow p=0.375$

또는 $p=\dfrac{(1+r_T)-d}{u-d}=\dfrac{1.05-0.9}{1.3-0.9}=0.375$

$\therefore\ P=\dfrac{0.375\times 0+0.625\times 2{,}000}{1+0.05}=1{,}190.48$원

별 해 상태선호이론을 이용하는 방법

$13{,}000p(\theta_1)+9{,}000p(\theta_2)=10{,}000,\ \ p(\theta_1)+p(\theta_2)=\dfrac{1}{1+0.05}$

$\rightarrow p(\theta_1)=0.357143,\ \ p(\theta_2)=0.595238$

$P=0.357143\times 0+0.595238\times 2{,}000=1{,}190.48$원

※ 상태선호이론에 대해서는 「Perfect 재무관리 I」 제8장 보론 2를 참고할 것.

(4) $C=S+P-\dfrac{X}{1+r_T}=10{,}000+1{,}190.48-\dfrac{11{,}000}{1+0.05}=714.29$원

(5) 옵션의 가치는 주어진 주가에 근거하여 상대적으로 평가되기 때문에 상승확률 또는 하락확률과 무관하게 결정된다. 따라서 상승확률이 변하더라도 현재 주가가 변하지 않는 한 콜옵션 또는 풋옵션의 가격은 변하지 않는다.

또한 옵션가격은 항상 무위험상태(hedge state)에서 유도되기 때문에 그 평가과정은 투자자의 위험선호형태와도 무관하게 된다. 따라서 투자자의 위험선호형태가 바뀌더라도 콜옵션 또는 풋옵션의 가격은 변하지 않는다.

Tip

주식, 풋옵션, 콜옵션의 기대수익률을 각각 구하면 다음과 같다.

- $E(r_S) = \dfrac{(0.6 \times 13{,}000 + 0.4 \times 9{,}000) - 10{,}000}{10{,}000} = 0.14$
- $E(r_P) = \dfrac{(0.6 \times 0 + 0.4 \times 2{,}000) - 1{,}190.48}{1{,}190.48} = -0.3280$
- $E(r_C) = \dfrac{(0.6 \times 2{,}000 + 0.4 \times 0) - 714.29}{714.29} = 0.6800$

CAPM에 의해 이상의 결과를 설명하면 다음과 같다.

- $E(r_S) = 0.14 >$ 무위험이자율(0.05) $\rightarrow \beta_S > 0$
- $E(r_P) = -0.3280 <$ 무위험이자율(0.05) $\rightarrow \beta_P < 0$(풋옵션의 경우 기초자산인 주식과 서로 다른 방향으로 움직이기 때문에 풋옵션의 베타는 음(−)이 될 수 있음)
- $E(r_C) = 0.6800 >$ 주식의 기대수익률(0.14) $\rightarrow \beta_C > \beta_S$(콜옵션의 경우 레버리지효과에 의해 기초자산인 주식보다 체계적 위험이 더 크게 나타남)

연 · 습 · 문 · 제

▶ 객관식 문제

01 배당지급이 없는 주식에 대한 옵션가격에 관한 설명으로 가장 적절하지 않은 것은? 단, C는 콜옵션의 가격, S는 주식의 현재가치, K는 옵션행사가격이고, $PV(K)$는 행사가격의 현재가치이다. (CPA 1차 2012)

① 유럽식 콜옵션은 권리이므로 행사의 의무를 가지지 않으며, 만기일에 영(0) 아니면 양(+)의 수익을 얻는다.

② $C \geq \max[S-PV(K),\ 0]$이다. 이 조건이 충족되지 않는 경우, 투자자는 콜옵션을 매입하고 주식을 공매도하여 얻은 자금을 무위험이자율로 투자하여 차익을 얻을 수 있다.

③ 이자율이 양(+)이면, 만기 전 미국식 콜옵션의 매도가격은 행사로부터의 이득보다 크다.

④ 외가격(out of the money)이나 등가격(at the money) 옵션의 내재가치는 0이다.

⑤ 콜옵션가격의 상한선은 주식의 현재가치에서 콜옵션의 행사가격을 차감한 값이다(즉, $C \leq S-K$). 이 조건이 충족되지 않는 경우, 투자자는 콜옵션을 매도하고 주식을 매입하는 전략으로 차익을 얻을 수 있다.

02 다음 내용 중 가장 옳지 않은 것은? (CPA 1차 2007)

① 콜옵션의 가격은 주식(기초자산)의 주가보다 높을 수 없다.

② 무배당 주식에 대한 미국형 콜옵션의 경우 만기일 전에 권리를 행사하지 않는 것이 최적이다.

③ 무위험이자율이 상승하면 콜옵션의 가격은 하락한다.

④ 콜옵션의 가격이 행사가격보다 높을 수 있다.

⑤ 다른 조건이 일정할 경우, 콜옵션의 기초자산인 주식의 변동성이 커지면 콜옵션의 가치는 커진다.

03 다음 표는 어느 특정일의 코스피 200 주가지수 옵션시세표 중 일부이다. 다음의 설명 중 가장 적절하지 않은 것은? (단, 만기 전 배당, 거래비용, 세금은 없다고 가정한다. 1포인트는 25만원이다.) (CPA 1차 2010 수정)

(단위: 포인트, 계약)

종 목	종 가	전 일 대 비	고 가	저 가	거래량	미결제 약정수량
코스피 200	213.44	3.71	213.56	212.09	–	–
C 20×103 217.5	1.99	0.78	2.17	1.43	597,323	73,427
C 20×103 215.0	3.05	1.15	3.25	2.31	265,900	63,076
C 20×103 212.5	4.55	1.70	4.55	3.40	57,825	44,939
C 20×103 210.5	5.85	1.85	6.15	4.80	34,650	30,597
P 20×103 215.0	4.55	−2.95	6.10	4.35	24,324	26,032
P 20×103 212.5	3.30	−2.55	4.85	3.20	39,636	21,824
P 20×103 210.5	2.40	−2.15	3.50	2.34	253,298	49,416
P 20×103 207.5	1.73	−1.67	2.60	1.69	329,762	33,767

① 등가격(ATM)에 가장 가까운 종목 중 행사가격이 동일한 콜과 풋옵션의 경우 콜옵션가격이 풋옵션가격보다 비싸다.

② 행사가격이 210.5인 풋옵션 10계약을 장중 최저가에 매입한 후 최고가에 매도하였다면 290만원의 매매차익을 얻었을 것이다.

③ 외가격(OTM)이 심한 종목일수록 거래량이 많았다.

④ 콜옵션의 경우 내가격(ITM)이 심한 종목일수록 청산되지 않고 남아있는 수량이 적었다.

⑤ 풋－콜 패리티(put-call parity)를 통한 계산결과, 행사가격이 212.5인 풋옵션은 과소평가되어 있다. 단, $(1+\text{무위험수익률})^{\text{잔존기간}}$은 1.002이다.

04 현재 옵션시장에서는 ㈜마바 주식을 기초자산으로 하고 만기가 동일하게 1년씩 남은 콜옵션과 풋옵션이 각각 거래되고 있다. 행사가격이 200,000원인 콜옵션의 가격은 20,000원이고 행사가격이 180,000원인 풋옵션의 가격은 10,000원이며 무위험이자율은 연 10%이다. 무위험이자율로 차입하여, 위의 콜옵션과 풋옵션을 각각 1개씩 매입한 투자자가 만기에 손실을 볼 수 있는 ㈜마바 주식가격(P)의 범위로 가장 적절한 것은? (CPA 1차 2015)

① P＜147,000원 ② P＜169,000원 ③ P＞233,000원
④ 11,000원＜P＜33,000원 ⑤ 147,000원＜P＜233,000원

05 유럽형 옵션의 이론적 가격에 관한 설명 중 가장 적절하지 않은 것은? (CPA 1차 2017)

① 풋옵션의 가격은 행사가격의 현재가치보다 작거나 같다.

② 배당을 지급하지 않는 주식을 기초자산으로 하는 콜옵션의 가격은 주식가격(S_0)과 행사가격(X)의 현재가치와의 차이($S_0 - PV(X)$)보다 크거나 같다.

③ 다른 조건이 동일할 때, 배당을 지급하는 주식을 기초자산으로 하는 콜옵션의 가격은 배당을 지급하지 않는 주식을 기초자산으로 하는 콜옵션 가격보다 낮거나 같다.

④ 다른 조건이 동일할 때, 배당을 지급하는 주식을 기초자산으로 하는 풋옵션의 가격은 배당을 지급하지 않는 주식을 기초로 하는 풋옵션 가격보다 높거나 같다.

⑤ 다른 조건이 동일할 때, 행사가격이 높은 콜옵션의 가격은 행사가격이 낮은 콜옵션의 가격보다 높거나 같다.

06 다음의 표는 잔존만기와 기초자산이 동일한 유럽형 옵션의 시장가를 정리한 것이다. 잔존만기와 무위험이자율이 양수라고 가정할 때, 다음 중 차익거래가 나타날 수 있는 포지션은? (단, 괄호 안은 행사가격을 나타낸다.) (CPA 1차 2018)

행사가격	콜가격	풋가격
100	9.0	3.0
105	5.2	6.0
110	2.0	11.5

① 콜(100) 1개 매수, 콜(105) 1개 매도

② 풋(105) 1개 매수, 풋(110) 1개 매도

③ 콜(100) 1개 매수, 콜(105) 2개 매도, 콜(110) 1개 매수

④ 풋(100) 1개 매수, 풋(105) 2개 매도, 풋(110) 1개 매수

⑤ 콜(100) 1개 매수, 풋(100) 1개 매수

07 현재 주가는 10,000원이고, 무위험이자율은 연 3%이다. 1년 후 주가는 15,000원으로 상승하거나 7,000원으로 하락할 것으로 예상된다. 이 주식을 기초자산으로 하는 유럽형 옵션의 만기는 1년이고 행사가격은 10,000원이며 주식은 배당을 지급하지 않는다. 1기간 이항모형을 이용하는 경우, 주식과 옵션으로 구성된 헤지포트폴리오(hedge portfolio)로 적절한 항목만을 모두 고르면? (단, 주식과 옵션은 소수 단위로 분할하여 거래가 가능하다.) (CPA 1차 2013)

(가) 주식 1주 매입, 콜옵션 $\frac{8}{5}$개 매도
(나) 주식 $\frac{5}{8}$주 매도, 콜옵션 1개 매입
(다) 주식 1주 매입, 풋옵션 $\frac{8}{3}$개 매입
(라) 주식 $\frac{3}{8}$주 매도, 풋옵션 1개 매도

① (가), (다) ② (나), (라) ③ (가), (나), (다)
④ (가), (나), (라) ⑤ (가), (나), (다), (라)

08 현재 ㈜가나 주식의 가격은 10,000원이고 주가는 1년 후 80%의 확률로 20% 상승하거나 20%의 확률로 40% 하락하는 이항모형을 따른다. ㈜가나의 주식을 기초자산으로 하는 만기 1년, 행사가격 9,000원의 유럽형 콜옵션이 현재 시장에서 거래되고 있다. 무위험이자율이 연 5%일 때 모든 조건이 이 콜옵션과 동일한 풋옵션의 현재가격에 가장 가까운 것은? (CPA 1차 2014)

① 715원 ② 750원 ③ 2,143원 ④ 2,250원 ⑤ 3,000원

09 1기간 이항모형이 성립하고 무위험이자율이 연 10%라고 가정하자. ㈜가나의 주가는 현재 9,500원이며 1년 후에는 60%의 확률로 11,000원이 되거나 40%의 확률로 9,000원이 된다. ㈜가나의 주식에 대한 풋옵션(만기 1년, 행사가격 10,000원)의 현재 이론적 가격에 가장 가까운 것은? (CPA 1차 2017)

① 350원 ② 325원 ③ 300원 ④ 275원 ⑤ 250원

10 ㈜한국의 주가가 현재 100만원인데, 1년 후 이 주식의 주가는 120만원 혹은 105만원 중 하나의 값을 갖는다고 가정한다. 이 주식의 주가를 기초자산으로 하고, 만기는 1년이며, 행사가격이 110만원인 콜옵션과 풋옵션이 있다. 기초자산과 옵션을 이용한 차익거래가 발생하지 못하는 옵션가격들을 이항모형을 이용하여 구한 후, 콜옵션과 풋옵션의 가격차이의 절대값을 계산하라. 1년 무위험이자율은 10%이고 옵션만기까지 배당은 없다. (CPA 1차 2009)

① 0원 ② 500원 ③ 1,000원 ④ 5,000원 ⑤ 10,000원

11 배당을 지급하지 않는 A기업의 주가는 현재 10,000원이다. 투자자는 1년 동안 10,000원을 예금하는 경우 만기에 11,000원을 확정적으로 받게 되며, 예금 금리와 동일한 금

리로 자금을 차입할 수 있다. 여기서 콜옵션과 풋옵션은 A기업 주식에 대한 만기 1년의 유럽형(European) 옵션을 의미하며, 행사가격은 11,000원으로 동일하다. 콜옵션 가격이 3,000원이라면 다음 중 옳은 것은? (CPA 1차 2004)

① 풋옵션가격이 2,000원이라면, 콜옵션 하나를 매수하고 풋옵션 하나를 매도함으로써 1년 후 1,100원의 무위험차익을 얻을 수 있다.
② 콜옵션 2개를 매수하고 A기업 주식 1주를 공매도(short selling)함과 동시에 10,000원을 예금하는 경우, 만기에 주가가 2,500원으로 하락하거나 12,500원으로 상승하면 이익이 발생한다.
③ A기업의 주식에 대한 만기 1년 선도계약의 선도가격이 10,500원이고 풋옵션가격이 2,500원이라면 무위험차익거래(arbitrage) 기회는 존재하지 않는다.
④ 무위험차익거래 기회가 존재하지 않는 경우, 풋옵션 1개를 매수함과 동시에 10,000원을 차입하여 A기업 주식 한 주를 매수함으로써 A기업 주식에 대한 만기 1년의 미국형(American) 콜옵션을 매수하는 것과 같은 효과를 얻을 수 있다.
⑤ 콜옵션과 풋옵션에 대한 행사가격이 A기업 주식에 대한 1년 만기 선도계약의 선도가격과 같다면, 무위험차익거래 기회가 존재하지 않기 위해서는 콜가격은 풋가격보다 높아야 한다.

12 옵션에 관한 설명으로 가장 적절하지 않은 것은? (CPA 1차 2015)

① 위험헤지를 위하여 콜옵션 1단위 매도에 대하여 매입하여야 할 주식수를 헤지비율(hedge ratio)이라고 한다.
② 주식과 무위험채권을 적절히 이용하면 콜옵션과 동일한 손익구조를 갖는 복제포트폴리오를 구성할 수 있다.
③ 다기간 이항모형은 단일기간 이항모형과 달리 기간별로 헤지비율이 달라질 수 있으므로 옵션의 만기까지 지속적인 헤지를 원하는 경우 지속적으로 헤지포트폴리오의 구성을 재조정해야 하며 이를 동적헤지(dynamic hedge)라고 한다.
④ 이항모형에 의하면 옵션의 가치를 구하는 식에서 투자자의 위험에 대한 태도는 고려하지 않는다.
⑤ 옵션탄력성(option elasticity)이 1보다 작다는 의미는 옵션이 기초자산보다 훨씬 위험이 크다는 것을 나타낸다.

13 A회사의 주식이 10,000원에 거래되고 있다. 이 주식에 대해 행사가격이 10,000원이며 6개월 후에 만기가 도래하는 콜옵션의 가치는 블랙-숄즈 모형을 이용해 구한 결과 2,000원이었다. 주가가 10% 올라서 11,000원이 된다면 콜옵션 가치의 변화에 대해 가

장 잘 설명하는 것은 무엇인가? (CPA 1차 2008)

① 콜옵션 가치는 1,000원보다 적게 증가하고 콜옵션 가치의 증가율은 10%보다 높다.
② 콜옵션 가치는 1,000원보다 많이 증가하고 콜옵션 가치의 증가율은 10%보다 높다.
③ 콜옵션 가치는 1,000원보다 적게 증가하고 콜옵션 가치의 증가율은 10%보다 낮다.
④ 콜옵션 가치는 1,000원보다 많이 증가하고 콜옵션 가치의 증가율은 10%보다 낮다.
⑤ 콜옵션 가치는 1,000원 증가하고 콜옵션 가치의 증가율은 10%이다.

14 옵션의 가치와 옵션가격결정요인들에 관한 설명으로 가장 적절하지 않은 것은? (CPA 1차 2011)

① 일반적으로 콜옵션의 델타(delta)는 양(+)의 값, 풋옵션의 델타는 음(−)의 값을 갖는다.
② 옵션의 세타(theta)는 시간이 지남에 따라 옵션가치가 변하는 정도를 나타내는 지표이다.
③ 다른 조건이 동일하다면 등가격 상태에서 콜옵션의 시간가치는 풋옵션의 시간가치보다 작다.
④ 배당 등의 현금흐름이 없는 유럽형 콜옵션의 감마(gamma)는 일반적으로 양(+)의 값을 갖는다.
⑤ 옵션의 감마값은 등가격 부근에서 크고 외가격이나 내가격으로 갈수록 감소한다.

15 블랙−숄즈(1973) 또는 머튼(1973)의 모형을 이용하여 무배당주식옵션의 가치를 평가하려 한다. 다음 설명 중 적절한 것은? (단, $N(d_1)$은 유럽형 콜옵션의 델타이고, $d_2 = d_1 -$ 변동성$\times\sqrt{\text{만기}}$이다.) (CPA 1차 2018)

① 옵션가를 계산하기 위해 주식의 현재 가격 및 베타, 행사가격, 이자율 등의 정보가 모두 필요하다.
② $N(d_1)-1$은 유럽형 풋옵션의 델타이다.
③ $N(d_2)$는 만기에 유럽형 풋옵션이 행사될 위험중립확률이다.
④ $N(d_1)$은 유럽형 콜옵션 한 개의 매수 포지션을 동적헤지하기 위해 보유해야 할 주식의 개수이다.
⑤ 이 모형은 옵션만기시점의 주가가 정규분포를 따른다고 가정한다.

16 배당을 지급하지 않는 주식을 기초자산으로 하는 선물과 옵션에 관한 다음 설명 중 가장 적절하지 않은 것은? (단, 시장이자율은 양수이다.) (CPA 1차 2013)

① 다른 모든 조건이 같다고 할 때, 행사가격이 주식가격과 같은 등가격 유럽형 콜옵션의 이론가격은 등가격 유럽형 풋옵션의 이론가격과 같다.
② 선물의 이론가격을 계산할 때 주식의 변동성은 고려할 필요가 없다.
③ 블랙-숄즈-머튼 모형에서 $N(d_1)$은 콜옵션의 델타이다.
④ 블랙-숄즈-머튼 모형에서 $N(d_2)$는 옵션의 만기시 콜옵션이 내가격(in-the-money)이 될 위험중립확률이다.
⑤ 주식의 가격이 아무리 상승하더라도 미국형 콜옵션을 만기 전에 조기행사하는 것은 합리적인 행위가 아니다.

17 기초자산의 현재가격이 10,000원이고 이에 대한 콜옵션의 현재가격은 2,000원이다. 콜옵션의 델타가 0.8일 때 기초자산의 가격이 9,000원이 되면 콜옵션의 가격은 얼마가 되겠는가? (CPA 1차 2014)

① 300원 ② 800원 ③ 1,200원 ④ 1,700원 ⑤ 2,800원

18 현재 ㈜다라 주식의 가격은 200,000원이다. ㈜다라 주식을 기초자산으로 하고 행사가격이 200,000원인 풋옵션의 현재가격은 20,000원이다. 풋옵션의 델타가 −0.6일 때 ㈜다라 주식의 가격이 190,000원이 되면 풋옵션의 가격은 얼마가 되겠는가? (CPA 1차 2015)

① 6,000원 ② 12,000원 ③ 14,000원 ④ 26,000원 ⑤ 60,000원

19 ㈜가나의 현재 주가는 100,000원이다. ㈜가나의 주가는 1년 후 120,000원이 될 확률이 70%이고 80,000원이 될 확률이 30%인 이항모형을 따른다. ㈜가나의 주식을 기초자산으로 하는 만기 1년, 행사가격 90,000원의 유럽형 콜옵션과 풋옵션이 현재 시장에서 거래되고 있다. 무위험이자율이 연 10%일 때 풋옵션의 델타와 콜옵션의 델타로 가장 적절한 것은? (CPA 1차 2016)

	풋옵션델타	콜옵션델타
①	−0.25	0.25
②	−0.50	0.50
③	−0.25	0.75
④	−0.50	0.75
⑤	−0.75	0.75

● 객관식 해답 **1.** ⑤, **2.** ③, **3.** ⑤, **4.** ⑤, **5.** ⑤, **6.** ②, **7.** ⑤, **8.** ①, **9.** ⑤, **10.** ①, **11.** ④, **12.** ⑤, **13.** ①, **14.** ③, **15.** ②, **16.** ①, **17.** ③, **18.** ④, **19.** ③

▶ 주관식 문제

01 콜옵션의 가격범위

옵션과 주식의 시장가격이 다음과 같이 주어져 있다.

> 미국형 콜옵션(행사가격=20,000원)의 시장가격=3,000원
> 주식의 시장가격=25,000원

(1) 이 경우 당신은 어떻게 해야 하는가? 그것에 따른 당신의 이익 또는 손실은?

(2) 미국형 콜옵션가격의 하한값은?

(3) 미국형 콜옵션가격의 상한값은?

02 미국형 옵션의 풋-콜 패리티 (보험계리사 2차 2017)

만기, 기초자산, 행사가격이 동일한 미국형 콜옵션(C)과 미국형 풋옵션(P)이 있다. 이 두 옵션의 행사가격은 3만원, 만기는 1년이다. 현재 기초자산인 주식의 가격은 2만 8천원이고 무위험이자율은 연 5%이다. 옵션만기까지 기초자산인 주식에 배당이 없다고 가정하고 다음 질문에 답하라. (단, 모든 이자계산은 연속복리로 하고, 모든 계산값은 반올림하여 소수점 둘째 자리까지 표시하라.)

(1) 시장에 차익거래기회가 없다고 가정하면, 두 미국형 옵션 사이의 가격차이($P-C$)의 최대값과 최소값을 계산하라. (단, $e^{-0.05}=0.951229$)

(2) 현재 시장에서 차익거래기회가 발생하는 미국형 풋옵션가격의 범위를 식과 그래프로 표현하라. (단, $x-y$축 그래프에서 x축은 미국형 콜옵션가격으로, y축은 미국형 풋옵션가격으로 표시하라.)

03 옵션의 결합 (CPA 2차 2002 수정)

㈜서울전자 주가는 앞으로 1년 후에 각각 30%, 40%, 30%의 확률을 가지고 110, 100, 90이 될 것으로 예상된다. 한편 시장에서는 ㈜서울전자 주식을 기초자산으로 하고 만기가 1년인 다양한 유럽형 옵션이 존재하는데, 이와 같은 옵션들의 현재 시장에서의 프리미엄은 다음과 같다.

옵션의 유형	옵션프리미엄
행사가격 90의 콜옵션	7.2
행사가격 100의 콜옵션	1.6
행사가격 100의 풋옵션	2.4

현재 시장은 균형상태이므로 차익거래기회(arbitrage opportunity)가 존재하지 않는다고 할 때 아래의 물음에 답하라. (단, 수익률은 '(기말가격−기초가격)/기초가격'으로 계산한다.)

(1) 1년 동안의 무위험수익률은 얼마인가?
(2) ㈜서울전자 주식의 1년 동안의 기대수익률은 얼마인가?

04 풋-콜 패리티와 차익거래 (CPA 2차 2007)

현재가격이 31,000원인 무배당 주식(S)에 대해 콜옵션과 풋옵션이 거래되고 있다. 유럽형 콜옵션(C)의 가격은 3,000원이며 유럽형 풋옵션(P)의 가격은 2,200원이다. 이들 옵션의 행사가격(X)은 30,000원, 만기(T)는 1년, 무위험이자율(r)은 3%이다. (모든 수치는 소수점 셋째 자리에서 반올림하라.)

(1) 콜옵션의 가격하한선 조건의 식을 쓰고 이 조건이 성립하는지 확인하라.
(2) 풋-콜 패리티(put-call parity)가 성립하는지 확인하라.
(3) 공매도가 가능하며 무위험이자율로 차입과 대출이 가능하다고 가정하고 차익거래를 위한 전략을 기술하라.
(4) 차익거래전략을 통해 만기일에 얻게 되는 순이익을 계산하라.

05 풋-콜 패리티와 차익거래 (CPA 2차 2004)

동일한 주식을 기초자산으로 하고 만기도 동일하지만, 행사가격이 다른 두 유럽형 풋옵션의 현재가격은 다음과 같다.

행사가격 40의 풋옵션 프리미엄	1.46
행사가격 50의 풋옵션 프리미엄	11.15

한편 만기가 위의 옵션들과 동일하며 액면이 100인 무위험할인채권의 현재가격은 95이다. 해당 투자자는 무위험이자율로 차입(borrowing)과 대출(lending)을 할 수 있다고 가정한다.

이러한 경우 어떠한 포지션을 취하면 차익거래(arbitrage)를 만들어 낼 수 있는지 기술하라. 포지션을 구성함에 있어서, 차익(arbitrage profit)이 만기시점에서만 발생하도록 할 것이며, 행사가격 40의 풋옵션 1단위를 기준으로 표현하라. 답안에는 다음의 사항들이 포함되어야 한다.

(i) 어떠한 포지션을 구성해야 하는가?
(ii) 이러한 포지션을 구성했을 때 오늘의 현금흐름은 0이 된다는 것을 계산하여 보일 것.
(iii) 이러한 포지션을 구성했을 때 만기에서의 현금흐름이 만기시점에서의 주가 ST에 따라 어떻게 달라지는가에 대한 구체적 표현

06 1기간 이항옵션가격결정모형: 복제포트폴리오를 이용하는 방법 (CPA 2차 2013)

㈜마바의 현재 주당 가격은 10,000원이다. 주가변동은 이항분포를 따르는데 1년 후 주가가 상승하여 12,000원이 될 확률은 60%, 주가가 하락하여 7,000원이 될 확률은 40%이다. 투자자는 위험 중립적이고 무위험이자율은 10%이며 ㈜마바 주식을 기초자산으로 하는 1년 만기 유럽형 콜옵션과 풋옵션의 행사가격은 10,000원으로 동일하다.

(1) 헤지포트폴리오를 구성하여 현재의 콜옵션가치를 계산하라. 계산결과는 반올림하여 소수점 둘째 자리까지 표기하라.
(2) 무위험 헤지포트폴리오(riskless hedge portfolio)의 속성을 간략하게 설명하라.
(3) 기초주식과 무위험채권을 이용하여 콜옵션을 보유한 것과 동일한 포트폴리오를 구성하고 현재 콜옵션 가격이 1,600원일 때 차익거래전략을 현재와 만기 두 시점별 현금흐름의 관점에서 제시하라. 계산결과는 반올림하여 소수점 둘째 자리까지 표기하라.
(4) 이항모형으로 복제포트폴리오를 구성하여 풋옵션의 가치를 구하고 현재 풋옵션가격이 600원일 때 차익거래전략을 현재와 만기 두 시점별 현금흐름의 관점에서 제시하라. 계산결과는 반올림하여 소수점 둘째 자리까지 표기하라.

07 2기간 이항옵션가격결정모형 (보험계리사 2차 2014)

현재 주가가 10,000원인 어느 무배당주식이 향후 1년 간격으로 20% 상승하거나 40% 하락할 것으로 예상된다. 시장의 무위험수익률은 연간 1회 복리기준 5%이다. 잔존만기가 2년인 등가격(at-the-money) 옵션의 가치를 2기간 이항모형을 이용하여 구하는 경우, 다음 물음에 답하라. (모든 계산은 반올림하여 소수점 둘째 자리까지 나타내시오.)

(1) 매기간마다 주가가 상승할 위험중립확률을 구하라. 단, 상승지수$(u)=1.2$, 하락지수$(d)=0.6$을 사용하라.
(2) 주가의 추이를 2기간 이항트리(binomial tree)로 나타내시오.
(3) 무위험예금과 주식을 이용하여 1년 후 시점의 유럽형 풋옵션의 가치를 복제하는, 현재 시점의 포트폴리오를 구성하라.

(4) 유럽형 풋옵션의 적정가치를 계산하라.
(5) 미국형 풋옵션의 적정가치를 계산하라.

08 고급 풋-콜 패리티와 2기간 미국형 풋옵션의 가치평가

현재 주가는 21,000원이고, 매 6개월마다 주가가 10% 상승하거나 5% 하락할 것으로 예상된다. 6개월 후 832원의 현금배당이 한 번 지급되며, 무위험이자율은 연 8%이다.

(1) 행사가격이 20,000원인 1년 만기 유럽형 콜옵션의 현재가치를 계산하라.
(2) 풋-콜 패리티를 이용하여 행사가격이 20,000원인 1년 만기 유럽형 풋옵션의 가격을 구하라. 또한 현재 시장에서 동일한 유럽형 풋옵션이 250원으로 거래될 경우 차익거래과정을 구체적으로 설명하라.
(3) 행사가격이 20,000원인 1년 만기 미국형 풋옵션의 현재가치를 계산하라.

09 2기간 이항옵션가격결정모형: 배당이 존재하는 경우

현재 주가는 20,000원이고, 매 6개월마다 주가가 10% 상승하거나 5% 하락할 것으로 예상된다. 6개월간 무위험이자율은 4%이다.

(1) 현금배당은 6개월 후에 한 번 지급되며, 그 배당수익률은 4%이다. (단, 배당수익률은 배당이 지급될 시점에서의 주가를 기준으로 계산된다고 가정한다.)
① 행사가격이 19,000원인 1년 만기 유럽형 콜옵션의 현재가치를 계산하라.
② 행사가격이 19,000원인 1년 만기 미국형 콜옵션의 현재가치를 계산하라.
(2) 6개월 후 850원의 현금배당이 한 번 지급된다.
① 행사가격이 19,000원인 1년 만기 유럽형 콜옵션의 현재가치를 계산하라.
② 행사가격이 19,000원인 1년 만기 미국형 콜옵션의 현재가치를 계산하라.
③ 주가의 상승률 10% 또는 하락률 5%는 주가에서 배당의 현재가치를 차감한 값을 기준으로 계산된 것이라 가정하는 경우, 행사가격이 19,000원인 1년 만기 미국형 콜옵션의 현재가치를 계산하라.

10 고급 2기간 이항모형과 배당수익률 (CPA 2차 2006 수정)

통일증권거래소의 상장회사인 ㈜동남아의 현재 주가는 20,000원(액면가: 5,000원)이며, ㈜동남아의 주가는 6개월마다 20% 상승하거나 10% 하락하는 이항과정을 따른다고 한다. 그리고 무위험이자율은 연 12%, 이산(discrete)배당수익률은 연 8%라고 한다. 단, 이하 모든 계산과정 및 결과에서 금액은 소수점 아래 셋째 자리에서 반올림하여 소수점 아래 둘째 자리까지 표시하고, 백분율은 소수점 아래 다섯째 자리에서 반올림하여 소수점 아래 넷째 자리까지 표시하라.

(1) 잔존기간(time to maturity)이 1년이고, ㈜동남아의 주식을 기초자산으로 하는 등가격(at-the-money) 유럽형 콜옵션의 가격은 얼마인가? 단, 문제풀이과정에 i) ㈜동남아의 주가(S)와 콜옵션(C)의 가치변화, ii) 배당수익률을 반영한 헤지확률(p), iii) 콜옵션의 가격 등이 반드시 나타나도록 하라.

(2) 잔존기간이 1년이고, ㈜동남아의 주식을 기초자산으로 하는 등가격 유럽형 풋옵션의 가격을 풋-콜 패리티(put-call parity)를 사용하여 구하라.

(3) 잔존기간이 1년이고, ㈜동남아의 주식을 기초자산으로 하는 등가격 미국형 콜옵션의 가격은 얼마인가?

11 헤지비율과 3기간 모형 (CPA 2차 2012)

㈜태백의 무배당 주식의 현재가격은 2만원인데, 매년 주식가격이 10% 상승하거나 10% 하락하는 이항과정을 따른다고 가정한다. 또한 시장의 무위험이자율은 연 6%로 향후 변동이 없으며, 시장에는 어떠한 차익거래의 기회도 없다고 가정한다.

(1) ㈜태백의 주식을 100주 보유한 투자자가 이 주식을 기초자산으로 하고 행사가격이 19,000원이며, 잔존만기가 1년인 유럽식 표준형 풋옵션을 이용하여 무위험포트폴리오를 만들고자 한다. 풋옵션을 얼마나 매수 또는 매도해야 하는가?

(2) 위의 물음 (1)에 제시된 풋옵션 1개의 적정 가치를 구하라. 계산결과는 반올림하여 소수점 둘째 자리까지 나타내라.

(3) ㈜태백의 주식을 기초자산으로 하고 잔존만기가 3년이며 만기수익이 다음과 같이 나타나는 옵션의 적정 가치를 3기간 이항모형을 이용하여 구하라. 계산결과는 반올림하여 소수점 둘째 자리까지 나타내라.

$$\text{옵션의 만기수익(원)} = \text{Max}\left[0,\ \frac{S_T}{20,000} - 1\right] \times 8,000$$

단, S_T는 3년 후 주식의 가격을 나타낸다.

(4) 주가가 만기일 행사시점까지 17,000원 이하로 한 번이라도 하락하면 계약이 자동 소멸되는, 즉 KO(knock-out) 조항이 부여된 유럽형 풋옵션의 적정가격을 3기간 이항모형을 이용하여 구하라. 이때 옵션의 잔존만기는 3년이고 행사가격은 22,000원이다. 계산결과는 반올림하여 소수점 둘째 자리까지 나타내라.

12 통화옵션 (CPA 2차 2005)

외환시장에서 1년 후 달러화의 현물환율이 각각 1,100원/$ 또는 950원/$으로 상승 또는 하락하는 두 가지 경우만 존재한다고 가정하자. 달러옵션과 달러선물의 잔존만기는 1년으로 동일하며, 달러선물은 현재 1,050원/$의 가격에 거래되고 있다. 이 기간 동안 국내 자본시장의 무위험이자율은 6%이다. 자본시장은 완전하고 차익거래의 기회는 존재하지 않는다고 가정하자. 달러선물과 달러옵션계약의 1계약 규모는 50만달러이다. 다음 질문에 답하라.

(1) 행사가격이 980원/$인 달러에 대한 풋옵션 1계약 매수포지션에 대하여 헤지해야 할 달러화의 규모를 밝히고 아울러 매수 또는 매도 여부를 제시하라.

(2) 위험중립자의 입장에서 환율이 1년 후 1,100원/$으로 상승할 확률은 얼마인가? (계산은 반올림하여 소수점 둘째 자리까지만 표시한다.)

(3) 옵션의 만기시 현물환율을 S_T라고 정의하고 만기시 옵션의 수익이 Min[S_T-920, 50]으로 나타나는 옵션의 적정 프리미엄을 제시하라. (계산은 반올림하여 천원 단위로 표시한다.)

13 통화옵션과 풋-콜 패리티 (CPA 2차 2010)

한국과 미국의 무위험이자율은 각각 연간 6%와 4%이다. 한국의 금융시장에서 달러화의 현물환율은 1달러당 1,250원이다. 잔존만기가 1년이고 행사가격이 1,000원인 유럽형 콜옵션이 300원에 거래되고 있다. 국내 및 미국의 금융시장에는 어떠한 차익거래의 기회도 존재하지 않는다고 가정하라. 소수점 첫째 자리에서 반올림하여 답하라.

(1) 미화 1달러에 대한 1년 만기 선물의 적정가격을 구하라.

(2) 한국의 대미 수출기업인 ㈜한텍은 환리스크를 헤지하고자 한국의 금융시장에서 달러화를 기초자산으로 하고 행사가격이 1,000원이며, 만기가 1년인 유럽형 풋옵션을 매입하고자 한다. 이 풋옵션의 적정 프리미엄은 얼마인가?

(3) 미국에 본사를 둔 Detroit Hardware Inc.는 한국에 공구를 수출하는 기업이다. 이 기업은 수출대금으로 수취할 원화 100만원을 시카고옵션시장에서 1,000달러에 처분할 수 있는 풋옵션을 매입하고자 한다. 100만원에 대한 1년 만기 유럽형 풋옵션의 적정 프리미엄은 달러화로 얼마인가? 단, 미국의 금융시장에서 원화에 대한 현물환율은 1/1,250(USD/원) = 0.0008(USD/원)이다.

14 통화옵션과 풋-콜 패리티 (보험계리사 2차 2014)

한국의 금융시장에서 만기가 1년이고 행사가격이 1유로(euro)당 1,000원인 콜옵션의 가격이 450원에 거래되고 있다. 유로화의 현물환율은 1유로당 1,400원이고, 원화와 유로화의 무위험이자율은 연간 1회 복리기준으로 각각 4%와 2%이다. 시장에 차익거래의 기회가 없고, 유럽형 옵션임을 가정하여 다음의 질문에 답하라.

(1) 한국의 금융시장에서 원화로 거래되는, 1유로 당 1,000원의 행사가격을 갖는 만기 1년인 유로화 풋옵션의 적정가격은 얼마인가? (계산은 반올림하여 소수점 둘째 자리까지 나타내라.)

(2) 독일의 금융시장에서 유로화로 거래되는, 1,000원 당 1유로의 행사가격을 갖는 만기 1년인 원화 콜옵션의 적정가격은 유로화로 얼마인가? 원화에 대한 현물환율은 1/1,400＝0.000714(유로/원)으로 가정한다. (계산은 반올림하여 소수점 넷째 자리까지 나타내라.)

15 2기간 이항모형을 이용한 통화옵션의 가격결정

외환시장에서 현재 달러화의 현물환율은 1,000원/$이고, 매 6개월마다 10% 상승하거나 5% 하락하는 두 가지 경우만 존재한다고 가정하자. 미달러콜옵션의 잔존만기는 1년이며, 행사가격은 980원/$이다. 국내의 무위험이자율은 연 4%, 미국의 무위험이자율은 연 6%이다.

(1) 1년 만기 유럽형 미달러콜옵션의 현재가치를 계산하라.

(2) 1년 만기 미국형 미달러콜옵션의 현재가치를 계산하라.

16 옵션의 결합, 블랙-숄즈모형 (CPA 2차 2009)

㈜한반도의 무배당주식을 기초자산으로 하는 잔존만기 3개월의 유럽형 콜옵션과 풋옵션의 시장가격을 정리하면 다음과 같다.

- 행사가격이 25,000원인 콜옵션과 풋옵션의 가격이 각각 1,000원과 522원이다.
- 행사가격이 27,000원인 콜옵션과 풋옵션의 가격이 각각 244원과 1,717원이다.

또한 동일한 만기의 주식선물의 가격은 25,490원이다. 아래의 독립된 질문에 각각 답하라. 단, 계산은 반올림하여 원 단위로 표시하라.

(1) 행사가격이 25,000원인 콜옵션을 매수하고 동일 행사가격의 풋옵션을 매도하는 합성포지션에 대해 만기손익(profit/loss)을 그림으로 나타내고, 손익이 0이 되는 만기

주가를 함께 표시하라. 시장에는 어떠한 차익거래의 기회도 존재하지 않는다고 가정하며, 옵션프리미엄의 시간적 가치를 고려하라.

(2) ㈜한반도의 주식 100주를 보유하고 있는 어느 투자자가 위에서 주어진 옵션을 이용하여 향후 주가의 변동에 상관없이 3개월 후 보유자산의 가치를 270만원에 고정시키고자 한다. 요구되는 옵션거래전략과 소요되는 초기비용(또는 수익)을 계산하라. 시장에는 어떠한 차익거래의 기회도 존재하지 않으며 초기비용(또는 수익)은 3개월 후 투자자가 보유한 자산의 가치에 영향을 주지 않는다고 가정한다.

(3) ㈜한반도의 현재 주가가 24,866원이라고 하자. 만약 3개월 후 시점에서 주가가 25,000원 이상이면 100만원을 받고 25,000원 미만이면 한 푼도 받지 못하는 금융상품을 고려하자.

① 이 상품의 적정 프리미엄을 구하라. 단, 위에서 주어진 행사가격 25,000원인 콜옵션의 델타는 0.6165이며, 시장에는 차익거래의 기회가 존재하지 않는다고 가정한다.

② 일반적으로 블랙-숄즈(Black-Scholes)의 옵션가격모형에서 $N(d_1)$과 $N(d_2)$가 무엇을 의미하는지를 각각 3줄 이내로 설명하라.

힌트

블랙-숄즈의 옵션가격공식은 다음과 같다.

$$C = SN(d_1) - Ke^{-rT}N(d_2)$$

$$d_1 = \frac{\ln\left(\frac{S}{K}\right) + \left(r + \frac{1}{2}\sigma^2\right)T}{\sigma\sqrt{T}}, \quad d_2 = d_1 - \sigma\sqrt{T}$$

단, C는 콜옵션의 가격, S는 기초자산의 현재가격, K는 행사가격, r은 연속복리 연간 무위험이자율, T는 잔존만기, $N(\cdot)$는 누적표준정규분포확률함수, σ는 기초자산의 변동성이다.

17 고급 이항모형의 응용

현재의 주가는 20,000원, 행사가격은 21,000원, 주식 연간 수익률의 표준편차는 0.2, 연간 무위험이자율은 6%이다.

(1) 180일 만기 유럽형 콜옵션의 현재가치를 2기간 이항모형을 이용하여 구하라.

(2) 연간 연속배당수익률이 3%일 경우, 문제 (1)과 같은 콜옵션의 현재가치는 얼마인가?

18 주가지수옵션을 이용한 델타헤징 (CPA 2차 1997 수정)

국민연금은 현재 현물펀드로 1억원을 운용하고 있다. 이 현물펀드는 다음과 같이 구성되어 있다.

종 목	A	B	C
베타계수	0.8	0.5	1.2
투자금액	2,000만원	5,000만원	3,000만원

국민연금은 미래의 주가하락을 우려하고 있으며, 주가하락에 대처하기 위하여 주가지수옵션을 이용하려고 한다.

현재 KOSPI 200 지수는 110포인트이고, KOSPI 200 콜옵션가격은 11포인트이다. 1포인트당 거래승수는 25만원이며, KOSPI 200 콜옵션의 델타(Δ_C)는 0.7이다.

(1) 국민연금은 주식가격하락에 대비하려고 한다. 콜옵션을 어떻게 이용해야 하는가? 그리고 헤지(hedge)를 위한 콜옵션의 계약수를 구하라.

(2) 콜옵션의 만기에 KOSPI 200 지수가 10% 하락하였다. 헤지결과를 보여라.

(3) 국민연금은 향후 주가가 상승할 것으로 예상하여 현물펀드의 베타를 2.0으로 증가시키려고 한다. 이를 위해 필요한 콜옵션의 계약수를 구하라.

19 고급 주식옵션을 이용한 헤징 (보험계리사 2차 2015)

대한은행은 다음과 같이 민국전자 주식을 기초자산으로 하는 옵션으로 포트폴리오를 구성하고 있다고 가정하자.

옵션유형	포지션	옵션의 델타	옵션의 감마	옵션의 베가
콜	−1,000	0.5	2.2	1.8
콜	−500	0.3	0.6	0.2
풋	2,000	−0.4	1.3	0.7
풋	−500	−0.7	1.8	1.4

또한 대한은행은 옵션 포트폴리오의 위험을 헤지(hedge)하고자 추가적으로 다음과 같은 개별주식 옵션 A와 옵션 B를 고려하고 있다.

종 류	옵션의 델타	옵션의 감마	옵션의 베가
옵션 A	0.9	1.6	0.8
옵션 B	−0.1	0.7	0.6

(1) 옵션 포트폴리오를 델타−중립 및 감마−중립으로 만들기 위한 민국전자 주식과 옵션 A의 포지션을 구하라.

(2) 옵션 포트폴리오를 델타−중립, 감마−중립, 베가−중립으로 만들기 위한 민국전자 주식, 옵션 A, 옵션 B의 포지션을 구하라.

제 2 장

옵션투자전략

옵션을 이용하여 다양한 형태의 투자성과를 가져다 주는 포트폴리오를 구성할 수 있다. 본장에서는 옵션을 이용한 대표적인 투자전략을 살펴보고자 한다.

1 기본포지션

기본포지션(naked position)은 콜옵션 또는 풋옵션 1개에 투자하는 전략을 말한다. 기본포지션은 콜옵션과 풋옵션의 가격이 향후 어떻게 될 것인지, 즉 기초자산 · 가격의 전망에 기초한 투자전략이라고 할 수 있다.[1)]

1.1 콜 옵 션

주가가 상승할 것으로 예상할 때 콜옵션을 매입하는 반면, 주가가 하락할 것으로 예상할 때는 콜옵션을 매도하게 된다. 〈표 2−1〉은 콜옵션의 매입 또는 매도시 만기일에서의 성과(가치)를 나타낸 표이다. 콜옵션 매입 또는 매도에 따른 손익은 만기일 성과

표 2−1 콜옵션의 만기일 성과

포 지 션	투 자 액	만기일 성과	
		$S_T<X$	$S_T \geq X$
콜옵션 매입	C	0	S_T-X
콜옵션 매도	$-C$	0	$-(S_T-X)$

그림 2−1 기본포지션의 손익

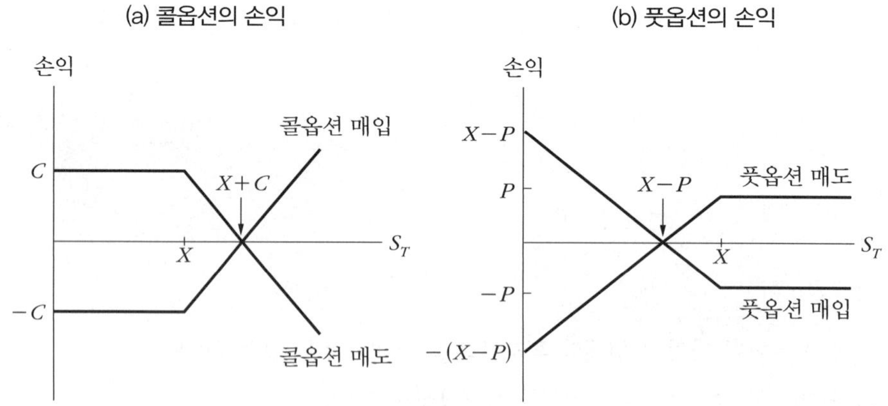

1) 이러한 투자전략을 실무에서는 방향성 투자전략이라고 한다. 한편 방향성 투자전략과 구분하여 변동성 투자전략이 있는데, 이는 기초자산의 가격변동성에 근거한 투자전략을 의미한다.

에서 투자액을 차감한 것으로서, 이를 나타내면 [그림 2−1] (a)와 같다.[2)]

1.2 풋옵션

주가가 하락할 것으로 예상할 때 풋옵션을 매입하는 반면, 주가가 상승할 것으로 예상할 때는 풋옵션을 매도하게 된다. 〈표 2−2〉는 풋옵션의 매입 또는 매도 시 만기일에서의 성과(가치)를 나타낸 표이다. 풋옵션 매입 또는 매도에 따른 손익은 만기일 성과에서 투자액을 차감한 것으로서, 이를 나타내면 [그림 2−1] (b)와 같다.

표 2−2 풋옵션의 만기일 성과

포지션	투자액	만기일 성과	
		$S_T < X$	$S_T \geq X$
풋옵션 매입	P	$X - S_T$	0
풋옵션 매도	$-P$	$-(X - S_T)$	0

2 헤지포지션

헤지포지션(hedge position)은 투자손실위험을 제거하기 위해서 주식과 옵션을 결합하여 투자하는 전략이다.

2.1 방비 콜

방비 콜(covered call)은 주식 1주를 매입하고 동시에 그 주식에 대한 콜옵션 1개를 매도하는 전략을 말한다. 여기서 방비의 의미는 콜옵션 발행에 따라 부담하는 주식매도의무가 주식을 보유함으로써 커버됨을 말한다. 방비 콜의 만기일 성과 및 손익은 〈표 2−3〉, [그림 2−2] (a)에 나타나 있다.

2) 이론적으로 만기일에서의 손익을 구할 때 현재시점의 투자액을 만기일 가치로 환산하여, 즉 시간적 가치를 고려하며 손익을 구해야 한다. 그러나 본서에서는 실무 등에서 일반적으로 사용하는 방식을 고려하여 현재시점에서 지출된 투자액의 시간적 가치를 무시하고 손익을 계산한다.

표 2-3 방비 콜의 만기일 성과

포트폴리오	투 자 액	만기일 성과	
		$S_T < X$	$S_T \geq X$
주식 매입	S	S_T	S_T
콜옵션 매도	$-C$	0	$-(S_T - X)$
방비 콜	$S-C$	S_T	X

그림 2-2 헤지포지션의 손익

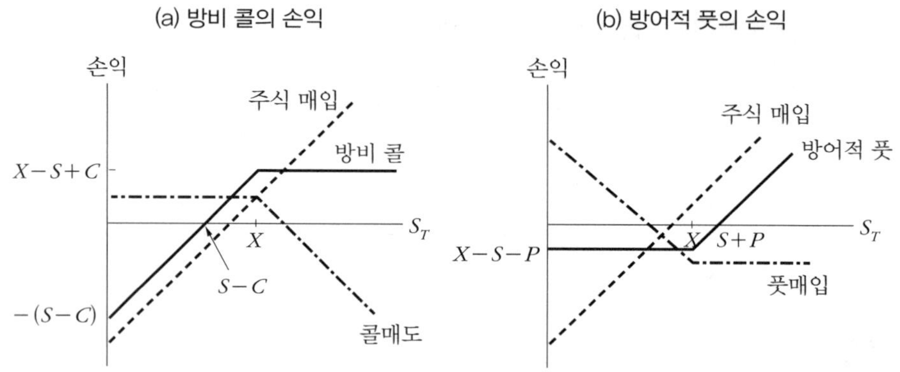

2.2 방어적 풋

방어적 풋(protective put)은 주식 1주를 매입하고 동시에 그 주식에 대한 풋옵션 1개를 매입하는 전략을 말한다. 방어적 풋은 주가가 옵션의 행사가격 이하로 하락할 경우 투자자가 입게 될 손실을 풋옵션 행사에 따른 이익으로 상쇄시켜 주며, 주가상승에 따른 이익은 그대로 실현될 수 있게 한다. 즉 방어적 풋은 포트폴리오의 가치가 옵션의 행사가격 이하로 하락하는 것을 방지해 주는 보험기능을 갖는다. 방어적 풋의 만기일 성과 및 손익은 〈표 2−4〉, [그림 2−2] (b)에 나타나 있다.

표 2-4 방어적 풋의 만기일 성과

포트폴리오	투 자 액	만기일 성과	
		$S_T < X$	$S_T \geq X$
주식 매입	S	S_T	S_T
풋옵션 매입	P	$X - S_T$	0
방어적 풋	$S+P$	X	S_T

3 스프레드

스프레드(spread)는 두 개 이상의 같은 종류 옵션(두 개 이상의 콜 또는 두 개 이상의 풋)을 결합하는 전략을 의미한다.

3.1 강세스프레드

강세스프레드(bull spread)는 만기는 동일하나, 행사가격이 서로 다른 두 개의 콜옵션을 결합(행사가격이 낮은(X_1) 콜옵션을 매입하고, 행사가격이 높은(X_2) 콜옵션을 매도함)하는 전략이다. 강세스프레드의 만기일 성과 및 손익은 〈표 2−5〉, [그림 2−3] (a)에 나타나 있다. [그림 2−3] (a)에서 볼 수 있는 바와 같이 강세스프레드는 주가가 상승할 경우 얻을 수 있는 이익과 하락할 경우에 발생하는 손실을 모두 일정한 수준에 한정시킨다. 강세스프레드는 행사가격이 X_1인 콜옵션을 매입한 투자자가 행사가격이 X_2인 콜옵션을 매도함으로써 주가상승시 얻을 수 있는 이익의 일부를 포기한 전략이라 할 수 있다.

한편 강세스프레드는 행사가격이 낮은 풋옵션을 매입하고 행사가격이 높은 풋옵션을 매도하는 전략에 의해서도 만들 수 있다.

표 2−5 강세스프레드의 만기일 성과

포트폴리오	투 자 액	만기일 성과		
		$S_T<X_1$	$X_1 \leq S_T < X_2$	$S_T \geq X_2$
콜옵션(행사가격$=X_1$) 매입	C_1	0	S_T-X_1	S_T-X_1
콜옵션(행사가격$=X_2$) 매도	$-C_2$	0	0	$-(S_T-X_2)$
강세스프레드	C_1-C_2	0	S_T-X_1	X_2-X_1

그림 2-3 스프레드의 손익

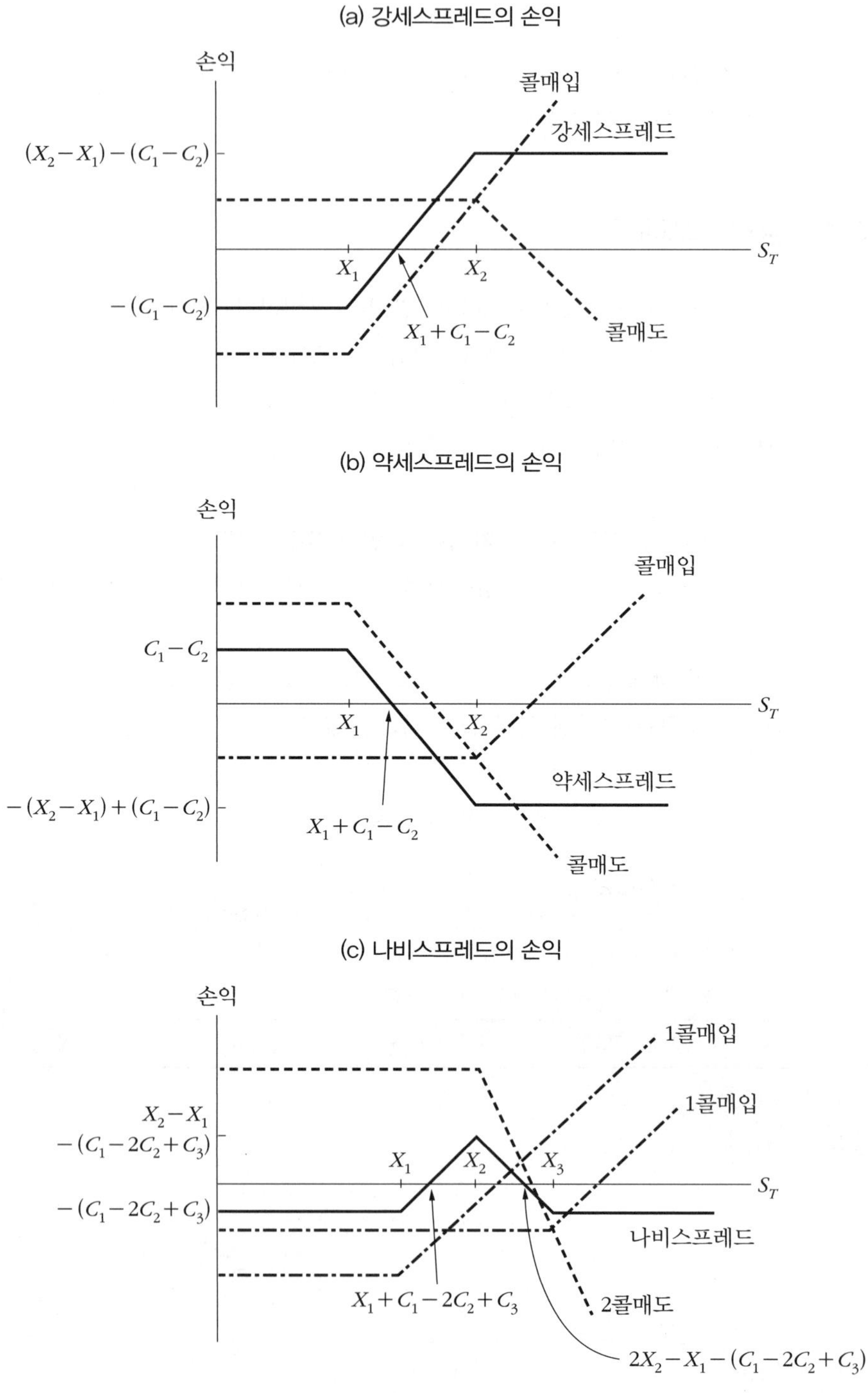

3.2 약세스프레드

약세스프레드(bear spread)는 만기는 동일하나, 행사가격이 서로 다른 두 개의 콜옵션을 결합(행사가격이 높은(X_2) 콜옵션을 매입하고, 행사가격이 낮은(X_1) 콜옵션을 매도함)하는 전략이다. 약세스프레드의 만기일 성과 및 손익은 〈표 2-6〉, [그림 2-3] (b)에 나타나 있다. [그림 2-3] (b)에서 볼 수 있는 바와 같이 약세스프레드는 주가하락시 얻을 수 있는 이익과 상승시 발생하는 손실을 모두 일정한 수준에 한정시킨다.

한편 약세스프레드는 행사가격이 높은 풋옵션을 매입하고 행사가격이 낮은 풋옵션을 매도하는 전략에 의해서도 만들 수 있다.

표 2-6 약세스프레드의 만기일 성과

포트폴리오	투 자 액	만기일 성과		
		$S_T < X_1$	$X_1 \leq S_T < X_2$	$S_T \geq X_2$
콜옵션(행사가격$=X_1$) 매도	$-C_1$	0	$-(S_T - X_1)$	$-(S_T - X_1)$
콜옵션(행사가격$=X_2$) 매입	C_2	0	0	$S_T - X_2$
약세스프레드	$-C_1 + C_2$	0	$-S_T + X_1$	$X_1 - X_2$

3.3 나비스프레드

나비스프레드(butterfly spread)는 만기는 동일하나 행사가격이 상이한 세 가지 옵션을 결합하는 전략이다. 즉 나비스프레드는 상대적으로 행사가격이 낮은(X_1) 콜옵션 1개와 행사가격이 높은(X_3) 콜옵션 1개를 매입하고, 행사가격이 X_1과 X_3의 중간수준(X_2)인 콜옵션 2개를 매도하는 전략이다.[3] 나비스프레드의 만기일 성과 및 손익은 〈표 2-7〉, [그림 2-3] (c)에 나타나 있다. [그림 2-3] (c)에서 볼 수 있는 바와 같이 나비스프레드는 만기일의 주가가 X_2와 크게 차이가 나지 않으면 이익을 얻고, 주가가 크게 상승하거나 하락하면 약간의 손실을 본다. 이 전략은 주가가 큰 폭으로 변하지 않을 것으로 예상되는 경우 취하는 전략이다.

한편 나비스프레드는 상대적으로 행사가격이 낮은(X_1) 풋옵션 1개와 행사가격이 높은(X_3) 풋옵션 1개를 매입하고, 행사가격이 X_1과 X_3의 중간수준(X_2)인 풋옵션 2개를 매도하는 전략에 의해서도 만들 수 있다. 만일 모든 옵션이 유럽형 옵션이면 풋옵션을

3) 나비스프레드와 정반대 포지션을 취하는 투자전략(행사가격이 낮은(X_1) 콜옵션 1개와 행사가격이 높은(X_3) 콜옵션 1개를 매도하고, 행사가격이 X_1과 X_3의 중간수준(X_2)인 콜옵션 2개를 매입하는 전략)을 샌드위치스프레드(sandwich spread)라 한다.

표 2-7 나비스프레드의 만기일 성과

포트폴리오	투 자 액	만기일 성과			
		$S_T < X_1$	$X_1 \leq S_T < X_2$	$X_2 \leq S_T < X_3$	$S_T \geq X_3$
콜(X_1) 1개 매입	C_1	0	$S_T - X_1$	$S_T - X_1$	$S_T - X_1$
콜(X_2) 2개 매도	$-2C_2$	0	0	$-2(S_T - X_2)$	$-2(S_T - X_2)$
콜(X_3) 1개 매입	C_3	0	0	0	$S_T - X_3$
나비스프레드	$C_1 - 2C_2 + C_3$	0	$S_T - X_1$	$-S_T + 2X_2 - X_1$	$2X_2 - X_1 - X_3$

주) $X_2 = \frac{X_1 + X_3}{2} \rightarrow 2X_2 - X_1 - X_3 = 0$

이용한 나비스프레드와 콜옵션을 이용한 나비스프레드는 동일하게 된다.[4)]

3.4 캘린더스프레드

캘린더스프레드(calendar spread)는 행사가격은 동일하나 만기가 다른 두 개의 옵션을 결합하는 전략으로서 수평스프레드(horizontal spread) 또는 시간스프레드(time spread)라 한다.[5)] 캘린더스프레드는 상대적으로 만기가 짧은 콜옵션을 매도하고, 동일한 행사가격의 만기가 긴 콜옵션을 매입함으로써 구성된다.

만기가 짧은 콜옵션의 만기일(T_1)에서 캘린더스프레드의 손익을 그림으로 나타내면 [그림 2-4]와 같다. [그림 2-4]에서 만기가 긴(T_2) 콜옵션의 손익은 아직 만기까지 기간이 남아 있어서 곡선형태가 된다.

캘린더스프레드는 장·단기에 따른 옵션의 시간가치 차이를 이용한 것으로 기간이 짧은 옵션을 매도하고 기간이 긴 옵션을 매수하여 시간가치의 감소 차이에서 이익을 얻으려는 전략이다. 일반적으로 옵션의 가치는 만기가 길수록 증가하기 때문에, 캘린더스프레드를 구성하기 위해서는 보통 초기에 투자를 해야 한다. 한편 캘린더스프레드는 상대적으로 만기가 짧은 풋옵션을 매도하고, 동일한 행사가격의 만기가 긴 풋옵션을 매입하는 전략에 의해서도 만들 수 있다.

---

4) $S + P_1 = C_1 + \frac{X_1}{1 + r_T}$, $S + P_2 = C_2 + \frac{X_2}{1 + r_T}$, $S + P_3 = C_3 + \frac{X_3}{1 + r_T}$

$$\rightarrow P_1 + P_3 - 2P_2 = C_1 + C_3 - 2C_2 + \frac{X_1 + X_3 - 2X_2}{1 + r_T}$$

$$\therefore P_1 + P_3 - 2P_2 = C_1 + C_3 - 2C_2$$

5) 만기는 동일하나 행사가격이 다른 두 개의 옵션을 결합하는 전략(강세스프레드, 약세스프레드, 나비스프레드 등)을 수직스프레드(vertical spread)라 한다.

그림 2-4 캘린더스프레드의 손익

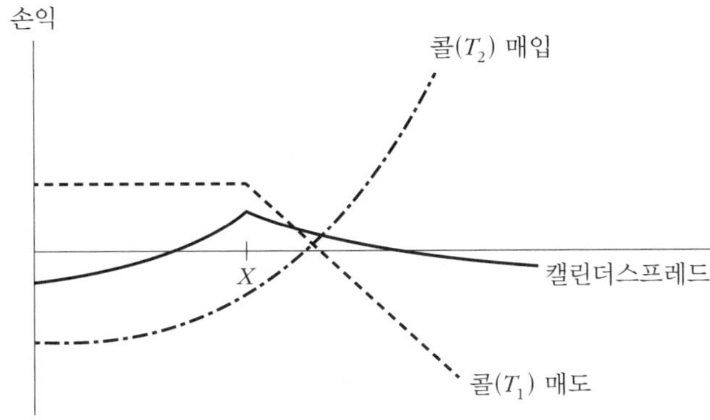

4 콤비네이션

콤비네이션(combination)은 동일한 주식에 대한 콜옵션과 풋옵션을 동시에 발행(매도)하거나 매입하는 전략, 즉 서로 다른 종류의 옵션을 결합하는 전략이다.

4.1 스트래들

스트래들(straddle)은 행사가격과 만기일이 동일한 콜옵션과 풋옵션을 매입하는 전략이다. 이 전략은 현물가격이 크게 변동할 것으로 예상되지만 그 변동의 방향이 불확실한 경우 사용된다. 스트래들의 만기일 성과 및 손익은 〈표 2−8〉, [그림 2−5] (a)에 나타나 있다.

표 2−8 스트래들의 만기일 성과

포트폴리오	투 자 액	만기일 성과	
		$S_T<X$	$S_T \geq X$
콜옵션 매입	C	0	S_T-X
풋옵션 매입	P	$X-S_T$	0
스트래들	$C+P$	$X-S_T$	S_T-X

그림 2-5 콤비네이션의 손익

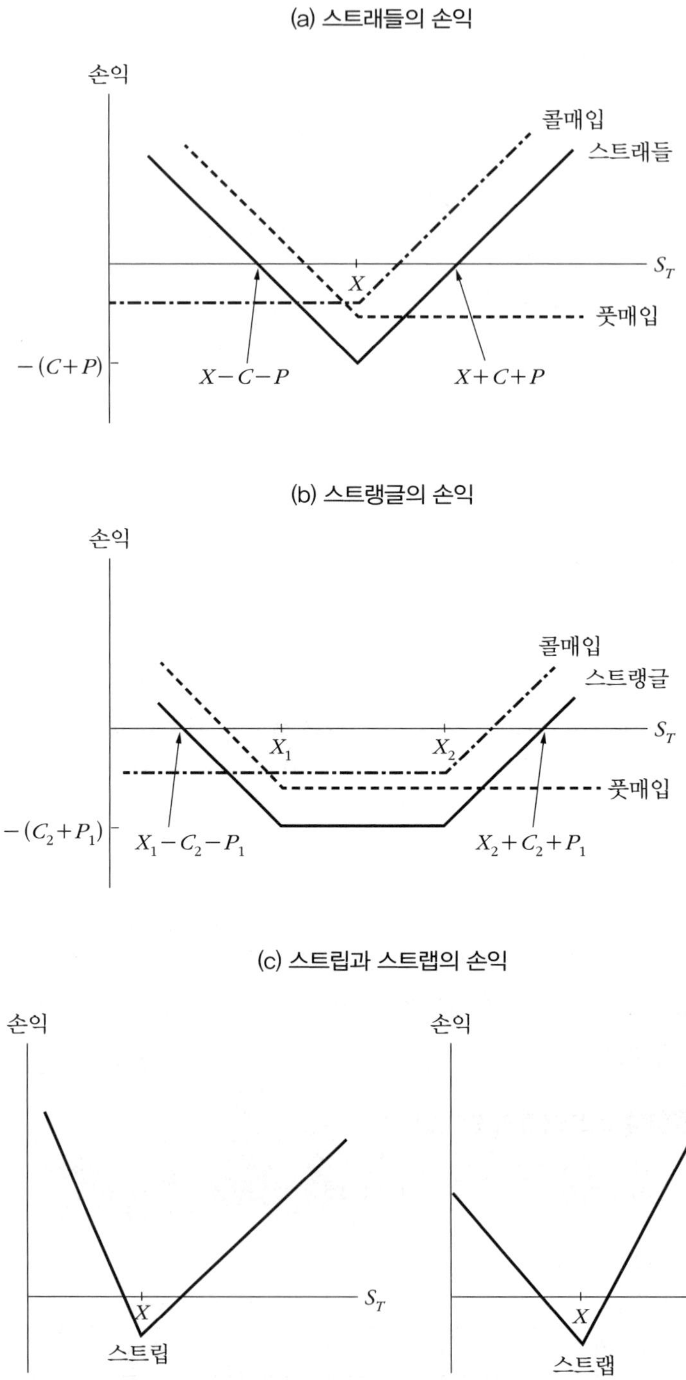

4.2 스트랭글

스트랭글(strangle)은 만기일이 같으나 행사가격이 서로 다른 콜옵션(X_2)과 풋옵션(X_1)을 매입하는 전략이다. 스트랭글은 미래의 주가가 큰 폭으로 변동할 때 이익을 얻을 수 있으며, 예상과 달리 주가변동이 적더라도 손실을 일정수준으로 막을 수 있는 전략이다. 스트랭글의 만기일 성과 및 손익은 〈표 2-9〉, [그림 2-5] (b)에 나타나 있다.

표 2-9 스트랭글의 만기일 성과

포트폴리오	투 자 액	만기일 성과		
		$S_T < X_1$	$X_1 \leq S_T < X_2$	$S_T \geq X_2$
콜옵션(X_2) 매입	C_2	0	0	$S_T - X_2$
풋옵션(X_1) 매입	P_1	$X_1 - S_T$	0	0
스트랭글	$C_2 + P_1$	$X_1 - S_T$	0	$S_T - X_2$

4.3 스트립과 스트랩

스트립(strip)은 만기일과 행사가격이 같은 콜옵션 1개와 풋옵션 2개를 매입하는 전략이며, 스트랩(strap)은 만기일과 행사가격이 같은 콜옵션 2개와 풋옵션 1개를 매입하는 전략이다. 스트립과 스트랩의 손익은 [그림 2-5] (c)에 나타나 있다. [그림 2-5] (c)에서 볼 수 있는 바와 같이 주가가 큰 폭으로 변동될 것으로 예상되며, 그 방향은 약세일 가능성이 높다고 판단되는 경우 스트립을 취한다. 한편 주가가 큰 폭으로 변동될 것으로 예상되며, 그 방향은 강세일 가능성이 높다고 판단되는 경우에는 스트랩을 취한다.

5 칼 라

칼라(collar)는 만기는 동일하나 행사가격이 높은(X_2) 콜옵션 1개를 매도하고 행사가격이 낮은(X_1) 풋옵션 1개를 매입하는 전략이다. 이 전략은 선물매도와 유사하나 만기일 주가(S_T)와 관계없이 만기일 성과가 변하지 않는 일정한 범위가 존재하기 때문에 차이가 있다. 칼라의 만기일 성과 및 손익은 〈표 2-10〉, [그림 2-6] (a)에 나타나 있다.

칼라전략은 기초자산과 결합하여 범위선도계약(range forward)을 구성할 수 있다. 범위선도계약은 주식을 1주 매입하고 동시에 칼라를 매입하여 손익의 범위를 한정짓는 전략이다. 범위선도계약의 성과 및 손익은 〈표 2-11〉, [그림 2-6] (b)에 나타나 있다.

표 2-10 칼라의 만기일 성과

포트폴리오	투 자 액	만기일 성과		
		$S_T<X_1$	$X_1 \leq S_T < X_2$	$S_T \geq X_2$
콜옵션(X_2) 매도	$-C_2$	0	0	$-(S_T-X_2)$
풋옵션(X_1) 매입	P_1	X_1-S_T	0	0
칼 라	P_1-C_2	X_1-S_T	0	$-S_T+X_2$

표 2-11 범위선도계약의 만기일 성과

포트폴리오	투 자 액	만기일 성과		
		$S_T<X_1$	$X_1 \leq S_T < X_2$	$S_T \geq X_2$
주식 매입	S	S_T	S_T	S_T
콜옵션(X_2) 매도	$-C_2$	0	0	$-(S_T-X_2)$
풋옵션(X_1) 매입	P_1	X_1-S_T	0	0
범위선도계약	$S+P_1-C_2$	X_1	S_T	X_2

그림 2-6 칼라와 범위선도계약의 손익

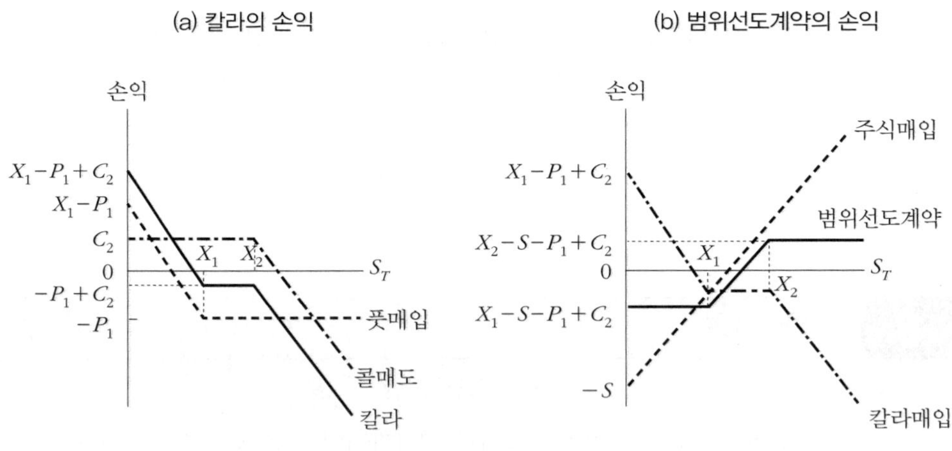

재무 FOCUS

옵션투자전략의 비교

옵션투자전략은 방향성 투자전략과 변동성 투자전략으로 구분할 수 있다. 방향성 투자전략은 기초자산의 가격 방향성에 근거한 투자전략이며, 변동성 투자전략은 기초자산 가격의 변동성에 근거한 투자전략이다. 본장에서 소개한 옵션투자전략을 방향성 또는 변동성 투자전략으로 구분한 뒤 각 시장상황에 유리한 투자전략을 간단히 요약하면 다음과 같다.

투자전략의 구분	시장상황	실행가능 투자전략	손 익		
			그 림	특 징	
				이 익	손 실
방향성 투자전략	기초자산의 가격상승: 강세시장	콜 매입		무한정	한정
		풋 매도		한정	한정
		강세스프레드	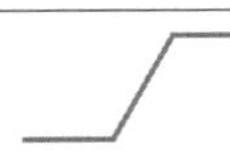	한정	한정
		범위선도계약 매입		한정	한정
	기초자산의 가격하락: 약세시장	콜 매도	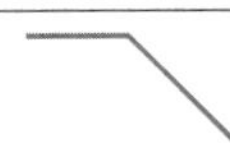	한정	무한정
		풋 매입	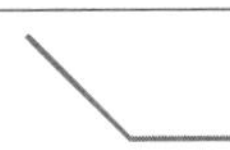	한정	한정
		약세스프레드	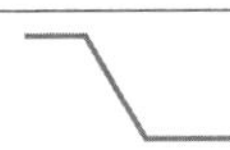	한정	한정
		칼라 매입	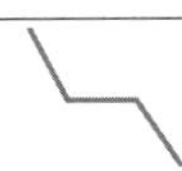	한정	무한정
변동성 투자전략	기초자산의 가격변동성 증가	스트래들 매입		무한정	한정
		스트랭글 매입	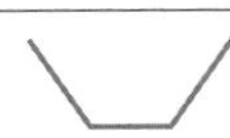	무한정	한정
		나비스프레드 매도	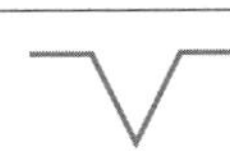	한정	한정
		캘린더스프레드 매도		한정	한정

변동성 투자전략	기초자산의 가격변동성 감소	스트래들 매도		한정	무한정
		스트랭글 매도		한정	무한정
		나비스프레드 매입		한정	한정
		캘린더스프레드 매입		한정	한정

예제 2-1 옵션투자전략

현재 만기가 동일한 KOSPI 200 옵션은 행사가격에 따라 다음과 같이 거래되고 있다. (단, KOSPI 200 옵션의 거래승수는 1포인트당 25만원이다.)

옵션의 종류	행사가격	옵션프리미엄
콜	172.5	2.4
콜	175.0	1.6
콜	177.5	1.4
풋	175.0	1.0

(1) 행사가격이 175.0인 콜옵션과 풋옵션을 각각 1계약씩 매도할 때 옵션만기일의 손익그래프를 도시하고, 이익이 발생하는 범위와 최대가능이익 및 최대가능손실을 구하라.

(2) 행사가격이 175.0인 콜옵션을 2계약 매도하고 행사가격이 172.5인 콜옵션과 행사가격이 177.5인 콜옵션을 각각 1계약씩 매입할 때 옵션만기일의 손익그래프를 도시하고, 이익이 발생하는 범위와 최대가능이익 및 최대가능손실을 구하라.

| 해설 |

(1)

(단위: 만원)

포트폴리오	투 자 액	만기일 성과	
		$S_T<4,375$	$S_T \geq 4,375$
콜(175.0) 매도	-40	0	$-(S_T-4,375)$
풋(175.0) 매도	-25	$-(4,375-S_T)$	0
스트래들 매도	-65	$S_T-4,375$	$-S_T+4,375$

만기일에서의 KOSPI 200의 가치에 따라 손익(만기일 성과−투자액)을 구하면 다음과 같다.

- $S_T<4,375$: 손익$=S_T-4,375-(-65)=S_T-4,310$

- $S_T \geq 4{,}375$: 손익$= -S_T + 4{,}375 - (-65) = -S_T + 4{,}440$

이와 같은 자료에 의해 손익그래프를 도시하면 다음과 같다.

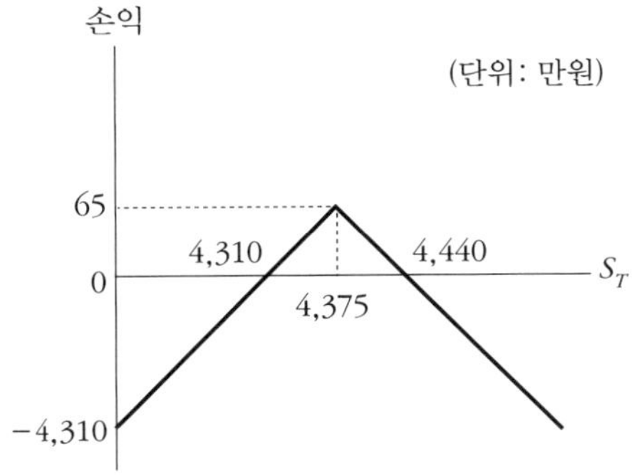

- 이익발생범위: 4,310만원$< S_T <$4,440만원
- 최대가능이익$=$65만원
- 최대가능손실$= -\infty$

(2)

(단위: 만원)

포트폴리오	투자액	만기일 성과			
		$S_T < 4{,}312.5$	$4{,}312.5 \leq S_T < 4{,}375$	$4{,}375 \leq S_T < 4{,}437.5$	$S_T \geq 4{,}437.5$
콜(172.5) 1계약 매입	60	0	$S_T - 4{,}312.5$	$S_T - 4{,}312.5$	$S_T - 4{,}312.5$
콜(175.0) 2계약 매도	−80	0	0	$-2(S_T - 4{,}375)$	$-2(S_T - 4{,}375)$
콜(177.5) 1계약 매입	35	0	0	0	$S_T - 4{,}437.5$
나비스프레드	15	0	$S_T - 4{,}312.5$	$-S_T + 4{,}437.5$	0

만기일에서 KOSPI 200의 가치에 따라 손익(만기일 성과−투자액)을 구하면 다음과 같다.

- $S_T < 4{,}312.5$: 손익$= 0 - 15 = -15$
- $4{,}312.5 \leq S_T < 4{,}375$: 손익$= S_T - 4{,}312.5 - 15 = S_T - 4{,}327.5$
- $4{,}375 \leq S_T < 4{,}437.5$: 손익$= -S_T + 4{,}437.5 - 15 = -S_T + 4{,}422.5$
- $S_T \geq 4{,}437.5$: 손익$= 0 - 15 = -15$

이와 같은 자료에 의해 손익그래프를 도시하면 다음과 같다.

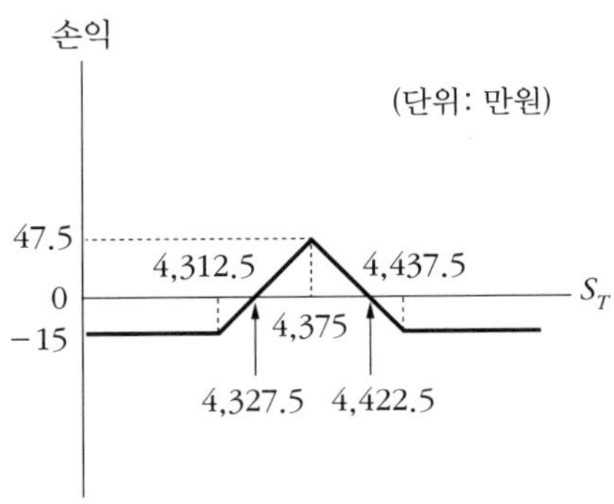

- 이익발생범위: 4,327.5만원$< S_T <$4,422.5만원
- 최대가능이익$=$47.5만원
- 최대가능손실$= -$15만원

6 포트폴리오보험

포트폴리오보험(portfolio insurance)은 주가가 상승하는 경우 이익은 그대로 취하나, 하락할 경우 손실을 일정수준으로 제한하는 전략을 의미한다. 주식과 풋옵션을 매입하는 전략, 즉 방어적 풋(protective put)은 가장 단순한 형태의 포트폴리오보험이라 할 수 있다. 그러나 방어적 풋은 주가하락 시 포트폴리오의 최소가치가 풋옵션의 행사가격으로 제한된다는 한계가 있다. 이와 같은 한계점을 해결하기 위해서 방어적 풋과 무위험채권을 결합함으로써 투자자가 원하는 포트폴리오 만기일 가치의 최저수준을 정할 수 있게 된다.

현재 보유하고 있는 투자자금 W를 가지고 주가지수와 동일하게 구성된 주식포트폴리오(S)와 주가지수 풋옵션(P)을 각각 N계약씩 매입하고, 무위험이자율로 D만큼 대출하여 구성한 포트폴리오의 만기일(T) 가치는 만기일에서의 주가지수의 가치(주가지수×거래승수) S_T에 따라 다음과 같이 나타낼 수 있다.[6)]

- 포트폴리오의 만기일 가치 $= NX + D(1+r_T),\ S_T < X$ (2-1a)
- 포트폴리오의 만기일 가치 $= NS_T + D(1+r_T),\ S_T \geq X$ (2-1b)

여기서 r_T: 현재부터 만기일(T)까지 기간의 무위험이자율
X: 주가지수 풋옵션의 행사가격
$N(S+P)+D=W \rightarrow N=\dfrac{W-D}{S+P}$

식 (2-1a)에서 볼 수 있는 바와 같이 $S_T<X$일 때 보험이 작동되어(kick in), 포트폴리오의 가치가 일정한 수준으로 보장됨을 알 수 있다. 여기서 포트폴리오관리자가 원하는 포트폴리오 만기일 가치의 최저수준(target floor value)이 F인 경우, 식 (2-1a)에 N값을 대입한 후 풀면 무위험대출액 D를 다음과 같이 구할 수 있다.[7)]

$$D=\frac{F(S+P)-WX}{(S+P)(1+r_T)-X} \tag{2-2}$$

6) 주가지수 콜옵션을 N계약 매입하고, 무위험이자율로 D'만큼 대출하여 포트폴리오보험전략을 구성할 수 있다 ($N\cdot C+D'=W,\ D'(1+r_T)=F$). 이는 무위험채권($D'$)에 투자하여 포트폴리오 관리자가 원하는 만기일 가치의 최저수준(F)을 확보한 후, 남는 자금으로 주가지수 콜옵션을 매입하여 주가상승 시 이익을 얻는 전략이라 할 수 있다.

7) 일반적으로 포트폴리오관리자는 최소한 투자원금을 보존하고 싶어하므로 포트폴리오 만기일가치의 최저수준은 투자원금인 W가 되는 경우가 많다.

예제 2-2 주가지수 풋옵션을 이용한 포트폴리오보험전략

현재 200억원의 투자자금을 가지고 있는 국민연금의 펀드매니저는 KOSPI 200과 동일하게 구성된 주식포트폴리오와 KOSPI 200 풋옵션을 이용하여 1년 후 최소한 205억원을 보장받고자 한다. 1년 만기 KOSPI 200 풋옵션의 가격과 행사가격은 각각 5.00, 257.5이다. 그리고 현재 KOSPI 200 지수는 260.00, KOSPI 200 옵션의 거래승수는 1포인트당 25만원, 연간 무위험이자율은 3%이다.

국민연금의 펀드매니저가 취할 수 있는 포트폴리오보험전략은?

| 해설 |

포트폴리오보험을 구성하기 위해서 주식포트폴리오와 주가지수 풋옵션을 각각 N계약씩 매입하고, 무위험이자율로 D만큼 대출하는 전략을 취해야 한다.

그러므로 주식포트폴리오 또는 주가지수 풋옵션의 매입수량 N은 다음과 같이 구할 수 있다.

$$N=\frac{W-D}{S+P}=\frac{200\text{억원}-D}{260.00\times 25\text{만원}+5.00\times 25\text{만원}}=\frac{200\text{억원}-D}{6{,}625\text{만원}} \qquad \text{(i)}$$

그리고 만기일의 KOSPI 200 지수의 가치가 KOSPI 200 풋옵션의 행사가격(257.5×25만원 =6,437.5만원)보다 작을 때($S_T<6{,}437.5$만원) 만기일에서 포트폴리오보험은 최저가치를 가지며, 그 값은 205억원이 되어야 한다.

$$205\text{억원}=\left(\frac{200\text{억원}-D}{6{,}625\text{만원}}\right)\times 6{,}437.5\text{만원}+D\times(1+0.03) \qquad \text{(ii)}$$

식 (i)과 (ii)에 의해서 N과 D를 구하면 다음과 같다.

$$D=\frac{205\text{억원}\times 6{,}625\text{만원}-200\text{억원}\times 6{,}437.5\text{만원}}{6{,}625\text{만원}\times(1+0.03)-6{,}437.5\text{만원}}=182.848\text{억원}$$

$$N=\frac{200\text{억원}-182.848\text{억원}}{6{,}625\text{만원}}=25.890\text{계약}$$

200억원 중 182.848억원을 무위험이자율로 대출한 후, 17.152억원으로 주식포트폴리오와 KOSPI 200 풋옵션을 각각 25.890계약 매입함으로써 최소 205억원의 가치를 보장받을 수 있는 포트폴리오보험을 구성할 수 있다. 이와 같은 포트폴리오보험의 만기일 가치(성과)는 다음과 같다.

포트폴리오	투 자 액	만기일 가치(성과)	
		S_T<6,437.5만원	S_T≥6,437.5만원
주식 25.890개 매입	16.829억원	25.890S_T	25.890S_T
풋옵션 25.890계약 매입	0.324억원	25.890×(6,437.5만원−S_T)	0
182.848억원 대출	182.848억원	188.333억원	188.333억원
포트폴리오보험	200억원	205억원	25.890S_T+188.333억원

* 반올림에 의한 약간의 차이는 조정하였음.

즉 S_T<6,437.5만원인 경우 포트폴리오보험이 작동하며, 그 최저가치는 205억원임을 확인할 수 있다.

요 약

기본포지션: 콜옵션 또는 풋옵션 1개에 투자하는 전략

헤지포지션: 주식 + 옵션

1. 방비 콜(covered call)
   $S - C$

2. 방어적 풋(protective put)
   $S + P$

스프레드: 두 개 이상의 같은 종류 옵션을 결합하는 전략

1. 강세스프레드(bull spread)
   $C_1 - C_2$ 또는 $P_1 - P_2$

2. 약세스프레드(bear spread)
   $C_2 - C_1$ 또는 $P_2 - P_1$
   ☞ 박스스프레드(box spread) : 강세스프레드($C_1 - C_2$) + 약세스프레드($P_2 - P_1$)

3. 나비스프레드(butterfly spread)
   $C_1 - 2C_2 + C_3$ 또는 $P_1 - 2P_2 + P_3$

4. 캘린더스프레드(calendar spread) :
   행사가격은 동일하나 만기가 다른 두 개의 옵션을 결합하는 전략
   (콜(T_1) 매도 + 콜(T_2) 매입 또는 풋(T_1) 매도 + 풋(T_2) 매입)
   ☞ 수평스프레드(horizontal spread), 시간스프레드(time spread)

콤비네이션: 서로 다른 종류의 옵션을 결합하는 전략

1. 스트래들(straddle)

   $C+P$

2. 스트랭글(strangle)

   C_2+P_1

3. 스트립(strip)

   만기일과 행사가격이 같은 콜옵션 1개와 풋옵션 2개를 매입하는 전략

4. 스트랩(strap)

   만기일과 행사가격이 같은 콜옵션 2개와 풋옵션 1개를 매입하는 전략

칼라 : P_1-C_2

☞ 범위선도계약(range forward) : $S+P_1-C_2$

주요 용어

사 • 례 • 연 • 구

현재 10억원의 투자자금을 가지고 있는 K씨는 3개월 동안 주식투자를 고려하고 있으나, 주가하락 시 발생될 손실을 염려하고 있다. 따라서 K씨는 주식시장이 하락국면에 있을 경우 발생될 수 있는 손실을 회피하고자 다양한 포트폴리오보험전략을 고려하고 있다. 이와 같은 전략에 이용될 수 있는 3개월 만기 KOSPI 200 콜옵션과 풋옵션에 관한 자료는 다음과 같다.

옵션의 종류	행사가격	옵션가격(프리미엄)
콜	198.9	5.0
풋	198.9	6.0

현재 KOSPI 200 지수는 194.0포인트, KOSPI 200 옵션의 거래승수는 1포인트당 25만원, 무위험이자율은 연 8%이며, 3개월 동안 배당은 지급되지 않는다. (단, 아래의 물음에서 요구하는 각 전략을 구성할 때 현재시점의 투자액(또는 현금흐름)과 만기일(3개월 후)의 성과를 각각 제시해야 하며, 모든 계산과정 및 결과에서 금액은 반올림하여 만원 단위로 표시하고, 계약수는 반올림하여 소수점 아래 둘째 자리까지 표시하라.)

(1) K씨는 주식시장이 하락국면에 있을 경우 발생될 수 있는 손실을 회피하기 위하여 방어적 풋 전략을 고려하고 있다. K씨가 수립할 수 있는 방어적 풋 전략은?

(2) K씨는 KOSPI 200 콜옵션과 무위험채권을 이용하여 방어적 풋과 동일한 성과를 얻을 수 있다. 가능한 전략을 수립하라.

(3) K씨는 3개월 후 만기가 되는 KOSPI 200 선물을 이용하여 방어적 풋과 동일한 성과를 얻을 수 있다. 가능한 전략을 수립하라. (단, KOSPI 200 선물의 거래승수는 1포인트당 25만원이다.)

(4) K씨는 3개월 후 최소한 투자원금 10억원을 보장받고자 한다. 이와 같은 경우 취할 수 있는 전략은?

(5) 행사가격 198.9인 3개월 만기 KOSPI 200 풋옵션의 가격이 7.0으로 상승한다면, K씨는 차익거래이익을 얻을 수 있는 기회를 가질 수 있다. K씨가 KOSPI 200 풋옵션 1계약을 이용하여 얻을 수 있는 차익거래이익을 구하고, 그 차익거래과정을 제시하라.

:: 해설

(1) 10억원의 투자자금을 가지고 방어적 풋 전략을 수립하는 데 필요한 KOSPI 200 복제포트폴리오와 KOSPI 200 풋옵션의 매입수량 N을 구하면 다음과 같다.

(194.0×25만원+6.0×25만원)N=100,000만원 → N=20계약

KOSPI 200 복제포트폴리오 20계약, 즉 97,000만원(=194.0×25만원×20계약)과 풋옵션 20계약, 즉 3,000만원(=6.0×25만원×20계약)을 매입하여 방어적 풋 전략을 수립할 수 있으며, 그 투자액과 만기일인 3개월 후 투자성과는 다음과 같다.

(단위: 만원)

포트폴리오	투 자 액	만기일(3개월 후) 성과	
		$S_T<99{,}450$	$S_T\geq 99{,}450$
지수복제포트폴리오 매입	97,000	S_T	S_T
KOSPI 200 풋옵션 20계약 매입*	3,000	$99{,}450-S_T$	0
방어적 풋	100,000	99,450	S_T

* KOSPI 200 풋옵션 20계약에 대한 행사가격은 99,450만원(=198.9×25만원×20계약)임.

(2) 풋－콜 패리티: $S+P=C+\dfrac{X}{1+r_T}$

KOSPI 200 콜옵션을 20계약, 즉 2,500만원(=5.0×25만원×20계약) 매입하고, 나머지 자금 97,500만원으로 무위험채권을 매입(무위험이자율로 대출)하면 물음 (1)과 동일한 방어적 풋 전략을 수립할 수 있으며, 그 투자액과 만기일인 3개월 후의 투자성과는 다음과 같다.

(단위: 만원)

포트폴리오	투 자 액	만기일(3개월 후) 성과	
		$S_T<99{,}450$	$S_T\geq 99{,}450$
KOSPI 200 콜옵션 20계약 매입	2,500	0	$S_T-99{,}450$
무위험채권 매입(대출)	97,500	97,500×(1+0.02)	97,500×(1+0.02)
방어적 풋	100,000	99,450	S_T

(3) $F_{0,T}=194.0\times\left[1+0.08\times\left(\dfrac{3\text{개월}}{12\text{개월}}\right)\right]=197.88$포인트

선물=현물－무위험채권 → 현물=선물+무위험채권

선물을 매입하고 동시에 무위험채권을 매입(무위험이자율로 대출)함으로써 현물매입을 복제할 수 있다. 이와 같은 결과를 이용하여 KOSPI 200 선물을 이용한 방어적 풋 전략을 수립할 수 있으며, 그 투자액과 만기일인 3개월 후의 투자성과는 다음과 같다.[8)]

8) 선물 관련 내용은 제4장 선물거래 참조.

(단위: 만원)

포트폴리오	투 자 액	만기일(3개월 후) 성과	
		S_T<99,450	S_T≥99,450
KOSPI 200 선물 20계약 매입*	0	S_T−98,940	S_T−98,940
무위험채권 매입(대출)	97,000	97,000×(1+0.02)	97,000×(1+0.02)
KOSPI 200 풋옵션 20계약 매입	3,000	99,450−S_T	0
방어적 풋	100,000	99,450	S_T

* 선물 20계약의 가격은 98,940만원(=197.88×25만원×20계약)임.

(4) 포트폴리오보험을 구성하기 위해서 KOSPI 200 복제포트폴리오와 KOSPI 200 풋옵션을 각각 N계약씩 매입하고, 무위험이자율로 D만큼 대출하는 전략을 취해야 한다.

100,000만원=(194.0×25만원+6.0×25만원)N+D (i)

그리고 만기일의 KOSPI 200 지수가 KOSPI 200 풋옵션의 행사가격보다 작을 때 만기일에서 포트폴리오보험은 최저가치를 가지며, 그 값은 10억원이 되어야 한다.

100,000만원=(198.9×25만원)N+D(1+0.02) (ii)

식 (i)과 (ii)에 의해서 N과 D를 구하면 다음과 같다.

∴ N=15.69계약, D=21,550만원

100,000만원 중 21,550만원을 무위험이자율로 대출(무위험채권 매입)한 후, 나머지 자금 78,450만원으로 KOSPI 200 복제포트폴리오 15.69계약, 즉 76,097만원(=194.0×25만원×15.69계약)과 풋옵션 15.69계약, 즉 2,353만원(=6.0×25만원×15.69계약)을 매입함으로써 최소 10억원의 가치를 보장받을 수 있는 포트폴리오보험을 구성할 수 있다.

(단위: 만원)

포트폴리오	투 자 액	만기일(3개월 후) 성과	
		S_T<78,019	S_T≥78,019
지수복제포트폴리오 매입	76,097	S_T	S_T
KOSPI 200 풋옵션 15.69계약 매입*	2,353	78,019−S_T	0
무위험채권 매입(대출)	21,550	21,550×(1+0.02)	21,550×(1+0.02)
포트폴리오보험	100,000	100,000	S_T+21,981

* KOSPI 200 풋옵션 15.69계약에 대한 행사가격은 78,019만원(=198.9×25만원×15.69계약)임.

별 해 콜옵션과 무위험채권을 이용하는 방법

포트폴리오보험을 구성하기 위해서 KOSPI 200 콜옵션을 N계약 매입하고, 무위험이자율로 D'만큼 대출하는 전략을 취해야 한다.

$$100{,}000\text{만원} = (5.0 \times 25\text{만원})N + D' \qquad \text{(i)}$$

그리고 만기일의 KOSPI 200 지수가 KOSPI 200 콜옵션의 행사가격보다 작을 때 만기일에서 포트폴리오보험은 최저가치를 가지며, 그 값은 10억원이 되어야 한다.

$$100{,}000\text{만원} = D'(1+0.02) \qquad \text{(ii)}$$

식 (i)과 (ii)에 의해서 N과 D'를 구하면 다음과 같다.

$$\therefore\ N = 15.69\text{계약},\ D' = 98{,}039\text{만원}$$

100,000만원 중 98,039만원을 무위험이자율로 대출(무위험채권 매입)한 후, 나머지 자금으로 콜옵션 15.69계약, 즉 1,961만원(=5.0×25만원×15.69계약)을 매입함으로써 최소 10억원의 가치를 보장받을 수 있는 포트폴리오보험을 구성할 수 있다.

(단위: 만원)

포트폴리오	투 자 액	만기일(3개월 후) 성과	
		$S_T < 78{,}019$	$S_T \geq 78{,}019$
KOSPI 200 콜옵션 15.69계약 매입	1,961	0	$S_T - 78{,}019$
무위험채권 매입(대출)	98,039	98,039×(1+0.02)	98,039×(1+0.02)
포트폴리오보험	100,000	100,000	$S_T + 21{,}981$

(5) 풋-콜 패리티를 이용하여 다음과 같이 합성풋(synthetic put)(1주식 공매도, 1콜 매입, 무위험채권 $X/(1+r_T)$ 매입(대출))을 구성하고, 그 가격을 구하면 다음과 같다.

$$P = -S + C + \frac{X}{1+r_T} = -194.0 + 5.0 + \frac{198.9}{1+0.02} = 6.0$$

「KOSPI 200 풋옵션가격(7.0포인트) > 합성풋(6.0포인트)」이므로 과대평가된 KOSPI 200 풋옵션 1계약을 매도하고, 과소평가된 합성풋을 매입함으로써 25만원의 차익거래이익을 얻을 수 있으며, 그 차익거래과정은 다음과 같다.

(단위: 만원)

차익거래	현재 현금흐름	만기일(3개월 후) 현금흐름	
		$S_T < 4,972.5$	$S_T \geq 4,972.5$
KOSPI 200 풋옵션 1계약 매도	175	$-(4,972.5 - S_T)$	0
지수복제포트폴리오 1계약 공매도	4,850	$-S_T$	$-S_T$
KOSPI 200 콜옵션 1계약 매입	−125	0	$S_T - 4,972.5$
무위험채권 매입(대출)*	−4,875	$4,875 \times (1+0.02)$	$4,875 \times (1+0.02)$
차익거래이익	25	0	0

* 무위험채권 매입액 $= \frac{198.9 \times 25\text{만원}}{1+0.02} = 4,875$만원

연·습·문·제

01 다음 중 주식과 풋옵션을 결합하여 주가가 폭락하더라도 결합가치를 최소한 풋옵션의 행사가격만큼 보장받을 수 있게 하는 투자전략은?

① 방비 콜 ② 방어적 풋 ③ 나비스프레드
④ 스트래들 ⑤ 스트립

02 다음 중 행사가격과 만기일이 동일한 콜옵션과 풋옵션을 매입하는 전략으로 현물가격이 크게 변동할 것으로 예상되지만 그 변동의 방향이 불확실한 경우 사용되는 투자전략은?

① 강세스프레드 ② 캘린더스프레드 ③ 스트랭글
④ 스트래들 ⑤ 칼라

03 강세시장을 기대하는 투자자가 이익과 손실을 제한하고, 투자전략을 실행하는 시점에서 옵션거래에 따른 현금유입을 기대할 수 있는 투자전략으로 가장 적절한 것은?

① 콜 매입 ② 풋 매도
③ 콜옵션을 이용한 강세스프레드 ④ 풋옵션을 이용한 강세스프레드
⑤ 스트래들

04 다음 중 향후 기초자산 가격의 변동성이 감소할 것으로 예상될 때 적절한 옵션투자전략은?

① 콜옵션을 이용한 강세스프레드 ② 스트래들 매입
③ 스트랭글 매도 ④ 풋옵션 매도
⑤ 콜옵션 매입

05 다음 중 향후 기초자산 가격 변동성의 증가가 예상되는 동시에 약세시장에 비해 강세시장의 가능성이 상대적으로 높을 것으로 기대될 때 적절한 옵션투자전략은?

① 풋옵션을 이용한 강세스프레드
② 스트랭글 매도
③ 나비스프레드 매입
④ 스트랩 매입
⑤ 스트립 매입

06 옵션투자전략에 관한 설명으로 가장 적절하지 않은 것은? (CPA 1차 2014)

① 순수포지션(naked position) 전략은 한 가지 상품에만 투자한 경우로 헤지가 되어있지 않은 전략이다.
② 보호풋(protective put) 전략은 기초자산을 보유한 투자자가 향후 자산가격이 하락할 경우를 대비하여 풋옵션을 매입하는 전략이다.
③ 방비콜(covered call) 전략은 기초자산을 보유한 투자자가 향후 자산가격이 하락하거나 상승하지 않을 경우를 대비하여 콜옵션을 매입하는 전략이다.
④ 기초자산을 1개 매입하고 풋옵션을 1개 매입하며 콜옵션을 1개 매도하는 풋－콜 패리티(put-call parity) 전략을 이용하면, 만기시점의 기초자산 가격과 관계없이 항상 행사가격만큼 얻게 되어 가격변동위험을 완전히 없앨 수 있다.
⑤ 강세 스프레드(bull spread) 전략은 행사가격이 낮은 옵션을 매입하고 행사가격이 높은 옵션을 매도하는 전략으로 기초자산의 가격이 상승할 때 이득을 얻는 전략이다.

07 다음의 설명 중 틀린 것은?

① 방어적 풋(protective put) 매입포지션은 기초자산의 가격하락에 따른 위험을 제거할 수 있을 뿐만 아니라 기초자산 가격상승에 따른 이익도 누릴 수 있다.
② 선물을 이용한 매도전략은 방어적 풋(protective put) 매입전략과 같이 기초자산의 가격하락으로 인한 위험을 제거할 수 있다.
③ 방비 콜(covered call) 전략의 손익구조는 풋옵션 매도포지션과 유사하다.
④ 스트래들 매입전략은 기초자산의 가격이 크게 변동할 것으로 예상되지만 그 변동의 방향이 불확실한 경우 사용된다.
⑤ 나비스프레드 매도전략은 기초자산의 가격변동성이 감소할 경우 이익이 기대되나 그 반대의 경우 제한된 손실이 발생하는 특징을 지닌다.

08 주가지수를 추종하는 주식포트폴리오의 가치 하락 시 하향손실(downside loss)을 일정 수준으로 한정시키면서 가치 상승 시 상향이익(upside potential)을 얻을 수 있는 포트폴리오 운용전략으로 적절한 항목만을 모두 고르면? (단, 파생상품의 기초자산은 주가지수이다.) (CPA 1차 2013)

> (가) 주식포트폴리오를 보유한 상태에서 풋옵션을 매수한다.
> (나) 무위험채권에 투자한 상태에서 콜옵션을 매수한다.
> (다) 주식포트폴리오를 보유한 상태에서 선물을 매도하고, 헤지비율을 시장상황에 따라 동적으로 변화시킨다.
> (라) 주식포트폴리오와 무위험채권을 매수하고, 무위험채권의 투자비율을 시장상황에 따라 동적으로 변화시킨다.

① (가), (나) ② (다), (라) ③ (가), (나), (다)
④ (나), (다), (라) ⑤ (가), (나), (다), (라)

09 옵션 투자전략에 관한 설명으로 가장 적절하지 않은 것은? (CPA 1차 2016)

① 보호풋(protective put) 전략과 방비콜(covered call) 전략은 일종의 헤지(hedge)전략이다.
② 약세 스프레드(bear spread) 전략은 행사가격이 낮은 옵션을 매도하고 행사가격이 높은 옵션을 매입하는 전략이다.
③ 박스스프레드(box spread) 전략은 콜옵션을 이용한 강세 스프레드와 풋옵션을 이용한 약세 스프레드를 결합한 전략이다.
④ 스트래들(straddle) 매입 전략은 만기와 행사가격이 동일한 콜옵션과 풋옵션을 동시에 매입하는 전략이다.
⑤ 스트립(strip) 전략은 만기와 행사가격이 동일한 콜옵션을 2개 매입하고 풋옵션을 1개 매입하는 전략이다.

10 투자자 갑은 3개월 만기 콜옵션 1계약과 3개월 만기 풋옵션 1계약을 이용하여 주가지수옵션에 대한 스트랭글 매도(short strangle) 투자전략을 구사하려 한다. 현재 형성된 옵션시세는 다음과 같다. 만기 주가지수가 1,120포인트일 때 투자자의 만기손익과 최대손익을 구하라. (CPA 1차 2009 수정)

a. 3개월 만기 주가지수 콜옵션
(행사가격 = 1,100포인트, 콜옵션 프리미엄 = 35포인트)
b. 3개월 만기 주가지수 풋옵션
(행사가격 = 1,100포인트, 풋옵션 프리미엄 = 21포인트)
c. 3개월 만기 주가지수 콜옵션
(행사가격 = 1,200포인트, 콜옵션 프리미엄 = 32포인트)
d. 3개월 만기 주가지수 풋옵션
(행사가격 = 1,200포인트, 풋옵션 프리미엄 = 27포인트)

	만기손익(포인트)	최대손익(포인트)
①	53	53
②	56	56
③	59	59
④	−60	60
⑤	−62	−62

11 기초자산의 가격변화에 따른 옵션의 투자전략에 대한 설명 중 옳은 항목만으로 구성된 것은? (CPA 1차 2010)

a. 기초자산 가격의 변동에 따른 이익 및 손실의 범위를 한정하기 위해서는 칼라(collar)를 이용하면 된다.
b. 기초자산 가격이 큰 폭으로 변동할 것으로 예상되지만 방향을 알지 못하는 경우 스트랭글(strangle)을 매입하면 된다.
c. 기초자산 가격이 변화하지 않을 것으로 예상되는 경우 스트래들(straddle)을 매도하면 된다.
d. 기초자산 가격변동에 따른 손익을 곡선의 형태로 실현하기 위해서는 수직스프레드(vertical spread)를 이용하면 된다.
e. 기초자산 가격이 큰 폭으로 변동하고 특히 하락보다는 상승이 예상되는 경우 스트립(strip)을 매입하면 된다.

① a, b, c ② a, c, d ③ a, d, e ④ b, c, e ⑤ b, d, e

12 포트폴리오보험(portfolio insurance)에 관한 설명으로 가장 적절하지 않은 것은?

(CPA 1차 2015)

① 보유하고 있는 포트폴리오의 가치가 일정수준 이하로 하락하는 것을 방지하면서 가치상승 시에는 이익을 얻도록 하는 전략이다.

② 기초자산을 보유한 투자자가 풋옵션을 매도하여 기초자산의 가치가 행사가격 이하가 되지 않도록 방지하는 포트폴리오보험전략을 실행할 수 있다.

③ 주식포트폴리오에 대해 선물계약이 존재하는 경우 포트폴리오보험은 선물계약과 무위험순수할인채권의 매입으로 합성될 수 있다.

④ 보유한 자산에 대한 풋옵션이 존재하지 않거나 투자기간과 풋옵션의 만기가 일치하지 않는 경우 풋옵션 대신 주식과 채권으로 복제된 합성풋옵션을 이용하여 보호풋전략을 실행할 수 있다.

⑤ 시간이 흐름에 따라 풋옵션 델타가 변하는 경우 기초자산 투자액과 무위험대출액을 계속적으로 조정해야 하므로 합성풋옵션을 이용한 포트폴리오보험전략은 동적헤지전략의 일종으로 볼 수 있다.

● 객관식 해답 **1.** ②, **2.** ④, **3.** ④, **4.** ③, **5.** ④, **6.** ③, **7.** ⑤, **8.** ⑤, **9.** ⑤, **10.** ①, **11.** ①, **12.** ②

▶ 주관식 문제

01 금융상품과 옵션투자전략

KS은행은 KOSPI 200 지수에 따라 만기일 성과(가치)가 결정되는 6개월 만기의 새로운 금융상품을 개발하였다. 이 금융상품의 만기일 성과는 다음과 같다.

KOSPI 200 지수	만기일 성과(만원)
$S_T < 160$	$5{,}000 + (160 - S_T) \times 25$
$160 \le S_T < 180$	$5{,}000$
$S_T \ge 180$	$5{,}000 + (S_T - 180) \times 25$

그리고 현재 만기가 6개월 후인 KOSPI 200 옵션은 다음과 같이 거래되고 있다. (단, KOSPI 200 옵션의 거래승수는 1포인트당 25만원이다.)

옵션의 종류	행사가격	옵션프리미엄
콜	160.0	2.4
콜	180.0	1.6
풋	160.0	4.0
풋	180.0	6.0

(1) KS은행이 개발한 새로운 금융상품의 만기일 성과를 그래프로 나타내라.

(2) KS은행이 개발한 새로운 금융상품의 적정가격을 계산하라. (단, 무위험이자율은 연 10%이다.)

02 옵션투자전략 비교

K씨는 몇 년 전에 구입한 S전자의 주식 2,000주를 보유하고 있다. 이 주식의 현재 가격은 50,000원이다. K씨는 6개월 후 최소한 원금을 보장함과 동시에 11,000만원도 가능한 투자전략을 수립하고자 한다. 이를 위해 K씨는 투자자문회사로부터 다음과 같은 4가지 전략을 추천받았다.

- 전략 1: S전자 주식을 지금 매각한 후, 그 자금으로 연 10%의 이자를 지급하는 6개월 만기 CD를 매입함.
- 전략 2: 만기가 6개월 후인 S전자 콜옵션(행사가격=55,000원) 200계약을 계약당 20,000원에 매도(발행)함.
- 전략 3: 만기가 6개월 후인 S전자 풋옵션(행사가격=50,000원) 200계약을 계약당 20,000원에 매입함.
- 전략 4: 만기가 6개월 후인 S전자 콜옵션(행사가격=55,000원) 200계약을 매도하여 얻은 자금으로 S전자 풋옵션(행사가격=50,000원) 200계약을 매입함.

연 10%의 무위험이자율로 차입 또는 대출이 가능하다고 가정하여, 다음의 물음에 답하라. (단, 개별주식옵션의 거래단위는 10주임.)

(1) 각 전략에 대한 6개월 후 투자성과(현금흐름)를 표와 그래프로 나타내라. (단, 현재 추가적인 투자는 없다고 가정한다.)

(2) K씨에게 가장 적합한 투자전략은?

03 스프레드

(CPA 2차 2015)

AAA기업의 주식을 기초자산으로 하고 잔존만기가 1년으로 동일한 다음의 6가지 유럽형 옵션이 현재 시장에서 거래되고 있다. 단, 무위험이자율은 연 10%이다.

옵션의 종류	행사가격	옵션프리미엄
콜옵션	1,000원	100원
	1,150원	40원
	1,300원	5원
풋옵션	1,000원	20원
	1,150원	60원
	1,300원	105원

(1) 1년 후 옵션의 만기 시에 AAA기업의 주가의 변화에 따라 아래와 같은 만기 손익을 동일하게 복제하는 옵션 포트폴리오를 만들고자 한다. 위에서 제시된 옵션들을 조합하여 만들 수 있는 거래전략을 두 가지 방법으로 나누어 제시하라. 단, 손익계산 시 옵션프리미엄은 고려하지 않는다.

주 가	만기손익
$S_T \leq 1{,}000$	0
$1{,}000 < S_T \leq 1{,}150$	$S_T - 1{,}000$
$1{,}150 < S_T \leq 1{,}300$	$1{,}300 - S_T$
$1{,}300 < S_T$	0

주) S_T: 만기 시 AAA기업의 주가

(2) 물음 (1)의 두 가지 거래 전략에 소요되는 현재시점에서의 총 비용을 각각 원단위로 계산하라.

(3) 앞의 6가지 유럽형 옵션들 사이에는 차익거래기회가 존재한다. 6가지 옵션 모두를 이용하여 현재시점에서는 비용이 소요되지 않는 차익거래전략을 제시하고 만기일에서의 차익거래이익을 원단위로 계산하라.

(4) 옵션의 만기 시 AAA기업의 주가에 관계없이 150원이라는 확실한 현금흐름을 제공하는 옵션 포트폴리오를 만들고자 한다. 위에서 제시된 옵션들을 조합한 두 가지 거래 전략을 제시하고 각 거래 전략의 수익률을 계산하라. 계산결과는 %단위로 표시하되 반올림하여 소수점 첫째 자리까지 표시하라.

04 스프레드

(CPA 2차 2016)

㈜가나의 주식을 기초자산으로 하고 잔존만기가 1년인 다음의 4가지 유럽형 옵션이 현재 시장에서 거래되고 있으며 무위험이자율은 연 10%이다.

옵션의 종류	행사가격	옵션프리미엄
콜옵션	2,000	200
	2,300	20
풋옵션	2,000	40
	2,300	120

(1) 옵션 만기일에 ㈜가나의 주가와 무관하게 항상 300원의 현금흐름을 가져오는 옵션 포트폴리오를 구성하려 한다. 위에서 제시한 4가지 유럽형 옵션을 모두 이용한 거래전략을 제시하라.

(2) 물음 (1)의 거래전략에 소요되는 총비용을 현재시점을 기준으로 반올림하여 원단위로 계산하라.

(3) 현재 거래되는 4가지 유럽형 옵션들 사이에는 차익거래기회가 존재한다. 현재시점에서 비용이 들지 않는 차익거래전략을 제시하고 차익거래이익을 만기시점을 기준으로 반올림하여 원단위로 계산하라.

(4) 현재 시장에는 ㈜가나의 주식을 기초자산으로 하고 행사가격이 2,600원, 옵션프리미엄이 10원, 잔존만기가 1년인 콜옵션도 거래되고 있다. 콜옵션을 이용한 나비스프레드(butterfly spread) 전략을 제시하고, 옵션 만기일에 ㈜가나의 주가가 2,400원인 경우의 수익률을 계산하라. 계산결과는 %단위로 표시하되 반올림하여 소수점 첫째 자리까지 표시하라.

05 스트랭글과 스프레드 (CPA 2차 2018)

다음 표는 북해산 브렌트 원유를 기초자산으로 하는 만기 1년의 유럽형 콜옵션과 풋옵션의 프리미엄을 정리한 것이다. 행사가격은 1리터당 가격이고, 가격의 단위는 원이다. 다음 물음에 답하라.

행사가격	콜프리미엄	풋프리미엄
1,500	104	70
1,600	60	125

(1) 위의 옵션을 이용하여 매수스트랭글(long strangle)을 취하는 두 가지 방법을 제시하고, 만기일의 현금흐름을 나타내는 그림을 각각 그리시오. 또한 현금흐름의 최소값을 각각 구하고, 그림에서 최소값을 표시하라.

(2) 앞의 물음 (1)의 두 방법 중에서 어느 것이 더 유리한가? 또한 그 이유가 무엇인지 근거를 제시하라. 단, 무위험이자율은 연 3%라고 가정한다.

(3) 위의 옵션을 이용하여 강세스프레드(bull spread)의 매수포지션을 취하는 두 가지 방법을 제시하고, 만기일의 현금흐름을 나타내는 그림을 각각 그리시오. 또한 현금흐름의 최대값을 각각 구하고, 그림에서 최대값을 표시하라.

(4) 시장에 차익거래의 기회가 없기 위한 무위험이자율을 구하라. %단위로, 소수점 아래 셋째 자리에서 반올림하여 둘째 자리까지 표시하라.

06 방비콜(보호된 콜)과 스프레드 (보험계리사 2차 2016)

금융공학을 이용한 상품개발과 거래전략에 관한 다음 각 질문에 답하라.
단, 편의상 옵션만기까지의 화폐의 시간가치는 무시하기로 한다. (모든 계산값은 반올림하여 소수점 둘째 자리까지 표시하라.)

(1) 강세 콜스프레드(bull call spread)와 약세 풋스프레드(bear put spread)를 결합하여 만들 수 있는 박스 스프레드(bopx spread)의 만기 시 손익을 계산하라. 단, 강세 콜스프레드에 사용된 콜옵션가격은 C_1과 C_2이고, 약세 풋스프레드에 사용된 풋옵션의 가격은 P_1과 P_2이다. C_1과 P_1 옵션의 행사가격은 K_1이고 C_2와 P_2 옵션의 행사가격은 K_2로서 $K_2 > K_1$이다.

(2) 보호된 콜(covered call) 전략에서 만기 시 기초 자산가격(S_T)이 행사가격보다 클 경우 만기 시 손익을 계산하라. 단, 행사가격은 K, 기초자산 가격의 계약 시 가치는 S, 만기 시 가치는 S_T, 콜옵션의 현재 가치는 C라 하자.

(3) 스트래들 매도(straddle write)전략에서 실현 가능한 만기 시 최대 이익을 계산하라. 단, 현재 시장에서 스트래들 매도에 사용된 콜옵션 가격은 $2.25, 풋옵션 가격은 $1.50, 두 옵션의 행사가격은 $30.55, 기초자산의 만기 시 가격은 $30.55이다.

07 이항모형과 옵션의 결합전략 (CPA 2차 2011)

JKM㈜의 주식은 현재 16,000원에 거래되고 있고 1년 후($t=1$) 주가가 50,000원으로 상승하거나 2,000원으로 하락할 것으로 예상된다. 투자자 A는 이 회사의 주식을 기초자산으로 하고 동일한 만기 및 행사가격을 갖는 한 개의 콜옵션(call option)과 한 개의 풋옵션(put option)을 동시에 매입하여 구성한 포트폴리오를 보유하고 있다. 두 옵션의 행사가격은 15,000원이며 만기는 1년이고, 무위험이자율은 8%이다. 계산결과는 소수점 넷째 자리까지 표시하고, 금액은 원 단위로 표기하라.

(1) 이 포트폴리오에 포함된 콜옵션의 가치를 이항모형(binomial model)으로 복제포트폴리오(replicating portfolio)를 구성하여 구하라.

(2) 이 포트폴리오에 포함된 풋옵션의 가치를 물음 (1)과 동일한 방식을 이용하여 구하

고, 이 포트폴리오의 총가치를 구하라.

(3) 이 포트폴리오와 같은 포지션을 롱 스트래들(long straddle)이라 한다. 롱 스트래들의 손익구조(payoff diagram)를 그리고(콜옵션, 풋옵션, 스트래들 모두 도시), 그 의미를 3줄 이내로 논하라.

08 방어적 풋과 델타중립 포트폴리오 (CPA 2차 2017)

어떤 주식의 현재주가는 10,000원이고 매년 20% 상승하거나 20% 하락하는 이항분포를 따른다고 가정한다. 이 주식은 배당을 지급하지 않으며, 무위험이자율은 연 5%이다. 2기간 이항모형을 이용하여 답하라. 금액은 반올림하여 소수점 둘째 자리까지 표시하고, 확률, 델타, 주식 및 옵션의 개수는 반올림하여 소수점 넷째 자리까지 표시하라.

(1) 만기가 2년이고 행사가격이 10,000원인 유럽형 풋옵션을 포함하는 방어풋(protective put) 포트폴리오를 구성하는 데 들어가는 비용($t=0$)과 1년 후 시점($t=1$)에서 주가가 하락하였을 때 포트폴리오의 가치를 구하라.

(2) 방어풋 전략 대신 포트폴리오보험전략을 시행하려고 한다. 다음 물음에 답하라.

① 현재시점($t=0$)에서의 주식의 개수와 무위험채권의 금액을 구하라.

② 1년 후 시점($t=1$)에서 주가가 하락하였을 때 새로 구성해야 할 주식의 개수와 무위험채권의 금액을 구하라.

③ 만기($t=2$)에서 주가가 6,400원이 되었을 때 포트폴리오의 가치를 구하라.

(3) 다음 물음에 답하라.

① 현재시점($t=0$)에서 주식 1주를 기준으로 델타중립 포트폴리오를 구성하라.

② 1년 후 시점($t=1$)에서 델타중립 포트폴리오의 가치를 구하라.

③ 만기($t=2$)에 주가가 하락하여 9,600원이 된 상황(A)과 주가가 상승하여 9,600원이 된 상황(B) 하에서 델타중립 포트폴리오의 가치를 각각 구하라.

09 방어적 풋과 포트폴리오 보험전략 (CPA 2차 2014 수정)

㈜다라의 현재 주당가격은 10,000원이다. ㈜다라의 주식을 기초자산으로 하는 행사가격 10,000원, 1년 만기 유럽형 풋옵션의 가격은 500원이고 무위험이자율은 연 10%이다.

(1) 현재 ㈜다라 주식 1,000주를 보유한 투자자 갑이 1년 후의 가격하락 위험을 제거하기 위하여 방어적 풋(protective put) 전략을 사용하려 할 때 필요한 풋옵션의 개수와 이 포트폴리오의 현재시점 가치를 각각 구하라.

(2) 물음 (1)과 같이 구성한 다음 1년 후 ㈜다라의 주가가 5,000원이 된 경우와 15,000원이 된 경우의 투자성과를 비교하라.

(3) 투자자 병은 현재 1,000만원을 보유하고 있다. 투자자 병이 ㈜다라 주식과 풋옵션 및 무위험대출을 이용하여 1년 후 최소한 1,000만원을 확보하기 위해 필요한 ㈜다라 주식의 개수, 풋옵션의 개수 및 대출액을 각각 계산하라. 계산결과는 반올림하여 소수점 둘째 자리까지 표기하라.

(4) 포트폴리오 보험전략을 간략하게 설명하라.

10 고급 델타중립 포트폴리오와 포트폴리오보험 (CPA 2차 2010)

현재 주가는 20,000원이고 매년 20%씩 상승하거나 또는 하락하는 이항분포를 따른다고 가정하자. 무위험이자율은 연간 5%이고 주식은 배당을 지급하지 않는다. 2기간 이항모형을 이용하여 답하라.

(1) 만기가 2년이고 행사가격이 20,000원인 유럽형 풋옵션의 가격을 구하라. 가격은 소수점 셋째 자리에서 반올림하여 답하라.

(2) 주가가 20,000원일 때 풋옵션의 델타를 구하라. 그리고 델타중립 포트폴리오를 구성하고 그 포트폴리오의 1년 후 가치를 계산하라. 델타와 증권개수는 소수점 다섯째 자리에서 반올림하여 답하라. 델타중립 포트폴리오는 주식 1주를 기준으로 구성하고, 개수와 매입/매도 여부를 기술하라.

(3) 주식 1주를 소유하고 있는 투자자가 포트폴리오보험(portfolio insurance) 전략을 취하고자 한다. 이 투자자가 현재시점에서 포지션 조정 후 보유하게 될 주식과 무위험채권의 규모는 각각 얼마인가?

(4) 위와는 독립적으로, 시장에서 다음과 같이 옵션가격이 형성되어 있다. 옵션은 모두 1년 만기 유럽형이고 기초자산은 동일하다. 무위험이자율은 연간 7%이다. 단, 두 행사가격의 차이는 4,000원이다.

행사가격	콜 옵 션	풋 옵 션
K_1	4,640원	2,950원
K_2	2,470원	4,490원

주어진 조건에서 차익거래 기회가 있는지의 여부를 확인하고, 만약 있다면 차익거래 포지션을 구체적으로 기술하라. 또한 차익(arbitrage profit)을 현재가치기준으로 소수점 셋째 자리에서 반올림하여 답하라.

제 3 장

옵션의 응용

시장에서 거래되는 많은 증권들이 옵션적 성격을 가지고 있다. 따라서 옵션이론은 주식과 사채뿐만 아니라 신주인수권, 전환사채, 수의상환사채, 상환청구권부사채 등 옵션성격을 가진 증권(option-like securities)의 가치평가에 활용될 수 있다. 또한 옵션의 기본원리는 기업의 재무활동을 새로운 시각으로 이해하는 데 많은 도움을 주고 있다. 최근에는 전통적 순현가법의 문제점을 해결하기 위해 실물옵션에 대한 개념이 도입되어 자본예산에 있어서 유용한 방법론을 제공하고 있다.

1 주식과 사채

1.1 주식의 가치평가

부채의 상환일(T)에서 기업자산의 가치(V_T)가 부채의 상환액(D)보다 클 경우 주주들은 부채를 상환하고 그 잔액(V_T-D)을 가지게 된다. 그러나 부채의 상환일(T)에 기업자산의 가치(V_T)가 부채의 상환액(D)보다 작을 경우 주주들은 부채를 상환하지 않고 파산하기 때문에 주식의 가치는 0이 된다. 이와 같이 주식은 유한책임증권으로서 부채의 상환일(T)에서의 기업가치(V_T)에 따라 주식의 가치(S_T)는 다음과 같이 나타낼 수 있다.

$$S_T = \text{Max}[V_T - D,\ 0] \tag{3-1}$$

여기서 D: 부채의 상환액(액면액)

주식은 기업자산을 기초자산으로 하는 일종의 콜옵션으로서 만기일은 부채의 상환일, 행사가격은 부채의 상환액이라 할 수 있다. 이상에서 살펴본 부채의 상환일에서의 주식의 가치를 나타내면 [그림 3－1]과 같다.

블랙－숄즈모형을 이용하여 주식(자기자본)의 현재가치(S)를 구하면 다음과 같다.[1)]

그림 3－1 부채의 상환일에서의 주식의 가치

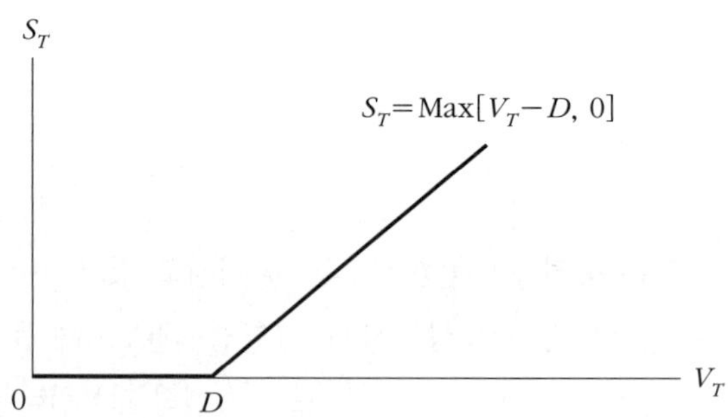

1) 기업가치 등 다른 변수가 일정할 경우 기업자산 수익률의 분산이 증가하면, 자기자본가치가 증가($\partial S/\partial\sigma^2>0$)하고 자기자본의 체계적 위험은 감소($\partial\beta_S/\partial\sigma^2<0$)하게 된다. 이는 주주의 유한책임으로 인하여 기업위험이 높아짐(기업가치 등이 일정하다는 전제하에서는 비체계적 위험이 변함)에 따라 부채가치가 감소하고 자기자본가치가 증가하는 부의 이전현상으로 설명될 수 있다.

$$S = VN(d_1) - De^{-rT}N(d_2) \tag{3-2}$$

여기서 $d_1 = \dfrac{\ln\left(\dfrac{V}{D}\right) + \left(r + \dfrac{1}{2}\sigma^2\right)T}{\sigma\sqrt{T}}$, $d_2 = d_1 - \sigma\sqrt{T}$

V: 기업의 현재가치
σ: 기업자산 연간 수익률의 표준편차
T: 부채의 상환일까지의 잔여기간(연수)
r: 연간 무위험이자율

1.2 풋-콜 패리티와 위험부채의 가치평가

기업자산을 기초자산으로 하는 콜옵션으로서의 주식을 풋-콜 패리티에 적용하면 다음과 같은 관계가 성립할 수 있다.

$$V + P - S = \frac{D}{(1+r)^T} \tag{3-3}$$

여기서 P: 기업자산에 대한 풋옵션의 현재가치(만기일: T, 행사가격: D)

식 (3-3)을 다음과 같이 약간 변형해 보자.

$$V = S + \frac{D}{(1+r)^T} - P = S + [PV(D) - P] = S + B \tag{3-3)'}$$

여기서 $PV(D)$: 무위험부채(순수할인채)의 현재가치
B: 위험부채의 현재가치

식 (3-3)′에서 위험부채의 경우 채권자들이 주주에게 기업자산을 기초자산으로 하는 풋옵션을 하나 발행해 준 것으로 볼 수 있다. 이 경우 풋옵션의 가치는 지급불능 위험으로 인한 부채가치의 감소액을 나타낸다. 은행이나 정부의 지급보증에 의해 위험부채가 무위험부채로 전환될 수 있다면, 이때 지급보증의 가치는 풋옵션의 가치와 동일하게 된다.

부채의 상환일에서 위험부채의 가치(B_T)는 다음과 같다.[2)]

---

2) 부채의 상환일에서 위험부채의 가치는 V_T와 D 중에서 항상 작은 값을 취한다. 그러므로 이를 수학적 기호를 사용하여 나타내면 $\text{Min}[V_T, D]$가 된다.

$$B_T = D - P_T = D - \text{Max}[D - V_T, 0] = \begin{cases} D, & \text{만약 } V_T > D \\ V_T, & \text{만약 } V_T \le D \end{cases}$$

$\rightarrow B_T = \text{Min}[V_T, D]$

또는 $B_T = D - \text{Max}[D - V_T, 0] = D + \text{Min}[-D + V_T, 0] = \text{Min}[D - D + V_T, D] = \text{Min}[V_T, D]$

그림 3-2 부채의 상환일에서의 위험부채의 가치

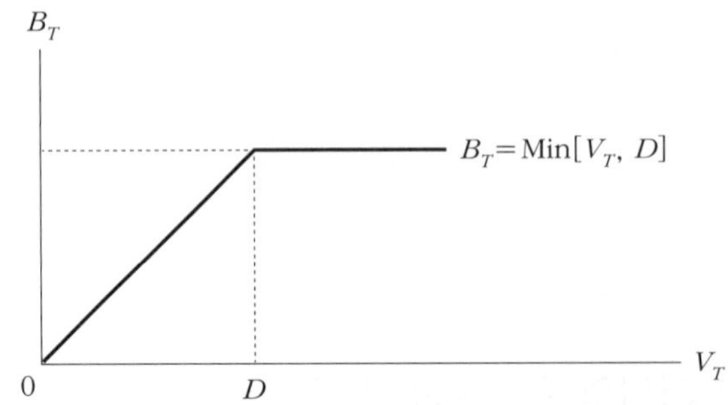

$$B_T = D - P_T = D - \text{Max}[D - V_T,\ 0] = \text{Min}[V_T,\ D] \tag{3-4}$$

부채의 상환일에서의 위험부채의 가치를 나타내면 [그림 3－2]와 같다.

식 (3－2)와 식 (3－3)′를 이용하여 위험부채의 현재가치(B)를 구하면 다음과 같다.[3)]

$$B = De^{-rT} - P = V - S = V[1 - N(d_1)] + De^{-rT}N(d_2) \tag{3-5}$$

1.3 담보부대출의 가치

금융기관 등에서 기업에 자금을 대출하는 경우, 원리금의 상환을 보증하기 위해 담보의 제공을 요구하게 된다. 이와 같은 대출을 **담보부대출**(collateralized loan)이라 한다.

그림 3-3 담보부대출의 과정

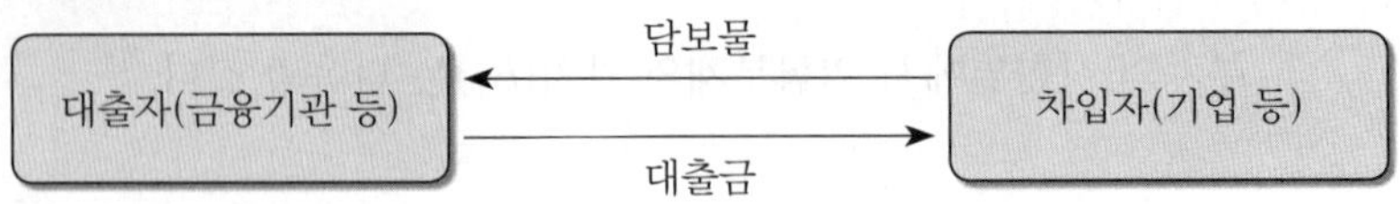

3) 연속복리를 가정하고 있으며, $P = De^{-rT}[1 - N(d_2)] - V[1 - N(d_1)]$이다.

대출자의 입장

대출자(금융기관 등 채권자)입장에서는 만기일(상환일)에서 차입자의 대출금상환 여부에 따라 담보부대출의 만기가치(B_T)가 결정된다. 즉 만기일에 담보물의 가치(V_T)가 담보부대출의 상환액(D)보다 작을 경우 차입자는 대출금을 상환하지 않을 것이기 때문에 담보부대출의 만기가치는 담보물의 만기가치와 같아지게 된다. 한편 만기일에 담보물의 가치가 담보부대출의 상환액보다 클 경우 차입자는 대출금을 상환할 것이기 때문에 담보부대출의 만기가치는 만기일의 상환액과 같아지게 된다.[4)]

$$\begin{aligned} B_T &= \text{Min}[V_T,\ D] \\ &= V_T + \text{Min}[0,\ D - V_T] = V_T - \text{Max}[0,\ V_T - D] = V_T - C_T \\ &= D + \text{Min}[V_T - D,\ 0] = D - \text{Max}[D - V_T,\ 0] = D - P_T \end{aligned} \qquad (3-6)$$

식 (3-6)에서 대출자입장에서 담보부대출은 대출의 대가로 담보물을 취득하고 동시에 담보물을 만기일에 담보부대출의 상환액(행사가격)으로 살 수 있는 권리, 즉 콜옵션을 차입자에게 발행해 준 것으로 볼 수 있다. 또한 이는 무위험대출과 동시에 담보물을 만기일에 담보부대출의 상환액(행사가격)으로 팔 수 있는 권리, 즉 풋옵션을 차입자에게 발행해 준 것과 동일하다.

그러므로 대출자입장에서 담보부대출의 현재가치(B)는 다음과 같다.

$$B = V - C = PV(D) - P \qquad (3-7)$$

여기서 V: 담보물(기초자산)의 현재가치
$PV(D)$: 무위험대출금(행사가격)의 현재가치
C: 콜옵션의 현재가치
P: 풋옵션의 현재가치

차입자의 입장

차입자는 만기일에 담보물의 가치(V_T)와 담보부대출의 상환액(D)을 비교하여 대출금상환 여부를 결정하게 된다. 따라서 차입자입장에서는 만기일에 담보물의 가치가 담보부대출의 상환액보다 작을 경우 담보물을 포기하고 대출금을 상환하지 않을 것이기 때문에 담보부대출의 만기가치(B_T')는 만기일의 상환액과 같아지게 된다. 한편 만기일에 담보물의 가치가 담보부대출의 상환액보다 클 경우 차입자는 대출금을 상환하고 담보물을 찾아올 것이기 때문에 담보부대출의 만기가치는 담보물의 만기가치와 같아지게 된다.

---

4) 기업의 부채는 기업자산을 담보물로 하는 담보부대출과 동일한 것으로 볼 수 있다.

그림 3-4 담보부대출의 만기가치

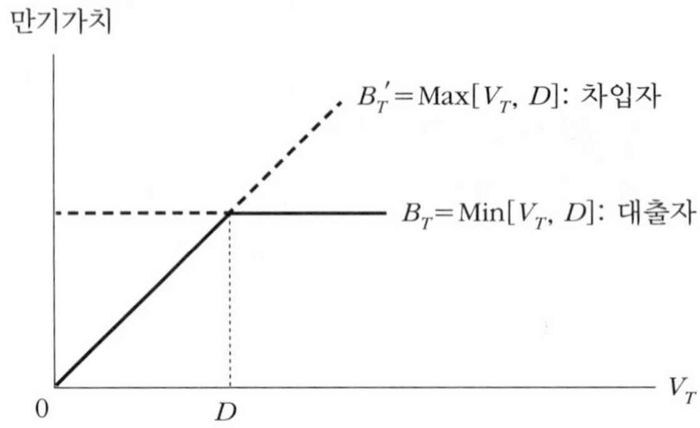

$$\begin{aligned} B_T' &= \text{Max}[V_T,\ D] \\ &= D + \text{Max}[V_T - D,\ 0] = D + C_T \\ &= V_T + \text{Max}[0,\ D - V_T] = V_T + P_T \end{aligned} \tag{3-8}$$

식 (3−8)에서 차입자입장에서 담보부대출은 담보물을 제공하여 무위험대출을 받고 동시에 담보물이 기초자산인 콜옵션(행사가격 $=D$)을 취득한 것으로 볼 수 있다. 또한 이는 담보물과 그것을 기초자산으로 하는 풋옵션(행사가격 $=D$)을 취득한 것과 동일하다.

그러므로 차입자입장에서 담보부대출의 현재가치(B')는 다음과 같다.

$$B' = PV(D) + C = V + P \tag{3-9}$$

이상에서 설명한 대출자 또는 차입자의 입장에서 담보부대출의 만기가치를 나타내면 [그림 3−4]와 같다.

예제 3-1 옵션을 이용한 자기자본 및 부채의 가치평가

서울식품㈜에 관한 자료는 다음과 같다.

- 자산의 총시장가치 = 120억원
- 자산의 연간 수익률의 분산 = 0.6
- 부채의 액면가(순수할인사채, 만기: 2년) = 70억원

그리고 연간 무위험이자율은 10%이며, 서울식품㈜은 현금배당을 실시하지 않는다.

(1) 블랙-숄즈의 옵션가격결정모형을 이용하여 서울식품㈜의 자기자본 및 부채의 현재가치를 구하라.

(2) 서울식품㈜은 현재 다음과 같은 상호배타적인 두 사업에의 진출을 고려하고 있다.

	생수사업	화장품사업
순현가(NPV)	10억원	9억원
연간 투자수익률의 분산	0.02	1.2

각 사업(투자안)에 소요되는 투자지출액은 40억원으로 같으며, 그 자금은 신주를 발행하여 조달할 예정이다. 그리고 각 사업의 현금흐름은 서울식품㈜의 기존 현금흐름과 독립적으로 발생된다고 가정한다.

① 생수사업에 진출하는 경우 서울식품㈜의 자기자본 및 부채의 현재가치를 구하라.
② 화장품사업에 진출하는 경우 서울식품㈜의 자기자본 및 부채의 현재가치를 구하라.
③ 물음 ①과 ②의 결과에 의해 주주의 위험선호유인을 설명하라.

❙ 해설 ❙

(1) V=120억원, D=70억원, T=2년, $r=0.1$, $\sigma^2=0.6$이므로 먼저 d_1과 d_2의 값을 구하면 다음과 같다.

$$d_1=\frac{\ln\left(\frac{V}{D}\right)+\left(r+\frac{1}{2}\sigma^2\right)T}{\sigma\sqrt{T}}=\frac{\ln\left(\frac{120}{70}\right)+\left(0.1+\frac{1}{2}\times 0.6\right)\times 2}{\sqrt{0.6}\sqrt{2}}=1.22$$

$$d_2=d_1-\sigma\sqrt{T}=1.22-\sqrt{0.6}\sqrt{2}=0.12$$

본서의 부록 Ⅰ 〈부표-5〉를 이용하여 $N(d_1)$과 $N(d_2)$의 값을 구하면 다음과 같다.

$$N(d_1)=N(1.22)=0.5+0.3888=0.8888$$
$$N(d_2)=N(0.12)=0.5+0.0478=0.5478$$

따라서 자기자본의 가치(S)는 다음과 같이 구할 수 있다.

$$S=VN(d_1)-De^{-rT}N(d_2)=120\text{억원}\times 0.8888-70\text{억원}\times e^{-0.1\times 2}\times 0.5478=75.26\text{억원}$$

그리고 부채의 현재시장가치(B)는 다음과 같다.

$$B=V-S=120\text{억원}-75.26\text{억원}=44.74\text{억원}$$

(2)

① 생수사업에 진출하는 경우 기업의 가치(V)와 연간 자산수익률의 분산(σ^2)을 구하면 다음과 같다.[5)]

5) 기존 기업과 생수사업은 서로 독립적이므로 공분산은 0이 된다.

- $V=120$억원$+(40$억원$+10$억원$)=170$억원

- $\sigma^2=\left(\frac{120}{170}\right)^2\times0.6+\left(\frac{50}{170}\right)^2\times0.02=0.3007$

그리고 $D=70$억원, $T=2$년, $r=0.1$이므로 블랙-숄즈 옵션가격결정모형을 이용하여 생수사업에 진출한 후의 자기자본가치와 부채가치를 구하면 다음과 같다.

$$d_1=\frac{\ln\left(\frac{V}{D}\right)+\left(r+\frac{1}{2}\sigma^2\right)T}{\sigma\sqrt{T}}=\frac{\ln\left(\frac{170}{70}\right)+\left(0.1+\frac{1}{2}\times0.3007\right)\times2}{\sqrt{0.3007}\sqrt{2}}=1.79$$

$$d_2=d_1-\sigma\sqrt{T}=1.79-\sqrt{0.3007}\sqrt{2}=1.01$$

본서의 부록 I 〈부표-5〉를 이용하여 $N(d_1)$과 $N(d_2)$의 값을 구하면 다음과 같다.

$$N(d_1)=N(1.79)=0.5+0.4633=0.9633$$
$$N(d_2)=N(1.01)=0.5+0.3488=0.8438$$

따라서 자기자본의 가치(S)는 다음과 같이 구할 수 있다.

$$S=VN(d_1)-De^{-rT}N(d_2)=170\text{억원}\times0.9633-70\text{억원}\times e^{-0.1\times2}\times0.8438=115.40\text{억원}$$

그리고 부채의 현재시장가치(B)는 다음과 같다.

$$B=V-S=170\text{억원}-115.40\text{억원}=54.60\text{억원}$$

② 화장품사업에 진출하는 경우 기업의 가치(V)와 연간 자산수익률의 분산(σ^2)을 구하면 다음과 같다.

- $V=120$억원$+(40$억원$+9$억원$)=169$억원
- $\sigma^2=\left(\frac{120}{169}\right)^2\times0.6+\left(\frac{49}{169}\right)^2\times1.2=0.4034$

그리고 $D=70$억원, $T=2$년, $r=0.1$이므로 블랙-숄즈 옵션가격결정모형을 이용하여 화장품사업에 진출한 후의 자기자본가치와 부채가치를 구하면 다음과 같다.

$$d_1=\frac{\ln\left(\frac{V}{D}\right)+\left(r+\frac{1}{2}\sigma^2\right)T}{\sigma\sqrt{T}}=\frac{\ln\left(\frac{169}{70}\right)+\left(0.1+\frac{1}{2}\times0.4034\right)\times2}{\sqrt{0.4034}\sqrt{2}}=1.65$$

$$d_2=d_1-\sigma\sqrt{T}=1.65-\sqrt{0.4034}\sqrt{2}=0.75$$

본서의 부록 I 〈부표-5〉를 이용하여 $N(d_1)$과 $N(d_2)$의 값을 구하면 다음과 같다.

$$N(d_1)=N(1.65)=0.5+0.4505=0.9505$$
$$N(d_2)=N(0.75)=0.5+0.2734=0.7734$$

따라서 자기자본의 가치(S)는 다음과 같이 구할 수 있다.

$$S=VN(d_1)-De^{-rT}N(d_2)=169\text{억원}\times0.9505-70\text{억원}\times e^{-0.1\times2}\times0.7734=116.31\text{억원}$$

그리고 부채의 현재시장가치(B)는 다음과 같다.

$$B=V-S=169\text{억원}-116.31\text{억원}=52.69\text{억원}$$

③ 각 사업에 진출하는 경우 기업가치, 자기자본의 가치, 부채가치

	기업가치	자기자본가치	부채가치
생수사업	170억원	115.40억원	54.60억원
화장품사업	169억원	116.31억원	52.69억원

기업가치의 극대화목표를 달성하기 위해서는 순현가가 큰 생수사업에 투자하여야 한다. 그러나 주주들의 입장에서 볼 때 위험이 상대적으로 높은 화장품사업에 투자하는 경우 자기자본가치가 더 커지게 된다. 따라서 주주들은 화장품사업에 투자하려 할 것이며, 이 경우 부채가치는 감소하게 된다. 이와 같이 주주들은 위험이 높은 투자안을 선택함으로써 채권자의 부를 감소시켜 자신의 지분가치를 증가시키려는 유인을 가지고 있는데, 이를 위험선호유인이라 한다. 주주들의 위험선호유인은 주주의 유한책임 때문에 발생된다.

2 옵션성격을 가진 증권

2.1 신주인수권

신주인수권의 의의

신주인수권(warrant)은 주어진 기간 내에 정해진 가격으로 기업으로부터 직접 보통주를 매입할 수 있는 권리가 부여된 증권이다. 신주인수권의 성질은 콜옵션과 유사하므로 콜옵션의 가치를 구하는 방법을 사용하여 신주인수권의 가치를 구할 수 있다. 그러나 신주인수권의 경우 행사일에 신주가 발행되므로 콜옵션과 달리 발행주식수가 증가하게 되며, 주가와 행사가격의 차이로 인하여 주가가 희석(dilution)될 수 있음을 유의하여야 한다.

유상증자시 기존 주주들의 권리를 보호하기 위하여 그들에게 신주를 일정한 가격으로 살 수 있는 권리, 즉 신주인수권을 부여하기도 하며, 신주인수권이 포함된 사채, 즉 **신주인수권부사채**(bond with warrant: BW)가 발행되기도 한다.

재무 FOCUS

주식워런트(ELW)

금융기관에 의해 발행되는 주식워런트(equity linked warrant: ELW)는 주식을 사거나(call) 팔(put) 수 있는 권리로서 권리행사 시 신주가 발행되지 않는다는 점에서 신주인수권과 구분된다. 한편 한국거래소에 의해 결제가 보증되는 옵션과 달리 주식워런트는 발행자(금융기관)에 따라 결제불이행위험이 존재할 수 있다. 신주인수권, 주식워런트(ELW), 옵션을 비교하면 다음과 같다.

구 분	신주인수권	주식워런트(ELW)	옵 션
발행주체	주식 발행회사	금융기관	불특정 다수
권리유형	콜 매입	콜/풋 매입	콜/풋 매입, 매도
신주발행	신주발행	신주발행 불필요	신주발행 불필요
신용위험	–	발행자 신용위험에 노출	결제소 이행보증
표 준 화	표준화 안 됨	표준화 안 됨	표준화됨
분 류	유가증권	유가증권	파생상품

신주인수권의 가치평가

만기일(T)에서의 신주인수권 1개의 가치(w_T)는 다음과 같이 구할 수 있다.

$$\begin{aligned} w_T &= \text{Max}[\text{주식가격} - \text{행사가격},\ 0] \qquad (3\text{-}10) \\ &= \text{Max}\left[\frac{NS_T + N_w x}{N+N_w} - x,\ 0\right] = \frac{N}{N+N_w}\text{Max}[S_T - x,\ 0] \end{aligned}$$

여기서 N: 기존(신주발행 전)의 발행주식수
N_w: 신주인수권의 행사에 의해 발행하여야 하는 주식의 수[6)]
S_T: 만기일에서의 주가
x: 신주인수권 1개의 행사가격

식 (3−10)에서 우변의 $N/(N+N_w)$는 신주발행으로 인한 희석효과를 반영한다. 그러므로 신주인수권의 가치는 발행주식수의 변화를 가져오지 않는 콜옵션의 가치보다

6) 기존 주식 1주당 신주인수권의 발행비율이 q인 경우 $N_w = Nq$, $\frac{N}{N+N_w} = \frac{N}{N+Nq} = \frac{1}{1+q}$이다.

희석효과를 반영하여 그만큼 낮게 형성된다. 이와 같은 신주인수권의 현재가치를 구하기 위한 구체적인 절차는 다음과 같다.

① 먼저 희석효과를 고려하지 않은 신주인수권의 가치(w_{nd})를 블랙-숄즈모형 등에 의해 구해야 한다. 이 경우 기초자산의 현재가치로 신주인수권의 발행금액을 포함시킨 총지분가치와 동일한 가치를 가지나 신주인수권을 발행하지 않은 대체기업(alternative firm)의 주가를 사용하여야 한다.[7)]

$$w_{nd} = SN(d_1) - xe^{-rT}N(d_2) \tag{3-11}$$

여기서 $d_1 = \dfrac{\ln\left(\dfrac{S}{x}\right) + \left(r + \dfrac{1}{2}\sigma^2\right)T}{\sigma\sqrt{T}}$, $d_2 = d_1 - \sigma\sqrt{T}$

$$S = \frac{NS' + N_w w'}{N} = S' + \frac{N_w w'}{N}$$

(단, S': 현재(신주인수권 발행 전)의 주가, w': 신주인수권의 발행가격)

② ①에서 구한 가치에 희석효과를 고려하여 신주인수권 1개의 가치를 구한다.

$$w = \left(\frac{N}{N + N_w}\right) w_{nd} \tag{3-12}$$

③ 신주인수권 1개의 가치에 신주인수권의 행사에 의해 발행하여야 하는 주식의 수를 곱하면 신주인수권의 총현재가치(W)를 구할 수 있다.

$$W = N_w w \tag{3-13}$$

신주인수권의 가치평가 : 대체적 방법

식 (3-10)에 N_w를 곱하여 만기일(T)에서 신주인수권의 총가치($W_T = N_w \cdot w_T$)를 구하면 다음과 같다.

---

7) 신주인수권의 발행에 따라 위험도 변할 수 있기 때문에 주식수익률의 표준편차도 수정해 주어야 한다. 그러나 여기서는 주식수익률의 표준편차가 변하지 않는다고 가정하였다. 이에 대한 자세한 내용은 다음을 참조(R. A. Brealey and S. C. Myers, *Principles of Corporate Finance*, 6th ed.(McGraw-Hill, 2000), pp. 648~650).

한편 신주인수권의 발행금액을 모두 배당한다고 가정하여 신주인수권의 발행가격을 조정하지 않은 현재의 주가를 기초자산의 현재가치로 사용할 수도 있으며, 이에 대한 내용은 다음을 참조(S. A. Ross, R. W. Westerfield, and J. Jaffe, *Corporate Finance*, 9th ed.(McGraw-Hill, 2010), pp. 748~749).

$$W_T = \text{Max}[a(V_T + X) - X,\ 0] = \text{Max}[aV_T - (1-a)X,\ 0] \quad (3\text{-}14)$$

여기서 V_T : 만기일에서 신주인수권 행사 전 총지분가치(NS_T)
X : 신주인수권의 총행사가격 ($N_w x$)
a : 신주인수권 행사 후 신주인수권자의 지분비율$\left(\frac{N_w}{N+N_w}\right)$

식 (3－14)의 만기일 가치를 고려하여 변수의 값(기초자산의 현재가치＝aV, 행사가격＝$(1-a)X$ 등)을 결정한 후, 블랙－숄즈모형에 의해 신주인수권의 총현재가치(W)를 구하면 다음과 같다.

$$W = aVN(d_1) - (1-a)Xe^{-rT}N(d_2) \quad (3\text{-}15)$$

여기서 $d_1 = \dfrac{\ln\left[\dfrac{aV}{(1-a)X}\right] + \left(r + \dfrac{1}{2}\sigma^2\right)T}{\sigma\sqrt{T}}$, $d_2 = d_1 - \sigma\sqrt{T}$

V: 부채를 제외한 현재의 기업가치, 즉 총지분가치(신주인수권의 발행금액 포함)

예제 3-2 신주인수권의 가치평가

㈜서해의 현재 자산가치는 200억원, 부채의 시장가치는 80억원, 총발행주식수는 100만주이다. 이 회사는 신주인수권(warrant) 50,000주를 내일 발행할 예정이며, 그 발행수입은 발행 즉시 전액 배당으로 지급된다. 이 신주인수권과 동일한 조건으로 발행되는 콜옵션의 가격은 3,000원이다. 이 경우 신주인수권의 발행가격은 얼마이어야 하는가?

| 해설 |

신주인수권(warrant)의 경우 행사일에 신주가 발행되므로 콜옵션과 달리 발행주식수가 증가하게 되며, 주가와 행사가격의 차이로 인하여 주가가 희석(dilution)된다. 따라서 신주인수권의 가치는 발행주식수의 변화를 가져오지 않는 콜옵션의 가치보다 희석효과를 반영한 만큼 낮게 형성된다.[8)]

$$\text{신주인수권의 가치} = \frac{N}{N+N_w} \times \text{콜옵션의 가치} = \frac{100\text{만주}}{100\text{만주}+5\text{만주}} \times 3{,}000\text{원} = 2{,}857.14\text{원}$$

2.2 전환사채

전환사채의 의의

전환사채(convertible bond: CB)란 그 소유자에게 일정한 기간(전환기간) 내 일정

8) 신주인수권의 발행금액을 발행 즉시 전액 배당하기 때문에 현재 주가를 조정하여 평가할 필요가 없다.

한 조건(전환조건)에 따라 전환사채를 발행한 기업의 주식으로 전환할 수 있는 권리(전환권)를 부여한 사채이다. 전환사채의 소유자는 전환사채를 발행한 회사의 주가가 상승하는 경우 전환권을 행사하여 사채 대신 주식을 소유할 수 있으며, 주가가 하락하는 경우 전환권을 행사하지 않고 사채로 보유할 수도 있다. 따라서 전환사채는 일반사채와 주식으로 전환할 수 있는 전환권이 결합된 **혼합증권**(hybrid securities)으로 볼 수 있다. 전환사채는 주식을 취득할 수 있는 콜옵션적 성격을 가지고 있다는 점에서 신주인수권부사채와 유사하다. 그러나 전환사채의 경우 그 소유자가 전환권을 행사함으로써 사채를 포기하고 대신 주식을 취득하는 반면, 신주인수권부사채는 사채를 그대로 소유하면서 그 사채에 첨부된 신주인수권을 행사하여 주식을 취득한다는 점에서 서로 다르다.

재무 FOCUS

전환사채 관련 용어

- 전환비율(conversion ratio): 전환사채를 전환할 때 받게 되는 보통주의 수를 의미한다.
- 전환가격(conversion price): 보통주 1주로 전환하기 위하여 포기하여야 하는 사채의 액면가치로서 사채의 액면가를 전환비율로 나누어(사채의 액면가/전환비율) 구한다.
- 전환프리미엄(conversion premium): 보통주 1주를 얻기 위하여 포기하여야 하는 전환사채의 가치(전환가격)가 현재 주가를 초과하는 정도를 의미한다.

$$\left(\text{전환프리미엄} = \frac{\text{전환가격} - \text{현재 주가}}{\text{현재 주가}}\right)$$

예를 들어 어떤 회사가 액면 100만원, 액면이자율 6%, 만기 5년의 전환사채를 발행한다고 하자. 이 전환사채는 50주의 보통주로 전환될 수 있으며, 발행기업의 현재 주가는 16,000원이다. 이 경우 전환비율, 전환가격, 전환프리미엄은 각각 다음과 같이 계산된다.

- 전환비율 = 50
- $\text{전환가격} = \frac{\text{사채의 액면가}}{\text{전환비율}} = \frac{\text{100만원}}{50} = \text{20,000원}$
- $\text{전환프리미엄} = \frac{\text{전환가격} - \text{현재 주가}}{\text{현재 주가}} = \frac{20{,}000 - 16{,}000}{16{,}000} = 0.25$

전환사채의 가치평가

만기일(T)에서의 전환권의 가치(C_T)는 다음과 같이 구할 수 있다.[9]

9) 행사가격인 사채가치가 일정하지 않기 때문에 블랙-숄즈모형을 적용하기 어렵다.

$$C_T = \text{Max}[cV_T - B_T,\ 0] \tag{3-16}$$

여기서 c: 전환권 행사 후 전환사채 소유자의 지분비율$[N_c/(N+N_c)]$
N_c: 전환권 행사에 의해 발행해야 할 주식의 수(전환비율)
V_T: 주식과 전환사채로만 자본을 조달한 기업의 만기일 가치
cV_T: 만기일의 전환가치
B_T: 일반사채의 만기일 가치$(\text{Min}[V_T,\ D])$

만기일에서의 전환사채의 가치(CB_T)는 일반사채의 만기일 가치에 전환권(콜옵션)의 만기일 가치를 합하여 다음과 같이 구할 수 있다.

$$CB_T = B_T + \text{Max}[cV_T - B_T,\ 0] = \text{Max}[cV_T,\ B_T] \tag{3-17}$$

식 (3−17)에서 구간별로 전환사채의 만기일 가치를 살펴보면 다음과 같다.

- $V_T < D,\qquad CB_T = V_T$
- $D \le V_T < \dfrac{D}{c},\quad CB_T = D$
- $V_T \ge \dfrac{D}{c},\qquad CB_T = cV_T$

이와 같이 구한 구간별 전환사채의 만기일 가치를 그림으로 나타내면 [그림 3−5]와 같다.

식 (3−17), 즉 전환사채의 만기일 가치에 근거하면, 전환사채의 현재가치는 일반사채로서의 가치(straight bond value), 주식으로의 전환가치(conversion value) 그리고 옵션의 시간가치(option value)에 의해 결정됨을 알 수 있다.

- **일반사채가치**: 일반사채가치는 전환권을 행사하지 않을 경우의 전환사채의 가치

그림 3−5 전환사채의 만기일 가치

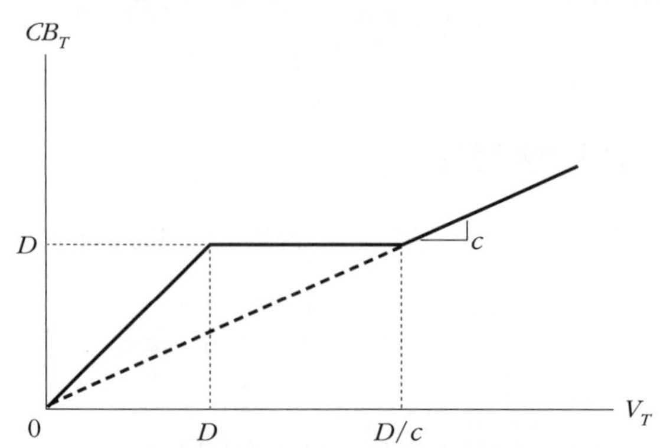

그림 3-6 전환사채의 현재가치

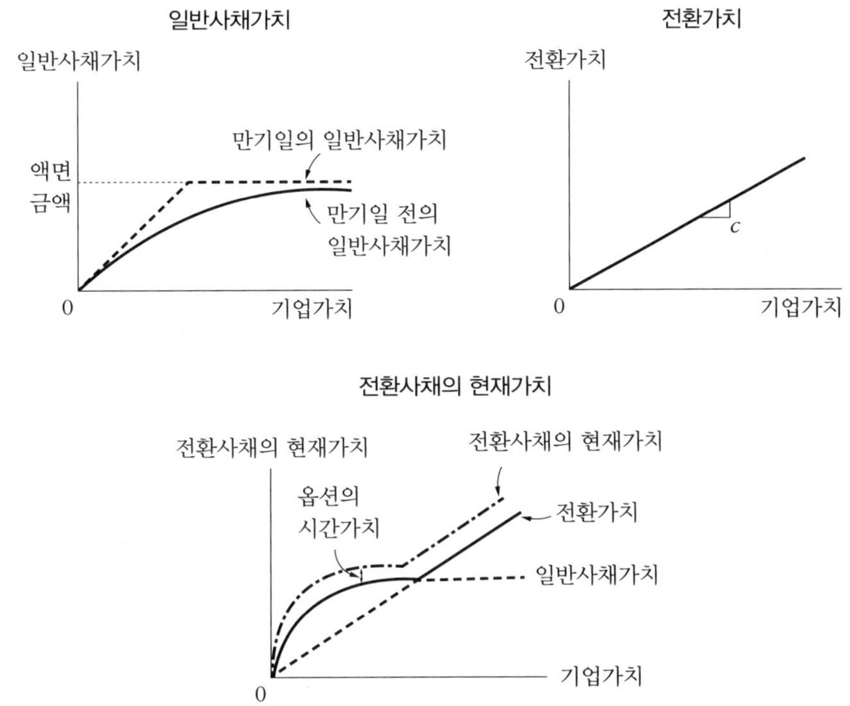

를 말하며, 이는「Perfect 재무관리 I」제4장에서 설명된 채권평가모형에 의해 구할 수 있다.

- **전환가치**: 전환가치는 전환사채를 보통주로 전환하는 경우의 가치를 말하며, 이는 전환비율과 보통주의 가격을 곱하여 구한다.
- **옵션의 시간가치**: 전환사채의 소유자는 만기일까지 전환권의 행사를 연기하여 자신에게 가장 유리한 행동을 취할 수 있는 선택권을 가지고 있다. 이와 같은 선택권은 가치를 가지며, 이를 옵션의 시간가치라 한다. 옵션의 시간가치는 만기가 길수록 커진다.

그러므로 전환사채의 현재가치는 다음과 같이 결정된다.

$$\begin{aligned}\text{전환사채의 현재가치} &= \text{일반사채가치} + \text{전환권의 현재가치} \\ &= \text{Max}[cV,\ B] + \text{옵션의 시간가치} \qquad (3-18)\end{aligned}$$

식 (3-18)에서 전환사채의 현재가치는 전환가치(cV 또는 전환비율×주가) 또는 일반사채가치 중 큰 값을 하한으로 하여 그보다 높은 값으로 결정됨을 알 수 있다. 이와 같은 전환사채의 현재가치를 나타내면 [그림 3-6]과 같다.

예제 3-3 전환사채의 가치평가

다음은 전환사채에 관한 자료이다.

전환가격: 50,000원/주
액면이자율: 9%
액면가: 1,000,000원
만기: 10년

전환사채와 동일한 위험을 가지고 있는 비전환사채의 만기수익률은 10%이다. 그리고 전환사채를 발행한 기업의 현재 주가는 49,000원이다. 이상의 자료를 이용하여 전환사채가 매각될 수 있는 최소한의 가격을 구하라.

❙ 해설 ❙

전환사채의 가치의 최소값은 전환가치 또는 일반사채가치 중 큰 값이다.

- $\text{일반사채가치} = \sum_{t=1}^{10} \frac{90,000}{(1+0.1)^t} + \frac{1,000,000}{(1+0.1)^{10}} = 938,514\text{원}$
- $\text{전환가치} = \text{전환비율} \times \text{주가} = \left(\frac{\text{사채의 액면가}}{\text{전환가격}}\right) \times \text{주가}$

$$= \frac{1,000,000}{50,000} \times 49,000 = 980,000\text{원}$$

따라서 전환사채가 매각될 수 있는 최소한의 가격은 전환가치인 980,000원이다.

2.3 수의상환사채와 상환청구권부사채

수의상환사채

수의상환사채(callable bond)란 사채의 발행회사가 사채의 만기일 이전에 미리 약정된 가격(수의상환가격)으로 사채를 상환할 수 있는 권리, 즉 수의상환권(call provision)을 가지고 있는 채권을 말한다. 현재 이자율이 높으나 향후 이자율이 하락할 것으로 예상되는 경우 기업은 수의상환사채를 발행하여 우선 필요한 자금을 조달하고, 이자율이 하락하였을 때 이를 상환하여 높은 금리부담을 줄일 목적으로 수의상환사채를 발행한다.

수의상환권은 기초자산이 사채이고, 행사가격이 상환가격인 금리콜옵션이라 할 수 있으며, 수의상환일(만기일$=T$)에서의 수의상환권의 가치는 다음과 같이 나타낼

수 있다.[10)]

$$\text{수의상환권의 만기일 가치} = \text{Max}[B_T - X, 0] \quad (3-19)$$

여기서 B_T: 수의상환일에서의 일반사채가치
X: 수의상환가격(행사가격)

수의상환권은 사채발행회사가 갖는 권리로서 사채발행회사는 콜옵션을 매입하고 채권자는 콜옵션을 매도한 것이라 할 수 있다. 투자자(채권자)입장에서는 수의상환사채가 일반사채에 비해 불리하기 때문에 일반사채의 가치에서 수의상환권의 가치만큼 차감되지 않으면 수의상환사채를 매입하지 않을 것이다. 따라서 수의상환사채의 만기일 가치는 일반사채의 만기일 가치에서 수의상환권의 만기일 가치를 차감한 것과 같아야 한다.

$$\text{수의상환사채의 만기일 가치} = B_T - \text{Max}[0, B_T - X] = \text{Min}[B_T, X] \quad (3-20)$$

그리고 수의상환사채의 현재가치는 다음과 같이 나타낼 수 있다.

$$\begin{aligned}\text{수의상환사채의 현재가치} &= \text{일반사채가치} - \text{수의상환권의 현재가치} \\ &= \text{Min}[B, X] - \text{옵션의 시간가치} \quad (3-21)\end{aligned}$$

일반적으로 수의상환사채의 현재가치는 일반사채가치 또는 수의상환가격 중 작은 값을 상한으로 하여 그보다 낮은 값으로 결정될 것이다. 이는 수의상환사채의 발행회사가 지금 즉시 수의상환권을 행사하지 않고 만기일까지 기다림으로써 가장 유리한 시점에서 수의상환권을 행사할 수 있는 기회, 즉 옵션의 시간가치를 가질 수 있기 때문이다. 이와 같은 수의상환사채의 현재가치를 나타내면 [그림 3-7]과 같다.

상환청구권부사채

상환청구권부사채(putable bond)는 수의상환사채와는 달리 채권매입자가 사채의 만기일 이전에 미리 약정된 가격(상환청구가격)으로 사채의 상환을 요구할 수 있는 권리, 즉 상환청구권(put provision)을 가지고 있는 채권을 말한다. 현재 이자율이 낮으

---

10) 블랙-숄즈모형을 이용하여 다음과 같이 수의상환권(금리콜옵션)의 현재가치(C)를 구할 수 있다.

$$C = BN(d_1) - Xe^{-rT}N(d_2)$$

$$\text{여기서 } d_1 = \frac{\ln\left(\frac{B}{X}\right) + \left(r + \frac{1}{2}\sigma^2\right)T}{\sigma\sqrt{T}}, \quad d_2 = d_1 - \sigma\sqrt{T}$$

블랙-숄즈모형은 기초자산의 변동성이 일정하다고 가정하고 있다. 그러나 금리옵션의 경우 기초자산인 채권가격의 변동성(σ^2)은 시간이 지나감에 따라 만기가 감소하여 줄어들기 때문에 블랙-숄즈모형의 적용 시 문제가 발생할 수 있음을 유의해야 한다.

그림 3-7 수의상환사채의 현재가치

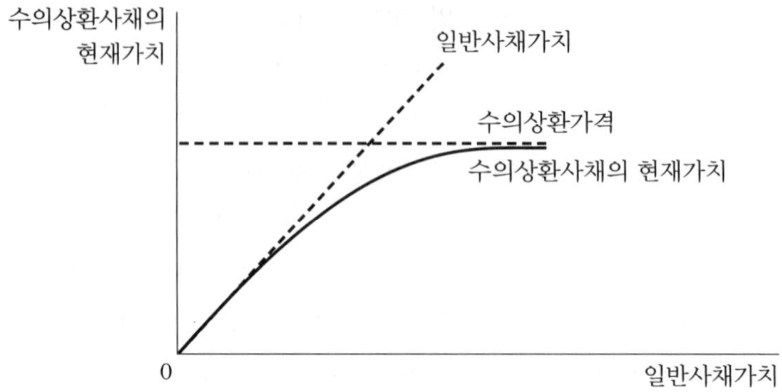

나 향후 이자율이 상승할 것으로 예상되는 경우, 채권투자자들은 현재의 낮은 금리 때문에 채권을 매입하지 않으려 할 것이다. 이와 같은 경우 기업이 필요한 자금을 조달할 목적으로 채권매입자에게 상환청구권을 부여할 수 있다.

상환청구권은 기초자산이 사채이고, 행사가격이 상환청구가격인 금리풋옵션이라 할 수 있으며, 상환청구일(만기일$=T$)에서의 상환청구권의 가치는 다음과 같이 나타낼 수 있다.[11)]

$$\text{상환청구권의 만기일 가치} = \text{Max}[X - B_T,\ 0] \qquad (3\text{-}22)$$

여기서 B_T: 상환청구일에서의 일반사채가치
X: 상환청구가격(행사가격)

상환청구권은 채권매입자가 갖는 권리로서 사채발행회사는 풋옵션을 매도하고 채권자는 풋옵션을 매입한 것이라 할 수 있다. 투자자(채권자)입장에서는 상환청구권부사채가 일반사채에 비해 유리하기 때문에 일반사채의 가치와 상환청구권의 가치를 합한 금액으로 매입할 수 있을 것이다. 따라서 상환청구권부사채의 만기일 가치는 일반사채의 만기일 가치에서 상환청구권의 만기일 가치를 합한 것과 같아야 한다.

$$\text{상환청구권부사채의 만기일 가치} = B_T + \text{Max}[0,\ X - B_T] = \text{Max}[B_T,\ X] \qquad (3\text{-}23)$$

---

11) 블랙-숄즈모형을 이용하여 다음과 같이 상환청구권(금리풋옵션)의 현재가치(P)를 구할 수 있다.

$$P = Xe^{-rT}N(-d_2) - BN(-d_1),\ \text{여기서 } d_1 = \frac{\ln\left(\frac{B}{X}\right) + \left(r + \frac{1}{2}\sigma^2\right)T}{\sigma\sqrt{T}},\ d_2 = d_1 - \sigma\sqrt{T}$$

그림 3-8 상환청구권부사채의 현재가치

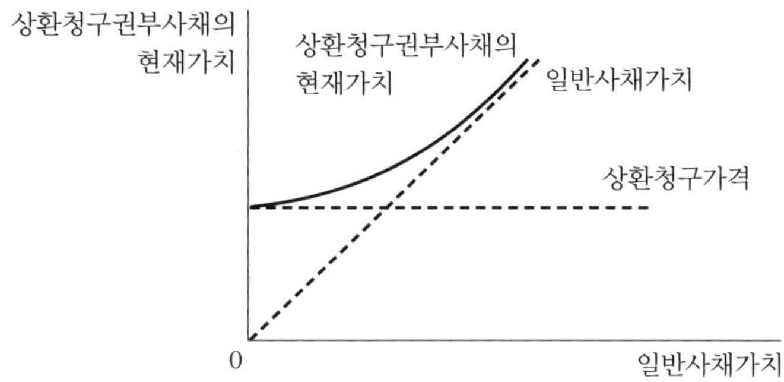

그리고 상환청구권부사채의 현재가치는 다음과 같이 나타낼 수 있다.

$$
\begin{aligned}
\text{상환청구권부사채의 현재가치} &= \text{일반사채가치} + \text{상환청구권의 현재가치} \\
&= \mathrm{Max}[B,\ X] + \text{옵션의 시간가치} \qquad (3\text{-}24)
\end{aligned}
$$

일반적으로 상환청구권부사채의 현재가치는 일반사채가치 또는 상환청구가격 중 큰 값을 하한으로 하여 그보다 높은 값으로 결정될 것이다. 이는 상환청구권부사채의 매입자가 지금 즉시 상환청구권을 행사하지 않고 만기일까지 기다림으로써 가장 유리한 시점에서 상환청구권을 행사할 수 있는 기회, 즉 옵션의 시간가치를 가질 수 있기 때문이다. 이와 같은 상환청구권부사채의 현재가치를 나타내면 [그림 3-8]과 같다.

3 실물옵션

3.1 실물옵션의 의의

전통적인 투자안 평가방법인 NPV법은 현재시점에서 주어진 정보를 바탕으로 투자결정이 내려지면, 그 후 투자안의 수명이 다할 때까지 처음 의사결정을 변경하지 못한다고 가정하고 있다. 전통적 NPV법은 미래상황의 안정성을 전제로 하며, 의사결정 이후 상황변화에 따른 의사결정의 변경가능성(연기, 확장, 포기, 축소 등), 즉 경영의 유연성(managerial flexibility)을 무시하고 있다. 경영의 유연성은 기업에 유리할 경우 취할 수 있는 경영자의 선택적 권리를 나타내기 때문에 옵션의 성격을 가진 것으로 볼 수 있으며, 이를 **실물옵션**(real option)이라 한다. 전통적 순현가법과 달리 실물옵션접근법은 이와 같은 경영의 유연성을 투자안의 가치평가에 반영하고 있다.

이상에서 설명한 두 가지 접근법은 정보를 다르게 활용하고 있다. NPV법은 미래의 정보를 현재시점에서 예측하여 투자안을 평가하는 반면, 실물옵션접근법은 정보가 활용가능한 미래시점에서 추가적인 의사결정을 할 수 있다는 유연성을 포함하여 투자안을 평가한다. 경영의 유연성의 가치는 다음과 같은 경우에 높아진다.[12)]

- 미래의 높은 불확실성: 시간에 따라 새로운 정보의 입수가능성이 매우 크다.
- 경영의 유연성을 발휘할 여지가 높음: 새로운 정보에 적절히 대응하도록 경영자에게 허용한다.
- 유연성이 없는 NPV가 0에 근접함: 투자안의 좋고 나쁨을 판단하기 어려울 경우 의사결정을 바꿀 수 있는 유연성이 높아지기 때문에 유연성의 가치가 훨씬 높아질 수 있다.

이와 같이 유연성의 가치가 높아지는 경우 전통적 순현가법에 의해 산출된 투자안의 가치와 실물옵션접근법에 의해 산출된 투자안의 가치 간에는 상당한 차이가 발생될 수 있다. 따라서 투자안을 평가할 때 투자안에 내포된 옵션, 즉 실물옵션의 가치를 고려해 주어야 한다.

$$\text{투자안의 } NPV = \text{전통적 } NPV + \text{실물옵션의 가치}$$

실물옵션의 가치는 옵션가격결정모형, 즉 이항모형 또는 블랙-숄즈모형 등에 의해 평가할 수 있으며, 유연성을 포함하지 않은 투자안을 기초자산으로 활용할 수 있다. 이 경우 기초자산인 투자안의 가치는 현재시점에서 주어진 정보에 근거하여 기대현금흐름을 측정한 후 위험조정할인율(자본비용)로 할인하여 평가하는 전통적인 현금흐름할인(discounted cash flow: DCF)법을 이용하여 구한다. 한편 실물옵션의 가치는 「Perfect 재무관리 Ⅰ」 제11장에서 설명한 의사결정수분석(decision tree analysis: DTA)에 의해 평가할 수 있으나, 이는 유연성이 없는 투자안의 가치(기초자산)를 평가할 때 사용하는 자본비용을 그대로 사용하여 실물옵션의 가치를 평가하기 때문에 문제가 있다. 일반적으로 콜옵션(연기옵션, 확장옵션 등)의 성격을 가진 실물옵션을 평가할 때는 과대평가하는 문제가 발생하고, 풋옵션(포기옵션, 축소옵션 등)의 성격을 가진 실물옵션

12) T. Copeland and V. Antikarv, *Real Options*, Texere LLC(2001), p. 14.

을 평가할 때는 과소평가하는 문제가 발생된다.[13)]

3.2 실물옵션의 분류와 평가

투자안 연기에 대한 옵션

현재시점에서 순현가가 음(−)인 투자안이라 하더라도 일정한 기간이 지난 후 긍정적인 상황이 전개되어 사업성이 좋은 투자안으로 바뀔 수 있다. 그러므로 현재시점에서 투자결정을 하기보다는 긍정적인 상황(투자안의 가치>투자비용)이 확인될 때까지 일정기간 동안 투자결정을 연기할 수 있으며, 이와 같은 투자안 연기(delay)에 대한 선택권을 일종의 콜옵션으로 생각할 수 있을 것이다.

그러므로 투자안 연기에 대한 옵션의 만기일 가치 C_T는 다음과 같이 나타낼 수 있다.

$$C_T = \text{Max}[V_T - X,\ 0] \qquad (3\text{-}25)$$

여기서 V_T: 투자안의 실행일(옵션의 만기일)에서의 투자안 가치
X: 초기(투자실행시점)의 투자비용

이상에서 설명한 투자안 연기에 대한 옵션의 결정요인을 살펴보면 다음과 같다.[14)]

- 기초자산의 현재가치: 투자안을 지금 실행할 경우 얻을 수 있는 현금흐름의 현재가치
- 행사가격: 초기의 투자비용
- 만기: 투자안에 대한 독점적 권리를 보유하고 있는 기간[15)]
- 기초자산의 변동성: 투자안 현재가치의 변동성

블랙−숄즈모형 등에 의해 구해진 연기옵션의 가치는 연기에 대한 유연성을 가진 투자안의 NPV라 할 수 있다. 연기자체의 가치를 분리하여 그 가치를 다음과 같이 구할 수도 있다.

---

13) 일반적으로 콜옵션의 경우 레버리지효과에 의해 기초자산보다 체계적 위험이 더 크게 나타나는 반면, 풋옵션의 경우 기초자산과 서로 다른 방향으로 움직이기 때문에 풋옵션의 베타가 음(−)이 될 수 있다.

14) 기간이 경과함에 따라 독점적 권한으로 인한 초과이익이 감소할 수 있으며, 이와 같이 감소된 초과이익을 연간 지연비용(annual cost of delay)이라 하며, 이는 배당수익률에 해당되는 부분으로 볼 수 있다.

15) 법적인 권한, 경쟁자에 대한 진입장벽 등에 의해 보유하고 있는 투자안에 대한 독점적 권리가 소멸하면 투자안 연기에 대한 옵션이 소멸되기 때문에 그 시점을 만기일로 볼 수 있다.

연기의 가치 = 연기에 대한 유연성을 가진 투자안의 *NPV* − 전통적 *NPV*

예제 3-4 투자안 연기에 대한 옵션

㈜경민제약은 새로운 비만치료제를 개발하여 20년 동안 독점적 권리를 보장하는 특허권을 받았다. 그러나 막대한 투자비용에 비해 현재의 시장은 그 규모가 작다고 판단된다. 초기의 투자비용은 500억원이며, 현재 비만치료제를 생산하는 경우 얻을 수 있는 현금흐름의 현재가치는 350억원이다. 기술과 시장상황은 변동적이며, 시뮬레이션에 의해 추정된 투자안 현재가치의 연간 분산은 0.05이다. 그리고 연간 무위험이자율은 7%이다.

새로운 비만치료제사업의 연기에 대한 옵션의 가치를 구하라. (단, 기간이 경과함에 따라 독점적 권한으로 인한 초과이익은 감소되지 않는다고 가정한다.)

| 해설 |

먼저 새로운 비만치료제사업의 연기에 대한 옵션결정요인을 살펴보면 다음과 같다.

- 기초자산의 현재가치(S) = 350억원
- 행사가격(X) = 500억원
- 만기(T) = 20년
- 기초자산의 변동성(σ^2) = 0.05
- 무위험이자율(r) = 7%

이상의 자료를 이용하여 블랙-숄즈모형에 의해서 새로운 비만치료제사업의 연기에 대한 옵션, 즉 콜옵션의 가치를 구하면 다음과 같다.

$$d_1 = \frac{\ln\left(\frac{S}{X}\right) + \left(r + \frac{1}{2}\sigma^2\right)T}{\sigma\sqrt{T}} = \frac{\ln\left(\frac{350}{500}\right) + \left(0.07 + \frac{1}{2}\times 0.05\right)\times 20}{\sqrt{0.05}\sqrt{20}} = 1.54$$

$$d_2 = d_1 - \sigma\sqrt{T} = 1.54 - \sqrt{0.05}\sqrt{20} = 0.54$$

본서의 부록 Ⅰ 〈부표-5〉를 이용하여 $N(d_1)$과 $N(d_2)$의 값을 구하면 다음과 같다.

$$N(d_1) = N(1.54) = 0.5 + 0.4382 = 0.9382$$

$$N(d_2) = N(0.54) = 0.5 + 0.2054 = 0.7054$$

따라서 콜옵션의 가치(C)는 다음과 같이 구할 수 있다.

$$C = SN(d_1) - Xe^{-rT}N(d_2) = 350 \times 0.9382 - 500 \times e^{-0.07\times 20} \times 0.7054 = 241.40\text{억원}$$

㈜경민제약의 경우 새로운 비만치료제사업은 현재시점에서 볼 때는 순현가가 −150억원(=350억원−500억원)으로 가치가 없는 것처럼 보이나, 연기에 대한 옵션가치를 고려하면 이 사업은 241.40억원의 가치를 가지는 것으로 판단된다.

투자안 확장에 대한 옵션

기업은 향후 다른 사업 또는 시장에 진출하기 위한 교두보를 마련할 목적으로 현재시점에서 사업성이 없는 투자안을 채택하기도 한다. 이 경우 현재시점에서의 투자안은 기업이 다른 사업을 할 수 있도록 허용하는 선택권, 즉 옵션을 제공할 수 있다. 따라서 투자안을 평가할 때 이와 같은 추가적인 **확장**(expand)에 대한 옵션가치를 고려해야 할 것이다.

투자안 확장에 대한 옵션의 만기일 가치 C_T는 다음과 같이 나타낼 수 있다.

$$C_T = \text{Max}[V_T - X,\ 0] \tag{3-26}$$

여기서 V_T: 확장투자안의 실행일(옵션의 만기일)에서의 확장투자안 가치
X: 확장투자안의 초기 투자비용

이상에서 설명한 투자안 확장에 대한 옵션의 결정요인을 살펴보면 다음과 같다.

- 기초자산의 현재가치: 확장투자안을 지금 실행할 경우 얻을 수 있는 현금흐름의 현재가치
- 행사가격: 확장투자안의 초기 투자비용
- 만기: 투자안 확장에 대한 선택권을 보유하고 있는 기간
- 기초자산의 변동성: 확장투자안 현재가치의 변동성

블랙-숄즈모형 등을 이용하여 구한 확장옵션의 가치는 기존 투자안에 추가될 수 있는 가치이다.

투자안의 NPV = 전통적 NPV + 확장옵션의 가치

투자안 포기에 대한 옵션

상황에 따라서는 이미 시작된 투자안이라 하더라도 그 처분가치가 투자안의 잔여기간 동안의 현금흐름 가치보다 더 클 경우 이 투자안을 포기해야 할 것이다. 따라서 중도에 포기할 수 있는 선택권, 즉 옵션이 주어진 투자안의 경우 중도 **포기**(abandon)에 대한 옵션가치를 고려해야 한다. 투자안 포기에 대한 옵션은 행사가격인 처분가치(abandonment value)로 투자안을 포기(매도)할 수 있는 권리가 주어진 풋옵션이라 할 수 있다.[16]

16) 투자안 축소(contract)에 대한 옵션의 만기일 가치 P_T는 다음과 같이 나타낼 수 있다.

$$P_T = \text{Max}[X - V_T,\ 0]$$

여기서 V_T: 투자안 축소일(옵션의 만기일)에서의 축소로 인한 투자안 가치감소액
X: 축소로 인한 투자안의 처분가치

투자안 포기에 대한 옵션의 만기일 가치 P_T는 다음과 같이 나타낼 수 있다.

$$P_T = \text{Max}[X - V_T,\ 0] \tag{3-27}$$

여기서 V_T: 투자안 포기일(옵션의 만기일)에서의 투자안의 잔여가치
X: 투자안의 처분가치

이상에서 설명한 투자안 포기에 대한 옵션의 결정요인을 살펴보면 다음과 같다.

- 기초자산의 현재가치: 투자안으로부터 발생하는 현금흐름의 현재가치
- 행사가격: 투자안 포기에 따른 처분가치
- 만기: 투자안 포기에 대한 선택권을 보유하고 있는 기간, 즉 투자안의 내용연수
- 기초자산의 변동성: 투자안 현재가치의 변동성

블랙-숄즈모형 등을 이용하여 구한 포기옵션의 가치는 기존 투자안에 추가될 수 있는 가치이다.

> 투자안의 NPV = 전통적 NPV + 포기옵션의 가치

예제 3-5 투자안 포기에 대한 옵션

㈜청운은 1년 후 20억원의 가치를 가질 확률이 60%, 10억원의 가치를 가질 확률이 40%인 투자안을 고려하고 있다. 이 투자안의 요구수익률은 10%이며, ㈜청운이 1년 후 이 투자안을 포기한다면 15억원을 받을 수 있다고 한다. 그리고 무위험이자율은 5%이다. 이 투자안의 포기에 대한 옵션가치를 구하라.

┃해설┃

먼저 포기기회가 없는 투자안의 현재가치를 구하면 다음과 같다.

$$PV(\text{투자안}) = \frac{20\times 0.6 + 10\times 0.4}{1.1} = 14.55\text{억원}$$

이 투자안의 1년 후 처분가치(행사가격)는 15억원이며, 1년 후(만기일) 투자안 가치는 20억원(기초자산인 투자안의 가치가 상승할 경우) 또는 10억원(기초자산인 투자안의 가치가 하락할 경우)이다. 그러므로 만기일인 1년 후 투자안 포기옵션, 즉 풋옵션의 가치와 헤지확률 p를 각각 구하면 다음과 같다.

- $P_u = \text{Max}[15\text{억원} - 20\text{억원},\ 0] = 0,\quad P_d = \text{Max}[15\text{억원} - 10\text{억원},\ 0] = 5\text{억원}$
- $u = \dfrac{20}{14.55} = 1.37,\quad d = \dfrac{10}{14.55} = 0.69$

$$\rightarrow p = \frac{(1+r_T)-d}{u-d} = \frac{1.05-0.69}{1.37-0.69} = 0.53,\quad 1-p = 0.47$$

그러므로 1기간모형을 이용하여 투자안 포기옵션, 즉 풋옵션의 현재가치를 구하면 다음과 같다.

$$P=\frac{pP_u+(1-p)P_d}{1+r_T}=\frac{0.53\times 0+0.47\times 5}{1.05}=2.24\text{억원}$$

그리고 ㈜청운이 고려하고 있는 투자안의 가치를 구하면 다음과 같다.[17]

투자안의 가치 = 포기기회가 없는 경우의 투자안 가치 + 포기옵션의 가치
= 14.55 + 2.24 = 16.79억원

3.3 실물옵션의 문제점

옵션 등 파생상품의 가치는 현물을 이용하여 파생상품의 복제가 가능하다는 전제하에 구할 수 있을 것이다. 그러나 금융자산과는 달리 거래가 활발하게 이루어지지 않는 실물자산은 유동성이 매우 낮기 때문에, 이를 기초자산으로 하는 실물옵션의 경우 현실적으로 복제포트폴리오의 구성이 어렵다. 그러므로 옵션모형을 이용하여 구해진 실물옵션의 가치는 이와 같은 문제점을 고려하여 해석해야 한다.

또한 옵션모형에서는 기초자산의 분산은 알려져 있으며, 만기일까지 변하지 않는다고 가정하고 있다. 그러나 만기가 장기이고 가격의 형성도 효율적이지 못할 가능성이 큰 실물자산의 경우 분산의 추정 및 안정성에 문제가 있을 수 있다. 게다가 실물옵션의 행사가격(투자비용, 처분가치 등)이 일정하지 않거나 불확실한 경우가 대부분이다.

예제 3-6 실물옵션의 응용 및 문제점 (CPA 2차 2003 수정)

앞으로의 상황은 불황과 호황의 두 가지 상황만 존재하며, 각각의 확률은 0.3과 0.7이다. 균형상황에서, ㈜K&K의 수익률과 무위험수익률은 다음과 같다.

상 황	㈜K&K의 수익률(%)	무위험수익률(%)
불 황	−10	10
호 황	30	10

17) 포기기회를 포함한 투자안 가치는 다음과 같이 구할 수도 있다.

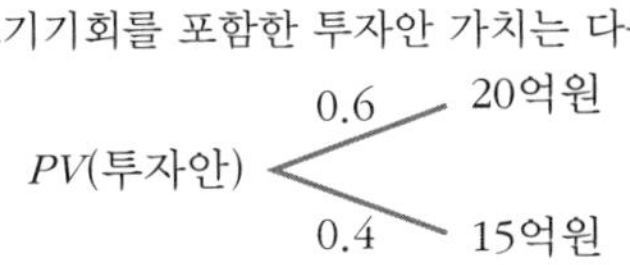

$$\rightarrow PV(\text{투자안})=\frac{0.53\times 20+0.47\times 15}{1.05}=16.8\text{억원}$$

㈜K&K는 호황이 되면 152억원, 불황이 되면 90억원을 얻는 투자안에 100억원을 투자하려 한다.

(1) 옵션모형을 이용하여 이 투자안의 순현재가치를 구하라. (세금이나 거래비용 등은 존재하지 않는다.)

(2) 옵션모형을 이용하여 투자안의 가치를 구할 때 나타날 수 있는 대표적인 문제점을 설명하라.

▌해설▐

(1) ㈜K&K의 경우 불황일 때 −10%의 수익률을 얻고, 호황일 때는 30%의 수익률을 얻을 수 있다. 따라서 ㈜K&K가 현재 100억원을 투자한다면 향후 불황일 경우 90억원[=100억원×(1−0.1)]을 얻을 수 있으며, 호황일 경우 130억원[=100억원×(1+0.3)]을 얻을 수 있을 것이다. 이와 같은 경우 호황이 되면 152억원, 불황이 되면 90억원을 얻는 투자안의 현재가치(PV)를 옵션의 가격결정모형을 이용하여 다음과 같이 구할 수 있다.

㈜K&K를 α개 매입하고 새로운 투자안을 1개 매도하여 헤지포트폴리오를 구성하면 다음과 같다.

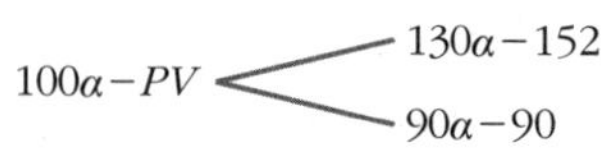

$$130\alpha-152=90\alpha-90 \rightarrow \alpha=1.55$$

그러므로 새로운 투자안의 현재가치는 다음과 같이 구할 수 있다.

$$100\times1.55-PV=\frac{130\times1.55-152}{1.1} \rightarrow PV=110\text{억원}$$

새로운 투자안의 현재가치가 110억원이고, 그 투자비용은 100억원이므로 순현재가치(NPV)는 10억원이 된다.

$$NPV=110\text{억원}-100\text{억원}=10\text{억원}$$

☞ ㈜K&K가 실시하려는 새로운 투자안의 향후 현금흐름 양상이 기존 기업과 다르기 때문에 (위험이 서로 상이함), 기존 기업의 기대수익률 18%(=−10%×0.3+30%×0.7)를 적용하여 새로운 투자안을 평가해서는 안 됨을 유의해야 한다.

별해 1 **헤지확률(위험중립확률)을 이용하는 방법**

$$u=1+0.3=1.3,\ d=1-0.1=0.9 \rightarrow p=\frac{(1+r_T)-d}{u-d}=\frac{1.1-0.9}{1.3-0.9}=0.5,\ 1-p=0.5$$

그러므로 옵션평가의 1기간 모형을 이용하여 ㈜K&K의 새로운 투자안의 가치(PV)를 구하면 다음과 같다.

$$PV = \frac{pC_u + (1-p)C_d}{1+r_T} = \frac{0.5\times152+0.5\times90}{1+0.1} = 110\text{억원}$$

$\therefore\ NPV = 110$억원-100억원$=10$억원

별해 2 복제포트폴리오를 이용하는 방법

㈜K&K의 기존 투자안(현재가치 = 100억원)과 무위험채권(현재가치 = B)을 이용하여 다음과 같이 새로운 투자안(현재가치 = PV)을 복제할 수 있다.

$$100\alpha - B = PV \begin{cases} 130\alpha - B(1+0.1) = 152 \\ 90\alpha - B(1+0.1) = 90 \end{cases}$$

$\alpha = 1.55,\ B = 45 \rightarrow PV = 100\times1.55 - 45 = 110$억원

$\therefore\ NPV = 110$억원-100억원$=10$억원

(2) ㈜K&K의 자산 또는 새로운 투자안은 유동성이 낮은 것으로 볼 수 있기 때문에, 이를 이용하여 헤지포트폴리오 또는 복제포트폴리오를 구성하는 것은 현실적으로 어려운 문제이다.

요 약

주식과 사채

1. 주식의 가치평가

$$S_T = \text{Max}[V_T - D,\ 0]$$

2. 풋-콜 패리티와 위험부채의 가치평가

$$B_T = D - P_T = D - \text{Max}[D - V_T,\ 0] = \text{Min}[V_T,\ D]$$

3. 담보부대출의 가치

- 대출자: $B_T = \text{Min}[V_T,\ D] = V_T - C_T = D - P_T$
- 차입자: $B_T' = \text{Max}[V_T,\ D] = D + C_T = V_T + P_T$

옵션성격을 가진 증권

1. 신주인수권의 가치평가

$$\text{행사일에서 신주인수권 1개의 가치} = \frac{N}{N + N_w}\text{Max}[S_T - x,\ 0]$$

2. 전환사채의 가치평가

전환사채의 현재가치 = Max[전환가치, 일반사채가치] + 옵션의 시간가치

3. 수의상환사채와 상환청구권부사채의 가치평가

- 수의상환사채의 현재가치 = Min[일반사채가치, 상환가격] − 옵션의 시간가치
- 상환청구권부사채의 현재가치 = Max[일반사채가치, 상환청구가격] + 옵션의 시간가치

실물옵션을 이용한 투자안 평가

1. 투자안 연기에 대한 옵션

$$C_T = \text{Max}[V_T - X, 0]$$

2. 투자안 확장에 대한 옵션

$$C_T = \text{Max}[V_T - X, 0]$$

3. 투자안 포기에 대한 옵션

$$P_T = \text{Max}[X - V_T, 0]$$

주요 용어

담보부대출 • 114
신주인수권 • 119
신주인수권부사채 • 120
전환사채 • 122
혼합증권 • 123
일반사채가치 • 124
전환가치 • 125
옵션의 시간가치 • 125
수의상환사채 • 126
수의상환권 • 126
상환청구권부사채 • 127
상환청구권 • 128
실물옵션 • 130
연기 • 131
확장 • 133
포기 • 133

사 · 례 · 연 · 구

단일기간에 걸쳐 단일사업을 하는 ㈜한반도는 중도에 이자지급 없이 사업종료 시점에 50억원을 상환하기로 사업초기에 약정한 부채가 있다. 사업기간 중 무위험이자율은 10%이다. (금액은 억원 단위로 소수점 둘째 자리까지 표시한다.) (CPA 2차 2008)

(1) 사업종료 시점에 회사 자산의 시장가치가 80%의 확률로 60억원이 되고, 20%의 확률로 40억원이 되는 사업 A에 투자하기로 했다. 자산의 현재 시장가치는 50억원이다. 이항모형(binomial model)을 이용하여 다음에 답하라.

힌트

주식의 시장가치는 부채상환액을 행사가격으로 하는 회사 자산에 대한 콜옵션의 가치와 같다.

① 현재 주식의 시장가치는 얼마인가?
② 현재 부채의 시장가치는 얼마인가?

(2) 물음 (1)의 사업 A에 투자하는 대신에 사업종료 시점에 회사 자산의 시장가치가 72억원이 되거나 혹은 8억원이 되는 사업 B에 투자하기로 결정했다. 이에 따라 자산의 현재 시장가치가 40억원으로 하락했다. 이항모형(binomial model)을 이용하여 다음에 답하라.

① 현재 주식의 시장가치는 얼마인가?
② 현재 부채의 시장가치는 얼마인가?

(3) 풋-콜 패리티(put-call parity)에 의하면 ㈜한반도의 주주는 회사 자산을 보유하고 채권자에게 무위험부채를 발행함과 동시에 회사 자산을 대상으로 하는 풋옵션을 보유한 것과 같다. 이를 채권자입장에서 보면 무위험부채에 투자함과 동시에 회사 자산에 대한 풋옵션을 주주에게 발행한 것이 된다.

① 사업 A를 선택한 경우와 비교해 사업 B를 선택한 경우 주주가 보유한 풋옵션의 가치는 얼마나 상승(혹은 하락)하는가? (단, 물음 (1)을 답하지 못한 경우 부채의 시장가치를 43억원, 물음 (2)를 답하지 못한 경우 부채의 시장가치를 29억원으로 가정하여 답하라.)
② 경영자는 주주의 이익을 위해 채권자에게는 불리한 수익의 변동성이 더 큰 사업을 선택하려는 유인이 있다. 채권자가 채권계약 당시 이러한 경영자의 유인을 인지하고 있다는 사실이 기업으로 하여금 부채사용을 장려하게 하는지 아니면 억제하게 하는지 자본구조이론의 관점에서 100자 이내로 간략히 답하라.

:: 해 설

(1)

V		V_T	B_T	S_T
50억원	0.8	60억원	50억원	10억원
	0.2	40억원	40억원	0

$$50=\frac{60p+40(1-p)}{1.1}\rightarrow p=0.75$$

① 주식의 시장가치$(S)=\dfrac{0.75\times10+0.25\times0}{1.1}=6.82$억원

② 부채의 시장가치$(B)=\dfrac{0.75\times50+0.25\times40}{1.1}=43.18$억원

(2)

V	V_T	B_T	S_T
40억원	72억원	50억원	22억원
	8억원	8억원	0

$$40=\frac{72p+8(1-p)}{1.1}\rightarrow p=0.5625$$

① 주식의 시장가치$(S)=\dfrac{0.5625\times22+0.4375\times0}{1.1}=11.25$억원

② 부채의 시장가치$(B)=\dfrac{0.5625\times50+0.4375\times8}{1.1}=28.75$억원

(3) ① $P_A=\dfrac{0.75\times0+0.25\times10}{1.1}=2.27$억원

$P_B=\dfrac{0.5625\times0+0.4375\times42}{1.1}=16.70$억원

$\therefore\ P_B-P_A=16.70-2.27=14.43$억원

(또는 $B_A-B_B=43.18-28.75=14.43$억원)

② 채권자가 채권계약 당시 경영자의 위험선호유인을 사전에 알고 있다면 높은 이자율을 요구하여 자신을 방어할 것이다. 결과적으로 부채의 대리인비용은 주주들이 부담해야 하기 때문에 부채사용을 억제하게 된다.

연·습·문·제

▶ 객관식 문제

01 다음은 옵션이론을 이용한 기업가치평가와 관련된 설명이다. 이 중 적절하지 않은 것은?

① 주식은 기업자산을 기초자산으로 하는 일종의 콜옵션에 속한다.

② 옵션가치평가모형을 이용한 주식가치 평가 시 만기일은 부채의 상환일, 행사가격은 부채의 상환액이 된다.

③ 위험부채의 가치는 무위험부채의 가치에서 채권자들이 주주에게 발행해 준 풋옵션(기초자산:기업자산, 행사가격:부채의 액면가)의 가치를 차감한 값에 해당한다.

④ 위험부채의 가치평가 시 풋옵션의 가치는 지급불능위험으로 인한 부채가치의 감소액을 나타낸다.

⑤ 부채의 상환일에서 위험부채의 가치는 기업가치와 부채의 액면가 중에서 항상 큰 값을 취한다.

02 전환사채와 신주인수권부사채에 관한 설명 중 틀린 것은?

① 전환사채는 일반사채와 주식으로 전환할 수 있는 전환권이 결합된 혼합증권(hybrid securities)으로 볼 수 있다.

② 전환사채의 현재가치는 일반사채로서의 가치(straight bond value)와 주식으로의 전환가치(conversion value)의 합으로 결정된다.

③ 전환사채는 주식을 취득할 수 있는 콜옵션적 성격을 가지고 있다는 점에서 신주인수권부사채와 유사한 면을 지닌다.

④ 신주인수권부사채는 사채를 그대로 소유하면서 그 사채에 첨부된 신주인수권을 행사하여 주식을 취득할 수 있다.

⑤ 신주인수권부사채에 부여된 신주인수권의 가치평가 시 일반적인 콜옵션과 달리 행사일에 신주가 발행되므로 주가의 희석(dilution)효과를 반영하여야 한다.

03 다음의 수의상환채권에 관한 설명 중 틀린 것은?

① 수의상환사채(callable bond)란 사채의 발행회사가 사채의 만기일 이전에 미리 약정된 가격(수의상환가격)으로 사채를 상환할 수 있는 권리, 즉 수의상환권을 가지고 있는 채권을 말한다.

② 수의상환권은 기초자산은 사채이고, 행사가격이 상환가격인 금리콜옵션이라 할 수 있다.

③ 수의상환채권을 발행하는 기업은 현재 이자율이 높으나 향후 이자율이 하락할 것으로 예상되는 경우 수의상환사채를 발행하여 우선 필요한 자금을 조달하고, 이자율이 하락하였을 때 이를 상환함으로써 높은 금리부담을 줄일 수 있다.

④ 수의상환사채의 만기일 가치는 일반사채의 만기일 가치와 수의상환권의 만기일 가치를 합한 것과 같다.

⑤ 일반적으로 수의상환사채의 현재가치는 일반사채가치 또는 수의상환가격 중 작은 값을 상한으로 하여 그보다 낮은 값으로 결정된다.

04 실물옵션(real option)을 이용한 투자안 평가방법에 대한 다음의 설명 중 가장 적절하지 않은 것은? (CPA 1차 2008)

① 연기옵션(option to wait)의 행사가격은 투자시점 초기의 비용이다.

② 연기옵션의 가치를 고려한 투자안의 순현재가치가 양의 값을 가지더라도, 지금 투자할 경우의 순현재가치보다 낮을 경우에는 투자를 연기하지 않는 것이 유리하다.

③ 확장옵션(expansion option)의 만기는 후속 투자안이 종료되는 시점이다.

④ 확장옵션에서 기초자산의 현재가격은 후속 투자안을 지금 실행할 경우 유입되는 현금흐름의 현재가치이다.

⑤ 포기옵션(abandonment option)은 투자안 포기에 따른 처분가치를 행사가격으로 하는 풋옵션이다.

05 그동안 5억원을 들여 조사한 바에 의하면 현재($t=0$) 30억원을 들여 생산시설을 구축하면 미래 현금흐름의 1년 후 시점($t=1$)의 현가(PV)는 수요가 많을 경우 40억원이며 수요가 적을 경우 25억원이다. 수요가 많을 확률은 60%이며 수요가 적을 확률은 40%이다. 적절한 할인율은 10%이다. 그런데 생산시설을 구축하고 수요가 확인된 1년 후 20억원을 추가로 투자해 생산시설을 확장할 수 있다고 하자. 이때 미래 현금흐름의 1년 후 시점($t=1$)에서의 현가(PV)는 수요가 많을 경우 70억원이며 수요가 적을 경우 35억원이다. 무위험이자율이 6%일 때 1년 후 생산시설을 대규모 시설로 확장할 수 있는 실물옵

션(real option)의 현재시점($t=0$)의 현가(PV)는 근사치로 얼마인가? (CPA 1차 2007 수정)

① 1.82억원 ② 2.58억원 ③ 3.06억원 ④ 4.88억원 ⑤ 5.45억원

06 ㈜자원은 북태평양에서의 석유시추사업에 지금 당장 참여할 것인지 여부를 결정해야 한다. 사업을 지금 개시하게 되면 당장 100억원을 투자해야 하고 그로 인해 발생하는 미래 현금흐름의 현가(PV)는 100억원이다. 그런데 석유시추사업권을 매입하면 향후 3년까지 1년 단위로 사업개시 시점을 늦출 수 있다. 사업개시 시점을 늦추더라도 미래 현금흐름의 사업개시 시점에서의 현가(PV)는 100억원으로 동일하나 사업개시 시점에서의 투자액은 첫 해에는 95억원, 둘째 해에는 90억원, 셋째 해에는 88억원이다. 할인율은 30%이다. ㈜자원이 석유시추사업권을 매입해 얻게 되는 실물옵션(real option), 즉 연기옵션 또는 지연옵션(option to delay 또는 timing option) 가치와 가장 가까운 것은? (CPA 1차 2011)

① 5.46억원 ② 5.92억원 ③ 10.0억원 ④ 12.0억원 ⑤ 15.23억원

● 객관식 해답 **1.** ⑤, **2.** ②, **3.** ④, **4.** ③, **5.** ④, **6.** ②

▶ 주관식 문제

01 옵션을 이용한 자기자본의 가치평가 (CPA 2차 1995 수정)

㈜충남은 현재 장부가치가 300억원이나, 3년 후 시가가 800억원으로 추정되는 자산을 보유하고 있다. 이 회사는 현재 부채를 사용하고 있지 않으며, 총발행주식수는 100만주이고, 주식의 베타는 1.4이다.

한편 이 회사는 현재 28억원의 순현가(NPV)를 가져다 줄 것으로 예상되는 다른 사업에 진출할 예정이며, 그 사업에 필요한 투자자금 150억원을 12%의 이자율로 3년 만기 순수할인채권을 발행하여 조달하려고 한다. 무위험이자율은 10%, 시장수익률은 15%이다.

(1) 새로운 사업에 진출할 경우 ㈜충남의 총자산가치는?

(2) ㈜충남이 새로운 사업에 진출하기 위하여 부채를 사용할 경우, 이 회사의 자기자본은 자산전체를 기초자산으로 하는 3년 만기 콜옵션이라 할 수 있다. 이와 같은 콜옵션의 현재가치와 행사가격을 구하라.

(3) 물음 (2)와 동일한 풋옵션이 존재한다면, 이 풋옵션의 가치는 얼마인가?

(4) 만기, 행사가격 및 기초자산이 물음 (2)와 동일하지만, 현재의 콜옵션의 가치는 500억원이고 풋옵션의 가치는 10억원이다. 이와 같은 경우 차익거래이익이 존재하지 않기 위한 무위험이자율을 구하라.

02 자본비용과 블랙-숄즈모형을 이용한 부채 및 자기자본의 가치평가 (CPA 2차 2009)

AXE회사의 자본구조는 회사채를 발행해서 조달한 부채(35%)와 보통주를 발행해서 조달한 자본(65%)으로 구성되어 있다. 회사채는 액면이자율(coupon rate)이 10.4%이고 만기까지는 5년이 남아있으며 현재 액면가(par value)에 거래되고 있다. 시장포트폴리오의 기대수익률은 11%, 무위험이자율은 4%이고 이 회사의 베타는 1.6이다. 배당금은 주당 5,000원을 지급했고 향후 매년 5.4%씩 증가할 것으로 예상되며, 현재 주가는 62,000원이다. 법인세율은 25%로 가정한다.

(1) 배당할인모형 및 CAPM을 사용해서 각각의 자기자본비용과 이에 따른 각각의 가중평균자본비용(WACC)을 구하라. 백분율은 반올림하여 소수점 첫째 자리까지 계산하라.

(2) 현재 AXE회사의 가치는 1,000억원이고, 이 회사의 최고재무책임자(CFO)는 400억원이 소요되는 신규 투자안에 대해 어떤 자본조달 방법을 사용할지 두 방안을 놓고 고민하고 있다.

1안: 우선주 발행-발행가격 35,000원, 배당금 4,200원
2안: 회사채 발행-기존 회사채와 동일한 조건

발행비용은 없는 것으로 가정하며, CFO의 목표는 신규 투자안에 대한 자본조달 후 회사의 WACC를 최소화하는 것이다. 목표달성을 위해 어떤 자본조달방법을 선택해야 할지 각 방안의 WACC를 구하여 답하라. 보통주의 자본비용은 CAPM을 사용해서 추정하고, 계산결과는 % 단위로 표시하되 반올림하여 소수점 첫째 자리까지 표기하라.

(3) 자기자본은 기업의 가치를 기초자산으로 한 유럽형 콜옵션으로 볼 수 있다. 현재 BZO회사의 가치는 1,000억원으로 경쟁사인 AXE회사의 가치와 동일하지만, BZO회사의 부채는 액면가 350억원의 1년 만기 순수할인채권(zero-coupon bond)이며 보통주는 무배당주식이다. BZO회사의 기업가치 변동성은 80%, 무위험이자율은 연속복리로 5%일 때 블랙-숄즈 옵션가격결정모형을 사용해서 BZO회사의 부채 및 자기자본의 현재가치를 구하라. 금액은 억원 단위로 표기하라.

힌트

블랙-숄즈의 옵션가격공식은 다음과 같다.

$$C = SN(d_1) - Ke^{-rT}N(d_2)$$

$$d_1 = \frac{\ln\left(\frac{S}{K}\right) + \left(r + \frac{1}{2}\sigma^2\right)T}{\sigma\sqrt{T}}, \quad d_2 = d_1 - \sigma\sqrt{T}$$

단, C는 콜옵션의 가격, S는 기초자산의 현재가격, K는 행사가격, r은 연속복리 연간 무위험이자율, T는 잔존만기, $N(\cdot)$는 누적표준정규분포확률함수, σ는 기초자산의 변동성이다.

$e^{-0.04} = 0.9608$, $e^{-0.05} = 0.9512$, $e^{-0.06} = 0.9418$,
$\ln(2.8571) = 1.0498$, $\ln(2.0832) = 0.7339$, $\ln(1.5385) = 0.4308$,
$N(0.9445) = 0.8275$, $N(0.9748) = 0.8352$, $N(0.9889) = 0.8386$, $N(1.5686) = 0.9416$,
$N(1.6583) = 0.9514$, $N(1.7748) = 0.9620$

03 담보부대출의 가치

KM은행이 1년 후 2억원의 만기상환액을 받기로 하고 갑돌이에게 담보부대출을 하려고 한다. 갑돌이는 현재 시가가 2.1억원인 아파트를 담보로 제공하며, 이 아파트는 1년 후 10% 상승하거나 10% 하락할 것으로 예상된다. 현재 시장의 무위험이자율이 5%일 경우 다음의 물음에 답하라.

(1) 담보물인 아파트가 기초자산이며, 담보부대출의 만기상환액이 행사가격인 1년 만기 콜옵션과 풋옵션의 가치를 구하라.

(2) KM은행이 허용할 수 있는 담보부대출액은 얼마인가? 그리고 이 경우 이자율은 얼마가 되는가?

(3) KM은행이 무위험이자율을 적용하여 갑돌이에게 담보부대출을 해 줄 경우 담보부족으로 인한 손실을 볼 수 있기 때문에 추가적인 지급보증을 요구하고 있다. 그리고 갑돌이는 추가적인 지급보증을 위해 보증보험을 이용하려고 한다. 이 경우 갑돌이가 보험료로 지급할 수 있는 최대금액은 얼마인가?

04 신주인수권부사채의 가치평가

(CPA 2차 1997 수정)

만기가 4년인 신주인수권부사채의 발행가격은 20억원이고, 일반사채로서의 가치는 15억원이며, 무위험이자율은 10%이다. 신주인수권을 발행하기 전인 현재의 주가는 주당 11,500원이고, 총발행주식수는 100만주이며, 주식수익률의 표준편차는 0.4이다. 신주인수권의 행사가격은 10,000원이고, 신주인수권은 4년 후인 만기일에만 행사할 수 있으며, 신주인수권을 모두 행사할 경우 발행될 주식수는 총 10만주이다. 신주인수권의 행사시점까지 배당의 지급은 없으며, 블랙－숄즈모형을 이용하여 신주인수권의 가치를 평가한다고 할 때, 다음의 물음에 답하라.

(1) 신주인수권 행사 시 발생될 수 있는 희석효과(dilution effect)를 고려하여 신주인수권의 총가치를 구하라.
(2) 신주인수권부사채의 과대평가 또는 과소평가 여부를 판단하라.

05 전환사채의 가치 (보험계리사 2차 2014)

전환채권(convertible bond)의 가치는 이 채권에서 전환옵션을 제외한 (가상적) 일반채권의 가치, 그리고 전환가치에 의해 결정된다. 일반채권 가치는 주가의 증가함수이고, 이 증가율은 주가의 감소함수라고 가정한다. 또한, 채권자 또는 채무자에 의한 중도상환은 불가능하다고 가정한다. 다음 물음에 답하라.

(1) 하나의 좌표평면 안에 일반채권 가치, 전환가치, 전환채권 가치를 각각나타내시오.
(2) 다음의 세 영역에서 전환채권 가치가 어떻게 형성되는지 각각 설명하라. 이 영역들은 ① 일반채권 가치가 전환가치보다 높은 영역, ② 일반채권 가치가 전환가치와 비슷한 영역, ③ 일반채권 가치가 전환가치보다 낮은 영역으로 구분된다.

06 이항모형을 이용한 신주인수권, 전환권의 가치평가 (CPA 2차 2012 수정)

㈜한국은 자금조달을 위해 액면가 100,000원, 만기 2년, 표면이자율 2%의 회사채 10만좌를 발행하려고 한다. ㈜한국은 이 사채에 대해 신주인수권부 또는 전환사채 형태의 발행을 고려하고 있다. 신주인수권(warrants)은 사채 1좌당 신주 1주를 10,500원에 인수할 수 있는 권리를, 전환사채는 1좌당 10주의 보통주로 전환할 수 있는 권리를 부여할 예정이며 둘 다 만기시에만 행사가 가능하다. 이 사채와 모든 조건이 동일한 일반사채의 만기수익률은 6%이며 무위험이자율은 5%이다.

㈜한국의 발행주식수는 100만주이며 주가는 현재 10,000원이다. 주가는 사채발행 직후에도 변화가 없을 것이며 매년 20% 상승하거나 10% 하락할 것으로 예상된다. ㈜한국은 향후 2년간 주식에 대한 배당을 실시하지 않을 계획이다.

(1) 신주인수권 행사에 따른 희석효과가 존재하는 경우 신주인수권 1단위당 가치를 계산하라. 계산결과는 반올림하여 소수점 둘째 자리까지 나타내라.
(2) 전환권 행사에 따른 희석효과가 존재하는 경우 전환권 1단위당 가치를 계산하라. 계산결과는 반올림하여 소수점 둘째 자리까지 나타내라.
(3) ㈜한국은 신주인수권부사채나 전환사채를 각각 95억원에 발행하려고 한다. 이 경우 두 사채 발행가격의 과대평가 또는 과소평가 여부를 판단하라.

(4) 위 물음과는 독립적으로 ㈜한국이 현재 8,000원에 25만주를 유상증자하는 경우 신주인수권(preemptive right)의 1단위당 가치를 계산하라.

07 이항모형을 이용한 수의상환사채의 가치평가

㈜서울은 투자자금을 마련하기 위하여 만기 3년, 액면이자율(coupon rate) 10%, 액면가 100억원인 수의상환사채를 발행하였다. 수의상환권은 발행 후 1년이 지난 시점부터 행사할 수 있으며, 수의상환가격은 101억원이다. 현재 시장이자율은 10%로 매년 동일한 확률로 10% 상승하거나 10% 하락한다고 한다. (단, 채무불이행위험은 없다고 가정한다.)

(1) 수의상환권이 없는 일반사채로서의 가치를 구하라.
(2) 수의상환사채의 가치를 구하라.
(3) 수의상환권의 가치를 구하라.

08 고급 수의상환권부 전환사채의 가치평가

수의상환권부 전환사채에 관한 자료는 다음과 같다.

- 무위험이자율은 연 8%로 일정하다.
- 현재 기업가치는 400억원이다.
- 기업가치가 30% 상승할 확률은 60%이며, 기업가치가 20% 하락할 확률은 40%이다.
- 현재 두 종류의 증권(주식 150만주, 수의상환권부 전환사채 100만단위)을 발행하고 있으며, 이 채권은 만기 이전 언제라도 1단위당 0.5주의 비율로 주식으로 전환될 수 있다.
- 채권이 주식으로 전환되는 경우 채권보유자들은 50/(150+50)=25%의 회사지분을 갖게 된다.
- 이 채권의 단위당 액면가는 10,000원, 액면이자율은 10%, 만기는 2년이다.
- 이 회사는 1년도 말에 채권 단위당 12,000원으로 채권을 상환할 수 있다.
- 이 회사는 배당금을 지불하지 않는다.

이 채권의 현재가치를 구하라.

09 전환사채와 수의상환권부 전환사채의 가치평가 (CPA 2차 2015 수정)

BBB기업이 만기 2년, 무이표 전환사채(convertible bond)를 발행할 예정이다. 채권의 액면가는 100만원이고 채권은 만기일을 포함하여 언제나 주식 2주로 전환이 가능하다. 채권 발행 당시의 BBB기업 무배당 주식의 현재 가격은 50만원이며, 매년 주가가 15% 상승하거나 15% 하락하는 이항과정을 따른다고 가정한다. 위험중립하의 주가의 상승확률은 55%이고 하락 확률은 45%이다. 무위험이자율은 연 1%로 향후 변동이 없으며, 시장에는 어떠한 차익거래의 기회도 없다고 가정한다.

(1) BBB기업이 발행하는 전환사채의 현재가치를 2기간 이항모형을 이용하여 원단위로 계산하라.

(2) BBB기업은 물음 (1)과 동일한 전환사채에 수의상환권(call option)을 추가한 수의상환권부(callable) 전환사채를 발행할 계획이다. 채권의 만기일 이전에만 수의상환권을 행사할 수 있으며 수의상환가격은 108만원이다. 단, BBB기업이 수의상환을 결정하기에 앞서 항상 채권투자자가 전환권을 행사할 수 있다.

① 만기 2년의 수의상환권부 전환사채의 현재가치를 2기간 이항모형을 이용하여 원단위로 계산하라.

② 채권에 포함되어 있는 수의상환권의 현재가치를 원단위로 계산하라.

(3) BBB기업이 발행한 물음 (2)의 수의상환권부 전환사채의 가치평가 시 BBB기업의 파산위험을 추가로 고려하기로 한다. 매 기말시점에서 위험중립하의 파산 확률(default probability)은 2%로 가정하고 주가의 상승확률은 55%, 하락확률은 43%로 재설정한다. 파산 시 주가는 0원이 되고 채권 액면금액의 30%가 회수된다고 가정한다. 만기 2년의 수의상환권부 전환사채의 현재가치를 파산을 고려한 2기간 삼항모형을 이용하여 원단위로 계산하라.

10 실물옵션과 투자안 평가

(CPA 2차 2014)

㈜한국건설은 주택을 건설한 후 임대할 예정이다. 주택건설에 소요되는 초기 투자비용은 600억원이며, 잔존가치 없이 향후 3년간 정액법으로 감가상각된다. 주택임대수요가 향후 3년간 높을 확률은 60%이며, 낮을 확률은 40%로 예상된다. 임대수요가 높을 경우 향후 3년간 매년 임대소득 500억원, 매년 현금지출비용 120억원이 발생한다. 임대수요가 낮을 경우 매년 임대소득 350억원, 매년 현금지출비용 100억원이 발생한다. ㈜한국건설의 자본비용은 10%이며 법인세율은 40%이다. 현재 평균시장이자율은 연 10%이다. 기간 3년, 할인율 10%인 연금의 현가이자요소($=\sum_{t=1}^{3}\frac{1}{(1.10)^t}$)는 2.4869이다. 모든 계산결과는 억원 단위로 표시하되 반올림하여 소수점 둘째 자리까지 표기하라.

(1) 주택임대수요가 높을 경우와 낮을 경우 연간 영업현금흐름을 각각 구하라.

(2) 현재시점에서 투자안의 기대NPV를 계산하라.

(3) ㈜한국건설은 임대수요를 정확히 파악할 수 있도록 주택건설을 1년간 연기할 수 있는 기회를 가지고 있다.

① 1년 후 주택건설을 시행할 경우 투자안의 기대NPV를 계산하라. 단, 주택건설의

초기 투자비용, 임대로 인한 현금흐름 및 임대수요의 확률분포는 투자시기와 관계없이 변하지 않는다고 가정한다.

② 1년간 임대수요조사를 위해 5억원의 추가 비용을 현재시점에서 지불해야 한다면, 주택건설을 당장 시행하는 방안과 1년간 연기하는 방안 중 어떤 방안이 유리한가?

(4) 투자안 평가에서 실물옵션접근법 사용 시 장점 및 문제점을 5줄 이내로 설명하라.

11 투자안 연기에 대한 옵션

최근 ㈜HK전자는 차세대 스마트폰을 생산·판매하는 투자안을 고려하고 있다. 현재 차세대 스마트폰에 대한 시장이 성숙되지 않았다고 판단되기 때문에 이 제품의 생산 첫 해에는 10만대가 판매될 것으로 예상된다. 그러나 향후 시장상황에 따라 그 이후부터의 판매량은 30만대로 늘어나서 영원히 유지되거나 또는 생산 첫 해와 같은 10만대가 영원히 유지될 것으로 예상되며, 그 가능성은 각각 50%이다. 이 제품을 생산·판매하는 경우 대당 10만원의 현금흐름을 영원히 창출할 수 있을 것으로 예상된다. 이 투자안의 초기 투자비용은 투자시기와 관계없이 2,100억원이며, 적절한 할인율은 10%이다. 그리고 무위험이자율이 6%일 경우 다음의 물음에 답하라. (단, 이하 모든 계산과정 및 결과에서 금액은 반올림하여 억원 단위로 표시하고 비율은 반올림하여 소수점 아래 넷째 자리까지 표시하라.)

(1) 현재 ㈜HK전자는 이 사업을 추진해야 하는가?

(2) ㈜HK전자는 이 사업을 1년간 연기할 수 있는 기회를 가지고 있다고 한다. 이 사업의 연기에 대한 옵션가치를 구하여 이 투자안을 평가하라.

12 확장옵션을 이용한 투자안 평가

㈜부산건설은 현재 서울시청에서 추진하고 있는 택지조성사업에 참여할 것을 고려하고 있다. 택지조성사업 자체의 순현가(NPV)는 −20억원으로서 사업성이 없는 것으로 판단된다. 그러나 이 사업에 참여하는 경우 향후 5년 동안 언제라도 서울지역에서의 아파트 건설사업에 진출할 수 있는 옵션을 획득할 수 있다. 아파트 건설사업에 소요되는 초기 투자비용은 200억원이나, 현재시점에서는 아파트 건설사업으로부터 기대되는 현금흐름의 현재가치는 150억원에 불과한 것으로 예상된다. 그러나 이와 같은 추정치는 향후 경기상황에 따라 달라질 수 있는 불확실한 것이며, 시뮬레이션에 의해 추정된 아파트 건설사업의 분산은 0.08이다. 그리고 연간 무위험이자율이 6%이다.

(1) 아파트 건설사업에 대한 옵션의 현재가치는?

(2) 이 회사는 현재시점에서 택지조성사업에 참여해야 하는가?

13 포기옵션을 이용한 투자안 평가

㈜SH전자는 베트남 내수시장을 대상으로 MP3를 생산·판매하는 투자안을 고려하고 있다. 투자로 인해 MP3는 매년 평균 10만개씩 팔리며, 개당 1만원의 현금흐름을 영원히 창출할 수 있을 것으로 예상된다. 1년 후 이 사업의 성패를 알 수 있다고 한다. 만일 처음 1년 동안 제품에 대한 현지 평판이 좋으면 그 이후부터의 판매량은 15만개로 늘어나고, 나쁘면 5만개로 줄어든다. 가능성은 반반이며, 변동된 판매량은 영원히 유지된다고 한다. 이 투자안의 초기 투자비용은 55억원이며, 위험조정할인율은 20%이다. 그리고 무위험이자율이 10%일 경우 다음의 물음에 답하라.

(1) ㈜SH전자는 이 사업을 추진해야 하는가?

(2) 1년 후 사업을 포기할 경우 베트남의 판매파트너가 이 사업 전체를 40억원에 사겠다고 제안하고 있다. 이를 고려할 경우 물음 (1)의 결과는 달라지는가?

14 실물옵션을 이용한 투자안 평가 (CPA 2차 2018)

㈜신생은 초기투자비용이 1,100만원인 사업에 대한 투자를 고려하고 있다. 이 사업의 1년 후 현금흐름은 다음과 같으며, 현재 무위험이자율은 10%이다. 금액의 단위는 만원이며, 소수점 아래 셋째 자리에서 반올림하여 둘째 자리까지 표시하라.

상 황	확 률	1년 후 현금흐름
호 황	60%	1,800만원
불 황	40%	800만원

(1) ㈜신생은 이 투자안의 평가를 위해 주식시장의 자료를 사용하기로 하고, 재무위험이 동일한 ㈜벤치를 대용기업으로 선정하였다. ㈜벤치의 현재 주가는 24,560원이다. 이 주식의 1년 후 주가는 호황일 경우 36,000원이고 불황일 경우 16,000원이며, 그 가능성은 각각 60%와 40%이다. 이를 이용하여 ㈜신생이 고려하고 있는 투자안에 대한 적절한 할인율과 투자안의 NPV를 구하라. 단, 현재 주식시장은 효율적 시장이라고 가정한다.

(2) ㈜신생에게 투자결정을 1년 연기할 수 있는 옵션이 주어졌으며, 1년 후 현금흐름을 확실히 알 수 있다고 한다. 1년을 연기하여 투자하는 경우 투자비용은 10% 증가하며, 현금흐름 1,800만원 또는 800만원은 2년 후($t=2$) 발생한다. 위 옵션의 가치를 구하라.

(3) 물음 (2)와 관련 없이, 정부는 1년 후 불황일 경우 이 사업을 1,800만원에 인수할 것을 보증하였다. 정부보증의 가치를 구하라.

(4) 물음 (2)~(3)과 관련 없이, ㈜신생은 1년 후 다음과 같은 실물옵션들을 행사할 수 있다고 한다.

- 추가적으로 500만원을 투자하여 현금흐름을 30% 증가시킬 수 있음
- 1년 후 이 투자안을 초기투자비용의 75%를 받고 처분할 수 있음

이와 같은 실물옵션들을 고려할 경우 투자안의 NPV를 구하라.

15 포기옵션을 이용한 투자안 평가 (보험계리사 2차 2015)

㈜한국은 새로운 사업에 대한 투자를 고려하고 있다. 본 사업의 초기투자비용은 115억원이고, 사업이 성공적으로 진행되면 1년 말 200억원의 가치를, 사업이 부진하게 되면 70억원의 가치를 갖게 된다. 성공과 부진의 확률은 각각 40%와 60%이다. 본 사업의 자본비용은 연 10%이며, 무위험이자율은 연 5%이다. 단, ㈜한국은 본 사업을 1년 말에 포기할 수 있는 권리(포기옵션)를 가지고 있다. 포기할 경우 본 사업은 시장에서 80억원에 처분할 수 있다고 한다. 시장에서 차익거래(arbitrage) 기회가 없다고 가정할 때, 다음 질문에 답하라. (모든 이자계산은 이산복리로 하며, 계산된 값은 반올림하여 소수점 둘째자리까지 표시하라.)

(1) 1년 말 사업의 포기권리를 고려하지 않을 경우, 본 사업의 순현재가치(NPV사업가치 − 초기투자비용)를 구하고, 투자 여부를 결정하라.

(2) 이항분포모형(binomial model)을 이용하여 내재된 포기옵션의 현재가치를 구하라. (단, 위험중립확률 산출 시 물음 (1)에서 구한 사업가치를 활용하라.)

(3) 포기옵션이 내재된 본 투자사업의 순현재가치(NPV)를 구하고, 투자 여부를 결정하라.

16 실물옵션 종합 (CPA 2차 2000 수정)

ABC제약회사는 1년 전 신약품연구업체에 50억원의 자금을 지원하여 1년 동안의 시간이 소요되는 신약연구를 의뢰하였다. 현재 발표된 연구결과를 이용하여 신약을 생산하는 경우 1년 후 신약생산의 투자안 가치는 70%의 확률로 600억원이 되거나, 30%의 확률로 100억원이 될 것으로 예상된다. 그리고 신약생산에 필요한 초기 투자비용은 400억원이며, 이 투자안의 적절한 할인율은 50%이다. 무위험이자율이 20%라고 할 때 다음의 물음에 답하라. (단, 각 물음은 독립적이다.)

(1) 현재시점에서 신약생산 투자안의 순현재가치(NPV)는 얼마인가?
(2) ABC제약회사는 신약생산을 1년간 연기할 수 있는 기회를 가지고 있다고 한다. 신약생산의 연기에 대한 옵션가치를 구하여 이 투자안을 평가하라.
(3) 현재 ABC제약회사가 신약생산 투자안을 실시하는 경우 그 투자안을 1년 후 300억원에 처분할 수 있는 기회를 가질 수 있다고 한다. 이와 같이 주어진 처분기회의 옵션가치를 구하여 이 투자안을 평가하라.

17 고급 연기옵션과 투자안의 가치평가 (CPA 2차 2006)

동북아㈜의 재무의사결정자는 A설비제품만을 생산하는 공장에의 투자를 고려하고 있다. 이 투자의사결정은 현재 또는 1년 후(연기에 따르는 기회비용은 없음)에만 할 수 있고, 철회불가능(irreversibility: 현재 또는 1년 후, 일단 투자를 한 후에는 투자자체를 번복할 수 없음)한 성격을 가지고 있다. 그리고 투자의사결정만 내려지면 A설비제품공장은 건설비용(I) 16억원(단, 현재와 1년 후의 공장건설비용은 동일함)으로 순간적으로 건설되어, 유지관리비 없이 1년에 단 1개만의 A설비제품을 영원히 연초에 생산한다고 한다. 현재의 A설비제품단가(P_0)는 2억원이며, 1년 후의 A설비제품단가(P_1)는 확률 50%로 3억원으로 상승하거나 50%의 확률로 1억원으로 하락하여, 그 후로는 변동된 A설비제품가격이 영원히 유지된다고 한다. 또한 무위험이자율은 10%이며, 장래의 A설비제품가격에 대한 위험은 충분히 다양화되어 있어, 동북아㈜는 무위험이자율을 사용하여 장래의 현금흐름을 할인한다고 가정한다. 이하 모든 계산결과는 억원 아래 셋째 자리에서 반올림하여 억원 아래 둘째 자리까지 표시하라.

(1) 동적계획법(dynamic programming approach: DPA)을 사용하여 A설비제품공장에의 투자의사결정(현재 투자, 1년 후 투자, 또는 투자안 기각의 결정)을 하라. (단, 여기서의 동적계획법이란 각각의 투자전략을 비교하여, NPV(net present value, 순현재가치)가 가장 큰 투자전략을 찾아내는 방법을 말함.)
(2) 위의 물음 (1)에서 연기의 유연성(flexibility)이 없다고 할 경우의 투자(현재 투자) 대신에 연기의 유연성을 가진 투자기회(F_0)를 얻기 위하여 최대한 지불할 수 있는 투자비용(I^*: A설비제품공장의 건설비용)을 구하라.
(3) 만약 현재 A설비제품의 선물가격이 1년 후의 A설비제품가격의 기대값으로 형성된, A설비제품에 대한 선물시장이 존재한다고 가정한다. 그리고 현재 투자를 함과 동시에, A설비제품의 가격변동을 A설비제품선물을 사용하여 비용 없이 헤지(hedge)할 수 있다면, 위의 물음 (1)의 투자의사결정에 변화가 일어나는지 여부를 나타내라. 그리고 이 결과를 MM(Modigliani-Miller)의 무관련이론(1958)의 명제 3과 연계

하여 4줄 이하로 설명하라. 단, 문제풀이 과정에 i) A설비제품 한 단위의 현재 선물가격, ii) 헤지포지션과 헤지수량, iii) 헤지결과, iv) 투자의사결정에 변화가 일어나는지 여부, v) iv)의 결과를 MM(Modigliani-Miller)의 무관련이론(1958)의 명제 3과 연계한 설명 등이 반드시 나타나도록 하라.

18 투자안의 확실성등가와 연기옵션의 가치 (CPA 2차 2010)

㈜한강은 내용연수가 1년이고 현재 시점에서 60억원의 투자금액이 소요되는 투자안을 가지고 있다. 투자안의 1년 후 현금흐름과 시장포트폴리오의 연간 수익률에 대한 확률분포는 다음과 같다.

상 황	확 률	투자안의 현금흐름	시장포트폴리오의 수익률
불 황	50%	30억원	−20%
호 황	50%	200억원	40%

연간 무위험수익률은 5%이다. 금액은 억원 단위로 표기하고, 모든 계산은 반올림하여 소수점 넷째 자리까지 나타내라.

(1) 투자안의 확실성등가를 계산하라.
(2) 투자안의 NPV를 계산하여 투자의사결정을 내려라.

※ 물음 (1)에서 계산한 투자안의 확실성등가를 100억원으로 가정하고 물음 (3)부터 물음 (5)까지 답하라.

(3) 투자안의 위험조정할인율을 계산하라.
(4) 경제상황이 호황이 될 위험중립확률을 구하라.
(5) ㈜한강이 투자안을 1년 연기할 수 있는 기회를 갖는다면, 이 연기옵션의 가치를 이항옵션평가모형(binomial option pricing model)을 이용하여 계산하라. 단, 1년을 연기해서 투자할 경우 투자금액은 물가상승 등의 영향으로 65억원으로 증가하며, 또한 첫 해가 호황(불황)이면 둘째 해도 호황(불황)이라고 가정하라.

19 실물옵션을 이용한 유전의 가치평가 (CPA 2차 2011)

정유회사인 XYZ㈜는 30억배럴의 매장량을 갖고 있는 미개발 유전 M에 대한 채굴권 계약을 했다. 이 유전의 개발비용은 290억달러로 예측되며 계약 기간은 향후 12년이다. 원유가격은 배럴당 43달러, 생산비용은 배럴당 28달러로 추정되고 원유가격 변화율의 분산은 0.04, 무위험이자율은 8%로 가정한다. 계산결과는 소수점 넷째 자리까지 표시하고, 금액은 억달러 단위로 표기하라.

(1) 유전 M이 개발 완료되어 생산을 시작하면 매년 유전 가치의 5%에 해당하는 순현금 유입(net cash inflow)이 발생할 것으로 예상된다. 유전 M에 대한 채굴권의 가치를 배당이 있는 경우의 블랙-숄즈 옵션가격공식을 사용하여 구하라. 만기까지의 기간(T)은 12년이다. 단, 무배당인 경우의 블랙-숄즈 옵션가격공식에서 기초자산의 가치(S)는 408.2억달러이고, 배당을 고려해서 S를 조정하여 d_1 및 콜옵션 가격을 구한다.

힌트

무배당인 경우의 블랙-숄즈 옵션가격공식은 다음과 같다:

$$C = SN(d_1) - Xe^{-rT}N(d_2)$$

$$d_1 = \frac{\ln\left(\frac{S}{X}\right) + \left(r + \frac{\sigma^2}{2}\right)T}{\sigma\sqrt{T}}, \quad d_2 = d_1 - \sigma\sqrt{T}$$

$\ln(0.7165) = -0.3334$, $\ln(0.7724) = -0.2582$,
$e^{-0.4} = 0.6703$, $e^{-0.6} = 0.5488$, $e^{-0.96} = 0.3829$,
$N(0.6666) = 0.7475$, $N(0.8807) = 0.8108$, $N(1.3594) = 0.9130$

(2) 이 회사는 기존에 개발 완료되어 생산중인 유전 K도 보유하고 있는데, 이 유전으로부터는 3년간 매년 27억달러씩의 현금흐름이 발생할 것으로 예상되며 할인율은 9%이다. 한편 이 회사의 주가는 65달러, 발행주식수는 1.5억주이고 총부채는 65억달러이다. 보유 유전은 유전 K와 유전 M이 전부라면 현재 주식이 고평가 혹은 저평가되어 있는지 판단하라.

(3) 순현가법(NPV)과 같은 전통적인 투자안 평가방법과 비교하여 실물옵션(real option) 접근방법이 제공하는 장점을 5줄 이내로 논하라.

20 고급 실물옵션을 이용한 투자안의 가치평가

프로젝트의 현재가치는 100억원이며, 그 가치는 매년 20% 상승하거나 20% 하락한다. 그리고 프로젝트를 시작하기 위해 소요되는 현재시점의 투자액은 105억원이다. 프로젝트의 기대수익률은 10%이며, 무위험이자율은 8%이다.

(1) 유연성이 없는 현재의 상태에서 다음의 물음에 답하라.

① 프로젝트의 2년간 사상트리(event tree)를 구성하라.

② 프로젝트의 순현가를 구하라.

③ 상승시의 객관적 확률과 위험중립확률을 각각 계산하라.

(2) 시점에 관계없이 경영자는 다음과 같은 실물옵션들을 행사할 수 있다.

- 확장옵션: 추가적으로 15억원을 투자하여 프로젝트의 가치를 20% 증가시킬 수 있음.
- 축소옵션: 프로젝트의 가치를 20% 감소시킬 경우 25억원의 비용을 절감할 수 있음.
- 포기옵션: 프로젝트를 포기하면 100억원의 잔존가치가 발생함.

이와 같은 실물옵션들을 고려하는 경우 프로젝트의 순현가는?

21 이항모형과 풋백옵션

현재 ㈜동해는 공모가 20,000원인 주식을 10만주 발행하여 기업공개를 하였다. 인수 후 2개월 이내에 공모가 이하로 주가가 하락할 경우 ㈜동해가 그 차액을 전액 보상해 준다는 조건하에서 최초공모주(initial public offerings: IPO) 전체를 서해금융이 인수하였다. 현재 주가는 20,000원이며, 매월 5% 상승하거나 5% 하락한다. 무위험이자율은 연 12%이다. ㈜동해가 서해금융에 제시한 인수조건, 즉 풋백옵션(put back option)에 의해 ㈜동해가 부담해야 하는 비용은 얼마인가?

제 4 장

선 물 거 래

1. 선물거래의 기초개념
2. 선물의 가격결정
3. 선물과 옵션의 결합
4. 스왑거래

보론 1: 미국의 금리선물

보론 2: 선물옵션

선물계약(futures contract)은 미래의 일정한 시점에서 정해진 가격으로 자산을 사거나 팔기로 약정한 것이다. 선물계약(이하 선물이라 약칭함)은 전장에서 설명한 옵션과 더불어 가장 기본적인 파생상품(derivatives) 중의 하나이다. 선물은 실물상품(농산물, 축산물, 금속, 에너지 등)뿐만 아니라 금융상품(통화, 금리, 주가지수 등)을 대상으로 매우 다양하게 개발되고 있으며, 1970년대 이래로 특히 금융선물시장은 급격히 성장해 나가고 있다. 그리고 스왑(swap)은 미래 현금흐름을 교환하기로 약정을 맺는 것으로서 선물과 매우 유사하다.

본장에서는 선물거래에 대한 기초적인 개념, 선물의 가격결정, 선물과 옵션의 결합, 스왑거래 등에 대해서 설명하고자 한다.

1 선물거래의 기초개념

선물의 역사는 아주 오래 되었지만, 현재와 같이 조직화된 선물거래는 1848년에 설립된 미국의 시카고상품거래소(Chicago Board of Trade: CBOT)에서 시작되었다고 할 수 있다. 그리고 시카고상업거래소(Chicago Mercantile Exchange: CME)의 부속거래소로 1972년 설립된 국제통화시장(International Monetary Market: IMM)에 금융선물이 도입되면서 선물거래는 획기적인 발전의 전기를 맞게 된다. 2007년 7월에 시카고상품거래소(CBOT)와 시카고상업거래소(CME)가 CME그룹으로 통합되었다. 그리고 2008년 8월에는 CME그룹이 뉴욕상업거래소(New York Mercantile Exchange: NYMEX)를 인수하여 미국 최대 파생상품거래소가 되었다. 우리나라에서도 코스피 200에 대한 주가지수선물시장이 1996년 5월 3일에 처음 개설되면서 급속하게 발전하고 있다.

1.1 선물거래의 의의와 종류

선물거래의 의의

선물거래(futures trading)란 품질과 가격 등이 표준화된 일정량의 상품(현물)을 현재시점에서 약정된 가격으로 미래의 일정시점에 매입 또는 매도하기로 조직화된 거래소 내에서 약정하는 거래이다. 선물(futures)의 대상이 되는 특정상품을 기초자산(underlying asset), 시장에서 거래되고 있는 기초자산의 현재가격을 현물가격(spot price), 선물계약이 이행(결제)되는 미래의 일정시점을 만기일(maturity date) 또는 인도일(delivery date), 만기일의 약정된 가격을 선물가격(futures price)이라고 한다. 여기서 선물가격은 만기일에 기초자산을 거래하기로 약정한 가격을 의미하는 것이지, 선물계약 자체의 가치(내재가치)를 의미하는 것은 아니다. 다시 말하면 선물가격은 현재시점에서 약정된 만기일에서의 상품 인수·도가격으로 전장에서 설명한 옵션의 행사가격과 유사한 개념이라 할 수 있다. 선물거래는 매매계약의 체결과 동시에 매매대상물(상품)의 인수·도와 대금결제가 이루어지는 현물거래(spot trading)와 대비되는 개념이다.[1)]선물거래와 현물거래의 차이를 그림으로 나타내면 [그림 4-1]과 같다.

선도거래(forward trading)는 기초자산을 현재시점에서 약정된 가격으로 미래의 일정시점에 매입 또는 매도하기로 약정하는 거래라는 점에서 본질적으로 선물거래와

---

1) 현재시점에 상품을 인수·도하고 일정한 기간이 지난 후 대금을 결제하는 거래를 외상거래 또는 신용거래라 하며, 이는 현물거래에 포함된다.

그림 4-1 선물거래와 현물거래

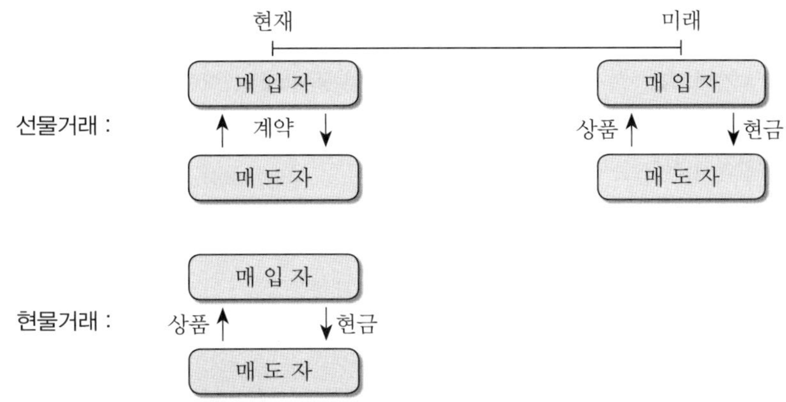

같다고 할 수 있다.[2] 그러나 선물거래와 선도거래는 다음과 같은 몇 가지 점에서 서로 구분된다. 첫째, 선도거래는 특정한 장소 없이 장외시장(over-the-counter market)에서 당사자 간 직접계약에 의해 이루어지는 반면, 선물거래는 조직화된 공식적인 시장, 즉 선물거래소(futures exchange)에서 공개입찰을 통해 이루어진다. 따라서 선물거래는 선도거래에 비해 계약상대방을 훨씬 쉽게 찾을 수 있으며, 높은 시장성으로 인하여 선물가격은 수요와 공급이 일치하는 균형수준에서 보다 쉽게 결정될 수 있다. 둘째, 선물계약은 거래소가 정한 계약조건(거래상품, 거래단위, 만기일 등)에 의해 표준화되어 있지만, 선도계약은 거래당사자 간 합의에 의해 거래조건이 결정된다. 선물거래는 거래조건을 표준화함으로써 계약체결을 용이하게 하고 거래 자체의 유동성을 높여, 만기일 이전이라도 언제든지 필요한 시점에서 계약을 제3자에게 양도할 수 있게 한다. 셋째, 선물거래에서는 결제소(clearing house)가 거래의 상대방으로서 모든 선물계약의 청산에 대하여 책임을 지며 계약의 이행을 보증하는 역할을 수행하기 때문에 청산위험이 거의 없으나, 선도거래의 경우 계약자 쌍방간의 직접거래이므로 계약당사자의 신용도에 따른 위험이 존재한다. 선물거래에서는 계약의 이행을 보증하려는 제도적 장치로 일일정산(marking to market), 증거금(margin) 등의 제도를 두고 있다.

이상에서 설명한 선물거래와 선도거래의 차이점을 요약하면 〈표 4-1〉과 같다.

한편 선물거래를 통해서 이루어진 선물계약은 계약쌍방이 그 계약을 이행하여야 할 의무가 있다는 점에서 권리를 나타내고 있는 옵션과 근본적으로 다르다. 옵션의 소유자(매입자)는 옵션의 행사가 자신에게 불리한 경우 그 옵션의 행사를 포기할 수 있지

2) 채소를 재배하는 농부가 수확기의 가격하락위험을 제거하기 위하여 채소판매상과 미리 정해진 가격으로 계약을 맺어 채소를 판매하는 방법, 속칭 '밭떼기' 등이 선도거래의 좋은 예라고 할 수 있다.

표 4-1 선물거래와 선도거래의 비교

구 분	선물거래	선도거래
거래장소	선물거래소	장외시장
거래조건	상품, 거래단위, 만기일 등이 표준화되어 있음	거래당사자 간의 협의에 의해 결정됨
거래상대	알려져 있지 않음	직접거래로 알려짐
증 거 금	있음	없음
가격변동	매일매일 가격변동(일일정산)	만기일까지 변동 없음
상품인수·도	인수·도가 거의 없고 대부분 반대매매에 의해 청산됨	대부분 만기일에 인수·도됨
거래신뢰도	결제소의 이행보증	거래당사자의 신용에 달려 있음
규제방식	엄격한 규제	자율적 규제
시장구조	완전시장	불완전시장

표 4-2 선물거래와 옵션거래의 비교

구 분	선물거래	옵션거래
거래대상	기초자산 그 자체에 대한 매매계약	기초자산의 매수 또는 매도에 대한 권리
거래대가	없음(선물의 가치=0)	옵션가격(프리미엄)
포지션 청산	반대매매 또는 실물인수·도	반대매매 또는 옵션행사
권리와 의무	매수자와 매도자 모두 선물계약이행에 대한 권리·의무를 가짐	옵션행사에 대하여 매수자는 권리, 매도자는 의무를 가짐
증 거 금	매수자와 매도자 모두 납입	매도자만 납입

만, 선물계약은 계약당사자가 임의적으로 그 계약을 파기할 수 없다. 이와 같은 선물거래와 옵션거래의 차이점을 요약하면 〈표 4-2〉와 같다.

선물거래의 손익

선물거래는 선물의 매입(long position)과 매도(short position)로 구분된다. 선물의 매입은 만기일에 약정된 가격(선물가격)으로 기초자산을 매입할 것을 계약한 것이며, 선물의 매도는 만기일에 선물가격으로 기초자산을 매도할 것을 계약한 것이다. 선물의 매입자가 그 상태를 벗어나기 위해서는 만기일에 기초자산을 실제로 인수하거나, 만기일 이전에 매입했던 선물을 다시 매도하여야 한다. 반면에 선물의 매도자가 그 상태를 벗어나기 위해서는 만기일에 기초자산을 실제로 인도하거나, 만기일 이전에 매도했던 선물을 다시 매입하여야 한다. 선물포지션(futures position)을 마감하기 위하여 매입했던 선물을 만기일 이전에 재매도하는 것을 전매(轉賣) 또는 재매도청산(liquidation, long covering)이라 하고, 매도했던 선물을 만기일 이전에 재매입하는 것을 환매(還買) 또는 재매입청산(short covering)이라 한다. 이와 같이 반대매매(reversing trade)에 의해서 선물거래자가 선물포지션을 없애고 선물시장에서 빠져나오는 것을 선물포지션을 청산(close out)한다고 표현한다.

선물의 매입자는 기초자산의 가격이 오를수록 선물가격이 상승하여 이익을 보게 되는 반면, 선물의 매도자는 기초자산의 가격이 하락할수록 선물가격이 하락하여 이익을 보게 된다. 선물의 청산일에서의 선물거래에 따른 이익은 다음과 같다.

- 선물매입거래의 이익 $= F_{t,T} - F_{0,T}$
- 선물매도거래의 이익 $= F_{0,T} - F_{t,T}$

여기서 $F_{0,T}$: 현재시점(선물의 계약일)에서 만기가 T인 선물의 가격
$F_{t,T}$: t시점(선물의 청산일)에서 만기가 T인 선물의 가격[3)]

예를 들어 선물가격이 배럴(barrel)당 150,000원인 원유선물의 매입자와 매도자를 생각해 보자. 선물의 청산일에 원유의 선물가격이 배럴당 160,000원으로 상승하는 경우 원유선물 매입자와 매도자의 이익(배럴당)은 다음과 같이 계산된다.

원유선물 매입자의 이익 = 160,000원 − 150,000원 = 10,000원
원유선물 매도자의 이익 = 150,000원 − 160,000원 = −10,000원

원유선물의 매입자는 배럴당 160,000원인 선물을 150,000원에 매입할 수 있기 때문에 10,000원의 이익을 얻을 수 있다. 그러나 원유선물의 매도자는 배럴당 160,000원인 선물을 150,000원에 매도해야 하기 때문에 10,000원의 손실을 보게 된다. 한편 선물가격이 하락하는 경우에는 정반대로 원유선물의 매입자가 손실을 입는 만큼 원유선물의 매도자는 이익을 보게 된다.

이상에서 보는 바와 같이 선물거래의 매입포지션에 따른 이익(또는 손실)과 매도포지션에 따른 손실(또는 이익)은 그 크기가 항상 동일하기 때문에 모든 선물거래의 손익은 정확하게 상쇄되어 0이 된다.[4)] 따라서 선물거래를 제로섬게임(zero-sum game)이라고 할 수 있다. 선물거래에 따른 손익을 그림으로 나타내면 [그림 4−2]와 같다.

---

3) 선물가격은 만기일에 가까워질수록 현물가격에 수렴하며, 만기일에서 선물가격은 현물가격과 일치한다.

4) 선물거래의 이익 = 선물매입거래의 이익 + 선물매도거래의 이익 $= (F_{t,T} - F_{0,T}) + (F_{0,T} - F_{t,T}) = 0$

그림 4-2 선물거래 종료일, 즉 청산일(t)에서의 선물거래에 따른 손익

(a) 선물매입자의 손익　　(b) 선물매도자의 손익

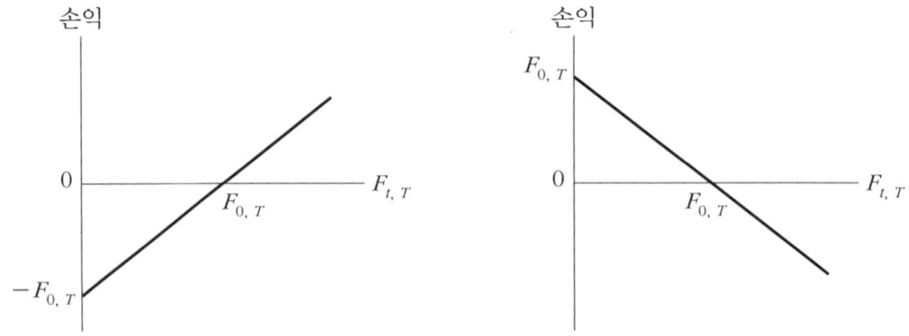

선물거래의 종류

선물계약은 그 기초자산의 종류에 따라 크게 두 가지로 분류된다. 주요 원자재인 원유, 구리, 금, 은, 옥수수, 밀, 대두 등 일반 상품을 기초자산으로 거래하는 **상품선물**(commodity futures)과 주가지수, 금리, 통화 등을 기초자산으로 거래하는 **금융선물**(financial futures)로 구분될 수 있다. 선물계약에 대한 자세한 분류는 〈표 4－3〉과 같다.

현재 한국거래소(KRX)의 파생상품시장에서는 코스피 200 선물, 코스닥 150 선물,

표 4－3 **선물계약의 분류**

분 류			기초자산
상품선물	농림산물선물		옥수수, 밀, 대두, 설탕, 고무, 원면, 목재 등
	축산물선물		생우, 생돈, 냉동삼겹살 등
	귀금속선물		금, 은, 백금 등
	비철금속선물		구리, 알루미늄, 납, 아연, 주석 등
	에너지선물		원유, 천연가스, 가솔린, 난방유, LPG 등
금융선물	금리선물	장기금리	미국 T-bonds 등
		중기금리	미국 T-notes, 한국국채 등
		단기금리	Eurodollars 등
	통화선물		미국 달러, 유럽연합 유로, 일본 엔, 영국 파운드, 중국 위안, 호주 달러, 캐나다 달러 등
	주가지수선물		코스피 200, 코스닥 150, S&P 500, Dow Jones Industrial Average, NASDAQ 100, EURO STOX 50, Nikkei 225 등

유로스톡스 50 선물, 개별주식선물, 3년(5년, 10년) 국채(KTB)선물, 미국달러선물, 엔선물, 유로선물, 위안선물, 금(gold)선물, 돈육선물 등이 거래되고 있다.

1.2 선물시장의 구조와 증거금

선물시장의 구조

선물시장은 선물거래소, 결제소, 선물중개회사 등으로 구성되어 있다. 선물시장의 구조를 그림으로 나타내면 [그림 4－3]과 같다.

■ 선물거래소

선물거래소(futures exchange)는 거래소회원(exchange member)인 장내거래자가 고객의 선물거래 또는 자신의 계산에 의한 선물거래를 상호경쟁적으로 체결시키는 장소이다. 선물거래소의 주요기능은 조직화된 선물시장을 개설·운영하며, 선물거래가 원활하고 공정하게 이루어질 수 있도록 각종 관련 규정이나 규칙 등을 제정·시행하는 것이다.

■ 결 제 소

결제소(clearing house)는 선물거래소에서 이루어지는 모든 거래를 결제하는 결제기관으로서 거래소와 동일하게 비영리회원 조직의 형태로 운영된다.[5] 결제소는 선물거래소에서 이루어진 모든 선물계약에 대한 거래의 상대방으로서 선물계약의 이행을 보

그림 4-3 선물시장의 구조

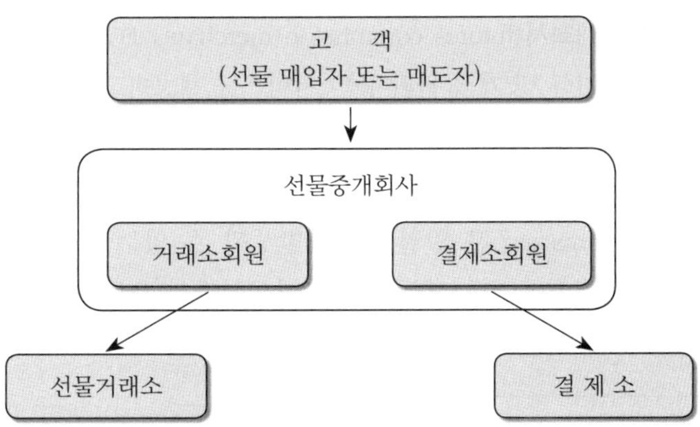

5) 한국거래소(KRX)의 파생상품시장본부가 선물거래소 및 결제소의 역할을 모두 하고 있다.

증하는 역할을 한다. 결제소의 주요기능에는 일일정산기능, 청산기능, 실물인수·도기능 등이 있다.

- 일일정산기능

결제소는 매일매일 형성되는 정산가격(settlement price)을 기준으로 모든 거래참여자들의 미결제약정(open interest)에 대한 손익을 계산하여 반영하며, 이를 일일정산(marking to market)이라 한다. 선물의 정산가격은 시장마감 직전에 거래된 선물계약을 대표하는 가격(종가 등)이며, 미결제약정은 반대매매 또는 만기일의 인수·도 등에 의해서 청산되지 않고 남아 있는 선물계약을 의미한다. 결제소의 일일정산제도에 의해 선물가격변동으로 인한 손실이 누적되지 않고 매일매일 정산되기 때문에 계약당사자들의 계약불이행위험을 줄일 수 있다.

- 청산기능

결제소는 기존의 선물포지션을 쉽게 마감 또는 청산(liquidation)할 수 있도록 해준다. 선물거래자가 선물을 매입(매도)하였지만 이를 이행할 의도가 없는 경우 선물을 매도(매입), 즉 반대매매함으로써 계약이행의 의무를 벗어날 수 있다.

- 실물인수 · 도기능

선물의 만기일까지 반대매매에 의해 청산되지 않은 선물포지션을 보유하고 있을 경우, 매입포지션에 있는 자는 현물을 인수하여야 하고 매도포지션에 있는 자는 현물을 인도하여야 한다. 이때 결제소는 인도자와 인수자를 연결하여 실물의 인수·도가 원활하게 이루어지도록 서류상 처리를 하고 실물을 직접 취급하지는 않는다.

■ 선물중개회사

선물중개회사(futures commission merchant: FCM)는 고객의 주문에 따라 선물계약 체결, 증거금 및 계좌 관리 등의 서비스를 제공하고 수수료를 받는다.

증 거 금

증거금(margin)은 일일정산시 발생될 수 있는 계약불이행을 방지하기 위한 수단으로, 예치해야 하는 현금 또는 현금성자산(유동성이 높은 유가증권 등)을 의미한다.[6] 증거금에는 고객이 선물중개회사에 납부하는 위탁증거금(customer margin)

---

6) 증거금제도로 인해 선물거래자는 큰 금액을 맡기지 않고도 많은 포지션을 가질 수 있어 선물은 다른 금융상품들보다 매우 큰 레버리지효과를 갖게 되는 것이다. 레버리지가 높음에도 불구하고 선물시장에서 계약불이행 사례가 거의 없는 것은 일일정산제도, 증거금제도 등의 제도적 장치에 기인한 것이라 할 수 있다.

과 결제소회원인 선물중개회사가 결제소에 납부하는 **거래증거금**(clearing margin)이 있다.

■ 위탁증거금

• 개시증거금

개시증거금(initial margin)은 고객이 신규 또는 추가적으로 선물을 매수하거나 매도할 때 선물중개회사에 예치해야 하는 증거금을 의미한다.

• 유지증거금

유지증거금(maintenance margin)은 고객이 자신의 선물거래포지션을 유지하는데 필요한 최소한의 증거금을 의미한다.[7] [그림 4−4]에서 볼 수 있는 바와 같이 증거금이 일정한 수준(유지증거금) 이하로 떨어지게 되면, 선물중개회사는 고객에게 증거금을 당초의 개시증거금 수준까지 현금으로 충당하도록 요구하며, 이를 마진콜(margin call)이라 한다. 이와 같이 증거금이 유지증거금 수준 이하로 떨어지는 경우 개시증거금 수준으로 회복시키기 위하여 고객이 추가적으로 납부해야 하는 증거금을 **추가증거금**(variation margin)이라 한다. 한편 증거금이 개시증거금 수준을 초과하는 경우, 그 초과분을 **초과증거금**(excess margin)이라 한다.

■ 거래증거금

거래증거금은 결제소회원인 선물중개회사가 자신 또는 고객의 미결제약정을 성

그림 4−4 위탁증거금: 개시증거금과 유지증거금

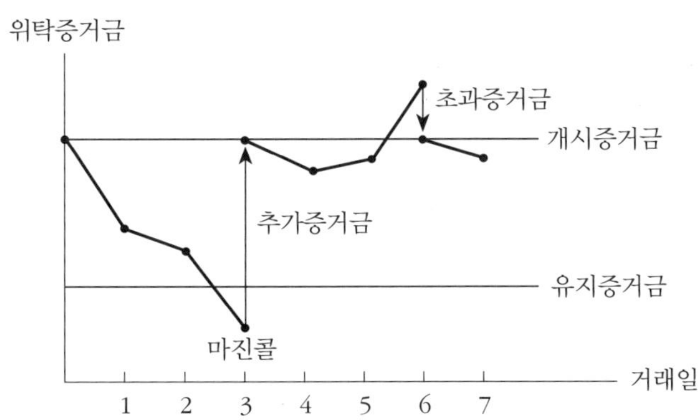

7) 개시증거금 수준은 기초자산의 가격 수준과 변동성, 선물거래동기 등에 따라 다소 차이가 있다. 한국거래소(KRX)는 분기마다 한번씩 변동성 등을 감안하여 개시증거금률을 조정해 공표하고 있다. 일반적으로 유지증거금은 개시증거금의 2/3 수준에서 결정된다.

실하게 이행하겠다는 증거로 결제소에 예치하는 것이며, 선물중개회사가 고객으로부터 납입받은 증거금 중에서 일부를 결제소에 예치하는 것이 일반적이다. 결제소회원의 거래증거금계좌도 고객의 위탁증거금계좌와 같은 방법으로 일일정산된다. 일일정산에 의해 거래증거금이 감소되는 경우 그만큼을 보충해야 하며, 거래증거금을 초과하는 금액은 인출될 수 있다.

1.3 선물거래자의 유형과 선물시장의 경제적 기능

선물거래자의 유형

선물거래의 동기에 따라 선물거래자는 헤저(hedger), 투기자(speculator), 차익거래자(arbitrageur) 등 세 가지 유형으로 구분될 수 있다.

■ 헤 저

헤저는 선물의 매입 또는 매도를 통해서 예상하지 못한 현물의 가격변동으로 인해 발생될 수 있는 손실을 최소화시킬 목적으로 선물거래를 하는 사람을 의미한다. 헤저의 선물거래 목적은 현물의 가격변동에 따른 위험을 최소화하는 데 있다. 이 과정에서 헤저는 기회손실을 입을 수 있으나, 이는 현물포지션으로부터의 손실을 방어하기 위해 지불하는 대가로 보아야 한다.

■ 투 기 자

투기자는 현물시장에서의 포지션과 관계없이 선물가격변동에 따른 시세차익을 얻기 위하여 선물거래를 하는 사람을 의미한다. 투기자의 선물거래 목적은 향후 기초자산 가격이 오를 것으로 전망되는 경우 선물 매입포지션을 취하고, 반대로 기초자산 가격이 내릴 것으로 예상되는 경우 선물 매도포지션을 취해 높은 투기적 이익을 얻는 데 있다. 그러나 예상이 빗나갈 경우 큰 손해를 볼 수도 있다. 이와 같이 투기자들은 보호되지 않은 포지션(uncovered position)을 보유함으로써 선물가격변동에 따른 위험을 감수하더라도 높은 투기적 이익을 얻고자 한다. 투기자는 선물시장에서 헤저의 위험을 떠맡을 뿐만 아니라 선물시장의 안정을 도모하는 중요한 경제적인 기능을 수행한다.[8)]

■ 차익거래자

차익거래자는 현물가격과 선물가격 간의 일시적인 불균형을 이용하여 무위험이익

---

8) 투기와 도박은 위험을 대가로 수익을 얻고자 하는 점에서는 유사하지만, 투기는 사회적으로 유익한 기능을 수행할 수 있는 반면, 도박은 백해무익한 것이라는 점에서 다르다.

을 얻을 목적으로 선물거래를 하는 사람을 의미한다. 현물가격 또는 선물가격이 균형에서 이탈하여 차익거래이익(arbitrage profit)이 존재하는 경우 이를 얻기 위하여 차익거래(arbitrage)가 발생하게 되며, 이와 같은 차익거래과정에 의해 현물가격과 선물가격이 균형상태로 되돌아가게 된다.

선물시장의 경제적 기능

선물시장은 다음과 같은 몇 가지 중요한 기능을 수행한다.

■ 가격변동위험의 관리

시장에서는 미래의 가격변동에 따른 위험이 항상 존재한다. 예를 들어 특정 원재료를 계속적으로 필요로 하는 제조업자의 경우에는 원재료의 가격상승에 따른 위험에 직면하게 되는 반면, 농산물을 생산하는 농부의 경우에는 수확기 농산물의 가격하락에 따른 위험에 직면하게 된다.

선물시장은 예상하지 못한 가격변동으로 인한 손실위험을 사전에 방지할 수 있는 수단을 제공한다. 현물시장에서의 포지션과 반대되는 포지션(예를 들어 현물: 매입(또는 매도) ↔ 선물: 매도(또는 매입))을 선물시장에서 취함으로써 위험을 회피할 수 있다. 이 경우 위험을 회피하려는 거래자, 즉 헤저로부터 위험을 부담하여 보다 큰 투기적 이익을 추구하려는 거래자, 즉 투기자에게로 위험이 전가된다. 이와 같이 선물시장은 가격변동에 따른 위험을 관리할 수 있는 수단을 제공함으로써 경영자는 경영계획과 투자계획을 보다 안정적으로 수립할 수 있고, 한정된 투자자금을 훨씬 효율적으로 활용할 수 있다.

■ 가격의 예시

선물가격은 미래 특정시점에 있어서 현물의 수요 · 공급에 대한 예상에 의해 결정되기 때문에 이것에 의해서 미래 현물가격의 동향을 사전에 예측할 수 있다. 이와 같은 선물시장의 가격예시기능(price discovery)으로 인하여 현물시장의 생산자나 투자자가 미래에 대한 일정한 예측을 할 수 있게 되어 장기적으로 현물시장의 안정을 가져온다.

■ 시장효율성의 제고

선물시장은 전문적으로 시장정보를 수집하고 평가하는 다수의 투기자를 시장에 참여시킴으로써 시장정보의 양과 질을 높이고 거래비용을 절감시킨다. 즉 선물거래는 시장효율성을 높이고 이에 따라 경제전체의 자원배분 효율성을 증대시킨다.

■ **자본형성의 촉진**

선물시장은 투기자의 부동자금을 헤저의 산업자금으로 이전시키는 자본형성기능(capital formation function)을 간접적으로 수행한다. 선물시장이 효율적인 투자장소로 운영되면 투기자의 부동자금이 금융시장으로 유입되고, 이 자금은 다시 건전한 산업자금으로 활용될 수 있다.

특히 금융선물은 은행, 증권회사, 투자신탁 등 금융기관이 직면하는 주가변동위험과 이자율변동위험을 관리하는 데 있어 중요한 수단을 제공함으로써 저축과 투자의 흐름을 개선시킨다. 즉 선물시장을 이용하여 주가와 이자율 변동위험을 효과적으로 관리함으로써 주식과 채권 등 증권에 대한 수요가 증가하여 저축을 증대시킬 수 있다. 이 경우 기업의 자금조달이 용이해지고 자금조달비용이 감소하게 되기 때문에 투자가 촉진되어 궁극적으로 국가전체의 부를 증진시킬 수 있다.

2 선물의 가격결정

선물의 가격결정과정은 기초자산의 특성에 따라 차이가 있다. 즉 선물의 기초자산이 투자목적으로 보유하는 자산(예를 들어 금융상품, 귀금속 등)이냐 또는 소비목적으로 보유하는 자산(예를 들어 비철금속, 에너지, 농림산물, 축산물 등)이냐에 따라 선물가격의 결정과정은 차이가 있다. 투자자산(investment assets)에 대한 선물의 가격은 차익거래논리에 의해 도출될 수 있다. 그러나 소비자산(consumption assets)에 대한 선물의 가격결정에는 차익거래논리를 적용하기가 어렵다.

2.1 투자자산에 대한 선물의 가격결정

투자자산에 대한 선물의 이론적 가격은 차익거래기회가 존재하지 않는다는 전제하에서 도출되며, 이와 같은 선물가격결정모형을 **보유비용모형**(cost-of-carry model) 또는 현물-선물 패리티이론(spot-futures parity theorem)이라 한다. 차익거래는 자금을 추가로 투자하지 않고 위험도 부담하지 않으면서 얻을 수 있는 이익, 즉 차익거래이익을 얻기 위한 거래를 의미한다.

보유비용모형

■ 완전시장에서의 보유비용모형

기본적인 보유비용모형을 도출하기 위하여 필요한 완전시장가정은 다음과 같다.

첫째, 일일정산 및 증거금이 존재하지 않는다.[9] (선물가격 = 선도가격)

둘째, 거래비용(예를 들어 위탁매매수수료, 거래소수수료, 매수 – 매도 호가차이 등)과 세금이 존재하지 않는다.

셋째, 공매도(short selling)에 대한 제한이 없고, 공매도에 의해 취득한 자금을 전액 사용할 수 있다.[10]

넷째, 모든 투자자들은 무위험이자율로 얼마든지 자금을 차입하거나 대출할 수 있으며, 차입이자율과 대출이자율이 같다.[11]

이와 같은 완전시장에서의 보유비용모형을 도출하기 위하여 다음과 같은 두 거래를 고려해 보자.

- 거래 I : 현재시점에서 만기일이 T인 선물을 $F_{0,T}$로 매입함.
- 거래 II : 현재시점에서 현금을 S_0만큼 차입한 후, 그 자금으로 현물(기초자산)을 매입함.

이상과 같은 두 거래로 인한 현재 및 만기일에서의 현금흐름을 살펴보면 〈표 4–4〉와 같다.[12]

거래 I과 II 모두 현재시점에서 추가적인 자금의 지출 없이 만기에 현물을 보유하는 동일한 거래이다. 따라서 차익거래기회가 존재하지 않기 위해서는 만기일의 현금흐름이 같아야 한다.

---

9) 선물의 일일정산제도가 존재하더라도 선물계약의 만기까지 이자율이 일정하다면, 선물가격과 선도가격은 일치하게 된다. 이에 대한 증명은 다음의 논문을 참조.
J. C. Cox, J. E. Ingersoll, and S. A. Ross, "The Relation between Forward Prices and Future Prices," *Journal of Financial Economics*, Vol. 9(December 1981), pp. 321~346.

10) 공매도(空賣渡)는 말 그대로 없는 현물을 미리 파는 무차입 공매도(naked short selling)와 빌려온 현물을 매도하는 차입 공매도(covered short selling)로 나눌 수 있는데, 현재 우리나라에서는 무차입 공매도는 금지되어 있다. 차입 공매도는 증권회사, 한국증권금융, 한국예탁결제원 등에서 주식 등 현물을 빌려 매도하는 것으로 대주거래(개인)나 대차거래(기관, 외국인)와 유사한 개념이다. 그러나 대주(대차)거래로 일단 주식 등 현물을 빌렸다 하더라도 시장상황에 따라 매도하지 않을 수도 있기 때문에 차입 공매도와 반드시 일치하지는 않는다.

11) 선물시장에서 차익거래자들이 이용하는 무위험이자율은 환매이자율(repo rate)이다. 레포 또는 환매(조건부)계약(repo 또는 repurchase agreement)은 일정기간이 경과한 후에 다시 매입한다는 조건으로 증권을 금융기관에 매도하는 계약이다. 이와 같은 환매계약은 일종의 담보대출의 성격을 지니기 때문에 위험이 없다. 환매조건부계약에서 고객이 금융기관에 증권을 매도하는 가격은 일정한 기간 후의 재매입가격보다 낮으며, 그 차이(재매입가격 – 매도가격)가 환매이자이다.

표 4-4 거래 Ⅰ과 Ⅱ의 현금흐름

거 래		현금흐름	
		현재(0시점)	만기일(T 시점)
거래 Ⅰ	선물을 $F_{0,T}$로 매입	0	$F_{T,T}-F_{0,T}=S_T-F_{0,T}$
거래 Ⅱ	현물을 S_0로 매입	$-S_0$	$S_T-C_T+D_T$
	현금 S_0 차입	S_0	$-S_0(1+r_T)$
	합 계	0	$S_T-S_0(1+r_T)-C_T+D_T$

단, S_0: 현재시점에서의 현물가격, S_T: 만기일에서의 현물가격
$F_{0,T}$: 현재시점에서 만기일이 T인 선물가격, $F_{T,T}$: 만기일에서의 선물가격
r_T: 현재시점에서 만기일인 T시점까지 기간의 무위험이자율[13)]
C_T: 현물보유비용(보험료, 창고료, 수송비, 진부화 및 파손으로 인한 손실 등)의 T시점에서의 가치
D_T: 현물보유수익(이자수익, 배당금 등)의 T시점에서의 가치

$$S_T-F_{0,T}=S_T-S_0(1+r_T)-C_T+D_T$$

그러므로

$$F_{0,T}=S_0(1+r_T)+C_T-D_T \tag{4-1}$$

식 (4−1)에 의하면 **이론적 선물가격**은 현물가격에 만기일까지 발생한 모든 보유비용(carry costs)을 합한 후, 보유수익(carry returns)을 차감한 값이라 할 수 있다.[14)] 기초자산이 금융상품인 경우에는 배당, 이자수익 등 보유수익이 발생될 수 있으나, 보험료, 창고료, 수송비, 진부화 및 파손으로 인한 손실 등의 보유비용은 발생되지 않는다. 한편 기초자산이 실물상품인 경우에는 보험료, 창고료, 수송비, 진부화 및 파손으로 인한 손실 등의 보유비용이 발생될 수 있으나, 보유수익은 발생되지 않는 것이 일반적이다.

---

12) 만기일(T)에 거래 Ⅰ과 Ⅱ의 현금흐름을 일치시키는 방법에 의해서도 동일한 결과를 얻을 수 있다.

거 래		현금흐름	
		현재(0시점)	만기일(T시점)
거래 Ⅰ	선물을 $F_{0,T}$로 매입	0	$F_{T,T}-F_{0,T}=S_T-F_{0,T}$
거래 Ⅱ	현물을 S_0로 매입	$-S_0$	$S_T-C_T+D_T$
	현금 차입	$(F_{0,T}-C_T+D_T)/(1+r_T)$	$-(F_{0,T}-C_T+D_T)$
	합 계	$(F_{0,T}-C_T+D_T)/(1+r_T)-S_0$	$S_T-F_{0,T}$

차익거래기회가 존재하지 않기 위해서는 현재의 현금흐름이 동일해야 한다.
$(F_{0,T}-C_T+D_T)/(1+r_T)-S_0=0 \quad \therefore F_{0,T}=S_0(1+r_T)+C_T-D_T$

13) r_T를 연율로 환산한 이자율, 즉 연리(annual interest rate)를 r이라 하고, 만기 T를 연 단위로 환산(예를 들어 3개월=0.25년)하여 나타낸다면, 복리계산방법에 따라 차입금의 원리합계를 $S_0(1+r)^T$ 또는 $S_0 \cdot e^{rT}$와 같이 나타낼 수도 있다. 이자계산방법에 대한 자세한 내용은 제2장을 참조.

14) 본서에서는 편의상 차입금에 대한 이자비용과 현물보유비용을 구분했지만, 이자비용도 현물보유에 따른 기회비용의 성격을 가지고 있으므로 현물보유비용에 포함된다고 할 수 있다.

선물가격이 식 (4－1)의 이론적 선물가격과 다른 경우에는 차익거래가 발생하게 된다. 먼저 선물가격이 이론적 선물가격보다 높은 경우, 즉 「$F_{0,\ T}>S_0(1+r_T)+C_T-D_T$」인 경우에는 과대평가된(overpriced) 선물을 매도하고, 과소평가된(underpriced) 현물을 매입하여 보유하는 차익거래에 의해서 「$F_{0,\ T}-S_0(1+r_T)-C_T+D_T>0$」의 차익거래이익을 얻을 수 있다. 이와 같은 차익거래를 **매수차익거래** 또는 **현물보유차익거래**(cash-and-carry arbitrage)라 하며, 그 차익거래과정을 요약하면 〈표 4－5〉와 같다.

〈표 4－5〉와 같이 양(＋)의 차익거래이익이 존재하는 경우에 모든 차익거래자들은 매수차익거래에 참여할 것이기 때문에, 선물매도가 증가하여 선물가격이 하락하고 현물매입이 증가하여 현물가격이 상승하게 된다. 매수차익거래는 선물가격이 이론적 선물가격과 같아질 때까지 지속적으로 발생하게 될 것이다.

한편 선물가격이 이론적 선물가격보다 낮은 경우, 즉 「$F_{0,\ T}<S_0(1+r_T)+C_T-D_T$」인 경우에는 과소평가된 선물을 매입하고, 과대평가된 현물을 공매도하는 차익거래에 의해서 「$S_0(1+r_T)+C_T-D_T-F_{0,\ T}>0$」의 차익거래이익을 얻을 수 있다. 이와 같은 차익거래를 **매도차익거래** 또는 **역현물보유차익거래**(reverse cash-and-carry arbitrage)라 하며, 그 차익거래과정을 요약하면 〈표 4－6〉과 같다.

〈표 4－6〉과 같이 양(＋)의 차익거래이익이 존재하는 경우에 모든 차익거래자들은 매도차익거래에 참여할 것이기 때문에, 선물매입이 증가하여 선물가격이 상승하고

표 4－5 「$F_{0,\ T}>S_0(1+r_T)+C_T-D_T$」일 경우의 차익거래: 매수차익거래

차익거래	현금흐름	
	현재(0시점)	만기일(T시점)
선물을 $F_{0,\ T}$로 매도	0	$F_{0,\ T}-S_T$
현물을 S_0로 매입	$-S_0$	$S_T-C_T+D_T$
현금 S_0 차입	S_0	$-S_0(1+r_T)$
차익거래이익	0	$F_{0,\ T}-S_0(1+r_T)-C_T+D_T$

표 4－6 「$F_{0,\ T}<S_0(1+r_T)+C_T-D_T$」일 경우의 차익거래: 매도차익거래

차익거래	현금흐름	
	현재(0시점)	만기일(T시점)
선물을 $F_{0,\ T}$로 매입	0	$S_T-F_{0,\ T}$
현물을 S_0로 공매도	S_0	$-S_T+C_T-D_T$
현금 S_0 대출	$-S_0$	$S_0(1+r_T)$
차익거래이익	0	$S_0(1+r_T)+C_T-D_T-F_{0,\ T}$

현물공매도가 증가하여 현물가격이 하락하게 된다. 매도차익거래는 선물가격이 이론적 선물가격과 같아질 때까지 지속적으로 발생하게 될 것이다.

이상에서 설명한 바와 같이 선물가격이 이론적 선물가격과 다른 경우에는 차익거래가 발생하여 식 (4−1)이 성립하게 됨을 알 수 있다.

예제 4-1 완전시장에서의 보유비용모형

현재 금가격은 ₩46,000/g이고, 현재 무위험이자율은 연 4%이다. (단, 금선물의 거래단위는 100g이다.)

(1) 3개월 만기 금선물 1계약의 이론적 가격을 구하라.
(2) 3개월 만기인 금선물 1계약금액이 470만원인 경우 차익거래이익을 구하라.
(3) 3개월 만기인 금선물 1계약금액이 460만원인 경우 차익거래이익을 구하라.

❙ 해설 ❙

(1) $F_{0,\,T}=S_0(1+r_T)+C_T-D_T=46{,}000\times(1+0.01)=₩46{,}460/g$
그러므로 금선물 1계약금액은 464.6만원(=₩46,460/g×100g)이다.

(2) 3개월 금선물가격(470만원)>3개월 금선물의 이론적 가격(464.6만원)
→ 매수차익거래(현물보유차익거래)

차익거래	현금흐름(만원)	
	현재(0시점)	만기일(3개월 후)
3개월물 금선물 1계약 매도	0	$470-S_T$
금 100g 매입	−460	S_T
현금 460만원 차입	460	$-460\times(1+0.01)=-464.6$
차익거래이익	0	5.4

(3) 3개월 금선물가격(460만원)<3개월 금선물의 이론적 가격(464.6만원)
→ 매도차익거래(역현물보유차익거래)

차익거래	현금흐름(만원)	
	현재(0시점)	만기일(3개월 후)
3개월물 금선물 1계약 매입	0	S_T-460
금 100g 공매도	460	$-S_T$
현금 460만원 대출	−460	$460\times(1+0.01)=464.6$
차익거래이익	0	4.6

※ 우리나라 상품선물의 거래제도

구 분	금 선 물	돈육선물
기초자산	순도 99.99%의 금괴	돈육대표가격(산출기관: 축산품질평가원)
거래단위	100g	1,000kg
가격의 표시	원/g	원/kg
호가가격단위	10원	5원
최소가격변동금액	1,000원(100g×10원)	5,000원(1,000kg×5원)
결제방법	현금결제	현금결제

■ 선물거래의 만기간 스프레드

만기일이 T_1, T_2(단, $T_2 > T_1$)인 선물가격 간의 관계를 살펴보기 위하여 T_2시점에 현물을 보유하기 위한 다음과 같은 두 거래를 고려해 보자.

- 거래 Ⅲ : 현재시점에서 만기일이 T_2인 원월물 선물(deferred futures)을 $F_{0,\ T_2}$로 매입함.
- 거래 Ⅳ : 현재시점에서 만기일이 T_1인 근월물 선물(nearby futures)을 $F_{0,\ T_1}$으로 매입한 후, T_1시점에서 $F_{0,\ T_1}$만큼 차입하여 그 자금으로 현물(기초자산)을 인수 · 보유함.

이상과 같은 두 거래로 인한 현재 및 만기일에서의 현금흐름을 살펴보면 〈표 4-7〉과 같다.

거래 Ⅲ과 Ⅳ 모두 현재시점과 T_1시점에서 추가적인 자금의 지출 없이 T_2시점에서 현물을 보유하는 동일한 거래이다. 따라서 차익거래기회가 존재하지 않기 위해서는 T_2 시점에서의 현금흐름도 같아야 한다.

$$S_{T_2} - F_{0,\ T_2} = S_{T_2} - C_{T_1,\ T_2} + D_{T_1,\ T_2} - F_{0,\ T_1}(1 + f_{T_1,\ T_2})$$

그러므로

$$F_{0,\ T_2} = F_{0,\ T_1}(1 + f_{T_1,\ T_2}) + C_{T_1,\ T_2} - D_{T_1,\ T_2} \qquad (4-2)$$

식 (4-2)에서 $f_{T_1,\ T_2}$를 **내재선도이자율**(implied forward rate)이라 한다. 그리고 식 (4-2)에 의해서 만기일이 서로 다른 선물가격 간의 차이, 즉 **만기 간 스프레드**(calendar spread)를 구하면 다음과 같다.

$$F_{0,\ T_2} - F_{0,\ T_1} = F_{0,\ T_1} \cdot f_{T_1,\ T_2} + C_{T_1,\ T_2} - D_{T_1,\ T_2} \qquad (4-3)$$

표 4-7 거래 Ⅲ과 Ⅳ의 현금흐름[15)]

거 래		현금흐름		
		현재(0시점)	T_1 시점	T_2 시점
거래 Ⅲ	원월물 선물을 $F_{0,\,T_2}$로 매입	0	0	$S_{T_2}-F_{0,\,T_2}$
거래 Ⅳ	근월물 선물을 $F_{0,\,T_1}$로 매입	0	$S_{T_1}-F_{0,\,T_1}$	0
	T_1시점에서 현물 S_{T_1} 매입	0	$-S_{T_1}$	$S_{T_2}-C_{T_1,\,T_2}+D_{T_1,\,T_2}$
	T_1시점에서 $F_{0,\,T_1}$ 차입[16)]	0	$F_{0,\,T_1}$	$-F_{0,\,T_1}(1+f_{T_1,\,T_2})$
	합 계	0	0	$S_{T_2}-C_{T_1,\,T_2}+D_{T_1,\,T_2}-F_{0,\,T_1}(1+f_{T_1,\,T_2})$

단, $f_{T_1,\,T_2}$: T_1에서 T_2까지 기간의 내재선도이자율
$C_{T_1,\,T_2}$: T_1에서 T_2까지 기간 동안 발생된 현물보유비용의 T_2시점에서의 가치
$D_{T_1,\,T_2}$: T_1에서 T_2까지 기간 동안 발생된 현물보유수익의 T_2시점에서의 가치

만기 간 스프레드가 식 (4-3)과 같지 않을 경우에는 다음과 같은 차익거래가 발생하게 된다.

첫째, 「$F_{0,\,T_2}-F_{0,\,T_1}>F_{0,\,T_1}\cdot f_{T_1,\,T_2}+C_{T_1,\,T_2}-D_{T_1,\,T_2}$」일 경우 과대평가된 만기일이 T_2인 원월물 선물을 매도하고, 과소평가된 만기일이 T_1인 근월물 선물을 매입하는 차익거래를 함으로써 「$F_{0,\,T_2}-F_{0,\,T_1}(1+f_{T_1,\,T_2})-C_{T_1,\,T_2}+D_{T_1,\,T_2}>0$」인 차익거래이익을 얻을 수 있다. 이와 같은 차익거래를 **근월물 선물보유차익거래**(forward cash-and-carry arbitrage)라 하며, 그 차익거래과정을 요약하면 〈표 4-8〉과 같다.

둘째, 「$F_{0,\,T_2}-F_{0,\,T_1}<F_{0,\,T_1}\cdot f_{T_1,\,T_2}+C_{T_1,\,T_2}-D_{T_1,\,T_2}$」일 경우 과소평가된 만기일이 T_2인 원월물 선물을 매입하고, 과대평가된 만기일이 T_1인 근월물 선물을 매도하는 차익거래를 함으로써 「$F_{0,\,T_1}(1+f_{T_1,\,T_2})+C_{T_1,\,T_2}-D_{T_1,\,T_2}-F_{0,\,T_2}>0$」인 차익거래이익을 얻을 수 있다. 이와 같은 차익거래를 **역근월물 선물보유차익거래**(forward reverse cash-and-carry arbitrage)라 하며, 그 차익거래과정을 요약하면 〈표 4-9〉와 같다.

결론적으로 차익거래기회가 존재하지 않기 위해서는 만기 간 스프레드가 식 (4-3)과 같이 결정되어야 함을 알 수 있다.

15) T_1시점에서 근월물 선물매입계약을 이행하여 현물을 인수·보유하는 경우의 현금흐름($-F_{0,\,T_1}$)은 근월물 선물매입계약을 현금결제하고 현물을 매입하는 경우의 현금흐름($S_{T_1}-F_{0,\,T_1}-S_{T_1}=-F_{0,\,T_1}$)과 동일하다.

16) 현재시점에서 T_1시점의 이자율을 고정시키기 위해서는 만기가 T_1인 금리선물(기초자산인 채권의 만기는 T_2)을 매도하는 것으로 볼 수 있다.

표 4-8 「$F_{0,T_2}-F_{0,T_1}>F_{0,T_1}\cdot f_{T_1,T_2}+C_{T_1,T_2}-D_{T_1,T_2}$」일 경우의 차익거래과정: 원월물($T_2$) 선물매도－근월물($T_1$) 선물매입 차익거래

차익거래	현금흐름		
	현재(0시점)	T_1 시점	T_2 시점
원월물 선물을 F_{0,T_2}로 매도	0	0	$F_{0,T_2}-S_{T_2}$
근월물 선물을 F_{0,T_1}로 매입	0	$S_{T_1}-F_{0,T_1}$	0
T_1시점에서 현물 S_{T_1} 매입	0	$-S_{T_1}$	$S_{T_2}-C_{T_1,T_2}+D_{T_1,T_2}$
T_1시점에서 F_{0,T_1} 차입	0	F_{0,T_1}	$-F_{0,T_1}(1+f_{T_1,T_2})$
차익거래이익	0	0	$F_{0,T_2}-F_{0,T_1}(1+f_{T_1,T_2})$ $-C_{T_1,T_2}+D_{T_1,T_2}$

표 4-9 「$F_{0,T_2}-F_{0,T_1}<F_{0,T_1}\cdot f_{T_1,T_2}+C_{T_1,T_2}-D_{T_1,T_2}$」일 경우의 차익거래과정: 원월물($T_2$) 선물매입－근월물($T_1$) 선물매도 차익거래

차익거래	현금흐름		
	현재(0시점)	T_1 시점	T_2 시점
원월물 선물을 F_{0,T_2}로 매입	0	0	$S_{T_2}-F_{0,T_2}$
근월물 선물을 F_{0,T_1}로 매도	0	$F_{0,T_1}-S_{T_1}$	0
T_1시점에서 현물 S_{T_1} 공매도	0	S_{T_1}	$-S_{T_2}+C_{T_1,T_2}-D_{T_1,T_2}$
T_1시점에서 F_{0,T_1} 대출	0	$-F_{0,T_1}$	$F_{0,T_1}(1+f_{T_1,T_2})$
차익거래이익	0	0	$F_{0,T_1}(1+f_{T_1,T_2})+C_{T_1,T_2}$ $-D_{T_1,T_2}-F_{0,T_2}$

예제 4-2 만기간 스프레드를 이용한 내재선도이자율의 계산

10월물과 12월물 금선물의 가격이 각각 ₩43,800/g, ₩44,000/g일 경우, 10월부터 12월까지 2개월간의 내재선도이자율을 구하라.

| 해설 |

$F_{0,T_2}=F_{0,T_1}(1+f_{T_1,T_2})+C_{T_1,T_2}-D_{T_1,T_2}$

$\rightarrow 44{,}000=43{,}800(1+f_{T_1,T_2})\quad\therefore\ f_{T_1,T_2}=0.00457\ (0.457\%)$

2개월간 내재선도이자율을 연율로 환산하면, 연 2.74%$\left(=0.457\%\times\frac{12\text{개월}}{2\text{개월}}\right)$가 된다.

■ 불완전시장에서의 보유비용모형

현실적으로 볼 때 거래비용의 존재, 차입이자율과 대출이자율의 상이, 공매도에

대한 제한 등과 같은 불완전시장요인이 존재하기 때문에 이들을 고려해 주어야 보다 현실을 잘 설명할 수 있을 것이다. 불완전시장요인이 다음과 같다고 하자.[17)]

- 매수차익거래를 할 때 발생하는 총거래수수료: TF^a
- 매도차익거래를 할 때 발생하는 총거래수수료: TF^b
- 매수호가(bid price): S_0^b, 매도호가(asked price): S_0^a (단, $S_0^a \geq S_0^b$)[18)]
- 차입이자율: r_T^b, 대출이자율: r_T^l (단, $r_T^b \geq r_T^l$)
- 공매도자금 중 사용가능한 비율: f (단, $0 \leq f \leq 1$)

이와 같은 불완전시장에서의 보유비용모형을 도출하기 위하여 먼저 선물이 과대평가되었다고 가정해 보자. 이 경우 투자자들은 〈표 4-10〉과 같은 매수차익거래를 한다.

〈표 4-10〉에서 매수차익거래기회가 존재하지 않기 위해서는 매수차익거래에서 만기일(T시점)의 현금흐름(차익거래이익)이 0보다 작아야 할 것이다.

$$F_{0,\,T} - (S_0^a + TF_0^a)(1 + r_T^b) - C_T + D_T - TF_T^a \leq 0$$

그러므로 매수차익거래이익이 존재하지 않을 선물매도가격의 상한(upper bound)은 식 (4-4)와 같다.

표 4-10 불완전시장에서의 매수차익거래

차익거래	현금흐름	
	현재(0시점)	만기일(T시점)
선물을 $F_{0,\,T}$로 매도	0	$F_{0,\,T} - S_T$
현물을 S_0^a로 매입	$-S_0^a$	$S_T - C_T + D_T$
거래수수료	$-TF_0^a$	$-TF_T^a$
현금 $(S_0^a + TF_0^a)$ 차입	$S_0^a + TF_0^a$	$-(S_0^a + TF_0^a)(1 + r_T^b)$
차익거래이익	0	$F_{0,\,T} - (S_0^a + TF_0^a)(1 + r_T^b) - C_T + D_T - TF_T^a$

17) 현물결제에 의해 청산될 수 있는 선물을 이용한 차익거래의 경우 만기일에 현물과 선물이 서로 상쇄되어 청산될 수 있기 때문에 현물포지션을 청산하기 위한 거래비용은 발생하지 않는 것이 일반적이다. 그러나 현금결제에 의해서만 청산되는 선물을 이용한 차익거래의 경우(예를 들어 주가지수선물 등)에는 현물을 선물의 청산에 이용할 수 없기 때문에 만기일에 현물포지션을 청산하기 위한 거래비용이 추가적으로 발생될 수 있음을 유의하여야 한다.

18) 매수호가는 딜러(dealer)가 매입하겠다는 가격이고, 매도호가는 딜러가 매도하겠다는 가격이다. 따라서 고객의 입장에서 볼 때 매도할 수 있는 가격은 매수호가이며, 매입할 수 있는 가격은 매도호가가 됨을 유의해야 한다. 일반적으로 매도호가가 매수호가보다 크며, 그 차이(매도호가-매수호가)는 딜러의 입장에서 보면 매매이익의 원천이 되며, 고객의 입장에서 보면 거래비용의 성격을 띠고 있다.

표 4-11 불완전시장에서의 매도차익거래

차익거래	현금흐름	
	현재(0시점)	만기일(T시점)
선물을 $F_{0,T}$로 매입	0	$S_T - F_{0,T}$
현물을 S_0^b로 공매도	$f \cdot S_0^b$	$-(S_T - C_T + D_T) + (1-f)S_0^b$
거래수수료	$-TF_0^b$	$-TF_T^b$
현금 $(f \cdot S_0^b - TF_0^b)$ 대출	$-(f \cdot S_0^b - TF_0^b)$	$(f \cdot S_0^b - TF_0^b)(1+r_T^l)$
차익거래이익	0	$-F_{0,T} + (f \cdot S_0^b - TF_0^b)(1+r_T^l) + C_T - D_T + (1-f)S_0^b - TF_T^b$

$$F_{0,T} \le S_0^a(1+r_T^b) + C_T - D_T + TF_0^a(1+r_T^b) + TF_T^a \tag{4-4}$$

한편 선물가격이 과소평가된 경우 투자자들은 〈표 4-11〉과 같은 매도차익거래를 할 것이다.[19]

〈표 4-11〉에서 매도차익거래기회가 존재하지 않기 위해서는 매도차익거래에서 만기일(T시점)의 현금흐름(차익거래이익)이 0보다 작아야 할 것이다.

$$-F_{0,T} + (f \cdot S_0^b - TF_0^b)(1+r_T^l) + C_T - D_T + (1-f)S_0^b - TF_T^b \le 0$$

그러므로 매도차익거래이익이 존재하지 않을 선물매입가격의 하한(lower bound)은 식 (4-5)와 같다.

$$F_{0,T} \ge S_0^b(1+f \cdot r_T^l) + C_T - D_T - TF_0^b(1+r_T^l) - TF_T^b \tag{4-5}$$

식 (4-4), 식 (4-5)에 의해서 불완전시장에서의 선물가격은 다음과 같은 범위 내에서 결정되며, 이 범위를 벗어나면 차익거래가 발생하게 된다.

$$\begin{matrix} S_0^b(1+f \cdot r_T^l) + C_T - D_T \\ -TF_0^b(1+r_T^l) - TF_T^b \end{matrix} \le F_{0,T} \le \begin{matrix} S_0^a(1+r_T^b) + C_T - D_T \\ +TF_0^a(1+r_T^b) + TF_T^a \end{matrix} \tag{4-6}$$

19) 현물을 공매도하는 경우 현재시점에서는 공매도자금(S_0^b) 중 일정비율(f), 즉 $f \cdot S_0^b$의 현금유입만 발생하게 된다. 그러나 일종의 증거금으로 남겨둔 공매도자금(일반적으로 이자를 지급하지 않음) $(1-f)S_0^b$는 만기일(T시점)에 회수되므로 이를 현금유입으로 고려해 주어야 한다.

예제 4-3 불완전시장에서의 보유비용모형

3개월물 금선물에 관한 자료는 다음과 같다.

- 금의 매수호가=\$1,626/ounce, 금의 매도호가=\$1,660/ounce
- 3개월간 금의 보관비용(3개월 후 일괄지급함)=\$5/ounce
- 금선물의 양방향(round trip) 거래수수료*=\$0.4/ounce
- 3개월간 차입이자율=1.2%, 대출이자율=1%
- 금의 공매도자금 중 사용가능한 비율=0.9

* 양방향 거래수수료는 동일한 선물을 매입 후 매도(또는 청산)하거나, 매도 후 매입(또는 청산)하는 데 소요되는 총수수료를 의미한다. (단, 선물거래수수료는 만기일에 지급된다고 가정함.)

차익거래기회가 존재하지 않기 위해서는 3개월물 금선물의 가격이 어떤 영역에 있어야 하는가?

| 해설 |

(1) 선물가격이 과대평가된 경우

차익거래	현금흐름	
	현재(0시점)	만기일(3개월 후)
3개월물 금선물을 $F_{0,T}$로 매도	0	$F_{0,T}-S_T$
금 1온스를 매입	−\$1,660	$S_T-\$5$
거래수수료	0	−\$0.4
현금 \$1,660을 차입	\$1,660	$-\$1,660\times(1+0.012)$
차익거래이익	0	$F_{0,T}-\$1,685.32$

이와 같은 현물보유차익거래기회가 존재하지 않기 위해서는 현물보유차익거래에서 만기일(T시점)의 현금흐름(차익거래이익)이 0보다 작아야 할 것이다.

$$F_{0,T}-\$1,685.32\le 0 \qquad \therefore\ F_{0,T}\le \$1,685.32$$

(2) 선물가격이 과소평가된 경우

차익거래	현금흐름	
	현재(0시점)	만기일(3개월 후)
3개월물 금선물을 $F_{0,T}$로 매입	0	$S_T-F_{0,T}$
금 1온스를 공매도*	$\$1,626\times0.9$	$-(S_T-\$5)+\$1,626\times0.1$
거래수수료	0	−\$0.4
현금 $\$1,626\times0.9$를 대출	$-\$1,626\times0.9$	$\$1,626\times0.9\times(1+0.01)$
차익거래이익	0	$-F_{0,T}+\$1,645.23$

* 금을 공매도하는 경우 저장비용이 절감되기 때문에 금의 저장비용만큼 현금유출이 감소됨.

이와 같은 역현물보유차익거래기회가 존재하지 않기 위해서는 역현물보유차익거래에서 만기일(T시점)의 현금흐름(차익거래이익)이 0보다 작아야 할 것이다.

$$-F_{0,\,T}+\$1{,}645.23\leq 0 \qquad \therefore\ F_{0,\,T}\geq \$1{,}645.23$$

(3) **(1)**과 **(2)**의 결과에 의해서 차익거래기회가 존재하지 않기 위해서는 3개월물 금선물은 다음과 같은 범위 내에 있어야 한다.

$$\$1{,}645.23\leq F_{0,\,T}\leq \$1{,}685.32$$

즉 선물가격이 $\$1{,}645.23\leq F_{0,\,T}\leq \$1{,}685.32$ 범위를 벗어나면 차익거래가 발생하게 된다.

주가지수선물의 가격결정

■ 주가지수선물의 특성 및 거래제도

주가지수(stock price index)는 특정 주식시장에 상장된 주식들의 가격수준을 나타내는 지표로서 지수산정방법에 따라 시가총액가중식 주가지수(market value weighted index), 가격가중식 주가지수(price weighted index) 등으로 나눌 수 있다. 시가총액가중식 주가지수는 비교시점의 시가총액을 기준시점의 시가총액으로 나누어 구하는 반면, 가격가중식 주가지수는 비교시점의 단순주가평균을 기준시점의 단순주가평균으로 나누어 구한다.[20] 주가지수는 주식가격의 움직임을 나타내는 지수에 불과하지만 주가지수를 금액으로 환산하여 이를 선물거래의 대상으로 한 것이 **주가지수선물**(stock index futures)이다.

주가지수는 실체가 없는 추상적인 수치로서 만기일에 현물결제가 불가능하므로 현금결제를 통하여 주가지수선물거래를 청산하게 된다. 현재 우리나라에서 거래되고 있는 주가지수선물의 거래제도는 〈표 4－12〉와 같다.

〈표 4－13〉은 KOSPI 200 선물시세표를 예시한 것이다. 〈표 4－13〉에서 종가는 당일의 마지막 거래에 적용된 선물가격으로서 일일정산의 기준이 되며, 다음 날 거래의 기준가격이 된다. 시가는 당일의 첫 거래에 적용된 선물가격이며, 고가와 저가는 각각 당일 거래 중 가장 높은 가격과 낮은 가격을 의미한다. 여기서 종가로 산출된 20×1년 3월물 코스피 200 선물의 1계약금액은 6,257.5만원(250.30×25만원)이 된다. 그리고 미결제약정은 반대매매 또는 만기일의 인수 · 도 등에 의해서 청산되지 않고 남아 있는 선

---

20) 시가총액가중지수인 KOSPI 200의 산출산식은 다음과 같다.

$$\text{KOSPI 200}=\frac{\text{KOSPI 200 구성종목의 비교시점 시가총액합계}}{\text{KOSPI 200 구성종목의 기준시점 시가총액합계}}\times 100$$

여기서 시가총액＝보통주 주가×보통주 상장주식수

표 4-12 주가지수선물의 거래제도

구 분	코스피 200 선물	미니코스피 200 선물	코스닥 150 선물	개별주식선물
기초자산	코스피 200 지수	코스닥 200지수	코스닥 150 지수	한국거래소 상장주식*
거래승수**	1포인트당 25만원	1포인트당 5만원	1포인트당 1만원	10주
호가가격 단위	0.05포인트	0.02포인트	0.1포인트	• 코스피: 10~1,000원 • 코스닥: 1~100원
최소가격 변동금액	12,500원 (0.05p×25만원)	1,000원 (0.02p×5만원)	1,000원 (0.1p×1만원)	• 코스피: 100~10,000원 • 코스닥: 10~1,000원
결제방법	현금결제	현금결제	현금결제	현금결제

* 개별주식선물의 기초자산은 주식시장에 상장되어 있고 유통주식 수가 1천만주 이상, 소액주주 수가 1만명 이상, 1년간 총거래대금이 5천억원 이상인 보통주식 중에서 시가총액과 재무상태를 감안하여 선정된다.

** 선물 1계약금액(거래단위)=해당 선물지수×거래승수

표 4-13 코스피 200 선물 시세표(20×1년 3월 2일 현재) (단위: 포인트, 계약)

종 목	종 가	전일대비	시 가	고 가	저 가	거 래 량	미결제약정
20×1년 3월물	250.30	−0.50	249.30	250.60	248.70	175,202	121,790
20×1년 6월물	249.30	−0.45	248.05	249.40	247.65	512	2,453
20×1년 9월물	249.55	−1.55	249.55	249.55	249.55	1	1,176
20×1년 12월물	0.00	0.00	0.00	0.00	0.00	0	183
20×2년 3월물	0.00	0.00	0.00	0.00	0.00	0	85
20×2년 12월물	0.00	0.00	0.00	0.00	0.00	0	36
20×3년 12월물	0.00	0.00	0.00	0.00	0.00	0	0

물계약을 의미한다.

■ 주가지수선물의 가격결정

주가지수선물의 가격은 앞에서 설명한 보유비용모형에 의해서 결정될 수 있다. 주가지수의 경우 이자비용을 제외한 현물보유비용은 발생하지 않고, 보유수익인 배당이 발생하는 자산으로 볼 수 있다.[21] 그러므로 식 (4−1)에 의해서 완전시장에서의 주가지

21) 현금배당이 지급되는 경우 주가지수가 감소(배당락)하게 된다. 따라서 주가지수선물가격은 현금배당에 해당하는 만큼 감소하게 된다. 그러나 현물(주가지수와 동일한 포트폴리오)의 소유자는 현금배당을 받을 수 있으며, 이는 현물보유로 인한 수익, 즉 보유수익이라 할 수 있다.

수선물의 가격을 구하면 다음과 같다.[22)]

$$F_{0,\ T}=S_0(1+r_T)-D_T \tag{4-7}$$

여기서 $F_{0,\ T}$: 현재시점에서 만기일이 T인 주가지수선물의 가격(지수)
S_0 : 현재시점에서의 주가지수
r_T: 현재시점에서 만기일까지 기간의 무위험이자율
D_T: 현재시점에서 만기일까지 기간 동안 지급된 배당(지수)의 T시점에서의 가치

또는

$$F_{0,\ T}=S_0(1+r_T-d_T) \qquad (4-7)'$$

여기서 d_T: 현재시점에서 만기일까지 기간 동안 현물(주가지수)의 배당수익률(D_T/S_0)

식 (4−7) 또는 (4−7)′가 성립하지 않을 경우 차익거래가 발생하게 된다. 주가지수차익거래(index arbitrage)는 주가지수와 거의 같은 성격을 갖도록 만들어진 지수포트폴리오(indexed portfolio of stock) 또는 주가지수의 움직임을 잘 반영하는 소수의 대표적인 주식들로 구성한 포트폴리오 등을 이용함으로써 이루어진다. 그리고 대부분의 경우 주가지수차익거래는 **프로그램거래**(program trading)를 통해 이루어진다.[23)]

그러나 주가지수와 동일한 포트폴리오 구성의 어려움, 정확한 배당예측의 어려움, 다수의 거래로 인한 높은 거래비용 발생 등으로 인하여 완전한 주가지수차익거래가 어려울 수 있다. 따라서 선물가격과 이론적 선물가격 사이에 다소의 괴리가 있을 수 있음을 유의해야 한다.

재무 FOCUS

쿼드러플 위칭데이

쿼드러플 위칭데이(quadruple witching day)는 증권시장에서 코스피 200 선물, 코스피 200 옵션, 개별주식옵션, 개별주식선물 등 4가지 주식관련 상품의 만기가 동시에 겹치는 날을 의미한다. 즉 코스피 200 선물, 코스피 200 옵션, 개별주식옵션, 개별주식선물이 동시에 만기일이 되는 3, 6, 9, 12월이 쿼드러플 위칭데이이다. 쿼드러플 위칭데이는 '네 명의 마녀'가 심술을 부리듯이 선물이나 옵션의 만기일에 선물·옵션과 현물의 포트폴리오(차익거래

---

22) KOSPI 200 선물의 이론가격은 다음과 같이 계산된다.

$$\text{이론 선물가격}=\text{KOSPI 200 지수}\times\left[1+(\text{연간 이자율}-\text{연간 배당수익률})\times\frac{\text{잔여만기일 수}}{365}\right]$$

23) 프로그램거래란 기관투자자들이 자신의 투자전략(예를 들어 차익거래전략 등)을 컴퓨터에 프로그래밍함으로써 시황변동시 컴퓨터가 자동적으로 매매시점을 포착하여 알려주면, 기관투자자들이 시장 내외의 상황을 종합적으로 판단한 후 주문을 발주하여 거래가 이루어지도록 하는 고도의 투자기법이다.

에 의해 구성된 포트폴리오)를 청산하거나 포지션을 변경함으로써 현물시장에서 주식거래량이 늘어남과 동시에 주가의 변동성이 커지는 것을 의미한다.

한국시장의 선물·옵션 거래량은 전 세계 파생상품 거래량 중 으뜸으로, 꼬리가 몸통을 흔드는 현상, 즉 '왝더독'(wag the dog) 현상도 자주 나타나곤 하는데, 특히 쿼드러플 위칭데이에 심하다. 가끔 조용히 지나가는 경우도 있기는 하지만 쿼드러플 위칭데이가 가까워지면 투자자들은 심리적으로 위축되기 쉽다. 따라서 대부분의 경우 쿼드러플 위칭데이에는 투자자의 투자심리가 위축되면서 약세장이 펼쳐지기 때문에 투자자들은 평상시보다 좀더 신중하게 주식거래를 해야 한다. 그러나 쿼드러플 위칭데이에는 무조건 현물 주식시장이 약세를 보이는 것은 아니다. 선물·옵션과 연계돼 매물화될 수 있는 매수차익거래(현물매수, 선물·옵션매도)의 잔고에 대한 청산물량이 많고 적음에 따라 장 분위기가 결정되기 때문이다. 매수차익거래의 잔고에 대한 청산물량이 적으면 증시충격은 그만큼 줄어들고, 많으면 증시악영향이 불가피하게 된다. 따라서 실제 증시에 미치는 영향의 정도는 심리적인 측면이 강한 쿼드러플 위칭데이보다는 그 시점에서 매수차익거래의 잔고에 대한 청산물량이 어느 정도인가에 따라 결정된다고 할 수 있다.

예제 4-4 주가지수선물의 가격결정

현재 KOSPI 200 지수는 240포인트, 무위험이자율은 연 8%, 그리고 KOSPI 200 지수에 포함되어 있는 주식들의 가중평균배당수익률은 연 4%이다. (단, 배당은 연중 균등하게 지급되며, 1개월은 30일이라고 가정한다.)

(1) 3개월 만기인 KOSPI 200 선물 1계약의 이론적 가격은? (단, KOSPI 200 선물의 거래승수는 1포인트당 ₩250,000임.)

(2) 현재 시장에서 3개월 만기 KOSPI 200 선물이 246포인트로 거래될 경우 차익거래를 통해서 얻을 수 있는 계약당 차익거래이익은 얼마인가?

(3) 현재 3개월 만기 KOSPI 200 선물이 236포인트로 거래될 경우 차익거래를 통해서 얻을 수 있는 계약당 차익거래이익은 얼마인가?

| 해설 |

(1) $F_{0,\,T}=S_0(1+r_T-d_T)=240\times\left[1+(0.08-0.04)\left(\dfrac{90\text{일}}{360\text{일}}\right)\right]=242.4\text{포인트}$

3개월물 KOSPI 200 선물 1계약의 가격은 6,060만원(=242.4×₩250,000)이다.

(2) 「KOSPI 200 선물지수(246포인트) > 이론적 KOSPI 200 선물지수(242.4포인트)」

→ 매수차익거래

차익거래	현금흐름(만원)	
	현재(0시점)	만기일(3개월 후)
KOSPI 200 선물 1계약 매도* KOSPI 200 복제포트폴리오 매입** 현금 차입	0 −6,000 6,000	$6,150-S_T$ $S_T+6,000\times 0.01$ $-6,000\times(1+0.02)=-6,120$
차익거래이익	0	90

* 246포인트×25만원=6,150만원
** 240포인트×25만원=6,000만원

(3) 「KOSPI 200 선물지수(236포인트)<이론적 KOSPI 200 선물지수(242.4포인트)」
→ 매도차익거래

차익거래	현금흐름(만원)	
	현재(0시점)	만기일(3개월 후)
KOSPI 200 선물 1계약 매입 KOSPI 200 복제포트폴리오 공매도 현금 대출	0 6,000 −6,000	$S_T-5,900$ $-S_T-6,000\times 0.01$ $6,000\times(1+0.02)=6,120$
차익거래이익	0	160

금리선물의 가격결정

■ 금리선물의 특성 및 거래제도

금리선물(interest rate futures)이란 이자율에 의해서 가격이 결정되는 기초자산(채권)에 대한 선물계약을 의미한다. 현재 우리나라에서 거래되고 있는 금리선물의 거래제도를 살펴보면 〈표 4−14〉와 같다.

■ 금리선물의 가격결정

앞에서 설명한 보유비용모형에 의해서 금리선물의 이론적 가격을 도출할 수 있다. 현재 우리나라에서 거래되고 있는 금리선물의 기초자산인 3년(5년, 10년) 만기 국고채권은 확정이자부채권이므로 현물매입에 대한 기회비용인 이자비용을 제외한 현물보유비용은 발생하지 않으나 보유수익(매 6개월 지급 액면이자)이 발생한다. 그러므로 식(4−1)에 의해서 완전시장에서의 국채선물의 가격을 구하면 다음과 같다.

표 4-14 금리선물 거래제도

구 분	3년 국채선물	5년 국채선물	10년 국채선물
기초자산	3년 만기 국고채권 (표면금리 5%, 6개월 단위 이자지급)	5년 만기 국고채권 (표면금리 5%, 6개월 단위 이자지급)	10년 만기 국고채권 (표면금리 5%, 6개월 단위 이자지급)
거래단위	액면가 1억원	액면가 1억원	액면가 1억원
가격의 표시	액면가 100원당 원화 (백분율 방식)	액면가 100원당 원화 (백분율 방식)	액면가 100원당 원화 (백분율 방식)
호가가격단위	0.01포인트	0.01포인트	0.01포인트
최소가격변동금액*	10,000원	10,000원	10,000원
결제방법	현금결제	현금결제	현금결제

* 3년(5년, 10년) 국채선물의 최소가격변동금액 = 0.01% × 1억원 = 10,000원

$$F_{0,T} = S_0(1+r_T) - D_T \tag{4-8}$$

여기서 $F_{0,T}$: 현재시점에서 인도일이 T인 국채선물의 가격
S_0 : 현재시점에서의 현물(3년 국채선물일 경우 T+3년 만기 국고채권) 매입가격[24)]
r_T : 현재시점에서 만기일까지 기간의 무위험이자율
D_T: 현재시점에서 만기일까지 기간 동안 지급되는 액면이자의 T시점에서의 가치

한편 현재시점에서 결정된 국채선물의 만기일에 적용될 이자율, 즉 선도이자율에 의해 국채의 내재선도가격(implied forward price)을 계산하는 방법으로 국채선물의 가격을 구할 수도 있다. 즉 현재 우리나라에서 거래되고 있는 3년 국채선물의 가격($F_{0,T}$)은 다음과 같이 구할 수 있다.[25)]

$$F_{0,T} = \frac{2.5}{1+\frac{r}{2}} + \frac{2.5}{\left(1+\frac{r}{2}\right)^2} + \cdots + \frac{2.5}{\left(1+\frac{r}{2}\right)^6} + \frac{100}{\left(1+\frac{r}{2}\right)^6} \tag{4-9}$$

여기서 r: 선도이자율

선도이자율이 5%라면 3년 국채선물가격은 100.00(1계약금액 = 100.00% × 1억원 = 10,000만원), 4.99%라면 3년 국채선물가격은 100.03(1계약금액 = 100.03% × 1억원 = 10,003만원), 5.01%라면 3년 국채선물가격은 99.97(1계약금액 = 99.97% × 1억원 = 9,997만원)이 된다.

현금결제방식을 채택하고 있는 국채선물의 최종결제가격은 식 (4-9)와 같은 방식

24) 채권매입일 이전에 발생된 미지급이자를 포함한 가격임.
25) 5년, 10년 국채선물의 가격도 3년 국채선물과 유사한 방식으로 계산할 수 있다.

으로 산출가능한데, 이를 식으로 나타내면 다음과 같다.

$$\text{최종결제가격} = \frac{2.5}{1+\frac{r}{2}} + \frac{2.5}{\left(1+\frac{r}{2}\right)^2} + \cdots + \frac{2.5}{\left(1+\frac{r}{2}\right)^6} + \frac{100}{\left(1+\frac{r}{2}\right)^6} \qquad (4-10)$$

식 (4-10)에서 r은 최종결제수익률이다. 최종결제가격의 기준이 되는 현물바스켓 최종결제수익률은 바스켓(basket)에 포함된 최종결제기준채권들의 최종거래일 유통수익률을 산술평균하여 구한다.

통화선물의 가격결정

외환(foreign exchange)을 기초자산으로 하는 **통화선물**(foreign exchange futures or foreign currency futures)은 1970년대 초반 국제통화제도가 고정환율제도에서 변동환율제도로 변화됨에 따라 급격한 환율변동에 따른 위험을 회피하기 위한 수단으로 거래되기 시작하였다. CME그룹에서는 유럽연합 유로(EURO: €), 영국 파운드(British Pound: £), 캐나다 달러(Canadian Dollar: C$), 일본 엔(Japanese Yen: ¥), 호주 달러(Australian Dollar: A$) 등 주요통화에 대한 통화선물이 거래되고 있다.

현재 우리나라에서 거래되고 있는 통화선물의 거래제도를 요약하면 〈표 4-15〉와

표 4-15 통화선물의 거래제도

구 분	미국달러선물	엔 선 물	유로선물	위안선물
기초자산	미국 달러화	일본 엔화	유 로 화	중국 역외위안화*
거래단위	US $10,000	JP ¥1,000,000	EU €10,000	CNH ¥ 100,000
가격의 표시**	원/$	¥100당 원화	원/€	원/CNH ¥
최소가격 변동폭	0.10원	0.10원	0.10원	0.01원
최소가격 변동금액	1,000원 ($10,000×0.10원)	1,000원 (¥1,000,000/100 ×0.10원)	1,000원 (€10,000 ×0.10원)	1,000원 (100,000위안 ×0.10원)
결제방법	인수도결제	인수도결제	인수도결제	인수도결제

* 중국 역외위안화(Chinese Yuan in Hong Kong: CNH)는 중국 정부가 위안화를 국제 기축통화로 육성하려는 노력에서 생겨난 것으로, 중국 본토에서 거래되는 위안화(Chinese Yuan: CNY)와는 달리 역외시장인 홍콩에서 거래되는 위안화를 말한다.

** 자국통화표시환율(외국통화 한 단위의 가격을 자국통화로 나타내는 방법)

같다. 한국거래소(KRX)에서의 통화선물 매입자는 만기일에 원화를 지급하고 외국통화를 매입하게 되며, 통화선물 매도자는 만기일에 외국통화를 매도하고 원화를 받게 된다.

통화선물의 가격도 앞에서 설명한 보유비용모형에 의해서 결정될 수 있다. 통화선물의 경우 기초자산이 외화이므로 현물(외화)매입에 대한 기회비용인 이자비용을 제외한 현물보유비용은 발생하지 않으나, 현물(외화)보유에 따른 보유수익(이자수익)이 발생한다. 그러므로 식 (4−1)에 의해서 완전시장에서의 통화선물의 가격을 구하면 다음과 같다.[26)]

$$F_{0,\,T}=S_0(1+r_T)-D_T \qquad (4-11)$$

여기서 $F_{0,\,T}$: 현재시점에서 만기일이 T인 통화선물의 가격(환율)
S_0 : 현재시점에서의 현물(외화)의 가격(환율)
r_T: 현재시점에서 만기일까지 기간 동안의 무위험이자율(국내)
D_T: 현재시점에서 만기일까지 기간 동안 현물(외화)을 해당국(외국)에 투자하여 얻을 수 있는 무위험이자수익의 T시점에서의 가치($F_{0,\,T}\cdot r_T^F$)

또는 보유수익부분을 차감한 가치, 즉 $S_0/(1+r_T^F)$를 현물로 하는 경우 통화선물의 가격을 다음과 같이 도출할 수 있다.[27)]

$$F_{0,\,T}=S_0\left(\frac{1+r_T}{1+r_T^F}\right) \qquad (4-11)'$$

여기서 r_T^F: 현재시점에서 만기일까지 기간의 무위험이자율(외국)

이는 앞의 〈표 4−4〉와 동일한 방법으로 구성된 〈표 4−16〉과 같은 두 개의 거래

표 4−16 통화선물거래와 현물거래

거 래		현금흐름	
		현재(0시점)	만기일(T시점)
거래 I	통화선물을 $F_{0,\,T}$로 매입	0	$S_T-F_{0,\,T}$
거래 II	현물(외화)을 S_0로 매입	$-\dfrac{S_0}{1+r_T^F}$	S_T
	현금 차입	$\dfrac{S_0}{1+r_T^F}$	$-S_0\left(\dfrac{1+r_T}{1+r_T^F}\right)$
	합 계	0	$S_T-S_0\left(\dfrac{1+r_T}{1+r_T^F}\right)$

26) 환율은 자국통화표시환율로 표시되었다고 가정한다.
27) 이와 같은 통화선물의 가격결정은 제9장에서 설명할 이자율평가이론과 동일하다.

에 의해서 확인할 수 있다.

통화선물가격(환율)이 식 (4−11) 또는 (4−11)′에서 도출된 이론적 선물가격(환율)과 다를 경우, 매수차익거래 또는 매도차익거래가 지속적으로 발생하여 선물환율은 이론적 선물환율과 같아지게 된다.

예제 4-5 통화선물의 가격결정

대미달러화 현물환율은 ₩1,120.60/$이고, 국내 이자율은 연리 4%이며, 미국 내 이자율은 연리 2%이다. 1년 만기 미국달러선물 1계약의 가격은?

해설

먼저 1년 만기 미국달러선물의 환율을 구하면 다음과 같다.

$$F_{0,\,T}=S_0\left(\frac{1+r_T}{1+r_T^F}\right)=₩1,120.60/\$\times\left(\frac{1+0.04}{1+0.02}\right)=₩1,142.57/\$$$

1년 만기 미국달러선물 1계약의 가격은 ₩11,425,700(=₩1,142.57/$×$10,000)이 된다.

2.2 소비자산에 대한 선물의 가격결정

투자가치 때문이 아니라 소비가치를 생각해서 상품을 보유하는 투자자들은 상품(현물)을 매도하고 선물을 매입하는 거래를 꺼리게 된다. 왜냐하면 선물계약은 소비에 사용할 수 없기 때문이다. 따라서 차익거래논리에 의해서 도출된 보유비용모형을 그대로 적용하기는 어렵다.

편의가치와 선물가격

소비목적으로 보유하는 상품의 경우 상품보유에 따른 혜택 또는 잠재적 효용, 즉 편의가치(convenience value)가 존재하며, 이를 보상받지 못한다면 그 자산을 매도하고 선물을 매입하는 거래를 하지 않을 것이다. 상품보유로 인한 편의가치는 앞에서 설명한 배당 또는 이자수익 등의 보유수익과 유사한 개념으로 볼 수 있다. 따라서 편의가치가 존재하는 경우 보유비용모형은 다음과 같이 수정될 수 있다.

$$F_{0,\,T}=S_0(1+r_T)+C_T-D_T-V_T \tag{4-12}$$

여기서 V_T: 현재시점에서 T시점까지 기간 동안 발생한 편의수익의 T시점에서의 가치

그러나 편의가치는 측정이 용이하지 않고 자산보유자에 따라 그 가치가 달라질 수

있다는 점에서 보유수익과는 다르기 때문에 식 (4-12)를 실제로 적용하는 데는 문제가 있다.

선물가격과 기대현물가격의 관계

시장의 불완전성과 선물거래대상인 기초자산의 특성상의 차이(예를 들어 보관이 불가능한 상품 등)로 인해 차익거래기회가 존재하지 않기 위한 선물가격의 범위는 확대된다. 특히 농산물 등 보관이 불가능한 상품의 경우에는 차익거래논리를 적용하기 어렵기 때문에 보유비용모형에 의해서는 선물가격의 범위도 정할 수 없을 것이다. 즉 지금까지 설명한 보유비용모형에 의해서 모든 선물의 가격을 제시하기는 어렵다.

이와 같은 경우 선물가격을 설명하는 대표적인 세 가지 가설은 다음과 같다.[28)]

첫째, **기대가설**(expectation hypothesis)에 의하면 선물가격은 만기일의 기대현물가격과 일치한다.

$$F_{0,\,T} = E(S_T) \tag{4-13}$$

여기서 $E(S_T)$: 만기일의 기대현물가격

기대가설은 투자자들이 위험중립적이라는 다소 비현실적인 가정하에서 도출된 것이다.

둘째, **정상적 백워데이션가설**(normal backwardation hypothesis)에 의하면 선물가격은 만기일의 기대현물가격보다 낮게 형성된다.

$$F_{0,\,T} < E(S_T) \tag{4-14}$$

이와 같은 상황은 헤저들이 선물시장에서 매도포지션을 취하여 선물의 매도초과현상이 발생되는 경우, 헤저들은 투기자들이 선물을 매입하도록 유인하기 위하여 선물가격을 기대현물가격보다 낮게 형성시킨다는 것을 의미한다. 기대현물가격과 선물가격 간의 차이는 헤저가 자신의 위험헤징에 대한 대가(투기자에게 위험을 전가하는 대가)로서 투기자에게 지급하는 위험프리미엄의 성격을 가지고 있다.

셋째, **콘탱고가설**(contango hypothesis)에 의하면 선물가격은 만기일의 기대현물가격보다 높게 형성된다.

$$F_{0,\,T} > E(S_T) \tag{4-15}$$

---

28) 보유비용모형에서는 선물가격은 기대현물가격이 아닌 현물가격에 의해서 결정된다. 따라서 보유비용모형에 의해서 선물가격을 도출할 때는 투자자들의 위험에 대한 태도를 고려할 필요가 없음을 유의해야 한다.

그림 4-5 선물가격과 기대현물가격의 관계

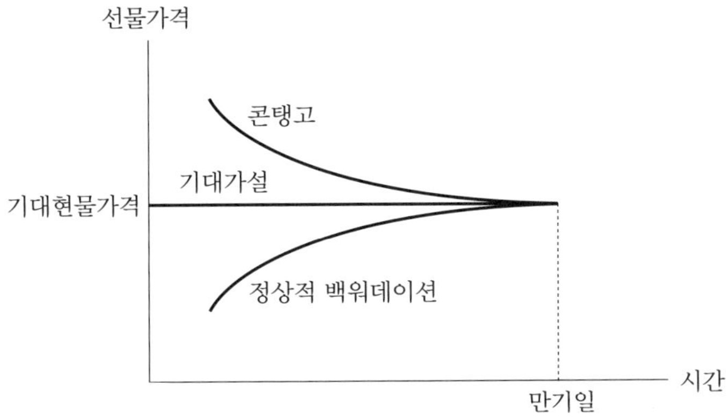

이와 같은 상황은 헤저들이 선물시장에서 매입포지션을 취하여 선물의 매입초과 현상이 발생되는 경우, 헤저들은 투기자들이 선물을 매도하도록 유인하기 위하여 선물가격을 기대현물가격보다 높게 형성시킨다는 것을 의미한다. 선물가격과 기대현물가격간의 차이는 헤저가 자신의 위험헤징에 대한 대가(투기자에게 위험을 전가하는 대가)로서 투기자에게 지급하는 위험프리미엄의 성격을 가지고 있다.

선물가격은 만기가 다가옴에 따라 기대현물가격에 접근하는 경향이 있다. 왜냐하면 만기일의 선물가격은 바로 현물가격과 일치하기 때문이다. 정상적 백워데이션하에서는 선물가격이 계속 상승하여 만기일에 현물가격과 같게 되며, 콘탱고하에서는 선물가격이 계속 하락하여 만기일에 현물가격과 같게 된다. 이와 같은 관계를 그림으로 나타내면 [그림 4-5]와 같다.

3 선물과 옵션의 결합

서로 다른 옵션을 결합하여 선물포지션을 만들거나, 선물과 옵션을 결합하여 새로운 형태의 옵션포지션을 만드는 것을 **합성포지션**(synthetic position)이라 한다. 풋-콜 패리티에 의하면 다음과 같은 식이 성립한다.

$$S-\frac{X}{1+r_T}+P=C \qquad (4-16)$$

그리고 선물은 현금을 차입(무위험채권 공매도)하여 현물을 매입하는 것과 동일하다. 즉

선물 = 현물 − 무위험채권 (4−17)

식 (4−16)과 식 (4−17)에 의해서 선물과 옵션은 다음과 같은 관계가 성립하게 된다.

$$F + P = C \quad (4-18)$$

식 (4−18)은 선물과 옵션의 만기일이 동일하고, 선물가격과 옵션의 행사가격이 같아야 성립함을 유의해야 한다.

3.1 옵션의 합성

합 성 콜

식 (4−18)에 의해 **합성콜**(synthetic call)을 만들 수 있다.

합성콜매입(C) = 선물매입(F) + 풋매입(P) (4−19)

〈표 4−17〉은 합성콜의 만기일 성과를 나타낸 표이다. 그리고 합성콜매입에 따른 손익은 만기일 성과에서 투자액을 차감한 것으로서, 이를 그림으로 나타내면 [그림 4−6]과 같다.

그리고 합성콜매도(발행)와 같은 효과를 얻기 위해서는 식 (4−19)와 반대의 포지션을 취하면 된다.

합성콜매도($-C$) = 선물매도($-F$) + 풋매도($-P$) (4−20)

표 4−17 합성콜의 만기일 성과

포트폴리오	투 자 액	만기일 성과	
		$S_T < X$	$S_T \geq X$
선물매입	0	$S_T - X$	$S_T - X$
풋 매 입	P	$X - S_T$	0
합 성 콜	P	0	$S_T - X$

그림 4-6 합성콜의 손익

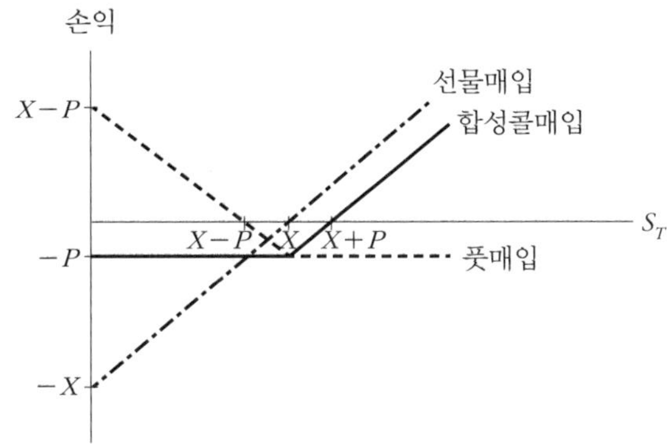

합 성 풋

동일한 방법으로 **합성풋**(synthetic put)을 만들 수 있다.

$$\text{합성풋매입}(P) = \text{선물매도}(-F) + \text{콜매입}(C) \tag{4-21}$$

〈표 4−18〉은 합성풋의 만기일 성과를 나타낸 표이다. 그리고 합성풋매입에 따른 손익은 만기일 성과에서 투자액을 차감한 것으로서, 이를 그림으로 나타내면 [그림 4−7]과 같다.

그리고 합성풋매도(발행)와 같은 효과를 얻기 위해서는 식 (4−21)과 반대의 포지션을 취하면 된다.

$$\text{합성풋매도}(-P) = \text{선물매입}(F) + \text{콜매도}(-C) \tag{4-22}$$

표 4−18 합성풋의 만기일 성과

포트폴리오	투 자 액	만기일 성과	
		$S_T < X$	$S_T \geq X$
선물매도	0	$X-S_T$	$X-S_T$
콜 매 입	C	0	S_T-X
합 성 풋	C	$X-S_T$	0

그림 4-7 합성풋의 손익

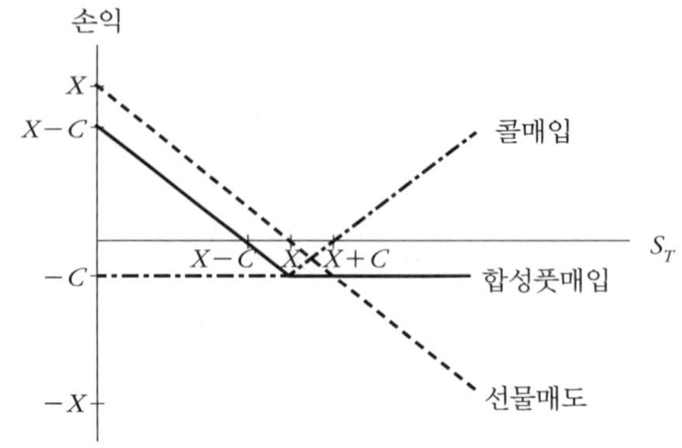

3.2 선물의 합성

합성선물(synthetic futures)을 만들면 다음과 같다.

$$\text{합성선물매입}(F) = \text{콜매입}(C) + \text{풋매도}(-P) \qquad (4-23)$$

〈표 4−19〉는 합성선물의 만기일 성과를 나타낸 표이다. 그리고 합성풋매입에 따른 손익은 만기일 성과에서 투자액을 차감한 것으로서, 이를 그림으로 나타내면 [그림 4−8]과 같다.

〈표 4−19〉에서 콜의 가격이 풋의 가격보다 더 큰 경우, 즉 $C-P>0$인 경우 합성선물의 만기일 성과(S_T-X)는 실제 선물의 만기일 성과(S_T-F)보다 커야 한다.

$$C-P>0 \rightarrow S_T-X>S_T-F \quad \therefore\ X<F$$

이와 동일한 논리로 다음의 관계도 성립한다.

표 4−19 **합성선물의 만기일 성과**

포트폴리오	투 자 액	만기일 성과	
		$S_T<X$	$S_T\geq X$
콜 매 입	C	0	S_T-X
풋 매 도	$-P$	$-(X-S_T)$	0
합성선물	$C-P$	S_T-X	S_T-X

그림 4-8 합성선물의 손익

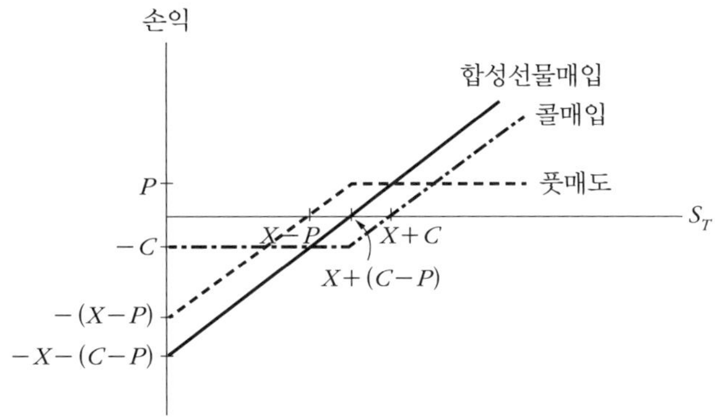

$$C-P=0 \rightarrow S_T-X=S_T-F \quad \therefore X=F$$

$$C-P<0 \rightarrow S_T-X<S_T-F \quad \therefore X>F$$

현물가격(S)은 선물가격(F)을 무위험이자율(r_T)로 할인한 현재가치라 할 수 있으며, 이를 식 (4－16), 즉 풋－콜 패리티에 대입하면 다음과 같다.[29)]

$$C-P=\frac{F-X}{1+r_T} \tag{4-24}$$

식 (4－24)를 **선물－옵션 패리티**(futures-options parity)라 하며 이를 통해서도 옵션의 행사가격(X)과 선물가격(F) 사이의 관계를 확인할 수 있다.[30)]

그리고 합성선물매도와 같은 효과를 얻기 위해서는 식 (4－23)과 반대의 포지션을 취하면 된다.

$$\text{합성선물매도}(-F)=\text{콜매도}(-C)+\text{풋매입}(P) \tag{4-25}$$

---

29) 보유비용과 보유수익을 무시하면 $S=\dfrac{F}{1+r_T}$이다.

30) 선물－옵션 패리티는 배당이 있는 경우에도 성립한다.

- 풋－콜 패리티 : $S-PV(D)+P-C=\dfrac{X}{1+r_T}$
- $F=S(1+r_T)-D_T \rightarrow S=\dfrac{F}{1+r_T}+\dfrac{D_T}{1+r_T}=\dfrac{F}{1+r_T}+PV(D)$

위의 두 식에 의해 선물－옵션 패리티가 성립함을 알 수 있다.

$$\frac{F}{1+r_T}+PV(D)-PV(D)+P-C=\frac{X}{1+r_T} \rightarrow C-P=\frac{F-X}{1+r_T}$$

4 스왑거래

4.1 스왑거래의 의의

스왑(swap)은 미래 현금흐름을 교환하기로 두 당사자 간 약정을 맺는 것으로서 선도계약 또는 선물계약과 유사하다. 스왑거래는 다양한 형태로 이루어지고 있으나, 가장 대표적인 두 형태는 금리스왑(interest rate swap)과 통화스왑(currency swap)이라 할 수 있다. 금리스왑은 두 채무자가 각각의 채무에 대한 이자지급의무를 일정기간 동안 상호교환하기로 약정하는 거래이며, 통화스왑은 서로 다른 통화로 자금을 조달한 두 채무자가 채무에 대한 원리금상환의무를 상호교환하기로 약정한 거래이다.

스왑거래는 상대적 비교우위에 따른 이점을 활용하여 차입비용을 절감하거나, 금리 및 환위험을 헤지하기 위한 목적으로 사용된다. 또한 스왑거래는 선물과 옵션만으로 충족시키지 못하는 부분에 대한 보완적 상품이라 할 수 있다.

4.2 선도금리계약

선도금리계약(forward rate agreement: FRA)은 일종의 선도계약으로서 미래 특정일에 명목원금에 대한 고정금리와 변동금리를 교환하는 계약을 말한다. FRA를 매입(매도)하면 미래 특정 시점에서 고정금리를 지급(수취)하는 동시에 변동금리를 수취(지급)하게 된다. 이러한 FRA는 금리스왑의 가장 단순한 형태에 속한다고 할 수 있다. FRA거래 시 일반적으로 **런던은행간 대출금리**(London inter-bank offered rate: LIBOR)가 변동금리의 기준금리로 사용된다. 고정금리는 FRA의 매매시점에서 거래당사자끼리 정하며, FRA의 만기일에 보통 LIBOR와 고정금리를 비교하여 현금으로 결제하는 현금결제 방식을 따른다. 그리고 FRA거래에서는 표시원금(notional principal)의 교환이 일어나지 않는다. 이러한 점에서 FRA거래는 스왑의 가장 단순한 형태라고 할 수 있다.

예를 들어 기업 A가 1월 현재로부터 1개월 후인 2월에 은행 B로부터 1백만달러를 3개월(90일)간 변동금리 LIBOR+1%로 차입할 예정이라고 하자. 이럴 경우 기업 A가 지급하게 될 이자비용은 자금을 차입하는 시점인 2월의 LIBOR 크기에 영향을 받게 된다. 따라서 기업 A가 LIBOR의 변동성으로 인한 위험을 부담할 수밖에 없다. 이러한 위험을 헤지하는 방안으로서 금리선물과 FRA를 이용하는 방법을 들 수 있다.

금리선물을 이용할 경우 금리선물을 매도하면 이자율이 상승할 때 선물가격 하락으로 인한 이익을 취할 수 있으며, 이러한 이익은 이자율 상승으로 인한 기업 A의 이자비용의 증가분을 상쇄할 수 있다.

FRA를 이용하여 이자율 상승으로 인한 위험을 제거하고자 할 경우 현재로부터 1개월 만기 FRA(3개월 동안의 이자 대상)를 매입하여야 한다. FRA를 매입하면 만기일인 2월에 약속한 고정금리를 지급하는 동시에 변동금리인 LIBOR를 수취하게 된다.[31] 이와 같은 경우 기업 A는 FRA 매입의 결과 변동금리인 LIBOR로 이자를 수취하는 동시에 은행 B로부터 차입한 원금에 대하여 LIBOR+1%로 이자를 지급하게 된다. 따라서 기업 A는 2월에 LIBOR가 어떻게 변동되는지와 무관하게 이자비용을 고정금리로 확정짓게 된다. 결국 기업 A의 입장에서 변동금리인 LIBOR의 불확실성으로 인한 위험을 제거하는 효과를 얻게 된다.

4.3 금리스왑

금리스왑의 과정

금리스왑은 금융시장에서 차입자의 기존 부채 또는 신규 부채에 대한 금리변동위험의 헤지 또는 차입비용의 절감을 위해서 두 차입자가 각자의 차입조건을 상호간에 교환하는 계약이다.[32] 금리스왑의 기본형태는 고정금리와 변동금리를 상호교환하는 것이다.

일반적으로 변동금리부 금융자산보다 고정금리부 금융자산의 경우 투자자들은 차입자의 신용도에 대하여 훨씬 민감해진다.[33] 따라서 고정금리부 금융자산인 유로채권(Eurobond)의 경우 차입자의 신용도에 따라 금리는 2~3%포인트의 차이를 보이는 반면, 변동금리 자금시장에서는 차입자의 신용도에 따른 이자율 간의 스프레드(spread)가 상대적으로 작게 나타나는 경향이 있다. 이와 같은 경우 금리스왑의 당사자들은 각각 상대방보다 자금의 차입비용면에서 비교우위에 있는 시장에서 자금을 차입한 후, 각자의 이자지급의무를 서로 교환하기로 하는 금리스왑계약을 체결함으로써 차익거래 이익을 얻을 수 있게 된다.

예를 들어 신용도 및 차입조건이 〈표 4-20〉과 같은 두 회사를 생각해 보자. A회사는 신용도가 높기 때문에 고정금리 및 변동금리 모두 B회사에 비해 저렴하다. 그러나 A회사는 고정금리에서 상대적으로 비교우위를 보이고 있는 반면, B회사는 변동금

---

31) 2월에 변동금리가 고정금리보다 높을(낮을) 경우 FRA 매입으로 인한 이익(손실)이 기대된다.

32) 금리스왑은 자금차입비용의 절감뿐만 아니라 신용도 또는 과다한 자금차입 등의 이유로 특정자금시장에의 직접 접근이 어려울 경우 그 자금시장에 간접적으로 접근할 수 있는 수단을 제공할 수 있다.

33) 변동금리시장에서는 대출자가 차입자의 신용상태에 따라 매기간 이자율 조정 및 대출연장 여부를 결정할 수 있는 반면, 고정금리시장에서는 대출자가 이와 같이 대출조건을 변경할 수 있는 권리를 가지고 있지 않다.

표 4-20 두 회사의 신용도 및 차입조건

	A회사	B회사	스프레드(B－A)
신용등급	AAA	BBB	
고정금리	11%	12%	1%포인트
변동금리	LIBOR＋0.3%	LIBOR＋0.7%	0.4%포인트

리에서 상대적으로 비교우위를 보이고 있다. 이와 같은 상황하에서 A회사는 고정금리 자금시장에서 차입을 하고 B회사는 변동금리 자금시장에서 자금을 차입한 후, 금리스왑계약을 체결하여 각자의 이자지급의무를 서로 교환함으로써 두 회사 모두 자금차입 비용을 절감할 수 있다. 두 회사가 금리스왑거래를 함으로써 얻을 수 있는 금리절감효과는 스프레드 차이(spread differential)인 0.6%포인트(1%포인트－0.4%포인트)이다. 이와 같은 금리절감효과는 A와 B 두 회사 간에 배분되는데, 배분내용은 두 회사 간의 신용도나 스왑거래에 대한 수요·공급사정에 따라 결정된다.

앞의 예에서 금리절감효과가 두 회사에 균등하게 배분되도록 스왑계약을 하려면, A회사의 경우 원래의 변동금리 「LIBOR＋0.3%」보다 0.3%포인트 낮은 LIBOR로, B회사는 원래의 고정금리인 12%보다 0.3%포인트 낮은 11.7%에 자금을 조달하는 것이 가능하도록 계약을 체결하면 된다. 이와 같은 금리스왑의 과정은 [그림 4－9]와 같다. [그림 4－9]에서 A회사와 B회사가 각각 비교우위에 있는 자금시장에서 자금을 차입한 후 이자지급의무를 서로 교환하여, A회사는 B회사에게 변동금리 LIBOR를 지급하고 B회사는 A회사에게 고정금리 11%를 지급하는 스왑거래를 체결함으로써 두 회사 모두 0.3%포인트의 금리절감효과를 얻을 수 있음을 알 수 있다.

스왑거래에 있어서 실제로는 적절한 거래상대방을 찾기가 어렵기 때문에 중개은행(intermediary bank)이 개입하게 되는데, 중개은행은 각 당사자와 별개의 계약을 체결하면 된다. 따라서 스왑거래의 참여자는 상대방의 기관명이나 차입조건 등을 모르며 신용상태에 신경을 쓰지 않고 중개은행과 직접거래를 하는 것이 일반적이다. 중개은행을 이용한 금리스왑의 과정은 [그림 4－10]과 같다. 중개은행이 금리스왑을 중개해 주는 대가(수수료)로서 0.2%포인트(11.1%－10.9%)의 이익을 취할 경우 두 회사 모두 중개

그림 4-9 금리스왑의 과정

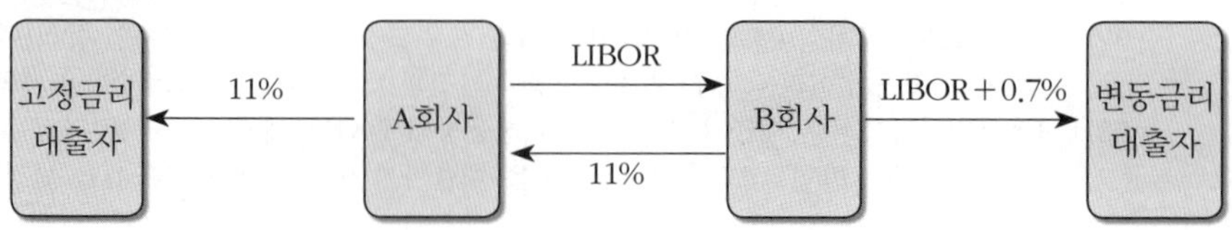

그림 4-10 중개은행을 이용한 금리스왑

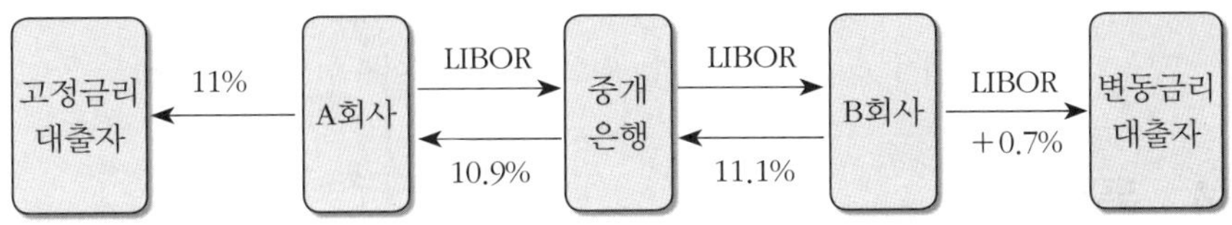

은행을 이용하지 않을 경우보다 0.1%포인트 낮은 0.2%포인트의 금리절감효과를 얻게 됨을 알 수 있다.

금리스왑의 평가

지급불능위험이 없다면, 금리스왑은 한 채권에 매도포지션을 취하고 동시에 다른 채권에 매입포지션을 취한 포트폴리오 또는 선도계약의 포트폴리오로 볼 수 있다. 변동금리를 지급하고 고정금리를 받는 스왑을 생각해 보자. 이는 변동금리채권(floating rate bond)에 매도포지션을 취하고 고정금리채권(fixed rate bond)에 매입포지션을 취한 채권포트폴리오로 볼 수 있으며, 이와 같은 개념에 의해 스왑을 평가하면 다음과 같다.[34)]

$$V_S = B_{fx} - B_{fl} \tag{4-26}$$

여기서 V_S : 금리스왑의 가치

B_{fx} : 스왑의 기초가 되는 고정금리채권의 가치 $\left(B_{fx} = \frac{C}{1+r_1} + \frac{C}{(1+r_2)^2} + \cdots + \frac{C}{(1+r_n)^n} + \frac{F}{(1+r_n)^n}\right)$

B_{fl} : 스왑의 기초가 되는 변동금리채권의 가치(첫 번째 이자지급일 후 변동금리채권의 가치는 항상 액면가액(F)이 되기 때문에 변동금리채권의 현재가치는 첫 번째 이자지급일 시점에서 지급되는 변동금리이자지급액(C^*)과 액면가액(F)의 현재가치를 합하여 구할 수 있음. $\left(B_{fl} = \frac{C^*}{1+r_1} + \frac{F}{1+r_1}\right)$

또한 스왑은 이자지급 시점마다 변동금리를 지급하고 고정금리를 받는 선도계약을 체결하는 것, 즉 선도계약의 포트폴리오로 볼 수 있으며, 이와 같은 개념에 의해 스왑을 평가하면 다음과 같다.[35)]

---

34) 고정금리채권과 변동금리채권의 현금흐름은 다음과 같다.

채권 \ 시점	0	1	2	3	…	n
고정금리채권		C	C	C	…	$C+F$
변동금리채권		C^*	$f_{1,2}F$	$f_{2,3}F$	…	$f_{n-1,n}F+F$

35) 고정금리를 지급하고 변동금리를 받는 스왑의 가치는 다음과 같다.

$$V_S = B_{fl} - B_{fx} = \frac{C^* - C}{1+r_1} + \frac{f_{1,2}F - C}{(1+r_2)^2} + \cdots + \frac{f_{n-1,n}F - C}{(1+r_n)^n}$$

$$V_S = \frac{C-C^*}{1+r_1} + \frac{C-f_{1,2}F}{(1+r_2)^2} + \cdots + \frac{C-f_{n-1,n}F}{(1+r_n)^n} \quad (4-27)$$

여기서 $f_{t-1,t}$: $t-1$시점과 t시점 사이의 선도이자율($t=2, 3, \cdots, n$)

4.4 통화스왑

통화스왑의 과정

통화스왑은 서로 다른 통화로 차입한 두 기업이 이자 및 원금을 서로 교환하는 거래이다. 통화스왑의 기본형태는 한 나라 통화기준의 차입원금 및 고정금리와 다른 나라 통화기준의 거의 동등한 차입원금과 고정금리를 서로 교환하는 것이다. 금리스왑의 경우와 마찬가지로 통화스왑시장이 성장하게 된 이유도 두 당사자가 모두 통화스왑을 통하여 각각의 자금차입비용을 절감할 수 있다는 점이다. 또한 통화스왑은 이와 같은 비용상의 이점 이외에도 기업에게 일반적인 경우에는 접근하기 어려운 외국의 자본시장에 접근할 수 있는 수단을 제공해 줄 수 있다는 이점이 있다.

예를 들어 원화 및 달러화의 차입조건이 〈표 4-21〉과 같은 두 회사를 생각해 보자. A회사는 원화와 달러화 모두 B회사보다 낮은 금리로 차입할 수 있기 때문에 신용도가 더 높음을 알 수 있다. 그러나 A회사는 한국 원화 시장에서 상대적으로 비교우위를 보이고 있는 반면, B회사는 미국 달러화 시장에서 상대적으로 비교우위를 보이고 있다. 그리고 A회사는 달러화를 차입하기를 원하고, B회사는 원화를 차입하기를 원한다고 하자. 이와 같은 상황하에서 A회사는 원화로 차입을 하고, B회사는 달러화로 차입한 후, 통화스왑계약을 체결함으로써 두 회사 모두 자금차입비용을 절감할 수 있을 것이다. 두 회사가 통화스왑거래를 함으로써 얻을 수 있는 금리절감효과는 스프레드 차이인 1.6%포인트(2%포인트-0.4%포인트)이다.

이와 같은 금리절감효과를 A와 B 두 회사 간에 공평하게 배분하기로 약정했다면, 그 통화스왑과정은 [그림 4-11]과 같다. [그림 4-11]에서 볼 수 있는 바와 같이 스왑거래를 통해 A회사는 연 10.8%의 달러화 이자율로 차입하는 효과를 얻고, B회사는 연 9.2%의 원화 이자율로 차입하는 효과를 얻는다. 스왑은 각 회사가 원하는 자본시장을 직접 이용하는 것보다 0.8%포인트씩 낮은 이자율로 자금을 조달할 수 있게 해 준다.

중개은행을 이용한 통화스왑의 과정은 [그림 4-12]와 같다. 중개은행이 통화스왑

표 4-21 두 회사의 차입조건

	A회사	B회사	스프레드(B-A)
원　화	8%	10%	2%포인트
달러화	11.6%	12%	0.4%포인트

그림 4-11 통화스왑의 과정

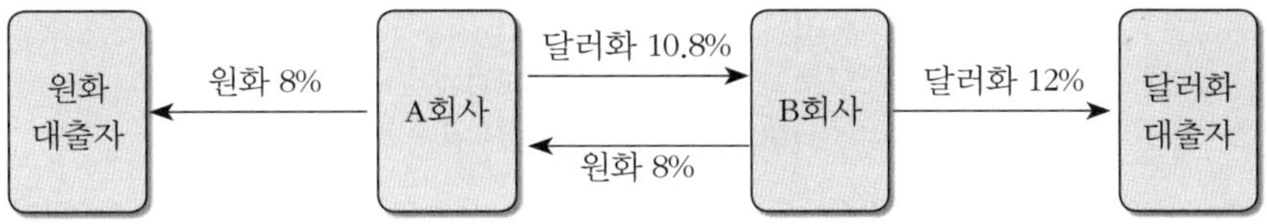

그림 4-12 중개은행을 이용한 통화스왑

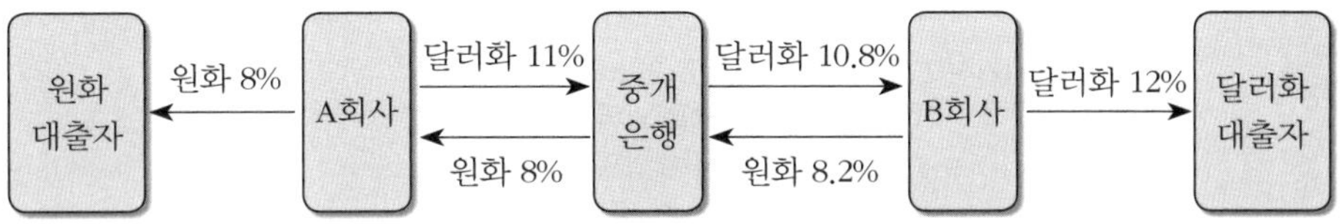

을 중개해 주는 대가(수수료)로서 0.4%포인트[(11%−10.8%)+(8.2%−8%)]의 이익을 취할 경우, 두 회사 모두 중개은행을 이용하지 않을 경우보다 0.2%포인트 낮은 0.6%포인트의 금리절감효과를 얻게 됨을 알 수 있다.

통화스왑계약에서는 원금이 두 통화로 각각 명시되어야 하며, 원금은 스왑계약시점과 종료시점에서 교환된다. 두 통화로 표시되는 원금은 스왑계약시점의 환율과 거의 같아지도록 결정된다.

통화스왑의 평가

지급불능위험이 없다면, 통화스왑은 금리스왑에서와 마찬가지로 채권포트폴리오 또는 선도계약의 포트폴리오로 볼 수 있다. 자국통화표시 채권의 원리금을 지급하고 외국통화표시 채권의 원리금을 받는 통화스왑을 생각해 보자. 이는 자국통화표시 채권에 매도포지션을 취하고 외국통화표시 채권에 매입포지션을 취한 채권포트폴리오로 볼 수 있으며, 이와 같은 개념에 의해 스왑을 평가하면 다음과 같다.[36) 37)]

---

36) 외국통화표시 채권과 자국통화표시 채권의 현금흐름은 다음과 같다.

채권 \ 시점	0	1	2	3	…	n
외국통화표시 채권		$F_{0,1}C_F$	$F_{0,2}C_F$	$F_{0,3}C_F$	…	$F_{0,n}C_F+F_{0,n}F_F$
자국통화표시 채권		C_D	C_D	C_D	…	C_D+F_D

37) $\frac{F_{0,1}C_F}{1+r_1}+\frac{F_{0,2}C_F}{(1+r_2)^2}+\cdots+\frac{F_{0,n}C_F}{(1+r_n)^n}+\frac{F_{0,n}F_F}{(1+r_n)^n}=S_0\left[\frac{C_F}{1+r_1^F}+\frac{C_F}{(1+r_2^F)^2}+\cdots+\frac{C_F}{(1+r_n^F)^n}+\frac{F_F}{(1+r_n^F)^n}\right]$

$=S_0B_F\ \left(\text{여기서 } F_{0,t}=S_0\left(\frac{1+r_t}{1+r_t^F}\right)^t,\ t=1,2,\cdots,n\right)$

$$V_S = S_0 B_F - B_D \tag{4-28}$$

여기서 V_S : 통화스왑의 가치
S_0 : 현물환율(자국통화표시환율)
B_F: 스왑의 기초가 되는 외국통화표시 채권의 가치
B_D: 스왑의 기초가 되는 자국통화표시 채권의 가치

또한 통화스왑을 선도계약의 포트폴리오로 볼 수 있으며, 이와 같은 개념에 의해 스왑을 평가하면 다음과 같다.[38]

$$V_S = \frac{F_{0,1}C_F - C_D}{1+r_1} + \frac{F_{0,2}C_F - C_D}{(1+r_2)^2} + \cdots + \frac{F_{0,n}C_F - C_D}{(1+r_n)^n} + \frac{F_{0,n}F_F - F_D}{(1+r_n)^n} \tag{4-29}$$

여기서 $F_{0,t}$: 선물환율($t=1,\cdots,n$)
C_F: 외국통화표시 채권의 이자지급액
C_D: 자국통화표시 채권의 이자지급액
F_F: 외국통화표시 채권의 원금
F_D: 자국통화표시 채권의 원금

재무 FOCUS

신용부도스왑(CDS)

신용부도스왑(credit default swap: CDS)은 기업, 국가 등의 채무불이행과 같은 신용위험에 대비하기 위한 일종의 신용파생상품이라 할 수 있다. 신용위험을 회피하고 싶은 보장매입자(protection buyer)는 정기적으로 일정한 신용부도스왑 수수료, 즉 CDS 프리미엄(premium)을 지급하고, 그 대가로 신용위험을 인수한 보장매도자(protection seller)로부터 채무불이행 시 손실액 또는 일정 금액을 보전받기로 한다.[39] CDS 프리미엄은 기초자산(채권, 대출 등)의 채무불이행 가능성, 즉 신용위험이 높아질수록 상승하는 경향이 있다. 따라서 CDS 프리미엄은 기초자산 발행주체(기업, 국가 등)의 신용도 지표로 해석되기도 한다.

신용부도스왑(CDS)은 채권을 발행하거나 금융기관에서 대출을 받아 자금을 조달한 기업 등의 신용위험만을 분리해 시장에서 사고파는 것으로 기업 등의 부도에 따른 금융기관의 손실위험을 줄여 거래의 안정성을 높여준다. 예를 들어 A기업의 회사채를 B은행이 인수하는 경우 A기업이 파산할 위험에 대비해 B은행은 C금융사에 정기적으로 수수료(CDS 프리미엄)를 지급하고 채무불이행 시 C금융사에서 투자원금을 되돌려 받을 수 있는 구조다. 여

---

38) 외국통화표시 채권의 원리금을 지급하고 자국통화표시 채권의 원리금을 받는 통화스왑의 가치는 다음과 같다.

$$V_S = B_D - S_0 B_F = \frac{C_D - F_{0,1}C_F}{1+r_1} + \frac{C_D - F_{0,2}C_F}{(1+r_2)^2} + \cdots + \frac{C_D - F_{0,n}C_F}{(1+r_n)^n} + \frac{F_D - F_{0,n}F_F}{(1+r_n)^n}$$

39) 정기적으로 지급하는 CDS 프리미엄을 CDS 스프레드(spread)라 하기도 하며, 전형적인 CDS 거래에서는 특정 발행 채권의 채무불이행이 발생하면 액면가를 지불하기로 합의한다.

기서 C금융사(보장매도자)는 신용위험에 대한 수수료를 받고 위험을 부담하는 보험사 역할을 한다. 신용도가 낮은 경우에도 A기업은 자금조달이 쉬워지고 B은행(보장매입자)은 대출의 안정성을 확보할 수 있으며, C금융회사는 수수료 수익을 챙긴다. 그러나 C금융회사가 부실화되면 B은행까지 연쇄적으로 부실화되는 맹점이 있다. 특히 CDS는 실제 채권·채무와 관계없이도 기업의 신용도를 놓고 투기적 거래를 하는 경우가 늘면서 문제가 복잡해진다. CDS 거래가 거미줄처럼 얽히면서 한 회사가 쓰러졌을 때 어디서 얼마만큼의 부실이 터질지 알 수 없게 되기 때문이다.

이러한 이유에서 비우량 주택담보대출, 즉 서브프라임모기지(subprime mortgage) 사태에 이어 신용파생상품인 CDS가 제2의 금융위기를 초래할 수 있다는 우려가 많다. 실제로 미국의 5대 투자은행(investment bank: IB) 중 상업은행(commercial bank) 인수로 생존에 성공한 골드만삭스(Goldman Sachs)와 모건스탠리(Morgan Stanley) 외의 투자은행들은 글로벌 금융위기의 직격탄을 맞았다. 리먼브라더스(Lehman Brothers)는 다른 투자은행보다 더 적극적으로 CDS 거래를 해오다 2008년 9월 파산했고, 메릴린치(Merrill Lynch)와 베어스턴스(Bear Stearns)는 각각 뱅크오브아메리카(Bank of America: BOA)와 JP모건((J.P. Morgan Chase & Co.)에 인수되었다.

〈CDS 거래 구조〉

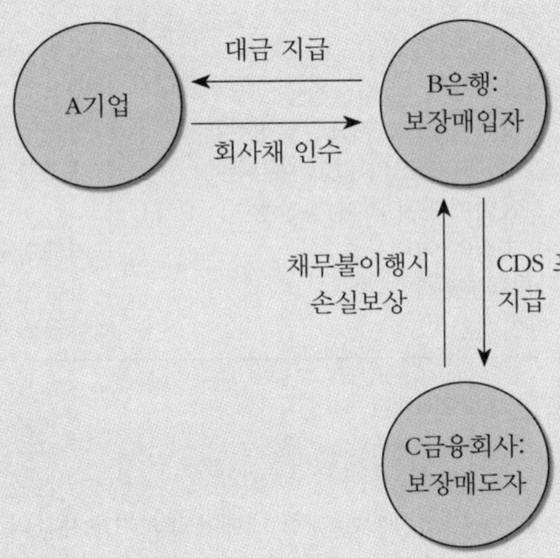

요 약

선물거래의 기초개념

1. 선물거래의 의의와 종류

선물거래(futures trading)란 품질과 가격 등이 표준화된 일정량의 상품(현물)을 현재시점에서 약정된 가격(선물가격)으로 미래의 일정시점(만기일 또는 인도일)에 매입 또는 매도하기로 조직화된 거래소 내에서 약정하는 거래이다.

☞ **선물거래와 선도거래의 비교**

구 분	선물거래	선도거래
거래장소	선물거래소	장외시장
거래조건	상품, 거래단위, 만기일 등이 표준화되어 있음	거래당사자간의 협의에 의해 결정됨
거래상대	알려져 있지 않음	직접 거래로 알려짐
증 거 금	있음	없음
가격변동	매일매일 가격변동(일일정산)	만기일까지 변동 없음
상품인수 · 도	인수 · 도가 거의 없고 대부분 반대매매에 의해 청산됨	대부분 만기일에 인수 · 도됨
거래신뢰도	결제소의 이행보증	거래당사자의 신용에 달려 있음
규제방식	엄격한 규제	자율적 규제
시장구조	완전시장	불완전시장

☞ **선물거래와 옵션거래의 비교**

구 분	선물거래	옵션거래
거래대상	기초자산 그 자체에 대한 매매계약	기초자산의 매수 또는 매도에 대한 권리
거래대가	없음(선물의 가치=0)	옵션가격(가치)
포지션 청산	반대매매 또는 실물인수 · 도	반대매매 또는 옵션행사
권리와 의무	매수자와 매도자 모두 선물계약 이행에 대한 권리 · 의무를 가짐	옵션행사에 대하여 매수자는 권리, 매도자는 의무를 가짐
증 거 금	매수자와 매도자 모두 납입	매도자만 납입

▶ 선물거래의 손익

- 선물매입거래의 이익 $= F_{t,T} - F_{0,T}$
- 선물매도거래의 이익 $= F_{0,T} - F_{t,T}$

▶ 선물거래의 종류: 상품선물, 금융선물(금리선물, 통화선물, 주가지수선물)

2. 선물시장의 구조와 증거금제도

▶ 선물시장의 구조: 선물거래소, 결제소(일일정산기능, 청산기능, 실물인수·도 기능), 선물중개회사

▶ 증거금제도: 위탁증거금(개시증거금, 유지증거금), 거래증거금

3. 선물거래자의 유형과 선물시장의 경제적 기능

▶ 선물거래자의 유형: 헤저, 투기자, 차익거래자

▶ 선물시장의 경제적 기능: 가격변동위험 관리, 가격예시, 시장효율성 제고, 자본형성 촉진

선물의 가격결정

1. 투자자산에 대한 선물의 가격결정: 보유비용모형

▶ 완전시장에서의 보유비용모형

$$F_{0,\,T}=S_0(1+r_T)+C_T-D_T$$

▶ 만기간 스프레드

$$F_{0,\,T_2}-F_{0,\,T_1}=F_{0,\,T_1}\cdot f_{T_1,\,T_2}+C_{T_1,\,T_2}-D_{T_1,\,T_2}$$

▶ 불완전시장에서의 보유비용모형

$$\begin{matrix} S_0^b(1+f\cdot r_T^l)+C_T-D_T \\ -TF_0^b(1+r_T^l)-TF_T^b \end{matrix} \le F_{0,\,T} \le \begin{matrix} S_0^a(1+r_T^b)+C_T-D_T \\ +TF_0^a(1+r_T^b)+TF_T^a \end{matrix}$$

2. 소비자산에 대한 선물의 가격결정

$$F_{0,\,T}=S_0(1+r_T)+C_T-D_T-V_T$$

☞ **선물가격과 기대현물가격의 관계**

- 기대가설: $F_{0,\,T}=E(S_T)$
- 정상적 백워데이션가설: $F_{0,\,T}<E(S_T)$
- 콘탱고가설: $F_{0,\,T}>E(S_T)$

선물과 옵션의 결합

▶ 합성콜매입(C)=선물매입(F)+풋매입(P)

▶ 합성풋매입(P)=선물매도($-F$)+콜매입(C)

▶ 합성선물매입(F)=콜매입(C)+풋매도($-P$)

스왑거래

1. 스왑거래의 의의

스왑(swap)은 미래 현금흐름을 교환하기로 두 당사자간 약정을 맺는 것으로서 선도계약 또는 선물계약과 매우 유사함.

☞ 스왑거래는 상대적 비교우위에 따른 이점을 활용하여 차입비용을 절감하거나, 금리 및 환위험을 헤징하기 위한 목적으로 사용됨.

2. 선도금리계약(FRA)

미래 특정일에 명목원금에 대한 고정금리와 변동금리를 교환하는 계약

☞ FRA 매입=고정금리 지급+변동금리 수취

3. 금리스왑

금리스왑의 기본형태는 고정금리와 변동금리를 상호교환하는 것임.

→ 자금차입비용의 절감, 접근이 어려운 특정자금시장에 간접적으로 접근할 수 있는 수단을 제공함.

▶ 금리스왑의 평가

- 채권포트폴리오(고정금리채권: 매입포지션, 변동금리채권: 매도포지션)

$$V_S = B_{fx} - B_{fl}$$

- 선도계약의 포트폴리오(이자지급 시점마다 변동금리를 지급하고 고정금리를 받는 선도계약을 체결하는 것으로 볼 수 있음)

$$V_S = \frac{C - C^*}{1 + r_1} + \frac{C - f_{1,2}F}{(1 + r_2)^2} + \cdots + \frac{C - f_{n-1,n}F}{(1 + r_n)^n}$$

4. 통화스왑

일정통화로 차입한 자금을 타통화 차입으로 대체하는 거래

→ 자금차입비용을 절감, 외국의 자본시장에 접근을 용이하게 함.

▶ 통화스왑의 평가

- 채권포트폴리오(외국통화표시 채권: 매입포지션, 자국통화표시 채권: 매도포지션)

$$V_S = S_0 B_F - B_D$$

- 선도계약의 포트폴리오

$$V_S = \frac{F_{0,\,1}C_F - C_D}{1+r_1} + \frac{F_{0,\,2}C_F - C_D}{(1+r_2)^2} + \cdots + \frac{F_{0,\,n}C_F - C_D}{(1+r_n)^n} + \frac{F_{0,\,n}F_F - F_D}{(1+r_n)^n}$$

주요 용어

선물거래 • 158
현물거래 • 158
선도거래 • 158
반대매매 • 161
상품선물 • 162
금융선물 • 162
선물거래소 • 163
결제소 • 163
일일정산 • 164
청산 • 164
선물중개회사 • 164
증거금 • 164
위탁증거금 • 164
거래증거금 • 165
개시증거금 • 165
유지증거금 • 165
추가증거금 • 165
초과증거금 • 165
헤저 • 166
투기자 • 166
차익거래자 • 166
보유비용모형 • 168
이론적 선물가격 • 170
매수차익거래 • 171
매도차익거래 • 171
내재선도이자율 • 173
만기 간 스프레드 • 173
근월물 선물보유차익거래 • 174
역근월물 선물보유차익거래 • 174
주가지수선물 • 179
주가지수차익거래 • 181
프로그램거래 • 181
금리선물 • 183
통화선물 • 185
편의가치 • 187
기대가설 • 188
정상적 백워데이션가설 • 188
콘탱고가설 • 188
합성포지션 • 189
합성콜 • 190
합성풋 • 191
합성선물 • 192
선물-옵션 패리티 • 193
스왑 • 194
선도금리계약 • 194
런던은행간 대출금리 • 194
금리스왑 • 195
중개은행 • 196
통화스왑 • 198
T-bond 선물 • 221
전환계수 • 221
최저인도가채권 • 223
유로달러선물 • 224
선물옵션 • 226
선물콜옵션 • 226
선물풋옵션 • 226

사·례·연·구

현재 KOSPI 200 지수는 260포인트, 무위험이자율은 연 6%, 그리고 KOSPI 200 지수에 포함되어 있는 주식들의 가중평균배당수익률은 연 4%이다. (단, KOSPI 200 선물의 계약당 거래승수는 ₩250,000임)

(1) 6개월 만기 KOSPI 200 선물 1계약의 이론적 가격은?

(2) 현재 6개월 만기 KOSPI 200 선물이 263.4포인트로 거래될 경우 차익거래를 통해서 얻을 수 있는 계약당 차익거래이익은 얼마인가? (단, 차익거래이익이 현재시점에서 발생되도록 차익거래과정을 구성하라.)

(3) 다음과 같은 불완전시장요인이 존재할 경우 6개월 만기 KOSPI 200 선물 1계약의 가격은 어떤 범위 내에 있어야 하는가?

- 선물 1계약을 매입 또는 매도할 때와 선물포지션을 청산할 때의 수수료는 각각 5만원씩이다.
- KOSPI 200 복제포트폴리오를 매입 또는 매도할 때와 현물포지션을 청산할 때의 수수료는 각각 6만원씩이다.
- 차입이자율은 7%, 대출이자율은 5%이다.
- 공매도자금 중 사용가능한 비율은 90%이다.

(4) 물음 (3)에서 6개월 만기 KOSPI 200 선물 1계약의 가격이 6,450만원일 경우 차익거래과정을 보이고 차익거래이익을 구하라.

:: 해설

(1) $F_{0,\,T}=S_0(1+r_T-d_T)=260\times\left[1+(0.06-0.04)\left(\dfrac{6\text{월}}{12\text{월}}\right)\right]=262.6$포인트

따라서 6개월 만기 KOSPI 200 선물 1계약의 가격은 6,565만원(=262.6포인트×25만원)이다.

(2) KOSPI 200 선물가격(263.4포인트) > 이론적 KOSPI 200 선물가격(262.6포인트)

차익거래	현금흐름(만원)	
	현재(0시점)	만기일(6개월 후)
KOSPI 200 선물 1계약 매도	0	$6{,}585-S_T$
KOSPI 200 복제포트폴리오 매입	−6,500	$S_T+6{,}500\times0.02$
현금 차입	6,715/(1+0.03)	−6,715
차익거래이익	19.42	0

(3) ① 먼저 선물이 과대평가된 경우 다음과 같은 매수차익거래를 할 수 있다.

차익거래	현금흐름(만원)	
	현재(0시점)	만기일(6개월 후)
KOSPI 200 선물 1계약 매도	0	$F_{0,T}-S_T$
KOSPI 200 복제포트폴리오 매입	$-6{,}500$	$S_T+6{,}500\times0.02$
거래수수료	-11	-11
현금 차입	6,511	$-6{,}511\times(1+0.035)=-6{,}738.89$
차익거래이익	0	$F_{0,T}-6{,}619.89$

매수차익거래기회가 존재하지 않기 위해서는 매수차익거래에서 만기일(6개월 후)의 현금흐름(차익거래이익)이 0보다 작아야 할 것이다.

$$F_{0,T}-6{,}619.89\text{만원}\le 0 \rightarrow F_{0,T}\le 6{,}619.89\text{만원}$$

② 한편 선물가격이 과소평가된 경우 다음과 같은 매도차익거래를 할 수 있다.

차익거래	현금흐름(만원)	
	현재(0시점)	만기일(6개월 후)
KOSPI 200 선물 1계약 매입	0	$S_T-F_{0,T}$
KOSPI 200 복제포트폴리오 공매도	$6{,}500\times0.9$	$-S_T-6{,}500\times0.02+6{,}500\times0.1$
거래수수료	-11	-11
현금 대출	$-5{,}839$	$5{,}839\times(1+0.025)=5.984.98$
차익거래이익	0	$-F_{0,T}+6{,}493.98$

이와 같은 매도차익거래기회가 존재하지 않기 위해서는 매도차익거래에서 만기일(3개월 후)의 현금흐름(차익거래이익)이 0보다 작아야 할 것이다.

$$-F_{0,T}+6{,}493.98\text{만원}\le 0 \rightarrow F_{0,T}\ge 6{,}493.98\text{만원}$$

③ $6{,}493.98\text{만원}\le F_{0,T}\le 6{,}619.89\text{만원}$

(4) KOSPI 200 선물 1계약의 가격은 6,450만원으로서 물음 (3)에서 구한 하한값보다 작다. 이는 거래비용을 고려하더라도 현재의 선물가격이 과소평가되었음을 의미한다.

차익거래	현금흐름(만원)	
	현재(0시점)	만기일(6개월 후)
KOSPI 200 선물 1계약 매입	0	$S_T-6{,}450$
KOSPI 200 복제포트폴리오 공매도	$6{,}500\times0.9$	$-S_T-6{,}500\times0.02+6{,}500\times0.1$
거래수수료	-11	-11
현금 대출	$-5{,}839$	$5{,}839\times(1+0.025)=5{,}984.98$
차익거래이익	0	43.98

연·습·문·제

▶ 객관식 문제

01 선물거래와 선도거래에 대한 다음의 설명 중 잘못된 것은?

① 선도거래는 본질적으로 선물거래와 유사하다.
② 선도거래는 장외시장에서 당사자간 직접 계약에 의해 이루어지는 반면, 선물거래는 선물거래소에서 공개입찰을 통해 이루어진다.
③ 선물계약은 표준화되어 있지만, 선도계약은 거래당사자간 합의에 의해 거래조건이 결정된다.
④ 선물거래에서는 청산위험이 거의 없으나, 선도거래의 경우 계약자 쌍방간의 직접거래이므로 계약당사자의 신용도에 따른 위험이 존재한다.
⑤ 선도거래와 선물거래 모두 계약의 이행을 보증하려는 제도적 장치로 일일정산, 증거금 등의 제도를 두고 있다.

02 현재 자본시장에서는 무위험자산이 존재하고, 유가증권가격은 자본자산가격결정모형(CAPM)에 의해 결정되며, 선물가격은 현물-선물 패리티(parity)에 따라 결정된다. 배당지급이 없는 유가증권의 선물가격과 기대현물가격(expected spot price)과의 관계에 대한 다음 설명 중 타당한 것은? (CPA 1차 1999)

① 정(+)의 체계적 위험을 지닌 유가증권의 경우 선물가격은 기대현물가격보다 높다.
② 정(+)의 체계적 위험을 지닌 유가증권의 경우 선물가격은 기대현물가격과 동일하다.
③ 정(+)의 체계적 위험을 지닌 유가증권의 경우 선물가격은 기대현물가격보다 낮다.
④ 부(-)의 체계적 위험을 지닌 유가증권의 경우 선물가격은 기대현물가격과 동일하다.
⑤ 부(-)의 체계적 위험을 지닌 유가증권의 경우 선물가격은 기대현물가격보다 낮다.

03 ㈜베타의 현재 주가는 10,000원이다. 이 주식을 기초자산으로 하며 만기가 6개월인 선물이 선물시장에서 11,000원에 거래되고 있다. 이 기업은 앞으로 6개월간 배당을 지급

하지 않으며 현물 및 선물의 거래에 따른 거래비용은 없다고 가정한다. 무위험이자율 연 10%로 대출과 차입이 가능할 때 차익거래에 관한 다음의 설명 중 옳은 것은?

(CPA 1차 2008 수정)

① [주식 공매도 + 대출 + 선물 매입] 전략을 이용해 차익거래이익을 얻을 수 있다.
② [주식 공매도 + 차입 + 선물 매입] 전략을 이용해 차익거래이익을 얻을 수 있다.
③ [주식 매입 + 대출 + 선물 매도] 전략을 이용해 차익거래이익을 얻을 수 있다.
④ [주식 매입 + 차입 + 선물 매도] 전략을 이용해 차익거래이익을 얻을 수 있다.
⑤ 차익거래 기회가 없다.

04 현재 KOSPI 200 지수는 75.00포인트이고, 만기 3개월물 KOSPI 200 선물지수는 76.00포인트에 거래되고 있다. KOSPI 200 지수를 구성하는 주식들의 평균배당수익률은 연 4%이고, 무위험이자율은 8%이다. 이런 시장 상황에서 지수차익거래가 가능한가? 가능하다면 차익거래의 결과 어떠한 변화가 예상되는가? (차익거래와 관련된 모든 거래비용은 무시하기로 한다.) (CPA 1차 2003)

① 차익거래가 불가능하다.
② 차익거래에 의해 KOSPI 200 지수와 3개월물 KOSPI 200 선물가격이 상승한다.
③ 차익거래에 의해 KOSPI 200 지수가 상승하고, 3개월물 KOSPI 200 선물가격이 하락한다.
④ 차익거래에 의해 KOSPI 200 지수와 3개월물 KOSPI 200 선물가격이 하락한다.
⑤ 차익거래에 의해 KOSPI 200 지수가 하락하고, 3개월물 KOSPI 200 선물가격이 상승한다.

05 차익거래(arbitrage)에 관한 다음의 설명 중 가장 적절하지 않은 것은? (단, 매도포지션을 취하는 데 제약이 없으며 거래비용은 없다고 가정한다.) (CPA 1차 2010)

① 현물환 시장에서, 1달러는 1,200원, 100엔은 1,140원, 100엔은 0.95달러의 환율이 형성되어 있다면 차익거래는 가능하지 않다.
② 1년 만기 무이표채의 가격이 원금의 92%이고 2년 만기 무이표채의 가격이 원금의 87%인 경우 액면이자율이 8%이고 원금이 10,000원이며 만기가 2년인 이표채(연 1회 이자지급)의 무차익 가격은 10,132원이다.
③ 주식의 가격이 10,000원이고 6개월 후에 400원의 배당이 지급될 예정이다. 만기가 1년인 주식선물의 가격이 10,100원이면 선물계약이 과대평가되었으므로 차익거래가 가능하다. 단, 무위험이자율은 연 5%이다.
④ 행사가격이 K_1, K_2, K_3이고 $K_3 - K_2 = K_2 - K_1$이 성립하는 경우, 풋옵션의 가격이 각각 800원, 1,300원, 1,700원이면, 차익거래전략은 행사가격이 K_1인 풋옵션 1개 매입,

행사가격이 K_3인 풋옵션 1개 매입, 그리고 행사가격이 K_2인 풋옵션 2개를 매도하는 것이다. 여기서 풋옵션은 기초자산과 만기가 동일한 유럽형이다.

⑤ 1년과 2년 만기 현물이자율이 각각 6%와 7%이다. 만일 1년 후부터 시작하는 1년 동안 7.5%의 이자율로 차입할 수 있다면 차익거래자는 1년 만기 무이표채를 매입하고 2년 만기 무이표채를 공매도하여 무위험 이익을 얻을 수 있다.

06 동일한 수익구조를 만들어내는 복제포트폴리오의 구성방법 중 옳은 항목만을 모두 모은 것은? (CPA 1차 2010)

> a. 미 달러화 선물환 매도＝원화채권 매입＋현물환 매도＋미 달러채권 매도
> b. 채권 매입＝선물 매도＋기초자산 매입
> c. 주식 공매도＝채권 매도＋콜옵션 매도＋풋옵션 매입

① a, b, c ② b, c ③ a, c ④ c ⑤ a, b

07 외환시장에서 1년 후 유로화의 현물환율이 1유로당 1,900원으로 상승하거나 1,500원으로 하락하는 두 가지 경우만 존재한다고 가정하자. 잔존만기가 1년인 유로선물환율은 현재 1유로당 1,800원에 거래되고 있다. 다음 중 적절하지 않은 것은? (단, 유로옵션은 유럽형이고 잔존만기가 1년이며, 시장은 완전하고 차익거래의 기회가 없다고 가정한다.) (CPA 1차 2018)

① 국내시장의 무위험이자율이 EU시장의 무위험이자율보다 크다.
② 유로화의 현물환율이 1년 후 1,900원으로 상승할 위험중립확률은 0.75이다.
③ 행사가격이 1,800원인 유로콜의 가격은 동일 행사가격의 유로풋 가격과 같다.
④ 행사가격이 1,600원인 유로콜의 가격은 동일 행사가격의 유로풋 가격보다 크다.
⑤ 국내시장의 무위험이자율이 10%일 때, 행사가격이 1,570원인 유로콜의 1기간 이항모형가격은 225원이다.

08 스왑에 대한 다음 설명 중 가장 잘못된 것은? (CPA 1차 2003)

① 스왑은 두 거래당사자 간 미래 현금흐름을 교환하는 계약으로 일련의 선도거래 또는 선물계약을 한 번에 체결하는 것과 유사한 효과를 갖는다.
② 스왑은 표준화된 상품인 선물, 옵션과 같이 거래소에서 거래되지 않고, 스왑딜러 및 브로커의 도움을 얻어 주로 장외에서 거래가 이루어진다.
③ 금리스왑은 미래 일정기간 동안 거래당사자 간 명목원금에 대한 변동금리 이자와

고정금리 이자 금액만을 교환하는 거래로서 원금 교환은 이루어지지 않는다.

④ 통화스왑은 미래 일정기간 동안 거래당사자 간 서로 다른 통화표시 채무 원금에 대한 이자 금액만을 교환하는 거래로서 원금 교환은 이루어지지 않는다.

⑤ 스왑은 두 거래당사자 간 필요에 따라 다양하게 설계될 수 있는 장점이 있어 금리 또는 환위험관리를 위해 적절하게 사용될 수 있다.

09 오랜 거래관계를 유지해 온 한국의 기업 K와 중국의 기업 C는 각각 상대국에서 신규사업을 위해 중국 금융시장에서 위안화로, 한국 금융시장에서 원화로 1년 만기 동일규모의 자금을 차입하고자 한다. 원화/위안화 환율은 고정환율로서 변동되지 않는다고 가정한다. 기업 K와 기업 C가 각국 금융시장에서 차입할 때의 시장이자율은 다음 표에서 요약된 바와 같다.

	한국 금융시장에서 원화 차입	중국 금융시장에서 위안화 차입
기업 C	6.60%	4.20%
기업 K	5.60%	3.83%

통화스왑 계약에서 거래비용은 존재하지 않으며 금융기관의 중개를 통하지 않고 기업 K와 기업 C의 양자계약(bilateral contract)의 형태를 갖는다고 가정한다. 기업 K와 기업 C가 1년 만기 통화스왑을 고려할 때 다음 중 옳지 않은 항목만으로 구성된 것은? (CPA 1차 2010)

a. 기업 K는 기업 C에 비하여 원화 및 위안화 차입에서 모두 낮은 이자율을 지급하므로 통화스왑을 맺을 경제적 유인을 갖지 않는다.
b. 기업 K는 원화 차입, 기업 C는 위안화 차입 후에 통화스왑을 통해 부채비용을 절감할 수 있다.
c. 기업 K와 기업 C가 통화스왑을 통해 절감할 수 있는 부채비용의 최대 폭은 63베이시스 포인트(basis point)이며, 통화스왑 당사자들은 이를 균등하게 분할해야 한다.
d. 통화스왑의 경우 이자율스왑과는 상이하게 차입원금이 교환되며 계약상 약정된 환율에 의하여 상환되는 것이 일반적이다.
e. 본 통화스왑에서 신용위험은 존재하지 않으며, 이자율 및 환율의 변동에 따라서 스왑이자율의 조정 및 계약의 갱신 여부 등이 결정될 수 있다.

① a, c, e ② a, d, e ③ b, c, d ④ b, d, e ⑤ c, d, e

10 기업 A, B는 국제금융시장에서 각각 다음과 같은 조건으로 자금을 차입할 수 있다. 은행이 기업 A와 B 사이에서 스왑을 중개하고자 한다. 은행이 기업 A에게 변동금리를 지급하고 고정금리를 수취하는 스왑계약을 체결하며, 기업 B와는 그 반대의 스왑계약을 체결한다. 본 스왑으로 인한 은행의 총마진은 0.2%이며, 스왑이득은 두 기업에게 동일하다. 만약 은행이 기업 A에게 LIBOR+1%를 지급한다면 기업 A는 은행에게 얼마의 고정금리를 지급해야 하는가? (CPA 1차 2006)

	유로본드 시장	유로달러 시장
기업 A	8%	LIBOR+1%
기업 B	9%	LIBOR+3%

① 8%　② 7.8%　③ 7.6%　④ 7.4%　⑤ 7.2%

11 아래의 표와 같은 고정금리 차입조건하에서 한국의 ㈜대한은 1,000만엔, ㈜민국은 10만달러를 차입하려고 한다. ㈜대한은 비교우위를 갖고 있는 달러화시장에서 10만달러, ㈜민국은 엔화시장에서 1,000만엔을 차입한 후, ㈜대한은 1,000만엔에 대한 연 5.5%의 이자를 ㈜민국에게 직접 지급하고 ㈜민국은 10만달러에 대한 연 3%의 이자를 ㈜대한에게 직접 지급하는 통화스왑계약을 체결하려고 한다. 이 통화스왑에서 정기적인 이자지급 외에도 ㈜대한은 계약시점에서 1,000만엔을 받고 10만달러를 주고, 만기시점에서는 10만달러를 돌려받고 1,000만엔을 돌려주어야 한다. 현재 환율이 100엔/달러일 때, 통화스왑으로 인해 발생하는 결과로 가장 적절한 것은? (CPA 1차 2017)

	달러화 차입금리	엔화 차입금리
㈜대한	3%	6%
㈜민국	5%	7%

① ㈜대한은 달러화 환위험에 노출된다.
② ㈜민국은 달러화와 엔화 환위험에 노출된다.
③ ㈜대한은 달러화차입비용을 0.5%p 줄일 수 있게 된다.
④ ㈜민국은 달러화차입비용을 0.5%p 줄일 수 있게 된다.
⑤ ㈜민국은 엔화차입비용을 0.5%p 줄일 수 있게 된다.

● 객관식 해답 **1.** ⑤, **2.** ③, **3.** ④, **4.** ③, **5.** ⑤, **6.** ①, **7.** ①, **8.** ④, **9.** ①, **10.** ③, **11.** ②

▶ 주관식 문제

01 금선물의 가격결정 (CPA 2차 2012)

만기가 1년인 금선물계약을 고려하자. 금의 현물가격은 온스당 400달러이고 무위험이자율은 연 10%이다. 보관비용은 연간 온스당 2달러이며 만기에 지불된다. 금선물 1계약은 금 100온스 기준이다. 선물거래에 대해서는 만기에 가서 현물을 인수 또는 인도함으로써 계약을 이행한다고 가정하자.

(1) 금선물의 균형가격을 계산하라.

(2) 선물가격이 500인 경우 차익거래(arbitrage)를 통한 차익(payoff)을 계산하라. 계산결과는 아래의 표를 이용하여 시점별 현금흐름의 관점에서 표기하라. (단, 선물계약 1단위 기준으로 작성한다.)

거래내용	t=0	t=1
⋮	⋮	⋮
차익(payoff)		

(3) 선물가격이 420인 경우 차익거래(arbitrage)를 통한 차익(payoff)을 계산하라. 계산결과는 물음 (2)와 동일하게 표를 이용하여 시점별 현금흐름의 관점에서 표기하라. (단, 선물계약 1단위 기준으로 작성한다.)

(4) 위 질문과 무관하게, 거래금액의 90%에 한해서 공매도가 허용되며 예치금에 대해서는 3%의 이용료가 지급된다. 차입이자율(borrowing rate)과 대출이자율(lending rate)이 각각 12%, 8%일 때 금선물의 차익거래(arbitrage)가 발생하지 않는 비차익구간(no-arbitrage bounds)을 추정하라. 계산결과는 물음 (2)와 동일하게 표를 이용하여 시점별 현금흐름의 관점에서 표기하라. (단, 선물계약 1단위 기준으로 작성한다.)

02 금융계약의 가치 (CPA 2차 2008)

헤지펀드 웰빙투자의 신중해 팀장은 현재 9,000원대 중반에서 움직이는 ㈜사하라정유의 주식을 10만주 보유하고 있는데, 최근 원유가의 움직임이 심상치 않자 동 주식의 변동성이 커질 것으로 예상하여 이를 헤징하기 위한 방안을 모색하고 있다. 이때 ㈜스마트머니증권으로부터 다음과 같은 두 가지 종류의 장외파생상품의 거래를 제안받았는데, 이들 두 상품의 적정 프리미엄을 평가해 보고자 한다. 한편 거래소에 상장되어 있는 1년만기 ㈜사하라정유의 유럽형 주식옵션의 가격과 선물가격 및 연간 무위험이자율은 다음과 같다. 단, 시장은 완전하며 차익거래의 기회가 존재하지 않는다고 가정하라.

- 콜가격(행사가격 10,000원) = 652원
- 풋가격(행사가격 9,200원) = 781원
- 1년 만기 주식선물가격 = 9,400원
- 무위험이자율 = 연 6%

- 계약 I: 향후 1년 후의 시점에서 헤지펀드가 10만주 전량의 주식을 주당 9,500원에 증권회사에 매도한다.
- 계약 II: 향후 1년 후의 시점에서 주가가 9,200원 이하로 하락하면 헤지펀드는 주당 9,200원에 10만주를 증권회사에 매도할 수 있고, 반면에 주가가 10,000원 이상으로 상승하면 헤지펀드는 주당 10,000원에 보유 주식의 두 배인 20만주를 증권회사에 매도해야 한다.

(1) 계약 I의 경우 헤지펀드는 증권회사에 계약시점에서 얼마의 프리미엄을 주는 것(혹은 받는 것)이 적정한가?

(2) 계약 II의 경우 헤지펀드는 증권회사에 계약시점에서 얼마의 프리미엄을 주는 것(혹은 받는 것)이 적정한가?

03 금리선물을 이용한 차익거래

(CPA 2차 1995 수정)

현재 시장에서 거래되고 있는 1년 만기 할인채권 A와 2년 만기 할인채권 B에 대한 자료는 다음과 같다.

- 채권 A: 만기 = 1년, 액면가 = 100만원, 시장가격 = 93만원
- 채권 B: 만기 = 2년, 액면가 = 100만원, 시장가격 = 87만원

그리고 1년 후 인도되는 1년 만기 할인채권(액면가 = 100만원)은 선물시장에서 현재 95만원의 선물가격으로 거래되고 있다.

(1) 1년도 말부터 2년도 말까지 기간의 내재선도이자율은?

(2) 선물의 매도포지션과 동일한 현물의 투자전략은?

(3) 물음 (2)의 투자전략에 의해서 얻을 수 있는 차익거래이익은?

04 고급 금리선물의 만기 간 스프레드

현재 채권시장에서는 액면가가 1,000만원으로 동일하나, 만기가 1년, 2년, 3년으로 다른 3개의 순수할인채권 A, B, C가 거래되고 있으며, 이와 같은 순수할인채권을 이용하

여 계산한 현물이자율은 다음과 같다.

만기(년)	현물이자율
1	5%
2	6%
3	7%

현재 금리선물시장에서는 다음과 같은 금리선물이 거래되고 있다.

종 목	금리선물의 만기일	기초자산
금리선물 FB1	1년	만기 1년, 액면가 1,000만원, 순수할인채권
금리선물 FC1	1년	만기 2년, 액면가 1,000만원, 순수할인채권
금리선물 FC2	2년	만기 1년, 액면가 1,000만원, 순수할인채권

이상의 자료를 이용하여 다음의 물음에 답하라.

(1) 금리선물 FB1, FC1, FC2의 이론적 가격은?

(2) 현물 채권을 이용하여 내재선도가격을 구한 후 물음 (1)의 결과와 같음을 확인하라.

(3) 현재 920만원의 가격으로 거래되고 있는 금리선물 FC2의 매입포지션과 동일한 금리선물의 투자전략은?

(4) 물음 (3)의 투자전략에 의해서 얻을 수 있는 차익거래이익은?

05 고급 이자율의 기간구조와 채권의 복제 (CPA 2차 2009 수정)

1년, 2년, 3년 만기 현물이자율(spot rate)이 각각 4.50%, 5.12%, 5.53%이다. 백분율은 반올림하여 소수점 넷째 자리까지 구하고, 가격은 소수점 둘째 자리까지 계산한다. 채권의 액면가는 10,000원이고 연 1회 이자를 지급한다.

(1) 3년 만기 액면가채권(par value bond)의 액면이자율을 계산하라.

(2) 유동성프리미엄가설(liquidity premium hypothesis)이 성립하며 2차연도와 3차연도의 유동성프리미엄이 각각 50bp와 60bp라고 가정하자. 액면이자율이 6%인 3년 만기 채권의 1년 후 기대가격을 구하라. (단 1bp=0.01%)

(3) 무이표채를 이용하여 2차연도의 투자수익률을 확정시킬 수 있는 포지션을 제시하고 투자수익률을 계산하라. 1년과 2년 만기 무이표채(액면가 10,000원)가 존재한다고 가정한다. 포지션은 1년 만기 무이표채 1개를 기준으로 구성하며 각 무이표채의 개수를 반올림하여 소수점 여섯째 자리까지 계산한다.

(4) 위와는 독립적으로, 다음과 같은 상환요구사채(putable bond)와 일반사채(straight bond)가 거래되며 차익거래기회가 존재하지 않는다고 가정하자. 상환요구사채

에 내재된 풋옵션의 가치는 상환요구사채 가격의 몇 퍼센트에 해당되는지 구하라. 모든 채권의 만기, 이자지급방법 및 신용등급 등 기타 조건은 동일하며, 액면가는 10,000원이다.

채 권	채권유형	액면이자율	가 격
A	상환요구사채	6.47%	12,000원
B	일반사채	5.45%	10,528원
C	일반사채	7.15%	12,350원

06 통화선물의 가격결정과 차익거래

대미달러화 현물환율은 ₩980.70/$이고, 국내 이자율은 연리 6%이며, 미국 내 이자율은 연리 5%이다. (단, 미국달러선물의 거래단위는 10,000달러이다.)

(1) 1년 만기 미국달러선물 1계약의 가격은?

(2) 1년 만기 선물환율이 ₩985.40/$일 경우, 미국달러선물 1계약을 이용하여 얻을 수 있는 차익거래이익은?

07 선물과 옵션의 결합

(CPA 2차 1999 수정)

5월 1일 현재 KOSPI 200 지수는 100포인트이며, 현재로부터 40일 후에 만기가 되는 6월물 KOSPI 200 선물지수는 101.5포인트이다. 한편 선물과 동일한 만기를 갖는 KOSPI 200 옵션의 행사가격별 현재가격(프리미엄)은 다음과 같다.

(단위: 포인트)

옵 션	행사가격	가격(프리미엄)
콜	97.5	3.00
콜	100.0	2.50
풋	100.0	2.50
풋	102.5	3.00

무위험이자율은 연 12%, 평균배당수익률은 연 3%이며 1년은 360일이라고 가정하여 아래의 물음에 답하라.

(1) 6월물 KOSPI 200 선물의 균형가격은 얼마인가?

(2) 6월물 KOSPI 200 선물의 매입과 동일한 손익효과를 얻을 수 있는 옵션전략을 구성하라.

(3) 6월물 KOSPI 200 선물 한 단위를 이용해서 얻을 수 있는 차익거래이익을 구하라. (단, 현물은 이용할 수 없다고 가정한다.)

08 합성선물과 선물-옵션 패리티

현재 KOSPI 200 지수는 100.00포인트, 만기가 3개월인 KOSPI 200 선물가격은 101.00 포인트이다. 한편 선물과 동일한 만기를 가지는 KOSPI 200 옵션에 관한 자료는 다음과 같다. (단, KOSPI 200 옵션과 KOSPI 200 선물의 거래승수는 1포인트당 50만원이다.)

옵 션	행사가격	가격(프리미엄)
콜	100.0	3.00
풋	100.0	2.50

(1) KOPSI 200 콜옵션과 풋옵션을 이용하여 KOPSI 200 선물 매입전략을 구성하라.

(2) 3개월 만기 선물 1계약을 이용하여 얻을 수 있는 만기시점(3개월 후)에서의 차익거래이익을 구하고, 그 차익거래과정을 보여라.

09 선물-옵션 패리티

(CPA 2차 2018)

㈜백두는 1만달러에 대해 만기 1년, 행사가격 1,000원의 유럽형 콜옵션을 보유하고 있고, 한라은행은 동일 기초자산, 동일 만기, 동일 행사가격의 유럽형 풋옵션을 보유하고 있다. 본 옵션계약에서 ㈜백두와 한라은행은 서로 거래상대방이다. 또한 달러에 대한 만기 1년의 선물가격(futures price)은 970원/$이고 국내의 무위험이자율은 연 3%이다. 시장에 차익거래의 기회가 없다고 가정하여 다음 물음에 답하라.

(1) ㈜백두 입장에서 본 계약의 현재가치를 계산하라. 금액은 반올림하여 정수로 표시하라.

(2) 만약 만기가 1년이고 행사가격이 1,000원인 콜옵션의 가격이 50원일 경우, 풋옵션의 가격은 얼마인지 계산하라. 금액은 소수점 아래 셋째 자리에서 반올림하여 둘째 자리까지 표시하라.

(3) 1년 후 만기 시점에 달러의 원화환율이 900원/$이 되었다. 현금결제방식(cash settlement)을 가정하여 ㈜백두 입장에서 만기일의 현금흐름이 얼마인지 계산하라.

(4) 앞의 물음 (3)에서 ㈜백두와 한라은행은 만기결제를 하는 대신, 이 결제금액이 반영되고 ㈜백두가 매수포지션인 1년 만기의 달러 선도계약(forward contract)을 새롭게 체결하려 한다. 1년 후 시점의 국내와 미국의 무위험이자율이 각각 3%와 2%일 때 적정 달러선도가격을 계산하라. 금액은 소수점 아래 셋째 자리에서 반올림하여 둘째 자리까지 표시하라.

10 금리스왑과 선도금리계약(FRA) (CPA 2차 2017)

A기업은 B기업에게 고정금리를 지급하고 변동금리를 수령하는 금리스왑계약을 가지고 있다. 금액은 반올림하여 억원 단위로 소수점 둘째 자리까지 표시하고, 금리 및 할인율은 반올림하여 소수점 넷째 자리까지 표시하라.

- 액면금액 100억원, 잔존만기 3년, 연 1회 이자교환
- 지급 고정금리: 6%
- 수취 변동금리: 1년 현물이자율
- 만기별 현물이자율: 6개월 4%, 1년 5%, 2년 6%, 3년 7%

(1) 채권가격을 이용하여 금리스왑의 가치를 평가하라.

(2) 선도금리계약(FRA)을 이용하여 금리스왑의 가치를 평가하라.

(3) 스왑의 가치를 0으로 만드는 고정금리를 구하라.

(4) C기업은 6개월 후에 6개월 동안 차입할 예정이며 향후 금리 상승을 우려하여 선도금리계약(액면금액 100억원, 6개월 시점에 결제)에 대한 매입포지션을 취하였다. 오늘부터 6개월 후까지는 일수가 182일이고 이후부터 만기일인 1년 후까지는 일수가 183일이다. 6개월 후 실제 금리가 7%라면 C기업이 수령하는 금액은 얼마인가?

11 금리스왑의 가치평가 (CPA 2차 2003)

㈜가야는 20×1년 1월 1일 100억원을 5년 만기, 고정금리 13.5%라는 조건으로 XY은행으로부터 차입하였다. 20×3년 1월 1일 현재 ㈜가야의 재무담당자는 AB은행으로부터 변동금리로 이 채무를 스왑해 주겠다는 제의를 받았다. 1년 만기 현물이자율은 10%, 2년 만기 현물이자율은 12%, 3년 만기 현물이자율은 13%이다. (단, 이자는 매년 말에 1회 지급하고, 이자율 기간구조의 순수기대이론이 성립하며, 시장참가자들은 위험중립적이라고 가정한다.)

(1) ㈜가야의 입장에서 스왑거래에 따른 매년의 순현금흐름을 계산하라. (백만원 단위 이하 절사)

(2) 스왑거래의 대가로 AB은행은 2억원의 수수료를 요구하고 있다. 이 제의를 받아들일 것인가를 평가하라.

12 고급 스왑금리의 결정과 금리스왑의 가치변동

㈜한반도는 3월 31일 현재 CD금리를 기준으로 매 3개월마다 이자를 지급하고 12월 말에 상환하는 조건으로 100억원을 차입하였다. 또한 이 회사는 CD금리의 변동위험을 헤

지하기 위하여 고정금리를 지급하고 변동금리를 받는 스왑계약을 HK은행과 체결하였다. 3월 31일 현재 CD금리의 기간구조는 다음과 같다. (단, 이자율은 매 3개월 단위로 결정된다.)

만 기	현물이자율(연리)
3개월	6%
6개월	8%
9개월	10%

(1) 3월 31일 현재 HK은행과 스왑거래를 할 때 ㈜한반도가 지급할 수 있는 최대고정금리는 얼마인가?

(2) 물음 (1)에서 구한 고정금리로 스왑계약을 체결한 후 CD금리의 기간구조가 다음과 같이 변동하였다.

만 기	현물이자율(연리)
3개월	5%
6개월	7%
9개월	9%

㈜한반도의 스왑거래의 가치는 얼마인가?

13 금리스왑의 과정과 평가 (CPA 2차 2009)

건설업종의 중견기업 ㈜다비드는 100억원 규모의 3년 만기 부채조달을 고려하고 있다. 채권시장에서 다비드기업의 부채조달조건은 고정금리 10% 혹은 LIBOR+2.3%이다. 유통업종의 대기업 ㈜골리앗도 3년 만기로 100억원의 부채조달을 고려하고 있는데, 조달조건은 고정금리 8% 혹은 LIBOR+1.5%로 알려져 있다. 금액은 억원 단위로 표기하고, 반올림하여 소수점 넷째 자리까지 계산하라.

(1) 우연한 기회에 두 회사의 자금담당임원들이 만나 부채조달에 대한 의견을 나누던 중 서로의 조달조건을 확인하고 금리스왑계약을 체결하기로 하였다. 다만, 골리앗기업은 자신의 유리한 조달조건 등을 내세워 스왑계약으로 인한 이익의 6할을 차지하고 나머지는 다비드기업 몫으로 하되, 동 스왑의 변동금리는 LIBOR금리로 하자고 제안하였다. 다비드기업이 제안을 받아들여 스왑계약이 체결될 경우, 해당 계약으로 인한 현금흐름을 그림으로 나타내라.

(2) 스왑계약으로 인한 이익조정문제로 두 기업의 계약체결이 지연되자, 두 기업과 동시에 거래하고 있던 방코은행이 거래중재에 나섰다. 은행은 20bp의 이익을 얻고 나

머지 이익은 두 기업에게 균등하게 배분되도록 하되, 변동금리는 모두 LIBOR금리로 하자고 제안하였다. 은행중개를 통한 스왑계약이 체결될 경우, 해당 계약을 통해 은행이 두 기업에게 지급하고 지급받는 고정금리를 각각 구하라.

(3) 다비드기업의 입장에서 물음 (2)에서 제시된 스왑계약의 가치를 평가하라. 스왑계약은 매년 말에 한 번씩 이자지급액의 차액만을 주고받으며, 현재 LIBOR금리의 기간구조는 다음과 같고 순수기대이론을 가정한다.

만기(년)	1	2	3
이자율(%)	5.5	6.0	6.5

14 통화스왑의 평가

㈜글로벌은 미국의 AM은행과 통화스왑계약을 체결하려고 한다. 통화스왑을 통해 ㈜글로벌은 3년간 AM은행에게 매년 1,000만달러의 원금에 대하여 연 5%의 이자를 지급하고, AM은행으로부터 매년 100억원의 원금에 대하여 연 6%의 이자를 받는다. 또한 3년 후 달러화 원금(1,000만달러)을 지급하고 원화 원금(100억원)을 받을 수 있다. 현재 현물환율은 \980/$이고, 한국과 미국의 현물이자율은 각각 6%, 4%이며, 양국 이자율의 기간구조는 수평이다. ㈜글로벌이 체결한 통화스왑의 가치는 얼마인가?

보론 1 미국의 금리선물

미국의 CME그룹에서 거래되고 있는 대표적인 금리선물에는 유로달러(Eurodollar)선물, T-bond(Treasury bond)선물 등이 있으며, 이와 같은 선물들의 거래제도는 〈표 4A-1〉과 같다.

표 4A-1 미국 주요 금리선물의 거래제도

구 분	유로달러선물	T-bond선물
기초자산	유로달러(3개월)	T-bond
기초자산 특성	순수할인채권	확정이자부채권
거래단위	액면금액 $1,000,000	액면금액 $100,000
가격의 표시(호가방식)	IMM지수	액면금액에 대한 비율
최소가격변동폭(최소가격변동금액)	1베이시스포인트($25)*	1/32%($31.25)**
결제방법	현금결제	인수도결제

* 단기 금리선물의 최소가격변동금액(1tick의 가치) $= 0.01\% \times \$1,000,000 \times \frac{90일}{360일} = \$25$
(1베이시스포인트(basis point) = 0.01%)
** 중장기 금리선물의 최소가격변동금액(1tick의 가치) = 1/32% × $100,000 = $31.25

A1.1 T-bond선물

중장기 금리선물로 가장 보편적인 것은 CME그룹에서 거래되는 T-bond와 T-note에 대한 선물계약이다. T-note선물에 대한 대부분의 내용들이 T-bond선물과 유사하기 때문에 여기서는 T-bond선물을 중심으로 설명하기로 한다.

T-bond선물의 호가는 액면금액에 대한 비율(%), 즉 100달러 액면가액을 기준으로 표시되며 구체적으로 1/32달러 단위로 표시된다. 예를 들어 T-bond선물의 가격(호가)이 95-25라면, T-bond선물 1계약의 금액은 $\$95,781.25\left[\left(95+\frac{25}{32}\right)\% \times \$100,000\right]$이다. 호가된 선물가격에 의해 산정된 선물결제금액과 선물매도자가 인도일에 실제로 받아야 하는 금액, 즉 인도금액(invoice amount)은 다르며, 인도금액은 다음과 같이 계산된다.

$$인도금액 = 선물결제금액 \times 전환계수 + 발생이자 \qquad (4A-1)$$

식 (4A-1)에서 채권의 **전환계수**(conversion factor)는 만기 동안 이자율이 연간

6%(반년복리 기준)라는 가정하에서 구한 인도월 최초일 기준의 원금 1달러당 채권의 공시가격이다.

재무 FOCUS

채권의 전환계수 산출

채권의 전환계수는 만기 동안 이자율이 연간 6%(반년복리 기준)라는 가정하에서 구한 인도월 최초일 기준의 원금 1달러당 채권의 공시가격이다. 전환계수를 계산할 때 채권의 만기와 이자지급일까지의 기간은 3개월 단위로 절사하여 구한다. 이와 같은 방법으로 거래소는 포괄적으로 전환계수를 제시한다. 3개월 미만의 기간을 절사한 후 채권의 만기가 6개월 단위로 정확히 나뉘면, 첫 번째 이자는 6개월 후에 지급하는 것으로 가정한다. 그러나 3개월 미만의 기간을 절사한 후 채권의 만기가 6개월 단위로 정확히 나뉘지 않으면(예를 들어 3개월이 남는 경우), 첫 번째 이자는 3개월 후에 지급하는 것으로 가정하고 발생이자는 차감된다.[40]

■ 사례 1: 액면이자율이 연 10%이고 만기가 20년 2개월 남은 이표채의 전환계수 계산

전환계수를 계산하기 위하여 이 채권은 정확하게 20년의 만기를 가지며, 최초 이자지급일이 6개월 후인 것으로 가정한다. 이자는 원금이 상환되는 20년 후까지 매 6개월마다 지급되며, 할인율은 반년복리 기준으로 연 6%(또는 6개월 3%)이다. 이와 같은 채권의 전환계수를 구하면 다음과 같다.

$$\text{채권의 전환계수} = \sum_{t=1}^{40} \frac{0.05}{(1+0.03)^t} + \frac{1}{(1+0.03)^{40}} = 1.4623$$

■ 사례 2: 액면이자율이 연 8%이고 만기가 18년 4개월 남은 이표채의 전환계수 계산

전환계수를 계산하기 위하여 이 채권은 정확하게 18년 3개월의 만기를 가지는 것으로 가정한다. 먼저 채권의 전환계수를 3개월 후 시점의 가치로 할인(반년복리 기준으로 연 6%)하여 구하면 다음과 같다.

$$\text{채권의 전환계수(3개월 후 시점)} = 0.04 + \sum_{t=1}^{36} \frac{0.04}{(1+0.03)^t} + \frac{1}{(1+0.03)^{36}} = 1.2583$$

3개월 후 시점의 전환계수를 할인하여 현재가치로 환산한 후 처음 3개월간 채권이자 0.02를 차감하면 채권의 전환계수를 구할 수 있다.

$$\text{채권의 전환계수} = \frac{1.2583}{(1+0.03)^{1/2}} - 0.02 = 1.2198$$

40) 김철중 · 윤평식 역, 파생상품의 평가와 헷징전략, 제8판(퍼스트 북, 2014), pp.184~185 참조.

그리고 최종이자지급일과 인도일 사이에 발생된 이자(accrued interest)는 현물(T-bond 등)소유자(선물매도자)에게 귀속되어야 하나, 선물매입자가 현물을 인수한 후(인도일 이후의 정기 이자지급일)에 받게 된다.[41] 따라서 선물매도자가 인도일에서의 인도금액을 계산할 때 이를 포함시켜야 한다. 인도일에서의 발생된 이자는 다음과 같이 계산될 수 있다.

$$\text{발생이자} = \text{6개월간 액면이자액} \times \left(\frac{\text{최종 이자지급일로부터 경과된 일수}}{\text{6개월 동안의 일수}} \right)$$

예를 들어 액면이자율이 12%, 전환계수가 1.3755, 그리고 인도일 30일 전에 이자를 지급하는 T-bond선물이 105－25로 호가되는 경우, 선물매도자가 인도일에서 받아야 하는 금액, 즉 인도금액은 다음과 같이 계산될 수 있다.[42]

$$\begin{aligned} &\text{인도금액} \\ &= \left(105 + \frac{25}{32}\right)\% \times \$100{,}000 \times 1.3755 \left(\frac{\$100{,}000 \times 0.06 \times 30\text{일}}{180\text{일}} \right) \\ &= \$146{,}502.11 \end{aligned}$$

T-bond선물의 인도일에 인도할 수 있는 채권은 매우 다양하다.[43] 이 경우 선물매도자는 인도 가능한 채권 중 가격이 가장 낮은 채권, 즉 최저인도가채권(cheapest-to-deliver bond)을 선택할 수 있다. **최저인도가채권**은 선물매도자가 인도일에 채권을 인도하고 받게 되는 금액, 즉 인도금액과 현물(채권)의 매입금액(채권가격＋발생이자)의 차이(π)가 가장 큰 채권을 의미한다.

$$\pi = \text{선물결제금액} \times \text{전환계수} - \text{채권가격}$$

T-bond선물의 이론적 가격을 정확히 결정하는 것은 어려운 일이다. 왜냐하면 인도시기 및 인도채권의 선택과 관련된 선물매도자의 권리를 쉽게 평가할 수 없기 때문이다. 그러나 인도일과 최저인도가채권이 알려져 있다고 가정하는 경우에는 지금까지 설명한 보유비용모형에 의해서 T-bond선물의 이론적 가격을 도출할 수 있다.

T-bond의 경우 확정이자부채권이므로 현물매입에 대한 기회비용인 이자비용을

41) T-bond, T-note 등은 1년에 두 번 이자를 지급한다.

42) 이자가 지급되는 6개월간 일수를 실제로 계산하여야 하나 여기서는 180일이라고 가정하였다.

43) T-bond선물계약에서는 인도월 최초일 기준으로 15~25년 사이의 만기를 갖는 어떤 국채도 인도될 수 있다.

제외한 현물보유비용은 발생하지 않으나 보유수익(매 6개월 지급 액면이자)이 발생한다. 그러므로 앞의 식 (4-1)에 의해서 완전시장에서의 T-bond선물의 가격을 구하면 다음과 같다.

$$F_{0,T} = S_0(1+r_T) - D_T \quad (4A-2)$$

여기서 $F_{0,T}$: 현재시점에서 인도일이 T인 T-bond선물의 가격
S_0 : 현재시점에서의 현물(최저인도가채권) 매입가격[44]
r_T : 현재시점에서 인도일까지 기간의 무위험이자율
D_T : 현재시점에서 인도일까지 기간 동안 지급되는 액면이자의 T시점에서의 가치

식 (4A-2)에 의해서 도출된 T-bond선물의 이론적 가격은 선물가격의 호가(액면금액에 대한 비율)와는 다르다. 호가되는 선물가격과 비교하기 위해서는 이론적 호가를 산출하여야 한다. 예를 들어 식 (4A-2)에 의해서 산출된 이론적 선물가격은 $106,000, 전환계수는 1.2000, 최종이자지급일과 인도일 사이에 발생된 이자는 $1,000라고 한다면, 이론적 호가는 다음과 같이 산출될 수 있다.

- T-bond선물 1계약의 금액 $= \dfrac{\text{이론적 선물가격} - \text{발생이자}}{\text{전환계수}} = \dfrac{\$106{,}000 - \$1{,}000}{1.2000} = \$87{,}500$
- 액면금액에 대한 비율 $= \dfrac{\$87{,}500}{\$100{,}000} = 0.875$
- 이론적 호가(%) = 87 − 16

A1.2 유로달러선물

유로달러선물은 유로달러(미국 외 지역에 있는 은행에서 거래가 이루어지는 미국 달러화)에서 얻는 이자율, 즉 런던은행간대출금리(London inter-bank offered rate: LIBOR)에 대한 선물계약으로서 다음과 같이 호가된다.

$$\text{IMM지수}(\%) = 100.00 - \text{LIBOR} \quad (4A-3)$$

그리고 유로달러선물 1계약금액은 다음과 같이 정의된다.[45]

---

44) 채권매입일 이전에 발생된 미지급이자를 포함한 가격임.
45) LIBOR는 연간 수익률 개념으로서 다음과 같이 정의될 수 있다.

$$\text{유로달러선물 1계약금액} = \$1,000,0000 \times \left(1 - \frac{LIBOR \times 90\text{일}}{360\text{일}}\right) \quad (4A-4)$$

예를 들어 유로달러선물의 호가가 95.35라면, LIBOR가 4.65%(100%－95.35%)임을 의미한다. 이 경우 유로달러(90일)선물 1계약에 대한 금액은 다음과 같이 계산된다.

$$\text{선물 1계약금액} = \$1,000,0000 \times \left(1 - \frac{0.0465 \times 90\text{일}}{360\text{일}}\right)$$

유로달러선물은 금리(90일 LIBOR)에 대한 선물로 현금결제만 되기 때문에 선물결제금액과 인도금액이 일치한다. 또한 유로달러선물은 할인율(discount yield : DY) 대신에 수익률(add-on yield) 개념인 LIBOR를 사용한다는 점을 유의해야 한다.[46)]

$$LIBOR = \left(\frac{\$1,000,000 - F_{0,T}}{F_{0,T}}\right) \times \left(\frac{360\text{일}}{90\text{일}}\right)$$

이와 같은 LIBOR의 개념을 정확하게 적용하여 유로달러선물 1계약금액($F_{0,T}$)을 구하면 다음과 같다.

$$F_{0,T} = \frac{\$1,000,000}{1 + \dfrac{\text{LIBOR} \times 90\text{일}}{360\text{일}}}$$

그러나 위 식에 의하면 LIBOR가 1베이시스포인트 변동할 때 그 변동금액(1tick의 가치)이 일정하지 않다는 문제가 발생하게 된다. 이와 같은 문제를 보완해서 거래를 원활하게 이루어지도록 하기 위하여 실제 유로달러선물 1계약금액을 산출하는 식, 즉 식 (4A-4)는 할인율 개념을 사용하는 것과 유사하게 정의됨을 유의해야 한다. 식 (4A-4)는 논리적인 모순이 있으나 거래를 위해 만들어진 식으로 이해하면 된다.

46) 연간 할인율(DY)의 정의를 이용하여 선물가격을 구하면 다음과 같다.

$$DY = \left(\frac{\$1,000,000 - F_{0,T}}{\$1,000,000}\right) \times \left(\frac{360\text{일}}{90\text{일}}\right) \rightarrow F_{0,T} = \$1,000,000 \times \left(1 - \frac{DY \times 90\text{일}}{360\text{일}}\right)$$

보론 2 선물옵션

A2.1 선물옵션의 의의

선물옵션(option on futures, futures option)은 현물이 아닌 선물을 기초자산으로 하는 옵션으로서, 미래의 일정시점에 약정된 가격으로 선물계약을 체결할 수 있는 권리를 말한다. **선물콜옵션**(call option on futures)은 약정된 가격(행사가격)으로 선물계약에 매입포지션을 취할 수 있는 권리이며, **선물풋옵션**(put option on futures)은 약정된 가격으로 선물계약에 매도포지션을 취할 수 있는 권리를 말한다.

대부분의 선물옵션은 옵션의 잔존기간 중 언제라도 행사할 수 있는 미국형 옵션이며, 선물옵션의 만기일은 일반적으로 기초선물계약의 가장 빠른 인도일과 같거나 며칠 전이다.

현재(0), 선물옵션의 만기일(T), 그리고 선물의 만기일(T')에서 각 시점의 선물가격을 나타내면 다음과 같다.

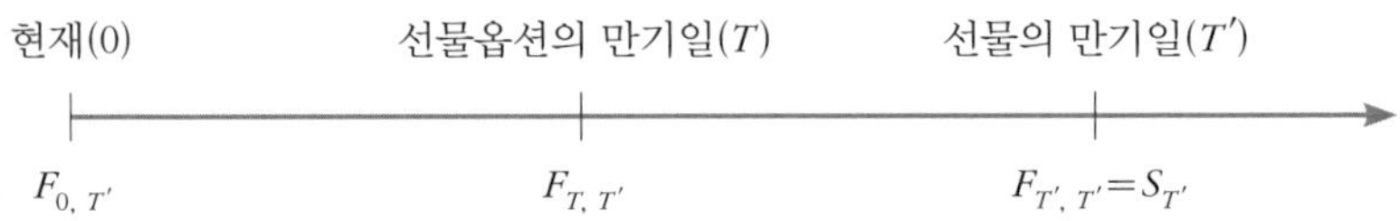

선물옵션의 만기일(T)에서 행사가격이 X인 선물콜옵션의 가치(C_T)와 선물풋옵션의 가치(P_T)를 살펴보면 다음과 같다.

- $C_T = \text{Max}[F_{T,\,T'} - X,\ 0]$
- $P_T = \text{Max}[X - F_{T,\,T'},\ 0]$

A2.2 풋-콜 패리티

기초자산인 선물과 선물풋옵션을 각각 하나씩 매입하고, 선물콜옵션을 하나 매도함으로써 무위험포트폴리오를 구성할 수 있다. 이 경우 선물콜옵션과 선물풋옵션은 유럽형 옵션으로서 동일한 선물에 대하여 설정되며, 그 행사가격과 만기가 모두 같아야 한다. 이와 같이 구성된 포트폴리오의 성과는 〈표 4A-2〉에 나타나 있다.

따라서 균형상태하에서(차익거래이익이 존재하지 않는 상황하에서)는 다음과 같은 관

표 4A-2 선물옵션을 이용한 무위험포트폴리오의 구성

포트폴리오	투 자 액	만기일(T)의 성과	
		$F_{T,\,T'}<X$	$F_{T,\,T'}\geq X$
선물을 $F_{0,\,T'}$로 매입	0	$F_{T,\,T'}-F_{0,\,T'}$	$F_{T,\,T'}-F_{0,\,T'}$
선물풋옵션 매입	P	$X-F_{T,\,T'}$	0
선물콜옵션 매도	$-C$	0	$-(F_{T,\,T'}-X)$
합 계	$P-C$	$X-F_{0,\,T'}$	$X-F_{0,\,T'}$

계, 즉 선물옵션의 풋-콜 패리티가 성립한다.[47)]

$$\frac{F_{0,\,T'}}{1+r_T}+P-C=\frac{X}{1+r_T} \tag{4A-5}$$

식 (4A-5)의 풋-콜 패리티로부터 유럽형 선물콜옵션과 선물풋옵션 가격의 하한선을 유도할 수 있다.

- $C-P=\dfrac{F_{0,\,T'}-X}{1+r_T},\ P\geq 0 \rightarrow C\geq \dfrac{F_{0,\,T'}-X}{1+r_T}$
- $P-C=\dfrac{X-F_{0,\,T'}}{1+r_T},\ C\geq 0 \rightarrow P\geq \dfrac{X-F_{0,\,T'}}{1+r_T}$

한편 미국형 선물옵션은 만기일 전 언제든지 행사할 수 있으므로 다음 식이 성립한다.

- $C\geq F_{0,\,T'}-X$
- $P\geq X-F_{0,\,T'}$

A2.3 선물옵션의 평가

이항분포모형을 이용한 선물옵션의 평가

선물옵션의 만기일에 선물가격이 $uF_{0,\,T'}$로 상승하거나, $dF_{0,\,T'}$로 하락할 경우 선물

47) 미국형 선물옵션의 경우 선물콜옵션의 가격과 선물풋옵션의 가격 사이의 관계는 다음과 같다.

$$\frac{F_{0,\,T'}}{1+r_T}-X\leq C-P\leq F_{0,\,T'}-\frac{X}{1+r_T}$$

그림 4A-1 선물과 선물콜옵션의 성과

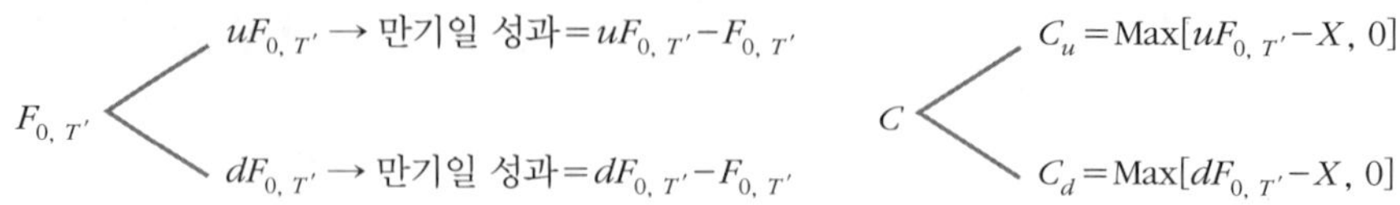

그림 4A-2 헤지포트폴리오의 성과

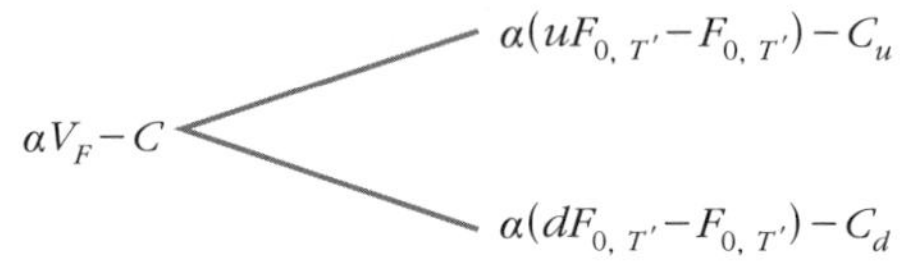

여기서 V_F: 기초자산인 선물의 현재가치이며, 그 값은 0임

과 선물콜옵션의 만기일에서의 성과를 살펴보면 [그림 4A-1]과 같다.

[그림 4A-1]에서 선물을 α개 매입하고 그 선물에 대한 콜옵션을 1개 매도하여 헤지포트폴리오를 구성하면, [그림 4A-2]와 같다.

헤지포트폴리오를 구성하기 위해서는 선물가격의 상승 또는 하락과 관계없이 선물옵션의 만기일에서의 포트폴리오의 성과가 항상 일정해야 한다.

$$\alpha(uF_{0,T'}-F_{0,T'})-C_u=\alpha(dF_{0,T'}-F_{0,T'})-C_d \rightarrow \alpha=\frac{C_u-C_d}{(u-d)F_{0,T'}} \quad (4A-6)$$

식 (4A-6)에서 α는 헤지비율로서 헤지포트폴리오를 구성하기 위해 선물콜옵션 1개를 매도(매입)할 때 매입(매도)하여야 하는 선물의 수를 의미한다. 이와 같이 구성한 헤지포트폴리오의 수익률은 무위험이자율 r_T가 되어야 할 것이다.

$$\alpha V_F-C=-C=\frac{\alpha(uF_{0,T'}-F_{0,T'})-C_u}{1+r_T} \quad (4A-7)$$

이제 식 (4A-6)을 식 (4A-7)에 대입하여 선물콜옵션의 가격을 구하면 다음과 같다.[48]

---

48) $V_F(=0)=\dfrac{p(uF_{0,T'}-F_{0,T'})+(1-p)(dF_{0,T'}-F_{0,T'})}{1+r_T} \rightarrow F_{0,T'}=puF_{0,T'}+(1-p)dF_{0,T'}$

$\therefore p=\dfrac{1-d}{u-d}$

$$C=\frac{pC_u+(1-p)C_d}{1+r_T} \tag{4A-8}$$

여기서 $p=\frac{1-d}{u-d}$, $1-p=\frac{u-1}{u-d}$

블랙모형을 이용한 선물옵션의 평가

선물옵션은 연속배당수익률을 지급하는 주식에 대한 옵션과 유사하므로 그와 동일한 방법으로 분석할 수 있다. 즉 선물가격이 무위험이자율 r로 연속배당을 지급하는 주식의 가격과 동일한 형태로 변한다는 것이다. 따라서 블랙(1976)은 유럽형 선물옵션을 평가하기 위해 연속배당수익률(δ)을 알고 있는 경우의 수정된 블랙-숄즈모형[제1장의 식 (1-25)]에서 S를 $F_{0,\,T'}$로 대체하고, $\delta=r$로 놓음으로써 다음과 같은 유럽형 선물콜옵션의 가격결정모형을 도출하였다.[49]

$$C=F_{0,\,T'}e^{-rT}N(d_1)-Xe^{-rT}N(d_2) \tag{4A-9}$$

여기서 $d_1=\frac{\ln\left(\frac{F_{0,\,T'}}{X}\right)+\left(\frac{\sigma^2}{2}\right)T}{\sigma\sqrt{T}}$, $d_2=d_1-\sigma\sqrt{T}$

그리고 선물옵션의 풋-콜 패리티에 의해서 선물풋옵션의 가치를 구하면 다음과 같다.

$$P=Xe^{-rT}[1-N(d_2)]-F_{0,\,T'}e^{-rT}[1-N(d_1)] \tag{4A-10}$$

예제 4A-1 **선물옵션**

4월 현재 9월물 3년 국채선물가격은 102.40이며, 이를 기초자산으로 하고 만기가 2개월 후, 행사가격이 108.0인 6월물 3년 국채선물콜옵션이 거래되고 있다. 6월물 3년 국채선물콜옵션의 만기인 2개월 후에 9월물 3년 국채선물가격은 112.64로 상승하거나 92.16으로 하락할 것으로 예상된다. 무위험이자율이 연 6%일 때 다음의 물음에 답하라.

(1) 6월물 3년 국채선물콜옵션의 균형가격은 얼마인가?

(2) 풋-콜 패리티(put-call parity)를 이용하여 행사가격과 만기가 동일한 3년 국채선물풋옵션의 균형가격을 구하라. (단, 3년 국채선물옵션은 유럽형 옵션이라고 가정한다.)

---

49) F. Black, "The Pricing of Commodity Contracts," *Journal of Financial Economics*, Vol. 3(Jan./March 1976), pp. 167~179.

| 해설 |

(1) 만기일(2개월 후)에서 9월물 3년 국채선물과 이를 기초자산으로 하는 6월물 3년 국채선물 콜옵션의 가격변동을 살펴보면 다음과 같다.

- $F_{0,\,T'}(=102.40)$
  - $uF_{0,\,T'}=112.64 \rightarrow$ 만기일 성과 $=112.64-102.40=10.24$
  - $dF_{0,\,T'}=92.16 \rightarrow$ 만기일 성과 $=92.16-102.40=-10.24$

- C
  - $C_u=\text{Max}[112.64-108.0,\ 0]=4.64$
  - $C_d=\text{Max}[92.1-108.0,\ 0]=0$

선물을 α개 매입하고 콜을 1개 매도하여 헤지포트폴리오를 구성하면 다음과 같다.

$\alpha V_F-C(=-C)$
- $10.24\alpha-4.64$
- -10.24α

$$10.24\alpha-4.64=-10.24\alpha \rightarrow \alpha=0.2266$$

이와 같이 구성한 헤지포트폴리오의 수익률은 무위험이자율이 되어야 한다.

$$-C=\frac{10.24\times0.2266-4.64}{1+0.06\times\frac{2}{12}}$$

$$\therefore\ C=2.30$$

별 해 위험중립확률을 이용하여도 동일한 결과를 얻을 수 있다.[50)]

$$u=\frac{112.64}{102.40}=1.1,\ d=\frac{92.16}{102.40}=0.9 \rightarrow p=\frac{1-0.9}{1.1-0.9}=0.5,\ 1-p=0.5$$

$$\therefore\ C=\frac{0.5\times4.64+0.5\times0}{1+0.01}=2.30$$

(2) 풋-콜 패리티를 이용하여 선물풋옵션의 가치를 구하면 다음과 같다.

$$\frac{F_{0,\,T'}}{1+r_T}+P-C=\frac{X}{1+r_T}$$

$$\therefore\ P=2.30-\frac{102.40}{1+0.01}+\frac{108.0}{1+0.01}=7.84$$

---

50) $F_{0,\,T'}=puF_{0,\,T'}+(1-p)dF_{0,\,T'} \rightarrow 102.40=p\times112.64+(1-p)\times92.16$
$\therefore\ p=0.5$

별 해 위험중립확률을 이용하여도 동일한 결과를 얻을 수 있다.

$$P \begin{cases} P_u = \text{Max}[108.0-112.64,\ 0]=0 \\ P_d = \text{Max}[108.0-92.16,\ 0]=15.84 \end{cases}$$

$$\therefore\ P=\frac{0.5\times 0+0.5\times 15.84}{1+0.01}=7.84$$

제 5 장

선물거래와 위험관리

1. 선물거래에 의한 위험의 헤징
2. 채권관리
3. VaR

위험관리(risk management)는 기업의 경영활동에서 발생되는 불확실성의 원인을 파악하여 최소화함으로써 기업이 입을 수 있는 손실을 줄이거나 방지하는 활동이다. 옵션, 선물 등 파생상품은 효과적인 위험관리수단으로 이용되고 있다. 헤지(hedge)는 현물시장에서의 가격위험(price risk)을 줄이는 것을 의미한다. 선물 등을 이용함으로써 현물시장에서의 예측하지 못한 가격변동에 따른 위험을 저렴하고 효과적으로 제거할 수 있다. 그리고 이자율위험 또는 환위험의 경우 파생상품이 아닌 현물(채권 또는 외환)을 이용하여 위험을 관리할 수 있는 방법이 있다. 특히 금융기관 등에서는 이자율변동에 따른 위험을 관리하기 위한 방법으로서 자산·부채관리(asset and liability management : ALM) 등을 사용하고 있다. 한편 기존의 위험관리기법들은 특정 자산의 위험관리에 한정되는 데 비해, VaR(Value at Risk)는 주식, 채권, 외환, 파생금융상품 등 여러 자산으로 구성된 전체 포트폴리오의 위험을 관리하는 데 유용하다.

본장에서는 선물 또는 현물(채권)을 이용하여 위험을 관리하는 방법과 VaR에 대해서 설명하고자 한다.

1 선물거래에 의한 위험의 헤징

헤지(hedge)는 현물시장에서의 가격위험(price risk)을 줄이는 것을 의미한다. 선물을 이용함으로써 현물시장에서의 예측하지 못한 가격변동에 따른 위험을 저렴하고 효율적으로 제거할 수 있다. 이는 선물의 주요한 존재이유 중의 하나이다.

1.1 헤지의 기본원리

헤지의 의의

선물시장을 이용한 헤지는 현물시장에서의 가격위험을 제거하기 위해 현물시장에서의 포지션과 반대되는 포지션을 선물시장에서 취하는 것을 의미한다. 헤지를 선물시장에서 취하는 포지션에 따라 매입헤지(long hedge)와 매도헤지(short hedge)로 나눈다.

매입헤지는 미래에 구입할 예정인 현물의 가격상승으로 인한 손실을 방지하기 위하여 선물을 매입하는 것을 의미한다. 매입헤지로 인하여 미래 현물가격의 변동에 관계없이 미래에 구입할 현물의 가격을 현재시점에서 고정시킬 수 있다. 예를 들어 정유회사가 원유가격변동으로 인한 위험을 제거하기 위하여 앞으로 구입할 원유에 대하여 선물계약을 맺는 경우, 이를 매입헤지라 한다. 그러나 원재료인 원유가격의 변동에 따라 생산제품인 석유제품의 판매가격이 연동되어 변할 경우 원재료(원유)에 대한 헤징을 함으로써 오히려 제품(석유제품)의 가격변동에 따른 위험에 노출될 수 있다. 따라서 제품의 판매가격이 안정되어 있을 때 미래에 구입할 원재료에 대한 선물의 매입, 즉 매입헤지에 의해 위험을 제거할 수 있음을 유의해야 한다.

한편 **매도헤지**는 현재 보유하고 있는 현물의 미래 판매가격하락으로 인한 손실을 방지하기 위하여 선물을 매도하는 것을 의미한다. 매도헤지로 인하여 미래 현물가격의 변동에 관계없이 미래에 판매될 현물의 가격을 현재시점에서 고정시킬 수 있다. 예를 들어 농부가 농산물 가격변동으로 인한 위험을 제거하기 위하여 앞으로 수확할 농산물을 매도하는 선물계약을 맺는 경우, 이를 매도헤지라 한다.

선물을 이용한 헤징의 목적은 미래의 불확실한 현물가격을 현재시점에서 고정시키는 것이지, 보다 많은 이익을 보장받는 것은 아니라는 점을 유의해야 한다. 현물가격이 불리하게 변동했을 때는 선물의 이익으로 인하여 현물에서의 손실이 상쇄될 수 있지만, 현물가격이 유리하게 변동했을 때는 선물의 손실이 오히려 현물에서의 이익을 상쇄시킬 수 있다.

베이시스위험

베이시스(basis)는 선물가격과 현물가격 간의 차이를 말한다.[1)]

> 베이시스 = 선물가격 − 현물가격

선물가격이 현물가격으로 수렴하는 특성에 의해서 만기일의 베이시스는 0이 된다. 그러나 만기일 이전에는 베이시스가 0이 되지 않으며, 그 크기 또한 일정하지 않다. 시간변화에 따른 베이시스의 변동은 [그림 5−1]과 같다.

선물의 만기일(T) 이전인 헤지종료일(t)에서 헤저(hedger)의 손익은 현물과 선물의 손익을 합하여 다음과 같이 구할 수 있다.

	현재(0)	헤지종료일(t)	선물의 만기일(T)
현물가격:	S_0	S_t	S_T
선물가격:	$F_{0,T}$	$F_{t,T}$	$F_{T,T}(=S_T)$

- 매입헤지의 손익 $=(S_0-S_t)+(F_{t,T}-F_{0,T})=(F_{t,T}-S_t)-(F_{0,T}-S_0)=(\text{basis})_t-(\text{basis})_0$
- 매도헤지의 손익 $=(S_t-S_0)+(F_{0,T}-F_{t,T})=(F_{0,T}-S_0)-(F_{t,T}-S_t)=(\text{basis})_0-(\text{basis})_t$

헤저의 손익은 현재와 헤지종료일간 베이시스의 차이라 할 수 있다.

현재시점(0시점)의 베이시스는 알려져 있으나, 헤지종료일(t시점)에서의 베이시스

그림 5−1 시간변화에 따른 베이시스의 변동

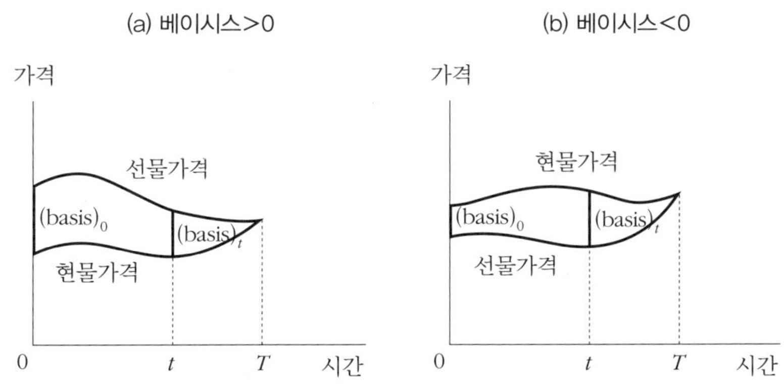

1) 베이시스를 「현물가격 − 선물가격」으로 정의하기도 한다.

는 불확실하다.[2] 따라서 베이시스가 변동하는 경우 헤저는 가격위험 대신에 베이시스위험(basis risk)을 부담하게 된다. 베이시스위험은 헤지포지션에 영향을 미친다. 베이시스가 예상보다 축소되는 경우에는 매도헤지가 유리한 반면, 베이시스가 예상보다 확대되는 경우에는 매입헤지가 유리하다. 그러나 베이시스가 일정하거나 헤지종료일과 선물의 만기일이 같은 경우에는 베이시스위험이 제거될 수 있다.[3]

이상에서는 현물과 선물의 기초자산이 동일하다는 전제하에서의 베이시스위험을 살펴보았다. 그러나 선물거래는 일부 표준화된 상품에 대해서만 이루어지고 있기 때문에 현물과 동일한 자산에 대한 선물을 발견하기 어렵다. 따라서 실제로는 현물과 선물의 기초자산이 정확하게 일치하지 않을 수 있으며, 이와 같은 경우의 헤지를 **교차헤지**(cross hedge)라 한다. 교차헤지에서는 현물과 선물의 기초자산간의 불일치로 인한 추가적인 베이시스위험이 발생하게 된다.

예제 5-1 헤저와 투기자의 손익

6월 1일 현재 상품 A에 대한 현물과 선물가격은 다음과 같다.

(6월 1일)
현물 A: 100만원
선물 A: 110만원

6월 30일의 상품 A에 대한 현물과 선물가격이 다음과 같을 경우 현물을 보유(매입)하고 선물을 매도한 헤저와 그 거래의 상대방인 투기자의 이익은 각각 어떻게 되겠는가?

(1)

(6월 30일)
현물 A: 130만원
선물 A: 140만원

(2)

(6월 30일)
현물 A: 130만원
선물 A: 100만원

(3)

(6월 30일)
현물 A: 130만원
선물 A: 145만원

| 해설 |

선물계약시점(6월 1일)의 베이시스 = 선물가격 − 현물가격
= 110만원 − 100만원 = 10만원

(1) 베이시스 = 140만원 − 130만원 = 10만원(베이시스 일정) → 완전헤지

---

2) S_t, $F_{t,T}$가 확률변수이므로 t시점의 베이시스는 확률변수이다.

3) 베이시스가 일정하다면, '$(\text{basis})_0 = (\text{basis})_t$'이다. 따라서 헤저의 손익이 0, 즉 위험이 제거된다. 또는 헤지종료일이 선물의 만기일과 일치한다면, $(\text{basis})_t = 0$이다. 따라서 헤저의 손익은 현재시점에서 확정된 값(상수)인 $(\text{basis})_0 = S_0 \cdot r_T$ 또는 $-(\text{basis})_0 = -S_0 \cdot r_T$이므로 역시 위험이 제거된다고 할 수 있다. 여기서 헤저의 손익이 0이 되는 경우는 베이시스가 일정하게 유지되는 특별한 상황임을 유의해야 한다.

구 분	헤저의 손익*	투기자의 손익
현물 A	30만원(=130−100)	
선물 A	−30만원(=110−140)	30만원(=140−110)
합 계	0	30만원

* 헤저의 손익 $=(\text{basis})_0-(\text{basis})_t=$ 10만원 − 10만원 = 0

(2) 베이시스 = 100만원 − 130만원 = −30만원(베이시스 축소) → 불완전헤지

구 분	헤저의 손익*	투기자의 손익
현물 A	30만원(=130−100)	
선물 A	10만원(=110−100)	−10만원(=100−110)
합 계	40만원	−10만원

* 헤저의 손익 $=(\text{basis})_0-(\text{basis})_t=$ 10만원 − (−30만원) = 40만원

(3) 베이시스 = 145만원 − 130만원 = 15만원(베이시스 확대) → 불완전헤지

구 분	헤저의 손익*	투기자의 손익
현물 A	30만원(=130−100)	
선물 A	−35만원(=110−145)	35만원(=145−110)
합 계	−5만원	35만원

* 헤저의 손익 $=(\text{basis})_0-(\text{basis})_t=$ 10만원 − 15만원 = −5만원

1.2 최소분산헤지비율

현물과 선물의 기초자산, 헤지기간과 선물의 만기일 등이 완전하게 일치하는 경우에만 완전헤지(perfect hedge)가 가능하다. 그러나 이는 현실적으로 어렵기 때문에 불완전헤지(imperfect hedge)를 전제로 위험을 최소화시키려는 노력이 중요하게 된다.

헤저가 현물 1단위와 선물 H단위를 결합하여 헤지포트폴리오를 구성하는 경우 이 포트폴리오의 가치변동(ΔV_H)은 다음과 같다.

$$\Delta V_H = \Delta S + H\Delta F \tag{5-1}$$

여기서 ΔS: 헤지기간 동안 현물의 가격변동($S_t - S_0$)
ΔF: 헤지기간 동안 선물의 가격변동($F_{t,T} - F_{0,T}$)
H: 현물 1단위에 대한 선물의 헤지비율

헤지포트폴리오의 가치변동에 따른 위험은 식 (5−1)에 분산을 취함으로써 구할

수 있다.

$$Var(\Delta V_H) = Var(\Delta S) + H^2 Var(\Delta F) + 2HCov(\Delta S, \Delta F) \tag{5-2}$$

헤지포트폴리오의 위험, 즉 $Var(\Delta V_H)$를 최소화하기 위한 헤지비율, 즉 **최소분산헤지비율**(minimum variance hedge ratio) H^*를 구하기 위해서는 H에 대하여 편미분한 후 0으로 두어 풀면 된다.

$$\frac{\partial Var(\Delta V_H)}{\partial H} = 2H \cdot Var(\Delta F) + 2Cov(\Delta S, \Delta F) = 0$$

위 식을 풀면,

$$H^* = -\frac{Cov(\Delta S, \Delta F)}{Var(\Delta F)} = -\frac{\rho(\Delta S, \Delta F)\sigma(\Delta S)}{\sigma(\Delta F)} \tag{5-3}$$

여기서 $\rho(\Delta S, \Delta F)$: ΔS와 ΔF 간의 상관계수

식 (5－3)에서 최소분산헤지비율의 부호가 음(－)인 것은 선물의 포지션이 현물포지션과 정반대임을 의미한다. 그리고 식 (5－3)에서의 최소분산헤지비율은 과거자료(표본자료)를 이용하여 다음과 같은 회귀식에 의해 추정될 수 있다.

$$\Delta S_t = \alpha + \beta \Delta F_t + \varepsilon_t \tag{5-4}$$

여기서 ΔS_t : t기간에서 현물의 가격변동
ΔF_t : t기간에서 선물의 가격변동
α : 절편
β : 회귀계수
ε_t : 잔차항

식 (5－4)에 의해서 추정된 회귀계수($\hat{\beta}$)에 의해서 구한 최소분산헤지비율은 다음과 같다.

$$H^* = -\hat{\beta} \tag{5-5}$$

한편 식 (5－3)을 식 (5－2)에 대입하여 정리하면, 헤지포트폴리오의 최소위험 $[Var(\Delta V_H)^*]$을 구할 수 있다.[4)]

$$Var(\Delta V_H)^* = Var(\Delta S)[1 - \rho^2(\Delta S, \Delta F)] \tag{5-6}$$

---

4) 최소분산헤지의 유효성(effectiveness of minimum variance hedge)은 다음과 같이 측정될 수 있다.

$$e^* = \frac{Var(\Delta S) - Var(\Delta V_H)^*}{Var(\Delta S)} = \rho^2(\Delta S, \Delta F)$$

그림 5-2 최적헤지포트폴리오의 선택

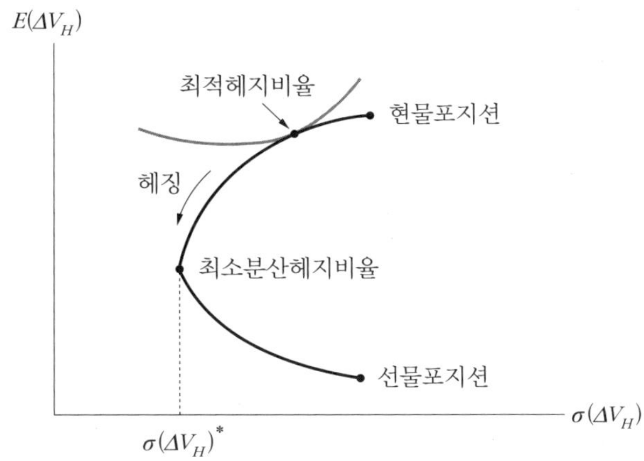

식 (5-6)에서 볼 수 있는 바와 같이 현물과 선물의 가격변동 간 상관관계가 클수록(현물과 선물의 기초자산 간 일치성이 높을수록) 헤지포트폴리오의 위험이 더 작아짐을 알 수 있다. 예를 들어 $\rho^2(\Delta S, \Delta F)=1$이면 헤지포트폴리오의 위험은 0이 되어 완전헤지가 가능하나, $\rho^2(\Delta S, \Delta F)=0$이면 헤지포트폴리오의 위험은 $Var(\Delta S)$, 즉 현물의 가격위험과 동일하게 된다.

이상에서 설명한 최소분산헤지비율은 엄밀하게 말하면 헤징의 위험을 최소화하는 것이지, 투자자들의 기대효용을 극대화시키는 것은 아니라는 점을 유의해야 한다. 「Perfect 재무관리 Ⅰ」 제9장 포트폴리오분석에서 설명한 바와 같이 선택가능한 헤지포트폴리오 중 투자자들의 기대효용을 가장 극대화하는 헤지비율을 **최적헤지비율**(optimal hedge ratio)이라 할 수 있다. 최소분산헤지비율과 최적헤지비율은 [그림 5-2]에 나타나 있다.

예제 5-2 최소분산헤지비율

㈜ABC에너지는 3개월 후 1,000,000갤런의 난방용 연료를 매입할 예정이며, 현재 이 회사는 가솔린에 대한 선물을 매입하여 현물(난방용 연료)의 가격위험을 헤징하려고 한다. 다음의 자료를 이용하여 ㈜ABC에너지의 최소분산헤지비율과 헤징에 필요한 선물의 최적계약수를 구하라. (단, 가솔린선물의 1계약은 42,000갤런임.)

- 난방용 연료 갤런당 가격의 3개월간 변동액의 표준편차=0.06
- 가솔린선물 갤런당 가격의 3개월간 변동액의 표준편차=0.05
- 난방용 연료와 가솔린선물의 3개월 동안 가격변동간 상관계수=0.8

| 해설 |

$$H^* = -\frac{\rho(\Delta S,\ \Delta F)\sigma(\Delta S)}{\sigma(\Delta F)} = -\frac{0.8 \times 0.06}{0.05} = -0.96$$

현물(난방용연료) 1갤런당 가솔린선물 0.96갤런을 매입해야 한다. 즉 ㈜ABC에너지가 헤지포트폴리오의 위험을 최소화하기 위해서 총 960,000갤런(=0.96×1,000,000갤런)의 가솔린선물을 매입해야 함을 의미한다.

$$\therefore \text{ 가솔린선물의 최적계약수(매입)} = \frac{960{,}000}{42{,}000} = 22.86\text{계약}$$

헤징을 통해 헤지포트폴리오의 위험을 최소화하기 위해서는 가솔린선물을 22.86계약 매입해야 한다. (현실적으로 선물은 소수 단위로 매입할 수 없기 때문에 가솔린선물을 23계약 매입할 것이다.)

1.3 주가지수선물을 이용한 헤징

개별주식이나 주식포트폴리오의 체계적 위험을 관리하기 위하여 주가지수선물을 이용할 수 있다.

주가지수선물을 이용한 포트폴리오의 관리

■ 베타헤징: 최소분산헤지비율

현물(주식포트폴리오)의 가격변화율(수익률), 즉 $r_S = \frac{\Delta S}{S_0}$, 주가지수선물의 가격변화율(수익률), 즉 $r_F = \frac{\Delta F}{F_{0,\,T}}$를 이용하여 식 (5−3)을 변형시키면 다음과 같다.

$$H^* = -\frac{S_0}{F_{0,\,T}}\left(\frac{Cov(r_S,\ r_F)}{Var(r_F)}\right) = -\frac{S_0}{F_{0,\,T}}\beta_{SF} \qquad (5\text{−}7)$$

여기서 S_0: 주식포트폴리오의 현재가치
$F_{0,\,T}$: 현재시점에서 만기가 T인 주가지수선물 1계약의 가격(선물지수×거래승수)
β_{SF}: 주가지수선물 수익률에 대한 주식포트폴리오 수익률의 민감도[5)]

식 (5−7)에서 주가지수선물 수익률(r_F)과 시장포트폴리오 수익률(r_M)이 동일하게 움직인다고 가정한다면, β_{SF} 대신 주식포트폴리오의 베타값 β_S를 이용하여 최소분산헤지비율(최소분산헤지에 필요한 최적계약수)을 구할 수 있다.[6)]

---

5) β_{SF}는 다음과 같은 회귀식에 의해서 추정될 수 있다.
$r_S = \alpha + \beta_{SF}\, r_F + \varepsilon_t$

6) 제1장에서 설명한 델타헤징에 의한 방법, 즉 가격민감도헤지비율을 구해도 식 (5−8)과 동일한 결과를 얻을 수 있다.

$$H^* = -\frac{S_0}{F_{0,\,T}}\beta_S \tag{5-8}$$

여기서 $\beta_S = \dfrac{Cov(r_S,\ r_M)}{Var(r_M)}$

주가지수선물을 이용하여 구성된 헤지포트폴리오의 수익률은 거의 무위험수익률에 가까워진다. 따라서 무위험수익률을 얻는 것이 헤저의 목적이라면 현재시점에서 보유하고 있는 주식들을 매도한 후, 그 대금을 무위험자산에 투자하는 방법이 훨씬 간단하다. 그럼에도 불구하고 헤징이 필요한 이유로 다음과 같은 두 가지를 들 수 있다.

첫째, 포트폴리오를 잘 구성하여 시장보다 더 좋은 성과를 얻을 수 있다고 예상되지만 시장전체의 불확실성으로 인한 위험이 걱정이 되는 경우에 주가지수선물을 이용하면, 시장에 대한 상대적인 성과는 그대로 유지하면서 시장의 불확실성에 따른 위험, 즉 체계적 위험을 제거할 수 있다.

둘째, 주식포트폴리오를 장기간 보유할 경우에 단기적인 시장위험을 제거하기 위하여 헤징을 한다. 단기적으로 포트폴리오를 매도하여 무위험자산에 투자한 후 포트폴리오를 재구성하려면 많은 비용이 발생하기 때문에 주가지수선물을 이용하여 헤징을 하는 것이 더 유리할 수 있다.

■ 체계적 위험의 조정

시장상황에 따라 포트폴리오의 베타를 변화시키고자 할 때도 주가지수선물을 이용할 수 있다. 현재 S_0의 가치를 가지는 포트폴리오를 보유하고 있는 투자자가 임의의 헤지비율 H에 의해 헤지포트폴리오를 구성하는 경우 그 수익률은 다음과 같다.

$$r_H = \frac{\Delta S + H\Delta F}{S_0} = \frac{\Delta S}{S_0} + H\cdot\frac{F_{0,\,T}}{S_0}\cdot\frac{\Delta F}{F_{0,\,T}} = r_S + \frac{F_{0,\,T}}{S_0}\cdot H\cdot r_F$$

따라서 헤지포트폴리오의 베타(β_H)는 다음과 같이 구할 수 있다.

$$\beta_H = \beta_S + \frac{F_{0,\,T}}{S_0}\cdot H\cdot\beta_F \tag{5-9}$$

식 (5－9)에서 주가지수선물 수익률(r_F)과 시장포트폴리오 수익률(r_M)이 동일하게 움직인다고 가정한다면, 주가지수선물의 베타(β_F)는 1이 된다. 그러므로 현재 보유하고 있는 주식포트폴리오 베타(β_S)를 임의의 헤지포트폴리오 베타(β_H)로 조정하기 위

$$V_H = S_0 + HV_F \rightarrow \frac{\partial V_H}{\partial I} = \frac{\partial S_0}{\partial I} + H\frac{\partial V_F}{\partial I} = 0\ \left(\because \frac{\partial V_F}{\partial I} = \frac{\partial F_{0,\,T}}{\partial I}\right) \rightarrow \beta_S\left(\frac{S_0}{I}\right) + H\beta_F\left(\frac{F_{0,\,T}}{I}\right) = 0$$

$$\therefore\ H^* = -\left(\frac{\beta_S}{\beta_F}\right)\left(\frac{S_0}{F_{0,\,T}}\right) = -\frac{S_0}{F_{0,\,T}}\beta_{SF} = -\frac{S_0}{F_{0,\,T}}\beta_S$$

한 헤지비율은 다음과 같다.[7)]

$$H = (\beta_H - \beta_S)\frac{S_0}{F_{0,\,T}} \tag{5-10}$$

시장상황이 좋을 경우에는 베타가 클수록 유리한 반면, 시장상황이 좋지 않으면 베타가 작을수록 유리하다. 그러므로 시장상황에 따라 다음과 같은 투자전략을 세울 수 있다.

- 강세시장(bull market) 예상: $\beta_H > \beta_S \rightarrow H > 0$(주가지수선물 매입)
- 약세시장(bear market) 예상: $\beta_H < \beta_S \rightarrow H < 0$(주가지수선물 매도)

이와 같이 주가지수선물을 이용하여 베타를 조정하는 방법은 주식(현물)시장을 이용하여 포트폴리오를 재구성하는 방법보다 거래비용이 훨씬 저렴하다.

예제 5-3 주가지수선물을 이용한 포트폴리오의 관리

국민연금은 현재 다음과 같은 주식포트폴리오를 보유하고 있다.

주 식	투자액(억원)	베 타
A	3	2.0
B	2	1.5
C	5	3.0

현재 KOSPI 200 지수는 238.50포인트, 3개월물 주가지수선물은 240.00포인트이다. (단, KOSPI 200 선물의 거래승수는 1포인트당 25만원이다.)

(1) 국민연금이 향후 3개월간 주식포트폴리오의 가치변동에 따른 위험을 헤징하기 위하여 필요한 주가지수선물의 최적계약수는 얼마인가?

(2) 국민연금은 향후 주식시장이 호황일 것으로 예상하여 현재 주식포트폴리오의 베타보다 1.2만큼 더 높이려고 한다. 이때 매입하여야 하는 선물계약수는 얼마인가?

| 해설 |

(1) $\beta_S = 2.0 \times \left(\dfrac{3억원}{10억원}\right) + 1.5 \times \left(\dfrac{2억원}{10억원}\right) + 3.0 \times \left(\dfrac{5억원}{10억원}\right) = 2.4$

$$\therefore\ H^* = -\frac{S_0}{F_{0,\,T}}\beta_S = -\frac{10억원}{240.00 \times 250{,}000원} \times 2.4 = -40계약$$

위험을 헤징하기 위해서 국민연금은 주가지수선물 40계약을 매도하여야 한다.

---

7) 식 (5−10)에서 헤지포트폴리오의 베타(β_H)를 0으로 만들기 위한 헤지비율을 구하면, 그 헤지비율이 식 (5−8)의 최소분산헤지비율과 동일함을 알 수 있다.

(2) $H=(\beta_H-\beta_S)\dfrac{S_0}{F_{0,\,T}}=(3.6-2.4)\left(\dfrac{10억원}{240.00\times 250{,}000원}\right)=20계약$

주식포트폴리오의 베타를 3.6으로 조정하기 위해서 주가지수선물 20계약을 매입하여야 한다.

자산배분전략

자산배분전략(asset allocation strategy)은 시장상황에 대한 예측을 근거로 보유하고 있는 자산포트폴리오를 적절하게 재구성하는 전략을 의미한다. 즉 약세시장이 예상되는 경우 주식의 투자비중을 줄이는 반면에 채권의 투자비중을 증가시키고, 강세시장이 예상되는 경우에는 채권의 투자비중을 줄이는 반면에 주식의 투자비중을 증가시키는 전략이다. 현물시장(주식 또는 채권)을 이용하는 것보다 주가지수선물을 이용하는 경우 상대적으로 저렴한 거래비용 때문에 효율적으로 자산배분전략을 수행할 수 있다.

주가지수선물을 이용한 자산배분전략에는 주가하락이 예상되는 경우 주가지수선물을 매도함으로써 주가하락에 따른 손실을 제거하는 전략, 즉 합성무위험채권(synthetic risk-free bond) 전환전략과 주가상승이 예상되는 경우 주가지수선물을 매입함으로써 주가상승으로 인한 이익을 얻으려는 전략, 즉 합성주식포트폴리오(synthetic stock portfolio) 전환전략이 있다.

먼저 **합성무위험채권 전환전략**은 보유하고 있는 주식포트폴리오 규모만큼 주가지수선물을 매도하는 전략으로서 〈표 5-1〉과 같다. 〈표 5-1〉에서 볼 수 있는 바와 같이 주식포트폴리오를 보유(매입)하고 동시에 주가지수선물을 매도함으로써 만기일에 주가에 관계없이 무위험채권과 동일한 수익률(무위험이자율) r_T를 얻을 수 있음을 알 수 있다.

한편 **합성주식포트폴리오 전환전략**은 보유하고 있는 무위험채권 규모만큼 주가지수선물을 매입하는 전략으로서 〈표 5-2〉와 같다. 〈표 5-2〉에서 볼 수 있는 바와 같이 무위험채권을 보유(매입)하고 동시에 주가지수선물을 매입함으로써 만기일에 주식포트폴리오를 매입한 것과 동일한 수익률을 얻을 수 있음을 알 수 있다.

표 5-1 합성무위험채권(주식포트폴리오 – 주가지수선물) 전환전략

거 래	현금흐름	
	현재(0시점)	만기일(T시점)
주식포트폴리오 S_0로 매입	$-S_0$	S_T+D_T
주가지수선물을 $F_{0,\,T}$로 매도	0	$F_{0,\,T}-S_T=S_0(1+r_T)-D_T-S_T$
합 계	$-S_0$	$S_0(1+r_T)$

표 5-2 합성주식포트폴리오(무위험채권+주가지수선물) 전환전략

거 래	현금흐름	
	현재(0시점)	만기일(T시점)
무위험채권을 S_0로 매입(대출)	$-S_0$	$S_0(1+r_T)$
주가지수선물을 $F_{0,T}$로 매입	0	$S_T-F_{0,T}=S_T-S_0(1+r_T)+D_T$
합 계	$-S_0$	S_T+D_T

이상에서 설명한 자산배분전략은 주가지수선물의 기초자산과 헤지대상자산인 현물이 동일한 경우에 가능한 전략이다. 따라서 자산배분전략에서 사용되는 주식포트폴리오는 주가지수선물의 기초자산과 동일하게 구성된 지수 복제포트폴리오임을 유의해야 한다.[8)]

예제 5-4 주가지수선물을 이용한 자산배분전략

무위험이자율은 연 12%, 가중평균배당수익률은 연 4%이며, 현재 KOSPI 200은 240.00포인트이고, 3개월물 주가지수선물은 이론적 가치와 동일한 244.80포인트[=240.00×(1+0.03−0.01)]이다. 다음의 물음에 답하라.

(1) ㈜청운투자신탁의 펀드매니저인 박펀드는 현재 KOSPI 200 지수 복제포트폴리오를 12억원 보유하고 있다. 향후 주가가 하락할 것으로 예상되는 경우 박펀드가 이 포트폴리오를 3개월 동안 무위험채권으로 전환시키기 위한 전략은?

(2) ㈜청운투자신탁의 펀드매니저인 박펀드는 현재 무위험채권을 12억원 보유하고 있다. 향후 주가가 상승할 것으로 예상되는 경우 박펀드가 무위험채권을 3개월 동안 KOSPI 200 지수 복제포트폴리오로 전환시키기 위한 전략은?

| 해설 |

(1) 먼저 보유하고 있는 주식포트폴리오를 합성무위험채권으로 전환하기 위하여 매도해야 하는 주가지수선물 계약수는 다음과 같이 구할 수 있다.

$$\text{주가지수선물의 매도계약수} = \frac{\text{주식포트폴리오의 가치}}{\text{주가지수(현물)} \times \text{거래승수}} = \frac{1{,}200{,}000{,}000}{240.00 \times 250{,}000} = 20\text{계약}$$

그러므로 박펀드는 주가지수선물을 20계약 매도함으로써 현재의 주식포트폴리오를 다음과 같이 합성무위험채권으로 전환시킬 수 있다.

8) 지수 복제포트폴리오로서 상장지수펀드(exchange traded fund: ETF) 등을 이용할 수 있다. 상장지수펀드는 특정 주가지수와 연동되는 수익률을 얻을 수 있도록 설계된 지수연동형 펀드(index fund)로서 현물 주식으로 설정·해지되며, 거래소에서 주식처럼 거래되는 펀드를 말한다.

거 래	현금흐름(억원)	
	현재(0시점)	만기일(3개월 후)
주식포트폴리오 매입(보유)	−12	$S_T+12\times0.01$
주가지수선물 20계약 매도*	0	$12.24-S_T$
합 계	−12	12.36

* 주가지수선물 20계약의 매도금액 = 244.80 × 250,000원 × 20계약 = 12.24억원

합성무위험채권을 구성한 박펀드의 투자성과는 만기일의 주식가치(S_T)에 관계없이 12억원을 무위험채권에 투자하는 경우 3개월 후에 얻을 수 있는 12.36억원[= 12억원 × (1 + 0.03)]과 동일함을 알 수 있다.

(2) 먼저 보유하고 있는 무위험채권을 합성주식포트폴리오로 전환하기 위하여 매입해야 하는 주가지수선물 계약수는 다음과 같이 구할 수 있다.

$$\text{주가지수선물의 매입계약수} = \frac{\text{무위험채권의 가치}}{\text{주가지수(현물)} \times \text{거래승수}}$$

$$= \frac{1,200,000,000}{240.00 \times 250,000} = 20\text{계약}$$

그러므로 박펀드는 주가지수선물을 20계약 매입함으로써 현재의 무위험채권을 다음과 같이 합성주식포트폴리오로 전환시킬 수 있다.

거 래	현금흐름(억원)	
	현재(0시점)	만기일(3개월 후)
무위험채권 매입(대출)	−12	$12\times(1+0.03)$
주가지수선물 20계약 매입	0	$S_T-12.24$
합 계	−12	$S_T+0.12$

합성주식포트폴리오를 구성하는 경우 박펀드는 만기일의 주식가치(S_T)에 향후 3개월 동안의 배당금 0.12억원(= 12억원 × 0.01)을 합한 투자성과, 즉 주식포트폴리오를 보유하는 것과 동일한 투자성과를 얻을 수 있다.

1.4 금리선물을 이용한 헤징

이자율변동에 따른 위험은 주로 채권의 듀레이션(duration)에 기인한다. 따라서 이자율변동에 따른 위험을 제거하는 것을 듀레이션헤징이라 하며, 이는 현물(채권)시장 또는 금리선물시장 등을 이용하여 이루어진다.

듀레이션

■ 듀레이션의 의의

듀레이션은 채권의 만기일까지의 각 기간을, 각 기간에 들어오는 현금흐름의 현재가치가 채권의 현재가치에서 차지하는 비율로 가중하여 합한 가중평균만기(weighted average maturity)를 의미한다. 듀레이션은 매컬리(F. R. Macaulay)에 의해서 제시되었으며, 이를 매컬리 듀레이션이라고도 한다.[9] 다음과 같은 현금흐름유형을 가지고 있는 채권의 듀레이션을 구해 보자.

	0	1	2	3	⋯⋯	n
		C_1	C_2	C_3	⋯⋯	C_n
가중치:		$\dfrac{C_1(1+r)^{-1}}{B}$	$\dfrac{C_2(1+r)^{-2}}{B}$	$\dfrac{C_3(1+r)^{-3}}{B}$		$\dfrac{C_n(1+r)^{-n}}{B}$

각 현금흐름이 발생되는 연수와 그 가중치를 곱한 후 모두 합하여 채권의 듀레이션 D를 구하면 다음과 같다.

$$D=\frac{1\cdot C_1(1+r)^{-1}}{B}+\frac{2\cdot C_2(1+r)^{-2}}{B}+\cdots+\frac{n\cdot C_n(1+r)^{-n}}{B}$$

$$=\sum_{t=1}^{n}\frac{t\cdot C_t(1+r)^{-t}}{B} \tag{5-11}$$

여기서 C_t : t시점에서의 현금흐름

r : 시장이자율(또는 만기수익률)

$$B=\frac{C_1}{1+r}+\frac{C_2}{(1+r)^2}+\cdots+\frac{C_n}{(1+r)^n}=\sum_{t=1}^{n}\frac{C_t}{(1+r)^t}$$

일반적으로 확정이자부채권의 듀레이션은 만기보다 작아진다. 한편 순수할인채권의 듀레이션은 만기와 동일하고, 영구채권의 듀레이션은 $\left(\dfrac{1+r}{r}\right)$과 같다.[10]

---

9) Frederick R. Macaulay, *Some Theoretical Problems Suggested by the Movements of Interest Rates, Bond Yields, and Stock Prices in the United States since 1856*(New York : National Bureau of Economics Research, 1938).

10) $D=\sum_{t=1}^{\infty}\dfrac{t\cdot C(1+r)^{-t}}{C/r}=r\cdot\sum_{t=1}^{\infty}\dfrac{t}{(1+r)^t}$, $\dfrac{D}{1+r}=r\cdot\sum_{t=1}^{\infty}\dfrac{t}{(1+r)^{t+1}}$

$$D-\frac{D}{1+r}=r\left[\left(\frac{1}{1+r}+\frac{2}{(1+r)^2}+\frac{3}{(1+r)^3}+\cdots\right)-\left(\frac{1}{(1+r)^2}+\frac{2}{(1+r)^3}+\frac{3}{(1+r)^4}+\cdots\right)\right]$$

$$=r\left(\frac{1}{1+r}+\frac{1}{(1+r)^2}+\frac{1}{(1+r)^3}+\cdots\right)=r\left(\frac{1}{r}\right)=1$$

$$D\left(\frac{r}{1+r}\right)=1 \quad \therefore D=\frac{1+r}{r}$$

재무 FOCUS

연간 m회 이자를 지급하는 경우의 듀레이션

연간 m회 이자를 지급하는 경우의 듀레이션(년)은 다음과 같이 구할 수 있다.

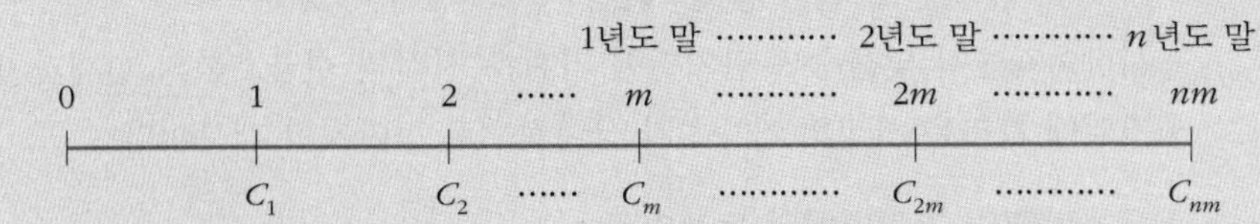

$$D=\frac{\frac{1}{m}\cdot C_1\left(1+\frac{r}{m}\right)^{-1}}{B}+\frac{\frac{2}{m}\cdot C_2\left(1+\frac{r}{m}\right)^{-2}}{B}+\cdots+\frac{\frac{nm}{m}\cdot C_{nm}\left(1+\frac{r}{m}\right)^{-nm}}{B}$$

$$=\sum_{t=1}^{nm}\frac{\frac{t}{m}\cdot C_t\left(1+\frac{r}{m}\right)^{-t}}{B}$$

여기서 $B=\sum_{t=1}^{nm}C_t\left(1+\frac{r}{m}\right)^{-t}$

그리고 채권포트폴리오의 듀레이션은 각 채권의 시장가치에 의한 구성비율로 가중평균하여 구할 수 있다.[11)]

$$D_p=\sum_{j=1}^{N}W_jD_j \tag{5-12}$$

여기서 D_p : 채권포트폴리오의 듀레이션

D_j : 채권 j의 듀레이션

W_j : 채권 j의 구성비율$\left(\frac{\text{채권 } j\text{의 시장가치}}{\text{채권포트폴리오의 시장가치}}\right)$

듀레이션은 다음과 같은 특성을 가지고 있다.

첫째, 다른 조건이 동일하다면 일반적으로 만기가 길수록 듀레이션이 증가한다.[12)]

---

11) 포트폴리오 베타를 구하는 방법과 동일하며, 식 (5－14)를 이용하여 다음과 같이 증명할 수 있다.

$B=B_1+B_2+\cdots+B_n$, $\Delta B=\Delta B_1+\Delta B_2+\cdots+\Delta B_n$

$$D_p=-\frac{\Delta B/B}{\Delta r/(1+r)}=\left(-\frac{\Delta B_1/B}{\Delta r/(1+r)}\right)+\left(-\frac{\Delta B_2/B}{\Delta r/(1+r)}\right)+\cdots+\left(-\frac{\Delta B_n/B}{\Delta r/(1+r)}\right)$$

$$=\left(\frac{B_1}{B}\right)\left(-\frac{\Delta B_1/B_1}{\Delta r/(1+r)}\right)+\left(\frac{B_2}{B}\right)\left(-\frac{\Delta B_2/B_2}{\Delta r/(1+r)}\right)+\cdots+\left(\frac{B_n}{B}\right)\left(-\frac{\Delta B_n/B_n}{\Delta r/(1+r)}\right)=\sum_{j=1}^{n}W_jD_j$$

12) 액면이자율이 상당히 낮은 할인채(deep discount bond)의 경우 만기가 길수록 듀레이션이 증가하다가 일정수준에 도달하면 감소하며 영구채의 듀레이션에 수렴해간다.

둘째, 다른 조건이 동일하다면 액면이자율이 낮을수록 듀레이션이 증가한다. 이는 액면이자율이 낮을수록 만기일 원금상환액의 현재가치가 차지하는 상대적 비중, 즉 만기일의 가중치가 높아지기 때문이다.

셋째, 다른 조건이 동일하다면 시장이자율이 낮을수록 듀레이션이 증가한다. 이는 시장이자율이 낮을수록 만기일에 가까운 시점의 현금흐름의 현재가치가 높아져서, 만기일에 가까운 시점의 가중치가 상대적으로 높아지기 때문이다.

■ 채권의 가격변화와 듀레이션

시장이자율의 변화에 대한 채권가격의 변화정도, 즉 민감도를 나타내는 **채권가격의 이자율탄력도**(interest elasticity of bond price, $\varepsilon_{B,\,r}$)는 다음과 같이 측정될 수 있다.

$$\varepsilon_{B,\,r} = \frac{\text{채권가격의 변화율}}{\text{이자율의 변화율}} = \frac{dB/B}{dr/r} \tag{5-13}$$

채권가격의 이자율탄력도 $\varepsilon_{B,\,r}$는 언제나 음(−)의 값을 가진다. 그 이유는 이자율과 채권가격이 음(−)의 관계를 가지기 때문이다.

그리고 듀레이션과 채권가격의 이자율탄력도는 다음과 같은 관계를 가진다.[13)]

$$D = -\frac{dB/B}{dr/(1+r)} = -\left(\frac{dB/B}{dr/r}\right)\left(\frac{1+r}{r}\right) = -\varepsilon_{B,\,r}\left(\frac{1+r}{r}\right) \tag{5-14}$$

또는

$$-\varepsilon_{B,\,r} = D\left(\frac{r}{1+r}\right) \tag{5-14$'$}$$

식 (5−14)′는 시장이자율의 변화가 극히 작을 경우(미분의 경우)에 정확하게 성립하는 식이다. 그러나 시장이자율의 변화가 어느 정도 있는 경우 이 식은 근사적으로(approximately) 성립하게 된다.

$$-\frac{\Delta B/B}{\Delta r/r} \fallingdotseq D\left(\frac{r}{1+r}\right) \tag{5-15}$$

식 (5−15)에서 채권의 듀레이션이 길어질수록 채권가격의 이자율탄력도는 커지

---

13) $B = \frac{C_1}{1+r} + \frac{C_2}{(1+r)^2} + \cdots + \frac{C_n}{(1+r)^n} \rightarrow dB/dr = -\left[\frac{1C_1}{(1+r)^2} + \frac{2C_2}{(1+r)^3} + \cdots + \frac{nC_n}{(1+r)^{n+1}}\right]$

(양변)에 $-(1+r)/B$를 곱하면, $-\frac{dB/B}{dr/(1+r)} = \left[\frac{1C_1}{1+r} + \frac{2C_2}{(1+r)^2} + \cdots + \frac{nC_n}{(1+r)^n}\right]\Big/B = D$

게 된다. 즉 듀레이션이 길어질수록 이자율변화에 대해서 채권은 보다 민감하게 변함을 의미한다. 일반적으로 만기가 길수록, 액면이자율이 낮을수록 듀레이션은 길어진다. 그러므로 듀레이션을 만기와 액면이자율을 동시에 고려한 상환기간으로 생각할 수 있다.

그리고 식 (5－15)에 의해 다음과 같이 이자율변동에 따른 채권가격변동액을 구할 수 있다.[14)]

$$\Delta B \fallingdotseq -\frac{D}{1+r}\cdot\Delta r\cdot B \qquad (5-16)$$

■ 채권의 가격변화와 볼록성

식 (5－16)과 같이 듀레이션에 의해서 채권가격변동액을 산출할 때 오차가 발생하게 되며, 이는 [그림 5－3]과 같이 채권가격이 원점에 대해 볼록한 형태를 갖기 때문이다. [그림 5－3]에서 시장이자율이 r에서 r^+로 상승할 때 듀레이션에 의해서는 채권가격이 $(B-B_D^-)$만큼 하락한 것으로 측정되나, 실제로는 그것보다 작은 $(B-B^-)$만큼 하락하게 된다. 한편 시장이자율이 r에서 r^-로 하락할 때 듀레이션에 의해서는 채권가격이 (B_D^+-B)만큼 상승한 것으로 측정되나, 실제로는 그것보다 큰 (B^+-B)만큼 상승하게 된다. 따라서 이자율변동시 듀레이션에 의해 측정된 채권가격은 항상 실제 채권가

그림 5－3 채권가격의 볼록성

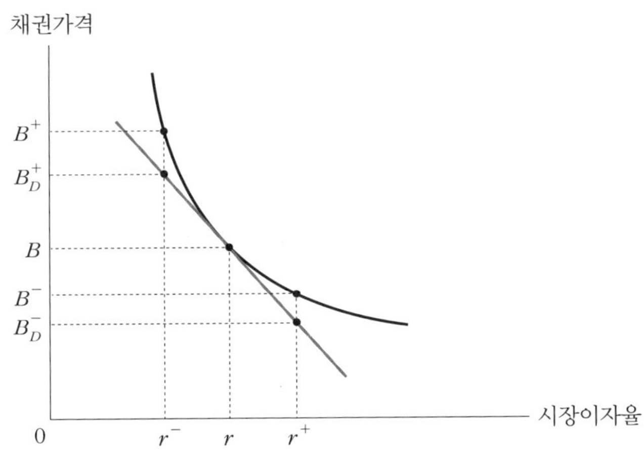

14) $\frac{D}{1+r}$를 수정듀레이션이라 한다. 한편 연간 m회 복리되는 경우 수정듀레이션은 $\frac{D}{1+r/m}$이며, 연속복리($m\to\infty$)되는 경우 수정듀레이션은 $D\left(\sum_{i=1}^{n}\frac{t_iC_ie^{-rt_i}}{B}\right.$, 여기서 t_i: 연단위로 환산된 기간$\left.\right)$이다.

격보다 저평가되는 경향을 갖게 된다. 이와 같은 오차는 이자율변동 폭이 커질수록 더 확대된다.

그러므로 채권가격변동액을 보다 정확하게 산출하기 위해서는 듀레이션뿐만 아니라 **볼록성**(convexity)도 고려해 주어야 한다.[15)]

$$\Delta B \fallingdotseq \frac{dB}{dr}\Delta r + \frac{1}{2}\left(\frac{d^2B}{dr^2}\right)\Delta r^2 = -\left(\frac{D}{1+r}\right)\Delta r \cdot B + \frac{1}{2}V \cdot \Delta r^2 \cdot B \qquad (5-17)$$

여기서[16)] 볼록성$(V) = \dfrac{1}{(1+r)^2}\sum_{t=1}^{n}\dfrac{t(t+1)C_t(1+r)^{-t}}{B}$

따라서 채권가격의 변동(ΔB)은 듀레이션에 의한 변동부분(첫째 항)과 볼록성에 의한 오차조정부분(둘째 항)을 합한 것이다. 물론 듀레이션과 볼록성을 모두 고려한다 하더라도 약간의 오차는 존재하지만 볼록성을 고려할 경우 오차의 크기를 상당히 줄일 수 있다.

---

15) r이 r'로 변할 때 새로운 채권가격 B'를 테일러의 전개식(Taylor's series)에 의해 r부근에서 2차접근식으로 나타내면 다음과 같다.

$$B' = B + \frac{dB}{dr}(r'-r) + \frac{1}{2}\frac{d^2B}{dr^2}(r'-r)^2 + \text{오차항} \rightarrow \Delta B \fallingdotseq \frac{dB}{dr}\Delta r + \frac{1}{2}\left(\frac{d^2B}{dr^2}\right)\Delta r^2$$

여기서 $\dfrac{dB}{dr} = -\left(\dfrac{D}{1+r}\right)B$ (식 (5−14)에 의해 도출됨)

$$\frac{d^2B}{dr^2} = -\left[\frac{-1\cdot 2C_1}{(1+r)^3} + \frac{-2\cdot 3C_2}{(1+r)^4} + \cdots + \frac{-n(n+1)C_n}{(1+r)^{n+2}}\right]$$

$$= \frac{1}{(1+r)^2}\left[\frac{1\cdot 2C_1}{1+r} + \frac{2\cdot 3C_2}{(1+r)^2} + \cdots + \frac{n(n+1)C_n}{(1+r)^n}\right]$$

$$= \frac{1}{(1+r)^2}\sum_{t=1}^{n}\frac{t(t+1)C_t}{(1+r)^t} = \frac{1}{(1+r)^2}\left[\frac{\sum_{t=1}^{n}\frac{t(t+1)C_t}{(1+r)^t}}{B}\right]B$$

16) 연간 m회 복리될 경우 $V = \dfrac{1}{\left(1+\dfrac{r}{m}\right)^2}\sum_{t=1}^{nm}\dfrac{\dfrac{t(t+1)}{m^2}C_t\left(1+\dfrac{r}{m}\right)^{-t}}{B}$,

연속복리될 경우 $V = \sum_{i=1}^{n}\dfrac{t_i^2 C_i e^{-rt_i}}{B}$ 이다.

예제 5-5 듀레이션과 볼록성에 의한 채권가격변동

액면금액이 10,000원이고, 액면이자율이 12%인 3년 만기의 채권이 있다. 시장이자율이 8%일 경우 다음의 물음에 답하라.

(1) 시장이자율이 8%에서 9%로 인상될 경우 채권의 실제가격은 어느 정도 변동하겠는가?

(2) 시장이자율이 8%에서 9%로 인상될 경우 채권의 듀레이션에 의한 채권가격의 변동액을 구하라.

(3) 물음 **(1)**과 **(2)**의 결과가 다른 가장 큰 이유는 볼록성에 의해 나타나는 오차부분이라 할 수 있다. 듀레이션과 볼록성을 모두 고려하여 채권가격의 변동액을 구하라.

| 해설 |

(1) $B=\dfrac{1{,}200}{1.08}+\dfrac{1{,}200}{1.08^2}+\dfrac{11{,}200}{1.08^3}=11{,}030.84$원

$B'=\dfrac{1{,}200}{1.09}+\dfrac{1{,}200}{1.09^2}+\dfrac{11{,}200}{1.09^3}=10{,}759.39$원

$\therefore\ \Delta B=B'-B=10{,}759.39-11{,}030.84=-271.45$원

시장이자율이 8%에서 9%로 인상될 경우, 채권가격은 271.45원만큼 하락하게 된다.

(2) $D=1\times\dfrac{1{,}200/1.08}{11{,}030.84}+2\times\dfrac{1{,}200/1.08^2}{11{,}030.84}+3\times\dfrac{11{,}200/1.08^3}{11{,}030.84}=2.7053$년

$\therefore\ \Delta B\fallingdotseq-\dfrac{D}{1+r}\cdot\Delta r\cdot B=-\left(\dfrac{2.7053}{1.08}\right)\times0.01\times11{,}030.84=-276.31$원

듀레이션에 의한 변동부분만 고려할 경우 채권가격은 276.31원만큼 하락하게 된다.

(3) $V=\dfrac{1}{1.08^2}\left[1\times2\times\dfrac{1{,}200/1.08}{11{,}030.84}+2\times3\times\dfrac{1{,}200/1.08^2}{11{,}030.84}+3\times4\times\dfrac{11{,}200/1.08^3}{11{,}030.84}\right]=8.9447$

$\Delta B\fallingdotseq-\left(\dfrac{D}{1+r}\right)\Delta r\cdot B+\dfrac{1}{2}\cdot V\cdot\Delta r^2\cdot B$

$\fallingdotseq-276.31+\dfrac{1}{2}\times8.9447\times0.01^2\times11{,}030.84=-271.38$원

듀레이션과 볼록성에 의한 변동부분을 고려할 경우 채권가격은 271.38원만큼 하락하게 된다. 물음 **(2)**의 결과에 비해 오차의 크기가 상당히 줄어들었음을 알 수 있다.

듀레이션에 근거한 헤징전략

식 (5−3)을 이용하여 다음과 같은 최소분산헤지비율을 구할 수 있다.

$$H^{*}=-\frac{\rho(\Delta B_{S},\ \Delta B_{F})\sigma(\Delta B_{S})}{\sigma(\Delta B_{F})} \quad (5-18)$$

여기서 ΔB_S : 채권포트폴리오(헤지대상자산)의 가격변동
ΔB_F : 금리선물의 가격변동

금리선물을 헤징에 이용할 때 식 (5−18)을 사용할 수 있다. 그러나 듀레이션 개념도 헤징전략의 수립시 유용한 대체적 수단이 될 수 있다.

먼저 듀레이션을 이용한 식 (5−16)에 의해 채권포트폴리오, 즉 헤지대상자산의 가치변화를 측정하면 다음과 같다.

$$\Delta B_{S}=-\frac{D_{S}}{1+r_{S}}\cdot\Delta r_{S}\cdot B_{S} \quad (5-19)$$

여기서 B_S : 헤지대상자산의 가치
D_S : 헤지종료일에서 헤지대상자산의 듀레이션
r_S : 헤지대상자산의 수익률
Δr_S : 헤지대상자산의 수익률 변화

또한 같은 방법으로 금리선물의 계약당 가치변화를 측정하면 다음과 같다.

$$\Delta B_{F}=-\frac{D_{F}}{1+r_{F}}\cdot\Delta r_{F}\cdot B_{F} \quad (5-20)$$

여기서 B_F : 금리선물 1계약의 가격
D_F : 선물만기일에서 선물계약 기초자산의 듀레이션
r_F : 금리선물계약의 수익률
Δr_F : 금리선물계약의 수익률 변화

헤저가 H계약의 금리선물로 채권포트폴리오(헤지대상자산)를 헤지하기 위하여 구성한 헤지포트폴리오의 가치변화 ΔV_H는 다음과 같다.

$$\Delta V_{H}=\Delta B_{S}+H\Delta B_{F} \quad (5-21)$$

그러므로 식 (5−19)와 식 (5−20)을 식 (5−21)에 대입한 후, 헤지포트폴리오의 가치변화를 0으로 만드는 헤지비율 H^*를 구하면 다음과 같다.

$$H^{*}=-\frac{\Delta B_{S}}{\Delta B_{F}}=-\left(\frac{D_{S}^{m}}{D_{F}^{m}}\right)\left(\frac{B_{S}}{B_{F}}\right)\left(\frac{\Delta r_{S}}{\Delta r_{F}}\right)=-\left(\frac{D_{S}}{D_{F}}\right)\left(\frac{B_{S}}{B_{F}}\right)\left(\frac{\Delta r_{S}}{\Delta r_{F}}\right)\left(\frac{1+r_{F}}{1+r_{S}}\right) \quad (5-22)$$

여기서 D_S^m : 헤지종료일에서 헤지대상자산의 수정듀레이션$\left(\frac{D_S}{1+r_S}\right)$
D_F^m : 선물만기일에서 선물계약 기초자산의 수정듀레이션$\left(\frac{D_F}{1+r_F}\right)$

식 (5−22)에서 수익률 및 수익률 변화가 항상 일정하다고 가정한다면, 즉 $r_S = r_F$, $\Delta r_S = \Delta r_F$이라면 헤징을 위한 선물의 최적계약수 H^*는 다음과 같다.[17)]

$$H^* = -\left(\frac{D_S}{D_F}\right)\left(\frac{B_S}{B_F}\right) \qquad (5-23)$$

식 (5−23)에서 H^*의 부호가 음(−)인 것은 선물포지션이 현물포지션과 반대임을 의미한다. 여기서는 현재 채권포트폴리오를 보유하고 있다는 전제하에서 구한 헤지비율이기 때문에 부호가 음(−), 즉 금리선물을 매도하는 것으로 나타나고 있다. 금리선물을 이용하여 헤지할 때, 시장이자율과 선물가격이 반대방향으로 움직인다는 것을 명심해야 한다. 따라서 시장이자율이 하락할 때 손실이 발생하는 기업(변동금리채권 또는 고정금리채무 보유)은 선물을 매입해야 하는 반면, 시장이자율이 상승할 때 손실이 발생하는 기업(고정금리채권 또는 변동금리채무 보유)은 선물을 매도해야 한다.

한편 시장이자율이 1베이시스포인트, 즉 0.01%포인트 변동함에 따라 변동하는 금리포지션의 가치변동의 절대값을 BPV(basis point value)라고 하며, 주로 실무에서는 이를 이용하여 헤지비율을 산출한다. BPV를 이용하여 헤지비율을 구하면 다음과 같다.

$$H^* = -b\left(\frac{BPV_S}{BPV_F}\right) \qquad (5-24)$$

여기서 b: 수익률 베타(yield beta)$\left(b = \frac{\Delta r_S}{\Delta r_F}\right)$[18)]

---

17) 최소분산헤지비율 또는 가격민감도헤지비율에 의해서 식 (5−23)과 동일한 결과를 얻을 수 있다.

① 최소분산헤지비율

식 (5−18)에서 $\Delta r_S = \Delta r_F$이면, $\rho(\Delta B_S, \Delta B_F) = 1$이다. 따라서 $H^* = -\frac{\sigma(\Delta B_S)}{\sigma(\Delta B_F)}$

또한 $\sigma(\Delta B_S) = -\frac{D_S}{1+r_S}\cdot B_S \cdot \sigma(\Delta r_S)$, $\sigma(\Delta B_F) = -\frac{D_F}{1+r_F}\cdot B_F \cdot \sigma(\Delta r_F)$

$$H^* = -\left(\frac{D_S}{D_F}\right)\left(\frac{B_S}{B_F}\right)\left(\frac{1+r_F}{1+r_S}\right) = -\left(\frac{D_S}{D_F}\right)\left(\frac{B_S}{B_F}\right) \quad (;\ r_S = r_F)$$

② 가격민감도헤지비율(price sensitivity hedge ratio)

$$V_H = B_S + H\cdot V_F \rightarrow \frac{\partial V_H}{\partial r} = \frac{\partial B_S}{\partial r_S}\cdot\frac{\partial r_S}{\partial r} + H\cdot\frac{\partial V_F}{\partial r_F}\cdot\frac{\partial r_F}{\partial r} = 0 \quad \left(;\ \frac{\partial V_F}{\partial r} = \frac{\partial B_F}{\partial r},\ \frac{\partial r_S}{\partial r} = \frac{\partial r_F}{\partial r}\right)$$

$$\rightarrow H^* = -\frac{\partial B_S}{\partial B_F} = -\frac{\Delta B_S}{\Delta B_F} = -\left(\frac{D_S}{D_F}\right)\left(\frac{B_S}{B_F}\right)\left(\frac{\Delta r_S}{\Delta r_F}\right)\left(\frac{1+r_F}{1+r_S}\right) \quad (;\ \Delta r_S = \Delta r_F)$$

$$= -\left(\frac{D_S}{D_F}\right)\left(\frac{B_S}{B_F}\right)\left(\frac{1+r_F}{1+r_S}\right) = -\left(\frac{D_S}{D_F}\right)\left(\frac{B_S}{B_F}\right) \quad (;\ r_S = r_F)$$

18) 수익률 베타 b는 다음과 같은 회귀식에 의해 구할 수 있다.

$r_S = a + br_F + e$

식 (5-24)에서 시장이자율이 0.01%포인트 변동하는 경우 현물(채권포트폴리오)과 금리선물의 가격변동금액, 즉 BPV는 식 (5-19)와 식 (5-20)에 의해서 각각 다음과 같이 구할 수 있다.

$$BPV_S = \frac{D_S}{1+r_S} \times 0.01\% \times B_S, \quad BPV_F = \frac{D_F}{1+r_F} \times 0.01\% \times B_F$$

그러므로 위의 식을 식 (5-24)에 대입하여 정리하면, 식 (5-23)과 동일함을 알 수 있다.

$$\begin{aligned} H^* &= -\left(\frac{D_S}{D_F}\right)\left(\frac{B_S}{B_F}\right)\left(\frac{\Delta r_S}{\Delta r_F}\right)\left(\frac{1+r_F}{1+r_S}\right) \quad (;\ \Delta r_S = \Delta r_F,\ \text{즉 } b=1) \\ &= -\left(\frac{D_S}{D_F}\right)\left(\frac{B_S}{B_F}\right)\left(\frac{1+r_F}{1+r_S}\right) \quad (;\ r_S = r_F) \\ &= -\left(\frac{D_S}{D_F}\right)\left(\frac{B_S}{B_F}\right) \end{aligned}$$

그리고 주가지수선물과 마찬가지로 현재 보유하고 있는 채권포트폴리오 듀레이션(D_S)을 임의의 헤지포트폴리오 듀레이션(D_H)으로 조정하기 위한 헤지비율을 다음과 같이 구할 수 있다.[19)]

$$H = \left(\frac{D_H - D_S}{D_F}\right)\left(\frac{B_S}{B_F}\right) \tag{5-25}$$

한편 식 (5-25)를 BPV를 이용하여 나타내면 다음과 같다.

$$H = \frac{BPV_H - BPV_S}{BPV_F} \tag{5-26}$$

---

19) 식 (5-21)을 이용하여 다음과 같이 나타낼 수 있다.

$$-\frac{D_H}{1+r} \cdot \Delta r \cdot B_S = -\frac{D_S}{1+r_S} \cdot \Delta r_S \cdot B_S + H \cdot \left(-\frac{D_F}{1+r_F} \cdot \Delta r_F \cdot B_F\right)$$

여기서 $\Delta r = \Delta r_S = \Delta r_F$, $r = r_S = r_F$이라면, 다음과 같이 정리할 수 있다.

$$B_S D_H = B_S D_S + H \cdot B_F D_F$$

위의 식을 풀면, 식 (5-25)를 도출할 수 있다. 그리고 $r \neq r_S \neq r_F$일 경우 수정듀레이션을 사용하여야 한다.

예제 5-6 듀레이션에 근거한 헤징전략

ABC주식회사는 현재로부터 약 2개월 후 판매대금으로 6억원을 받을 예정이며, 이 자금은 현재로부터 8개월 후 실시되는 실물투자의 재원으로 활용할 계획이기 때문에 판매대금을 회수하는 즉시 6개월 만기인 순수할인채권 A에 투자할 계획이다. 2개월 만기인 순수할인채권 B(91일물) 선물 1계약의 가격은 현재 9,800만원이다. ABC주식회사는 현재로부터 2개월간 이자율하락에 따른 손실을 염려하여 순수할인채권 B(91일물) 선물로 헤징을 하려고 한다. 이 경우 순수할인채권 B(91일물) 선물의 최적계약수는?

| 해설 |

순수할인채권의 경우 듀레이션과 만기가 동일하다. 즉 헤지대상자산인 6개월 만기 순수할인채권 A의 듀레이션은 0.5년이며, 선물의 기초자산인 순수할인채권 B(91일물)의 듀레이션은 0.25년이다. 그러므로 이자율하락에 따른 손실위험을 제거하기 위해 매입해야 하는 순수할인채권 B(91일물) 선물의 최적계약수는 다음과 같다.

$$H^* = \left(\frac{0.5\text{년}}{0.25\text{년}}\right)\left(\frac{600,000,000}{98,000,000}\right) = 12.24\text{계약}$$

2 채권관리

앞에서 금리선물을 이용하여 이자율변동에 따른 위험을 관리하는 방법을 설명하였다. 그러나 현물시장을 이용하여 채권포트폴리오를 변경함으로써 이자율변동에 따른 위험을 관리할 수도 있다.

채권관리는 소극적 채권관리와 적극적 채권관리로 구분할 수 있다. 소극적 채권관리는 채권시장이 효율적이라는 전제하에서 채권투자위험을 최소화시키려는 채권투자전략이다. 반면에 적극적 채권관리는 채권시장이 비효율적일 수 있다는 전제하에서 과소평가된 채권을 발견하거나 미래이자율 동향을 예측함으로써 높은 투자성과를 얻고자 하는 채권투자전략이다.

2.1 소극적 채권관리

소극적 채권관리는 현물시장을 이용하여 채권포트폴리오를 변경함으로써 이자율변동에 따른 위험을 제거하는 전략을 의미한다.

목표시기면역화전략

가장 단순한 방법으로 채권포트폴리오의 목표투자기간과 듀레이션을 일치시킴으로써 이자율변동에 따른 채권투자수익 변동(이자율위험)을 없애는 전략, 즉 **목표시기면역화전략**(target date immunization strategy)이 있다. 이 전략에 의해서 이자율변동에 따른 채권가격변동(가격위험)과 액면이자의 재투자수익변동(재투자위험)이 서로 상쇄되어 순효과, 즉 채권투자수익변동은 0이 될 수 있다. 이를 요약하여 나타내면 〈표 5-3〉과 같다.

목표시기면역화전략은 연기금 등 기관투자자가 미래의 특정시점에 지급해야 할 채무액의 확실한 확보에 관심을 가질 경우 사용할 수 있다. 그러나 이 전략은 시간의 경과에 따라서 잔여 투자기간과 듀레이션이 일치하도록 채권포트폴리오를 계속 재구성(rebalancing)하는 작업이 필요하다.[20]

표 5-3 목표시기면역화전략과 이자율위험

채권투자수익변동	이자율 상승	이자율 하락
채권가격변동 재투자수익변동	− +	+ −
순 효 과	0	0

순자산면역화전략

은행 등 금융기관에서 자산과 부채의 만기구조가 다를 수 있다. 금융기관이 보유하고 있는 자산과 부채의 듀레이션이 서로 다른 경우, 이자율변동에 따라 순자산가치(자기자본가치)가 변동하게 된다. **순자산면역화전략**(net worth immunization strategy)은 자산과 부채의 듀레이션을 적절히 조정하여 이자율변동에 따른 순자산가치의 변동위험을 제거하기 위한 전략이다. 가장 대표적인 순자산면역화전략은 은행 등 금융기관에서 주로 사용하는 듀레이션갭관리(duration gap management)라고 불리는 **자산·부채관리**(asset and liability management: ALM)이다.[21] 이는 자산과 부채의 듀레이션의 차

20) 채권포트폴리오의 듀레이션과 목표투자기간을 일치시키는 가장 간단한 방법은 만기가 목표투자기간과 일치하는 순수할인채(듀레이션=만기)에 투자하는 것이다. 순수할인채에 투자할 경우 시간이 경과함에 따라 듀레이션과 목표투자기간이 같은 크기로 감소하기 때문에 채권의 듀레이션을 재조정할 필요가 없다.

21) 전통적인 ALM기법으로 금리변동에 따른 순이자소득(이자수익-이자비용)의 변동을 관리하는 갭관리(gap management)가 있다. 금리민감자산(rate sensitive asset: RSA)과 금리민감부채(rate sen-

이(gap)를 일정한 수준으로 제한하는 데 초점을 둔다. 듀레이션갭관리를 하는 하나의 효과적인 방법은 자산의 시장가치로 가중된 자산의 듀레이션과 부채의 시장가치로 가중된 부채의 듀레이션을 일치시킴으로써, 이자율변동에 따른 순자산가치의 변동위험을 면역화시키는 것이다. 이와 같은 자산과 부채의 구성을 가지고 있는 금융기관의 경우 순자산가치의 듀레이션은 0이 되며, 그 금융기관은 이자율변동에 관계없이 순자산가치를 유지할 수 있다.

이상에서 설명한 내용을 앞의 식 (5－16)을 이용하여 보다 구체적으로 살펴보자. 이를 위해 시장가치로 작성된 금융기관의 재무상태표는 다음과 같으며, 자산과 부채의 듀레이션은 각각 D_A, D_L이라고 하자.

재무상태표

자산의 가치(A)	부채의 가치(L) 자기자본가치(E)

이 경우 자기자본가치의 변동(ΔE)은 다음과 같이 측정될 수 있다.

$$\begin{aligned}\Delta E &= \Delta A - \Delta L \\ &= \left(-\frac{D_A}{1+r_A}\cdot \Delta r_A \cdot A\right) - \left(-\frac{D_L}{1+r_L}\cdot \Delta r_L \cdot L\right) \qquad (5-27)\end{aligned}$$

여기서 r_A : 자산의 수익률(대출이자율)
r_L : 부채의 이자율(예금이자율)

식 (5－27)에서 r_A와 r_L이 모두 시장이자율 r과 같다면, 식 (5－27)을 다음과 같이 나타낼 수 있다.[22)]

$$\Delta E = -(D_A \cdot A - D_L \cdot L)\left(\frac{\Delta r}{1+r}\right) \qquad (5-27)'$$

단, $r_A = r_L = r$

식 (5－27)′에서 자기자본가치의 변동(ΔE)을 0으로 만들기 위해서는, 즉 이자율변

---

sitive liability : RSL)의 차이를 갭이라 하며, 이는 금리변동에 따른 순이자소득의 민감도 또는 위험도를 나타내는 척도이다.

순이자소득의 변동 = $RSA \times \Delta r - RSL \times \Delta r = (RSA - RSL)\Delta r$ = 갭 × Δr(갭 = 0 → 이자율위험 제거)

그러나 갭관리는 순자산가치의 변동효과를 정확하게 반영하지 못한다는 단점이 있다.

22) $\Delta E = -(D_A - D_L \cdot \frac{L}{A}) \cdot A\left(\frac{\Delta r}{1+r}\right) = -\frac{D_{gap}}{1+r}\cdot \Delta r \cdot A$

여기서 듀레이션갭(D_{gap}) $= D_A - D_L \cdot \left(\frac{L}{A}\right)$

동에 따른 위험을 제거하기 위해서는 다음과 같은 관계를 가지도록 자산과 부채를 구성하면 된다.

$$D_A \cdot A = D_L \cdot L \tag{5-28}$$

예제 5-7 순자산면역화전략 (CPA 2차 1999 수정)

K은행의 재무상태표의 구성은 다음과 같으며, 만기가 3년인 장기채권은 10%의 이자를 매년말 지급하고, 만기가 1년인 정기예금은 10%의 이자를 연말에 지급한다. 현재 시장이자율이 10%일 경우 다음의 물음에 답하라.

재무상태표

(단위: 억원)

장기채권	1,000	정기예금	700
		자 본 금	300

(1) 시장이자율이 11%로 상승할 경우 자기자본의 가치변화를 계산하라.

(2) 시장이자율이 11%로 상승할 경우 자산과 부채의 듀레이션을 이용하여 자기자본가치의 변화를 계산하라.

(3) 물음 **(1)**과 **(2)**의 가치변화에 차이가 있다면 그 이유에 대하여 설명하라.

(4) 이자율변동에 따른 위험을 제거하기 위해서는 부채의 듀레이션을 얼마로 하여야 하는가? (단, 자산의 듀레이션은 변경할 수 없다.)

▌해설▐

(1) 시장이자율이 11%로 상승하는 경우 K은행의 장기채권(A')과 정기예금(L')의 현재가치를 구하면 다음과 같다.

- $A' = \dfrac{100}{1+0.11} + \dfrac{100}{(1+0.11)^2} + \dfrac{1,100}{(1+0.11)^3} = 975.56$억원

- $L' = \dfrac{770}{1+0.11} = 693.69$억원

  $\rightarrow E' = A' - L' = 975.56 - 693.69 = 281.87$억원

그러므로 자기자본가치의 변동액(ΔE)는 다음과 같이 구할 수 있다.

$\Delta E = E' - E = 281.87 - 300 = -18.13$억원

또는

$\Delta E = \Delta A - \Delta L = (A' - A) - (L' - L) = (975.56 - 1,000) - (693.69 - 700) = -18.13$억원

(2) 자산과 부채의 듀레이션을 구하면 다음과 같다.

- $D_A = \dfrac{1\times\left(\dfrac{100}{1.1}\right)+2\times\left(\dfrac{100}{1.1^2}\right)+3\times\left(\dfrac{1,100}{1.1^3}\right)}{1,000} = 2.7355$년

- $D_L = \dfrac{1\times\left(\dfrac{770}{1.1}\right)}{1,000} = 1$년

$$\therefore \Delta E = -(D_A \cdot A - D_L \cdot L)\left(\frac{\Delta r}{1+r}\right) = -(2.7355\times 1,000 - 1\times 700)\left(\frac{0.01}{1+0.1}\right) = -18.5\text{억원}$$

(3) 듀레이션에 의해서 채권가격변동액을 산출할 때는 이자율과 채권가격간의 함수가 선형이라는 가정이 포함되어 있다. 그러나 실제로는 이자율과 채권가격이 비선형관계, 즉 원점에 대해 볼록한 형태를 갖기 때문에 오차가 발생하게 된다.

(4) ΔE가 0이 되기 위해서는 $D_A \cdot A = D_L \cdot L$이 성립해야 한다.

$2.7355\times 1,000 = D_L \times 700 \rightarrow D_L = 3.9079$년

부채(정기예금)의 듀레이션을 3.9079년으로 늘릴 경우 이자율변동에 따른 위험을 제거할 수 있다.

현금흐름대응전략

미래에 지급해야 할 채무(현금유출)와 미래에 얻게 될 채권의 현금흐름(현금유입)을 정확하게 일치시키는 전략을 **현금흐름대응전략**(cash flow dedication strategy)이라 한다. 이 전략은 듀레이션의 계산이나 포트폴리오의 재구성이 필요 없다는 점에서 의미가 있으나, 현금유출시점과 정확하게 일치하는 만기를 가진 채권확보가 어렵다는 문제를 가지고 있다.

2.2 적극적 채권관리

적극적 채권관리는 채권시장의 비효율성을 이용하여 초과이익을 얻고자 하는 전략이다. 이는 주로 저평가된 채권을 발견하거나 이자율 예상에 따라 듀레이션을 조정함으로써 높은 투자성과를 얻고자 하는 채권투자전략이다.

적극적 채권관리는 채권스왑(bond swap), 투자기간분석(horizon analysis), 상황별 면역화(contingent immunization) 등으로 구분할 수 있다.

채권스왑

■ 대체스왑

대체스왑(substitution swap)은 위험, 만기 등이 동일하나 채권가격이 다른 경우 고평가 채권을 매도하고, 저평가 채권을 매입하는 전략이다. 이는 일시적인 채권가격 불균형을 이용하여 초과이익을 얻고자 하는 전략이다.

■ 시장간 스프레드스왑

시장간 스프레드스왑(intermarket spread swap)은 채권시장에서 비정상적 스프레드가 일시적으로 형성될 때 유리한 채권으로 교체하는 전략이다. 예를 들어, 국채와 회사채의 수익률 스프레드가 비정상적으로 높을 경우 국채는 고평가되고 회사채는 저평가되었다고 볼 수 있다. 이 경우 국채를 회사채로 교체함으로써 초과이익을 얻을 수 있다.

■ 이자율예상스왑

이자율예상스왑(rate anticipation swap)은 이자율이 하락할 것으로 예상되는 경우 채권의 듀레이션을 크게 하고, 이자율이 상승할 것으로 예상되는 경우 채권의 듀레이션을 작게 하는 전략이다.

■ 순수수익률취득스왑

순수수익률취득스왑(pure yield curve swap)은 수익률을 극대화(이자율 위험 부담)하기 위하여 만기수익률이 낮은 채권을 매도하고 만기수익률이 높은 채권을 매입하는 전략이다.

■ 세금스왑

세금스왑(tax swap)은 세금상의 이점을 활용하기 위한 채권교환전략으로서 세후수익률을 극대화하려는 전략을 의미한다. 예를 들어 자본손실이 세금절감 목적상 유리한 경우에는 가격이 하락한 채권을 매도하거나, 고소득세율 투자자인 경우 세금을 줄이기 위해서 과세채권을 비과세채권으로 전환한다.

투자기간분석

투자기간분석은 수익률곡선 등에 의해 투자기간 말의 미래이자율을 예측하여 높은 수익률을 올리려는 전략이다. 대표적인 전략인 **수익률곡선타기**(riding yield curve)는 수익률곡선이 우상향하는 경우 채권의 잔존기간이 짧아지면서 수익률곡선을 타고 아래로 이동하여 수익률이 하락하게 되는데, 이로 인한 가격상승효과를 얻으려는 전략이다.

상황별 면역화

상황별 면역화는 목표가치(trigger point), 즉 최소허용가치(minimum acceptable terminal value) 이상에서는 적극적 투자전략을 운용하다가, 이 수준에 이르면 소극적 투자전략인 면역화전략으로 수정하는 전략을 말한다.

3 VaR

3.1 VaR의 의의

VaR(value at risk)는 정상적 시장상황하에서 주어진 신뢰수준으로 목표기간 동안에 발생될 수 있는 포트폴리오의 최대손실금액을 말한다. 예를 들어 어떤 금융기관의 1개월 동안 VaR가 신뢰수준 99%에서 10억원이라면, 이 금융기관은 정상적인 시장상황하에서 향후 1개월 동안 10억원 이상의 손실이 발생할 확률이 1%라는 것을 의미한다. VaR는 위험을 구체적인 금액으로 측정하기 때문에 누구나 쉽게 이해할 수 있으며, 기존의 위험관리기법에 비해 종합적인 개념이라 할 수 있다. 기존의 위험관리기법들은 특정 자산의 위험관리에 한정되는 데 비해, VaR는 주식, 채권, 외환, 파생금융상품 등 여러 자산으로 구성된 전체 포트폴리오의 위험을 관리하는 데 유용하다.

3.2 VaR의 측정

VaR를 측정할 때 포트폴리오 수익률의 확률분포를 가정해야 하는데, 일반적으로 정규분포(normal distribution)를 가정한다.[23] 정규분포를 가정하는 경우 평균과 표준편차에 의해서 확률분포의 특성을 알 수 있으며, 이를 평균이 0, 표준편차가 1인 표준정규분포(standard normal distribution)로 변환하면 이용이 간편해진다.

VaR의 개념 및 측정

정규분포를 이용하여 VaR를 계산하려면, 먼저 표준정규분포로 전환해서 최저수익률(r^*)을 표준정규분포변수(Z)로 변환해야 한다.[24]

23) 이와 같은 가정하에 VaR를 추정하는 방법을 델타-노말(delta-normal)법이라 한다.

24) Z의 왼쪽부분 합은 '1－신뢰수준'으로 유의수준(significance level), 즉 신뢰할 수 없는 정도를 나타낸다.

$$Z=\frac{r^{*}-E(r)}{\sigma} \tag{5-29}$$

여기서 $E(r)$: 기대수익률
σ : 수익률의 표준편차

신뢰수준이 결정되면 Z값을 구할 수 있으며, 이 값을 식 (5－29)에 대입하면 주어진 신뢰수준하에서의 최저수익률을 구할 수 있다.

$$r^{*}=E(r)+Z\cdot\sigma \tag{5-30}$$

단, 신뢰수준＝90% → $Z=-1.28$
신뢰수준＝95% → $Z=-1.65$
신뢰수준＝99% → $Z=-2.33$

식 (5－30)에 의해서 주어진 신뢰수준하에서의 최저수익률이 결정되면, 평균(기대값)에 대한 상대손실금액(평균기준 VaR) 또는 0기준으로 계산된 절대손실금액(절대손실기준 VaR)을 구할 수 있다. 상대손실금액 또는 **평균기준 VaR**를 상대적 VaR(relative VaR)라고도 하며, 절대손실금액 또는 **절대손실기준 VaR**를 절대적 VaR(absolute VaR)라고도 한다.

현재가치(현재의 총투자금액)가 W_0, 기대수익률이 $E(r)$, 표준편차가 σ인 자산의 평균기준 VaR와 절대손실기준 VaR를 각각 측정하면 다음과 같다.

$$\text{평균기준 } VaR=-W_0(r^{*}-E(r))=-W_0\cdot Z\cdot\sigma \tag{5-31}$$

재무 FOCUS

신뢰수준과 Z값

예를 들어 신뢰수준이 95%일 경우 Z값은 다음과 같이 찾을 수 있다.

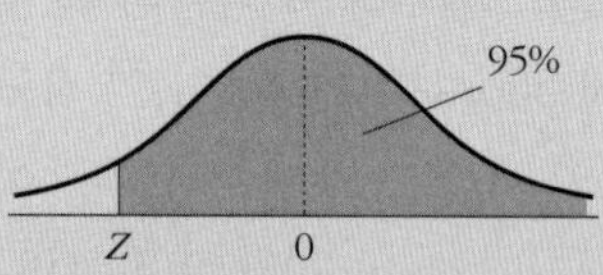

표준정규분포는 좌우대칭이므로 본서의 부록 I 〈부표－5〉를 이용하여 먼저 45%의 값에 가까운 d값을 찾는다.

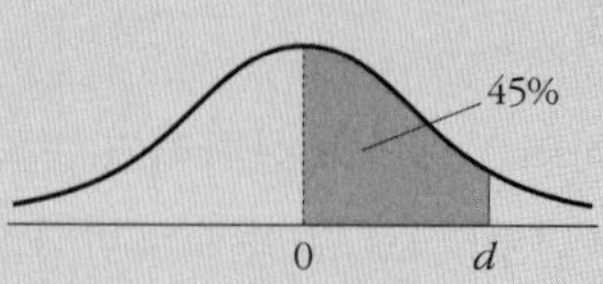

45%에 가장 가까운 값은 0.4505로서 이에 해당하는 d값을 읽으면, 그 값은 1.65이다. 따라서 0을 중심으로 대칭된 왼쪽 값, 즉 Z값은 －1.65이다.

$$\text{절대손실기준 } VaR = -W_0(r^* - 0) = -W_0 \cdot r^* \tag{5-32}$$

한편 식 (5－31)과 (5-32)에서 기대수익률 $E(r)$과 표준편차 σ가 모두 1기간 기준으로 계산된 수치라면, 목표기간(ΔT)에 따른 기대수익률 및 표준편차는 다음과 같이 조정되어야 한다.

$$\text{목표기간}(\Delta T)\text{의 기대수익률} = E(r) \cdot \Delta T \tag{5-33}$$

$$\text{목표기간}(\Delta T)\text{의 표준편차} = \sigma\sqrt{\Delta T} \tag{5-34}$$

따라서 목표기간이 ΔT일 경우 자산의 평균기준 VaR는 다음과 같다.

$$\text{평균기준 } VaR = -W_0 \cdot Z \cdot \sigma\sqrt{\Delta T} \tag{5-35}$$

위 자산의 평균기준 VaR를 VaR_X 라고 하고, 이와는 다른 신뢰수준과 목표기간을 적용하는 경우, 즉 Z', Δt인 경우 자산의 평균기준 VaR를 VaR_Y라고 하자. 그러면 VaR_X 와 VaR_Y의 관계를 다음과 같이 제시할 수 있다.

$$\begin{aligned} VaR_Y &= -W_0 \cdot Z' \cdot \sigma\sqrt{\Delta t} \\ &= -W_0 \cdot Z \cdot \sigma\sqrt{\Delta T} \cdot \frac{Z'}{Z} \cdot \sqrt{\frac{\Delta t}{\Delta T}} \\ &= VaR_X \cdot \frac{Z'}{Z} \cdot \sqrt{\frac{\Delta t}{\Delta T}} \end{aligned} \tag{5-36}$$

포트폴리오 VaR와 공헌 VaR

개별자산 A와 B로 구성된 포트폴리오가 존재하고, 이 포트폴리오의 현재가치(현재의 총투자금액)는 W_0라고 가정하자. 이러한 **포트폴리오의 평균기준 VaR**를 구하는 방법은 크게 세 가지로 분류된다. 첫째, 포트폴리오 수익률의 표준편차를 이용한 방법이다. 둘째, 개별 VaR를 이용한 방법이다. 셋째, 금액으로 측정된 포트폴리오의 표준편차를 이용한 방법이다.

먼저 포트폴리오 수익률의 표준편차를 이용한 방법은 포트폴리오 수익률의 표준편차를 측정한 후 이를 식 (5－31)에 대입하여 포트폴리오 VaR를 구하는 방법이다. 포트폴리오 수익률의 표준편차를 식으로 나타내면 다음과 같다.

$$\sigma_p = \sqrt{w_A^2\sigma_A^2 + w_B^2\sigma_B^2 + 2w_A w_B \sigma_{AB}}$$
$$= \sqrt{w_A^2\sigma_A^2 + w_B^2\sigma_B^2 + 2w_A w_B \sigma_A \sigma_B \rho_{AB}} \quad (5-37)$$

여기서 w_A, w_B: 자산 A의 구성비율, 자산 B의 구성비율
σ_A, σ_B: 자산 A의 표준편차, 자산 B의 표준편차
σ_{AB}: 자산 A와 B의 공분산
ρ_{AB} : 자산 A와 B의 상관계수

포트폴리오 수익률의 표준편차를 이용한 포트폴리오 VaR(평균기준)는 다음과 같다.

$$\text{포트폴리오 } VaR = -W_0 \cdot Z \cdot \sigma_p \quad (5\text{–}38)$$

다음으로 개별자산의 VaR를 이용하는 방법을 적용할 경우 포트폴리오 VaR는 다음과 같이 구할 수 있다.[25)]

$$\text{포트폴리오 } VaR = \sqrt{VaR_A^2 + VaR_B^2 + 2VaR_A \cdot VaR_B \cdot \rho_{AB}} \quad (5\text{–}39)$$

위 식에서 알 수 있는 바와 같이 개별자산의 VaR는 금액으로 측정된 것이므로 이를 이용하여 포트폴리오 VaR를 구할 때에는 개별자산의 가중치(구성비율)가 필요 없다.

마지막으로 금액으로 측정된 포트폴리오의 표준편차를 이용하여 포트폴리오 VaR를 측정하는 방법이다. 이 방법을 적용하기 위해 먼저 금액으로 측정된 포트폴리오의 표준편차에 대한 이해가 필요하다. 금액으로 측정된 포트폴리오의 표준편차(Σ_p)는 포드폴리오를 구성하는 개별자산의 표준편차(금액)를 이용하여 다음과 같이 나타낼 수 있다.

$$\Sigma_p = \sqrt{\Sigma_A^2 + \Sigma_B^2 + 2\Sigma_A \Sigma_B \rho_{AB}} \quad (5-40)$$

여기서 Σ_A: 자산 A의 현재가치(또는 투자금액)×자산 A의 표준편차
Σ_B: 자산 B의 현재가치(또는 투자금액)×자산 B의 표준편차

식 (5−40)과 같이 금액으로 측정된 포트폴리오 표준편차(Σ_p)를 이용하여 포트폴리오 VaR를 구하면 다음과 같다.

$$\text{포트폴리오 } VaR = -Z \cdot \Sigma_p \quad (5\text{–}41)$$

식 (5−38)과 식 (5−41)을 비교하면 Σ_p는 $W_0 \cdot \sigma_p$와 동일함을 알 수 있다.

---

25) 포트폴리오효과, 즉 분산효과는 포트폴리오의 VaR의 경우에도 동일하게 나타난다. 포트폴리오효과는 개별자산의 VaR의 합계에서 식 (5−39)와 같이 측정된 포트폴리오 VaR를 차감한 값을 의미한다. 물론 포트폴리오효과는 식 (5−39) 외에 식 (5−38)과 (5−41)에 의해 측정된 포트폴리오의 VaR를 사용하여도 동일하다.

공헌 VaR는 개별자산 VaR가 포트폴리오 VaR에서 차지하는 부분을 말한다. 공헌 VaR는 포트폴리오 VaR와 개별자산의 공헌비율을 곱하여 구할 수 있다. 공헌비율은 개별자산이 포트폴리오 VaR에 공헌한 정도를 비율로 나타낸 것이다. 공헌비율을 측정하는 방법도 포트폴리오 VaR를 측정하는 방법과 유사하게 다음의 세 가지 유형으로 분류할 수 있다. 첫째, 수익률의 표준편차를 이용한 방법, 둘째, 개별자산의 VaR를 이용한 방법, 셋째, 금액으로 측정된 표준편차를 이용한 방법이다.

먼저 수익률의 표준편차를 이용하여 공헌비율을 측정하는 방법에 따라 자산 A와 B의 공헌비율을 구하면 다음과 같다.

$$\text{자산 A의 공헌비율} = \frac{w_A^2\sigma_A^2 + w_A w_B \sigma_A \sigma_B \rho_{AB}}{\sigma_p^2} \tag{5–42}$$

$$\text{자산 B의 공헌비율} = \frac{w_B^2\sigma_B^2 + w_A w_B \sigma_A \sigma_B \rho_{AB}}{\sigma_p^2}$$

둘째, 개별자산의 VaR를 이용하여 주식 A와 B의 공헌비율을 식으로 나타내면 다음과 같다.

$$\text{개별자산 A의 공헌비율} = \frac{VaR_A{}^2 + VaR_A \cdot VaR_B \cdot \rho_{AB}}{\text{포트폴리오 } VaR^2} \tag{5–43}$$

$$\text{개별자산 B의 공헌비율} = \frac{VaR_B{}^2 + VaR_A \cdot VaR_B \cdot \rho_{AB}}{\text{포트폴리오 } VaR^2}$$

셋째, 금액으로 측정된 표준편차를 이용한 주식 A와 B의 공헌비율을 식으로 나타내면 다음과 같다.

$$\text{주식 A의 공헌비율} = \frac{\Sigma_A^2 + \Sigma_A \Sigma_B \rho_{AB}}{\Sigma_p^2} \tag{5–44}$$

$$\text{주식 B의 공헌비율} = \frac{\Sigma_B^2 + \Sigma_A \Sigma_B \rho_{AB}}{\Sigma_p^2}$$

여기서 포트폴리오의 분산(금액) $\Sigma_p{}^2 = \Sigma_A{}^2 + \Sigma_B{}^2 + 2\Sigma_A\Sigma_B\rho_{AB}$
$= (\Sigma_A{}^2 + \Sigma_A\Sigma_B\rho_{AB}) + (\Sigma_B{}^2 + \Sigma_A\Sigma_B\rho_{AB})$

예제 5-8 VaR의 측정

현재의 주식 A의 투자금액은 100억원이고, 연간 기대수익률은 10%, 연간 수익률의 표준편차는 20%이다. 목표투자기간은 3개월이다.

(1) 신뢰수준 95%에서 주식 A의 평균기준 VaR는 얼마인가?

(2) 신뢰수준 95%에서 주식 A의 절대손실기준 VaR는 얼마인가?

(3) 신뢰수준 95%에서 목표기간이 3개월인 경우 평균기준 VaR가 20.5억원인 주식 B가 존재한다. 주식 A와 B의 상관계수는 0.2이다. 주식 A와 B로 구성된 포트폴리오 VaR는 얼마인가?

| 해설 |

(1) 95%의 신뢰수준에서는 $Z=-1.65$이다. 그리고 목표투자기간의 기대수익률과 표준편차를 구하면 다음과 같다.

- 목표기간(ΔT)의 기대수익률($E(r)'$)$=E(r)\cdot\Delta T=0.1\times(3/12)=0.025$
- 목표기간(ΔT)의 표준편차(σ')$=\sigma\sqrt{\Delta T}=0.2\times\sqrt{3/12}=0.1$

따라서 최저수익률(r^*)은 다음과 같이 구할 수 있다.

$$r^*=E(r)'+Z\cdot\sigma'=0.025+(-1.65)\times0.1=-0.14$$

$$\therefore \text{평균기준 } VaR=-100\text{억원}\times(-0.14-0.025)=16.5\text{억원}$$

이는 정상적인 시장상황하에서 향후 3개월 동안 포트폴리오의 기대값 102.5억원(=100억원×1.025)을 기준으로 16.5억원 이상의 손실이 발생될 확률이 5%라는 것을 의미한다.

(2) 절대손실기준 $VaR=-100\text{억원}\times(-0.14-0)=14\text{억원}$

이는 정상적인 시장상황하에서 향후 3개월 동안 포트폴리오의 현재값 100억원을 기준으로 14억원 이상의 손실이 발생될 확률이 5%라는 것을 의미한다.

(3) 포트폴리오 $VaR=\sqrt{VaR_A^2+VaR_B^2+2VaR_A\cdot VaR_B\cdot\rho_{AB}}$

$$=\sqrt{16.5\text{억원}^2+20.5\text{억원}^2+2\times16.5\text{억원}\times20.5\text{억원}\times0.2}$$

$$=28.77\text{억원}$$

3.3 채권 VaR

앞에서 채권가격의 변화와 듀레이션의 관계를 나타내는 식 (5-15)를 도출하였다.

$$-\frac{\Delta B/B}{\Delta r/r}\fallingdotseq D\left(\frac{r}{1+r}\right) \tag{5-15}$$

식 (5−15)는 다음과 같이 나타낼 수 있다.

$$-\frac{\Delta B}{B} \fallingdotseq -\frac{D}{1+r} \cdot \Delta r$$

위 식에서 채권가격의 변화율과 시장이자율의 변화가 확률변수에 해당한다. 따라서 채권가격의 변화율의 표준편차를 구하면 다음과 같다.

$$\sigma\left(\frac{\Delta B}{B}\right) \fallingdotseq \frac{D}{1+r} \cdot \sigma(\Delta r) \tag{5-45}$$

식 (5−45)의 좌변 항은 VaR를 구성하는 요소 중 수익률의 표준편차에 해당한다. 식 (5−45)에서 시장이자율의 변동성인 $\sigma(\Delta r)$이 1기간을 기준으로 한 값일 경우 목표기간이 ΔT인 **채권의 평균기준** VaR는 다음과 같다.

$$\text{평균기준 } VaR = -W_0 \cdot Z \cdot \frac{D}{1+r} \cdot \sigma(\Delta r)\sqrt{\Delta T} \tag{5-46}$$

예제 5-9 채권 VaR의 측정

S사는 채권포트폴리오를 200억원 보유하고 있다. 이 채권의 수정듀레이션은 3년이며, 1일 금리변동성은 0.56%, 목표투자기간은 5일이다. 신뢰수준 99%에서 채권포트폴리오의 평균기준 VaR를 구하라.

| 해설 |

99%의 신뢰수준에서 $Z = -2.33$이다. 목표투자기간이 5일인 경우 채권포트폴리오의 평균기준 VaR은 다음과 같다.

$$\begin{aligned}\text{평균기준 } VaR &= -W_0 \cdot Z \cdot \frac{D}{1+r} \cdot \sigma(\Delta r)\sqrt{\Delta T}\\ &= -200\text{억원} \times (-2.33) \times 3 \times 0.0056 \times \sqrt{5}\\ &= 17.51\text{억원}\end{aligned}$$

요 약

선물거래에 의한 위험의 헤징

1. 헤징의 기본원리

▶ 헤징의 분류

- 매입헤지(long hedge): 현물(short) ↔ 선물(long)
- 매도헤지(short hedge): 현물(long) ↔ 선물(short)

▶ 베이시스(현물가격－선물가격)위험

← 베이시스≠일정, 헤지종료일≠선물만기일

← 현물≠선물의 기초자산: 교차헤지

2. 최소분산헤지비율

- $H^* = -\frac{Cov(\Delta S, \Delta F)}{Var(\Delta F)} = -\frac{\rho(\Delta S, \Delta F)\sigma(\Delta S)}{\sigma(\Delta F)} = -\hat{\beta}$
- $Var(\Delta V_H)^* = Var(\Delta S)[1-\rho^2(\Delta S, \Delta F)]$

3. 주가지수선물을 이용한 헤징

▶ 주가지수선물을 이용한 포트폴리오의 관리

- 베타헤징: 최소분산헤지비율

$$H^* = -\frac{S_0}{F_{0,T}}\left(\frac{Cov(r_S, r_F)}{Var(r_F)}\right) = -\frac{S_0}{F_{0,T}}\beta_{SF}$$

$\rightarrow \rho(r_F, r_M) = 1$이라면, $H^* = -\frac{S_0}{F_{0,T}}\beta_S$

- 체계적 위험의 조정: $H = (\beta_H - \beta_S)\frac{S_0}{F_{0,T}}$

▶ 자산배분전략(asset allocation strategy)

- 합성무위험채권 전환전략: 주식포트폴리오－주가지수선물
- 합성주식포트폴리오 전환전략: 무위험채권＋주가지수선물

4. 금리선물을 이용한 헤징

▶ 듀레이션: $D=\sum_{t=1}^{n}\frac{t\cdot C_t(1+r)^{-t}}{B}$

☞ $D_p=\sum_{j=1}^{N}W_jD_j$

☞ 듀레이션의 특성: 만기↑, 액면이자율↓, 시장이자율↓ → 듀레이션↑

▶ 채권의 가격변화와 듀레이션: $\Delta B \fallingdotseq -\frac{D}{1+r}\cdot\Delta r\cdot B$

☞ $\Delta B \fallingdotseq \frac{dB}{dr}\Delta r+\frac{1}{2}\left(\frac{d^2B}{dr^2}\right)\Delta r^2=-\left(\frac{D}{1+r}\right)\Delta r\cdot B+\frac{1}{2}V\cdot\Delta r^2\cdot B$

여기서 볼록성$(V)=\frac{1}{(1+r)^2}\sum_{t=1}^{n}\frac{t(t+1)C_t(1+r)^{-t}}{B}$

▶ 듀레이션에 근거한 헤징전략: $H^*=-\left(\frac{D_S}{D_F}\right)\left(\frac{B_S}{B_F}\right)$

☞ $H=\left(\frac{D_H-D_S}{D_F}\right)\left(\frac{B_S}{B_F}\right)$

채권관리

1. 소극적 채권관리

▶ 목표시기면역전략: 채권포트폴리오의 목표투자기간=듀레이션

▶ 순자산면역전략: 자산·부채관리(ALM)

$$\Delta E=-(D_A\cdot A-D_L\cdot L)\left(\frac{\Delta r}{1+r}\right)\rightarrow D_A\cdot A=D_L\cdot L$$

▶ 현금흐름대응전략: 현금유출(지급해야 할 채무)=현금유입(채권의 현금흐름)

2. 적극적 채권관리

▶ 채권스왑: 대체스왑, 시장간 스프레드스왑, 이자율예상스왑, 순수수익률취득스왑, 세금스왑

▶ 투자기간분석: 수익률곡선타기

▶ 상황별 면역화

VaR

정상적 시장상황하에서 주어진 신뢰수준으로 목표기간 동안에 발생될 수 있는 포트폴리오의 최대손실금액

▶ 평균기준 $VaR = -W_0(r^* - E(r)) = -W_0 \cdot Z\sigma$

▶ 절대손실기준 $VaR = -W_0(r^* - 0) = -W_0 \cdot r^*$

☞ • 목표기간(ΔT)의 기대수익률 $= E(r) \cdot \Delta T$

• 목표기간(ΔT)의 표준편차 $= \sigma\sqrt{\Delta T}$

▶ 포트폴리오 $VaR = -W_0 \cdot Z \cdot \sigma_p$

$$= \sqrt{VaR_A^2 + VaR_B^2 + 2VaR_A \cdot VaR_B \cdot \rho_{AB}}$$

$$= -Z \cdot \Sigma_p$$

▶ 채권의 평균기준 $VaR = -W_0 \cdot Z \cdot \frac{D}{1+r} \cdot \sigma(\Delta r)\sqrt{\Delta T}$

주요 용어

사 • 례 • 연 • 구

국민연금은 현재 다음과 같은 주식포트폴리오를 보유하고 있다.

주 식	투자액(억원)	주식수익률의 분산	KOSPI 200 수익률과의 상관계수
A	3	0.36	0.4
B	2	0.49	0.8
C	4	0.25	0.4
D	1	0.36	0.6

국민연금은 향후 3개월간 주식포트폴리오의 위험을 관리하기 위하여 만기가 4개월 후인 KOSPI 200 선물을 이용하려고 한다. 시장수익률의 대용치인 KOSPI 200 수익률의 분산은 0.04, 무위험이자율은 연 3%, KOSPI 200의 가중배당수익률은 연 2%이며, 현재 KOSPI 200 지수는 290.00포인트이다. (단, KOSPI 200 선물의 거래승수는 1포인트당 25만원이다.)

(1) 만기가 4개월 후인 KOSPI 200 선물의 이론적 가격은 얼마인가?

(2) 국민연금이 향후 3개월간 주식포트폴리오의 가치변동에 따른 위험을 헤징하기 위하여 필요한 선물의 계약수는 얼마인가?

(3) 3개월 후 KOSPI 200 지수가 280.00포인트로 예상되는 경우, 물음 (2)에서 구성된 헤지 포트폴리오의 기대가치는?

(4) 국민연금은 향후 주식시장이 호황일 것으로 예상하여 현재 주식포트폴리오의 베타보다 1.0만큼 더 높일 경우 필요한 선물계약수는 얼마인가?

(5) "일반적으로 헤징의 결과 기대되는 수익은 무위험이자율이다. 따라서 국민연금의 경우 주식포트폴리오를 보유하고 선물계약을 매도하여 헤징하는 복잡한 방법을 선택하기보다는, 단순히 주식포트폴리오를 매도한 후 그 대금을 무위험이자율로 투자하는 것이 더 좋다"라는 주장에 대하여 논평하라.

:: 해설

(1) $F_{0,\,T}=S_0(1+r_T-d_T)=290.00\times\left[1+(0.03-0.02)\left(\dfrac{4\text{개월}}{12\text{개월}}\right)\right]=290.97$포인트

(2) $\beta_A=\dfrac{\rho_{A,M}\sigma_A}{\sigma_M}=\dfrac{0.4\times0.6}{0.2}=1.2,\quad \beta_B=\dfrac{0.8\times0.7}{0.2}=2.8,\quad \beta_C=\dfrac{0.4\times0.5}{0.2}=1.0,$

$$\beta_D = \frac{0.6 \times 0.6}{0.2} = 1.8$$

$$\rightarrow \beta_p = 1.2 \times \left(\frac{3억원}{10억원}\right) + 2.8 \times \left(\frac{2억원}{10억원}\right) + 1.0 \times \left(\frac{4억원}{10억원}\right) + 1.8 \times \left(\frac{1억원}{10억원}\right) = 1.5$$

$$\therefore H^* = -\frac{S_0}{F_{0,T}}\beta_p = -\frac{10억원}{290.97 \times 25만원} \times 1.5 = -20.62계약$$

베타헤징을 위해 주가지수선물 20.62계약을 매도하여야 한다.

(3) • 주식포트폴리오의 기대가치 = 10억원 × (1 − 0.048) = 9.52억원

※ $E(r_p) = r_f + [E(r_M) - r_f]\beta_p = 0.0075 + (-0.0295 - 0.0075) \times 1.5 = -0.048$

여기서 $r_f = 0.03 \times \left(\frac{1}{4}\right) = 0.0075$, $E(r_M) = \frac{280 - 290}{290} + 0.02 \times \left(\frac{1}{4}\right) = -0.0295$

• 선물매도포지션의 손익(가치) = (290.97 − 280.23) × 25만원 × 20.62계약
= 0.5536억원

※ $F_{t,T} = 280.00 \times \left[1 + (0.03 - 0.02)\left(\frac{1}{12}\right)\right] = 280.23$

∴ 헤지포트폴리오의 기대가치 = 9.52억원 + 0.5536억원 = 10.0736억원

Tip

베타헤징의 경우 베타를 0으로 만드는 것으로서 균형상태하에서 헤지포트폴리오의 수익률은 거의 무위험이자율에 가깝게 된다. 따라서 물음 (3)에서 헤지포트폴리오의 수익률은 0.736%$\left(= \frac{10.0736억원 - 10억원}{10억원}\right)$로 3개월간 무위험이자율 0.75%와 거의 같음을 알 수 있다.

(4) $H = (\beta_H - \beta_p)\frac{S_0}{F_{0,T}} = (2.5 - 1.5) \times \left(\frac{10억원}{290.97 \times 25만원}\right) = 13.75계약$

베타를 2.5로 높이기 위해서 주가지수선물 13.75계약을 매입하여야 한다.

(5) 이와 같은 주장은 다음과 같은 이유에서 반드시 옳지는 않다.

첫째, 현재 포트폴리오가 잘 구성되어 있고 보유포트폴리오가 시장보다 높은 초과수익률(β 위험조정 후 수익률기준)을 올릴 것이라고 확신한다면, 선물계약을 이용한 헤징은 시장의 불확실성에 따른 위험, 즉 체계적 위험을 제거할 수 있는 수단을 제공한다.

둘째, 주식포트폴리오를 장기간 보유하려고 하는 투자자의 경우 단기적인 시장위험으로부터 보호받기를 원할 때 헤징이 필요하다. 물론 헤징전략 이외에도 보유포트폴리오를 매도하고 무위험대출을 한 후 다시 매입하는 전략을 사용할 수 있지만, 이 전략은 많은 거래비용을 발생시킨다.

연 · 습 · 문 · 제

▶ 객관식 문제

01 베이시스(basis)위험에 대한 다음의 설명 중 거리가 먼 것은? (단, 베이시스 = 선물가격 − 현물가격)

① 선물가격이 현물가격으로 수렴하는 특성에 의해서 만기일의 베이시스는 0이 된다.
② 베이시스가 예상보다 축소되는 경우에는 매도헤지가 유리한 반면, 베이시스가 예상보다 확대되는 경우에는 매입헤지가 유리하다.
③ 베이시스가 일정하거나 헤지종료일과 선물의 만기일이 같은 경우에는 베이시스위험이 제거될 수 있다.
④ 베이시스위험이 제거되면 헤저의 손익은 항상 0이 된다.
⑤ 현물과 선물의 기초자산이 정확하게 일치하지 않을 경우의 헤지, 즉 교차헤지(cross hedge)에서는 현물과 선물의 기초자산간의 불일치로 인한 추가적인 베이시스위험이 발생하게 된다.

02 선물을 이용한 다음의 헤지거래 중 가장 잘못된 것은? (CPA 1차 2000)

① 1개월 후에 자금을 차입하려고 하는 기업이 금리선물을 매입하였다.
② 인덱스펀드(index fund)를 보유한 투자자가 주가지수선물을 매도하였다.
③ 2개월 후에 상대국통화로 수출대금을 수취하게 되는 수출업자가 상대국통화선물을 매도하였다.
④ 3개월 후에 채권을 매입하려고 하는 투자자가 금리선물을 매입하였다.
⑤ 보유현물과 동일하지 않으나 정(+)의 상관계수가 큰 선물을 매도하였다.

03 현재는 9월 30일이다. 한 달 후 A항공은 항공기 연료로 사용되는 100만배럴의 제트유가 필요하며, 12월에 만기가 도래하는 난방유선물을 이용하여 가격변동위험을 헤지하기로 하였다. 분산으로 측정되는 헤지포지션의 위험을 최소화하기 위해 과거 24개월

동안의 역사적 자료를 이용하여 최소분산헤지비율을 구하였다. 최소분산헤지비율을 계산하기 위해 월별 현물가격의 변화를 월별 선물가격의 변화에 대해 회귀분석한 결과의 일부를 다음의 표에 제시하였다. 난방유선물 1계약 단위가 42,000배럴일 때, A항공이 취해야 할 전략으로 가장 적절한 것은? (CPA 1차 2012 수정)

	분 산	표준편차	공 분 산	상관계수
선물가격변화	0.00148	0.03841	0.00105	0.69458
현물가격변화	0.00155	0.03936		

① 난방유선물 13계약 매입
② 난방유선물 15계약 매도
③ 난방유선물 17계약 매입
④ 난방유선물 19계약 매도
⑤ 난방유선물 21계약 매입

04 펀드매니저 K는 1,000억원 규모의 주식포트폴리오에 대해 1년간 관리하는 임무를 부여받았다. 현재 이 주식포트폴리오의 베타는 1.5이다. K는 향후 약세장을 예상하고 주가지수선물을 이용하여 이 주식포트폴리오의 베타를 1.0으로 줄이려고 한다. 1년 만기를 갖는 주가지수선물의 현재 지수가 80.0포인트(1포인트당 25만원)라고 할 때, 어떻게 해야 하는가? (CPA 1차 2001 수정)

① 1,250계약 매입
② 1,250계약 매도
③ 2,500계약 매입
④ 2,500계약 매도
⑤ 3,750계약 매입

05 펀드매니저 A는 10억원 규모로 KOSPI 200 지수와 상관계수가 1인 주식 인덱스펀드(index fund)를 6개월간 구성하여 운영하려고 한다. 그러나 인덱스펀드의 관리에 어려움을 경험한 펀드매니저 B는 인덱스펀드 대신 만기까지 6개월 남은 KOSPI 200 지수선물 40계약과, 연수익률 6%이고 6개월 만기인 채권을 10억원 매입하였다. 두 펀드 매니저의 펀드 운용결과가 향후 시장의 등락에 관계없이 동일하려면 B는 얼마의 가격에 선물을 매입하여야 하는가? (수수료 및 증거금을 포함한 거래비용은 없으며, 채권은 무위험으로 가정함.) (CPA 1차 2002 수정)

KOSPI 200 지수＝100pt., 무위험금리＝연 6%
지수종목주식 기대배당수익률＝연 4%, 선물승수＝25만원/pt.

① 97pt.
② 99pt.
③ 101pt.
④ 103pt.
⑤ 105pt.

06 투자자 갑은 다음과 같은 주식 포트폴리오를 보유하고 있다.

주 식	주당 주식가격	보유주식수	베타계수
A	20,000원	2,000주	1.5
B	40,000원	1,000주	1.2
C	10,000원	2,000주	0.8

이 포트폴리오를 현재 선물가격이 200포인트인 KOSPI200 주가지수선물을 이용하여 헤지하고자 한다. 단순헤지비율(naive hedge ratio)을 이용해 100% 헤지하기 위한 선물계약수와 최소분산헤지비율(minimum variance hedge ratio)을 이용하여 헤지하기 위한 선물계약수를 계산하였다. 이 때, 최소분산헤지비율에 의한 선물계약수는 단순헤지비율에 의한 선물계약수의 몇 배인가? 가장 가까운 것을 선택하라. (단, 단순헤지비율은 현물과 선물을 1:1 비율로 헤지하는 것으로 주식포트폴리오의 시가총액을 주가지수선물 가치로 나눈 것이고, KOSPI200 주가지수선물의 거래승수는 1포인트당 25만원이다.) (CPA 1차 2013 수정)

① 0.8배 ② 0.9배 ③ 1.0배 ④ 1.2배 ⑤ 1.5배

07 다음 그룹 A~C는 각각 두 가지 채권의 액면이자율(coupon rate), 만기수익률(yield to maturity), 만기를 제시하고 있다. 각각의 그룹에서 제시된 두 가지 채권 가운데 듀레이션이 작은 채권만을 선택한 것은? 단, 각 그룹에서 제시된 채권은 일반채권(옵션적 성격이 없는 채권)이고, 주어진 정보 이외에 다른 조건은 모두 동일하다고 가정한다.

(CPA 1차 2017)

그룹 A	가. 액면이자율 10%, 만기수익률 10%인 10년 만기 이표채권 나. 액면이자율 10%, 만기수익률 10%인 20년 만기 이표채권
그룹 B	다. 액면이자율 10%, 만기수익률 8%인 10년 만기 이표채권 라. 액면이자율 8%, 만기수익률 8%인 10년 만기 이표채권
그룹 C	마. 액면이자율 10%, 만기수익률 10%인 10년 만기 이표채권 바. 액면이자율 10%, 만기수익률 8%인 10년 만기 이표채권

	그룹 A	그룹 B	그룹 C
①	가	다	마
②	가	다	바
③	가	라	마
④	나	다	바
⑤	나	라	바

08 채권에 관한 다음 설명 중 가장 적절하지 않은 것은? (CPA 1차 2013)

① 다른 모든 조건이 동일할 때, 만기수익률이 높은 채권일수록 금리의 변화에 덜 민감하게 반응한다.

② 무이표채의 매컬리 듀레이션(Macaulay duration)은 채권의 잔존만기와 같다.

③ 영구채(perpetuity)의 매컬리 듀레이션은 $\left(\frac{1+y}{y}\right)$이다. (단, y는 양수의 만기수익률이다.)

④ 다른 모든 조건이 동일할 때, 잔존만기가 길수록 할인채권(discount bond)과 액면가채권(par bond)의 매컬리 듀레이션은 증가한다.

⑤ 다른 모든 조건이 동일할 때, 수의상환조항(call provision)이 있는 채권의 경우 조항이 없는 일반채권에 비해 매컬리 듀레이션이 작다.

09 이자율과 채권가격에 관한 설명으로 가장 적절하지 않은 것은? (CPA 1차 2014)

① 이자율이 상승하면 채권가격은 하락한다.

② 만기가 길어질수록 동일한 이자율변동에 대한 채권가격 변동폭이 커진다.

③ 만기가 길어질수록 동일한 이자율변동에 대한 채권가격 변동폭은 체감적으로 증가한다.

④ 이자율 상승시 채권가격 하락보다 동일 이자율 하락시 채권가격 상승이 더 크다.

⑤ 액면이자율이 높을수록 동일한 이자율 변동에 대한 채권가격 변동률이 더 크다.

10 듀레이션에 관한 설명으로 가장 적절하지 않은 것은? (CPA 1차 2014)

① 무이표채의 경우 만기가 길어지면 듀레이션은 증가한다.

② 액면이자율이 높아지면 듀레이션은 감소한다.

③ 만기수익률이 높아지면 듀레이션은 감소한다.

④ 시간이 경과함에 따라 듀레이션은 감소한다.

⑤ 상환청구조건(put provision)은 듀레이션을 증가시킨다.

11 채권의 듀레이션에 관한 설명으로 가장 적절하지 않은 것은? 단, 이표채의 잔존만기는 1년을 초과한다고 가정한다. (CPA 1차 2016)

① 영구채의 듀레이션은 $\left(\frac{1+\text{만기수익률}}{\text{만기수익률}}\right)$이다.

② 다른 조건이 동일할 때, 액면이자율이 낮은 이표채의 듀레이션이 더 길다.

③ 모든 채권은 발행 이후 시간이 경과하면 그 채권의 듀레이션은 짧아진다.

④ 다른 조건이 동일할 때, 만기수익률이 상승하면 이표채의 듀레이션은 짧아진다.

⑤ 이표채의 듀레이션은 만기보다 짧다.

12 채권 A, 채권 B, 채권 C에 대한 정보가 다음의 표와 같다. 시장이자율의 변동이 각 채권의 만기수익률에 동일한 크기의 영향을 미친다고 가정할 때 채권 A, 채권 B, 채권 C에 대한 설명으로 가장 적절하지 않은 것은? (CPA 1차 2011)

분 류	채권 A	채권 B	채권 C
채권 유형	무이표채	이표채	이표채
액면금액	1억원	1억원	1억원
액면이자율	–	연 5%	연 10%
잔존만기	5년	5년	5년
액면이자 지급시기	–	매년 12월 31일	매년 12월 31일
만기수익률	연 8%	연 8%	연 8%

① 현재시점에서 채권 A의 가격이 가장 낮다.
② 시장이자율이 변동하면 채권 A의 가격변동률이 가장 크다.
③ 채권 A의 듀레이션(duration)은 5년이다.
④ 채권 B와 채권 C의 듀레이션은 5년보다 작다.
⑤ 현재시점에서 채권 B의 듀레이션 및 가격은 채권 C의 듀레이션 및 가격보다 작다.

13 만기 5년, 액면가 1,000원, 액면이자율 7%인 이표채가 있다. 만기수익률이 현재 11%에서 9%로 하락할 때, 채권가격의 변화율을 다음의 두 가지 방법으로 구하려고 한다. 첫째, 이표채로부터 발생하는 현금흐름의 현재가치를 구한 아래의 표를 이용하여 실제 채권가격변화율을 구하고 그 값을 채권가격변화율$_A$라고 한다. 둘째, 이표채의 매컬리(Macaulay) 듀레이션을 아래의 표를 이용하여 구하고, 계산된 듀레이션을 이용하여 채권가격변화율을 구하고 그 값을 채권가격변화율$_B$라고 한다. 이때 (채권가격변화율$_A$ – 채권가격변화율$_B$)의 값으로 가장 가까운 것은? (CPA 1차 2012)

(만기수익률이 11%인 경우)

(1) 연 도	(2) 현금흐름	(3) 현금흐름의 현재가치	(1)×(3)
1	70	63.06	63.06
2	70	56.81	113.63
3	70	51.18	153.55
4	70	46.11	184.44
5	1,070	634.99	3,174.96

(만기수익률이 9%인 경우)

(1) 연 도	(2) 현금흐름	(3) 현금흐름의 현재가치	(1)×(3)
1	70	64.22	64.22
2	70	58.92	117.84
3	70	54.05	162.16
4	70	49.59	198.36
5	1,070	695.43	3,477.13

① 0.37% ② 0.42% ③ 0.47% ④ 0.52% ⑤ 0.57%

14 다음 여러 가지 채권의 볼록성(convexity)에 대한 설명 중 가장 옳지 않은 것은? (CPA 1차 2005)

① 일반사채(straight bond)의 경우 볼록성이 심할수록 이자율 상승시 채권가격이 적게 하락하고, 이자율 하락시 채권가격이 많이 상승한다.
② 이자율이 상승하거나 하락하거나 일반사채의 볼록성은 항상 양(+)의 값을 가진다.
③ 이자율이 상승하면 일반사채에 비하여 상환청구권부사채(puttable bond)의 볼록성이 약하다.
④ 이자율이 하락하면 수의상환사채(callable bond)의 볼록성은 음(−)의 값을 가진다.
⑤ 이자율이 상승하면 수의상환사채의 볼록성은 일반사채와 같게 된다.

15 총자산이 100조원이고 자기자본비율이 8%인 금융기관이 있다고 하자. 자산과 부채의 듀레이션(duration)은 각각 6년과 4년이다. 이 금융기관의 경영자는 조만간 이자율이 현재 8%에서 9%로 상승한다고 예측하고 대응전략을 강구하고 있다. 만일 이 예측이 사실이라면 주주의 입장에서 얼마만큼의 손실 혹은 이익이 발생하는가? (채권으로 인한 볼록성(convexity)은 무시하고 가장 근사치를 고를 것) (CPA 1차 2002)

① 2.148조원 손실 ② 2.008조원 이익 ③ 1.525조원 손실
④ 1.525조원 이익 ⑤ 1.945조원 이익

16 여신전문금융회사인 ㈜한강캐피탈은 9.94년의 듀레이션과 100억원의 시장가치를 갖는 자산포트폴리오를 보유하고 있다. 이 자산포트폴리오에 포함된 자산들에 대한 이자는 1년에 2회 6개월마다 수취된다. 이 자산들은 자기자본 10억원과 채권발행 90억원으로 조달된 자금으로 형성되었다. 이 채권의 액면이자는 연 7.25%, 만기는 2년이다. 액면이자는 1년에 2회 6개월마다 지급된다. 현재 이 채권의 시장가격은 액면가와 동일하다.

각 시점에서 발생하는 1원의 현재가치는 다음의 표와 같다.

현금흐름 발생시점 (단위: 연도)	현가요소	현금흐름 발생시점 (단위: 연도)	현가요소
0.5	0.9650	1.5	0.8987
1.0	0.9313	2.0	0.8672

㈜한강캐피탈의 자기자본가치의 변동을 면역(immunization)하려면 자산포트폴리오의 듀레이션은 얼마로 조정되어야 하는가? (단, 자산과 부채에 적용되는 시장이자율의 변화는 동일하며, 소수점 셋째 자리에서 반올림하여 계산한다.) (CPA 1차 2010)

① 1.53 ② 1.62 ③ 1.71 ④ 1.83 ⑤ 1.97

17 채권가치평가와 채권포트폴리오 관리에 관련된 다음 설명 중 가장 적절하지 않은 것은? (CPA 1차 2008)

① 다른 조건은 동일하고 만기만 다른 채권 A(1년), B(3년), C(5년)가 있다. 시장이자율이 상승할 때, 채권 A와 채권 B의 가격하락 폭의 차이는 채권 B와 채권 C의 가격하락 폭의 차이보다 작다.

② 다른 조건이 일정할 경우 시장이자율이 하락하면 채권의 듀레이션은 길어진다.

③ 시장이자율이 하락할 때 채권가격이 상승하는 정도는 시장이자율이 같은 크기만큼 상승할 때 채권가격이 하락하는 정도보다 더 크다.

④ 채권포트폴리오의 이자율위험을 면역화하기 위해서는 시간이 경과함에 따라 채권포트폴리오를 지속적으로 재조정해야 한다.

⑤ 채권포트폴리오의 이자율위험을 면역화하기 위해서는 시장이자율이 변동할 때마다 채권포트폴리오를 재조정해야 한다.

18 채권에 대한 다음 설명 중 가장 옳지 않은 것은? 단, 다른 조건은 일정하다. (CPA 1차 2009)

① 일반채권의 경우 볼록성(convexity)이 심한 채권의 가격이 볼록성이 약한 채권의 가격보다 항상 비싸다.

② 일반채권의 볼록성은 투자자에게 불리하다.

③ 이자율이 하락하면 수의상환채권(callable bond)의 발행자에게는 유리할 수 있고 투자자에게는 불리할 수 있다.

④ 이자율이 상승하면 상환청구권부채권(puttable bond)의 투자자에게는 유리할 수 있고 발행자에게는 불리할 수 있다.

⑤ 우상향 수익률곡선의 기울기가 심하게(steeper) 변한다면, 단기채를 매입하고 장기

채를 공매도하는 투자전략이 그 반대전략보다 투자자에게 유리하다. (단, 기울기는 항상 양의 값을 가진다.)

19 채권의 평가 및 투자전략에 관한 설명으로 가장 적절하지 않은 항목만으로 구성된 것은? (CPA 1차 2011)

a. 채권평가에서 만기수익률 상승으로 인한 가격하락 폭보다 같은 크기의 만기수익률 하락으로 인한 가격상승 폭이 더 크다.
b. 채권에 3년간 투자하려고 할 때, 채권수익률 기간구조이론 중 불편기대가설이 성립하는 경우 정부발행 3년 만기 할인채에 투자 및 보유하는 전략과 정부발행 1년 만기 할인채에 3년 동안 선도계약을 활용하지 않고 반복투자하는 롤오버(roll-over) 전략의 사후적인 투자성과는 같다.
c. 다른 조건이 동일하다면 수의상환조건이 있는 채권의 만기수익률은 수의상환조건이 없는 채권의 만기수익률보다 낮다.
d. 수익률곡선타기(riding yield curve)는 수익률곡선이 우상향할 때 효과적인 채권투자전략이다.
e. 이표채의 듀레이션(duration)은 만기에 정비례하고 만기가 같은 경우에는 액면이자율이 높은 채권의 듀레이션이 짧다.

① a, c, e ② a, d, e ③ b, c, d ④ b, c, e ⑤ c, d, e

20 다음 표는 A은행의 현재 시장가치 기준 자산·부채와 듀레이션을 보여주고 있다. 다음 설명 중 가장 적절하지 않은 것은? (CPA 1차 2018)

자 산	금 액	듀레이션	부채·자본	금 액	듀레이션
현금	100억원	0년	고객예금	600억원	1.0년
고객대출	500억원	1.2년	발행사채	300억원	5.5년
회사채	400억원	6.0년	자기자본	100억원	

① 부채의 듀레이션은 2.5년이다.
② 듀레이션갭은 0.5년이다.
③ 금리가 상승하면 자기자본가치가 하락한다.
④ 금리가 하락하면 자산가치의 증가분이 부채가치의 증가분보다 크다.
⑤ 순자산가치 면역전략은 듀레이션갭이 0이 되도록 하는 포트폴리오관리 기법이다.

● 객관식 해답
1. ④, **2.** ①, **3.** ③, **4.** ③, **5.** ③, **6.** ④, **7.** ①, **8.** ④, **9.** ⑤, **10.** ⑤, **11.** ③, **12.** ⑤, **13.** ②
14. ③, **15.** ①, **16.** ③, **17.** ①, **18.** ②, **19.** ④, **20.** ②

▶ 주관식 문제

01 주가지수선물을 이용한 헤징 (보험계리사 2차 2017 수정)

현재가치 10억원의 주식포트폴리오를 운용하는 펀드매니저가 KOSPI 200 선물을 이용하여 1년 후의 포트폴리오의 가치 변화를 헤지하고자 한다.

현재 KOSPI 200 지수는 50이고 만기 2년인 KOSPI 200 선물가격은 52이다. 무위험수익률은 연 5%이고 KOSPI 200 지수와 주식포트폴리오의 배당수익률은 연 1%이다. KOSPI 200 지수를 시장포트폴리오로 가정한다. KOSPI 200 수익률의 분산은 0.04, 주식포트폴리오 수익률의 분산은 0.09, KOSPI 200과 주식포트폴리오 수익률의 상관계수는 0.9이다. (단, KOSPI 200 선물의 거래승수는 1포인트당 25만원이다.)

(1) 주식포트폴리오를 헤지하기 위한 KOSPI 200 선물의 계약수를 계산하고 선물포지션이 매입이면 +로 매도이면 −로 표시하라. (단, 계산값은 반올림하여 정수로 표시하라.)

(2) 1년 후 KOSPI 200 지수와 KOSPI 200 선물가격의 시나리오들은 아래 표와 같다. X와 Y는 선물계약과 주식포트폴리오로 구성된 시나리오별 헤지포트폴리오의 가치이다. X−Y의 기대값을 계산하라.

	KOSPI 200 지수	KOSPI 200 선물가격	헤지포트폴리오의 가치
시나리오 1	43	46	X
시나리오 2	60	64	Y

02 고급 듀레이션과 볼록성 (CPA 2차 2006 수정)

갑 채권은 액면가가 10,000원인 무위험 이표채이다. 이 채권의 표면금리는 8%인데 이자는 매 6개월마다 후급으로 지급된다. 어제 이자가 지급되었고 현재 잔존만기는 2년이며 만기수익률(YTM)은 8%이다. 수익률곡선이 수평하고 또한 수평이동한다고 가정하고 다음 물음에 답하라.

(1) 갑 채권의 매컬리 듀레이션(Macaulay duration: D)은 몇 년인가? (단, 계산과정 중 금액과 관련된 수치는 반올림하여 소수점 아래 두 자리까지 계산하고, 듀레이션은 반올림하여 소수점 아래 네 자리까지 표시하되 연 단위로 할 것)

(2) 갑 채권의 수정듀레이션(modified duration: D_m)은 얼마인가? (매컬리 듀레이션을 이용하여 수정듀레이션을 구하되 그 식도 간단히 나타내라. 또한 수정듀레이션은 반올림하여 소수점 아래 네 자리까지 표시하되 단위는 물음 (1)과 동일하게 연 기준으로 할 것)

(3) 갑 채권의 만기수익률이 오늘 8%에서 7%로 1%p. 하락한다면($\Delta r = -1\%$), 채권가격의 변동률은 수정듀레이션으로 계산한 가격변동률과 볼록성(convexity)에 기인한 오차조정부분의 합으로 나타낼 수 있다. 즉,

$$\text{채권가격변동률} = -D_m \cdot \Delta r + \text{볼록성에 기인한 오차조정부분}$$

이때, 볼록성에 기인한 오차조정부분은 얼마인가? (볼록성 계산공식을 이용하라. 단, 중간과정의 계산은 반올림하여 소수점 아래 여섯 자리까지 구하고, 답은 % 단위로 표시하되 반올림하여 소수점 아래 네 자리까지 나타낼 것.)

03 듀레이션과 볼록성

(CPA 2차 2011)

액면가격이 10,000원이고 표면금리는 8%이며 만기수익률은 12%인 무위험 이표채 A가 있다. 이 채권의 이자는 매 3개월마다 후급되며 만기까지는 9개월이 남아 있다. (계산과정 중 금액과 관련된 수치는 반올림하여 소수점 아래 두 자리까지 계산하고 이자율 등의 비율과 듀레이션은 반올림하여 소수점 아래 네 자리까지 표시하라.)

(1) 듀레이션을 이용하여 이 채권의 이자율탄력성을 구하라.

(2) 채권가격과 만기수익률과의 관계는 선형관계가 아니기 때문에 가격변화를 더욱 정확하게 추정하기 위해서는 듀레이션과 함께 볼록성을 고려해야 한다. 이 채권의 볼록성은 얼마인가?

(3) (앞의 지문과 물음들을 무시하고 다음의 물음에 답하라.) 기업 B는 시장가치기준으로 100억원의 부채를 가지고 있으며 부채의 평균 듀레이션은 3년이다. 부채 중 50억원은 듀레이션이 4년인 5년 만기 채권으로 이루어져 있다. 이 기업은 부채의 듀레이션을 2년으로 낮추기 위해 1년 만기 무이표채를 발행하여 5년 만기 채권의 일부를 상환하려고 한다. 수익률곡선이 수평이라는 가정하에 기업 B가 발행해야 할 1년 만기 무이표채의 규모는 얼마인가?

04 듀레이션과 볼록성

(보험계리사 2차 2014)

만기 2년의 이표채(액면가 1,000원, 이표율 5%, 이표는 연1회 지급)에 관한 다음 물음에 답하라. 이 채권의 현재 만기수익률은 5%이다.

(1) 이 채권의 만기수익률이 6%로 상승하는 경우, 채권가격의 변화율을 듀레이션을 이용하여 구하라. (답은 반올림하여 소수 둘째 자리까지 표시하라.)

(2) 이 채권의 볼록성(convexity)을 구하시오. 단, 채권의 볼록성은 $C = \dfrac{\sum_{t=1}^{T} \dfrac{t(t+1) \times CF_t}{(1+r)^{t+2}}}{P_0}$ 으

로 정의한다. ($t=1, \cdots, T$, CF_t는 시점 t의 현금흐름, r은 만기수익률, P_0는 채권의 현재가치이다.) (답은 반올림하여 소수 둘째 자리까지 표시하라.)

(3) 이 채권의 만기수익률이 6%로 상승하는 경우, 채권가격의 변화율을 듀레이션과 볼록성을 이용하여 구하라. (답은 반올림하여 퍼센트 단위로 소수점 둘째 자리까지 표시하라.)

05 이자율의 위험구조와 듀레이션

(CPA 2차 2017 수정)

가나기업이 발행한 무보증 채권(만기 2년, 액면가 100,000원, 액면이자율 3%, 연 1회 이자 지급)의 현행수익률(current yield)은 3.2%이고, 무위험수익률은 2%이다.

(1) 채권의 현재가격과 만기수익률을 추정하라. 만기수익률은 %기준으로 반올림하여 소수점 둘째 자리까지 표시하라.

(2) 채권의 원리금 상환가능성은 다음과 같은 확률분포를 가질 것으로 예상된다.

상 황	확 률
ⓐ 이자와 원금전액 회수불능	0%
ⓑ 제1회의 이자만 회수	1%
ⓒ제1회 및 제2회 이자회수와 원금의 70%만 회수	2%
ⓓ 이자와 원금전액 회수	97%

다음 물음에 답하라.

① 상황에 따른 각각의 수익률을 구하라.

② 위 ①에서 구한 수익률을 실현수익률이라고 가정하고 채권의 기대수익률을 구하라. 수익률은 %기준으로 반올림하여 소수점 둘째 자리까지 표시하라.

(3) 물음 (1)의 만기수익률과 물음 (2)의 기대수익률을 이용하여 수익률 스프레드와 채무불이행 위험프리미엄을 각각 구하라. 수익률은 %기준으로 반올림하여 소수점 둘째 자리까지 표시하라.

(4) 물음 (1)과 동일한 조건에서 만기수익률이 2% 포인트 하락하였다(t=0). 매컬리(Macaulay) 듀레이션을 이용하는 경우의 채권가격변화율과 실제 채권가격변화율의 차이를 구하라. 단, 수익률곡선은 수평이고 평행이동한다고 가정한다. 듀레이션 추정은 소수점 셋째 자리에서 반올림하여 계산하고, 듀레이션을 통한 채권금액변화분은 원 단위까지 계산하며, 각 채권가격변화율은 반올림하여 소수점 다섯째 자리까지 구하여 계산하라.

(5) 만기수익률이 변동하는 경우, 실제 채권의 가격변화와 듀레이션을 통해 추정한 채권의 가격변화 사이의 차이는 왜 발생하는지 설명하고 그 차이를 줄이는 방안을 제시하라.

06 단기 금리선물의 헤징전략과 듀레이션관리

㈜천지는 5월 20일 현재 8월 5일 판매대금으로 10억원을 받을 예정이며, 이 자금은 다음해 2월 실물투자의 재원으로 활용할 계획이다. 따라서 이 회사의 재무관리자는 판매대금을 회수하는 즉시 6개월 만기인 순수할인채에 투자할 계획으로 있다. 6개월 만기 순수할인채의 현재 이자율은 연 8%이다.

(1) ㈜천지의 재무관리자는 5월 20일부터 8월 5일 사이의 이자율 하락에 따른 손실을 염려하여 91일 만기 순수할인채에 대한 선물로 헤징을 하려고 한다. 현재 9월에 만기가 되는 순수할인채선물 1계약의 가격은 4억 9천만원이다. 이 경우 순수할인채선물의 최적계약수는?

(2) 재무관리자가 우려했던 대로 5월 20일과 8월 5일 사이에 6개월 이자율(반년 복리계산)이 1%포인트 하락하여 연 7%가 되었다. 또한 9월에 만기가 되는 순수할인채선물 1계약의 가격은 8월 5일에 4억 9천 1백만원이 되었다. 이와 같은 경우 물음 (1)에서 구성된 헤지포트폴리오의 총손익은?

(3) ㈜천지는 이자율이 상승할 것으로 예상하여 헤지종료일(8월 5일)에 매입할 순수할인채의 듀레이션을 1년으로 만들고자 한다. 이를 위해 필요한 순수할인채선물의 계약수는?

07 장기 금리선물의 헤징전략

8월 2일 현재 ㈜ABC의 재무관리자가 1천만달러를 국채에 투자하고 있으며, 향후 3개월간 이자율의 변화가 클 것으로 우려하고 있다. 이 회사의 재무관리자는 이자율변동에 따른 위험을 헤지하기 위하여 12월에 만기가 되는 T-bond 선물계약을 이용하기로 결정하였다. 현재 T-bond 선물 1계약의 가격은 93,062.50달러이다. ㈜ABC의 재무관리자가 보유하고 있는 채권포트폴리오의 평균듀레이션은 3개월 후 6.80년이 될 것으로 예상된다. 그리고 선물계약의 최저가인도채권은 20년 만기의 연 12%의 액면이자율을 지급하는 국채이며, 그 채권의 수익률은 현재 연 8.80%, 선물계약 만기일에서의 듀레이션은 9.20년으로 예상된다. ㈜ABC의 재무관리자가 취할 수 있는 헤징전략은?

08 장기 금리선물의 헤징전략과 듀레이션관리

현재 시장에서 거래되고 있는 채권과 채권선물자료는 다음과 같다.

구 분	가격(액면 100원당 가격)	만기수익률(%)	듀레이션(년)
국채 A	100.00	10	6.82
3개월 만기 국채 B 선물	96.40	12	7.84
AAA등급의 회사채	92.50	14	6.27

국채 B 선물의 거래단위는 액면가 1억원이다. 그리고 국채 B 선물에 대한 국채 A의 수익률의 변화비율은 1이며, 국채 B 선물에 대한 AAA등급 회사채의 수익률의 변화비율은 1.2이다.

(1) 국채 A에 50억원을 투자하고 있는 펀드매니저 갑은 이자율위험을 헤지하기 위해 3개월 만기 국채 B 선물을 이용하려고 한다. 이 경우 3개월 만기 국채 B 선물의 최적 계약수는?
(2) 펀드매니저 을은 20억원의 펀드를 조성하여 AAA등급의 회사채에 투자하려고 한다. 펀드를 조성하는 데 2개월의 시간이 소요되며 그 사이에 이자율이 하락할 가능성이 높은 것으로 예상된다. 이 경우 펀드매니저 을이 취할 수 있는 헤지전략은?
(3) 국채 A에 10억원을 투자하고 있는 펀드매니저 병은 향후 이자율이 하락할 것으로 예상하고 있다. 따라서 펀드매니저 병은 보유하고 있는 국채 A의 수정듀레이션을 8년으로 증가시키려 한다. 이 경우 펀드매니저 병이 취할 수 있는 전략은?

09 고급 변동금리채무의 헤징전략

4월 29일 현재 ㈜XYZ가 1개월 LIBOR + 100베이시스포인트의 이자율로 1,500만달러를 3개월간 차입하였다. 현재 1개월 LIBOR는 연 8.00%이므로 이 회사는 첫 번째 달에 연 9.00%의 이자율로 이자를 지급하여야 한다. 1개월 LIBOR는 월간 복리기준으로 공시되기 때문에 첫 번째 달의 이자는 1,500만달러의 0.75%(9.00%/12월), 즉 112,500달러이며, 이 금액은 차입시 확실하게 알려지므로 헤지가 필요 없다. 각 달의 말일에 지급되는 이자는 그 달 초에 형성되는 1개월 LIBOR에 의해 결정된다. 두 번째와 세 번째 달의 LIBOR 변동에 따른 위험을 헤지하기 위하여 이 회사는 6월에 만기가 되는 유로달러선물과 9월에 만기가 되는 유로달러선물을 이용할 수 있으며, 그 선물의 공시가격은 각각 91.88, 91.44이다.

(1) 두 번째 달에 적용될 LIBOR에 대한 헤징전략은?
(2) 세 번째 달에 적용될 LIBOR에 대한 헤징전략은?
(3) 5월 29일에 1개월 LIBOR는 연 8.80%이고, 6월에 만기가 되는 선물의 가격은 91.12이다. 물음 (1)에서 취한 헤징전략의 총손익을 계산하라.
(4) 6월 29일에 1개월 LIBOR는 연 9.4%이고, 9월에 만기가 되는 선물의 가격은 90.16이다. 물음 (2)에서 취한 헤징전략의 총손익을 계산하라.

10 목표시기 면역전략 (CPA 2차 2007)

5년 후 채무를 상환해야 하는 한 투자자가 정부가 발행한 3년 만기 순수할인채권과 역시 정부가 발행한 영구채권을 이용하여 목표시기면역화전략(immunization strategy)을 적용하기로 하였다. 채무액의 현재가치는 100원이며, 무위험이자율은 연 10%이다. 수익률곡선은 수평이라고 가정한다. (단, 영구채권의 듀레이션=(1+만기수익률)/만기수익률, 모든 수치는 소수점 셋째 자리에서 반올림하라.)

(1) 이자율위험을 면역화하기 위해서 순수할인채권과 영구채권에 대한 투자금액은 얼마이어야 하는지 계산하라.
(2) 순수할인채권과 영구채권을 매입한 직후 무위험이자율이 1%포인트 상승하여 연 11%가 된다면 이자율위험을 면역화하기 위해서 각 채권에 대한 투자금액은 얼마이어야 하는지 계산하라.
(3) 이자율이 11%로 상승하였다고 가정한 물음 (2)를 무시하기로 하자. 면역화전략을 시작한 이후 무위험이자율이 계속 10%를 유지한 채 1년이 지났다면, 이자율위험을 면역화하기 위해서 각 채권에 대한 투자금액은 얼마이어야 하는지 계산하라.
(4) 물음 (1)~(3)의 결과들이 면역화전략에 어떤 시사점을 주는지 다섯 줄 이내로 기술하라.

11 듀레이션과 ALM (CPA 2차 1998 수정)

새나라은행은 현재 매년 말 1,000만원씩 3년 동안 균등분할상환조건으로 대출하려고 한다. 시장이자율이 10%일 경우 다음의 물음에 답하라.

(1) 대출(자산)의 현재가치는?
(2) 대출의 듀레이션을 구하라.
(3) 새나라은행은 이자율변동에 따른 위험을 제거하기 위하여 대출에 필요한 자금 중 일부는 만기 3년의 순수할인채권을 발행하여 조달하고, 나머지는 보유하고 있는 현금으로 조달하려고 한다. 이와 같은 경우 대출안의 면역을 위해서 3년 만기 순수할인채권을 어느 정도 발행하여야 하는가?
(4) 새나라은행은 미래에 이자율이 하락할 것으로 예상하고 있다. 이와 같은 경우 이 은행이 취할 수 있는 ALM전략은?

12 듀레이션과 ALM (CPA 2차 2001 수정)

장부가액으로 작성된 ABC은행의 현재 재무상태표는 다음과 같으며, 시장에서 공통적으로 적용되는 이자율은 10%이다.

재무상태표

(단위: 원)

현 금	100,000	요구불 예금	100,000
주택대출	200,000	예 금 증 서	50,000
		자 기 자 본	150,000

주택대출은 2년간에 걸쳐 균등상환되며 만기일까지 12%로 재투자된다. (200,000원× $1.12^2 = x \times 1.12 + x$, 균등상환액($x$)은 118,340원이다.) 예금증서는 1년 후 원리금이 상환되며, 이자율은 11%이다. 이와 같은 자료를 이용하여 다음의 물음에 답하라.

(1) 주택대출의 듀레이션을 구하고, ABC은행의 자산의 듀레이션을 구하라.

(2) ABC은행의 부채의 듀레이션을 구하라.

(3) 시장이자율이 10%에서 11%로 상승할 경우 ABC은행의 자기자본가치는 얼마나 변화하겠는가? (단, 듀레이션에 의한 변동부분만 고려하라.)

(4) 이자율변동으로 인한 자기자본가치변화를 헤지하고자 한다. 부채의 듀레이션을 변경할 수 없는 상황에서 자기자본가치변화를 헤지하기 위해서는 자산의 듀레이션이 얼마가 되어야 하는가?

(5) ABC은행은 현재 2년 만기 순수할인채권을 공매도하여 마련한 자금을 현금으로 보유함으로써 자기자본가치를 이자율변동으로부터 면역화시키는 방안을 고려중이다. 얼마의 순수할인채권을 공매도하여야 하는가?

13 고급 듀레이션과 ALM

장부가액으로 작성된 KS은행의 현재 재무상태표는 다음과 같으며, 시장에서 공통적으로 적용되는 예금이자율(부채의 이자율)과 대출이자율(자산의 수익률)은 각각 5%, 6%이다.

재무상태표

(단위: 억원)

항 목	금 액	이자율	만기(년)	항 목	금 액	이자율	만기(년)
현 금	200	0%	0	요구불예금	100	0%	0
상업대출	500	8%	3	CD	400	3%	1
주택대출	300	7%	2	정기예금	300	4%	2
				자기자본	200	–	–

상업대출, CD, 정기예금은 만기에 원리금이 상환되나, 주택대출은 매년 균등상환된다. 이와 같은 자료를 이용하여 다음의 물음에 답하라.

(1) KS은행의 자산과 부채의 듀레이션을 각각 구하라.

(2) 시장에서 공통적으로 적용되는 예금이자율과 대출이자율이 1%포인트씩 동일하게

상승하였다.

① 듀레이션에 의한 변동부분만 고려한다면 KS은행의 자기자본가치는 얼마나 변화하겠는가?

② 이와 같이 측정된 자기자본가치의 변화는 실제 자기자본의 가치변화와 약간 차이가 날 수 있는데, 그 이유를 간단히 설명하라.

(3) KS은행은 현재 1년 만기 CD를 추가로 발행하여 마련한 자금을 현금으로 보유함으로써 자기자본가치를 이자율변동으로부터 면역화시키는 방안을 고려중이다. 얼마의 CD를 추가로 발행해야 하는가?

14 듀레이션과 ALM (CPA 2차 2008)

A은행의 장부가치 재무상태표가 다음의 표와 같이 제시되었다.

재무상태표

(단위: 원)

자 산		부채와 자본	
현 금	50	요구불예금	400
대출채권	400	CD	130
장기채권	150	자기자본	70
합 계	600	합 계	600

대출채권의 연 이자율은 10%이며 2년에 걸쳐 매년 말에 원리금을 균등분할상환받는 조건이다. 장기채권은 연 8%의 이자를 매년 말에 지급받는 3년 만기 채권이다. 부채 중 CD의 이자율은 연 7%이며, 1년 후에 원리금을 일시 상환하는 조건이다. 현재 시장이자율은 연 8%이다. (모든 계산은 반올림하여 소수점 넷째 자리까지 표시한다.)

(1) A은행이 보유하고 있는 자산의 듀레이션은 얼마인가?

(2) A은행이 보유하고 있는 부채의 듀레이션은 얼마인가?

(3) 시장이자율이 100베이시스포인트(1%p.) 상승할 경우 A은행의 자기자본의 시장가치에 미치는 영향을 듀레이션 모형을 이용하여 계산하라.

(4) 다음의 물음에 답하라.

① A은행의 입장에서 순자산가치가 이자율위험으로부터 면역되기 위한 조건은 무엇인가?

② 이러한 조건을 충족하기 위해서는 부채의 듀레이션이 얼마가 되어야 하는가? (단, 자산의 듀레이션은 변경될 수 없다고 가정하라.)

(5) A은행이 이자율위험으로부터 자기자본비율(=자기자본/자산)의 변화를 "0"으로 만들 수 있는 방법을 듀레이션을 이용하여 설명하라.

15 듀레이션과 ALM (CPA 2차 2010)

(1) 은행이 만기가 2년인 고정금리 대출을 동일한 금액의 만기가 1년인 고정금리 예금으로 조달하였다. 만약 시장이자율이 1년 후 2%p. 상승하면 은행이 어떤 종류의 이자율위험에 노출되는지 50자 이내로 설명하라.

※ 물음 (2)~물음 (5)는 다음의 내용을 이용하여 답하라.

현재 S은행의 시장가치기준 재무상태표는 다음과 같다.

재무상태표

(단위: 억원)

자 산		부채와 자기자본	
현 금	5	CD	90
채 권	100	자기자본	15
합 계	105	합 계	105

채권은 표면이자율이 연 8%이고 만기가 2년이며 이자를 매 6개월마다 지급한다. 만기 1년의 CD는 이자율이 연 8%(반기 복리)이고 액면금액을 만기에 지급한다. 현재 시장이자율은 연 8%(반기 복리)이다. 수익률곡선은 수평이며 평행이동한다. 금액은 억원 단위로 표기하고, 모든 계산은 반올림하여 소수점 둘째 자리까지 나타내라.

(2) 시장이자율이 2%p. 상승하면 자기자본의 시장가치가 얼마나 변하는가? 듀레이션을 이용하여 금액 기준으로 답하라.

(3) S은행은 듀레이션갭을 이용하여 이자율위험을 면역화하려고 한다. S은행이 면역화하기 위한 조건식을 도출과정과 함께 제시하라. 그리고 S은행이 부채의 듀레이션과 부채비율을 변경할 수 없다면, 이 은행이 면역화하기 위하여 자산의 듀레이션을 얼마로 조정해야 하는가?

(4) 시장이자율의 2%p. 상승이 자기자본의 시장가치에 미치는 영향을 현금흐름할인법(DCF)을 이용하여 계산하라.

(5) 물음 (2)와 물음 (4)의 값에 차이가 발생하는 이유를 30자 이내로 설명하라.

16 듀레이션과 ALM, 볼록성 (CPA 2차 2013)

금융기관인 ㈜바사의 재무상태표에 따르면 자산으로서 장기채권의 시장가치가 1,000이고 부채로서 정기예금이 600, 그리고 자본금이 400으로 되어있다. 장기채권은 만기가 3년이고 4%의 액면이자를 매년 말 지급한다. 한편 정기예금은 만기가 1년이며 4%의 액면이자를 연말에 지급한다. 현재 시장이자율은 4%라고 가정한다.

(1) 시장이자율이 1%포인트 상승하는 경우와 1%포인트 하락하는 경우 현금흐름할인법을 이용하여 자기자본의 가치변화를 각각 계산하라. 계산결과는 반올림하여 소수점 둘째 자리까지 표기하라.

(2) 시장이자율이 1%포인트 상승하는 경우와 1%포인트 하락하는 경우 ㈜바사의 자산과 부채 듀레이션을 이용하여 자기자본의 가치변화를 각각 계산하라. 계산결과는 반올림하여 소수점 둘째 자리까지 표기하라.

(3) 물음 (1)과 (2)의 결과를 요약하고 그 함축적 의미를 설명하라.

17 고급 담보부대출과 듀레이션에 의한 가치변동 (CPA 2차 2004 수정)

대한은행의 자금조달과 자산운용의 결과 현재의 재무상태표는 다음과 같다. 담보부대출은 만기 1년(듀레이션 1년)으로 무위험대출일 경우 1년 후의 원리금 상환규모는 1,260원이다. 채권 B의 만기시 원금상환 총규모는 2,300원으로 이는 만기 3년, 연간 표면이자율 9%인 채권으로 액면가에 거래되고 있다. 연간 무위험이자율은 5%라고 가정하며, 부채의 듀레이션은 1.2년이고, 수익률은 6%라고 한다. 토지는 연 20%의 수익률을 영구적으로 제공하는 자산이며, 이자율이 변화하는 경우에 이는 모든 자산, 부채에 동일하게 적용된다고 가정한다. 또한 수익률변화에 따른 가격변화의 비대칭성은 무시하며, 재무상태표 금액은 시장가치기준이고, 개별자산의 금액은 공란으로 되어 있다. 단, 듀레이션은 매컬리 듀레이션을 의미한다. (계산은 소수점 넷째 자리까지만 표시하되 다섯째 자리에서 반올림할 것.)

대한은행의 재무상태표

(단위: 원)

담보부대출(만기 1년)	(　　)	부　채	3,450
채권 B(만기 3년, 1좌당 액면가 10원)	(　　)	자기자본	50
투자부동산(토지)	(　　)		
합　계	3,500	합　계	3,500

(1) 은행의 담보부대출은 옵션이 내포되어 있는 거래로 볼 수 있다. 차입자인 기업이 차입을 하면서 은행에 제공한 담보물의 현재 시가는 1,300원, 거래과정에 내포되어 있는 풋옵션의 가격은 50원이라고 가정하자. 대출자인 은행의 담보부대출이 차입자와의 거래에서 공정한 시장가치로 이루어졌다면, ① 담보부대출 채권의 공정한 시장가치를 평가하고(수식을 쓸 것), ② 이러한 거래에 포함되어 있는 옵션적 성격의 권리내용이 차입자의 입장에서는 무엇인지를 구체적으로 기술(2줄 이내)하고, 그 권리의 가치를 구하라.

(2) 이자율이 변화하는 경우, 채권 B의 가격에 미치는 영향과 이자의 재투자수익에 미치는 영향이 서로 균형을 이루게 되는 시점을 구하라.

(3) 금융위기상황을 맞아 중앙은행은 2%포인트의 큰 폭의 금리인상을 계획하고 있다고 하자. 만일 이 상황에서 구조조정을 하지 않고 현 상태의 구조를 그대로 유지한다고 할 경우 재무구조가 취약한 이 은행의 자본잠식은 어느 정도 일어나겠는가?

(4) 이자율 상승이 지속된다고 판단한 은행의 자산운용자가 자산간의 구성비율이나 부채의 조정은 불가능하고, 단기적으로 조정이 가능하다고 보는 채권 B의 종목을 다른 종목으로 적극 교체하기로 결정하였다. 어떤 특성의 채권으로 교체(swap)하여야 하는지를 답하고, 그 이유를 3줄 이내로 간단히 설명하라.

18 포트폴리오 VaR와 공헌 VaR

투자자 갑은 주식 A와 B에 각각 5천만원씩 투자하고 있으며, 이 주식들을 3개월간 보유할 예정이다. 주식 A의 연간 표준편차는 10%, 주식 B의 연간 표준편차는 20%이다.

(1) 신뢰수준 99%에서 주식 A와 B의 평균기준 VaR는 각각 얼마인가?

(2) 두 주식간의 상관계수가 0.2일 경우 신뢰수준 99%에서 투자자 갑의 포트폴리오의 평균기준 VaR는 얼마인가? 또한 포트폴리오효과(분산효과)는 얼마인가?

(3) 물음 (2)에서 각 주식의 포트폴리오 VaR에 대한 공헌, 즉 공헌 VaR는 각각 얼마인가?

19 포트폴리오 VaR (CPA 2차 2009)

리스크관리를 위해서는 노출된 리스크의 크기를 측정하는 것이 필수적인데, 이에 대한 측정치 중의 하나가 Value-at-Risk(VaR)이다. VaR은 시장상황이 정상적일 때 주어진 신뢰수준에서 특정 기간 내에 발생할 수 있는 최대 손실금액으로 정의된다. VaR을 추정하는 방법 중 하나인 정규분포에 기초한 분석적 방법(analytical method)을 이용하여 다음의 물음에 답하라. 백분율은 반올림하여 소수점 첫째 자리까지 계산하고, 금액은 억원 단위로 표기하라.

힌트

정규분포를 따르는 확률변수가 평균(μ)에서 각 표준편차(σ) 범위 내에 포함될 확률은 다음과 같다.

$$\text{Prob}(\mu \pm 1 \times \sigma) = 68.3\%, \quad \text{Prob}(\mu \pm 1.65 \times \sigma) = 90.0\%$$
$$\text{Prob}(\mu \pm 1.96 \times \sigma) = 95.0\%, \text{Prob}(\mu \pm 2 \times \sigma) = 95.4\%$$
$$\text{Prob}(\mu \pm 2.33 \times \sigma) = 98.0\%, \text{Prob}(\mu \pm 3 \times \sigma) = 99.7\%$$

(1) 포트폴리오 연간 수익률의 평균이 16%이고 표준편차가 33%라고 하자. 1년 후 이

포트폴리오의 가치가 절반 이하로 감소할 확률을 구하라.

(2) 주식 A 수익률의 연간 표준편차는 25%이고 주식 B 수익률의 연간 표준편차는 35%이며, 두 주식 수익률간의 상관계수는 0.4이다. 주식 A에는 40억원, 주식 B에는 60억원을 투자해서 구성된 포트폴리오의 VaR을 95% 신뢰수준에서 구하라. 두 주식의 연간 기대수익률은 0%로 가정한다.

(3) 수익률이 독립적이고 동일하게 분포(independently and identically distributed: *iid*)되어 있다고 하자. 투자기간을 6개월로 설정하는 경우 물음 (2)에 주어진 정보를 이용하여 포트폴리오의 VaR을 구하라.

제 2 편

재무관리의 특수분야

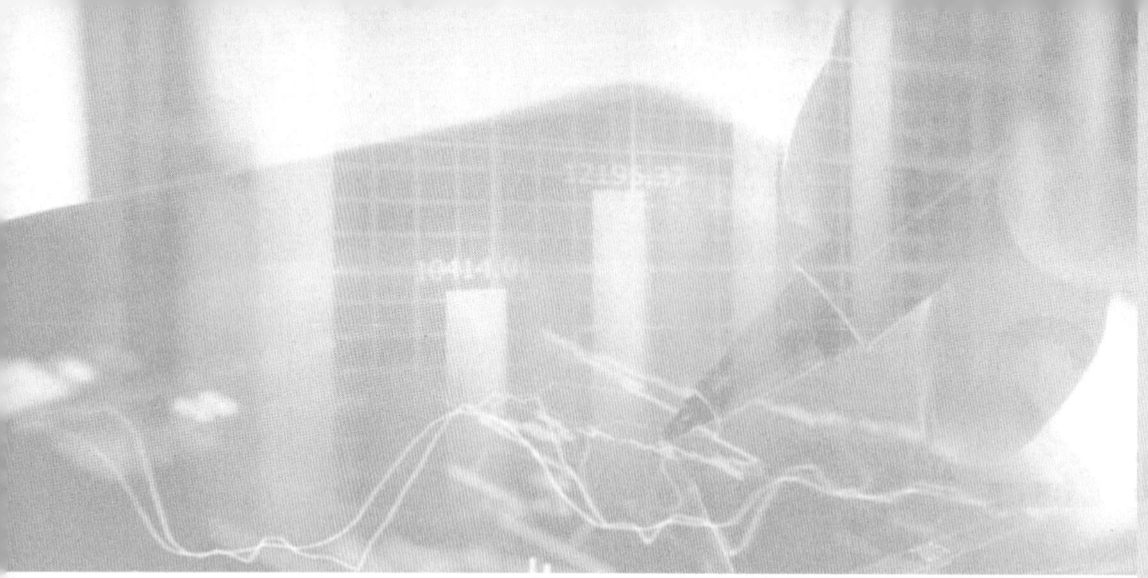

제 6 장

리 스

1. 리스의 의의와 특성
2. 리스의 경제성 평가
3. 리스의 동기

보론 : 조정현가(APV)법에 의한 리스평가

기업이 자산을 보유하는 근본적인 이유는 제품과 서비스의 생산과 판매를 통해 이익을 창출하기 위한 것이다. 그러나 기업은 제품과 서비스의 생산과 판매에 필요한 자산을 반드시 직접 구입할 필요는 없다. 왜냐하면 기업은 임차료를 지급하고 필요한 자산을 임차하여 사용하는 리스(lease)라는 금융거래를 통해 자산의 사용권을 얻을 수 있기 때문이다. 대부분의 리스는 고정설비자산을 구입하기 위한 자금을 조달하는 수단으로 사용된다.

모든 리스계약은 임차인(lessee)과 임대인(lessor)의 두 당사자가 존재한다. 임차인은 자산의 사용자(user)이고 임대인은 그 소유주(owner)이다. 임차인의 관점에서 리스는 담보부대출(secured loan)로 고정설비자산를 구입하는 것과 유사하다. 그러므로 리스는 자금조달수단의 한 형태로 간주될 수 있다. 본장에서는 리스의 의의와 특성, 리스의 경제성 평가, 리스의 이용동기 등을 살펴보고자 한다.

1 리스의 의의와 특성

1.1 리스의 의의

리스는 임차인(리스이용자)이 자산의 사용권을 갖는 대가로 임대인(리스회사)에게 일정한 임차료(리스료)를 지급하는 계약을 의미한다.[1] 임대인은 주로 제조업자이거나 독립된 리스회사이다. 만약 임대인이 독립된 리스회사일 경우에는 제조업체로부터 임차인이 필요로 하는 자산을 구입한 후, 그 자산의 사용권을 임차인에게 이전시킴으로써 리스계약이 성립된다. 임차인은 자산의 이용자이나, 자산의 소유자는 아니다. 자산의 이용은 리스계약으로 이루어진다.

그리고 자산의 이용자가 자산을 직접 구입할 수도 있기 때문에, 리스와 구입은 자산이용을 위한 대체적인 수단이라 할 수 있다. 자산의 구입과 리스를 상호 비교하면 [그림 6-1]과 같다. [그림 6-1]의 좌측은 구입(buy)을 나타내는데, 이는 자산의 이용자가 주식 또는 채권을 발행하여 필요한 자산을 직접 구입하는 것으로 자산의 소유자와 이용자가 일치한다. 그리고 [그림 6-1]의 우측은 리스를 나타내는데, 이는 임대인이 주식 또는 채권을 발행하여 제조업체로부터 자산을 구입한 후 임차인에게 자산의 이용권을 넘겨주는 것으로서 자산의 소유자(임대인)와 자산의 사용자(임차인)가 서로 다

그림 6-1 구입과 리스의 비교

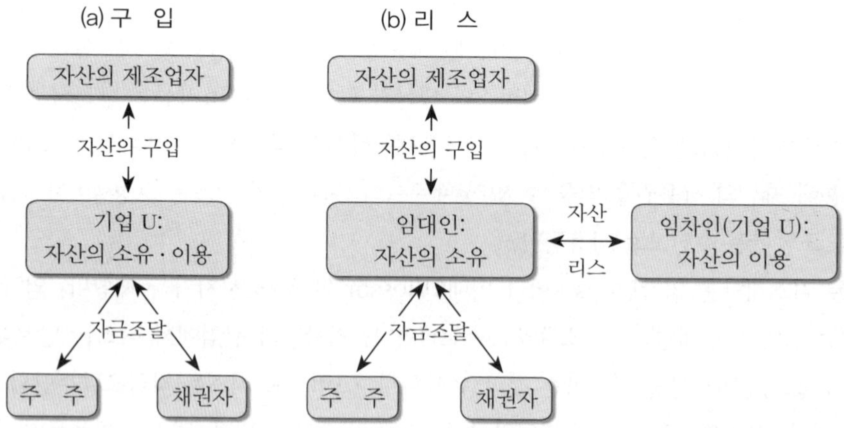

1) 호텔방, 승용차, 예복, 산업용 계기나 공구 등의 일시적 임대는 렌탈(rental)이라고 부른다. 렌탈은 리스와 같은 성격의 경제행위이지만 보통 단기계약이라는 점에서 리스와는 구별된다.

르다.[2] 리스의 구체적인 예는 주로 컴퓨터산업에서 발견된다. 임차인인 기업 U는 병원, 법률회사, 또는 컴퓨터를 이용하는 다른 회사가 될 수 있다. 그리고 임대인은 IBM, Apple 등과 같은 컴퓨터 제조회사로부터 컴퓨터를 구입한 독립된 리스회사이다.[3]

1.2 리스의 특성

오늘날 리스는 매우 광범위하게 활용되고 있다. 복사가게의 복사기로부터 항공회사의 항공기에 이르기까지 다양한 종류의 물건이 리스의 대상이 되고 있다. 리스는 다양한 물건을 대상으로 이루어질 뿐만 아니라 그 조건 역시 매우 다양하다.

리스는 중도해지가 원칙적으로 허용되지 않는 장기리스를 말한다. 리스는 그 성격상 자산구입을 위한 자금조달의 대체적 수단으로 이용되며, 중요한 특성을 살펴보면 다음과 같다.

첫째, 리스자산이 완전히 상각될 수 있다. 즉 리스자산의 취득가액이 리스계약기간 동안의 리스료에 의해 완전히 회수될 수 있다.

둘째, 일반적으로 리스는 중도해지될 수 없다.

셋째, 임차인은 계약종료 후에 리스계약을 갱신하여 그 자산을 계속 사용하거나 매입할 수 있는 권리, 즉 **염가구매권**을 갖는다.

리스의 특수한 형태로는 매각 후 재리스(sale and lease-back)와 레버리지 리스(leveraged lease) 등이 있다. **매각 후 재리스**는 기업이 이미 보유하고 있는 자산이나 일단 필요에 따라 취득한 자산을 다른 기업(임대인 또는 리스회사)에 매각한 후, 즉시 그 자산을 다시 임차하는 것을 말한다. 매각 후 재리스는 임차인이 보유자산을 매각하여 임대인(리스회사)으로부터 자금을 조달하는 동시에, 임차인은 정기적인 리스료를 지급하고 그 자산을 계속 이용할 수 있다는 특징이 있다.

레버리지 리스는 임대인이 자금의 일부를 차입하여 리스자산을 구입한 후, 그 자산을 임차인에게 임대해 주는 것을 말한다. 일반적으로 리스계약은 임대인과 임차인 두 당사자간의 관계인 반면, 레버리지 리스는 임차인, 임대인, 대출자 등 3자가 개입된 계약이다. 레버리지 리스의 경우 일반적인 리스와 마찬가지로 임차인은 자산을 이용하

---

2) 제조업체와 리스회사가 다른 경우를 직접리스(direct lease)라 하며, 제조업체가 직접 리스회사가 되는 경우를 판매형 리스(sales type lease)라 한다. 예를 들어 IBM과 같은 회사는 총매출액의 60%를 자사제품의 리스로부터 얻고 있으며, 복사기로 유명한 제록스(Xerox) 역시 IBM과 유사한 형태의 판매형 리스방법을 사용하고 있다.

3) 리스회사는 독립리스회사 또는 리스전업사(independent lessor), 금융기관의 자회사(bank affiliates), 종합금융기업(universal service finance companies), 설비제조업자의 종속리스사(captives or captive lessor) 중의 어느 하나에 속하게 된다.

고, 정기적으로 리스료를 임대인에게 지급한다. 그러나 임대인은 리스자산의 구입시 구입가격의 40~50%만을 자기자본으로 지급하고, 나머지는 그 자산을 담보로 제3자로부터 차입한다. 이 경우 대출자는 잔여자금을 융자해 주고 임대인으로부터 원금과 이자를 수령한다. 만약 자산의 구입자금 일부를 임대인이 채권을 발행하여 조달하는 경우 [그림 6-1]의 우측은 레버리지 리스가 된다. 임대인인 리스회사는 레버리지 리스를 이용하여 리스료 수입을 얻는 동시에 자산의 소유 및 타인자본사용에 따른 이중의 법인세 절감효과(감가상각비의 법인세 절감효과와 이자비용의 법인세 절감효과)를 누릴 수 있다. 레버리지 리스는 임대인에게 유리한 리스방식이라 할 수 있지만, 경쟁적 시장에서 이와 같은 법인세 절감효과는 낮은 리스료 산정의 근거가 되므로 임차인도 그 혜택을 누릴 수 있다.

리스는 그 이용자가 리스료를 자본화한 금액을 재무상태표상에 비유동자산 및 비유동부채로 표시하도록 의무화하고 있다.[4)]

2 리스의 경제성 평가

리스의 경제성은 리스의 현금흐름을 적절한 할인율로 할인하여 구해진 순현가에 의해 평가될 수 있다. 리스의 경제성을 평가할 때 유의해야 하는 사항은 리스를 차입에 의한 구입과 비교해야 한다는 점이다. 리스는 고정금융비용인 이자비용과 유사한 성격을 가진 리스료를 부담해야 하기 때문에 기업의 부채수용능력을 감소시키며, 그 결과 주주들은 보다 높은 재무위험을 부담해야 한다. 따라서 리스의 평가시 추가적인 재무위험의 증가에 따른 효과를 고려해야 하는데, 이를 정확히 측정한다는 것은 현실적으로 매우 어려운 일이다. 한편 리스는 차입에 의한 구입과 유사한 성격을 가지기 때문에, 양자는 기업의 재무위험에 동일한 영향을 미친다고 할 수 있다. 그러므로 리스가 기업의 재무위험에 미치는 영향을 제거하기 위하여, 리스의 경제성 평가시 리스와 차입에 의한 구입을 상호 비교한다고 가정한다.

4) 2019년 1월부터 적용되는 새로운 회계기준(K-IFRS 제1116호)에 따르면, 리스계약은 운용리스와 금융리스로 구분되지 않으며, 모든 리스에 대해 자산과 부채를 인식해야만 한다. 단, 단기리스(1년 이하)와 소액리스(5백만원 이하)는 운용리스로 선택할 수 있으며, 이 경우 리스료 지급 시에만 비용으로 회계처리하면 되므로 매우 간단하다.

2.1 리스의 현금흐름 추정

리스로 인한 현금흐름을 추정하기 위하여 리스료, 리스자산의 구입비용, 그리고 리스료 및 감가상각비의 세금절감액 등을 고려해야 한다. 예를 들어 ㈜새한공업은 새 기계를 도입하여 생산성을 향상시키려 하고 있다. 새 기계의 구입가격은 9,000만원, 내용연수는 3년이며, 이 기계이용시 매년 6,000만원의 원가가 절감될 수 있다고 한다. 그리고 이 기계는 정액법으로 완전상각되며, 법인세율은 34%이다. 이 기계에 대하여 ㈜경민리스가 3년 동안 매년 말에 4,000만원의 리스료를 지급하는 조건으로 리스해 주겠다고 제의해 왔다. 이 경우 ㈜새한공업이 기계를 직접 구입하는 경우와 리스하는 경우의 현금흐름은 각각 〈표 6－1〉, 〈표 6－2〉와 같다.

㈜새한공업이 고려하고 있는 두 대안(새 기계의 구입 또는 리스)을 비교하기 위하여 증분기준(리스－구입)에 의한 현금흐름을 계산하면 〈표 6－3〉과 같다.[5)]

표 6－1 ㈜새한공업의 새 기계 구입에 따른 현금흐름 (단위 : 만원)

	현 재	1년도 말	2년도 말	3년도 말
기계의 구입가격	－9,000			
세후 영업비용절감액*		3,960	3,960	3,960
감가상각비의 세금절감액**		1,020	1,020	1,020
합 계	－9,000	4,980	4,980	4,980

* $6{,}000 \times (1-0.34) = 3{,}960$, ** $\left(\frac{9{,}000-0}{3}\right) \times 0.34 = 1{,}020$

표 6－2 ㈜새한공업의 새 기계 리스에 따른 현금흐름 (단위 : 만원)

	현 재	1년도 말	2년도 말	3년도 말
리 스 료		－4,000	－4,000	－4,000
리스료의 세금절감액*		1,360	1,360	1,360
세후 영업비용절감액		3,960	3,960	3,960
합 계		1,320	1,320	1,320

* $4{,}000 \times 0.34 = 1{,}360$

5) 이는 리스의 현금흐름에서 구입의 현금흐름을 직접 차감하여 구할 수도 있다.

	현 재	1년도 말	2년도 말	3년도 말
리스의 현금흐름		1,320	1,320	1,320
(－)구입의 현금흐름	－9,000	4,980	4,980	4,980
증분현금흐름	9,000	－3,660	－3,660	－3,660

표 6-3 ㈜새한공업의 증분현금흐름(리스-구입) (단위: 만원)

	현 재	1년도 말	2년도 말	3년도 말
리 스:				
리 스 료		-4,000	-4,000	-4,000
리스료의 세금절감액		1,360	1,360	1,360
구입(차감):				
기계의 구입가격	-9,000			
감가상각비의 세금절감액		1,020	1,020	1,020
증분현금흐름	9,000	-3,660	-3,660	-3,660

〈표 6-3〉에서 증분현금흐름은 리스에 따른 순효과를 나타낸 것으로서 이는 다음과 같은 사항을 포함하고 있다.

첫째, 리스와 구입은 모두 동일한 기계에 대한 것이므로 운영비절감액은 리스에 따른 증분현금흐름에 직접 영향을 미치지 않는다.

둘째, 새 기계를 리스하면, 현재시점에서 기계구입비용 9,000만원을 지출하지 않아도 된다. 따라서 리스로 인해 현재시점에서 9,000만원의 현금유입효과를 얻을 수 있다.

셋째, 새 기계를 리스하는 경우, 감가상각비의 세금절감효과를 얻을 수 없다. 이는 현금유출로 나타난다.

넷째, 새 기계를 리스하면, ㈜새한공업은 3년 동안 매년 4,000만원의 리스료를 ㈜경민리스에 지불해야 하며, 이는 현금유출로 나타난다. 그러나 리스료는 비용항목으로 매년 1,360만원의 세금절감효과를 얻을 수 있으며, 이는 현금유입으로 나타난다.

〈표 6-3〉에서 리스로 인한 증분현금흐름을 구성하는 항목들은 대부분 현재시점에서 확실하게 예측가능한 값이라 할 수 있다. 즉 무위험현금흐름이라 할 수 있다.

2.2 리스의 평가

리스를 평가하기 위해서는 증분현금흐름을 측정한 다음, 이를 적절한 할인율로 할인하여야 한다. 리스는 임차인이 담보부채권을 발행하여 자산을 구입하는 것과 그 성격이 유사하다. 따라서 리스로 인한 현금흐름의 적절한 할인율은 이러한 부채의 이자율과 동일해야 한다.[6] 즉 리스의 증분현금흐름은 담보부채권의 세후 이자율(또는 세

6) 리스의 평가는 리스와 차입에 의한 구입간의 비교이므로 리스로 인한 재무위험의 증가는 무시해도 된다. 왜냐하면 증분개념에서는 양자간 동일하게 발생하는 효과(재무위험)는 서로 상쇄될 수 있기 때문이다.

후 무위험이자율)로 할인되어야 할 것이다.[7] ㈜새한공업이 담보부채권을 발행하는 경우 그 채권의 세전 이자율이 7.57576%라 한다면, 리스의 현금흐름의 적절한 할인율은 5%[7.57576%×(1−0.34)]이다.[8] 이 세후 할인율로 증분현금흐름을 할인하여 순현재가치(NPV)를 계산하면 다음과 같다.

$$NPV = 9{,}000\text{만원} - \frac{3{,}660\text{만원}}{1+0.05} - \frac{3{,}660\text{만원}}{(1+0.05)^2} - \frac{3{,}660\text{만원}}{(1+0.05)^3}$$
$$= 9{,}000\text{만원} - 3{,}660\text{만원} \times PVIFA_{0.05,\ 3}$$
$$= -967.09\text{만원}$$

새 기계의 직접 구입과 비교한 리스의 순현가가 −967.09만원으로서 음(−)의 값을 가지므로, ㈜새한공업은 새 기계를 리스하지 않고 직접 구입해야 할 것이다.[9]

자산의 구입가격을 제외한 증분현금흐름(현금유출)은 리스로 인해 대체된 부채의 원리금 상환액이라 할 수 있다. 그러므로 ㈜새한공업의 경우 **리스의 부채대체액**(debt displacement)을 다음과 같이 구할 수 있다.

$$\text{리스의 부채대체액} = 3{,}660\text{만원} \times PVIFA_{0.05,\ 3} = 9{,}967.09\text{만원}$$

㈜새한공업이 리스를 하는 경우 현재시점에서 설비구입가격(9,000만원)을 절약하지만, 리스의 부채대체액(9,967.09만원)에 해당하는 원리금을 향후 3년 동안 상환해야 할 것이다. 이와 같은 관점에서 구입에 대한 리스의 순현가를 다음과 같이 나타낼 수도 있다.

$$NPV = \text{구입가격} - \text{리스의 부채대체액}$$
$$= 9{,}000\text{만원} - 9{,}967.09\text{만원}$$
$$= -967.09\text{만원}$$

---

7) 보다 엄격히 말하면 리스로 인한 현금흐름은 다음과 같은 두 가지 이유 때문에 무위험현금흐름으로 보기 어렵다.
첫째, 감가상각비의 세금혜택은 충분한 과세소득을 만들어 낼 수 있는 기업의 능력에 좌우된다.
둘째, 법인세율은 정부의 정책에 따라 변할 수 있다.
그러므로 이론적으로 리스의 할인율은 무위험이자율보다 약간 높을 것이다. 그러나 그 차이는 무시할 수 있을 정도로 작기 때문에 실무에서는 적절한 할인율로 무위험이자율을 사용한다.

8) 차입에 의한 구입 시 발생될 수 있는 이자비용의 세금절감효과를 할인율에 간접적으로 반영해 주는 것이다.

9) 또 다른 리스의 경제성 평가방법으로는 조정현가법에 의한 평가법이 있다. 이 방법에 관한 내용은 본장의 보론을 참조하기 바람.

일반적으로 구입에 대한 리스의 순현가는 다음과 같다.[10)]

$$NPV = NPV(\text{리스}) - NPV(\text{구입})$$

$$= I_0 - \sum_{t=1}^{N} \frac{L_t(1-T_C) + T_C dep_t}{(1+r)^t} \tag{6-1}$$

여기서 I_0: 리스대상자산의 취득원가
L_t: t시점의 리스료
dep_t: t시점의 감가상각비
T_C: 법인세율
r: 담보부채권의 세후 이자율

2.3 리스료의 산정

지금까지 임차인, ㈜새한공업의 관점에서 리스-구입의사결정을 살펴보았다. 이제 임대인 ㈜경민리스의 관점에서 의사결정을 생각해 보자. ㈜경민리스의 경우 기계를 구입하여 ㈜새한공업에 리스해 줄 경우 다음과 같은 세 가지 현금흐름을 고려해야 한다. 첫째, ㈜경민리스는 현재시점에서 기계의 구입에 의해 9,000만원의 현금지출이 발생한다. 둘째, 기계는 3년 동안 정액법으로 완전상각되기 때문에 매년도 말 감가상각비는 3,000만원이다. 따라서 매년 감가상각비로 인한 세금절감액 1,020만원(3,000만원×0.34)만큼 현금유입효과가 나타난다. 그리고 셋째, 매년 리스료 수입은 4,000만원이기 때문에 세후 리스료수입은 2,640만원[4,000만원×(1−0.34)]이다. 이들을 고려하여 임대인, 즉 ㈜경민리스의 관점에서 현금흐름을 구하면 〈표 6−4〉와 같다.

〈표 6−4〉에서 볼 수 있는 바와 같이 임대인의 현금흐름은 임차인의 현금흐름과 정반대로 나타난다. 이와 같이 임대인의 현금흐름과 임차인의 현금흐름이 정반대라면, 두 집단의 현금흐름의 합은 0이 된다. 그러므로 리스에 의한 결합이득은 없다고 할 수 있다. 임차인의 NPV가 −967.09만원이기 때문에 임대인의 NPV는 967.09만원이 될 것

표 6−4 ㈜경민리스의 증분현금흐름(구입−리스) (단위: 만원)

	현 재	1년도 말	2년도 말	3년도 말
기계의 구입가격	−9,000			
감가상각비의 세금절감액		1,020	1,020	1,020
세후 리스료		2,640	2,640	2,640
증분현금흐름	−9,000	3,660	3,660	3,660

10) 자산의 잔존가치는 없다고 가정한다.

이다. 즉 두 당사자 NPV의 합은 0이다.

앞의 예에서 임대인은 967.09만원의 이익을 보는 반면, 임차인은 동일한 금액만큼 손해를 보게 된다. 그러나 이와 같은 경우 임차인이 리스계약을 하지 않을 것이기 때문에 리스계약이 이루어질 수 없을 것이다. 따라서 리스료는 임대인 또는 임차인 모두에게 불만이 없는 수준에서 결정되어야 한다. 앞의 예에서는 임대인과 임차인의 세율구조가 갖고 감가상각방법이 동일하며, 거래비용이 없다고 묵시적으로 가정하고 있다. 이 경우 임대인이나 임차인 모두에게 불만이 없는 리스료, 즉 **균형리스료**는 NPV가 0이라는 조건하에서 산출될 수 있다. 즉 NPV가 0이 되는 리스료는 다음과 같은 식에 의해 구할 수 있다.

$$9{,}000\text{만원} = \sum_{t=1}^{3} \frac{L(1-0.34)+1{,}020\text{만원}}{(1+0.05)^t}$$

$$\rightarrow 9{,}000\text{만원} = PVIFA_{0.05,\ 3} \times (0.66L + 1{,}020\text{만원})$$

$$\therefore\ L = 3{,}461.93\text{만원}$$

즉 균형리스료는 3,461.93만원이 된다. 이 경우 임대인 또는 임차인의 순현가는 모두 0이 된다. 그러나 현실적으로 임차인과 임대인의 세율구조 및 감가상각 방법의 차이, 거래비용의 존재 등으로 인하여 양 당사자 모두가 정(+)의 순현가, 즉 리스로 인한 혜택을 얻을 수 있다.

3 리스의 동기

리스에 따른 이점으로는 세제상의 이점, 불확실성의 감소, 거래비용의 감소 등을 들 수 있다.

3.1 세제상의 이점

장기적인 리스에 대한 가장 중요한 이유는 세금절감효과이다. 만약 법인세가 존재하지 않으면 장기리스는 존재할 수 없을 것이다. 리스의 세금혜택은 기업이 다양한 세율구조를 가지고 있기 때문이다. 만약 낮은 세율구조하에 있는 기업이 자산을 차입에 의해 구입할 경우, 감가상각비나 이자비용에 의한 세금절감효과는 낮을 것이다. 그러나 이 기업이 구입 대신에 리스를 이용한다면, 임대인은 감가상각비와 이자비용에 따른 세금절감효과를 얻게 되고 경쟁적 시장에서는 이와 같은 임대인의 이득 중 일부가 임차인에게도 돌아갈 수 있다. 즉 임대인은 세금절감에 따른 이득을 고려하여 리스료를 낮게 산정함으로써 임차인은 구입할 경우보다 더 큰 혜택을 얻을 수 있다. 이와 같은 이유로 기업은 구입보다 리스를 더 선호하게 된다.

앞의 ㈜새한공업과 ㈜경민리스 간의 리스 예에서 ㈜경민리스의 리스의 가치는 967.09만원이었다. 그러나 ㈜새한공업의 리스의 가치는 정반대로 −967.09만원이었다. 이 경우 임대인의 이득은 임차인의 비용하에 얻어지기 때문에 리스계약은 성립될 수 없을 것이다. 그러나 ㈜새한공업의 법인세율이 0%이고 리스료가 4,000만원에서 3,465만원으로 감소할 경우, ㈜경민리스와 ㈜새한공업 모두 리스로부터 정(+)의 순현가를 얻을 수 있다.

먼저 ㈜새한공업에 적용되는 법인세율이 0%이고 리스료가 3,465만원으로 낮아질 경우, 앞의 〈표 6−3〉을 재작성하여 리스를 구입과 비교할 때의 증분현금흐름을 구하면 〈표 6−5〉와 같다.

따라서 ㈜새한공업에 대한 리스의 가치는 다음과 같다.

$$\text{리스의 가치} = 9{,}000\text{만원} - \sum_{t=1}^{3} \frac{3{,}465\text{만원}}{(1+0.0757576)^t} = 1.56\text{만원}$$

여기서 이 회사의 법인세율이 0%이기 때문에 세후 할인율은 세전 할인율과 같은 7.57576%이며, 리스료와 감가상각비로 인한 세금절감효과가 나타나지 않는다는 점을 유의하여야 한다.

그리고 ㈜경민리스에 적용되는 법인세율이 34%이고, 리스료가 3,465만원일 때, 이 회사의 리스로 인한 현금흐름은 〈표 6−6〉과 같다.

따라서 ㈜경민리스에 대한 리스의 가치는 다음과 같다.

$$\text{리스의 가치} = -9{,}000\text{만원} + \sum_{t=1}^{3} \frac{3{,}306.9\text{만원}}{(1+0.05)^t} = 5.51\text{만원}$$

위의 예와 같이 서로 다른 법인세율하에서는 임차인은 1.56만원, 임대인은 5.51만

표 6−5 ㈜새한공업의 현금흐름 (단위: 만원)

	현 재	1년도 말	2년도 말	3년도 말
리스: 리스료		−3,465	−3,465	−3,465
구입(차감): 기계의 구입가격	−9,000			
증분현금흐름	9,000	−3,465	−3,465	−3,465

표 6-6 ㈜경민리스의 현금흐름 (단위: 만원)

	현 재	1년도 말	2년도 말	3년도 말
기계의 구입가격	−9,000			
감가상각비의 세금절감액		1,020	1,020	1,020
세후 리스료*		2,286.9	2,286.9	2,286.9
증분현금흐름	−9,000	3,306.9	3,306.9	3,306.9

* 3,465×(1−0.34)=2,286.9만원

표 6-7 ㈜새한공업의 현금흐름 (단위: 만원)

	현 재	1년도 말	2년도 말	3년도 말
리스: 리스료		$-L_{Max}$	$-L_{Max}$	$-L_{Max}$
구입(차감): 기계의 구입가격	−9,000			
증분현금흐름	9,000	$-L_{Max}$	$-L_{Max}$	$-L_{Max}$

원의 이득을 얻을 수 있다.

임차인이 얻을 수 없는 감가상각비와 이자비용에 따른 세금절감효과를 임대인은 얻을 수 있기 때문에, 법인세율이 서로 다른 경우 리스료를 협의를 통해 산정함으로써 두 당사자 모두 정(+)의 순현가를 얻을 수 있을 것이다. 리스료산정을 위한 협의가 시작되기 전에 각 당사자는 **리스료의 유보지급액**(reservation payment)을 알 필요가 있다. 유보지급액은 각 당사자가 리스계약에 대하여 무차별하게 느끼도록 하는 리스료로서 임차인의 경우 리스료로 지급할 수 있는 최대금액이며, 임대인의 경우 리스료로 받아야 하는 최소한의 금액이다.

먼저 임차인이 지급할 수 있는 **최대리스료** L_{Max}를 구해 보자. 임차인이 0%의 세율하에 있을 때 현금흐름은 〈표 6−7〉과 같다.

따라서 ㈜새한공업에 대한 리스의 가치는 다음과 같다.

$$\text{리스의 가치} = 9{,}000\text{만원} - \sum_{t=1}^{3} \frac{L_{Max}}{(1+0.0757576)^t}$$

리스의 가치를 0으로 만드는 리스료, 즉 임차인이 지급할 수 있는 최대리스료 L_{Max}를 다음과 같이 구할 수 있다.

$$9{,}000\text{만원} - \sum_{t=1}^{3} \frac{L_{Max}}{(1+0.0757576)^t} = 0$$

표 6-8 ㈜경민리스의 현금흐름 (단위: 만원)

	현 재	1년도 말	2년도 말	3년도 말
기계의 구입가격	−9,000			
감가상각비의 세금절감액		1,020	1,020	1,020
세후 리스료		$L_{Min} \times 0.66$	$L_{Min} \times 0.66$	$L_{Min} \times 0.66$
증분현금흐름	−9,000	$0.66L_{Min}+1,020$	$0.66L_{Min}+1,020$	$0.66L_{Min}+1,020$

$$\therefore\ L_{Max} = \frac{9,000\text{만원}}{PVIFA_{0.0757576,\ 3}} = 3,465.60\text{만원}$$

이 경우 임차인은 3,465.60만원 이상의 리스료를 지급할 수 없다.

그리고 ㈜경민리스에 적용되는 법인세율이 34%일 때 임대인이 받아야 하는 최소리스료 L_{Min}을 구해 보자. 이 회사의 리스로 인한 현금흐름은 〈표 6−8〉과 같다.

따라서 ㈜경민리스에 대한 리스의 가치는 다음과 같다.

$$\text{리스의 가치} = -9,000\text{만원} + \sum_{t=1}^{3} \frac{0.66L_{Min} + 1,020\text{만원}}{(1+0.05)^t}$$

리스의 가치를 0으로 만드는 리스료, 즉 임대인이 받아야 하는 최소리스료 L_{Min}을 다음과 같이 구할 수 있다.

$$-9,000\text{만원} + \sum_{t=1}^{3} \frac{0.66L_{Min} + 1,020\text{만원}}{(1+0.05)^t} = 0$$

$$\therefore\ L_{Min} = \frac{1}{0.66} \times \left(\frac{9,000\text{만원}}{PVIFA_{0.05,\ 3}} - 1,020\text{만원} \right) = 3,461.93\text{만원}$$

이 경우 임대인은 최소한 3,461.93만원 이상의 리스료를 받아야 한다.

그러므로 양 당사자 협의에 의해 임대인의 최소리스료 3,461.93만원과 임차인의 최대리스료 3,465.60만원 사이에서 리스료가 결정될 것이다.

3.2 거래비용의 감소

자산의 소유권을 이전할 경우 소요되는 거래비용은 리스계약에 따른 비용보다 크게 나타난다. 예를 들어 며칠 동안 여행을 위하여 자동차가 필요한 경우에 그 자동차를 구입하여 재판매하는 데 소요되는 거래비용은, 리스에 의해 그 자동차를 단기간 사용하는 데 지급되는 비용보다 클 것이다.

그러나 리스의 경우 대리인비용이 나타날 수 있다. 예를 들어 임차인은 자산의 잔존가치에 무관심하기 때문에 자산을 잘못 또는 무리하게 사용할 수 있다. 이와 같은 비용은 높은 리스료에 의해 임차인에게 부과될 것이다. 임대인은 감시에 의해 이와 같은 대리인비용을 감소시킬 수는 있지만 이 또한 비용이 소요된다.

따라서 구입과 재판매의 거래비용이 리스의 대리인비용과 감시비용보다 높을 경우 리스는 가치를 가지게 된다.

3.3 리스의 동기에 대한 그릇된 설명

100%의 자금조달효과

일반적으로 리스가 100%의 자본조달효과를 제공하므로 자금조달상에 이점이 있다고 주장된다. 그러나 리스는 부채를 대체하는 효과를 가져오기 때문에 현금으로 설비를 먼저 구입하고 이 설비를 담보로 하여 차입하는 경우와 자본조달 측면에서 별차이가 없을 것이다.

자본지출규제의 회피수단

리스는 자산을 구입하는 것이 아니기 때문에 본사의 승인 없이도 리스결정에 의해 사업부문에서의 자산사용이 가능하게 된다. 예를 들어 미 해군은 국회에 탱크구입 정부지출 승인을 요청하는 것이 매우 번거로울 수 있다. 그러나 탱크를 리스하게 되면 정부지출 승인 없이 자산을 쉽게 이용할 수 있다. 따라서 리스는 관료적인 회사에서 자본지출통제시스템을 회피하는 수단으로 악용될 수 있다.

요 약

리스의 의의와 특성

리스는 임차인(리스이용자)이 자산의 사용권을 갖는 대가로 임대인(리스회사)에게 일정한 임차료(리스료)를 지급하는 계약을 의미한다.

구 분	리스의 특성
계약기간	장기(자산의 경제적 수명에 가까운 기간)
리스자산의 취득가액	완전 상환
중도해지권	원칙적으로 인정하지 않음
염가구매권	있음

☞ 리스의 특수한 형태: 매각후재리스, 레버리지리스

리스의 경제성 평가

$$NPV = PV(\text{리스}) - PV(\text{구입}) = I_0 - \sum_{t=1}^{n} \frac{L_t(1-T_C) + T_C dep_t}{(1+r)^t}$$

리스의 동기

1. 세제상의 이점

☞ 리스료의 결정: L_{Min}(임대인) < 리스료 < L_{Max}(임차인)

2. 거래비용의 감소

☞ 거래비용 > 대리인비용

※ 리스에 대한 잘못된 동기

① 100%의 자금조달효과

② 자본지출규제의 회피수단

주요 용어

리스 • 296
임대인 • 296
임차인 • 296
염가구매권 • 297
매각 후 재리스 • 297
레버리지 리스 • 297
리스의 부채대체액 • 301
구입에 대한 리스의 순현가 • 302
균형리스료 • 303
리스료의 유보지급액 • 305
최대리스료 • 305
최소리스료 • 306

사 · 례 · 연 · 구

충무주식회사는 취득가격이 6,500만원인 새 기계를 구입하고자 한다. 이 기계는 5년간 정액법으로 상각되며, 5년 후 잔존가치는 없다. 한편 종로리스회사로부터 동일한 기계를 리스할 수 있는데 연간 리스료는 1,630만원이며 계약기간은 5년이다. 충무주식회사의 사채이자율은 7%이며 법인세율은 40%이다.

(1) 충무주식회사가 리스를 이용할 경우, 리스의 부채대체액은 얼마인가?

(2) 충무주식회사가 리스계약을 하거나 위 (1)의 부채대체액만큼 차입을 하여 굴삭기를 구입하는 두 가지 방법 중 어느 대안을 선택해야 하는지를 결정하라.

:: 해 설

(1) 리스의 부채대체액은 1년부터 5년의 기간에 발생하는 증분현금흐름(현금유출)의 현가이다. 기계를 구입할 경우 매년 감가상각비의 세금절감액은 1,300만원×40%=520만원이다.

리스를 이용할 경우 세후 리스료는 1,630만원×(1−0.4)=978만원이다. 따라서 매년 발생하는 증분현금흐름은 −978만원−520만원=−1,498만원이며, 현가 계산을 위한 할인율은 세후 이자율 7%×(1−0.4)=4.2%이다.

$$\text{리스의 부채대체액} = 1{,}498\text{만원} \times PVIFA_{0.042,\ 5} = 6{,}631.53\text{만원}$$

(2) 충무주식회사가 리스를 하는 경우 현재시점에서 기계구입가격(6,500만원)을 절약할 수 있지만(현금유입), 5년 동안 리스의 부채대체액(6,631.53만원)에 대한 원리금을 상환하여야 한다(현금유출). 따라서 리스의 순현가는 6,500만원−6,631.53만원=−131.53만원이므로, 충무주식회사는 기계를 구입하는 것이 유리하다.

연·습·문·제

▶ 객관식 문제

01 ㈜한국은 미국 델라웨어 주에 새로운 공장을 설립하고자 한다. 공장 설립 비용은 총 $10,000,000이며 이 공장설비는 10년 후 폐기처분될 예정이다. ㈜한국은 다음과 같은 두 가지의 자금조달방안을 고려하고 있다. 첫째는 전액을 연 8%의 이자로 차입하는 것이며, 둘째는 공장설비회사로부터 10년간 설비를 리스하는 것이다. 차입금이나 리스료는 모두 공장설비 설치 후 1년 말 시점부터 매년 1회씩 10회에 걸쳐 지불되고, ㈜한국의 가중평균자본비용이 15%일 때 리스가 차입 방안보다 더 선호되게 하여주는 최대의 리스료는 약 얼마인가? (단, 세금이나 기타 비용은 무시할 수 있다고 가정하자.) (CPA 1차 2005 수정)

기간, 할인율	미래가치계수	연금의 현재가치계수
10년, 8%	2.1589	6.7101
10년, 15%	4.0456	5.0188

① 149만불 ② 169만불 ③ 199만불 ④ 247만불 ⑤ 463만불

02 명도기업은 특정 자동차부품을 보다 저렴하게 생산할 수 있는 기계설비의 도입에 리스를 이용할 것인지, 차입 구매할 것인지를 검토하고 있다. 이 기계설비의 구입가격은 1,200억원이고 내용연수는 10년이다. 10년 후 잔존가치와 매각가치는 없으며, 명도기업은 설비의 도입으로 매년 250억원의 비용이 절약될 것으로 기대한다. 리스료는 10년 동안 매년 연말에 지불하며 법인세율은 35%이고 감가상각은 정액법을 따르며 시장에서의 차입이자율은 9%이다. 명도기업 입장에서, 차입 구매 대비 리스의 증분현금흐름의 순현가가 0이 되는 리스료에 가장 가까운 것은? (단, 10년 연금의 현가요소는 이자율 9%의 경우 6.4177이고 5.85%의 경우 7.4127이다.) (CPA 1차 2013)

① 183.67억원 ② 184.44억원 ③ 185.23억원
④ 185.95억원 ⑤ 186.98억원

03 리스에 대한 다음의 설명 중 옳지 않은 것은?

① 리스는 내용연수가 길고 고가인 기계설비 등을 주대상으로 하고 있다.
② 일반적으로 리스는 중도해지될 수 없다.
③ 리스로 인해 거래비용을 감소시킬 수 있다.
④ 리스는 100%의 자금조달효과를 제공해 준다.
⑤ 리스에 대한 세금혜택이 없다면 리스는 사라질 것이다.

● 객관식 해답 **1.** ①, **2.** ②, **3.** ④

▶ 주관식 문제

01 리스의 경제성 평가와 균형리스료

백두주식회사는 취득가격이 6,000만원인 새로운 기계를 구입할 것을 결정하였다. 이 기계는 5년에 걸쳐 정액법으로 상각되며, 그 잔존가치는 1,000만원으로 추정된다. 한일리스회사는 5회에 걸쳐 매년 초 1,200만원의 리스료를 지급하는 조건으로 백두주식회사에 동일한 기계를 리스해 주겠다고 제안했다. 한계법인세율은 34%이며, 담보부사채의 이자율은 10%이다. (단, 리스료의 세금절감효과는 리스료 지급시점에서 이루어진다고 가정한다.)

(1) 백두주식회사는 이 기계를 리스해야 하는가 또는 차입에 의해 구입하여야 하는가?
(2) 백두주식회사가 이 기계를 리스 또는 차입에 의해 구입하는 두 대안에 대해 무차별하게 생각하기 위해서는 매년 초에 지급하는 리스료는 얼마이어야 하는가?

02 최대리스료와 최소리스료

계룡주식회사는 신규 회사로서 최초 몇 년 동안의 누적된 이월손실로 인하여 향후 3년간의 한계법인세율은 0%로 예상된다. 계룡주식회사는 한솔리스회사로부터 새로운 장비에 대한 리스를 계획하고 있다. 이 장비를 구입할 경우 취득가액은 6,000만원이고, 경제적 내용연수는 3년이며, 정액법으로 완전상각된다. 한솔리스회사는 매년 말 일정한 리스료를 받고 이 기계를 리스할 예정이다. 한솔리스회사의 한계법인세율은 20%이며, 리스와 관련된 거래비용은 없다. 그리고 각 회사는 10%로 자금을 차입할 수 있다.

(1) 계룡주식회사가 최대로 지급할 수 있는 리스료는?

(2) 한솔리스회사가 최소한 받아야 하는 리스료는?

(3) 물음 (1)과 (2)의 결과에 의해 리스료의 결정범위를 설명하라.

03 두 투자안(리스 또는 구입)의 경제성 평가

한라주식회사는 기존 기계의 노후화로 인하여 새 기계의 도입을 추진하고 있는데, 다음과 같은 두 대안이 제시되었다.

- 대안 1: A회사 제품의 기계를 리스로 도입한다. 이 기계는 리스만 가능하며, 5년 동안 매년 말에 2,100만원의 리스료를 지급해야 한다. 이 기계를 도입하는 경우 한라주식회사는 5년 동안 매년 6,000만원의 운영비를 절감할 수 있다.
- 대안 2: B회사 제품을 은행으로부터 차입하여 구입한다. 이 기계의 취득원가는 15,000만원으로 5년 동안 매년 9,000만원의 운영비를 절감시켜 줄 수 있다. 그리고 은행으로부터 차입한 자금의 이자율은 연 10%이다.

한라주식회사의 목표 부채구성비율(부채/자산)은 67%이며, 한계법인세율은 34%이다. 그리고 5년 후 두 기계 모두 잔존가치가 없으며, 새 기계에 대한 상각방법은 정액법만 인정된다.

(1) 한라주식회사는 두 대안(리스 또는 구입) 중 어느 대안을 선택해야 하는가?

(2) 직접 구입에 대한 자금조달방법이 물음 (1)의 결과에 영향을 미치는가?

(3) 리스에 의해 대체되는 부채금액은?

04 리스의 경제성 평가: 종합

(CPA 2차 1994 수정)

㈜ABC는 현재 사용하고 있는 노후한 기계를 대체하기 위하여 다음과 같은 두 대안을 고려하고 있다.

- 대안 1: 리스를 이용한다. 리스회사는 1회당 6,400만원의 리스료를 총 6회에 걸쳐 지급하되, 첫 회는 리스계약과 동시에 지급하고 그 이후 1년이 경과할 때마다 리스료를 지급해야 한다는 리스조건을 제시하였다.
- 대안 2: 사채를 발행하여 새 기계를 3억원에 구입한다. 새 기계의 감가상각방법은 정률법(상각률=0.369)으로 내용연수는 5년, 잔존가치는 구입가격의 10%로 예상된다.

㈜ABC의 한계법인세율은 25%이며, 사채이자율은 12%이다. 다음 물음에 답하라.

(1) ㈜ABC가 리스를 이용할 경우(대안 1)와 새 기계를 직접 구입할 경우(대안 2)의 현금

흐름과 그 NPV를 구하여 어느 대안을 선택해야 하는지를 결정하라.

(2) 리스이용자(임차인)가 결손누적으로 세금효과를 얻을 수 없다고 가정할 경우, 리스이용자는 어느 대안을 선택해야 하는가?

(3) 주식으로 자금을 조달하여 새 기계를 구입할 경우의 NPV가 −300만원일 경우, MM 논리하에서 물음 (1)의 대안 2(사채를 발행하여 새 기계 구입)에 대한 조정현가(APV)를 구하라. 또한 세금효과가 없을 경우의 APV는?

(4) 리스회사(임대인)가 제시한 조건이 임차인에 의해 받아들여질 경우, 리스회사의 NPV는? (단, 리스회사의 한계법인세율은 25%이다.) 또한 리스회사의 NPV가 정(+)의 값을 가진다면, 그 발생원인은?

(5) 리스이용과 관련된 몇 가지 가정이 다음과 같이 완화될 경우, 리스이용자의 입장에서 리스가치가 어떻게 달라질 것인지를 증가, 감소, 또는 불확실로 구분하여 판단하고, 그 이유를 설명하라.

① 임차인이 세금효과를 받을 수 있는지 여부가 불확실한 경우

② 잔존가치가 불확실한 경우

③ 임차인이 감가상각방법을 정률법에서 정액법으로 변경하는 경우

④ 임대인이 리스자산의 사용으로 인하여 발생하는 부대비용을 부담하는 경우

보 론 조정현가(APV)법에 의한 리스평가

조정현가법에 의하면 투자안의 조정현가(adjusted present value: APV)는 다음과 같다.

$$APV = 기본\ NPV + 부채사용으로\ 인한\ 부수적\ 효과$$

즉 투자안의 조정현가는 자기자본만으로 자본을 조달할 경우의 순현가(기본 NPV)와 부채사용으로 인한 부수적 효과를 합한 것이다.

이와 같은 APV의 개념을 적용하여 구입에 대한 리스의 APV를 구하면 다음과 같다.

$$APV(리스-구입) = 기본\ NPV - 부채로\ 구입할\ 경우의\ 부수적\ 효과$$

구입에 대한 리스의 APV를 구할 때, 자기자본으로 자금을 조달할 경우의 구입에 대한 리스의 순현가(기본 NPV)에서 부채로 구입할 경우의 부수적 효과(이자비용의 세금절감효과 등)를 차감함을 유의해야 한다. 구입 대신 리스를 이용하는 경우 이자비용의 세금절감효과를 얻지 못하기 때문에, 구입에 대한 리스의 순현가를 구할 때 부채로 구입할 경우의 부수적 효과의 부호는 음(−)이 된다.[11]

본장 제2절에서 예시된 ㈜새한공업의 APV를 구해 보자.

A.1 기본 NPV

자기자본으로 자금이 조달될 경우 이자비용의 감세효과를 얻을 수 없기 때문에 현금흐름의 순현가를 구할 때 세전 이자율을 사용해야 한다. ㈜새한공업의 경우 구입에 대한 리스의 증분현금흐름은 앞의 〈표 6−3〉과 같기 때문에 그 순현가, 즉 기본 NPV를 구하면 다음과 같다.

$$\begin{aligned} 기본\ NPV &= 9{,}000만원 - 3{,}660만원 \times PVIFA_{0.0757576,\ 3} \\ &= -504.85만원 \end{aligned}$$

11) 이자비용의 세금절감효과는 차입에 의한 구입시 얻을 수 있는 혜택이다. 따라서 리스의 현금흐름에서 구입의 현금흐름을 차감한 증분개념의 현금흐름에 대한 APV를 구할 때 차입에 의한 구입시 얻을 수 있는 이자비용의 세금절감효과, 즉 부수적 효과는 차감되어야 한다.

표 6A-1 ㈜새한공업의 리스로 인한 매년 말 이자비용 및 원금상환액 추정 (단위: 만원)

	현 재	1년도 말	2년도 말	3년도 말
연도말 부채잔액	9,967.09	6,805.44	3,485.71	0
이자비용		755.08	515.56	264.07
이자비용의 세금절감액		256.73	175.29	89.78
세후 이자비용		498.35	340.27	174.29
리스로 인한 지출액		3,660	3,660	3,660
원금상환액		3,161.65	3,319.73	3,485.71

주) • 이자비용=전년도 말 부채잔액×이자율(7.57576%)
• 이자비용의 세금절감액=이자비용×법인세율(34%)
• 세후 이자비용=이자비용-이자비용의 세금절감액
• 원금상환액=리스로 인한 지출액(부채대체액의 원리금 균등상환액)-세후 이자비용
• 연도 말 부채잔액=전년도 말 부채잔액-당해연도 말 원금상환액

A.2 부채로 구입할 경우의 부수적 효과

부채로 구입할 경우의 부수적 효과를 계산하기 위해서는 먼저 리스로 인한 부채대체액(9,967.09만원)의 매년 말 이자비용을 계산해야 한다. ㈜새한공업의 리스로 인한 매년 말 이자비용 및 원금상환액을 추정하면 〈표 6A-1〉과 같다.

그러므로 부채로 구입할 경우의 부수적 효과는 이자비용의 세금절감효과로서 다음과 같이 구할 수 있다.[12)]

$$\text{부수적 효과} = \frac{256.73}{1+0.0757576} + \frac{175.29}{(1+0.0757576)^2} + \frac{89.78}{(1+0.0757576)^3}$$
$$= 462.24\text{만원}$$

A.3 구입에 대한 리스의 APV

구입에 대한 리스의 APV를 구하면 다음과 같다.

$$APV(\text{리스}-\text{구입}) = \text{기본 } NPV - \text{부채로 구입할 경우의 부수적 효과}$$
$$= -504.85\text{만원} - 462.24\text{만원} = -967.09\text{만원}$$

이상의 결과는 앞에서 사용한 방법과 정확하게 일치된다. 그러나 APV법에 의해 리스를 평가할 때는 부채대체액을 계산한 후, 매년 말 이자비용을 추정해야 하는 번거로움이 따른다.

12) 할인율에 이자비용의 감세효과를 간접적으로 반영해 주는 NPV법과 달리, APV법에서는 이자비용의 감세효과를 직접 현금흐름에서 고려해 준다. 그러므로 APV법의 경우 할인율로 세후 이자율이 아닌 세전 이자율이 사용됨을 유의해야 한다.

제 7 장

기업의 합병과 매수

1. M&A의 의의와 유형
2. M&A의 시너지효과
3. M&A의 평가
4. M&A의 방어전략

기업은 급변하는 환경 속에서 살아남기 위하여 지속적으로 성장을 추구하여야 한다. 기업의 성장은 합리적인 투자결정, 자본조달결정 등을 통하여 기존 사업을 점진적으로 확대해 나가는 내적성장과 타기업을 합병하거나 매수함으로써 일시에 사업영역을 확대하려는 외적성장으로 구분된다. 기업의 합병과 매수(mergers and acquisitions: 이하 M&A라 약칭함)는 외적성장의 주요한 수단으로 최근 국내·외에서 그 관심이 높아지고 있다.

본장에서는 M&A의 의의와 유형, M&A의 시너지효과, M&A의 평가, 적대적 M&A에 대한 방어전략 등에 관하여 설명하고자 한다.

1 M&A의 의의와 유형

1.1 M&A의 의의

기업의 합병과 매수(M&A)는 한 기업이 다른 기업을 합병(merger)하거나 매수(acquisition)하는 것으로서, 일반적으로 신규 사업의 진출이나 기업확장의 수단으로 이용된다. M&A는 불확실성하에서 이루어진 투자결정이라 할 수 있다. 따라서 M&A의 기본적인 평가원칙은 인수기업(acquiring firm)의 주주에게 양(+)의 순현가(NPV)를 가져다주는 인수대상기업 또는 피인수기업(target firm, acquired firm)을 인수하여야 한다는 것이다.

그러나 인수대상기업의 순현가를 결정하는 것은 매우 어려운 일이기 때문에 M&A는 그 자체로서 흥미있는 과제라 할 수 있으며, 다음과 같은 몇 가지 특징을 가지고 있다.

첫째, M&A로부터 얻을 수 있는 이득을 시너지(synergy)라 하며, 이를 정확히 추정하기는 어렵다.[1)]

둘째, M&A에 의해 복잡한 회계, 세무, 법적인 효과가 발생한다.

셋째, M&A는 주주들이 기업에 대해 취할 수 있는 주요한 통제수단이다. 현재의 경영자와 주주 사이의 이해관계가 서로 상충될 때 M&A가 이루어질 수도 있다. 예를 들어 주주들은 불편한 관계에 있는 경영자를 해임시키기 위하여 다른 기업이 자신의 기업을 인수하도록 할 수 있다.

넷째, M&A분석은 주로 기업가치에 초점을 맞추어 이루어지나, M&A는 기업가치뿐만 아니라 주식과 부채의 상대적 가치에도 영향을 미친다.

다섯째, M&A는 때때로 비우호적인 거래를 포함하기 때문에 인수대상기업들에 의해 방어전략이 사용되기도 한다.

1.2 M&A의 유형

M&A는 협의의 개념으로 흡수합병(merger) 또는 신설합병(consolidation), 주식매수(acquisition of stock), 자산매수(acquisition of assets) 등 3가지에 의해서 이루어지는 기업매수(acquisition)로 볼 수 있으나, 광의의 개념으로 기업매수뿐만 아니라 위임장투쟁(proxy contest), 비공개기업화(going private) 등도 포함하는 기업인수(takeover)

1) 시너지는 1+1>2가 되는 것을 의미하며, 이를 상승효과라 하기도 한다.

그림 7-1 기업인수의 형태

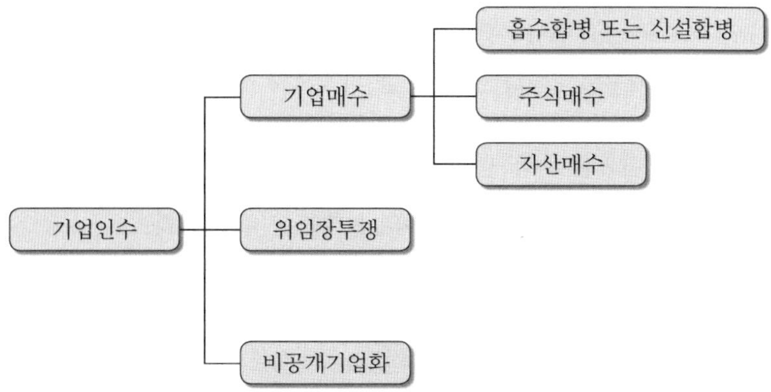

로 볼 수 있다.[2)] [그림 7-1]에서 기업인수의 형태를 보여주고 있다.

흡수합병 또는 신설합병

흡수합병은 한 기업(합병회사)이 다른 기업(피합병회사)을 흡수하여 결합하는 것을 의미한다. 이 경우 합병회사가 피합병회사의 모든 자산과 채무를 인수함으로써 피합병회사가 없어지고 하나의 회사로 결합된다. **신설합병**은 다수의 기업들이 새로운 하나의 기업으로 결합되는 것을 의미한다. 이 경우 결합하려고 하는 기업은 모두 해산되고 새로운 하나의 기업이 설립되어, 이 신설기업에 해산된 기업들의 모든 자산과 부채가 승계된다.

흡수합병과 신설합병은 법률적인 관계에서 차이가 있지만, 경제적인 측면에서는 두 개 이상의 기업이 하나의 기업으로 합쳐지는 것으로 차이가 없다. 새로운 회사설립에는 시간과 경비가 소요되고, 세법상으로 불리한 경우가 많기 때문에 실제로 신설합병은 거의 이용되지 않는다. 따라서 일반적으로 합병은 흡수합병을 의미한다.

결합되는 기업의 형태별로 분류하면 합병은 동종기업간에 이루어지는 **수평적 합병**(horizontal merger), 생산 및 유통과정의 수직적 흐름에 있어서 인접한 단계에 있는 기업간에 이루어지는 **수직적 합병**(vertical merger), 수평적 또는 수직적 관계가 없는 이종기업간에 이루어지는 **다각적 합병**(conglomerate merger) 등으로 나눌 수 있다.

주식매수

주식매수는 인수기업이 현금, 주식, 다른 증권 등을 이용해 인수대상기업의 의결

2) 기업인수는 기업의 지배권행사에 충분한 지분을 매입하는 모든 행위를 의미한다.

권주식을 매입함으로써 인수대상기업의 지배권을 획득하는 것을 의미한다. 주식매수의 방법으로 대주주 주식지분의 매입, 주식시장을 통한 매입 및 공개매수(tender offer or takeoverbid: TOB) 등이 있다.

공개매수는 단기간에 의도한 가격으로 인수대상기업의 주식을 주주들로부터 공개적으로 매입하는 행위이다. 인수대상기업의 경영진과의 합의에 따라 공개매수가 이루어지는 경우도 있으나, 대부분의 경우 경영진의 의사와 관계없이 주주들로부터 직접 주식을 매입하는 적대적인 인수의 형태를 취하고 있다.

주식매수는 다음과 같은 몇 가지 점에서 합병과 다르다.

첫째, 주식매수는 주주총회의 승인 또는 인수대상기업의 경영진이나 이사회를 거치지 않고 직접 주주들을 대상으로 이루어진다.

둘째, 대부분의 경우 주식매수는 인수대상기업 경영자의 저항 속에서 이루어지므로 합병보다 많은 비용이 소요된다.

셋째, 공개매수에 대한 소액주주들의 반발 때문에 인수대상기업을 완전히 인수하기 어려울 때가 많다.

넷째, 주식매수는 인수기업이 인수대상기업의 주식을 매입하여 인수대상기업을 지배하는 형태로서 인수대상기업의 법률적인 실체는 계속 유지된다.[3]

자산매수

자산매수는 인수기업이 인수대상기업의 경영지배권을 획득하기 위하여 인수대상기업의 전부 또는 일부 주요자산(영업)을 매입하는 것을 말한다. 자산매수는 인수대상기업의 경영진과 협의하에 이루어지는 경우가 대부분이기 때문에 소액주주들의 반발을 피할 수 있다는 장점은 있으나, 자산소유권의 이전에 따른 법적절차가 번거롭고 법률적인 비용이 크다는 단점이 있다.[4]

위임장투쟁

위임장투쟁은 일부의 주주집단이 주로 자기가 지지하는 이사를 선임하여 기업의 지배권을 획득하기 위한 것으로서, 다른 주주들로부터 의결권을 위임받아 주주총회에서 선임권을 대리행사하는 것을 의미한다.[5] 이와 같은 위임장투쟁은 현재의 경영진에

---

3) 인수대상기업의 완전한 흡수는 합병에 의해서 이루어지므로 대부분의 주식매수는 결국 형식적인 절차를 거쳐 합병에 이르게 된다.

4) 우리나라의 경우 인수대상기업의 자산매각이 그 기업의 영업에 중요한 영향을 미칠 수 있을 때, 이에 반대하는 주주들은 해당기업에 주식매수청구권을 행사할 수 있다.

5) 미국 등에서는 통상적으로 제2, 3대주주 등이 소액주주의 의결권을 모아 제1대주주에 대항하여 경

게 기업을 보다 효율적으로 경영할 수 있도록 압력을 가하는 수단이 될 수 있다.

비공개기업화

비공개기업화(또는 사기업화)는 일부 주주가 상장된 주식의 대부분을 매입함으로써 사실상의 개인기업으로 만들고, 그 결과 상장이 폐지되어 비공개기업으로 전락시키는 것을 의미한다. 비공개기업이 되면 우호적인 경우 외에는 M&A가 원칙적으로 일어날 수 없기 때문에 적대적 M&A로부터 벗어날 수 있다. 또한 공개회사에 대해서 요구되는 각종 보고의무 등에서도 면제되어 경영진은 경영에만 주력할 수 있다.[6)]

비공개기업화를 위해서는 상장된 대부분의 주식을 매입하여야 하기 때문에 대규모의 자금이 필요하게 된다. 따라서 이 경우 회사자산을 담보로 채권을 발행하여 조달한 자금에 의해 주식을 인수하는 **차입매수**(leveraged buyout: LBO)가 자주 사용된다. LBO를 위해 발행되는 채권은 위험도가 아주 높은 저등급사채로 정크본드(junk bond)라 한다. 특히 LBO가 현재의 경영자에 의해 주도될 때, 이를 **경영자매수**(management buyout: MBO)라고 한다.

2 M&A의 시너지효과

기업이 M&A를 하는 주된 이유는 M&A로부터 얻을 수 있는 시너지효과 때문일 것이다. 여기서는 M&A의 시너지효과와 그 원천에 대하여 살펴보고자 한다.

2.1 M&A의 시너지효과

시너지효과(synergy effect)는 두 기업이 하나의 기업으로 합병되는 경우 합병 이후의 기업가치가 합병 이전 개별기업가치의 합계보다 더 커지는 효과로서 상승효과라고도

영권을 장악하는 수단으로 활용하고 있다. 그러나 우리나라의 경우 의결권대리행사의 권유를 엄격히 규제하고 있으며, 또한 실질적으로 주식이 제대로 분산되어 있지 않기 때문에 위임장투쟁에 의한 기업지배권획득은 어렵다. 2003년 하나로통신㈜(현, SK브로드밴드㈜)이 주주총회에서 소액주주의 절반이 넘는 26% 이상의 위임장을 확보하여 외자유치권을 통과시킴으로써 LG그룹에 의한 경영권인수 시도를 좌절시킨 것이 위임장투쟁의 대표적인 사례이다.

6) 기업을 공개하여 불특정 다수의 주주로부터 자금조달하는 것을 지향하는 기업공개(going public)에는 역행되지만, 1980년대에 들어서 미국에서는 비우호적인 기업매수가 빈번하게 이루어지면서 상장회사의 경영자가 기업을 비공개화하는 경우가 많았다.

한다. 예를 들어 기업 A가 기업 B를 인수하여 합병하는 경우 시너지는 다음과 같다.

$$\text{시너지} = PV(\mathrm{A}+\mathrm{B}) - [PV(\mathrm{A}) + PV(\mathrm{B})] \tag{7-1}$$

여기서 $PV(\mathrm{A}+\mathrm{B})$: 합병 후의 기업가치
$PV(\mathrm{A})$, $PV(\mathrm{B})$: 합병 전 A, B의 기업가치

M&A로 인한 시너지효과는 현금흐름할인모형을 이용하여 측정될 수 있으며, 이는 식 (7-2)와 같다.

$$\text{시너지} = \sum_{t=1}^{n} \frac{\Delta CF_t}{(1+r)^t} \tag{7-2}$$

여기서 ΔCF_t: 합병으로 인한 t시점의 증분현금흐름[7]
r: 증분현금흐름에 적합한 위험조정할인율

식 (7-2)에서 증분현금흐름은 다음과 같이 4개의 부분으로 분해된다.

$$\Delta CF_t = \Delta R_t - \Delta C_t - \Delta T_t - (\Delta WC_t + \Delta CI_t) \tag{7-3}$$

여기서 ΔR_t: 합병으로 인한 t시점의 증분수익
ΔC_t: 합병으로 인한 t시점의 증분비용
ΔT_t: 합병으로 인한 t시점의 세금의 증분
ΔWC_t: 합병으로 인한 t시점의 순운전자본의 증분
ΔCI_t: 합병으로 인한 t시점의 자본적 지출의 증분

재무 FOCUS

합병 시 할인율

합병 시 증분현금흐름의 할인율은 자금의 원천이 아니라 사용과 관련된 위험을 반영하여야 한다. 따라서 합병 시 증분현금흐름의 적절한 할인율은 인수기업 또는 합병 이후 결합기업의 자본비용이 아닌 인수대상기업의 요구수익률(합병으로 인해 인수대상기업의 자본구조의 변경이 있을 경우 이를 조정해야 함)임을 유의하여야 한다. 한편 이와 같은 증분현금흐름의 할인율로 합병 후 결합기업의 자본비용을 사용할 수 있다는 주장도 있다. 다시 말하면 합병 시 인수대상기업의 현금흐름을 기존 현금흐름(합병하지 않을 경우 인수대상기업의 현금흐름)과 합병시너지로 인한 증분현금흐름으로 구분하여, 전자는 인수대상기업의 자본비용을 사용하고, 후자는 두 기업의 결합효과로 인해 발생되는 현금흐름이기 때문에 그 성격에 따라 합병 후 결합기업의 자본비용을 사용할 수 있다는 것이다. 그러나 이와 같은 주장은 지금까지 설명한 투자안 평가의 기본원칙(새로운 투자안의 증분현금흐름은 그 투자안의 위험을 반영한 적절한 할인율로 평가되어야 함)에 어긋나는 것이라 할 수 있다. 따라서 합병시 인수대상기업의 현금흐름은 구분할 필요 없이 인수대상기업의 요구수익률을 사용하는 것이 합리적일 것이다.

7) ΔCF_t = (합병 후 현금흐름) − (합병 전 개별기업 현금흐름의 합) = $CF_t(\mathrm{A}+\mathrm{B}) - [CF_t(\mathrm{A}) + CF_t(\mathrm{B})]$

2.2 시너지효과의 원천

M&A에 의한 시너지효과는 수익증대, 비용절감, 세금절감, 자본소요액의 감소 등을 통하여 합병으로 인한 증분현금흐름을 증가시키든가 또는 자본비용(할인율)을 감소시킴으로써 증대된다.[8] M&A에 의한 시너지효과의 원천을 수익증대, 비용절감, 세금절감, 자본비용의 감소, 자본소요액의 감소 등으로 구분하여 살펴보기로 하자.

수익증대

합병의 가장 중요한 이유 중의 하나는 합병 후 기업수익이 합병 전 개별기업의 수익을 합한 것보다 크게 된다는 것이다. 합병으로 인한 수익증대는 마케팅이득(marketing gains), 전략적 이득(strategic benefits), 시장 또는 독점적 지배력(market or monopoly power) 등으로부터 발생한다.

■ 마케팅이득

합병에 의해서 마케팅능력을 향상시킬 수 있으며, 이를 통해 보다 큰 영업이익을 창출할 수 있다. 예를 들어 합병을 통해 비효율적인 광고전략을 개선할 수 있고, 빈약한 유통채널을 강화할 수 있으며, 불균형상태의 제품믹스(product mix)를 개선할 수 있다.

■ 전략적 이득

합병으로 인하여 경쟁기업에 비해 전략적 우위를 확보할 수 있다. 예를 들어 출판사가 컴퓨터회사를 인수하는 경우 경쟁출판사에 비하여 컴퓨터를 이용한 전자출판에 있어서의 전략적 우위를 점할 수 있다. 특히 유·무형의 진입장벽이 가로막고 있는 경우 M&A를 통하여 새로운 사업에 쉽게 진출할 수 있다.[9]

■ 시장 또는 독점적 지배력

동종산업에 속하는 다른 기업을 인수함으로써 경쟁적 위치를 높일 수 있으며, 극단적으로 독점적 지위를 확보할 수도 있다. 이 경우 합병기업은 제품가격을 선도할 수 있으며, 독점적 이윤을 획득할 수 있다. 그러나 단순히 경쟁을 억제하기 위한 합병은 사회적으로 이득이 없으며, 정부의 규제를 받는 대상이 되기도 한다.

---

8) 수익의 증대, 비용의 절감, 세금의 절감 등에 의한 시너지는 기업의 운영상 나타나는 것으로서 이를 운영시너지(operating synergy)라 하며, 할인율의 감소에 의한 시너지는 기업의 재무정책, 즉 자본구조와 관련된 것으로서 재무시너지(financial synergy)라 한다.

9) 우리나라의 경우 진입장벽이 높은 금융산업에의 진출을 위한 M&A가 빈번하게 이루어졌다. 한솔그룹의 동해종금인수(1994. 11), 쌍용그룹의 인천투금인수(1995. 8) 등이 이 경우에 속한다. 그러나 이와 같은 무리한 금융산업에의 진출은 동해종금, 인천투금 등이 퇴출됨으로써 모두 실패로 끝났다.

비용절감

합병의 가장 기본적인 이유 중의 하나는 두 개의 기업을 독자적으로 운영하는 것보다 합병을 통한 운영효율성을 높임으로써 운영비용을 크게 절감할 수 있다는 점이다. 비용절감에 의한 시너지효과는 규모의 경제(economies of scale), 수직적 통합의 경제(economies of vertical integration), 기술의 이전(technology transfer), 자원의 상호보완(complementary resources), 비효율적인 경영의 제거(elimination of inefficient management) 등을 통해서 나타난다.

■ 규모의 경제

최적규모(optimal size)에 도달할 때까지 평균생산비용은 생산량의 증가에 따라 점점 감소하게 된다. 따라서 최적규모에 도달하지 못한 기업이 다른 기업을 인수함으로써 최적규모에 도달할 수 있다면, 합병으로 인해 단위당 생산비용을 감소시킬 수 있다. 이와 같은 규모의 경제에 의한 비용절감은 수평적 합병에서 나타난다.

■ 수직적 통합의 경제

생산과정의 전 단계 또는 다음 단계에 있는 기업을 통합하여 협조적인 생산 또는 판매단계를 갖추고, 품질관리와 가격 등 거래조건의 협상을 효과적으로 함으로써 거래비용을 절감시킬 수 있다. 예를 들어 저렴하고 안정적인 자동차부품의 확보를 위해 자동차회사가 자동차 부품회사를 인수하거나, 적극적인 PC판매망의 확보를 위해 PC제조업체가 PC판매회사를 인수하기도 한다.

■ 기술의 이전

기술의 이전은 합병의 또 다른 이유라 할 수 있다. 예를 들어 제약회사가 생명공학과 관련된 기술을 이전받아 신약개발에 활용하기 위하여 생명공학회사를 인수할 수 있다.

■ 자원의 상호보완

기업은 현존하는 자원을 효과적으로 이용하거나 성공적인 영업에 필요한 요소를 확보하기 위하여 다른 기업을 인수한다. 예를 들어 스키용품 상점이 테니스용품 상점을 인수함으로써 겨울과 여름에 걸쳐 보다 안정된 판매를 할 수 있으며, 상점의 활용도를 높일 수 있을 것이다.

■ 비효율적인 경영의 제거

합병을 통해 비효율적인 기업의 경영진을 제거할 수 있으며, 중복되는 경영진의 수를 감소시킴으로써 기업의 운영비용을 줄일 수 있다.[10)]

10) M&A는 전문경영자가 주주의 이익과 배치된 행위(예를 들어 특권적 소비, 무사안일주의 등)를 함으로써 발생하게 되는 지분의 대리인문제를 해결하기 위한 수단으로 사용될 수 있다.

세금절감

합병은 세금을 절감할 수 있는 하나의 수단이 될 수 있다. 이는 인수대상기업의 영업손실(net operating losses), 부채수용능력의 향상(unused debt capacity), 잉여자금(surplus fund)의 이용 등에 의해서 발생된다.

■ 영업손실

누적된 영업손실로 인하여 이월결손금을 갖고 있는 회사를 인수하는 경우, 합병회사는 그 이월결손금을 승계하여 법인세를 절감할 수 있다.

■ 부채수용능력의 향상

기업의 최적자본구조는 부채사용으로 인한 한계이익(부채의 법인세 절감효과)과 한계비용(파산비용)이 같아지는 점에서 이루어진다. 두 개의 기업이 합병하는 경우 합병전 개별기업의 채무에 대하여 공동으로 지급보증하는 것이 되므로 파산위험이 감소하게 된다. 이와 같이 합병으로 인하여 **공동보험효과**(coinsurance effect)가 발생하기 때문에 파산비용은 두 개의 개별기업으로 존재할 때보다 합병한 이후에 상대적으로 작게 나타날 것이다. 따라서 인수회사는 합병 이후 부채비율을 높일 수 있으며, 이로 인하여 추가적인 세금혜택을 얻을 수 있기 때문에 새로운 가치를 창출할 수 있다.

■ 잉여자금의 이용

현실적으로 배당소득세율이 자본이득세율보다 높다. 기업이 충분한 잉여현금흐름(free cash flow)을 갖고 있을 때, 이를 배당으로 지급하지 않고 기업을 인수하는 데 이용하는 경우 주주들은 배당소득 대신 주가의 상승에 따른 자본이득을 얻을 수 있다. 따라서 주주들은 배당소득세 대신 낮은 자본이득세를 부담함으로써 세금을 절감할 수 있다.

자본비용의 감소

두 기업이 합병될 때 증권발행비용 측면에서 규모의 경제가 발생하기 때문에 자본비용을 감소시킬 수 있다. 일반적으로 주식 또는 채권의 발행비용은 소규모기업보다 대규모기업에서 더 작게 나타난다.[11)]

자본소요액의 감소

합병을 통해 불필요한 시설 및 장비 등을 처분함으로써 자본적 지출을 줄일 수 있

11) 합병으로 인해 분산효과가 발생하게 되어 자본비용이 감소하는 것으로 생각하기 쉬운데, 이는 CAPM이 성립하는 경우 불가능한 일이다. 왜냐하면 합병으로 인해 감소되는 위험은 비체계적 위험이기 때문이다.

다. 또한 기업규모가 증가함에 따라 규모의 경제가 실현되어 현금, 매출채권, 재고자산 등을 효율적으로 관리할 수 있으므로 운전자본에 대한 지출이 줄어들게 된다.

3 M&A의 평가

M&A는 본질적으로 투자결정문제와 연관이 있다. 따라서 M&A의 평가는 전형적으로 순현가법에 의해 이루어진다.[12] 예를 들어 기업 A가 기업 B의 인수를 고려하고 있다고 하자. 이 경우 인수기업 A가 인수대상기업 B를 M&A함으로써 얻을 수 있는 순현가(NPV)는 기업 B를 인수함으로써 얻을 수 있는 이득의 현재가치(시너지)에서 기업 B를 인수한 대가로 지불한 비용(프리미엄)을 차감하여 구할 수 있다. 이를 관계식으로 나타내면 식 (7-4)와 같다.

$$\begin{aligned} NPV &= \text{시너지} - \text{프리미엄} \\ &= [PV(\text{A}+\text{B}) - (PV(\text{A}) + PV(\text{B}))] - [\text{기업 B의 매수가격} - PV(\text{B})] \end{aligned} \quad (7\text{-}4)$$

또는 M&A에 따른 NPV는 합병으로 인한 인수기업의 증분가치로서 식 (7-5)와 같이 구할 수 있다.

$$\begin{aligned} NPV &= \text{합병 후 기업 A의 가치} - \text{합병 전 기업 A의 가치} \\ &= [PV(\text{A}+\text{B}) - \text{기업 B의 매수가격}] - PV(\text{A}) \end{aligned} \quad (7\text{-}5)$$

기업 B를 M&A하는 것에 대한 평가는 식 (7-4) 또는 식 (7-5)에 의해 계산된 NPV에 의해서 이루어진다. NPV가 양(+)의 값을 가지면 기업 A는 기업 B를 인수하여야 하고, NPV가 음(-)의 값을 가지면 기업 A는 기업 B를 인수하지 않아야 한다. 이와 같은 분석은 현금에 의한 M&A일 경우에는 비교적 단순하나, 보통주에 의한 M&A일 경우에는 복잡해진다.

3.1 현금에 의한 M&A

예를 들어 현재 기업 A와 기업 B의 가치가 각각 800억원, 100억원이며, 두 기업은

12) M&A의 기본적 평가원칙을 무시한 기업인수로 인해 오히려 위험에 빠지게 되거나 커다란 후유증을 겪을 수 있으며, 이와 같은 상황을 '승자의 저주'(winner's curse)라 한다. 대우건설, 대한통운 등을 인수한 후 유동성 위기로 인해 재매각한 금호아시아나그룹은 승자의 저주의 대표적 사례다.

표 7-1 현금에 의한 M&A의 평가

구 분	합병 전		합병 후
	기업 A	기업 B	
시장가치	800억원	100억원	860억원
총발행주식수	200만주	50만주	200만주
주 가	40,000원	20,000원	43,000원

모두 부채 없이 자기자본에 의해 자본이 조달된다고 가정하자. 그리고 만약 기업 A가 이익잉여금(유보이익)을 이용하여 기업 B를 인수하는 경우 100억원의 시너지효과가 나타나서 합병 후 결합기업가치는 1,000억원이 된다. 기업 B의 이사회는 현금으로 140억원을 준다면 기업 B를 매각할 수 있다는 의사를 제시하였다. 이와 같은 경우 기업 A는 기업 B를 인수하여야 하는가?

기업 A가 기업 B를 인수하는 경우 얻을 수 있는 순현가는 식 (7−4) 또는 식 (7−5)에 의해 다음과 같이 구할 수 있다.

$$\begin{aligned} NPV &= [PV(\text{A}+\text{B})-(PV(\text{A})+PV(\text{B}))]-[\text{기업 B의 매수가격}-PV(\text{B})] \\ &= [1{,}000\text{억원}-(800\text{억원}+100\text{억원})]-(140\text{억원}-100\text{억원}) \\ &= 100\text{억원}-40\text{억원}=60\text{억원} \end{aligned}$$

또는

$$\begin{aligned} NPV &= \text{합병 후 기업 A의 가치}-\text{합병 전 기업 A의 가치} \\ &= [PV(\text{A}+\text{B})-\text{기업 B의 매수가격}]-PV(\text{A}) \\ &= (1{,}000\text{억원}-140\text{억원})-800\text{억원} \\ &= 860\text{억원}-800\text{억원}=60\text{억원} \end{aligned}$$

기업 A가 기업 B를 인수하는 경우의 순현가는 60억원이므로 기업 A는 기업 B를 인수하여야 한다. 그리고 만약 기업 A의 총발행주식수가 200만주라고 한다면, 합병 전 기업 A의 주가는 40,000원(800억원/200만주)이나, 합병 후 기업 A의 주가는 43,000원(860억원/200만주)으로 상승하게 된다. 이와 같은 계산과정은 〈표 7−1〉에 나타나 있다.

3.2 보통주에 의한 M&A

이제 기업 A가 현금 대신 보통주를 발행하여 기업 B를 인수하는 경우를 생각해 보자. 예를 들어 기업 B의 총발행주식수는 50만주이며, 합병시 기업 A는 기업 B의 주식

50만주에 대하여 자사주식 35만주를 교환해 준다고 하자. 즉 기업 A와 기업 B의 주식 교환비율은 0.7 : 1이다. 합병 후 기업 A의 총발행주식수는 235만주(200만주+35만주)가 되므로, 기업 B 주주들의 합병 후 합병기업에 대한 지분비율은 약 14.89%(35만주/235만주)가 된다. 따라서 합병 후 기업 B 주주들의 지분가치는 148.9억원(1,000억원×0.1489)이 된다.[13] 즉 기업 B의 실제 매수가격은 148.9억원이다.[14] 이는 〈표 7-2〉의 (1)열에 나타나 있다.

기업 B를 현금매수가격 140억원과 동일한 가격으로 인수하기 위해서는 기업 A는 기업 B의 주주에게 몇 주를 발행해 주어야 하겠는가? 기업 B 주주들의 합병 후 합병기업에 대한 지분비율을 α라 하면, 합병 후 기업 B 주주들의 지분가치는 다음과 같다.

$$\text{합병 후 기업 B 주주들의 지분가치} = \alpha \times 1{,}000\text{억원}$$

여기서 합병 후 기업 B 주주들의 지분가치를 현금매수가격과 동일한 140억원으로 놓으면 α는 14%(140억원/1,000억원)가 된다. 이 경우 기업 B의 주주에게 발행해 주어야 할 주식수는 다음과 같이 계산할 수 있다.

$$\alpha = \frac{\text{신주발행수}}{\text{구주식수} + \text{신주발행수}} \rightarrow 0.14 = \frac{\text{신주발행수}}{200\text{만주} + \text{신주발행수}}$$

위의 식을 풀어 신주발행수, 즉 기업 B의 주주에게 발행해 주어야 할 주식수를 구하면 다음과 같다.

표 7-2 보통주에 의한 M&A의 평가

구 분	합병 전		합병 후	
	기업 A	기업 B	(1) 보통주 교환비율 (0.7 : 1)	(2) 보통주 교환비율 (0.651 : 1)
시장가치	800억원	100억원	1,000억원	1,000억원
총발행주식수	200만주	50만주	235만주	232.558만주
주 가	40,000원	20,000원	42,553원	43,000원

13) 흔히 합병 전 기업 A의 주가가 40,000원이므로 기업 B를 140억원(40,000원×35만주)에 매입한 것과 같다고 생각하기 쉽다. 그러나 합병 후 기업 A의 주가가 42,553원(1,000억원/235만주)으로 상승하므로 기업 B의 실제 매수가격은 현금매수가격 140억원보다 큰 148.9억원이 됨을 유의하여야 한다.

14) 이 경우 M&A에 의한 순현가는 기업 B를 140억원에 현금매수할 때보다 다음과 같이 약간 감소한다.

$$\begin{aligned} NPV &= [PV(\text{A}+\text{B}) - (PV(\text{A}) + PV(\text{B}))] - [\text{기업 B의 매수가격} - PV(\text{B})] \\ &= [1{,}000\text{억원} - (800\text{억원} + 100\text{억원})] - (148.9\text{억원} - 100\text{억원}) \\ &= 100\text{억원} - 48.9\text{억원} = 51.1\text{억원} \end{aligned}$$

$$신주발행수=\frac{0.14\times 200만주}{1-0.14}=32.558만주$$

따라서 합병 후 총발행주식수는 232.558만주(200만주+32.558만주)가 된다. 기업 A의 주식 32.558만주가 기업 B의 주주에게 교부되므로, 이는 기업 B 주식 1주에 대해 기업 A 주식 0.651주를 교환해 주는 것이다. 즉 기업 A와 기업 B의 주식교환비율은 0.651:1이다. 이와 같이 기업 B의 이사회가 기업을 140억원에 매각하기로 하였다면, 주식의 공정교환비율은 0.651 : 1이 된다. 이 계산과정은 〈표 7-2〉의 (2)열에 나타나 있다.

M&A를 할 때 현금 또는 보통주 중 어느 방법에 의한 것이 더 유리한지는 다음과 같은 몇 가지 요인에 달려 있다.

첫째, 인수기업의 주식이 과대평가되어 있다면, 주식에 의한 방법이 현금에 의한 방법보다 비용이 더 저렴할 것이다.

둘째, 현금에 의한 인수는 과세대상이 되는 반면, 보통주에 의한 인수는 과세되지 않으므로 보통주에 의한 인수가 더 유리할 수 있다.

셋째, 현금에 의한 인수의 경우 인수대상기업의 주주들은 합병의 성과여부에 따라 영향을 받지 않는다. 그러나 보통주에 의한 인수의 경우 인수대상기업의 주주들은 합병으로 인한 이득 또는 손실을 같이 공유하게 된다. 따라서 인수기업의 입장에서는 합병의 성과가 좋게 나타날 가능성이 높을 경우에는 현금에 의한 인수가 유리하나, 합병의 성과가 나쁘게 나타날 가능성이 높을 경우에는 보통주에 의한 인수가 유리할 것이다.

4 M&A의 방어전략

인수기업과 인수대상기업의 경영자 사이에서 합의가 이루어지지 않는 적대적 M&A가 시도될 경우 인수대상기업의 저항을 받게 된다. 일반적으로 적대적 M&A에 대한 저항은 경영자의 입장을 공시 또는 우편 등을 통하여 주주들에게 전달하는 것으로 시작되며, 궁극적으로 가능한 법적인 행동을 취하도록 유도하거나 경쟁적인 입찰에 의한 주식매도를 권유하게 된다.

기업인수를 저지하려는 경영자의 행동이 인수기업 또는 다른 기업으로부터 높은 프리미엄을 얻어낼 수 있는 경우 인수대상기업의 주주들에게 유리할 수 있다. 그러나 인수대상기업의 경영자는 주주의 이익에 관계없이 단순히 자신의 직위를 유지하기 위해서 M&A에 저항할지도 모른다.

일반적으로 인수기업측에서는 공개매수 또는 위임장투쟁 등을 통해 적대적 M&A

를 시도한다. 이에 대해 인수대상기업의 경영자가 취할 수 있는 전략은 매우 다양하나 여기서는 일반적으로 알려진 몇 가지 방어전략을 소개하기로 한다.

4.1 정관수정

정관을 수정하여 적대적 M&A를 어렵게 만들 수 있다. 예를 들어 일반적으로 주주총회에서 합병이 승인되기 위해서는 주주들로부터 $\frac{2}{3}$ 이상의 찬성을 얻도록 되어 있는데, 이를 상향조정하여 80% 이상의 찬성을 얻어야 합병이 가능하도록 정관을 수정함으로써 적대적 M&A를 어렵게 할 수 있다. 이와 같은 정관수정을 **초다수결수정**(super-majority amendment)이라 한다. 또 다른 방법으로 신속하게 신규 이사를 선출하는 것이 어렵도록 이사의 선출시기를 지연시킬 수도 있다.[15)]

4.2 재매입정지협정

재매입정지협정(repurchase standstill agreements)은 적대적 인수를 시도할 것으로 예상되는 특정주주와 앞으로 일정기간 동안 자사주를 매입하지 않도록 약정을 맺는 것을 의미한다. 이를 통해 인수대상기업은 적대적 인수가 시도되지 않음을 보장받을 수 있지만, 그 대가로 시가에 프리미엄이 더해진 높은 가격을 지불하여 특정주주가 그동안 매집한 주식을 매입하여야 한다. 이와 같이 목표기업의 주식을 매집한 후, 그 기업으로 하여금 프리미엄가격에 그 주식을 되사게 만들어 이익을 얻는 것을 **그린메일**(greenmail)이라 한다.[16)]

4.3 비공개기업화와 차입매수

비공개기업화는 일부 주주가 상장주식의 대부분을 매입함으로써 사실상의 개인기업으로 만들고, 그 결과 상장이 폐지되어 비공개기업으로 전락시키는 것을 의미한다. 비공개기업이 되면 우호적인 경우 외에는 M&A가 원칙적으로 일어날 수 없게 된다. 이와 같은 비공개기업화는 대개의 경우 회사자산을 담보로 채권을 발행하여 조달한 자

---

15) 이에 대한 구체적인 전략으로 시차이사제도(staggered board)는 이사들의 교체 인원을 전체 이사의 1/3 이내로 제한하거나 매년 일정비율(25~50%)로 이사진이 순차적으로 바뀌도록 정관에 명시하는 방법이다. 이 경우 인수자는 빠른 시일 내에 인수대상기업의 경영진을 자신이 원하는 경영진으로 모두 교체하기 어렵게 된다. 따라서 인수자가 실질적으로 기업의 지배권을 행사하는 데는 상당한 시일이 걸린다.

16) 그린메일은 공갈(blackmail)을 풍자한 것으로 그린은 초록색의 달러지폐를 의미한다.

금에 의해 주식을 인수하는 차입매수(LBO)가 사용된다. LBO로 인하여 기업가치가 증가할 수 있는데, 그 이유는 다음의 두 가지로 요약될 수 있다. 첫째, 추가적인 부채사용으로 인한 세금절감효과에 의해 기업가치가 증가한다. 둘째, 일반적으로 경영자가 대부분의 지분을 인수하여 소유자가 되므로 보다 효율적인 경영활동에 대한 인센티브를 가져 열심히 일하려 할 것이다. 이로 인해 기업의 가치가 증가한다.

4.4 기타 방어전략

황금낙하산

황금낙하산(golden parachute)은 기업이 매수되어 경영자가 해임될 경우 그에게 거액의 퇴직금 또는 일정기간의 보수를 지급해야 한다는 내용을 고용계약에 규정하는 것을 의미한다. 이는 직접적으로 경영자의 신분을 보장하는 동시에 매수비용을 상승시키는 원인이 되기 때문에 M&A의 시도를 어렵게 한다. 또한 합병시 인수대상기업의 경영자에게 지급되는 보상금은, 경영자가 인수기업의 매수제의를 고려할 때 자신의 이익보다는 주주의 부에 보다 더 관심을 가지고 협상에 임할 수 있도록 하는 보상으로 볼 수 있다.

왕관보석

왕관보석(crown jewel)은 인수대상기업이 가지고 있는 가장 중요한 자산을 의미하는 것으로 기업이 M&A될 위험에 처할 때 이를 사전에 매각함으로써 타기업에 의한 적대적 M&A의 시도를 와해시킬 수 있다. 이는 기업을 빈껍데기로 만들어 적대적 M&A에 대응하는 전략으로 초토화전략(scorched earth strategy)이라고도 한다.

독 약

독약(poison pill)은 적대적 M&A의 시도에 대한 가장 강력한 방어전략의 하나로 이 전략을 취하는 기업은 독약이라고 불리는 증권(신주인수권 또는 전환사채 등 특수한 권리가 부여된 증권)을 보통주주에게 배당의 형태로 나누어준다. 그 증권은 합병시 자기회사 또는 합병회사의 주식을 극히 낮은 가격으로 인수할 수 있는 권리를 나타낸 것으로 인수기업에 큰 손실을 입히게 된다.

황 금 주

황금주(golden share)는 정부 등이 M&A 거부권을 행사할 수 있는 특별주식을 의미한다. 1984년 영국의 통신사업자 브리티시텔레콤(British Telecom)을 민영화할 때, 영국정부가 처음으로 채택했다. 이는 공공성이 강하고 네트워크로 연결된 거대한 독점 기업을 민영화하면서 민영화 독점으로 인한 소비자 피해와 공익의 손실이 우려되지만, 그러한 우려만으로 민영화를 중단할 수 없다는 대처리즘의 산물이다. 이후 유럽 전역에서 황금주를 도입하였다.

백 기 사

적대적 M&A의 대상이 된 기업이 적당한 방어수단이 없을 경우 우호적인 제3의 매수희망기업을 찾아서 매수결정에 필요한 정보 등을 제공해 주고 매수오퍼를 내도록 하는데, 이때 인수대상기업의 경영자에게 우호적인 제3자 매수측을 **백기사**(white knight)라고 한다.[17)]

역공개매수

역공개매수(counter tender offer)는 적대적 인수기업이 공개매수를 해 올 때 여기에 맞서 인수대상기업이 오히려 적대적 인수기업의 주식을 매수함으로써 정면 대결을 하는 적대적 M&A 방어전략이다. 팩맨방어(pac man defense)라고도 하는데, 이것은 두 편이 서로 잡아먹기 시합을 벌이는 일본 비디오 전자게임에서 나온 용어이다. 역공개매수는 두 회사가 상호 10% 이상의 주식을 보유하는 경우 상호 보유한 주식의 의결권이 제한되는 상법 규정을 이용한 방어수단으로, 즉 M&A를 시도하는 회사가 상장법인 등일 경우 상대 회사의 주식을 10% 이상 매집함으로써 상호 의결권을 행사할 수 없게 하는 것이다. 이를 통해 인수대상기업은 매수 희망기업이 자사에 대한 적대적 M&A를 포기하도록 유도하게 된다. 그러나 이 전략은 양 기업의 전면전 성격을 띠므로 상호 간에 깊은 상처를 입을 수밖에 없다.

---

17) 경영권 인수에 관심을 가지고 대규모의 주식을 매수하는 백기사와 달리 경영권에 관심이 없고 투자 목적으로 소규모의 주식을 매수하는 우호세력을 백지주(white squire)라 한다.

요 약

M&A의 의의와 유형

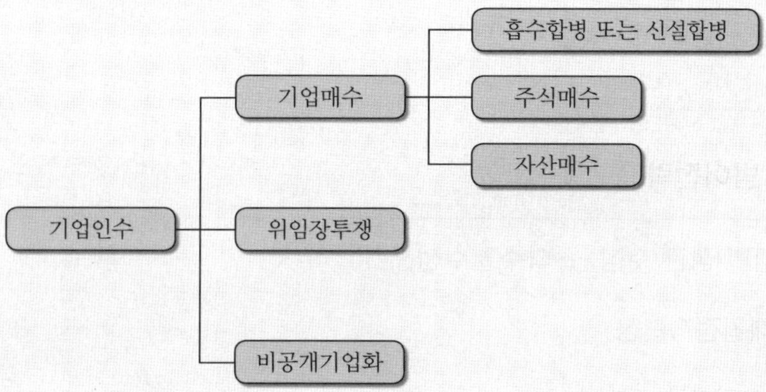

M&A의 시너지효과

1. M&A의 시너지효과

$$\text{시너지} = PV(\mathrm{A+B}) - [PV(\mathrm{A}) + PV(\mathrm{B})] = \sum_{t=1}^{n} \frac{\Delta CF_t}{(1+r)^t}$$

2. M&A에 의한 시너지효과의 원천

▶ 수익의 증대: 마케팅이득, 전략적 이득, 시장 또는 독점적 지배력

▶ 비용의 절감: 규모의 경제, 수직적 통합의 경제, 기술의 이전, 자원의 상호보완, 비효율적인 경영의 제거

▶ 세금의 절감: 영업손실, 부채수용능력의 향상(공동보험효과), 잉여자금의 이용

▶ 자본비용의 감소: 증권발행비용의 감소(규모의 경제)

☞ 합병으로 인한 위험분산효과는 발생하지 않음.

▶ 자본소요액의 감소

M&A의 평가

$$NPV = \text{시너지} - \text{프리미엄}$$
$$= [PV(\text{A}+\text{B}) - (PV(\text{A}) + PV(\text{B}))] - [\text{기업 B의 매수가격} - PV(\text{B})]$$

1. 현금에 의한 M&A

2. 보통주에 의한 M&A

M&A의 방어전략

1. 기업의 정관 수정: 초다수결수정

2. 재매입정지협정

   ☞ 그린메일

3. 비공개기업화와 차입매수

4. 기타 방법

   황금낙하산, 왕관보석, 독약, 황금주, 백기사, 역공개매수 등

주요 용어

기업의 합병과 매수(M&A) • 318
흡수합병 • 319
신설합병 • 319
수평적 합병 • 319
수직적 합병 • 319
다각적 합병 • 319
주식매수 • 319
공개매수 • 320
자산매수 • 320
위임장투쟁 • 320
비공개기업화 • 321
차입매수 • 321
경영자매수 • 321
시너지효과 • 321
공동보험효과 • 325
초다수결수정 • 330
재매입정지협정 • 330
그린메일 • 330
황금낙하산 • 331
왕관보석 • 331
독약 • 331
황금주 • 331
백기사 • 332
역공개매수 • 332

사 · 례 · 연 · 구

현재 ㈜청솔기계는 ㈜경민산업의 인수를 검토하고 있다. 이를 위해 ㈜청솔기계의 재무관리자는 다음과 같은 정보를 수집하였다.

구 분	㈜청솔기계	㈜경민산업
주가수익비율(PER)	20	15
총발행주식수	100만주	20만주
당기순이익	10억원	4.5억원

그리고 ㈜청솔기계의 재무관리자는 ㈜경민산업의 현재 주당배당금이 1,800원이며, 매년 5%씩 일정하게 성장할 것으로 예상하고 있다. 또한 재무관리자의 분석에 의하면 ㈜청솔기계가 ㈜경민산업을 인수하는 경우, 규모의 경제로 인하여 ㈜경민산업의 배당금의 성장률이 매년 7%씩으로 향상될 수 있을 것이다.

(1) 합병시 ㈜경민산업의 가치는 얼마인가?

(2) ㈜청솔기계가 ㈜경민산업의 주식에 대하여 주당 40,000원씩 지불하여 인수하는 경우, 이 인수의 순현가는 얼마인가?

(3) ㈜청솔기계가 ㈜경민산업의 주주들에게 자사주 38만주를 교부하여 인수하는 경우, 이 인수의 순현가는 얼마인가?

(4) 인수가 시도된다면, 현금 또는 주식교부 중 어느 것이 더 유리한가? 위의 물음 (2)와 (3)의 결과를 비교하여 답하라.

(5) ㈜청솔기계의 경영자는 합병 시 ㈜경민산업의 배당금성장률 7%는 너무 낙관적이며, 6%의 성장률이 보다 현실적이라고 생각한다. 이 경우 위의 물음 (4)의 결과는 어떻게 되겠는가?

:: 해 설

(1) 두 기업 주식의 총시장가치와 주당 가격을 구하면 다음과 같다.

구 분	㈜청솔기계	㈜경민산업
주가수익비율(PER)	20	15
총발행주식수	100만주	20만주
당기순이익	10억원	4.5억원
총시장가치	200억원(10억원×20)	67.5억원(4.5억원×15)
주당가격	20,000원(200억원/100만주)	33,750원(67.5억원/20만주)

$$33{,}750\text{원} = \frac{1{,}800\text{원} \times (1+0.05)}{r-0.05} \rightarrow r=0.106$$

$$\therefore \text{㈜경민산업의 가치} = \frac{(1{,}800\text{원} \times 20\text{만주})(1+0.07)}{0.106-0.07} = 107\text{억원}$$

(2) NPV=107억원－(40,000원×20만주)＝27억원

(3) 합병 후 ㈜청솔기계의 가치＝200억원＋107억원＝307억원

㈜경민산업 주주들의 합병 후 ㈜청솔기계에 대한 지분비율은 다음과 같다.

$$\text{지분비율} = \frac{38\text{만주}}{100\text{만주}+38\text{만주}} = 0.27536$$

∴ NPV=107억원－(307억원×0.27536)＝22.46억원

(4) ㈜경민산업을 주당 40,000원씩 현금으로 인수하는 경우의 순현가는 27억원이며, 이는 보통주 38만주를 발행하여 인수하는 경우의 순현가 22.46억원보다 크다. 따라서 ㈜청솔기계는 ㈜경민산업을 주당 40,000원씩 현금으로 인수하여야 한다.

(5) $$\text{㈜경민산업의 가치} = \frac{(1{,}800\text{원} \times 20\text{만주})(1+0.06)}{0.106-0.06} = 82.9565\text{억원}$$

- ㈜청솔기계가 ㈜경민산업의 주식에 대하여 주당 40,000원씩 지불하여 인수
  NPV=82.9565억원－(40,000원×20만주)＝2.9565억원
- ㈜청솔기계가 ㈜경민산업의 주주들에게 자사주 38만주를 교부하여 인수
  합병 후 ㈜청솔기계의 가치＝200억원＋82.9565억원＝282.9565억원
  NPV=82.9565억원－(282.9565억원×0.27536)＝5.0416억원

∴ ㈜청솔기계는 ㈜경민산업을 보통주 38만주를 발행하여 인수하여야 한다.

연·습·문·제

▶ 객관식 문제

01 기업의 합병과 매수(M&A)에 관한 다음 서술 중 가장 타당하지 않은 것은? (CPA 1차 2001)

① 적대적 M&A의 경우 피인수기업 주주는 손실을 본다.
② 보유지분이 불충분하더라도 백지위임장투쟁(proxy fight)을 통해 경영권을 획득할 수 있다.
③ 공개매수제의(tender offer)시 피인수기업 주주들의 무임승차현상(free riding)은 기업매수를 어렵게 한다.
④ M&A 시장의 활성화는 주주와 경영자간 대리인문제를 완화시키는 역할을 한다.
⑤ 우리사주조합의 지분율을 높이는 것은 M&A 방어를 위한 수단이 된다.

02 인수기업의 가치는 800억원이고 피인수기업의 가치는 100억원이다. 두 기업 모두 자기자본만을 사용하고 있다. 인수기업의 발행주식수는 100만주이고 피인수기업의 발행주식수는 10만주이다. 합병이 성사되면 합병기업의 가치가 1,200억원으로 추산된다. 만약 인수기업이 150억원의 현금으로 피인수기업을 인수하면 합병을 공시하는 시점에서 인수기업의 주가가 몇 퍼센트 상승할 것으로 예상되는가? (CPA 1차 2006)

① 25% ② 28% ③ 31% ④ 35% ⑤ 37%

03 ㈜설악의 주식베타는 1.4, 주당순이익은 1,500원, 발행주식수는 100주, 주가수익비율(PER)은 12배이다. ㈜태백의 주식베타는 1.2, 주당순이익은 1,000원, 발행주식수는 50주, 주가수익비율(PER)은 8배이다. 한편 ㈜설악과 ㈜태백이 합병한다면 시너지효과로 인하여 당기순이익이 40,000원 증가하고 합병 후 주가수익비율은 10이 될 것으로 예상한다. 이제 ㈜설악의 주주들은 주가기준으로 주식교환비율을 계산하려 한다. ㈜설악이 ㈜태백을 흡수합병하기 위하여 ㈜태백에게 제시할 수 있는 최대 주식교환비율과 가장 가까운 것은? (CPA 1차 2012)

① 0.222 ② 0.337 ③ 0.557 ④ 0.622 ⑤ 0.667

04 시장가치가 27억원인 A기업은 시장가치가 8억원인 B기업을 인수하려 한다. A기업의 현재 주가는 9,000원이며 B기업의 현재 주가는 4,000원이다. A기업이 추정하는 합병의 시너지(synergy)효과는 5억원이며, 인수프리미엄은 2억원이다. A기업이 신주를 발행해서 B기업의 주식과 교환하는 방식으로 B기업을 인수하고자 할 경우, 몇 주를 발행해야 하는가? (CPA 1차 2008)

① 100,000주 ② 200,000주 ③ 300,000주 ④ 400,000주 ⑤ 500,000주

05 동해기업이 남해기업을 흡수합병하려고 한다. 두 기업은 모두 100% 자기자본으로만 구성되어 있는 기업이며 합병 전 재무자료는 다음과 같다.

	동해기업	남해기업
1주당 주가	10,000원	8,000원
발행주식수	50만주	35만주

합병 후의 기업가치는 100억원으로 예상된다. 만약 동해기업이 남해기업 주주에게 45억원의 현금을 지불하고 합병한다면, 동해기업 입장에서 합병의 순현가(NPV)는 얼마인가? (CPA 1차 2013)

① 5.0억원 ② 7.0억원 ③ 9.2억원 ④ 12.1억원 ⑤ 13.2억원

06 기업 A는 기업 B를 주식교환방식으로 흡수합병하고자 하며 주주는 주당순이익(EPS)에 근거하여 의사결정을 행한다. 다음 자료에 근거하여 물음에 답하라.

	기업 A	기업 B
당기순이익	30억원	5억원
주 식 수	1,000,000주	500,000주

규모의 경제로 인한 시너지효과로 합병 후 당기순이익이 합병 전 두 기업의 당기순이익의 합보다 10억원이 증가할 때, 기업 A 주주 입장에서 최대교환비율은 얼마인가? (단, 교환비율은 기업 B 주식 1주당 교환되는 기업 A의 주식수이다.) (CPA 1차 2010)

① 0.8 ② 1 ③ 1.2 ④ 1.4 ⑤ 1.6

07 A사는 B사와의 인수합병을 추진중이며, 두 회사의 현재 재무자료는 다음의 표와 같다. 피인수기업인 B사의 현재 이익성장률 및 배당성장률은 매년 5%로 일정하나, 합병의 효과로 인해 추가적인 자본투자 없이 합병 후 배당성장률은 매년 7%로 높아질 것으로 기

대된다. A사가 B사의 주식에 대해 주당 1,350원을 지급한다면 A사가 합병으로부터 얻을 수 있는 순현가(NPV)와 가장 가까운 것은? (CPA 1차 2011)

	A사	B사
발행주식수	1,000주	650주
순 이 익	150,000원	58,500원
배 당 금	50,000원	29,250원
주 가	1,500원	900원

① 85,475원 ② 87,922원 ③ 90,659원 ④ 92,022원 ⑤ 94,659원

08 기업 A의 재무담당자는 합병에 따른 시너지효과를 얻기 위해 기업 B를 인수하여 합병하려 한다. 무부채 상태인 두 기업의 합병 전 재무자료는 다음과 같다.

	기업 A	기업 B
1년도 말 주당순이익	450원	150원
1년도 말 주당배당금	250원	80원
총발행주식수	10,000주	5,700주
1주당 주가	8,000원	2,000원

B기업의 현재 이익 및 배당의 성장률은 연 5%로 일정하다. 그러나 인수합병 후 새로운 경영체제하에서 B기업의 이익 및 배당의 성장률은 추가적인 자본투자 없이 연 7%로 일정하게 증가할 것으로 예상된다. A기업의 가치는 인수합병 이전과 달라지지 않는다. 다음 내용 중 옳지 않은 것은? 단, 주가 계산시 원단위 미만은 절사한다.(CPA 1차 2009 수정)

① 인수합병 전 B기업의 가치는 11,400,000원이다.
② 인수합병 직후 합병기업의 가치는 102,800,000원으로 산출된다.
③ 인수합병 직후 합병기업의 가치는 합병 이전 개별기업가치의 합계보다 11,400,000원만큼 증가한다.
④ B기업 주식을 1주당 2,500원에 현금인수하는 경우 인수프리미엄은 2,850,000원이다.
⑤ A기업 주식 1주당 B기업 주식 3주의 비율로 주식교부를 통해 인수한 경우 인수프리미엄은 4,030,100원이다.

09 적대적 M&A 위협에 대한 방어 전략에 포함될 수 있는 적절한 항목은 모두 몇 개인가?

(CPA 1차 2016)

a. 독약 조항(poison pill)
b. 이사진의 임기분산
c. 황금 낙하산(golden parachute)
d. 초다수결조항
e. 백기사(white knight)

① 1개 ② 2개 ③ 3개 ④ 4개 ⑤ 5개

10 M&A의 방어전략에 대한 다음의 설명 중 거리가 먼 것은?

① 정관을 수정하여 적대적 M&A를 어렵게 만들 수 있다.
② 차입매수(LBO)에 의해 세금 및 대리인 비용이 감소될 수 있기 때문에 이는 기업가치를 증가시키기 위해 사용되나, M&A와는 무관한다.
③ 기업의 중요한 자산, 즉 왕관보석을 매각함으로써 적대적 M&A에 대응하는 전략을 초토화전략이라 한다.
④ 독약이라 불리는 증권은 합병시 자기회사 또는 합병회사의 주식을 극히 낮은 가격으로 인수할 수 있는 권리를 나타낸 것으로 인수기업에 큰 손실을 입힌다.
⑤ 적대적 M&A의 대상이 된 기업이 적당한 방어수단이 없을 경우 사용할 수 있는 것이 백기사이다.

● 객관식 해답 **1.** ①, **2.** ③, **3.** ⑤, **4.** ①, **5.** ①, **6.** ②, **7.** ①, **8.** ⑤, **9.** ⑤, **10.** ②

▶ 주관식 문제

01 합병과 EPS

㈜인천산업은 통신산업에 진출하기 위하여 ㈜소리통신의 인수를 고려하고 있으며, 두 회사에 관한 정보는 다음과 같다.

구 분	㈜인천산업	㈜소리통신
주 가	30,000원	12,000원
주당순이익(EPS)	2,000원	1,000원
총발행주식수	100만주	50만주

(1) ㈜인천산업이 현재의 주가를 기준으로 주식을 교부하여 ㈜소리통신을 인수한다면, 합병 후 EPS는 얼마인가? 또한 EPS의 변화가 합병 후 ㈜인천산업의 기존 주주들에게 미치는 영향을 설명하라.

(2) ㈜인천산업이 ㈜소리통신을 현재 주가에 25%의 프리미엄을 추가로 지불하여 인수한다면, ㈜인천산업은 ㈜소리통신의 주주들에게 주식을 몇 주 교부해 주어야 하는가?

02 현금 또는 보통주에 의한 M&A 평가 (CPA 2차 2007)

다음은 합병 논의가 있기 전 개별기업 ㈜산라와 ㈜가야에 대한 정보이다.

구 분	㈜산라	㈜가야
시장가치	80,000원	20,000원
발행주식수	40주	20주
주 가	2,000원	1,000원

㈜산라와 ㈜가야는 모두 부채가 없이 자기자본만으로 구성되어 있다. ㈜산라가 ㈜가야를 합병하면 20,000원의 시너지가 발생하여 합병 후 기업의 시장가치는 120,000원이 될 것이다. (모든 수치는 소수점 셋째 자리에서 반올림하라.)

(1) ㈜산라가 ㈜가야에 인수 제의를 하자 ㈜가야는 ㈜산라에게 현금으로 30,000원을 지급해 줄 것을 제안했다. 이 제안을 받아들인다면 ㈜산라의 주주 입장에서 합병의 순현가(NPV)는 얼마인가?

(2) ㈜산라가 ㈜가야를 인수하기 위해 현금 대신 30,000원에 해당하는 ㈜산라의 주식으로 교환해 주려고 한다. ㈜산라가 ㈜가야에게 합병 논의 전 ㈜산라의 주가인

2,000원을 적용해 ㈜가야의 주식 20주와 새로 발행한 ㈜산라의 주식 15주를 교환한다면 ㈜산라의 주주 입장에서 합병의 순현가(NPV)는 얼마인가?

(3) ㈜산라가 ㈜가야에게 현금 30,000원을 주는 것과 동일한 순현가(NPV) 효과가 있기 위해서는 ㈜가야 주식 1주에 대해 ㈜산라 주식 몇 주를 발행해 교환해 주어야 하는가?

(4) 현금매수 금액이나 주식교환비율은 합병 논의가 있기 전 시장가치를 기준으로 하되, 시너지는 ㈜산라와 ㈜가야에게 동등하게 배분되도록 결정한다. 또한, 합병 후 시장가치는 실제가치를 반영한다고 하자. ㈜산라의 경영진이 다음과 같이 판단할 때 각각의 경우 현금매수방식과 주식교환방식 중 어느 것을 더 선호하겠는가? 제시된 표의 칸을 채워 답하라.

① 합병으로 인한 시너지가 시장에 알려진 20,000원보다 작은 15,000원이다.
② ㈜산라 자산의 실제가치는 시장가치인 80,000원보다 작은 75,000원이다.
③ ㈜가야 자산의 실제가치는 시장가치인 20,000원보다 큰 25,000원이다.

문 항	㈜산라 주주 입장에서의 합병 NPV		선호방식
	현금매수	주식교환	
①			
②			
③			

03 현금에 의한 M&A의 평가

㈜청산실업은 현재 ㈜녹수전자의 인수를 고려하고 있다. ㈜녹수전자를 합병할 경우 ㈜청산실업은 매년 말 다음과 같은 추가적인 현금흐름을 얻을 수 있을 것으로 예상하고 있다.

시 점	현금흐름
1년도 말	1,500만원
2년도 말	2,000만원
3년도 말	2,000만원
4년도 말 이후	매년 4%의 성장률

현재 ㈜녹수전자의 부채의 시장가치는 15,000만원이고, 이 기업의 베타는 1.2이다. 그리고 무위험이자율은 6%, 시장수익률은 10%라 할 때 다음의 물음에 답하라.

(1) ㈜청산실업이 ㈜녹수전자의 주주들에게 지급할 수 있는 최대금액은?

(2) 만약 ㈜녹수전자의 총주식가치가 10,000만원이고 이 회사의 주주들이 인수시 20%의 프리미엄을 추가로 요구한다면, 이 회사를 인수하여야 하는가?

04 보통주에 의한 M&A에서 주식교환비율의 결정

㈜ABC는 보통주를 발행하여 ㈜XYZ를 인수할 예정이다. 두 회사의 합병 전 자료는 다음과 같다.

	㈜ABC	㈜XYZ
주 가	30,000원	15,000원
주당순이익(EPS)	1,500원	1,000원
주가수익비율(PER)	20	15
총발행주식수	100만주	80만주

합병이 성공적인 것으로 평가되어, 합병기업의 PER이 20으로 예상된다. 이상의 자료를 이용하여 다음의 물음에 답하라.

(1) 인수기업인 ㈜ABC가 제시할 수 있는 주식교환비율은?

(2) 인수대상기업인 ㈜XYZ가 원하는 주식교환비율은?

(3) 합병이 이루어지려면 주식교환비율은 얼마가 되어야 하는가?

05 EPS에 의한 M&A: 주식교환비율 결정 (CPA 2차 2000 수정)

㈜서울은 ㈜평양을 주식교환방식으로 흡수합병할 예정이다. 다음과 같은 두 기업의 합병 전 자료를 이용하여 아래의 물음에 답하라.

구 분	㈜서울	㈜평양
당기순이익	10억원	1억원
주 식 수	500,000주	250,000주
주 가	20,000원	4,000원

(1) ㈜평양의 합병 전 PER은 얼마인가?

(2) ㈜서울이 ㈜평양의 주가에 대하여 30%의 프리미엄을 인정하여 합병할 경우, 합병시 ㈜평양의 주식 1주에 대하여 교환하게 될 ㈜서울의 주식수, 즉 주식교환비율은 얼마인가? (단, 합병에 의한 시너지효과는 없다.)

(3) 물음 (2)와 같은 조건으로 합병한다고 할 때, 합병 후 각 기업 주주의 EPS는 어떻게 변화하는가?

(4) ㈜서울의 주주 입장에서 합병 후의 EPS를 동일하게 하는 주식교환비율은 얼마인

가? (단, 합병에 의한 시너지효과는 없다.)

(5) 중복비용의 절감으로 1억원의 시너지효과가 있다고 하면, 합병기업인 ㈜서울의 주주가 수용할 수 있는 최대의 주식교환비율과 피합병기업인 ㈜평양의 주주가 수용할 수 있는 최소의 주식교환비율은 각각 얼마인가? (단, 주주들은 EPS로 합병의사결정을 한다고 가정한다.)

06 합병과 주식교환비율 (CPA 2차 2010)

아래의 표는 합병 논의가 있기 전, ㈜동해와 ㈜백두에 대한 정보를 정리한 것이다. ㈜동해는 ㈜백두를 주식교환방식으로 흡수합병하고자 한다. 합병의 시너지효과는 없다고 가정하여 아래의 질문에 답하라.

	㈜동해	㈜백두
주 가	40,000원	10,000원
발행주식수	250주	100주
당기순이익	5,000,000원	500,000원

(1) ㈜동해와 ㈜백두의 PER은 각각 얼마인가?

(2) 인수기업인 ㈜동해가 피인수기업인 ㈜백두 주가에 대해 20%의 프리미엄을 인정하여 주식을 발행한다고 하면, 합병시 ㈜백두의 주식 1주에 대한 교환비율은 얼마인가? 또 합병기업의 EPS는 얼마인가? EPS는 소수점 첫째 자리에서 반올림하여 답하라.

(3) ㈜동해의 입장에서 합병 전후의 EPS를 동일하게 유지하기 위해서는 몇 퍼센트의 프리미엄을 인정해 주어야 하는가? 또 이때의 주식교환비율은 얼마인가?

07 공개매수와 차입매수 (CPA 2차 2016)

㈜대한은 모든 주주가 소액주주이며 발행주식수가 100만주인 무부채회사이다. ㈜대한의 주식은 주당 1만원에 거래되고 있다. 주당 2만원에 거래되는 ㈜민국은 ㈜대한의 최대주주가 되어 경영진을 교체하면 ㈜대한의 기업가치가 160억원이 될 것으로 추정하였다. 따라서 ㈜대한 발행주식수의 절반을 주당 12,000원에 공개매수하는 것을 계획하고 있다. 50% 미만의 주식이 공개매수에 응하면 공개매수 자체는 취소된다.

(1) 50%의 주식을 공개매수하게 된다면 ㈜민국이 얻는 이익은 얼마인가?

(2) ㈜대한의 주주인 당신은 공개매수에 참여하겠는가? 근거를 제시하라.

(3) ㈜민국이 신주를 발행하여 ㈜대한의 주주에게 신주를 교부하는 방식으로 공개매수

를 한다면 양의 NPV를 만들어 내면서 제안할 수 있는 최대교환비율은 얼마인가?

(4) 차입매수(leveraged buyout: LBO) 전문회사인 ㈜만세는 ㈜대한의 경영권확보를 위해 주당 12,000원에 공개매수를 고려하고 있다. 공개매수에 필요한 자금은 전액 차입할 예정이며 공개매수된 ㈜대한의 주식을 차입의 담보물로 제공할 예정이다. 이 차입금은 공개매수되는 ㈜대한의 부채가 된다. 50%의 주식이 공개매수에 응한다면 ㈜만세가 얻는 이익은 얼마인가?

(5) ㈜대한의 주주인 당신은 ㈜만세의 공개매수에 참여하겠는가? 근거를 제시하라.

08 현금매수방식과 주식제공방식 (CPA 2차 2013)

ABC기업은 XYZ기업을 흡수합병하려고 한다. ABC기업과 XYZ기업은 모두 부채 없이 자기자본만 사용하고 있으며, 이외의 재무정보는 다음과 같다.

	ABC기업	XYZ기업
주가수익비율(PER)	15	10
발행주식수	1,000,000	500,000
당기순이익	30억원	6억원
배당총액	10억원	2억원

시장에서 XYZ기업의 배당은 매년 5% 증가될 것으로 예상하고 있다. 그러나 ABC기업이 인수하게 되면, ABC기업은 XYZ기업의 배당이 매년 7% 성장할 수 있을 것으로 분석하고 있다.

(1) ABC기업이 XYZ기업을 인수하는 경우 XYZ기업의 가치는 얼마인가?

(2) ABC기업이 XYZ기업을 인수하는 경우, ABC기업이 XYZ기업의 주주들에게 제시할 수 있는 주당 가격은 최대 얼마인가?

(3) ABC기업은 XYZ기업 주주들에게 다음과 같이 현금매수방식 혹은 주식제공방식을 고려하고 있다.

① XYZ기업에 대한 현금매수금액은 주당 14,000원으로 제시할 계획이며, 주식을 제공하는 경우는 XYZ기업 주주들에게 기존에 발행된 XYZ기업 주식 전량을 회수하는 대신 자사주식 150,000주를 제공할 계획이다. 각각의 NPV를 추정하여 ABC기업 입장에서 어느 방식이 더 유리한지 추정하라.

② 외부기업분석가들은 흡수합병 후 XYZ기업의 성장률을 7%로 설정하는 것은 너무 높다는 의견을 제시하고 있다. 따라서 ABC기업은 XYZ기업의 성장률을 6%로 하향하여 수정하려고 한다. ①의 결과와 어떤 차이를 보이는가?

(4) 위 질문들과 관계없이 흡수합병 후 시너지효과가 반영된 기업의 PER은 15가 될 것으로 예상된다. 다음의 물음에 답하라.

① 인수기업인 ABC기업이 제시할 수 있는 최대 주식교환비율은 얼마인가?

② 인수대상기업인 XYZ기업이 원하는 최소 주식교환비율은 얼마인가?

09 EPS에 의한 합병평가 (CPA 2차 1992 수정)

㈜한국은 ㈜조선을 흡수합병하려 한다. 두 회사에 관한 자료는 다음과 같다.

구 분	㈜한국	㈜조선
주 가	14,000원	7,000원
주당순이익(EPS)	3,000원	2,000원
주당배당(DPS)	2,100원	1,200원
총발행주식수	10만주	6만주
보통주 평균수익률	23.6%	26.5%
보통주 수익률의 표준편차	7%	8%
재투자수익률	25%	20%

또한 시장수익률은 20%, 시장수익률의 표준편차는 5%, 무위험이자율은 14%이다.

(1) 현재의 주가에 의해서 주식교환비율이 결정되지만, 각사는 EPS를 기준으로 합병을 평가(합병 후 EPS가 합병 전 EPS보다 높을 경우 합병에 찬성)한다고 한다. 합병 후 두 기업의 이익수준이 변하지 않는다고 가정하여 각사 주주입장에서 찬반여부를 결정하고, EPS에 의한 합병평가기준의 문제점을 지적하라.

(2) ㈜조선의 배당성향과 재투자수익률이 일정하다고 가정하여 다음의 물음에 답하라.

① ㈜조선의 보통주 수익률과 시장수익률의 상관계수가 0.75일 때, 이 회사의 보통주 베타와 할인율을 구하라.

② 배당평가모형을 이용하여 ㈜조선의 보통주 내재가치를 계산하라.

③ ㈜조선은 자사주식의 현재 주가에 2,000원의 프리미엄을 더해서 주식교환비율을 결정하도록 요구하고 있다. ㈜한국은 이 제의를 받아들여야 하는가?

10 인수대가의 지급방식과 EPS (CPA 2차 2017)

㈜비더는 ㈜타겟을 인수하려고 하며, 합병 전 두 기업에 대한 자료는 다음과 같다. 시장의 기대수익률은 15%, 무위험이자율은 5%이다.

	㈜비더	㈜타겟
주 가	5,000원	2,000원
발행주식수	6,000주	4,000주
당기순이익	8,000,000원	2,400,000원

(1) ~ (4)는 각각 독립적이다.

(1) ㈜비더가 ㈜타겟의 주가에 대해 30% 프리미엄을 인정하여 현금으로 인수할 경우 다음 물음에 답하라.

① 인수대가와 인수프리미엄을 구하라.

② ㈜타겟은 배당평가모형을 사용하여 자사 주식의 내재가치를 구한다. 이 기업의 배당성향은 40%, 배당금의 성장률은 매년 12%로 일정하다. 주식베타가 2일 때, ㈜타겟의 주주 입장에서 ㈜비더의 제안을 수용할 것인지를 판단하라. 단, CAPM이 성립한다고 가정한다.

(2) ㈜비더가 ㈜타겟의 주가에 대해 30% 프리미엄을 인정하여 신주발행 후 교부할 경우 다음 물음에 답하라.

① ㈜비더의 주식 1주에 대한 교환비율은 얼마인가? 계산결과는 반올림하여 소수점 셋째 자리까지 표시하라.

② 위 ①의 주식교환비율로 신주가 교부되었을 경우 각 기업의 주주입장에서 합병 전과 합병 후 EPS 변화를 구하라.

(3) 인수 후 기업의 주가수익비율(PER)이 4.5가 될 것으로 예상될 때 다음 물음에 답하라.

① ㈜비더가 현 주가를 유지하기 위하여 제시할 수 있는 최대 주식교환비율을 구하라. 계산결과는 반올림하여 소수점 셋째 자리까지 표시하라.

② 위 ①의 주식교환비율로 신주가 교부되었을 경우 각 기업의 주주입장에서 합병 전과 합병 후 EPS 변화를 구하라.

(4) 인수기업 입장에서, 인수대가의 지급방식(현금 또는 주식 교부)의 선택에 영향을 미치는 요인을 설명하라.

11 고급 M&A의 평가

현재 ㈜백두는 ㈜한라를 흡수합병하려고 한다. 합병 전 ㈜한라의 주식베타는 1.4이고, 법인세율은 평균 20%로 낮은 수준이다. 또한 이 회사의 부채비율(부채/자기자본)은 100%이며, 부채비용은 10%이다.

㈜백두는 합병 후 ㈜한라의 부채비율을 50%로 낮추어 파산위험을 완전히 제거하려고 한다. 시장수익률은 12%이고, 무위험이자율은 8%이며, 합병 후 법인세율은 30%가 될

것으로 예상되고 있다. ㈜백두의 인수담당부서는 ㈜한라를 흡수합병함으로써 ㈜백두의 주주들이 추가적으로 얻을 수 있는 순현금흐름을 다음과 같이 추정하였으며, 이 현금흐름은 합병에 따른 모든 효과를 포함한 것이다.

시 점	순현금흐름(백만원)
1년도 말	1,400
2년도 말	1,500
3년도 말	1,600
4년도 말…	매년 5%의 성장률

이상의 자료를 이용하여 다음의 물음에 답하라.

(1) ㈜한라의 흡수합병으로 인해 ㈜백두의 주주들이 추가적으로 얻을 수 있는 순현금흐름의 적절한 할인율을 구하라.

(2) ㈜백두가 ㈜한라를 흡수합병할 경우 지급할 수 있는 최대금액은?

(3) 현재 ㈜한라의 발행주식수는 100만주이다. ㈜백두가 ㈜한라의 주주들에게 제시할 수 있는 주가는 최대 얼마인가? 만약 공개매수(tender offer)가 이 가격으로 이루어진다면, ㈜백두의 주가는 어떻게 되겠는가?

12 고급 M&A의 평가 (CPA 2차 2003 수정)

㈜제일은 기업가치 500억원의 우량회사로 ㈜서해를 흡수합병하려고 한다. ㈜서해는 작년 말 기준으로 기업에 귀속되는 현금흐름(free cash flow to the firm: FCFF)이 1억원이며, 앞으로 매년 5%씩 증가할 것으로 예상된다. 무위험수익률은 5%, 시장포트폴리오의 기대수익률은 8%이며, 이후 모든 기간에도 계속 적용된다고 가정한다. 합병 전·후의 ㈜제일과 ㈜서해에 대한 자료는 다음과 같다.

	합병 전 ㈜제일	㈜서해	합병 후 ㈜제일
부채/자기자본(시장가치기준)	0.8	1	0.9
주식베타	1.5	1.5	–
타인자본비용(%)	–	5	5
법인세율(%)	40	40	40

(1) ㈜서해의 기업가치는 얼마인가? (억원 단위 미만 절사)

(2) 합병 후 ㈜제일의 주식베타를 계산하라. (소수점 셋째 자리 이하 절사)

(3) ㈜제일은 합병 후 기업에 귀속되는 현금흐름이 2년도 말부터 매년 말 10억원씩 추가적으로 영구히 발생할 것으로 예상하고 있다.

① 만약 ㈜서해가 제시한 90억원의 현금을 지불하고 합병을 한다면, ㈜제일 입장

에서의 합병의 순현재가치는 얼마인가? (억원 단위 미만 절사)

② ㈜서해가 제시한 90억원을 현금으로 지급하는 대신에 동일 금액의 보통주를 발행하여 지급(합병 후 주가기준)하려 한다면, 발행 후 ㈜제일 주식의 주당 시장가치는 얼마인가? 합병 전 ㈜제일의 발행주식수는 250만주이다. (금액은 원 단위 미만 절사)

13 합병조건과 M&A의 평가 (CPA 2차 2005 수정)

대영㈜는 이테크㈜의 흡수합병을 검토하고 있다. 모두 무부채기업인 두 기업의 재무정보는 다음과 같다.

구 분	대영㈜	이테크㈜
주 식 수	200만주	50만주
당기순이익	60억원	16.5억원
당시 주가	30,000원	21,000원
베 타	0.8	1.4

합병 검토 당시 무위험자산수익률은 4%, 시장포트폴리오 수익률은 10%이고 법인세율은 합병 전후 두 기업 모두 40%로 같다.

(1) 피합병기업인 이테크㈜의 주주의 입장에서 더 유리한 합병조건은 주당순이익(EPS)기준인가 아니면 주당가격기준인가? 단, 합병 여부 판단은 주식교환비율에 따른 EPS 크기의 변화로 측정하고 합병시너지는 없다고 가정한다.

(2) 이테크㈜의 주주는 당시 주가에 6,000원의 프리미엄을 추가한 주당가격기준으로 대영㈜와 주식교환비율을 결정하자고 요구하고 있다. 대영㈜ 주주의 입장에서 이 제안을 수용할 것인지를 판단하라. 단, 합병 여부 판단은 주식교환비율에 따른 EPS 크기의 변화로 측정하고 합병시너지는 없다고 가정한다.

(3) 이테크㈜는 당시 주가에 6,000원의 프리미엄을 추가한 주당가격으로 전체 발행주식을 현금으로 인수해 줄 것을 대영㈜에게 요구하고 있다.

① 대영㈜는 합병 당시의 주가가 가장 적절한 주당 인수금액이라고 판단한다. 이 경우 합병 후 대영㈜의 주주가 요구하는 요구수익률은 얼마인가? (퍼센트 기준 소수점 둘째 자리까지만 표시한다.)

② 합병에 따른 매년 말 기준 증분현금흐름은 다음과 같이 예상된다. 주어진 증분현금흐름만을 고려하여 이테크㈜의 요구가 적절한지 대영㈜ 주주의 입장에서 판단하라.

기간(t)	증분현금흐름
1	12억원
2	10억원
3	7억원
4	6억원

③ 위의 물음에서와 같은 증분현금흐름을 예상할 때 대영㈜가 합병요구를 수용할 수 있게 하려면 이테크㈜가 당시 주가에 추가할 수 있는 최대한의 프리미엄은 얼마인가? (가격은 1원 단위까지 구하며, 소수점은 절사한다.)

14 M&A와 대리인비용

㈜울릉은 ㈜독도의 흡수합병을 고려하고 있다. 시장상황에 따른 기업가치는 다음과 같다.

시장상황	확 률	기업가치(억원)	
		㈜울릉	㈜독도
호 황	0.4	500	200
보 통	0.2	300	100
불 황	0.4	100	50

㈜울릉과 ㈜독도는 각각 200억원과 170억원의 부채를 사용하고 있다. 합병의 시너지로 인해 기업가치는 모든 상황에서 10억원씩 증가할 수 있다.

(1) 합병 전 ㈜울릉과 ㈜독도의 자기자본가치 및 부채가치를 각각 구하라.
(2) 합병 후 자기자본가치와 부채가치를 각각 구하라.
(3) ㈜울릉의 주주들은 현재의 가치로 ㈜독도를 흡수합병하는 것에 찬성하는가? 만약 반대한다면 그 이유를 설명하라.

15 균형기대수익률과 합병 (CPA 2차 2018)

㈜대한은 자산규모가 동일한 ㈜민국의 주식 전부를 현재 시장가격을 적용한 주식교환 방식으로 흡수합병하는 것을 검토하고 있다. 무위험이자율은 5%이고, 두 기업과 시장포트폴리오의 기대수익률, 표준편차, 시장과의 상관계수는 아래의 표와 같다.

	기대수익률	표준편차	시장과의 상관계수
㈜대한	0.13	0.4	0.4
㈜민국	0.10	0.2	0.4
시장포트폴리오	0.10	0.1	

(1) 시장모형을 이용하여 합병 후 ㈜대한의 기대수익률과 표준편차를 계산하라. %단위로, 소수점 아래 셋째 자리에서 반올림하여 둘째 자리까지 표시하라.

(2) CAPM이 성립하고, 합병 후 사업구조의 변경이 없다고 가정하자. 외부컨설턴트가 ㈜대한의 주주에게 흡수합병을 추진하는 것이 타당하다고 조언할 수 있겠는가? 그 이유를 간단히 서술하라.

(3) 합병 후 사업구조의 변경을 통해 ㈜대한의 주가가 추가로 상승하기 위해서는 합병기업과 시장포트폴리오와의 상관계수가 어떠한 범위에 있어야 하는가? 단, CAPM이 성립하고, 사업구조의 변경에도 불구하고 합병기업의 현금흐름은 일정하다고 가정한다. 소수점 아래 셋째 자리에서 반올림하여 둘째 자리까지 표시하라.

제 8 장

기업가치평가

1. 기업가치의 의의와 중요성
2. 기업 DCF모형
3. EVA모형

기업가치는 미래에 실현되는 기업의 기대현금흐름을 적절한 할인율로 할인한 현재가치를 의미한다. 그러나 기업가치를 정확하게 평가하는 것은 현실적으로 어려운 일이다. 본장에서는 기업가치를 평가하는 데 이용되는 대표적 모형으로 기업현금흐름할인모형과 경제적 부가가치모형 등에 대해서 설명한다.

1 기업가치의 의의와 중요성

1.1 기업가치의 의의

자산가치는 자산을 보유함으로써 실현되는 미래현금흐름의 크기와 위험(불확실성)에 의해 결정된다. 즉 자산가치는 그 자산으로부터 얻을 수 있는 미래의 기대현금흐름을 적절한 할인율(위험을 반영한 할인율)로 할인한 현재가치를 의미하며, 그 가치를 구하는 식은 식 (8-1)과 같다.

$$\text{자산가치} = \frac{CF_1}{1+r} + \frac{CF_2}{(1+r)^2} + \cdots + \frac{CF_n}{(1+r)^n} \tag{8-1}$$

여기서 CF_t : t시점에서 자산의 기대현금흐름
n : 자산의 수명(내용연수)
r : 현금흐름의 위험을 반영한 할인율

현금흐름의 유형은 보유자산의 형태에 따라 다르다. 예를 들어 주식을 보유하는 경우에는 배당수익으로, 채권을 보유하는 경우에는 이자수익과 원금회수액(액면가액)으로 현금흐름을 얻을 수 있다. 한편 할인율은 현금흐름의 위험에 따라 결정되며, 위험이 높을수록 할인율이 높아진다.

생명이 무한한 계속기업(going concern)을 전제로 이상과 같은 방법을 적용하면 기업전체의 가치를 측정할 수 있다. **기업가치는 기업이 창출할 수 있는 미래의 기대현금흐름을 적절한 할인율로 할인하여 구할 수 있으며**, 그 식은 식 (8-2)와 같다.

$$\text{기업가치} = \frac{CF_1}{1+r} + \frac{CF_2}{(1+r)^2} + \frac{CF_3}{(1+r)^3} + \cdots \tag{8-2}$$

여기서 CF_t : t시점에서 기업의 기대현금흐름
r : 현금흐름의 위험을 반영한 할인율[1)]

기업가치는 기업이 보유하고 있는 모든 자산에 대한 청구권의 가치를 합한 것으로 자기자본가치와 부채가치를 합한 것과 같다. 한편 기업가치는 투자결정, 자본조달결정 등에 따라 영향을 받는다. 비유동자산에 대한 투자를 늘릴수록 영업현금흐름이 증가하는 한편 경영위험이 증가하며, 부채의존도가 높을수록 재무위험이 증가한다. 따라서 기업가치는 영업현금흐름과 기업위험(경영위험과 재무위험으로 구성됨)에 따라 결정된다. 이와 같은 관계를 그림으로 나타내면 [그림 8-1]과 같다.

1) 기업가치를 평가할 때 적절한 할인율은 가중평균자본비용(WACC)이다.

그림 8-1 재무의사결정과 기업가치의 관계

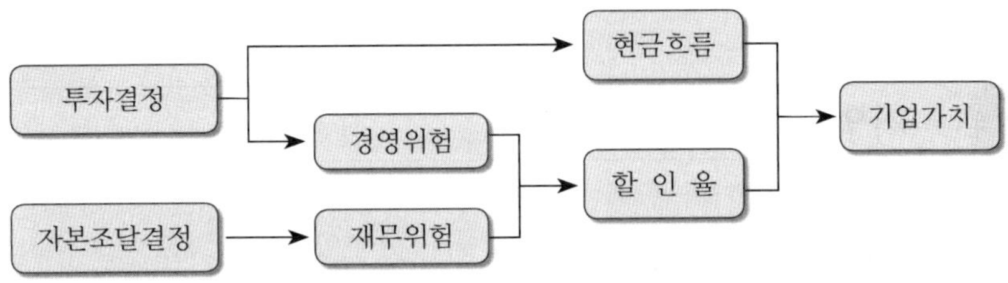

1.2 기업가치의 중요성

대부분의 경영자들은 순현가법을 이용하여 투자결정을 한다. 그러나 경영전략의 수립 또는 경영성과의 평가에서는 순현가 이외의 다른 지표가 이용되기도 한다.[2] 개별 사업의 경제성을 평가할 때는 순현가법이 이용되지만, 경영성과를 평가할 때는 회계적 성과지표인 주당순이익(earning per share: EPS)의 성장률, 자기자본순이익률(return on equity: ROE), 총자산순이익률(return on assets: ROA), 매출액순이익률(return on sales: ROS) 등이 이용되기도 한다. 이처럼 경영자들이 일관성 없는 성과지표를 이용하는 것은 모순된 것이라 할 수 있다.

순현가(NPV)는 완전한 정보(재무제표정보를 포함한 모든 정보)를 필요로 하는 유일한 척도이며, 다양한 이해관계자들의 장기적인 이익이 서로 상충되지 않고 미래 지향적으로 결정되기 때문에 가장 합리적인 성과지표라 할 수 있다. 이와는 달리 EPS성장률, ROE, ROA, ROS 등 손익계산서만을 이용하여 산출되는 회계적 지표는 재무상태표 정보를 무시하고 있으며, 과거지향적이고 근시안적이라는 점에서 문제가 있다.

앞서 언급한 바와 같이 기업가치는 미래에 실현되는 기업의 기대현금흐름을 적절한 할인율로 할인한 현재가치와 같다. 그러나 이와 같은 방법으로 기업가치를 추정하는 경우 여러 가지 문제가 제기될 수 있다. 예를 들어 "현금흐름을 어떻게 정의할 것인가? 적절한 할인율은 얼마인가?"와 같은 문제를 정확하게 해결하기는 쉽지 않을 것이다.

현금흐름할인(discounted cash flow: DCF)의 개념을 이용하여 기업가치를 추정하는 대표적인 모형으로는 기업현금흐름할인모형(기업DCF모형)과 경제적 부가가치(economic value added: EVA)모형(EVA모형)이 있다. 두 모형은 사용하기 쉽고, 경제

2) J. F. Weston and T. E. Copeland, *Managerial Finance*, 9th ed.(The Dryden Press, 1992), pp.704~708.

적인 측면에서 기업에 대한 통찰력을 제공하고 있다는 장점을 지니고 있다.[3)]

2 기업DCF모형

2.1 기업DCF모형의 의의

기업가치는 정상적인 영업활동을 통해서 실현되는 영업가치(operating value)를 의미하며, 미래에 기대되는 잉여현금흐름(free cash flow: FCF)을 적절한 할인율, 즉 가중평균자본비용(WACC)으로 할인하여 계산된다. 잉여현금흐름은 기업의 세후 영업이익에 비현금지출비용(감가상각비 등)을 가산한 후, 영업용 운전자본, 유형자산, 기타 자산 등에 대한 투자지출액을 차감한 것이다. 잉여현금흐름은 기업의 영업활동을 통해 생성되는 것으로서 기업의 모든 자본제공자(주주와 채권자)에게 제공될 수 있는 현금흐름이기 때문에 가치평가에 적합한 현금흐름이라 할 수 있다. 이와 같은 현금흐름을 바탕으로 기업가치를 평가하는 모형을 **기업DCF모형**(enterprise discounted cash flow model)이라고 한다.

2.2 잉여현금흐름의 추정

잉여현금흐름(FCF)은 채권자와 주주에게 분배할 수 있는 현금흐름으로서 정상적인 영업활동을 통해 얻을 수 있는 현금흐름, 즉 영업현금흐름(operating cash flow)에서 투자지출액을 차감하여 구할 수 있다.

$$FCF = \text{영업현금흐름} - \text{총투자액} = \text{세후 영업이익} + \text{감가상각비} - \text{총투자액}$$

양(+)의 FCF는 기업이 채권자와 주주에게 분배할 수 있는 현금흐름을 가지고 있다는 것을 의미하며, 반대로 음(−)의 FCF는 채권자와 주주가 기업에 그만큼의 자금을 공급해야 한다는 것을 의미한다.

〈표 8−1〉에서 보여주는 ㈜서해의 요약재무제표를 이용하여 FCF의 측정절차에 대하여 살펴보자.

---

3) T. Copeland, T. Koller, and J. Murrin, *Valuation: Measuring and Managing the Value of Companies*, 3rd ed.(John Wiley & Sons, Inc., 2000), pp.131~146.

표 8-1 ㈜서해의 요약재무제표

손익계산서

㈜서해	20×1. 1. 1~20×1. 12. 31.	(단위: 백만원)
매 출 액		20,000
현금지출비용*		(17,000)
감가상각비		(1,000)
영업이익		2,000
이자수익		100
이자비용		(400)
법인세비용차감전순이익		1,700
법인세비용(법인세율=40%)		(680)
순 이 익		1,020
배 당 금		(500)
차기이월이익잉여금		520

* 현금지출비용=매출원가+판매비와 관리비−비현금지출비용(감가상각비 등)

재무상태표

㈜서해 20×1년 12월 31일 현재 (단위: 백만원)

	20×0. 12. 31	20×1. 12. 31
현 금	180	200
유가증권	450	400
매출채권	3,800	4,000
재고자산	4,100	4,500
순유형자산	6,820	7,000
자산총계	15,350	16,100
단기차입금	1,800	1,730
매입채무	3,100	3,000
미지급비용	1,200	1,500
장기차입금	4,300	4,500
자본금(보통주)	2,100	2,000
이익잉여금	2,850	3,370
부채와 자본총계	15,350	16,100

잉여현금흐름의 구성항목

잉여현금흐름(FCF)은 영업현금흐름(세후 영업이익+감가상각비)에서 총투자액을 차감하여 구할 수 있으며, 그 구성항목을 살펴보면 다음과 같다.

■ 세후 영업이익

세후 영업이익(net operating profit less adjusted taxes: NOPLAT)은 정상적인 영업활동으로부터 얻어지는 영업이익(earning before interest and taxes: EBIT)에서 법인세를 공제한 차액으로 측정된다. 여기서 말하는 법인세는 영업이익에 대해서 부과되어야 하는 법인세를 의미한다.[4] 다시 말하면 부채, 유가증권, 기타 영업외수익이나 비용항목이 없다는 가정에서 지급해야 하는 세금을 말한다. 따라서 다음과 같은 두 가지 방법을 이용하여 측정할 수 있다.

첫 번째의 방법은 영업이익에 법인세율을 곱하여 계산하는 방법이다.

$$NOPLAT = 영업이익 \times (1 - 법인세율)$$

㈜서해의 자료를 이용하여 세후 영업이익을 계산하면 다음과 같다.

$$NOPLAT = 2{,}000 \times (1 - 0.4) = 1{,}200 백만원$$

두 번째의 방법은 이자비용, 이자수익, 영업활동과 관련 없는 항목 등에 의해서 발생되는 세금부분을 조정하여 측정하는 방법이다.[5]

$$\begin{aligned} NOPLAT = & 영업이익 - 손익계산서상의\ 법인세비용 - 이자비용으로\ 인한\ 세금절감액 \\ & + 이자수익에\ 대한\ 세금지급액 + 영업활동과\ 관련\ 없는\ 항목에\ 대한\ 세금지급액 \end{aligned}$$

이자비용, 이자수익, 영업외항목 등과 관련된 세금은 해당항목에 한계법인세율(marginal tax rate)을 곱하여 산출한다. ㈜서해의 자료를 이용하여 세후 영업이익을 계산하면 다음과 같다.[6]

$$NOPLAT = 2{,}000 - 680 - 160 + 40 = 1{,}200 백만원$$

■ 감가상각비

감가상각비는 매출원가, 판매비와 관리비 등에 포함되어 있다. 감가상각비에 관한

---

4) 영업이익에 대한 법인세를 계산할 때, 이연법인세 부분이 있다면 이를 조정해 주어야 한다. 즉 영업이익에 대한 법인세에서 이연법인세부채(자산)의 증가액만큼을 차감(가산)하여 실제 납세액과 일치시켜야 한다.

5) 이와 같이 세금을 조정하는 이유는 자금조달방법에 따른 영향(세금효과 등)이 WACC에 반영되어 결정되기 때문이다. 다시 말하면 WACC의 측정에서 자금조달효과가 반영되기 때문에 중복적인 반영을 피하기 위하여 FCF를 측정할 때 자금조달효과를 고려해서는 안 된다.

6) ㈜서해의 경우 법인세율이 40%로 일정하다고 가정하였기 때문에 이자비용의 세금절감액은 160백만원(400백만원×0.4), 이자수익에 대한 세금은 40백만원(100백만원×0.4)이 된다.

자료는 현금흐름표상의 감가상각비 항목 등을 이용하여 얻을 수 있다.

■ 총투자액

총투자액(gross investment)은 영업용 운전자본, 유형자산 등 자본적 지출, 기타자산 등에 대한 추가적인 투자액을 말하며, 이는 해당자산의 변동으로 측정될 수 있다. 먼저 영업용 운전자본의 변동을 측정할 때는 해당기간 동안 영업활동과 관련된 운전자본만을 고려해야 한다. 따라서 적정보유수준 이상의 현금 및 유가증권, 이자부유동부채(단기차입금, 장기차입금 중 당해연도에 만기가 도래하는 부분 등)는 영업활동과 관계없이 영업외 또는 재무적 활동으로부터 조성되는 현금흐름이기 때문에 운전자본의 변동액을 계산할 때 제외시켜야 한다.

20×1년도 ㈜서해의 영업용 운전자본 변동액을 계산하면 다음과 같다.[7]

$$
\begin{aligned}
\text{운전자본의 변동} &= \text{유동자산(유가증권 등 제외)의 증가액} \\
&\quad - \text{유동부채(단기차입금 등 제외)의 증가액} \\
&= (200 + 4{,}000 + 4{,}500 - 180 - 3{,}800 - 4{,}100) \\
&\quad - (3{,}000 + 1{,}500 - 3{,}100 - 1{,}200) \\
&= 620 - 200 = 420\text{백만원}
\end{aligned}
$$

한편 자본적 지출(capital expenditures)은 유형자산의 신규 투자, 대체 투자, 개량 및 증설 등을 위한 투자액을 포함한다. 자본적 지출은 순유형자산(유형자산－감가상각누계액)의 증가액에 당해기간의 감가상각비를 더하여 산출된다. 20×1년 ㈜서해의 자본적 지출액을 계산하면 다음과 같다.

$$
\begin{aligned}
\text{자본적 지출} &= \text{순유형자산의 증가액} + \text{유형자산의 감가상각비} \\
&= (7{,}000 - 6{,}820) + 1{,}000 = 1{,}180\text{백만원}
\end{aligned}
$$

마지막으로 기타자산의 순투자액은 영업용 무형자산 등 모든 기타자산에 대한 투자액에서 이자비용이 없는 비유동부채(noncurrent, noninterest-bearing liabilities)의 증가분을 차감한 것으로 다음과 같다.[8]

---

7) 실무적으로 현금 및 유가증권의 적정보유수준을 정확하게 파악하기는 힘들다. 여기서는 운전자본의 변동을 계산할 때 현금증가액은 영업활동과 관련하여 발생한 것으로 보고 포함시켰으나, 유가증권의 증가액은 영업외활동 또는 재무활동으로 분류하여 포함시키지 않았다.

8) 기업이 성장추세에 있는 경우 현재의 이연법인세부채, 부채성충당금(퇴직급여충당금 등)은 지속적으로 이연될 수 있다. 이와 같은 항목들은 회계적으로 부채처럼 처리되나, 경제적으로는 자기자본에 가깝다고 할 수 있다. 따라서 이연법인세부채, 부채성충당금 등을 유사자기자본(quasi-equity)으로 분류하여 비이자발생비유동부채에 포함시키지 않을 수도 있다.

기타자산의 순투자액 = 순기타자산의 증가액 + 기타자산상각비
　　　　　　　　　　　 − 비이자발생비유동부채의 증가액

이상에서 설명한 자료를 이용하여 ㈜서해의 잉여현금흐름을 계산하면 다음과 같다.[9]

$$FCF = NOPLAT + \text{감가상각비} - \text{총투자액}$$
$$= 1,200 + 1,000 - 420 - 1,180 = 600\text{백만원}$$

영업외현금흐름

영업외현금흐름(non-operating cash flow)은 정상적인 영업활동과 관련이 없는 자산항목들로부터 발생되는 현금흐름을 의미한다. 영업외현금흐름은 앞에서 설명한 잉여현금흐름(FCF)에는 포함되지 않는다. 그러나 영업외현금흐름이 존재한다면, 이를 기업가치에 반영하여야 한다. 이와 같은 관점에서 총기업가치(total value of company)는 다음과 같이 나타낼 수 있다.

총기업가치 = *FCF*의 현재가치 + 영업외현금흐름 및 유가증권의 현재가치

영업외현금흐름으로 분류될 수 있는 항목들은 중단된 영업부문으로부터 발생되는 현금흐름, 영업과 관련 없는 자회사에 대한 투자로부터 발생되는 현금흐름 등이다. 일반적으로 매년 반복적으로 발생하는 현금흐름을 영업외현금흐름으로 분류하는 것은 바람직하지 못하다. 우리나라의 경우 주요 영업활동(생산, 판매, 관리 등) 이외의 부수적 영업활동과 관련된 부분을 영업외손익(금융손익 및 기타손익)으로 처리하고 있다. 그러나 영업외수익과 비용 중 상당부분은 매년 반복적으로 발생되기 때문에 이와 같은 항목의 경우 영업현금흐름 측정시 반영해 주어야 한다.[10]

초과보유하고 있는 유가증권의 변동과 세후 이자수익

기업이 보유하고 있는 유가증권 초과보유분(excess marketable securities)과 이와 관련된 이자수익은 운전자본 및 세후 영업이익(NOPLAT)을 측정할 때 제외되었다. 따라서 이 항목들은 앞에서 측정된 잉여현금흐름(FCF)에는 포함되지 않지만 영업외현금

---

9) 감가상각비를 영업현금흐름과 총투자 양쪽에서 차감하면, FCF는 세후 영업이익(NOPLAT)에서 순투자(net investment)를 차감한 것과 같다.

$$FCF = NOPLAT - \text{순투자}$$

10) 세후 영업이익 = (영업이익 ± 영업외수익 · 비용 중 영업관련 항목의 조정)(1 − 법인세율)

흐름 또는 재무적 현금흐름(음(−)의 부호를 갖는 부채)으로 처리되어야 한다.

20×1년도 ㈜서해가 초과보유하고 있는 유가증권의 변동 및 세후 이자수익을 계산하면 다음과 같다.

- 유가증권의 변동＝400−450＝−50백만원
- 세후 이자수익＝세전 이자수익×(1−한계법인세율)＝100×(1−0.4)＝60백만원

재무적 현금흐름

기업의 영업활동을 통해 창출한 잉여현금흐름(영업외현금흐름 등이 있다면 이를 포함함)은 투자자(주주 및 채권자)들에게 귀속될 수 있는 총자금과 일치한다. 앞서 설명한 바와 같이 양(+)의 FCF는 기업이 채권자와 주주들에게 제공할 수 있는 현금흐름을 가지고 있다는 것을 의미하며, 반대로 음(−)의 FCF는 채권자와 주주들이 기업에 그만큼의 자금을 공급해야 한다는 것을 의미한다.

▪ 부채의 변동과 세후 이자비용

부채의 변동(change in debt)은 유동부채를 포함하는 기업의 모든 이자부부채(interest bearing debt)의 변동(신규 차입 또는 상환)을 의미한다. 부채의 감소(부채의 상환), 세후 이자비용 등은 채권자들에게 제공된 현금흐름으로서 재무적 현금흐름(financing cash flow) 측면에서는 가산항목이 된다. 반면에 부채의 증가(신규 차입)는 채권자들에 의해 기업에 공급된 현금흐름으로서 재무적 현금흐름 측면에서는 차감항목이 된다. 20×1년 ㈜서해에 대한 부채의 변동 및 세후 이자비용을 계산하면 다음과 같다.

- 부채의 변동＝단기차입금의 변동액＋장기차입금의 변동액
 ＝(1,730−1,800)＋(4,500−4,300)＝130백만원
- 세후 이자비용＝세전 이자비용×(1−한계법인세율)
 ＝400×(1−0.4)＝240백만원

▪ 주식의 발행 및 자사주 매입과 배당금

주식의 발행 및 자사주 매입은 보통주 및 우선주, 그리고 부채의 주식으로의 전환을 모두 포함하며, 이와 같은 지분의 변동은 이익잉여금(유보이익)을 제외한 자기자본의 변동으로 측정될 수 있다.[11] 배당금은 보통주 및 우선주를 소유하고 있는 주주에게

11) 지분의 변동은 총자기자본의 변동에서 당기의 유보액(당기순이익−배당금)을 차감하여 구할 수 있다. 즉 지분의 변동＝총자기자본의 변동−당기순이익＋배당금

지급되는 모든 현금배당을 포함한다. 한편 주식배당은 기업의 현금흐름에 영향을 미치지 않기 때문에 고려해서는 안 된다.

지분의 감소(자사주 매입 등), 배당금 등은 주주들에게 제공된 현금흐름으로서 재무적 현금흐름 측면에서는 가산항목이 된다. 반면에 지분의 증가(주식의 발행 등) 등은 주주들에 의해 기업에 공급된 현금흐름으로서 재무적 현금흐름 측면에서는 차감항목이 된다. 20×1년 ㈜서해에 대한 지분의 변동 및 배당금을 계산하면 다음과 같다.

- 지분의변동＝2,000－2,100＝－100백만원
- 배당금＝500백만원

이상에서 설명한 ㈜서해의 잉여현금흐름을 계산하는 과정을 정리하면 〈표 8－2〉와 같다.

표 8－2 ㈜서해의 잉여현금흐름(FCF)

㈜서해 (단위: 백만원)

구 분	20×1
영업이익	2,000
영업이익에 대한 세금	(800)
세후 영업이익	1,200
감가상각비	1,000
영업현금흐름	2,200
운전자본의 (증가)/감소	(420)
자본적 지출	(1,180)
순기타자산의 (증가)/감소	0
총투자액	(1,600)
잉여현금흐름(FCF)	600
영업외현금흐름	0
유가증권의 (증가)/감소	50
세후 이자수익	60
투자자에게 귀속될 현금흐름(cash flow available to investors)	710
부채의 감소/(증가)	(130)
세후 이자비용	240
배 당 금	500
자사주 매입/(주식발행)	100
재무적 현금흐름(financing flow)	710

2.3 가중평균자본비용의 추정

투자자들(주주 또는 채권자)이 기업에 투자하는 경우 그것과 동일한 위험을 갖는 다른 투자대상에 투자함으로써 얻을 수 있는 수익률을 포기해야 한다. 이와 같이 포기해야 하는 수익률을 기회비용(opportunity cost of capital)이라 한다. 따라서 기회비용은 기업이 벌어들여야 하는 최소한의 수익률로 자본비용이 된다. 기업이 자기자본과 타인자본으로 자본을 조달하는 경우 자기자본비용과 타인자본비용을 각각의 시장가치비율에 따라 가중평균한 **가중평균자본비용**(WACC)을 계산함으로써 기업의 자본비용을 추정할 수 있다.

타인자본비용을 추정하는 일은 비교적 쉽다. 그러나 평균차입금리를 타인자본비용으로 전용하면 안 된다.[12] 평균차입금리는 손익계산서상의 이자비용을 단순히 재무상태표의 부채잔액으로 나눈 회계상의 비율로 타인자본비용의 적절한 측정치라고 보기가 어렵기 때문이다. 일반적으로 해당기업이 발행한 회사채의 유통수익률(만기수익률)은 시장에서 그 기업의 경영위험과 재무위험에 따라 형성되는 실세금리라 할 수 있다. 따라서 회사채의 유통수익률을 타인자본비용으로 활용하는 것이 바람직하다. 그리고 타인자본을 이용하는 경우 세금절감효과를 얻을 수 있기 때문에 이자비용의 세금절감효과를 적절하게 감안하여 타인자본비용을 계산하여야 한다. 한편 자기자본비용을 추정하는 대표적인 모형으로 제9장에서 설명한 자본자산가격결정모형(CAPM), 차익거래가격결정모형(APT) 등이 있으나, 실무적으로 적용하기에는 여러 가지 문제가 있다.

WACC를 추정할 때 고려해야 할 가장 중요한 원칙은 가치평가방법과 할인의 대상이 되는 현금흐름의 정의에 부합하도록 WACC를 추정해야 한다는 것이다.[13] 기업 DCF 모형과 부합되는 WACC를 추정하기 위해서 다음 몇 가지 사항이 충족되어야 한다.

첫째, FCF는 기업의 모든 투자자에게 귀속되기 때문에 타인자본, 자기자본 등 모든 자본원천의 한계비용에 기초하여 가중평균자본비용을 측정하여야 한다. 둘째, FCF는 세후 측정치이기 때문에 세후기준으로 WACC를 계산하여야 한다. 셋째, FCF가 명목가치로 측정되는 경우 명목개념의 WACC를 사용하여야 한다. 넷째, 원천별 자본비용을 측정할 때 각 자본공급자들이 부담하는 체계적 위험(systematic risk)을 고려하여야 한다. 다섯째, 시장가치는 각 자본조달항목의 실질적인 경제적 가치를 반영하고 있기 때문에 시장가치에 근거한 가중치를 이용하여야 한다. 여섯째, 인플레이션, 체계적 위험, 자본구조의 변화에 따라 WACC를 조정해야 한다.

---

12) 강효석 · 이원흠 · 조장연, 기업가치평가론: EVA와 가치창조경영, 제3판(홍문사, 2001), pp. 82~86.

13) T. Copeland, T. Koller, and J. Murrin, *op. cit.*, pp. 201~202.

2.4 기업가치의 평가

기업가치는 미래에 기대되는 잉여현금흐름(FCF)을 적절한 할인율인 가중평균자본비용(WACC)으로 할인한 현재가치라 할 수 있다. 기업가치를 평가하기 위하여 기업 영업활동의 수명에 대한 가정이 필요하다. 이에 대한 현실적인 가정은 기업가치가 발생하는 시기를 예측기간(explicit forecast period)과 잔여기간으로 구분하는 것이다.[14] 이 경우 일반적으로 예측기간 이후에는 현금흐름이 일정한 비율로 성장한다고 가정한다. 잉여현금흐름의 예측기간을 그림으로 나타내면 다음과 같다.

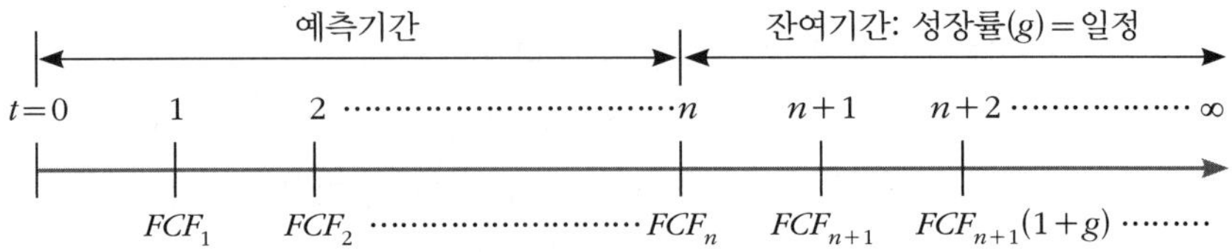

따라서 기업가치는 식 (8−3)과 같다.[15]

기업가치 = 예측기간에서 *FCF*의 현재가치 + 잔여기간에서 *FCF*의 현재가치

$$= \sum_{t=1}^{n} \frac{FCF_t}{(1+WACC)^t} + \frac{CV}{(1+WACC)^n} \qquad (8-3)$$

여기서 $CV = \dfrac{FCF_{n+1}}{WACC-g}$

예측기간 이후의 기업가치를 **잔여연속가치**(continuing value: CV)라고 한다. 예측기간을 어느 정도로 설정할 것인가에 대한 선택은 예측기간에서 기대되는 FCF의 현재가치와 잔여기간에서 기대되는 FCF의 현재가치 사이의 배분문제에 영향을 미칠 뿐, 기업가치 자체에는 영향을 미치지 않는다. 이와 같은 방법으로 추정된 기업가치에서 부채가치를 공제하여 자기자본가치를 구할 수 있다.

자기자본가치 = 기업가치 − 부채가치

기업의 잉여현금흐름(FCF)에서 채권자에게 제공될 현금흐름(원금상환액과 세후 이자비용에서 신규 차입액을 차감한 금액)을 차감한 잔액, 즉 주주들에게 제공될 수 있는 현

14) 아주 먼 미래 현금흐름의 할인가치는 무시할 정도로 작기 때문에 현금흐름의 추정기간을 아주 길게 하여(예를 들어 100년 정도) FCF를 추정하고 그 후에 발생할 현금흐름을 무시할 수도 있다.

15) 영업외현금흐름 또는 유가증권 등이 존재하는 경우 이것들의 현재가치를 포함하여 기업가치를 추정해야 한다.

금흐름인 **주주잉여현금흐름**(free cash flow to equity: FCFE)을 추정할 수 있다.[16)]

$$FCFE = FCF - (\text{원금상환액} + \text{세후 이자비용} - \text{신규 차입액})$$
$$= FCF + \text{신규 차입액} - \text{원금상환액} - \text{세후 이자비용}$$

이와 같이 추정된 주주잉여현금흐름(FCFE)을 자기자본비용으로 할인하여 자기자본가치를 구할 수 있으며, 이와 같은 가치평가모형을 **지분DCF모형**(equity discounted cash flow model)이라 한다.[17)]

3 EVA모형

3.1 EVA의 개념 및 측정

기업가치를 측정하는 데 이용되는 또 다른 모형은 EVA모형이다. 경제적 부가가치개념은 경제학자인 마샬(Alfred Marshall)에 의해서 처음으로 사용된 경제적 이익(economic profit: EP)과 같은 개념이다.[18)] 마샬은 1890년에 "기업소유주 또는 경영자가 얻은 이윤에서 현재 이자율수준으로 계산된 투하자본에 대한 이자를 차감한 나머지가 기업을 경영함으로써 얻게 되는 이익이다"라고 서술하였다.[19)] 즉 마샬은 기업이 어느 일정기간 동안 창출한 경제적 이익(EP)은 회계상 기록된 비용뿐만 아니라 투자된 자본에 대한 기회비용까지도 감안한 결과이어야 한다고 역설하였다.

경제적 부가가치(EVA)는 기업이 영업활동을 통하여 얻은 이익에서 자본비용을 차감한 것과 같다.

$$EVA = IC \times (ROIC - WACC) = NOPLAT - IC \times WACC \qquad (8-4)$$

여기서 IC: 투하자본
$ROIC$: 투하자본수익률($NOPLAT/IC$)
$NOPLAT$: 세후 영업이익, 즉 $EBIT \times (1 - \text{법인세율})$
$WACC$: 가중평균자본비용

16) 기업의 잉여현금흐름(FCF)을 주주잉여현금흐름인 FCFE에 대비되는 용어로 FCFF(free cash flow to the firm)라고 한다.

17) 지분DCF모형은 「Perfect 재무관리 Ⅱ」 제14장에서 설명한 주주현금흐름법(FTE법)과 동일한 개념이라 할 수 있다.

18) Stern Stewart & Company는 EVA라는 용어를 사용하는 반면, McKinsey & Company는 EP라는 용어를 주로 사용하고 있다.

19) Alfred Marshall, *Principles of Economics*, Vol. 1(New York: Macmillan & Co., 1890), p. 142.

그림 8-2 재무상태표에 근거한 투하자본의 산출과정

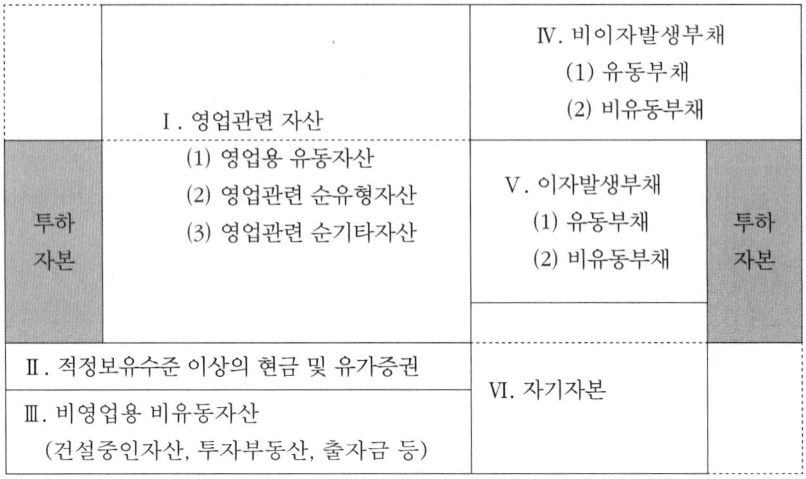

☞ 투하자본 = 영업관련 자산(Ⅰ) − 비이자발생부채(Ⅳ)
= 이자발생부채(Ⅴ) + 자기자본(Ⅵ)
− 초과보유 현금 및 유가증권(Ⅱ) − 비영업용 비유동자산(Ⅲ)

EVA를 계산할 때 사용되는 **투하자본**(invested capital: IC)은 기업의 본연의 활동인 생산·영업활동에 투자된 금액으로서 기업의 본연의 활동과 관련된 운전자본(영업용 유동자산 − 비이자부유동부채), 순유형자산, 순기타자산의 합계에서 비이자부비유동부채(장기공사선수금, 장기미지급금 등)를 차감하여 측정할 수 있다. 재무상태표에 근거하여 투하자본의 산출과정을 살펴보면 [그림 8−2]와 같다.

투하자본을 측정할 때 역사적 원가에 기준을 둔 장부가치를 기준으로 하여야 하는지 또는 시장가치를 기준으로 해야 하는지가 의문이 되는 경우가 많다. 원칙적으로는 투하자본은 시장가치(대체원가 등)에 의해 측정되어야 하나, 이와 관련된 모든 자산에 대한 시장가치를 측정하는 것은 객관성 또는 비용 등의 문제 때문에 현실적으로 어려운 일이다. 따라서 투하자본의 시장가치에 대한 대용치(proxy)로서 장부가치를 사용하는 것이 일반적이라 할 수 있다.

EVA의 창출에 필요한 조치를 다음과 같이 단순화시킬 수 있기 때문에 EVA는 하나의 매력적인 지표라 할 수 있다.

첫째, 영업비용을 감소시키거나 매출을 증가시킴으로써 세후 영업이익(NOPLAT)을 증가시켜야 한다. 둘째, 자본구조를 변경함으로써 가중평균자본비용(WACC)을 감소시켜야 한다. 셋째, 운전자본에 대한 투자 또는 불필요한 자산을 줄이는 등 영업이익에 영향을 미치지 않는 범위 내에서 투하자본(IC)을 축소시켜야 한다.

이와 같은 접근법에 의하면 정(+)의 스프레드($ROIC > WACC$)를 갖는 사업에 대한 투자를 증가시키는 한편, 부(−)의 스프레드($ROIC < WACC$)를 갖는 사업으로부터 자본을 철수시킴으로써 효율적으로 투하자본을 재배치할 수 있다.

EVA는 단기성과를 측정하는 데 유용한 척도로 사용될 수 있으나, 장기성과를 측정하는 데 다소 문제가 될 수 있다. 예를 들어 단기적인 EVA를 너무 강조하는 경우 당장은 수익성이 떨어지나 향후 잠재적 이익이 매우 높을 것으로 기대되는 사업을 포기하는 등 미래의 성장기회를 희생시킬 가능성이 높아진다.

3.2 EVA모형에 의한 기업가치평가

EVA모형에 의하면 기업가치는 투하자본(IC)에 예상EVA의 현재가치를 합한 것과 같다.[20]

$$\text{기업가치} = IC + \text{예상}EVA\text{의 현재가치} \qquad (8-5)$$

그리고 자본시장이 효율적일 경우 예상EVA의 현재가치는 자기자본의 시장가치에서 자기자본의 장부가치를 차감한 값, 즉 시장부가가치(market value added: MVA)와 같다.[21]

투하자본수익률(return on invested capital: ROIC)과 가중평균자본비용(WACC) 사이의 관계에 따라 다음과 같이 나타낼 수 있다.

- $ROIC > WACC$ → 예상EVA의 현재가치 > 0 → 기업가치 $> IC$
- $ROIC = WACC$ → 예상EVA의 현재가치 $= 0$ → 기업가치 $= IC$
- $ROIC < WACC$ → 예상EVA의 현재가치 < 0 → 기업가치 $< IC$

기업DCF모형과 마찬가지로 예측기간과 잔여기간으로 구분하여 각 기간에서 예상되는 EVA를 WACC로 할인한 현재가치를 구함으로써 기업가치를 추정할 수 있다. 잔여기간에서 EVA의 성장률이 일정하다고 가정하는 경우 EVA모형을 그림으로 나타내면 다음과 같다.

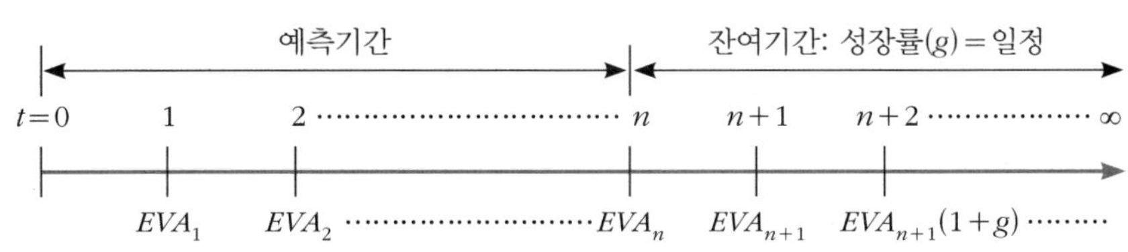

20) 예상EVA의 현재가치는 투자로 인해 얻을 수 있는 성장기회의 순현재가치(NPVGO)와 동일한 개념이다.

21) 기업의 총시장가치에서 주주와 채권자의 투자액(장부가치)을 차감하여 예상EVA의 현재가치, 즉 시장부가가치(MVA)를 구할 수도 있다.

그러므로 EVA의 현재가치를 다음과 같이 구할 수 있다.

$$EVA\text{의 현재가치} = \text{예측기간에서 } EVA\text{의 현재가치} + \text{잔여기간에서 } EVA\text{의 현재가치}$$

$$= \sum_{t=1}^{n} \frac{EVA_t}{(1+WACC)^t} + \frac{CV}{(1+WACC)^n} \quad (8-6)$$

여기서 $CV = \dfrac{EVA_{n+1}}{WACC-g}$

3.3 가치창조경영과 EVA

가치창조경영(value based management: VBM)은 기업가치창출의 핵심요인에 초점을 맞춤으로써 전체 조직분야에 대한 전략적 또는 운영적 의사결정을 개선시키기 위해 고안된 통합과정이다. VBM에 사용되는 직접적인 성과지표는 기업가치이지만 보다 단기적이고 객관적인 재무지표는 EVA라 할 수 있다.

VBM에서 중요한 일은 가치창출의 핵심요인(key value drivers)을 철저히 이해하는 것이다. 그 이유로는 다음과 같은 두 가지가 있다. 첫째, 기업가치에 영향을 미치는 요소 중에서 각 하위조직의 영향력하에 있는 요소들을 관리함으로써 가치창출에 기여할 수 있다. 예를 들어 고객만족, 비용, 자본적 지출 등 직접 영향을 미칠 수 있는 부분에 대하여 필요한 조치를 취함으로써 기업가치를 증대시킬 수 있다. 둘째, 경영자가 가치창출요인을 통하여 각 하위조직을 이해하게 되고 달성하고자 하는 목표에 관해 의견을 교환할 수 있다.

가치창출요인은 경제적 부가가치에 영향을 미치는 모든 요인을 의미한다. 따라서 가치창출요인을 체계적으로 정의함으로써 어느 요인이 부가가치에 가장 큰 영향을 미치는지를 파악하여 각 구성원들에게 달성해야 할 목표를 할당할 수 있어야 한다. [그림 8-3]은 EVA에 의해 도출된 핵심가치창출요인을 나타낸 것이다.[22]

예를 들어 매출액영업이익률은 경쟁사와 유사하지만 투하자본회전율이 떨어진다고 가정해 보자. 투하자본회전율이 낮은 것은 다시 여러 가지 요인으로 분해할 수 있다. 경쟁사보다 운전자본이 과다하거나, 비싼 기계장치를 사용하거나 하는 등의 원인을 생각해 볼 수 있다. 만약 운전자본의 관리에 문제가 있다면 이것은 다시 매출채권 및 매입채무의 관리, 재고자산의 관리로 구분할 수 있다. 이러한 운전자본의 관리문제는 결국 마케팅전략과의 관계에서 발생한다고 볼 수 있기 때문에 마케팅전략을 수정하거나, 판매활동수단을 변화시키는 등의 조치를 모색할 수 있다. 이와 같은 과정을 통하

22) 강효석 · 이원흠 · 조장연, 앞의 책, pp.483~488.

그림 8-3 EVA에 의해 도출된 부가가치창출의 핵심요인

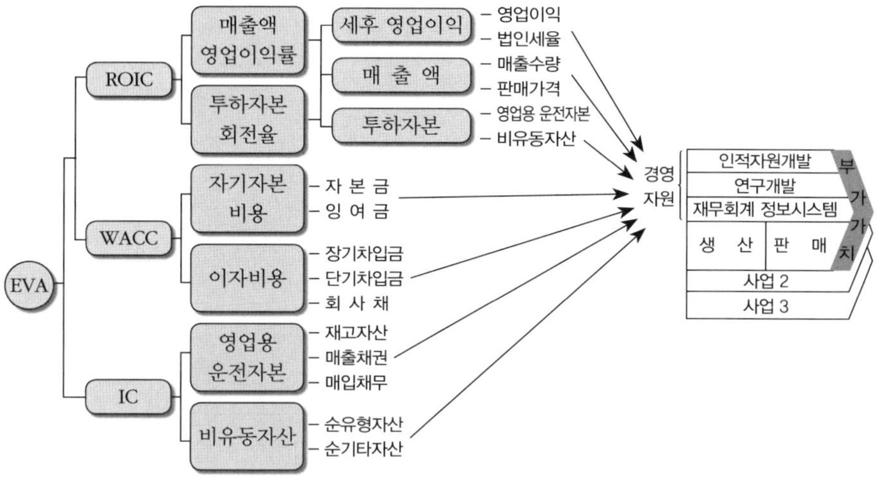

여 문제의 발생원인을 찾아내어 이것이 기업가치에 어떻게 기여하는가를 보다 정확하게 파악할 수 있다.

기업가치의 극대화와 직결되는 EVA의 체계적이고 유기적인 분해를 통해서 각 사업부의 재무상태표와 손익계산서상의 구체적인 계정과목과 만나게 된다. 개선여지가 발견되거나 시계열적으로 악화경향을 보이는 재무상태표와 손익계산서상의 구체적인 항목들이 찾고자 하는 가치창출요인이 될 것이다. 이와 같은 과정을 거쳐 도출된 가치창출요인들은 개선조치를 취해야 하는 책임사업부서, 담당기능, 담당자 등을 확인하는 데 유용하게 활용된다.

기업가치의 개선 또는 극대화에 직결되는 개선포인트와 혁신과제의 도출이 두 번째 요구되는 VBM의 전개과정이다. VBM이 성공적으로 전개되기 위해서는 다음과 같은 전제조건이 필요하다.

첫째, 새로운 경영환경에 적합하도록 경영자의 의식이 변화되어야 한다.

둘째, VBM에 적합한 회계정보시스템의 체계적인 재구축이 필수적이다.

최근 우리나라에서도 POSCO, 삼성그룹, LG그룹 등이 EVA를 경영관리지표로 사용하고 있으며, EVA에 대한 관심이 기업경영관리지표뿐만 아니라 증권시장의 투자지표로서 각광을 받고 있다. 특히 정부에서도 기업이 신규로 공개하거나 유상증자를 실시할 때는 투자자들이 기업의 미래 수익성을 용이하게 평가할 수 있도록 EVA지표를 참고자료로 제출하게 하고 있다.

요 약

기업가치의 의의와 중요성

$$기업가치 = \frac{CF_1}{1+r} + \frac{CF_2}{(1+r)^2} + \frac{CF_3}{(1+r)^3} + \cdots$$

기업DCF모형

▶ FCF = 영업현금흐름 − 총투자액 = 세후 영업이익 + 감가상각비 − 총투자액

▶ $기업가치 = \sum_{t=1}^{n} \frac{FCF_t}{(1+WACC)^t} + \frac{CV}{(1+WACC)^n}$

☞ 지분DCF모형

- 주주잉여현금흐름(FCFE) = FCF − (원금상환액 + 세후 이자비용 − 신규 차입액)
  = FCF + 신규 차입액 − 원금상환액 − 세후 이자비용
- FCFE를 자기자본비용으로 할인하여 자기자본가치를 구할 수 있음.

EVA모형

▶ $EVA = IC \times (ROIC - WACC) = NOPLAT - IC \times WACC$

☞ 투하자본(IC) = 영업관련 자산 − 비이자발생부채
= 이자발생부채 + 자기자본
− 초과보유 현금 및 유가증권 − 비영업용 비유동자산

▶ EVA모형에 의한 기업가치평가: 기업가치 = IC + 예상EVA의 현재가치

- EVA의 현재가치 = 예측기간에서 EVA의 현재가치 + 잔여기간에서 EVA의 현재가치

$$= \sum_{t=1}^{n} \frac{EVA_t}{(1+WACC)^t} + \frac{CV}{(1+WACC)^n}$$

- EVA의 현재가치 = 시장부가가치(market value added: MVA)
  = 기업의 총시장가치 − 기업의 총장부가치(주주와 채권자의 투자액)
  = 자기자본의 시장가치 − 자기자본의 장부가치

주요 용어

기업가치 • 354
기업DCF모형 • 356
잉여현금흐름(FCF) • 356
세후 영업이익 • 358
감가상각비 • 358
총투자액 • 359
영업외현금흐름 • 360
가중평균자본비용(WACC) • 363
잔여연속가치 • 364
주주잉여현금흐름 • 365
지분DCF모형 • 365
경제적 부가가치(EVA) • 365
투하자본 • 366
EVA모형 • 367
가치창조경영 • 368

사·례·연·구

20×1년도 말 현재 장부가액을 기준으로 한 ㈜광주의 재무상태표는 다음과 같다.

재무상태표			
㈜광주	20×1년 12월 31일 현재		(단위: 억원)
자 산	100	부 채	40
		자기자본	60
총 자 산	100	부채 및 자기자본	100

㈜광주의 자산은 모두 영업자산이며, 부채는 무위험이자율 10%로 차입한 것이다. 이 회사는 매년 5억원의 감가상각비가 발생하며, 추가적인 투자 없이 감가상각비에 해당하는 금액만큼 매년 재투자를 실시한다. 그 결과 이 회사는 매년 24억원의 영업이익을 영구히 얻을 수 있을 것으로 기대된다. 이 기업의 자기자본에 대한 적절한 할인율은 16%이고, 60만주의 보통주를 발행하고 있으며, 법인세율은 40%이다.

(1) ㈜광주의 현재 주가는 얼마인가?

(2) ㈜광주의 경영자는 잉여현금흐름(FCF)을 이용한 가치평가에 관심을 가지고 있다. 이와 관련하여 아래 물음에 답하라.

① 다음 연도 말 기업에 귀속되는 잉여현금흐름(FCFF), 주주에게 귀속되는 잉여현금흐름(FCFE) 및 채권자에 귀속되는 현금흐름을 구하라.

② 주주에게 귀속되는 잉여현금흐름(FCFE)을 이용하여 이 회사의 현재 주가를 계산하라.

(3) ㈜광주의 경영자는 경제적 가치 개념에 근거한 가치평가도 아울러 실시하고자 한다. (단, 가중평균자본비용은 반올림하여 소수점 아래 여섯째 자리까지 표시하고, 금액은 억원 기준으로 소수점 아래 셋째 자리까지 표시하라.)

① 이 회사의 가중평균자본비용(WACC)을 구하라.

② 다음 연도 말에 기대되는 경제적 부가가치(EVA)와 시장부가가치(MVA)는 각각 얼마인가?

:: 해 설

(1) 순이익 = (영업이익 − 이자비용)(1 − 법인세율)

= (24억원 − 40억원 × 0.1)(1 − 0.4) = 12억원

$$\rightarrow EPS_1 = \frac{12\text{억원}}{600{,}000\text{주}} = 2{,}000\text{원/주}$$

추가적인 투자를 하지 않는 경우 이를 모두 배당으로 지급해야 한다.

$$\therefore P_0 = \frac{D_1}{r} = \frac{EPS_1}{r} = \frac{2{,}000}{0.16} = 12{,}500\text{원}$$

(2) ① • $FCFF$ = 영업현금흐름 − 총투자액

= [24억원 × (1 − 0.4) + 5억원] − 5억원 = 14.4억원

• 채권자에게 귀속되는 현금흐름 = (세후 이자비용 + 원금상환액 − 신규 차입액)

= 40억원 × 0.1 × (1 − 0.4) = 2.4억원

• $FCFE$ = $FCFF$ − 채권자에게 귀속되는 현금흐름

= 14.4억원 − 2.4억원 = 12억원

② 주당 $FCFE_1$ = 12억원/600,000주 = 2,000원/주

$$\therefore P_0 = \frac{\text{주당 } FCFE_1}{r} = \frac{2{,}000}{0.16} = 12{,}500\text{원}$$

(3) ① 자기자본의 시장가치 = 12,500원 × 60만주 = 75억원, 부채가치 = 40억원

$$\therefore WACC = \left(\frac{75}{115}\right) \times 0.16 + \left(\frac{40}{115}\right) \times 0.1 \times (1 - 0.4) = 0.125217$$

② • EVA = 세후 영업이익 − 투하자본 × $WACC$

= 24억원 × (1 − 0.4) − 100억원 × 0.125217 = 1.878억원

• MVA = 예상EVA의 현재가치

= $EVA/WACC$

= 1.878억원/0.125217 = 15억원

또는 MVA = 자기자본의 시장가치 − 자기자본의 장부가치

= 75억원 − 60억원 = 15억원

연·습·문·제

▶ 객관식 문제

01 기업이 자산에서 창출하는 현금흐름을 잉여현금흐름(free cash flow)이라고 한다. 이는 주주와 채권자에게 자유롭게 배분해 줄 수 있는 현금이라는 의미이다. 다음 재무제표에서 잉여현금흐름(FCF)을 계산했을 때 가장 적절한 것은? 단, 모든 자산과 부채는 영업용이고 법인세율은 25%이며 금액 단위는 억원이다. (CPA 1차 2012)

재무상태표

	당 기	전 기
유동자산	100	85
비유동자산	200	165
자산총계	300	250
유동부채	50	40
비유동부채	120	110
자 본	130	100
부채 및 자본총계	300	250

손익계산서

매 출 액	500
변동영업비	220
고정영업비	180
감가상각비	24
순영업이익	76
이 자	12
세전이익	64
법 인 세	16
당기순이익	48

① $FCF \leq 20$ ② $20 < FCF \leq 40$ ③ $40 < FCF \leq 60$
④ $60 < FCF \leq 80$ ⑤ $FCF > 80$

02 수 년간 적자를 보아 온 제약회사 ㈜다나는 최근 암치료에 획기적인 성과가 있는 신약을 개발해 국제특허를 획득했다. ㈜다나가 신약을 대량으로 생산하기 위해서는 거액의 시설투자를 해야 한다. ㈜다나의 지분 60%를 보유하고 있는 전자회사 ㈜파라는 업종 전문화 차원에서 ㈜다나를 매각하려고 한다.

이에 의료기기를 생산하는 ㈜사라가 레버리지를 통해 ㈜다나를 차입매수(LBO)하려는 계획을 세웠다. 인수 후 ㈜다나는 향후 몇 년간 배당을 지급하지 않을 것이고 부채비율은 심하게 변동할 것으로 예상된다. 주당순자산이 미미한 ㈜다나의 인수가격을 결정하기 위해 사용할 기업가치평가모형 중 가장 적절한 것은? (CPA 1차 2004)

① 안정성장 주주잉여현금흐름모형(FCFE)
② 3단계성장 주주잉여현금흐름모형(FCFE)
③ 안정성장 기업잉여현금흐름모형(FCFF)
④ 3단계성장 기업잉여현금흐름모형(FCFF)
⑤ PER 또는 PBR을 이용한 상대가치평가모형

03 경제적 부가가치(economic value added: EVA)에 대한 다음 설명 중 가장 부적절한 것은? (CPA 1차 1999)

① EVA는 회계상의 당기순이익에 반영되지 않은 자기자본비용을 명시적으로 고려한다.
② EVA가 정(+)인 기업은 자본비용 이상을 벌어들인 기업으로 평가된다.
③ EVA는 주주 중심의 사고에서 평가한 기업의 성과이다.
④ 다각화된 기업은 사업단위별로 EVA를 평가하여 핵심사업과 한계사업을 분류할 수 있다.
⑤ 주식에 대한 배당지급이 없는 경우 자기자본비용이 없기 때문에 EVA는 회계상의 당기순이익과 일치한다.

04 A기업의 영업용 투하자본 2,500백만원, 세전 영업이익 600백만원, 법인세 50백만원, 배당성향 60%, 가중평균자본비용(WACC) 10%, 납입자본금 1,000백만원(발행주식총수: 20만주), 자기자본비용 20%이다. A기업의 경제적 부가가치(EVA)는? (CPA 1차 2001)

① 50백만원 ② 250백만원 ③ 300백만원 ④ 330백만원 ⑤ 350백만원

05 ㈜창조의 기초 자본구조는 부채 1,200억원, 자기자본 800억원으로 구성되어 있었다. 기말 결산을 해보니 영업이익은 244억원이고 이자비용은 84억원이다. 주주의 기대수익률이 15%이고 법인세율이 25%일 때, 경제적 부가가치(EVA)를 계산하면 얼마인가? 단, 장부가치와 시장가치는 동일하며, 아래 선택지의 단위는 억원이다. (CPA 1차 2014)

① $EVA \leq -20$ ② $-20 \leq EVA \leq 40$ ③ $40 \leq EVA \leq 100$
④ $100 \leq EVA \leq 160$ ⑤ $EVA \geq 160$

06 다음의 주식가치평가 방법 중 가중평균자본비용(WACC)을 사용하는 방법만을 모두 고르면? (CPA 1차 2015)

a. 주주잉여현금흐름모형(FCFE)
b. 기업잉여현금흐름모형(FCFF)
c. 경제적 부가가치 모형(EVA)

① a ② b ③ c ④ a, b ⑤ b, c

● 객관식 해답 **1.** ①, **2.** ④, **3.** ⑤, **4.** ③, **5.** ②, **6.** ⑤

▶ 주관식 문제

01 재무제표와 현금흐름 (CPA 2차 2001 수정)

다음은 ㈜동해의 재무제표자료이다.

재무상태표 (단위 : 천원)

자 산	20×1.12.31	20×2.12.31	부채와 자본	20×1.12.31	20×2.12.31
유동자산	200,000	600,000	유동부채	120,000	400,000
비유동자산	800,000	1,300,000	비유동부채	300,000	800,000
			자 본	580,000	700,000
자산총계	1,000,000	1,900,000	부채와 자본총계	1,000,000	1,900,000

손익계산서 (단위 : 천원)

과 목	20×2.1.1~20×2.12.31
매 출 액	20,000,000
매출원가	(9,000,000)
감가상각비	(500,000)
영업이익	10,500,000
이자비용	(1,500,000)
법인세차감전순이익	9,000,000
법인세(법인세율=20%)	(1,800,000)
당기순이익	7,200,000
배 당 금	(3,000,000)
유보이익	4,200,000

재무제표를 이용하여 측정할 수 있는 현금흐름을 다음과 같이 정의한다고 가정한다.

- 영업현금흐름 = 세후 영업이익 + 감가상각비 + 이자비용의 법인세 절감액
- 자산에 의해 창출된 현금흐름 = 채권자에게 귀속될 현금흐름 + 주주에게 귀속될 현금흐름

이상의 자료를 이용하여 다음의 물음에 답하라.

(1) ㈜동해의 영업현금흐름을 구하라.

(2) ㈜동해의 운전자본, 비유동자산 등에 대한 총투자액을 구한 후, 자산에 의해 창출된 현금흐름을 구하라.

(3) ㈜동해는 20×2년도에 새로운 부채 700,000천원을 차입하였다. 이와 같은 경우 ㈜동해의 20×2년도 부채상환액은 얼마인가? 또한 채권자에게 귀속될 현금흐름은 얼마인가?

(4) ㈜동해의 20×2년도 신주발행액 또는 자사주매입액을 구하라. 그리고 주주에게 귀속될 현금흐름을 구하고, 자산으로 인한 현금흐름이 주주와 채권자에게 귀속될 현금흐름의 합이 됨을 보여라.

02 EVA와 기업가치

(CPA 2차 2003)

㈜삼천리는 100억원을 모두 자기자본으로 조달하여 건물임대업을 시작하였다. 이를 위해 이 기업은 70억원 상당의 건물을 구입하였으며, 건물임대로 인한 순수입은 매년 21억원으로 예상된다. ㈜삼천리의 사장이 판단해 본 결과 건물임대로 인한 수익률의 분산은 코스피지수 수익률 분산의 4배이며, 두 수익률간의 상관계수는 0.5이다. 한편 이 기업은 나머지 30억원을 다음과 같이 투자하였다.

① 10억원은 5년만기 국채에 투자하였다. 이 채권의 만기수익률은 10%이다.

② 20억원은 코스피지수연동형 펀드에 투자하였다. 이 펀드의 수익률은 향후 20%로 계속 유지될 것으로 예상된다.

시장의 상황이 유지되며, 기업의 자산구조가 일정하다는 가정하에 이 기업의 경제적 부가가치(EVA), 시장부가가치(MVA), 기업가치를 구하라. 세금은 없다.

03 FCF와 EVA

(CPA 2차 2012)

AAA기업은 3,000만원이 소요되는 설비를 도입하는 프로젝트를 고려하고 있다. 다음 자료를 이용하여 각 물음에 답하라. 계산결과는 만원 단위로 소수점 첫째 자리까지 계산하라.

자료

① 설비의 수명은 3년이고 잔존가치는 300만원이며 정액법으로 상각한다.

② 설비를 도입한 후에 예상되는 매출증가는 다음과 같으며 모두 현금으로 발생한다.

	1차년	2차년	3차년
매출증가	2,800만원	3,600만원	4,000만원

③ 매출증가에 필요한 변동비용은 매출액의 65%이며 모두 현금으로 지불된다.

④ 매출증가에 필요한 고정비용에는 설비의 감가상각비만 있다.

⑤ 법인세율은 25%이고 투하자본에 대한 기대수익률은 12%이다.

(1) 프로젝트에 대한 3년간의 추정손익계산서를 작성하라.

(2) 프로젝트의 증분현금흐름(incremental cash flow)을 연도별로 계산하고 이를 이용해서 프로젝트의 순현재가치를 계산하라.

(3) 프로젝트의 경제적 부가가치(economic value added)를 연도별로 계산하고 이를 이용해서 프로젝트의 순현재가치를 계산하라. 단, 경제적 부가가치는 경제적 이익(economic income) 또는 잔여이익(residual income)과 같은 개념이다.

04 주주현금흐름에 의한 합병가치평가 (CPA 2차 1999 수정)

현재 ㈜태백은 잉여자금을 다량 보유하고 있어서 투자기회를 찾던 중, 마땅한 투자기회가 존재하지 않아 ㈜설악을 흡수합병하려고 검토하고 있다. 무위험부채를 사용하고 있는 ㈜설악의 합병 전 자본구조(B/V)는 30%이고, 법인세율은 30%이며, 보통주 베타계수는 1.56이다. ㈜태백은 합병 후 ㈜설악의 자본구조(B/V)를 50%로 유지하려고 한다. 시장수익률은 16%이고, 무위험이자율은 10%이며, 합병 후 법인세율은 40%가 될 것으로 예상되고 있다. ㈜설악을 흡수합병할 경우 ㈜태백의 증분현금흐름과 관련된 자료가 다음과 같을 때 아래의 물음에 답하라.

(단위: 백만원)

구 분	1년도 말	2년도 말	3년도 말	비 고
매 출 액	2,000	3,000	5,000	3년도 말 이후 매년 5%의 현금흐름 증가가 예상됨
영업비용(감가상각비 제외)	600	800	1,600	
이자비용	200	100	100	
감가상각비	300	100	200	
증분투자금액	0	400	500	

(1) ㈜설악의 인수로 인한 합병 후 ㈜태백 주주의 증분현금흐름을 연도별로 추정하라.

(2) 합병 후 주주의 증분현금흐름을 할인할 자기자본비용을 계산하라.

(3) 3년도 말 이후의 현금흐름을 항상성장모형을 이용하여 3년도 말 기준으로 계산하고, 이를 토대로 합병 후 주주의 입장에서 현금흐름의 총현재가치를 추정하라.

(4) 합병 전 ㈜설악의 주가는 12,000원이고, 발행주식수가 40만주일 때, 합병대가로 ㈜설악의 주주에게 주당 지급할 수 있는 최대금액을 구하라.

(5) 합병에 의한 경제적 부가가치(EVA)는 150백만원이다. 투하자본이 3,000백만원이고, 투하자본수익률이 20%인 투자안이 존재한다고 할 때, EVA기준에 의한 합병의사결정을 하라. (단, 투자안의 가중평균자본비용은 ㈜설악과 동일하다고 가정한다.)

제 9 장

국제재무관리

1. 외환시장과 환율
2. 환위험관리
3. 국제자본예산
4. 국제자금조달

지금까지는 한 국가 내에서의 재무관리에 관하여 설명하였다. 그러나 오늘날 대부분의 기업들은 한 나라 이상의 국가에서 경영활동을 하는 국제기업(international firm)의 형태를 취하고 있다. 따라서 기업의 국제경영활동에 있어서의 자금의 조달과 운용을 다루는 국제재무관리에 관한 관심이 점점 높아지고 있는 실정이다. 재무관리의 기본원칙, 즉 NPV의 원칙은 국내기업뿐만 아니라 국제기업에도 여전히 성립한다. 그러나 국제기업은 환율, 국가간의 이자율 차이, 해외영업에 대한 복잡한 회계처리방법, 국제조세, 그리고 외국정부의 개입 등 국내기업에는 전혀 영향을 미치지 않는 여러 가지 재무적 요인들을 추가적으로 고려하여야 할 것이다. 그러므로 본장에서는 국제재무관리의 기본적 문제인 외환시장과 환율, 환위험관리, 국제자본예산, 국제자금조달 등을 차례로 설명하고자 한다.

1 외환시장과 환율

1.1 외환시장

외환시장(foreign exchange market)은 한 국가의 통화와 다른 국가의 통화가 서로 교환되는 시장, 즉 외환의 수요와 공급을 연결하는 기능적 의미에서의 시장 또는 거래 메커니즘을 말한다. 국제무역과 다국적 기업의 활동이 활발해지면서 외환시장의 규모가 크게 증가되어, 외환시장은 세계최대의 금융시장으로 성장하였다. 외환거래의 대부분은 미국 달러(USD, $), 유럽연합 유로(EUR, €), 영국 파운드스털링(GBP, £), 일본 엔(JPY, ¥), 스위스 프랑(CHF) 등 몇 개의 통화에 의해 이루어지고 있다.

외환시장에는 은행, 기업, 개인, 정부 등이 참가한다. 외환시장은 거래당사자에 따라 외국환은행과 고객(기업, 개인, 정부 등) 사이에 외환거래가 이루어지는 대고객시장(customer market)과 외국환은행간에 거래가 이루어지는 은행간시장(inter-bank market)으로 구분되는데, 일반적으로 외환시장이라 할 때에는 은행간시장을 지칭한다. 은행간시장에서의 외환거래는 외국환은행의 딜러(dealer)들이 직접 거래하는 장외 직접거래시장과 외국환중개회사를 통한 장내 거래소시장을 통해 이루어진다. 중개회사를 통한 장내 거래소시장은 대부분의 외국환은행이 참가하며 매일 오전 9시에서 오후 4시 30분까지 거래가 이루어진다. 장외시장(over-the-counter market)은 딜러들이 주로 전화나 로이터 딜링머신(Reuters dealing machine)(외환거래 전용 채팅기계)을 통해 사거나 팔려고 하는 외국 돈의 가격을 제시하여 제시가격이 서로 일치하는 상대와 거래를 하는데, 이렇게 거래가 이루어질 때마다 환율은 시시각각 변동하는 것이다.

환율(exchange rate)은 한 나라의 통화(currency)가 다른 나라의 통화로 교환되는 비율을 의미한다. 환율은 자국통화와 외국통화 둘 중 어느 하나를 기준으로 표시할 수 있는데, 어느 통화를 기준으로 하느냐에 따라 직접표시환율(direct quotation) 또는 자국통화표시환율(지급환율), 간접표시환율(indirect quotation) 또는 외국통화표시환율(수취환율)로 구분된다. **직접표시환율**은 외국통화 한 단위의 가격을 자국통화로 표시하는 방법이며, 이와 반대로 **간접표시환율**은 자국통화 한 단위의 가격을 외국통화로 표시하는 방법이다. 예를 들어 우리나라의 경우 1달러=1,000원 또는 ₩1,000/$은 직접표시환율이며, 1원=0.001달러 또는 $0.001/₩은 간접표시환율이다.[1] 일반적으로 환율은 직접표시방법에 의해 표시된다. 직접표시환율을 사용하는 우리나라의 경우 달러환

1) 직접표시환율과 간접표시환율은 상호 역수의 관계를 가진다.

율의 절대치가 커지는 경우(예, 달러당 1,000원에서 1,200원), 환율이 상승하였다고 한다.[2] 이것은 달러가치가 원화에 비해 상승한 반면, 원화가치는 달러에 비해 하락하였음을 뜻한다.

그러나 외환시장에서는 여러 나라의 통화가 거래되므로 자국통화와 외국통화의 교환비율뿐만 아니라 외국통화 상호간의 교환비율도 나타낼 수 있다. 일반적으로 외국통화 1단위에 대한 미달러화의 교환비율을 나타내는 방법, 즉 £1=$1.50 또는 $1.50/£를 미국식(American terms)이라 하며, 미국 달러 1단위에 대한 외국통화의 교환비율인 $1=£0.67 또는 £0.67/$를 유럽식(European terms)이라고 한다. 미달러화가 세계 기축통화(vehicle currency)의 역할을 담당하면서부터 국제외환거래의 대부분은 미달러화와의 매매거래를 통하여 이루어지고 있어, 국제외환시장에서 환율은 대부분 미달러화 1단위에 대한 외국통화의 비율인 유럽식으로 표시되고 있다. 그러나 영국 파운드화와 호주 달러화 등 몇 개 통화는 미국식으로 표시되기도 한다.

외환시장에서의 거래는 크게 현물환거래(spot trade), 선물환거래(forward trade), 스왑거래(swap trade) 등 세 가지로 구분된다. **현물환거래**는 외환거래계약 후 통상 2영업일 이내에 현금결제(cash settlement)가 이루어지는 거래를 말하며, 이때 적용되는 환율을 **현물환율**(spot exchange rate)이라 한다.[3] 일반적으로 환율이라 하면 현물환율을 말한다.

그리고 **선물환거래**는 외환매매계약 체결일로부터 일정기간(통상 2영업일) 경과 후 특정일에 외환을 결제하기로 약정한 거래를 말하며, 이와 같은 거래에 적용되는 환율을 **선물환율**(forward exchange rate)이라 한다.[4] 선물환거래와 유사한 것으로서 통화선물거래(foreign currency futures)가 있다. 통화선물거래는 선물환거래와 마찬가지로 미래의 일정시점에서 외환을 인도 또는 인수하겠다는 계약이지만, 세계주요통화에 대해서만 표준화되어 조직화된 시장에서 거래되고 만기 이전에 청산이 가능하다는 점에서 다르다.

선물환율은 현물환율보다 높을 수도 있고 낮을 수도 있다. 만약 선물환율이 현물환율보다 높다면, 외국통화의 선물환이 할증(premium)되어 거래된다고 말한다.[5] 반대로 만약 선물환율이 현물환율보다 낮으면, 외국통화의 선물환이 할인(discount)되어 거

---

2) 환율의 변동을 나타낼 때 통화의 상대적 가치상승과 가치하락을, 고정환율제도하에서는 각각 평가절상(revaluation), 평가절하(devaluation)라는 표현을 사용하나, 변동환율제도하에서는 환율상승(appreciation), 환율하락(depreciation)이라고 표현한다.

3) 현물환거래에 따른 지불지시(수표 등)가 은행제도를 통해서 결제되는 데는 보통 2영업일이 소요된다.

4) 본서에서는 실무에서 일반적으로 사용되는 용어인 '선물환거래'와 '선물환율'을 사용하고 있으나 이들의 정확한 명칭은 '선도환거래'와 '선도환율'이라 할 수 있다.

5) 이는 선물환거래시 자국통화가 할인(discount)됨을 의미한다.

래된다고 말한다. **선물환할증**(또는 선물환할인)은 현물환율에 대한 선물환율의 변화율(보통 연율)로 다음과 같이 나타낼 수 있다.

$$\text{선물환할증(또는 할인)} = \frac{\text{선물환율} - \text{현물환율}}{\text{현물환율}} \times \frac{12}{\text{선물계약기간(월)}} \times 100(\%)$$

예를 들어 대미달러화 현물환율이 ₩1,000/$이고 3개월 선물환율이 ₩1,020/$인 경우, 선물환할증은 다음과 같이 구할 수 있다.

$$\text{선물환할증} = \frac{1{,}020 - 1{,}000}{1{,}000} \times \frac{12}{3} \times 100(\%) = 8\%$$

즉 미달러화의 선물환은 현물환에 비해 8% 할증거래됨을 알 수 있다.[6]

스왑거래는 미래의 일정시점에서 재매입(재매도)한다는 계약을 체결하면서 외환을 매도(매입)하는 거래를 말하며, 이때 재매입가격(선물환율)과 매도가격(현물환율)의 차이를 **스왑률**(swap rate)이라 한다. 스왑거래의 핵심은 결제일을 달리하는 실제로 두 개인 거래(현물환거래와 선물환거래)를 하나의 거래로 묶어서 체결한다는 것이다. 예를 들어 은행 A가 은행 B로부터 1백만달러를 원화로 매입하고, 은행 B와 3개월 만기의 선물환 1백만달러를 매도하는 계약을 동시에 체결하는 것이 스왑거래이다. 이 경우 은행 A는 지금 필요한 1백만달러를 확보하고, 나중에 이를 되팔 수 있다.

예제 9-1 **재정환율**

현재 한국 외환시장에서의 대미달러화 환율은 ₩1,140/$이며, 일본 외환시장에서의 대미달러화 환율은 ¥82/$이다. 외환시장은 효율적이고, 거래비용이 존재하지 않는다.

(1) ¥100에 대한 원화환율, 즉 재정환율(arbitrage rate)은 어떻게 되겠는가?

(2) 물음 **(1)**에서 구한 재정환율과 실제환율이 일치하지 않을 경우 어떻게 되겠는가?

| 해설 |

(1)

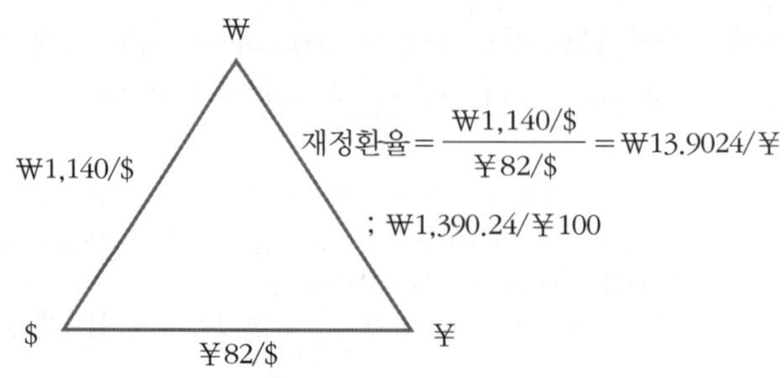

6) 반면 원화의 선물환은 7.84% 할인거래된다.

$$\frac{(1/1{,}020) - (1/1{,}000)}{(1/1{,}000)} \times \frac{12}{3} \times 100(\%) = -7.84\%$$

(※ 재정환율을 계산하기 위하여 사용된 미달러화와 엔화의 환율을 교차환율(cross rate)이라 한다.)

(2) 외환시장이 효율적이고 거래비용이 존재하지 않을 경우, 재정환율이 실제환율과 서로 상이하다면 시장간 삼각차익거래(intermarket triangular arbitrage)가 발생되어 재정환율과 실제환율이 같아지게 될 것이다.

1.2 일물일가의 법칙과 구매력평가

현물환율의 결정에 관한 가장 단순한 이론으로서 **일물일가의 법칙**(law of one price)을 들 수 있다. 이는 동일한 상품은 어느 나라에서 구매하는가에 관계없이 그 가격이 같아야 한다는 주장이다.

$$P_0 = S_0 \cdot P_0^F \qquad (9-1)$$

여기서 S_0: 현재 현물환율(자국통화표시환율)
P_0: 현재 특정 상품의 국내가격
P_0^F: 현재 동일한 특정 상품에 대한 외국에서의 외국통화표시가격

일물일가의 법칙은 자유롭고 완전한 국제적 상품 차익거래를 통하여 이루어진다. 국제적 상품 차익거래란 두 나라간에 있어서의 특정 상품의 가격 차이가 있는 경우, 가격이 낮은 나라에서 그 특정 상품을 매입한 후 가격이 높은 나라에서 매각함으로써 이익을 얻는 것을 말하며, 이와 같은 거래는 일물일가의 법칙이 성립할 때까지 계속될 것이다. 일물일가의 법칙은 운송비 및 기타 거래비용이 없고, 관세 등의 무역장벽이 존재하지 않으며, 양국에서 거래되는 특정 상품이 완전히 동질적이어야 성립될 것이다. 그러나 현실적으로 운송비 및 기타 거래비용, 관세, 제품의 차별성 등으로 인하여 실제환율은 일물일가의 법칙에 의해 산출되는 환율과 차이가 난다.

재무 FOCUS

빅맥지수

일물일가의 법칙을 적용한 대표적인 사례로는 전 세계 각국에서 판매되고 있는 맥도날드사 햄버거인 빅맥(Big Mac)의 가격을 기준으로 계산된 환율, 즉 「빅맥지수」를 들 수 있는데, 이는 영국의 경제전문지 「이코노미스트」(The Economist)가 매분기마다 1번씩 발표하고 있다. 예를 들어 빅맥의 가격이 국내에서는 개당 4,000원이고, 미국에서는 개당 4달러라고 하자. 이 경우 빅맥의 가격을 기준으로 환산된 미달러화에 대한 원화의 환율, 즉 빅맥지수를 구하면 다음과 같다.

$$S_0 = \frac{P_0}{P_0^F} = \frac{₩4{,}000}{\$4.00} = ₩1{,}000/\$$$

애플의 MP3 플레이어인 아이팟과 스마트폰인 아이폰을 이용하여 산출된 「아이팟지수」(iPod index) 또는 「아이폰지수」(iPhone index)도 발표되고 있다. 이들은 빅맥지수와 마찬가지로 각 국가별 구매력과 물가를 쉽게 비교할 수 있게 해 준다. 맥도날드의 빅맥 햄버거는 각국에서 그 나라의 원료를 이용해 만들기 때문에 국가별 물가비교에 오류가 있을 수 있다는 지적을 받아 왔다. 이러한 빅맥지수의 단점을 보완한 것이 바로 아이팟/아이폰지수다. 아이팟지수는 호주 커먼웰스시큐리티가 68개국 아이팟(8G 나노)의 구매가격을 미국 달러로 환산해 2007년 1월 처음 선보였다. 한편 아이폰지수는 캐나다 CBC 뉴스가 2008년 7월 기준으로 21개국 27개 통신업체의 아이폰 3G 가격을 비교한 것이다. 이외에도 스타벅스 커피가격에 기초해 작성되는 「카페라테지수」(Caffe Latte index) 등도 주요 국가의 물가수준과 적정 환율을 비교하는 지수로 사용되고 있다.

소비자들은 여러 상품을 구매하기 때문에 앞에서 설명한 일물일가의 법칙을 하나의 상품뿐만 아니라 다수의 상품에 적용시킨 것을 구매력평가이론(purchasing-power parity theorem)이라 한다. 즉 **구매력평가이론**은 구매되는 나라에 관계없이 다수의 상품으로 구성된 상품의 시장바스켓(market basket) 가격이 동일하도록 환율이 조정된다는 것을 의미한다.[7] 또한 구매력평가를 상대적인 개념으로 발전시킨 것을 **상대적 구매력평가이론**(relative purchasing-power parity theorem)이라 하는데, 이는 양국간 물가상승률의 상대적인 차이가 양국간 환율의 변화율을 결정한다는 것이다.

$$\frac{P_1}{P_0} = \frac{S_1}{S_0} \times \frac{P_1^F}{P_0^F} \qquad (9-2)$$

여기서 S_1: 1기간 후 현물환율(자국통화표시환율)
P_1: 1기간 후 특정 상품의 국내가격
P_1^F: 1기간 후 동일한 특정 상품에 대한 외국에서의 외국통화표시가격

또는

$$1+\pi = (1+s) \times (1+\pi^F) \qquad (9-3)$$

여기서 s: 자국통화표시환율의 변화율
π: 국내의 물가상승률
π^F: 외국의 물가상승률

식 (9−3)에 의해 자국통화표시환율의 변화율 s를 구하면 다음과 같다.

7) 이를 절대적 구매력평가이론이라 하기도 한다.

$$s = \frac{1+\pi}{1+\pi^F} - 1 \qquad (9-4)$$

그리고 $s \cdot \pi^F$가 무시할 정도로 아주 작다면, 식 (9-3)은 다음과 같은 근사식으로 나타낼 수 있다.

$$\pi \fallingdotseq s + \pi^F \qquad (9-5)$$

그러므로 식 (9-5)에 의해 s는 다음과 같이 나타낼 수 있다.

$$s \fallingdotseq \pi - \pi^F \qquad (9-6)$$

근사식인 식 (9-6)에 의하면 자국통화표시환율의 변화율은 국내와 외국의 물가상승률의 차이와 같게 됨을 알 수 있다. 상대적 구매력평가이론에 의하면 국내의 물가상승률이 외국에 비해 높은 경우, 자국통화표시환율의 변화율이 증가(환율이 상승)하여 자국통화의 가치가 감소하게 됨을 알 수 있다.

구매력평가가 성립한다는 것은 동일한 어떤 자산에 대한 실질수익률이 어느 나라의 투자자들에게나 모두 같음을 의미한다. 예를 들어 미국의 어떤 자산이 달러로 연 12%의 수익률을 나타내고 있으며, 연간 물가상승률이 미국과 한국에서 각각 6%, 10%라고 하자. 또한 양국간에 구매력평가가 성립하여 연간 달러화가 원화에 비해 4% 정도 가치가 상승하였다고 하자. 그러면 이 자산에 대한 원화표시의 연간 수익률은 약 16%(12%+4%)가 될 것이다. 이 경우 물가상승률을 감안한 연간 실질수익률은 약 6%로 미국의 투자자(12%−6%) 또는 한국의 투자자(16%−10%) 모두 동일할 것이다. 이와 같이 환율변동은 단지 양국의 물가상승률의 차이를 반영하여 양국간의 실질수익률을 동일하게 만드는 데 불과하므로 동일한 자산에 대한 투자결정에 어떠한 영향도 미치지 않는다.

예제 9-2 구매력평가이론

향후 1년 동안 국내의 물가상승률은 10%, 미국의 물가상승률은 6%가 되리라 예상된다. 현재 대미달러화 환율이 1달러당 1,000원이라고 할 때, 1년 후 대미달러화 환율은 어떻게 되겠는가?

▌해설▐

$$s = \frac{S_1}{S_0} - 1 = \frac{1+\pi}{1+\pi^F} - 1 = \frac{1+0.1}{1+0.06} - 1 = 0.0377$$

$$\frac{S_1}{1{,}000} = 1.0377$$

따라서 1년 후 대미달러화 환율 S_1은 다음과 같이 구할 수 있다.[8)]

$$S_1 = ₩1,000/\$ \times 1.0377 = ₩1,037.7/\$$$

1년 후 대미달러화 환율이 1달러당 1,037.7원으로 상승하여 원화가치가 하락할 것으로 예상된다.

1.3 이자율과 환율: 이자율평가이론

일물일가의 법칙을 금융시장에도 적용할 수 있는데, 이는 동일한 금융상품의 가격은 완전한 금융시장을 가정할 때 국제적으로 동일한 가격(환율을 조정한 이자율)을 가지게 됨을 의미한다.[9)] 이와 같은 전제하에서 **이자율평가이론**(interest rate parity theorem)은 선물환율의 할증(또는 할인)이 두 국가간의 상대적 이자율 차이에 의해 결정된다는 것이다. 이 이론은 국내 이자율이 외국의 이자율보다 높다면 외국통화의 선물환이 할증거래되며, 그리고 국내 이자율이 외국의 이자율보다 낮다면 외국통화의 선물환이 할인거래된다는 것을 의미한다.

이자율평가이론을 설명하기 위하여 다음의 두 투자를 생각해 보자.

- 투자 1: 국내통화 1단위를 국내에 기간당 이자율 r로 1기간 투자함.

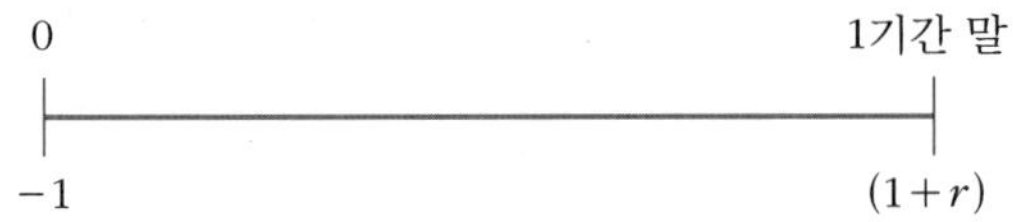

- 투자 2:

① 외국통화로 환전한 자금 $(1/S_0)$을 해외에 이자율 r^F로 1기간 투자함.[10)]

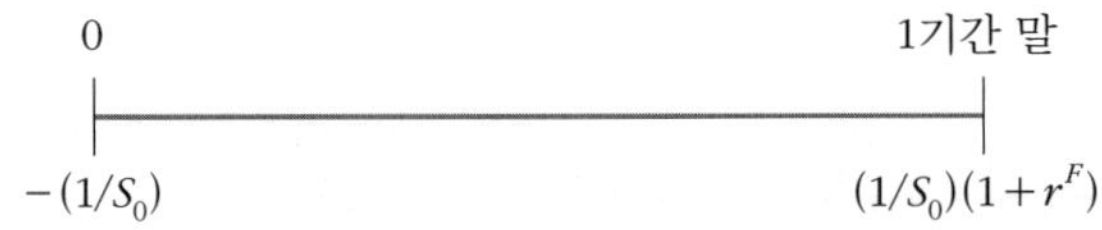

② 동시에 1기간 후 상환받는 투자의 원리금 $(1/S_0)(1+r^F)$를 자국통화로 환전하기 위하여 선물환율 $F_{0,1}$로 1기간 후에 만기가 되는 선물환 매도계약을 체결함.

---

8) 근사식에 의해 1년 후 대미달러화 환율 S_1을 구하면 다음과 같다.
$s \fallingdotseq \pi - \pi^F = 0.1 - 0.06 = 0.04 \rightarrow S_1 \fallingdotseq ₩1,000/\$ \times 1.04 = ₩1,040/\$$

9) 동일한 금융상품이란 만기와 위험이 동일함을 의미한다.

10) S_0는 자국통화표시 현물환율이며, 자국통화 1단위에 대한 외국통화의 교환비율은 그 역수인 $1/S_0$이 된다.

0	1기간 말
선물환 매도	외국통화지급: $(1/S_0)(1+r^F)$ 자국통화수취: $(1/S_0)(1+r^F)F_{0,1}$

금융시장에서의 일물일가의 법칙에 의해 1기간 후 국내투자와 해외투자의 성과는 같아야 한다.

국내 투자성과 = 해외 투자성과

$$1+r=(1/S_0)(1+r^F)F_{0,1}$$

그러므로[11)]

$$\frac{F_{0,1}}{S_0}=\frac{1+r}{1+r^F} \tag{9-7}$$

또는

$$\frac{F_{0,1}-S_0}{S_0}=\frac{1+r}{1+r^F}-1 \tag{9-8}$$

그리고 식 (9-8)을 근사식으로 표현하면 다음과 같다.

$$\frac{F_{0,1}-S_0}{S_0}\fallingdotseq r-r^F \tag{9-9}$$

식 (9-9)에 의하면, 선물환율의 할증(또는 할인)은 국내의 이자율에서 외국의 이자율을 차감한 값임을 알 수 있다. 국내의 이자율이 외국의 이자율보다 높을 때($r-r^F>0$) 외국통화의 선물환은 할증거래되며, 반대로 국내의 이자율이 외국의 이자율보다 낮을 때($r-r^F<0$) 외국통화의 선물환은 할인거래된다. 이자율평가이론에 의하면 금융시장과 외환시장이 서로 상충관계에 있음을 알 수 있다. 상대적으로 명목금리가 낮은 통화에 투자하는 경우 단기금융시장에서는 금리 차이만큼 수익률이 낮으나, 외환시장에서의 선물환할증에 의해 보상을 받게 된다. 반대로 금리가 높은 통화에 투자하여 단기금융시장에서 상대적으로 높은 수익률을 얻게 되는 경우에는 외환시장에서 그만큼 선물환할인으로 상쇄된다.

---

11) 식 (9-7)은 제4장에서 설명한 통화선물의 가격을 나타내는 식 (4-11)′와 동일함을 알 수 있다.

예제 9-3 이자율평가이론

대미달러화 현물환율은 ₩1,140/$이고, 국내 이자율은 연리 4%이며, 미국 내 이자율은 연리 3%이다. 1년 만기 선물환율을 구하라.

| 해설 |

$$\frac{F_{0,\,1}-S_0}{S_0}=\frac{1+r}{1+r^F}-1 \rightarrow \frac{F_{0,\,1}-1{,}140}{1{,}140}=\frac{1+0.04}{1+0.03}-1$$

위의 식을 풀어 1년 만기 선물환율 $F_{0,\,1}$을 구하면 다음과 같다.

$$F_{0,\,1}=₩1{,}151.07/\$$$

1.4 피셔효과와 국제피셔효과

피셔효과

피셔효과(Fisher effect)에 의하면 국내의 명목이자율은 실질이자율과 예상물가상승률의 합과 같다.[12)]

$$r \fallingdotseq R+\pi \tag{9-10}$$

여기서 r: 국내의 명목이자율
R: 국내의 실질이자율
π: 국내의 예상물가상승률

그리고 외국에 있어서의 명목이자율(r^F), 실질이자율(R^F), 예상물가상승률(π^F)의 관계도 또한 피셔효과에 의해 다음과 같이 나타낼 수 있다.

$$r^F \fallingdotseq R^F+\pi^F \tag{9-11}$$

식 (9-10)에서 식 (9-11)을 빼면 다음과 같은 식을 얻을 수 있다.

$$r-r^F \fallingdotseq (R-R^F)+(\pi-\pi^F) \tag{9-12}$$

식 (9-12)는 국내와 해외의 명목이자율의 차이는 국내와 해외의 실질이자율의 차이와 예상물가상승률의 차이를 합한 것과 같다는 것을 말해 준다. 그런데 장기에 있어서는 국내와 해외의 실질이자율이 서로 같아지는, 즉 $R-R^F=0$이 되는 경향이 있다.

---

12) 이 식은 근사식이며, 정확한 식은 다음과 같다.
$r=R+\pi+R\cdot\pi$

따라서 장기적으로 국내와 해외의 명목이자율의 차이는 국내와 해외의 예상물가상승률의 차이와 같게 된다.

$$r-r^F \fallingdotseq \pi-\pi^F \tag{9-13}$$

국제피셔효과

국제피셔효과(international Fisher effect)는 상대적 구매력평가이론, 즉 식 (9－6)에 피셔효과, 즉 식 (9－13)을 대입하여 다음과 같이 구할 수 있다.[13)]

$$\frac{E(S_1)-S_0}{S_0} \fallingdotseq r-r^F \tag{9-14}$$

여기서 $E(S_1)$: 1기간 후 현물환율의 기대치

식 (9－14)는 근사식이며, 왼쪽 항 $\frac{E(S_1)-S_0}{S_0}$은 현재(0시점)로부터 1기간 후(1 시점)의 자국통화표시환율의 예상변화율(s)을 나타낸다. 식 (9－14)에서 볼 수 있는 바와 같이 국제피셔효과는 예상되는 현물환율의 변화율이 양국간 명목이자율의 차이와 같다는 것이다. 국내의 이자율이 외국의 이자율보다 높을 때($r-r^F>0$) 미래의 예상현물환율이 상승하며(국내 통화가치가 감소하며), 국내의 이자율이 외국의 이자율보다 낮을 때($r-r^F<0$) 미래의 예상현물환율이 하락하게(국내 통화가치가 증가하게) 된다. 국제피셔효과에 의해서도 금융시장과 외환시장이 서로 상충관계에 있음을 알 수 있다. 다시 말하면, 단기금융시장에서의 이자율 차이가 현물환시장에서의 예상환율변화에 의해 정확히 상쇄된다는 것이다.[14)]

예제 9-4 국제피셔효과

1년 만기 정부채의 수익률이 국내와 미국에서 각각 12%, 8%이며, 대미달러화 현물환율이 ₩1,000/$라고 할 때, 1년 후의 대미달러화 현물환율수준은 어떻게 되리라고 예상할 수 있는가?

| 해설 |

$$\frac{E(S_1)-S_0}{S_0}=r-r^F \rightarrow \frac{E(S_1)-1{,}000}{1{,}000}=0.12-0.08=0.04$$

---

13) 이 식을 보다 정확한 관계식으로 표현하면 다음과 같다.

$$\frac{E(S_1)-S_0}{S_0}=\frac{1+r}{1+r^F}-1$$

한편 국제피셔효과를 위험노출 이자율평가이론(uncovered interest parity)이라고도 한다.

14) 이것이 성립하지 않으면 이자율 차이에 따른 초과이득을 얻기 위하여 차익거래를 실시할 것이며, 이를 위험노출(uncovered) 금리차익거래라 한다.

그림 9-1 환율결정이론

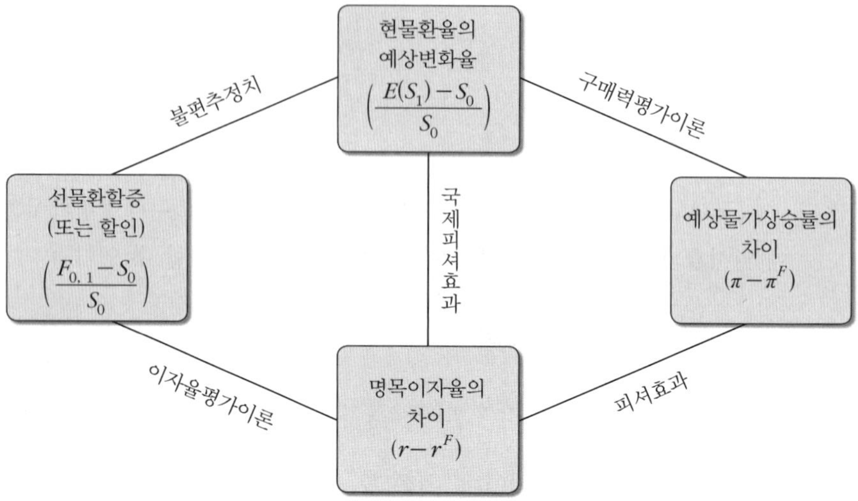

앞의 식을 풀어 1년 후의 대미달러화 예상현물환율 $E(S_1)$을 구하면 다음과 같다.

$$E(S_1) = ₩1,040/\$$$

선물환율은 미래의 현물환율의 기대값과 밀접한 관계를 가지고 있다. 선물환계약의 매입 및 매도 의사결정은 미래의 현물환율의 기대에 달려 있다. 따라서 외환시장이 균형상태에 있다고 할 때, 선물환율은 미래 현물환율에 대한 불편추정치가 될 수 있을 것이다. 이자율평가이론을 나타내는 식 (9−9)와 국제피셔효과를 나타내는 식 (9−14) 를 비교해 보면, 선물환율과 미래 예상현물환율이 같아짐을 알 수 있다.

지금까지 설명한 환율결정이론들의 관계를 그림으로 나타내면 [그림 9−1]과 같다.

2 환위험관리

기업들은 국내뿐만 아니라 외국에서도 영업활동을 하기 때문에 기업의 재무상태 및 경영성과는 환율변동에 따라 영향을 받을 수 있다. 따라서 재무관리자의 주요한 역할은 환위험을 측정한 후, 기업가치가 극대화될 수 있도록 이에 대한 관리를 하는 것이다.

2.1 환위험의 의의 및 측정

환위험(foreign exchange risk)이란 환율이 변동함으로써 기업의 재무적 성과가 변동할 가능성을 말하며, 흔히 환노출(foreign exchange exposure)이라 하기도 한다.

환노출의 의의와 종류

환노출은 환율변동으로 인한 기업의 수익성, 순현금흐름, 그리고 시장가치의 변동가능성을 측정하는 것으로서, 거래노출(transaction exposure), 환산노출(translation exposure), 경제적 노출(economic exposure) 등 세 가지로 구분된다. 이들을 비교하여 나타내면 [그림 9−2]와 같다.

[그림 9−2]에서 볼 수 있는 바와 같이 환산노출은 환율변동 이전에 완료된 거래에 의해서 나타나며, 거래노출은 환율변동 이전에 거래가 발생되었으나 대금결제가 이루어지지 않은 경우에 나타난다. 그리고 경제적 노출은 환율변동 이후의 거래와 관련된 것이다.

환노출의 측정

■ 거래노출의 측정

거래노출은 환율변동 이전에 거래가 발생되었으나, 환율변동 이후에 결제가 이루어지는 외화표시 자산 또는 부채의 가치변동을 측정하는 것이다. 이와 같은 거래노출은 외화표시 매출채권 또는 매입채무, 외화표시 자금의 차입 또는 대출 등을 발생시키는 거래에 의해서 나타난다. 기업은 외화표시 채무(매입채무 또는 차입금)를 보유하는 경

그림 9-2 환노출의 종류

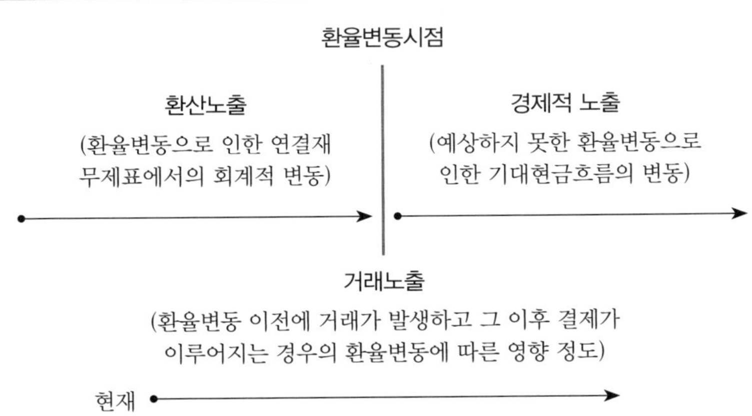

우 환율상승시 손실을 보는 반면, 외화표시 채권(매출채권 또는 대출금)을 보유하는 경우 환율하락시 손실을 보게 된다.

■ **환산노출의 측정**

환산노출은 다국적 연결재무제표 작성시 외국 자회사의 외화표시 재무제표를 보고통화(reporting currency), 즉 모기업 국가통화로 환산해야 하기 때문에 발생되는 소유주 지분의 회계적 변동가능성으로서, 환율변동으로 인해 가치의 변동이 초래되는 외화표시 자산과 부채의 차이로 측정된다. 이와 같은 의미에서 환산노출을 회계적 노출(accounting exposure)이라 하기도 한다.

■ **경제적 노출의 측정**

경제적 노출은 예상하지 못한 환율변동으로 인하여 기업의 미래 영업현금흐름이 변동하게 되며, 그 결과 발생하는 기업 현재가치에서의 변동을 측정하는 것이다. 이와 같은 경제적 노출을 운영적 노출(operating exposure), 경쟁적 노출(competitive exposure), 또는 전략적 노출(strategic exposure)이라고도 한다. 환율변동이 미래 매출량, 판매가격, 또는 원가에 미치는 영향에 의해 기업가치의 변동 정도가 결정된다고 할 수 있다.

2.2 환위험의 관리

환노출에 의해 기업의 재무성과가 불확실하게 되기 때문에 기업은 여러 가지 다양한 환위험관리기법을 동원하여 환율변동에 따른 불확실성을 줄이려고 노력하게 된다. 그러나 환위험을 감소 또는 제거시키는 데는 비용이 수반될 수 있으며, 환위험관리의 궁극적인 목표는 환위험 최소화가 아니라 기업가치 극대화임을 유의해야 한다.

거래노출, 환산노출, 경제적 노출 등 환노출을 측정한 후, 그 환위험을 관리하기 위한 다양한 전략이 사용될 수 있다. 거래노출은 기업이 다양한 변화를 줄 수 있는 여지가 있으므로 전략적인 환위험관리가 가능한 반면, 환산노출 또는 경제적 노출은 적극적으로 대응하기에는 여러 가지 한계가 있다.

거래노출의 관리

■ **대내적 환노출관리방법**

대내적 환노출관리방법으로는 네팅(netting), 매칭(matching), 리딩(leading)과 래깅(lagging) 등이 사용된다. 네팅은 다국적기업의 본사 및 현지자회사들간에 발생하는 채권과 채무의 차액만을 일정한 기간마다 결제하는 방법으로서, 각 채권 · 채무의 이행비용을 절감하고, 자금결제의 효율성을 제고할 수 있다. **매칭**은 다국적기업의 사내거래뿐만 아니라 제3자와의 거래에도 이용할 수 있는 것으로서, 통화별로 현금흐름의 규모 및 시기를 의도적으로 일치시키는 방법이다. **리딩과 래깅**은 각종 대금지급시기를 인위적으로 앞당기거나 지연시키는 방법이다. 예를 들어 자국통화의 평가절하가 예상되는 경우 외화채권의 수취는 늦추고, 외화부채의 지급은 가급적 빨리 하는 반면, 자국통화의 평가절상이 예상되는 경우 외화채권의 수취는 빨리 하고, 외화부채의 지급은 가급적 늦게 한다. 이 방법은 주로 본사와 현지자회사간에 많이 이용되며, 제3자와의 거래에서는 당사자간의 이해대립으로 인해 이용되기 어렵다.

■ 대외적 환노출관리방법

대외적으로 환노출을 관리하는 대표적인 방법으로는 선물환 또는 통화선물시장을 이용하는 방법, 금융시장을 이용하는 방법 등이 있다.

선물환시장을 이용한 헤징은 선물환매매계약에 의해 미래 일정시점의 불확실한 미래 현물환율을 현재시점의 선물환율로 고정시킴으로써 환율변동에 따른 위험을 없애는 방법이다. 즉 외화표시 채권을 보유하고 있는 경우 현재시점에서 선물환을 매도하는 반면, 외화표시 채무를 보유하고 있는 경우 현재시점에서 선물환을 매입하는 전략이다.[15)]

금융시장을 이용한 헤징은 외화자산이 있는 경우에는 외화부채를 조달하여 환위험을 없애고, 외화부채가 있는 경우에는 외화자산을 취득하여 환위험을 제거하는 방법이다. 예를 들어 외화표시 채무(채권)를 보유하고 있는 경우 국내금융시장에서 원화로 자금을 차입(대출 또는 예금)하고, 동시에 국제금융시장에서 외화로 대출 또는 예금(차입)함으로써 환위험을 제거하는 방법이다. 이 방법은 금융계약에 의해 환위험을 없앤다는 점에서 원칙적으로 선물환시장을 이용하는 방법과 차이가 없으나, 이용시장이 국내 · 외 금융시장이라는 점에서 서로 다르다. 이 방법은 선물환시장을 이용하는 방법보다 장기계약체결이 가능하며, 선물환시장이 발달하지 못한 지역과의 거래에 대해 사용될 수 있다. 그러나 금융시장을 이용한 헤징은 상대적으로 비용이 많이 든다. 금융시장이 효율적이고 일체의 거래비용이 존재하지 않는 경우에는 이자율평가이론이 성립하기 때문에 선물환시장을 이용한 헤징과 금융시장을 이용한 헤징은 동일한 효과를 가져다 줄 수 있다.

---

15) 통화선물은 선물환과는 달리 미래의 외화자금 결제일이 불확정적인 거래에 이용될 수 있고, 환율변동의 추이에 따라 결제일 이전이라도 유리한 시점에서 쉽게 반대매매를 할 수 있으며, 거래비용이 저렴하다는 장점이 있다. 그러나 통화선물시장에서 제시된 몇 개의 통화에 대해서만 거래가 가능하며, 거래형태도 표준화되어 있기 때문에 개별적인 요구를 충족시키기 어렵다는 단점이 있다.

이상에서 설명한 방법 외에 통화옵션시장 또는 통화스왑시장 등을 이용할 수도 있다.

환산노출의 관리

환산노출을 관리하는 대표적인 기법은 **재무상태표 헤지**(statement of financial position hedge)로서, 이는 다국적기업의 연결재무상태표상의 항목 중 환위험에 노출된 특정 외화표시 자산항목들의 합계가 동일 통화표시 부채항목들의 합계와 일치하도록 하는 방법이다. 이와 같은 경우 순환산노출액은 0이 되며, 특정 외국통화의 가치가 변하더라도 환차손 또는 환차익이 발생하지 않게 된다. 재무상태표 헤지를 하려면 재무상태표상의 항목들의 표시통화를 변경시켜야 하는데, 이는 자금차입비용 또는 영업활동의 효율성 측면에서 부담이 될 수 있다.

경제적 노출의 관리

경제적 환노출을 관리하는 가장 효율적인 방법은 영업활동 및 자본조달원천을 다변화하여 분산효과를 도모하는 것이다. 즉 수출시장, 수입선, 생산거점, 차입통화 등을 다변화할 경우 환율이 변동하더라도 손실과 이익이 서로 상쇄되어 안정적인 기업가치를 유지할 수 있다.

예제 9-5 환위험관리: 선물환시장 또는 금융시장을 이용한 헤징

한국의 D전자는 5월 1일 현재 미국에 TV를 수출하고, 6개월 후인 10월 30일에 1,000만달러를 받기로 하였다. 5월 1일 현재 환율 및 이자율에 관한 자료는 다음과 같다.

- 현물환율 = ₩1,150/$
- 6개월물 선물환율 = ₩1,200/$
- 한국의 이자율 = 8%
- 미국의 이자율 = 6%

D전자의 재무관리자는 환율변동에 따른 위험을 제거하기 위하여 다음과 같은 두 가지 방안을 고려하고 있다.

- 제1안: 6개월물 선물환을 매도함.
- 제2안: 미국 내 은행에서 차입하여 조달한 자금을 국내통화로 환전하여 국내은행에 예금함.

(1) 두 가지 방안 중 어느 것이 더 유리한가?

(2) 두 방안이 무차별하려면, 6개월 만기 선물환율은 얼마가 되어야 하는가?

| 해설 |

(1) 두 안에 의해 6개월 후 받을 수 있는 TV 판매대금을 계산하면 다음과 같다.

① 제1안: 6개월물 미달러화 선물환 1,000만달러 매도

6개월 후 총수입액 = 1,000만달러 × ₩1,200/$
= 1,200,000만원

② 제2안:

• (미국 내 은행에서의 차입금액) $\times \left(1+\frac{0.06}{2}\right)$ = 1,000만달러

→ 미국 내 은행에서의 차입금액 = 970.8738만달러

• 국내 은행에서의 예금액 = 970.8738만달러 × ₩1,150/$
= 1,116,504.87만원

∴ 6개월 후 총수입액(국내은행 예금액의 원리합계)

= 1,116,504.87만원 $\times \left(1+\frac{0.08}{2}\right)$ = 1,161,165.07만원

따라서 6개월 후 총수입액이 더 많은 제1안을 선택하는 것이 유리하다.

☞ 두 안의 성과가 서로 다를 경우 차익거래(과대평가된 미달러선물을 매도하고 과소평가된 현물을 매입함)를 할 수 있으며, 그 차익거래과정은 다음과 같다.

차익거래	현금흐름(만원)	
	현재(0시점)	만기일(6개월 후)
미달러선물 매도	0	$1,000 \times 1,200 - S_T$
현물(미달러화) 매입*	$-1,150 \times (1,000/1.03)$	S_T
현금차입	$1,150 \times (1,000/1.03)$	$-1,150 \times (1,000/1.03) \times 1.04$
차익거래이익	0	38,834.95

* 현물인 미달러화는 매입 후 미국 내 은행에 예금함.

(2) 두 안이 차이가 나는 것은 선물환율이 국내와 미국간의 이자율 차이를 완전히 반영하지 못하기 때문이다. 따라서 이자율평가이론에 의해 6개월물의 선물환율을 구하면 다음과 같다.

$$\frac{F_{0,\ 6개월} - 1,150}{1,150} = \frac{1+0.04}{1+0.03} - 1 = 0.009709$$

$$\therefore\ F_{0,\ 6개월} = ₩1,161.17/\$$$

3 국제자본예산

해외투자안의 경제성 평가는 기본적으로 국내 투자안과 같은 방법으로 이루어진다. 그러나 해외투자안을 평가할 때 환율변동에 따른 위험, 정치적 위험, 송금제한 등의 각종 해외투자위험과 현지정부가 제공하는 보조금, 조세특혜 등 여러 가지 요인을 추가적으로 고려하여야 할 것이다.

3.1 해외투자안의 평가

해외투자안은 앞에서 설명한 순현가법(NPV법)에 의해 평가되며, 그 평가는 통상 다음과 같은 세 단계를 거쳐 이루어진다.[16)]

첫째, 해외투자안의 모든 미래 현금흐름을 현지통화로 추정한다.

둘째, 예상환율을 이용하여 국내통화로 환산한다.

셋째, 국내의 적절한 자본비용을 사용하여 NPV를 계산한다.

예를 들어 국내의 ㈜한성전자가 미국현지에 반도체공장을 설립하는 것을 검토하고 있다고 하자. 이 회사가 반도체공장을 설립할 때의 총투자액은 8,000만달러이고, 이 투자로 인하여 향후 3년간 매년 3,000만달러의 순현금흐름이 예상된다. 이 경우 ㈜한성전자는 미국현지에 반도체공장을 설립하여야 하는가?

이와 같은 해외투자안을 평가하기 위해서는 현지통화로 추정된 미래 현금흐름을 국내통화로 환산하여야 한다. 이를 위해서는 미래의 기대현물환율을 추정하여야 하는데, 이는 전절에서 설명한 환율결정이론을 이용할 수 있다. 현재의 대미달러화 환율은 ₩1,200/$이고, 향후 3년간 국내와 미국의 연평균 물가상승률이 각각 10%, 6%일 것으로 예상된다고 하자. 이 경우 향후 3년간의 대미달러화의 기대현물환율은 구매력평가이론을 이용하여 다음과 같이 추정될 수 있다.

- 1년도 말 대미달러화의 기대현물환율: $E(S_1)$

$$\frac{E(S_1)}{S_0} = \frac{1+\pi}{1+\pi^F} = \frac{1+0.1}{1+0.06}$$

16) 해외투자안을 평가할 때 다음과 같은 외국통화접근법에 의해서도 동일한 결과를 얻을 수 있다.
첫째, 해외투자안의 모든 미래 현금흐름을 현지통화(외국통화)로 추정한다.
둘째, 외국통화로 추정된 현금흐름을 외국의 적절한 할인율로 할인하여 NPV(외국통화)를 계산한다.
셋째, 외국통화로 계산된 NPV를 현물환율에 의해 국내통화로 환산한다.

$$E(S_1)=S_0\left(\frac{1+0.1}{1+0.06}\right)=1,200\times\left(\frac{1+0.1}{1+0.06}\right)=₩1,245.28/\$$$

• 2년도 말 대미달러화의 기대현물환율[17]: $E(S_2)$

$$\frac{E(S_2)}{E(S_1)}=\frac{1+\pi}{1+\pi^F}=\frac{1+0.1}{1+0.06}$$

$$E(S_2)=E(S_1)\left(\frac{1+0.1}{1+0.06}\right)=1,245.28\times\left(\frac{1+0.1}{1+0.06}\right)=₩1,292.27/\$$$

• 3년도 말 대미달러화의 기대현물환율[18]: $E(S_3)$

$$\frac{E(S_3)}{E(S_2)}=\frac{1+\pi}{1+\pi^F}=\frac{1+0.1}{1+0.06}$$

$$E(S_3)=E(S_2)\left(\frac{1+0.1}{1+0.06}\right)=1,292.27\times\left(\frac{1+0.1}{1+0.06}\right)=₩1,341.03/\$$$

㈜한성전자의 해외투자로부터 발생하는 현금흐름을 대미달러화 기대현물환율에 의해 원화로 환산하면 〈표 9-1〉과 같다.

투자안의 자본비용이 15%라면, ㈜한성전자가 고려하고 있는 미국현지의 반도체 공장설립안의 순현가를 다음과 같이 계산할 수 있다.

$$NPV=-9,600,000+\frac{3,735,840}{1.15}+\frac{3,876,810}{1.15^2}+\frac{4,023,090}{1.15^3}$$

$$=-774,771.17\text{만원}$$

순현가가 0보다 작으므로 ㈜한성전자는 미국현지에 반도체공장을 설립하지 않아야 한다.

표 9-1 ㈜한성전자의 현금흐름

항 목	0	1년도 말	2년도 말	3년도 말
현금흐름(만달러)	−8,000	3,000	3,000	3,000
기대현물환율(₩/$)	1,200	1,245.28	1,292.27	1,341.03
현금흐름(만원)	−9,600,000	3,735,840	3,876,810	4,023,090

17) $E(S_2)=S_0\left(\frac{1+0.1}{1+0.06}\right)^2=1,200\times\left(\frac{1+0.1}{1+0.06}\right)^2=₩1,292.27/\$$

18) $E(S_3)=S_0\left(\frac{1+0.1}{1+0.06}\right)^3=1,200\times\left(\frac{1+0.1}{1+0.06}\right)^3=₩1,341.03/\$$

해외투자안의 순현가를 계산할 때 반드시 시장에서 추정된 환율을 사용해야 한다는 것을 유의하여야 한다. 예를 들어 ㈜한성전자의 재무관리자는 시장에서 예상하는 것보다 달러화가 훨씬 더 강세를 보일 것으로 생각하고 이를 이용하여 달러화를 원화로 환산한다면, 해외투자안의 원화기준 현금흐름이 증가하여 순현가가 0보다 커질 수도 있다. 그러나 ㈜한성전자는 자체의 환율예상을 해외투자안 평가에 이용하지 않아야 한다. 이 경우 ㈜한성전자가 자체의 달러화 강세라는 환율전망에 의해서 취할 수 있는 현명한 행동은 선물환시장에서 달러화를 보다 많이(투기적으로) 매입하는 것이다. 기업은 선물환시장 등을 이용하여 현재시점에서 미래의 환율을 고정시킬 수 있기 때문에 해외투자결정과 미래 환율변동에 관한 전망은 독립적이라 할 수 있다. 즉 현재시점에서 투자안으로부터 발생되는 미국 달러화의 현금흐름을 선물환계약을 체결하여 선물환율로 고정시키면, 원화로 환산된 현금흐름은 대미달러화 환율변동에 관계없이 확실한 값을 가질 수 있다.

3.2 국제기업의 자본비용

해외투자안의 평가에 사용해야 하는 자본비용은 유사한 국내투자안과 다소 차이가 있는데, 그 차이는 국제금융시장의 분리(국제분산투자의 가능성)와 재산몰수, 외환통제, 세금 등 정치적 위험에 의해 발생한다.

국제분산투자

포트폴리오이론에 의하면 개별주식의 위험은 분산투자로 제거가 가능한 비체계적 위험과 분산투자로도 제거될 수 없는 체계적 위험으로 나누어진다. 그러나 체계적 위험이라고 해서 더 이상 제거가 불가능한 것이 아니며, 투자대상을 외국증권으로 확대하여 국제적으로 분산투자할 경우에는 체계적 위험도 상당부분이 제거될 수 있다. 즉 개별국가에 위치한 기업에 전반적인 영향을 미치는 요인이 국가간에 서로 상이하여 국제적으로 분산투자할 경우 개별국가 특유의 요인이 서로 상쇄된다. 따라서 국내주식에만 분산투자할 경우 제거할 수 없는 체계적 위험도 어느 정도 제거할 수 있을 것이다. 예를 들어 특정국가에 국한된 전쟁, 내란, 정변 등의 정치적 위험이나 각국의 독립적인 금융·재정정책, 자연자원의 편재, 상이한 산업기반, 상이한 경기변동주기 등 여러 가지 요인으로 인한 특정국가의 체계적 위험은 **국제분산투자**에 의해 부분적으로 제거될 수 있다. 솔닉(B. H. Solnik)의 연구에 의하면 [그림 9－3]에서 볼 수 있는 바와 같이 미국 내의 주식만으로 분산투자를 했을 경우에는 제거할 수 없는 체계적 위험이 27.0%이던 것이, 국제분산투자를 했을 경우 체계적 위험은 50% 이상 감소된 11.7%로 하락하였

그림 9-3 국제분산투자의 위험감소효과

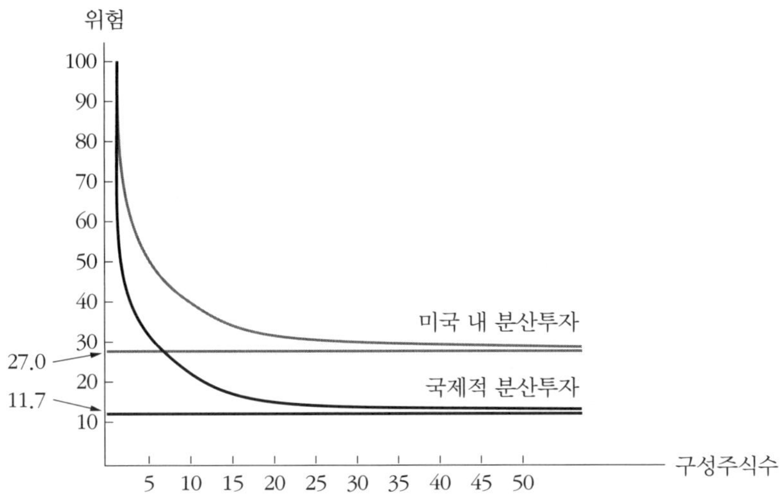

다.[19] 그러나 국제금융시장이 분리되어 있는 경우 일반투자자는 직접 외국 주식을 취득할 수 없기 때문에 국제분산투자의 효과를 얻을 수 없다. 이 경우 기업의 해외투자는 국내투자자에게 간접적인 국제분산투자기회를 제공하기 때문에 해외투자의 자본비용을 감소시킬 수 있다.

정치적 위험

재산몰수, 과실송금제한 등의 외환통제, 그리고 불리한 세금정책 등의 **정치적 위험**이 증가할수록 해외투자안의 자본비용은 증가할 것이다. 앞에서 설명한 ㈜한성전자의 투자안에서는 세금을 제외한 모든 현금흐름이 본국으로 송금되는 것을 가정하였다. 그러나 현지정부는 과실송금에 매우 민감하게 반응하며, 실제로 과실송금에 대하여 제약을 가할 수 있다. 또한 해외투자를 할 경우 대부분 양국정부 사이에 이중과세방지협정을 맺어 세금이 이중으로 부과되지 않도록 하지만, 경제 및 문화제도 등의 차이로 인한 여러 가지 제약요인이 존재할 수 있다. 이와 같은 정치적 위험으로 인해 해외투자안의 자본비용은 국내투자안의 자본비용보다 클 수 있다.

---

19) B. H. Solnik, "Why Not Diversify Internationally Rather Than Domestically?," *Financial Analysts Journal*, Vol. 30(Jul.－Aug. 1974), pp. 48~54.

4 국제자금조달

국제기업은 해외투자자금을 조달하기 위하여 다음과 같은 세 가지 기본적 방법을 사용할 수 있다.

첫째, 국내에서 해외투자자금을 조달하여 해외현지에 송금한다.

둘째, 해외현지에서 투자소요자금을 차입한다.

셋째, 부채비용이 가장 낮은 제3국에서 투자소요자금을 차입한다.

국내에서 해외투자자금을 조달할 경우 환율변동에 따른 위험이 나타날 수 있다. 그리고 해외투자자금을 현지에서 차입하여 조달할 수 있는데, 이는 환위험을 피할 수 있는 방법이다. 또 다른 대안으로 제3국에서 차입하여 조달할 경우 명목이자율 이외에도 물가상승률을 감안한 실질이자율을 고려해야 함을 유의하여야 한다.

국제자금조달이 가능한 국제금융시장은 자금조달방법상 역내금융인가 역외금융인가, 또는 간접금융인가 직접금융인가에 따라 〈표 9－2〉와 같은 분류가 가능하다. **역내시장**(internal market or foreign market)이란 외국의 금융시장에서 그 나라 통화표시의 자금을 조달하는 방법을 말하며, **역외시장**(external market or offshore market)이란 일국의 자금조달자가 일정통화표시의 자금을 표시통화국 이외의 나라에서 조달하는 방식을 말한다. 그리고 간접금융은 은행 등 금융중개기관을 통해서 자금을 조달하는 것이며, 직접금융은 주식, 채권 등을 발행하여 자본시장에서 투자자로부터 직접 자금을 조달하는 것을 말한다.

4.1 현지금융시장

현지금융시장은 외국에 있는 은행 등을 통해 그 나라의 통화로 자금을 차입하는 시장을 말한다. 예를 들어 한국기업의 미국지사가 미국 내 은행으로부터 미달러화를 차입하거나, 또는 한국기업의 일본지사가 일본 내 은행으로부터 엔을 차입하는 경우 등은 현지금융시장에서의 간접자금조달에 속한다.

표 9－2 국제자금조달방법의 분류

금융방법 \ 금융시장	역내시장	역외시장
간접금융	현지금융시장	유로금융시장
직접금융	현지자본시장	유로자본시장

4.2 현지자본시장

현지자본시장은 외국에서 그 나라 통화표시의 채권이나 주식을 발행하여 자금을 조달하는 시장을 말한다. 현지자본시장에서 발행되는 채권, 즉 외국인이 현지국통화로 통화의 발행국에서 발행한 채권을 **외국채권**(foreign bond)이라 한다. 예를 들어 한국기업이 미국시장에서 미달러표시로 채권을 발행하였을 경우 이를 외국채권이라 할 수 있다. 특히 미국에서 발행된 미달러표시 외국채권을 양키본드(yankee bond), 일본에서 발행된 일본 엔화표시 외국채권을 사무라이본드(samurai bond), 영국에서 발행되는 파운드표시 외국채권을 불독본드(bulldog bond), 중국에서 발행되는 위안화표시 외국채권을 판다본드(panda bond), 한국에서 발행된 원화표시 외국채권을 아리랑본드(arirang bond)라 부른다.

4.3 유로금융시장

유로금융시장이란 통화의 발행국 이외의 지역에서 금융거래가 이루어지는 시장을 말한다. 예를 들어 미국 이외(특히 유럽) 지역에 있는 은행에 미달러화를 예치하거나 미국 이외 지역에 있는 은행으로부터 미달러화를 차입하는 거래가 이루어지는 시장을 들 수 있다. 미국 이외 지역에 있는 은행에서 거래가 이루어지는 미달러화를 유로달러(Eurodollar), 일본 이외 지역에 있는 은행에서 거래가 이루어지는 엔화를 유로엔(Euroyen), 영국 이외 지역에 있는 은행에서 거래가 이루어지는 파운드화를 유로파운드(Europound)라 하며, 이들을 통칭해서 **유로통화**(Eurocurrency)라고 부른다.

유로통화를 거래하는 유로통화시장은 세계의 다국적은행들로 구성되어 있으며, 대부분의 차입자들은 각국의 대기업이나 정부이다.[20] 이 유로통화시장에서 제공되는 대출은 중기자금으로서 3년 내지 8년의 만기를 가지고 있다. 유로통화시장이 갖는 중요한 특징은 대출이 변동금리 조건으로 이루어지고 있다는 점이다. 일반적으로 유로통화의 이자율은 대출기간, 표시통화 및 차입자의 신용도에 따라 **런던은행간대출금리**(London Inter-bank Offered Rate: LIBOR)에 일정률의 가산금리인 스프레드(spread)를 합하여 결정된다.

유로달러 중 싱가포르에서 거래되는 것을 특히 아시아달러(Asiadollar)라고 한다.[21] 그러나 아시아달러는 약간 특이한 성격을 갖는데, 즉 아시아달러는 역외자

20) 우리나라 차관의 대부분은 유로달러시장을 통해서 들어온다.

21) 아시아달러시장에서 차입자에게 적용되는 이자율은 보통 싱가포르은행간대출금리(Singapore Inter-Bank Offered Rate: SIBOR)라고 하는 기준금리에 일정률의 가산금리인 스프레드를 합해서 결정된다.

금(offshore fund)이라는 것이다. 역외금융(offshore banking)이란 금융기관이 어느 특정 나라에 물리적으로 위치하고 있으나, 그 나라의 금융제도와는 아무 관계를 가지지 않고 금융기능을 수행하는 것을 말한다. 즉 이것은 한 나라의 예금취급기관이 비거주자(외국인 등)로부터 외화자금을 받아 비거주자에게만 대출할 수 있고 그 외화자금이 국내로 유입되는 것을 금지하는 금융방식이다. 이때의 외화자금을 역외자금이라 한다. 세계적으로 유명한 역외금융센터(offshore banking unit: OBU)로는 룩셈부르크, 홍콩, 싱가포르 등이 있다.

4.4 유로자본시장

유로자본시장은 일국의 차입자가 일정통화표시의 주식 또는 채권을 표시통화국 이외의 나라에서 발행하여 자금을 조달하는 시장을 말한다. 유로자본시장에서 거래되는 채권을 **유로채권**(Eurobond)이라 한다.[22] 유로채권에는 미달러표시로 발행되어 미국 이외의 나라에서 상장·거래되는 채권인 유로달러채권(Eurodollar bond), 유럽금융시장에서 엔화표시로 발행된 채권인 유로엔채권(Euroyen bond) 등이 있다. 유로채권의 인수단 및 판매그룹은 수개국의 은행, 증권회사 등으로 구성되고 수개국의 투자자들에게 판매된다.

재무 FOCUS

김치본드

김치본드(kimchi bond)는 외국 또는 국내기업이 국내에서 발행하는 외화표시채권을 말한다. 외국기업이 국내에서 원화로 발행하는 아리랑본드와 대비되는 개념이다. 2006년 미국 투자은행 베어스턴스가 국내시장에서 달러화로 회사채를 처음 발행하였으며, 2011년에는 신세계, KT, 기아자동차 등이 김치본드를 발행하였다. 김치본드는 달러 유

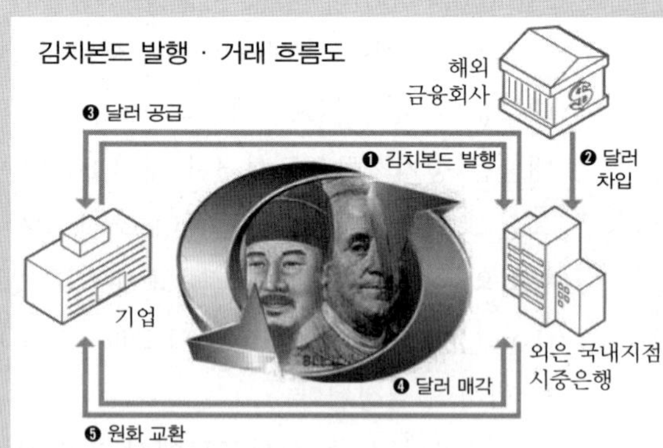

〈출처: 서울경제〉

동성이 풍부해 조달금리가 원화보다 낮을 경우 발행수요가 많아지며, 달러 등 외화를 필요

22) 유로주식(Euroequity)은 국제적인 유통시장의 부재로 활발하게 거래되지 못하고 있는 실정이다.

로 하는 기업이 달러를 직접 차입할 수 있게 도와준다. 또한 우리나라에 달러 유동성이 풍부할 경우 외국기업은 김치본드를 발행하여 달러 등 외화를 빌려 쓸 수 있다.

한편 기업이 다른 나라에서 발행하는 채권을 국제채권(international bond)이라고 하는데, 이는 발행국가의 현지 통화로 발행되는 외국채권과 발행하는 국가의 통화가 아닌 제3국의 통화로 발행되는 유로채권으로 구성된다. 김치본드와 같은 유로채권에는 유럽지역에서 미국 달러화로 발행되는 유로달러본드, 홍콩에서 홍콩달러가 아닌 위안화로 발행되는 딤섬본드(dimsum bond), 일본에서 엔화가 아닌 외화표시로 발행하는 쇼군본드(shogun bond) 등이 있다.

요 약

외환시장과 환율

1. 외환시장

▶ 환율
- 직접표시환율(또는 자국통화표시환율, 지급환율) : ₩1,000/$
- 간접표시환율(또는 외국통화표시환율, 수취환율) : $0.001/₩

▶ 외환거래 : 현물환거래, 선물환거래, 스왑거래

☞ 선물환할증(또는 할인) $= \dfrac{\text{선물환율} - \text{현물환율}}{\text{현물환율}} \times \dfrac{12}{\text{선물계약기간(월)}} \times 100(\%)$

2. 환율결정이론

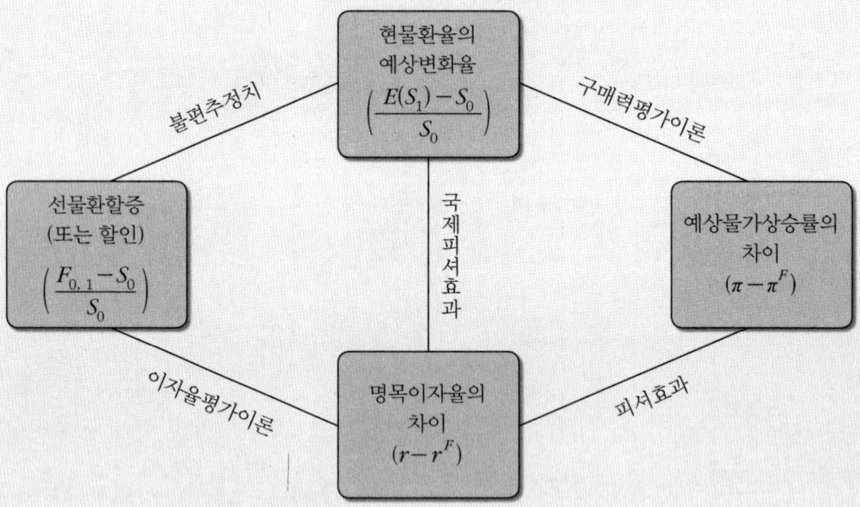

환위험관리

1. 환위험의 의의 및 측정

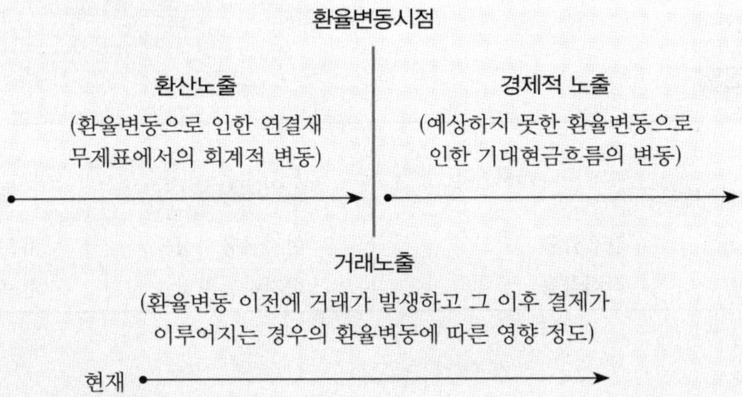

2. 환위험의 관리

▶ 거래노출의 관리

- 대내적 환노출관리방법: 네팅(netting), 매칭(matching),
  리딩(leading)과 래깅(lagging)
- 대외적 환노출관리방법: 선물환시장, 금융시장 등을 이용한 헤징

▶ 환산노출의 관리: 재무상태표 헤지(balance sheet hedge)

☞ 순환산노출액 = 0

▶ 경제적 노출의 관리: 기업의 영업활동 및 자금조달원천의 다변화

국제자본예산

1. 해외투자안의 평가

① 해외투자안의 모든 미래 현금흐름을 현지통화로 추정한다.
② 예상환율을 이용하여 국내통화로 환산한다.
③ 국내의 적절한 자본비용을 사용하여 NPV를 계산한다.

2. 국제기업의 자본비용

▶ 국제분산투자효과: 해외투자안의 자본비용 ↓

▶ 정치적 위험: 해외투자안의 자본비용 ↑

국제자금조달

금융방법 \ 금융시장	역내시장	역외시장
간접금융	현지금융시장	유로금융시장
직접금융	현지자본시장	유로자본시장

주요 용어

사 · 례 · 연 · 구

현재 환율 및 이자율에 관한 자료는 다음과 같다.

- 현물환율 = ₩1,000/$
- 6개월물 선물환율 = ₩1,010/$
- 국내 이자율 = 연 4%
- 미국 내 이자율 = 연 6%

(1) 당신이 현재 차입할 수 있는 금액은 10만달러(또는 10,000만원)이고 차익거래에 따른 거래비용은 없다고 가정하는 경우 차익거래이익과 그 과정을 제시하라.

(2) 현물환율과 국내 및 미국 내 이자율이 적정하다고 가정한다면, 6개월물 선물환율은 어떻게 되겠는가?

(3) 물음 (2)에서 구한 6개월물 선물환율이 ₩1,010/$과 다른 경우에도 거래비용이 존재한다면 차익거래가 발생하지 않을 수 있다. 시장의 불완전성으로 인하여 발생될 수 있는 거래비용을 구체적으로 설명하라. (문제에서 제시된 자료를 이용하여 현실적으로 발생가능한 거래비용의 종류를 제시할 것.)

:: 해 설

(1) $\dfrac{F_{0,\,6개월}-S_0}{S_0}=\dfrac{1,010-1,000}{1,000}=0.01>\dfrac{1+r}{1+r^F}-1=\dfrac{1+0.04/2}{1+0.06/2}-1=-0.0097$

→ 6개월 만기 미달러선물: 과대평가, 현물(미달러화): 과소평가

차익거래	현금흐름(만원)	
	현재(0시점)	만기일(6개월 후)
미달러선물 매도*	0	$10.3\times1,010-S_T$
현물(미달러화) 매입(미국은행에 예금)	$-10\times1,000$	S_T
현금차입(국내은행에서 차입)	$10\times1,000$	$-10\times1,000\times(1+0.04/2)$
차익거래이익	0	203

* 현재 10,000만원을 국내은행에서 차입하여 매입한 10만달러는 미국은행에 예금하는 경우 6개월 후 10.3만달러 [$=10\times(1+0.03)$]가 되므로, 이 금액을 기준으로 미달러선물을 매도해야 함.

(2) $\dfrac{F_{0,\,6개월}-1{,}000}{1{,}000}=\dfrac{1+0.04/2}{1+0.06/2}-1 \quad \therefore F_{0,\,6개월}=₩990.29/\$$

(3) 현실적으로 존재할 수 있는 거래비용은 다음과 같다.

- 현물환율의 매수호가와 매도호가의 차이
- 선물환율의 매수호가와 매도호가의 차이
- 국내의 예금이자율과 대출이자율의 차이
- 미국의 예금이자율과 대출이자율의 차이

이상에서 예시한 거래비용이 차익거래이익보다 클 경우 차익거래가 발생하지 않을 것이다.

연·습·문·제

▶ 객관식 문제

01 외환시장과 환율에 관한 다음의 설명 중 적절하지 않은 것은?

① 외환시장은 거래당사자에 따라 외국환은행과 고객(기업, 개인, 정부 등) 사이에 외환거래가 이루어지는 대고객시장과 외국환은행간에 거래가 이루어지는 은행간시장으로 구분된다.

② 직접표시환율(또는 자국통화표시환율)을 사용하는 우리나라의 경우 환율이 상승하였다는 것은 달러가치가 원화에 비해 하락한 반면, 원화가치는 달러에 비해 상승하였음을 뜻한다.

③ 일반적으로 외국통화 1단위에 대한 미달러화의 교환비율을 나타내는 방법, 즉 £1=$1.50 또는 $1.50/£를 미국식(American terms)이라 하며, 미국 달러 1단위에 대한 외국통화의 교환비율인 $1= £0.67 또는 £0.67/$를 유럽식(European terms)이라고 한다.

④ 현물환거래는 외환거래계약 후 통상 2영업일 이내에 현금결제가 이루어지는 거래를 말하며, 이때 적용되는 환율을 현물환율이라 한다.

⑤ 스왑거래는 미래의 일정시점에서 재매입(재매도)한다는 계약을 체결하면서 외환을 매도(매입)하는 거래를 말하며, 이때 재매입가격(선물환율)과 매도가격(현물환율)의 차이를 스왑률(swap rate)이라 한다.

02 환율결정이론에 관한 다음 설명 중 가장 타당하지 않은 것은? (CPA 1차 2000)

① 피셔효과가 성립하면, 양국간 명목이자율의 차이는 기대인플레이션율의 차이와 같게 된다.

② 구매력평가이론(PPP)에 따르면, 양국 통화간 현물환율의 기대변동률은 양국간 기대인플레이션율의 차이와 같게 된다.

③ 양국 통화간 현물환율의 기대변동률이 양국간 명목이자율의 차이와 같게 되는 현상을 국제피셔효과라라고 한다.

④ 이자율평가이론(IRP)에 따르면, 양국간 실질이자율의 차이는 선물환율의 할증률(혹은 할인율)과 같게 된다.

⑤ 이자율평가이론과 국제피셔효과가 성립하면, 선물환율은 미래 현물환율의 불편추정치가 된다.

03 한국의 90일 만기 국채의 만기수익률은 연 5%이며 180일 만기 국채의 만기수익률은 연 6%이다. 미국의 90일 만기 국채의 만기수익률은 연 5%이며 180일 만기 국채의 만기수익률은 연 5.5%이다. 이자율평가설(interest rate parity theory)이 성립한다고 가정하면 다음 중 가장 옳은 것은? (CPA 1차 2007)

① 현물환율과 90일 선물환율이 동일하다.

② 현물환율과 180일 선물환율이 동일하다.

③ 90일 선물환율과 180일 선물환율이 동일하다.

④ 주어진 정보로는 현물환율과 선물환율의 크기를 비교할 수 없다.

⑤ 한국 국채의 수익률곡선은 우하향 모양을 띠게 된다.

04 ㈜대한은 3,300만원의 투자자금을 보유하고 있다. 현재 현물환율은 KRW1,100/US$1이다. 미국의 금리는 연 10%이고 국내의 금리는 연 5%이다. 외환시장에서 선물환율(forward exchange rate)이 금리평가이론(interest rate parity theorem)에 의하여 결정된다고 하자. 현시점에서 1년 만기 선물환계약과 함께 미국의 단기금융시장에 총 3,300만원을 투자할 경우 1년 만기 선물환율과 투자회수총액의 조합으로 가장 적절한 것은? (CPA 1차 2011 수정)

	1년 만기 선물환율(KRW/US$1)	투자회수총액(만원)
①	1,025	3,275
②	1,050	3,465
③	1,075	3,585
④	1,100	3,660
⑤	1,125	3,685

05 미국 달러와 원화 환율에 대한 90일 만기 선도환율이 현재 국내외환시장과 뉴욕외환시장에서 각각 1,250원/$과 0.00077$/원에 형성되었다고 하자. 두 시장에서 동시에 거래할 수 있는 국내은행의 외환딜러라면 어떤 차익거래(arbitrage transaction)를 해야 하는가? (CPA 1차 2001)

① 한국시장에서 달러매도, 뉴욕시장에서 원화매도 선물환 체결

② 한국시장에서 달러매입, 뉴욕시장에서 원화매도 선물환 체결
③ 한국시장에서 달러매도, 뉴욕시장에서 원화매입 선물환 체결
④ 한국시장에서 달러매입, 뉴욕시장에서 원화매입 선물환 체결
⑤ 차익거래의 기회가 없다.

06 현재 미국의 $1에 대해서 현물환율은 1,000원이고 1년 만기 선물환율은 1,020원이다. 무위험이자율은 한국에서 연 5%이고 미국에서는 연 2%이다. 무위험이자율로 차입과 대출이 가능하고 거래비용이 없을 때, 차익거래의 방법으로 가장 적절한 것은? (CPA 1차 2017)

① 선물 매수, 달러 차입, 원화로 환전, 원화 대출
② 선물 매수, 원화 차입, 달러로 환전, 달러 대출
③ 선물 매도, 달러 차입, 원화로 환전, 원화 대출
④ 선물 매도, 원화 차입, 달러로 환전, 달러 대출
⑤ 선물 매도, 원화 차입, 달러로 환전, 원화 대출

07 ㈜청운은 6개월 후 미국기업에 대한 수출대금 1백만달러를 받을 예정이다. 다음 중 환위험을 헤지하기 위해 이 기업이 취할 수 있는 환위험관리전략으로 가장 적절한 것은?

① 6개월 만기의 달러 콜옵션을 매입한다.
② 6개월 만기의 달러 풋옵션을 매도한다.
③ 6개월 만기의 달러화 선물환 매입계약을 체결한다.
④ 동일한 행사가격의 만기 6개월짜리 달러 콜옵션과 풋옵션을 동시에 매수한다.
⑤ 외국은행에서 달러를 차입하여 이를 국내 외환시장에서 매도한 후, 국내은행에 예치한다.

08 ㈜한국은 3개월 후에 미국기업에 대한 수입대금 1백만달러를 지급해야 한다. 다음 중 환위험을 헤지하기 위해 이 기업이 취할 수 있는 환위험관리전략으로 가장 적절한 것은? (CPA 1차 2009)

① 동일한 행사가격의 3개월 만기의 달러 콜옵션과 달러 풋옵션을 동시에 매도한다.
② 스왑딜러를 통해 원화 수입이 주된 소득원인 미국 현지의 A기업과 달러를 지급하고 원화를 수취하는 원-달러 통화스왑계약을 체결한다.
③ 3개월 만기의 달러 콜옵션을 매입한다.
④ 국내 유로은행에서 달러를 차입하여 이를 외환시장에 매도한다.
⑤ 3개월 만기의 달러화 선물환 매도계약을 체결한다.

09 ㈜한국의 외화자금 수급에 대한 예측에 의하면 1년 후인 20×1년 3월에 5억엔 상당의 엔화 수입자금에 대한 결제와 500만불 상당의 달러화 수출자금에 대한 결제가 동시에 이루어진다. 다음과 같은 정보가 주어져 있을 때 ㈜한국이 환위험을 헤지(hedge)하기 위하여 택할 수 있는 방법으로 가장 적절한 것은? (단, 수수료는 무시하라.) (CPA 1차 2005)

• 달러화 이자율	:	연 3%
• 엔화 이자율	:	연 1%
• 엔/달러 현물환율	:	¥101.98/$
• 1년 엔/달러 선물환율	:	¥100/$
• 1년 만기 행사가격 ¥100/$의 달러화 풋옵션	:	¥9.86
• 1년 만기 행사가격 ¥100/$의 달러화 콜옵션	:	¥9.84

① 엔/달러 선물시장에서 500만불 상당의 달러 선물환을 매입한다.
② 달러 자금시장에서 1년 후 500만불을 상환하기로 하고 달러를 차입하여 엔/달러 현물시장에서 엔화로 교환한 후 엔화 자금 시장에 1년간 예치한다.
③ 엔/달러 현물시장에서 500만불 상당의 달러 현물환을 매입한다.
④ 달러화 풋옵션과 달러화 콜옵션을 동시에 매입한다.
⑤ 달러화 풋옵션을 매도한다.

10 국제기업의 해외투자자금 조달과 관련된 다음의 설명 중 가장 적절하지 않은 것은?

① 현지자본시장에서 발행되는 외국채권 중에는 양키본드, 사무라이본드, 불독본드, 판다본드, 아리랑본드 등이 있다.
② 유로통화를 거래하는 유로통화시장은 세계의 다국적은행들로 구성되어 있으며, 대부분의 차입자들은 각국의 대기업이나 정부이다.
③ 일반적으로 유로통화의 이자율은 대출기간, 표시통화 및 차입자의 신용도에 따라 런던은행간대출금리(LIBOR)에 일정률의 가산금리인 스프레드(spread)를 합하여 결정된다.
④ 역외금융은 한 나라의 예금취급기관이 비거주자(외국인 등)로부터 외화자금을 받아 비거주자에게 대출할 수 있을 뿐만 아니라 그 외화자금이 국내로 유입되는 것도 허용하는 금융방식이다.
⑤ 유로채권에는 미달러표시로 발행되어 미국 이외의 나라에서 상장 · 거래되는 채권인 유로달러채권, 유럽금융시장에서 엔화표시로 발행된 채권인 유로엔채권 등이 있다.

• 객관식 해답 **1.** ②, **2.** ④, **3.** ①, **4.** ②, **5.** ④, **6.** ①, **7.** ⑤, **8.** ③, **9.** ②, **10.** ④

▶ 주관식 문제

01 재정환율과 삼각차익거래

현물환 시장에서 환율이 다음과 같이 형성되어 있다.

> 서울: $1 = ₩1,260.00
> 동경: $1 = ¥120.00

외환시장은 효율적이며, 거래비용이 존재하지 않는다고 가정한다.

(1) 일본엔화에 대한 원화환율, 즉 재정환율(arbitrage rate)을 구하라.

(2) 현재 서울에서 일본엔화에 대한 원화환율이 ₩10.0/¥으로 형성되어 있다. 차익거래가 가능한가? 가능하다면 당신이 지금 ₩10,000,000을 가지고 있다고 가정하고 얼마만큼의 이익을 얻을 수 있는지 계산해 보라.

02 이자율평가이론과 매도차익거래 (CPA 2차 2006)

한국의 무위험이자율이 8%이고 미국의 무위험이자율이 4%이며, 1US달러당 원화의 현물환율이 950원이라고 하자. 1년 만기 선도환율이 950원이라면 어떤 차익거래가 있는지를 아래의 a, b, c 순서대로 답하라.

단, 미국에서는 10,000달러만, 한국에서는 950만원만을 무위험이자율로 차입할 수 있으며, 세금이나 거래비용이 없으며 거래 관련 신용위험도 없다고 가정한다. 차익은 만기 시점에서만 발생하도록 포지션을 구성해야 한다. 이론선도환율(₩/$)은 소수점 셋째 자리에서 반올림하라.

> a. 이자율평가설(interest-rate parity)을 이용하여 미국달러화에 대한 1년 만기 이론선도환율 도출
> b. 구성해야 할 포지션
> c. 만기에서의 원화기준 차익

03 선물환시장 또는 금융시장을 이용한 헤징 (CPA 2차 2008 수정)

한국의 ㈜산일은 20×1년 6월 1일 현재 미국의 ㈜포토맥으로부터 목재를 수입하고, 1년 후에 3,000만달러의 수입대금을 지급하기로 하였다. 20×1년 6월 1일 현재 현물환

율(spot exchange rate), 선물환율(forward exchange rate), 한국과 미국의 단기금융시장에서의 이자율은 다음과 같다. 예대금리차는 없는 것으로 가정한다. 단기금융시장에서의 차입 및 투자에 세금, 거래비용, 신용위험은 없다고 가정한다.

- 현물환율: ₩1,000/US$
- 1년물 선물환율: ₩1,100/US$
- 한국 단기금융시장의 연 이자율: 6%
- 미국 단기금융시장의 연 이자율: 4%

㈜산일은 미래 환율변동에 따른 위험을 헤지하기 위하여 1년 만기 달러선물환을 이용하거나 한국과 미국의 단기금융시장을 이용하는 두 가지 헤징방법을 고려하고 있다. (모든 계산은 반올림하여 소수점 넷째 자리까지 표시한다.)

(1) 두 가지 헤징방법 각각에 대해 1년 후인 20×2년 6월 1일의 원화표시 수입대금 지급액을 계산하고 두 가지 헤징방법 중 최적헤징방법을 선택하라.

(2) 한국과 미국의 금융시장이 균형하에 있다고 가정한다. 위의 두 가지 헤징방법이 무차별한 1년 만기 균형 선물환율을 계산하라.

04 고급 금융시장 또는 통화선물/옵션시장을 이용한 환위험관리

한국의 SH상사는 현재 미국으로부터 오렌지를 수입하고, 3개월 후에 1,000만달러를 지급하기로 하였다. 현재 환율 및 이자율에 관한 자료는 다음과 같다.

- 대미달러화 현물환율 = ₩1,200/$
- 한국의 이자율 = 연 8.04%
- 미국의 이자율 = 연 4.00%

한국거래소(KRX)에서 거래되고 있는 미국달러선물, 미국달러옵션의 거래단위는 모두 $10,000이다. 이상의 자료를 이용하여 다음의 물음에 답하라.

(1) 3개월 만기 미국달러선물 1계약의 가격은?

(2) SH상사의 재무관리자는 통화선물시장 또는 단기금융시장을 이용하여 환율변동에 따른 위험을 제거하려고 한다. 이 회사의 재무관리자가 현재 취할 수 있는 두 가지 전략을 구체적으로 설명하고, 그 결과를 비교하라.

(3) 현재 행사가격이 ₩1,200/$이고, 3개월 만기인 미국달러 콜옵션과 풋옵션의 가격(프리미엄)은 ₩10/$로 동일하다. 이와 같은 경우 차익거래이익을 얻을 수 있는가?

차익거래이익을 얻을 수 있다면, 그 과정을 구체적으로 제시하라. (단, 미국달러선물 1계약을 기준으로 차익거래과정을 제시할 것.)

05 고급 거래비용과 차익거래 (CPA 2차 2002 수정)

지금까지 국내 수요에만 의존하던 S전자는 올해 처음으로 미국에 전자제품을 수출하고 수출대금 $10,000,000를 3개월 후에 받기로 하였다. 환율 하락으로 인하여 3개월 후에 받을 수출대금의 원화가치가 감소할 위험을 방지하기 위해서 S전자는 헤징을 하기로 결정하였다. 현재 환율 및 이자율에 관한 자료는 다음과 같다.

- 달러화 현물(spot) 매입환율: ₩1,245/$
- 달러화 현물(spot) 매도환율: ₩1,235/$
- 달러화 3개월 선물환(forward) 매입환율: ₩1,242/$
- 달러화 3개월 선물환(forward) 매도환율: ₩1,230/$
- 원화 예금이자율: 연 5.6%
- 원화 차입이자율: 연 6.4%
- 달러화 예금이자율: 연 7.6%
- 달러화 차입이자율: 연 8.4%

※ 매입 또는 매도환율은 S전자가 달러화를 매입 또는 매도할 때 적용되는 환율을 의미함.

예를 들어 이자율이 연 5.6%라고 하면, 현재시점에서 100의 3개월 후 미래가치가 「$100\times(1+0.056\div4)=101.4$」와 같은 방식으로 계산된다고 할 때 다음의 물음에 답하라.

(1) 달러 선물환 매도를 통한 헤징과, 단기금융시장(money market)을 이용한 헤징 중 어떤 것이 S전자에게 더 유리한지 3개월 후에 확보되는 원화 금액을 비교하라. 단기금융시장을 이용한다는 것은 단기간에 걸쳐 달러화 또는 원화로 차입하거나 예금할 수 있음을 의미한다.

(2) 위의 물음 (1)에서 어느 한 쪽이 유리하다면 차익거래(arbitrage)의 가능성을 생각해 볼 수도 있을 것이다. 앞에서의 헤징과 별도로, S전자가 외환시장과 단기금융시장의 불균형을 이용한 차익거래이익을 만들어 낼 수 있는지 여부를 구체적으로 계산을 통해서 제시하라.

06 고급 세금과 환위험관리

㈜글로벌은 미국기업에 상품을 수출하고 6개월 후 400만달러를 받기로 하였다. ㈜글로벌은 환율 하락으로 인하여 6개월 후에 받을 수출대금의 원화가치가 감소할 위험을 방지하려고 한다. 이를 위해 ㈜글로벌은 미국 내 은행과 교섭하여 6개월 후 받을 수출

대금과 동일한 금액의 달러화를 8%의 이자율로 차입하고, 이를 현물환율에 의해 원화로 환전하여 6%의 이자율로 한국에 투자한다. 한편 ㈜글로벌은 6개월 후 수출대금 400만달러를 미국 내 은행에서의 차입금을 상환하는 데 사용한다. 양국의 유효세율은 20%로 동일할 경우 다음의 물음에 답하라.

(1) 현물환율이 ₩980/$이라면, 6개월 후 ㈜글로벌이 받을 수 있는 원화표시금액은 얼마인가?

(2) ㈜글로벌이 선물환시장을 이용하여 물음 (1)과 동일한 결과를 얻을 수 있다면 선물환율은 얼마인가? 또한 이 회사는 헤지를 위해 선물환의 매입포지션 또는 매도포지션 중 어느 포지션을 취해야 하는가?

(3) 선물환시장에서 ㈜글로벌과 반대의 포지션을 취하는 투기자는 그 대가로 위험프리미엄을 요구한다. 이 경우 선물환율은 6개월 후 현물환율에 대한 예상치(기대현물환율)와 비교하여 어떻게(높게 또는 낮게) 형성되는가?

07 통화옵션을 이용한 헤지전략 (CPA 2차 2000 수정)

㈜KM은 현재 엔화로 표시된 1년 만기 일본국채 3,000만엔과 달러표시 1년 만기 미국국채 100만달러를 매입하였다. 현재 현물환율은 1엔당 10원, 1달러당 1,200원이고, 미국의 1년 이자율은 6%, 일본의 1년 이자율은 3%이다. ㈜KM은 투자원금에 대해 환율변동으로 인한 손실을 헤지하기 위해 고심하고 있다. 이 회사는 주로 선물거래를 이용하여 헤지전략을 구사해 왔으나, 적합한 통화선물을 발견하기 어려워 통화옵션을 이용하고자 한다. 그러나 ㈜KM은 현재 옵션시장에서 옵션프리미엄에 대한 지출을 매우 꺼려하고 있으며, 이를 피하고자 한다. 또한 현재의 환율과 행사가격이 동일한 상태, 즉 등가격(at the money) 상태인 엔화에 대한 통화옵션의 가격(프리미엄)은 콜옵션이 80만원, 풋옵션이 60만원이다.

(1) 엔화에 대한 1년 후 현물환율이 1엔당 12원일 때, 투자수익률 10%를 획득하기 위한 1년 후 원/달러 환율을 구하라.

(2) 현재 ㈜KM은 엔화가치의 하락을 염려하고 있다. 이러한 환위험에 대비하여 Zero Cost Option전략(옵션에 대한 프리미엄이 0이 되도록 하는 옵션거래전략)을 취하려고 한다. 이러한 헤지전략을 구성하고 이 전략의 문제점을 서술하라.

08 환율결정이론과 국제자본예산 (CPA 2차 2003)

금리평가이론, 피셔이론, 구매력평가이론, 금리기간구조에 관한 순수기대이론, 불편선물환이론이 모두 성립하는 국제금융시장을 가정한다. 현재 한국의 원화채권수익률이 1

년, 2년, 3년 만기별로 각각 연 10%, 12% 16%이고, 미국의 달러화 채권수익률은 1년, 2년, 3년 만기별로 각각 연 6%, 5%, 4%라고 알려져 있다. 현재 외환시장에서 거래되는 원/달러 현물환율(S_0)은 $1＝₩1,000이다.

(1) 한국과 미국 채권의 수익률곡선(yield curve)을 같은 좌표평면 위에 도시하고, 곡선의 모양이 금리 및 환율에 대해 갖는 의미를 세 줄 이내로 간략히 설명하라.

(2) 각국 채권의 수익률 기간구조에 반영되어 있는 내년과 내후년에 예상되는 1년 만기 내재선도금리(implied forward interest rate)를 계산하고, 순수기대이론에 입각하여 한국과 미국의 미래 단기금리의 방향을 예측하라. (백분율 기준으로 소수점 이하 절사)

(3) 금리평가이론과 불편선물환이론을 적용하여 내년(시점 1)의 예상현물환율(S_1^e)과 내후년(시점 2)의 예상현물환율(S_2^e)을 구하라. (소수점 이하 절사)

(4) 한국에 본사를 둔 ㈜K&K는 이러한 예상환율을 기초로 미국에 지점을 설치하여 2년간 운영하는 투자안의 경제적 타당성을 검토하고자 한다. 이 투자안 시행을 위해서는 미화 4,000만달러의 초기 투자가 소요되고, 향후 2년간에 걸쳐 매년 2,200만달러의 현금유입이 예상된다. 이 투자안을 평가하기 위한 할인율은 15%이다. 또한 현금흐름은 발생된 시점의 환율을 사용하여 원화로 환산하되, 이에 따른 추가비용은 없다고 가정한다. 투자안의 순현재가치를 산출하고, 그 결과에 근거하여 투자안의 채택여부를 결정하라. (백만원 단위 미만 절사)

09 해외채권투자와 환위험

(CPA 2차 1996 수정)

국민펀드는 10억원의 기금을 조성하여 미국, 일본, 한국의 국채에 투자하려고 한다. 각국의 이자율은 한국이 8%, 일본이 6%, 미국이 5%이며, 환율에 대한 자료는 다음과 같다.

환율 \ 통화	일 본	미 국
현물환율	₩10.5/¥	₩1,180/$
1년 후 기대환율	₩10.8/¥	₩1,220/$

(1) 미래의 기대수익률을 기준으로 투자할 경우 국민펀드는 10억원을 어느 국가에 투자해야 하는가? 그리고 이와 같은 투자결정의 문제점은?

(2) 국민펀드가 환위험에 대해 헤지를 하는 경우, 각국에서의 투자시 기대되는 투자수익률은?

(3) 1년 후 일본, 미국의 이자율은 변동이 없으나 한국만 명목이자율의 변동 없이 2%p.의 실질이자율이 하락할 것으로 예상된다면, 각국의 통화에 대한 1년 후 기대현물환율은 얼마인가?

10 이자율과 해외투자안 평가 (CPA 2차 2013)

외환시장에서 현재 거래되는 원/달러 현물환율은 ₩1,100/$이고 원/엔 현물환율은 ₩1,100/100¥이다. 또한 한국, 미국 및 일본의 만기별 채권수익률은 다음과 같다.

만 기		1년	2년	3년
만기별 채권 수익률	한 국	4.0%	3.5%	3.0%
	미 국	3.0%	4.0%	4.5%
	일 본	0.5%	0.5%	0.5%

(1) 향후 원/달러(₩/$)와 원/엔(₩/100¥) 환율은 어떻게 변할 것으로 기대되는가? 구매력평가이론과 피셔이론이 성립한다고 가정한다. 환율은 반올림하여 소수점 둘째 자리까지 표기하라.

(2) 채권수익률의 기간구조이론 중 유동성선호가설이 성립하며, 한국의 경우 2차 연도와 3차 연도의 유동성프리미엄이 각각 0.5%와 0.7%이고 미국의 경우 2차 연도와 3차 연도의 유동성프리미엄이 각각 0.2%와 0.5%이다. 한국과 미국의 1년 만기 채권수익률은 1년 후와 2년 후 각각 얼마가 될 것으로 예상되는가? 반올림하여 소수점 셋째 자리까지 %로 표기하라.

(3) 한국의 K자동차는 미국의 소비자들에게 보다 원활한 서비스를 제공하기 위해 부품공장을 건설할 계획이다. 이 투자에는 초기 6,000만 달러가 소요되며 이후 3년간 매년 3,000만 달러의 현금유입이 예상된다. 3년 후 발생하는 현금흐름은 무시한다. 이 투자안에 적용되는 할인율은 여러 가지 요소를 고려하여 자국통화 기준으로 20%로 결정하였다. 금액은 반올림하여 소수점 둘째 자리까지 표기하라.

① 자국통화 기준 해외투자안의 NPV를 산출하라.

② 미국통화 기준 해외투자안의 NPV를 산출하라. 단, 환율을 고려하여 매년 할인율을 제시하라.

부록 I 부 표

부표-1 복리이자요소$(CVIF_{r,\ n}) = (1+r)^n$

기간	이자율									
	1%	2%	3%	4%	5%	6%	7%	8%	9%	10%
1	1.0100	1.0200	1.0300	1.0400	1.0500	1.0600	1.0700	1.0800	1.0900	1.1000
2	1.0201	1.0404	1.0609	1.0816	1.1025	1.1236	1.1449	1.1664	1.1881	1.2100
3	1.0303	1.0612	1.0927	1.1249	1.1576	1.1910	1.2250	1.2597	1.2950	1.3310
4	1.0406	1.0824	1.1255	1.1699	1.2155	1.2625	1.3108	1.3605	1.4116	1.4641
5	1.0510	1.1041	1.1593	1.2167	1.2763	1.3382	1.4026	1.4693	1.5386	1.6105
6	1.0615	1.1262	1.1941	1.2653	1.3401	1.4185	1.5007	1.5869	1.6771	1.7716
7	1.0721	1.1487	1.2299	1.3159	1.4071	1.5036	1.6058	1.7138	1.8280	1.9487
8	1.0829	1.1717	1.2668	1.3686	1.4775	1.5938	1.7182	1.8509	1.9926	2.1436
9	1.0937	1.1951	1.3048	1.4233	1.5513	1.6895	1.8385	1.9990	2.1719	2.3579
10	1.1046	1.2190	1.3439	1.4802	1.6289	1.7908	1.9672	2.1589	2.3674	2.5937
11	1.1157	1.2434	1.3842	1.5395	1.7103	1.8983	2.1049	2.3316	2.5804	2.8531
12	1.1268	1.2682	1.4258	1.6010	1.7959	2.0122	2.2522	2.5182	2.8127	3.1384
13	1.1381	1.2936	1.4685	1.6651	1.8856	2.1329	2.4098	2.7196	3.0658	3.4523
14	1.1495	1.3195	1.5126	1.7317	1.9799	2.2609	2.5785	2.9372	3.3417	3.7975
15	1.1610	1.3459	1.5580	1.8009	2.0789	2.3966	2.7590	3.1722	3.6425	4.1772
16	1.1726	1.3728	1.6047	1.8730	2.1829	2.5404	2.9522	3.4259	3.9703	4.5950
17	1.1843	1.4002	1.6528	1.9479	2.2920	2.6928	3.1588	3.7000	4.3276	5.0545
18	1.1961	1.4282	1.7024	2.0258	2.4066	2.8543	3.3799	3.9960	4.7171	5.5599
19	1.2081	1.4568	1.7535	2.1068	2.5270	3.0256	3.6165	4.3157	5.1417	6.1159
20	1.2202	1.4859	1.8061	2.1911	2.6533	3.2071	3.8697	4.6610	5.6044	6.7275
21	1.2324	1.5157	1.8603	2.2788	2.7860	3.3996	4.1406	5.0338	6.1088	7.4002
22	1.2447	1.5460	1.9161	2.3699	2.9253	3.6035	4.4304	5.4365	6.6586	8.1403
23	1.2572	1.5769	1.9736	2.4647	3.0715	3.8197	4.7405	5.8715	7.2579	8.9543
24	1.2697	1.6084	2.0328	2.5633	3.2251	4.0489	5.0724	6.3412	7.9111	9.8497
25	1.2824	1.6406	2.0938	2.6658	3.3864	4.2919	5.4274	6.8485	8.6231	10.835
30	1.3478	1.8114	2.4273	3.2434	4.3219	5.7435	7.6123	10.063	13.268	17.449
40	1.4889	2.2080	3.2620	4.8010	7.0400	10.286	14.974	21.725	31.409	45.259
50	1.6446	2.6916	4.3839	7.1067	11.467	18.420	29.457	46.902	74.358	117.39
60	1.8167	3.2810	5.8916	10.520	18.679	32.988	57.946	101.26	176.03	304.48

기간	이 자 율									
	12%	14%	15%	16%	18%	20%	24%	28%	32%	36%
1	1.1200	1.1400	1.1500	1.1600	1.1800	1.2000	1.2400	1.2800	1.3200	1.3600
2	1.2544	1.2996	1.3225	1.3456	1.3924	1.4400	1.5376	1.6384	1.7424	1.8496
3	1.4049	1.4815	1.5209	1.5609	1.6430	1.7280	1.9066	2.0972	2.3000	2.5155
4	1.5735	1.6890	1.7490	1.8106	1.9388	2.0736	2.3642	2.6844	3.0360	3.4210
5	1.7623	1.9254	2.0114	2.1003	2.2878	2.4883	2.9316	3.4360	4.0075	4.6526
6	1.9738	2.1950	2.3131	2.4364	2.6996	2.9860	3.6352	4.3980	5.2899	6.3275
7	2.2107	2.5023	2.6600	2.8262	3.1855	3.5832	4.5077	5.6295	6.9826	8.6054
8	2.4760	2.8526	3.0590	3.2784	3.7589	4.2998	5.5895	7.2058	9.2170	11.703
9	2.7731	3.2519	3.5179	3.8030	4.4355	5.1598	6.9310	9.2234	12.166	15.917
10	3.1058	3.7072	4.0456	4.4114	5.2338	6.1917	8.5944	11.806	16.060	21.647
11	3.4785	4.2262	4.6524	5.1173	6.1759	7.4301	10.657	15.112	21.199	29.439
12	3.8960	4.8179	5.3503	5.9360	7.2876	8.9161	13.215	19.343	27.983	40.037
13	4.3635	5.4924	6.1528	6.8858	8.5994	10.699	16.386	24.759	36.937	54.451
14	4.8871	6.2613	7.0757	7.9875	10.147	12.839	20.319	31.691	48.757	74.053
15	5.4736	7.1379	8.1371	9.2655	11.974	15.407	25.196	40.565	64.359	100.71
16	6.1304	8.1372	9.3576	10.748	14.129	18.488	31.243	51.923	84.954	136.97
17	6.8660	9.2765	10.761	12.468	16.672	22.186	38.741	66.461	112.14	186.28
18	7.6900	10.575	12.375	14.463	19.673	26.623	48.039	85.071	148.02	253.34
19	8.6128	12.056	14.232	16.777	23.214	31.948	59.568	108.89	195.39	344.54
20	9.6463	13.743	16.367	19.461	27.393	38.338	73.864	139.38	257.92	468.57
21	10.804	15.668	18.822	22.574	32.324	46.005	91.592	178.41	340.45	637.26
22	12.100	17.861	21.645	26.186	38.142	55.206	113.57	228.36	449.39	866.67
23	13.522	20.362	24.891	30.376	45.008	66.247	140.83	292.30	593.20	1178.7
24	15.179	23.212	28.625	35.236	53.109	79.497	174.63	374.14	783.02	1603.0
25	17.000	26.462	32.919	40.874	62.669	95.396	216.54	478.90	1033.6	2180.1
30	29.960	50.950	66.212	85.850	143.37	237.38	634.82	1645.5	4142.1	10143.
40	93.051	188.88	267.86	378.72	750.38	1469.8	5455.9	19427.	66521.	*
50	289.00	700.23	1083.7	1670.7	3927.4	9100.4	46890.	*	*	*
60	897.60	2595.9	4384.0	7370.2	20555.	56348.	*	*	*	*

부표-2 연금의 복리이자요소$(CVIFA_{r,\,n}) = \left[\dfrac{(1+r)^n}{r} - \dfrac{1}{r}\right]$

기간	이자율									
	1%	2%	3%	4%	5%	6%	7%	8%	9%	10%
1	1.0000	1.0000	1.0000	1.0000	1.0000	1.0000	1.0000	1.0000	1.0000	1.0000
2	2.0100	2.0200	2.0300	2.0400	2.0500	2.0600	2.0700	2.0800	2.0900	2.1000
3	3.0301	3.0604	3.0909	3.1216	3.1525	3.1836	3.2149	3.2464	3.2781	3.3100
4	4.0604	4.1216	4.1836	4.2465	4.3101	4.3746	4.4399	4.5061	4.5731	4.6410
5	5.1010	5.2040	5.3091	5.4163	5.5256	5.6371	5.7507	5.8666	5.9847	6.1051
6	6.1520	6.3081	6.4684	6.6330	6.8019	6.9753	7.1533	7.3359	7.5233	7.7156
7	7.2135	7.4343	7.6625	7.8983	8.1420	8.3938	8.6540	8.9228	9.2004	9.4872
8	8.2857	8.5830	8.8932	9.2142	9.5491	9.8975	10.260	10.637	11.028	11.436
9	9.3685	9.7546	10.159	10.583	11.027	11.491	11.978	12.488	13.021	13.570
10	10.462	10.950	11.464	12.006	12.578	13.181	13.816	14.487	15.193	15.937
11	11.567	12.169	12.808	13.486	14.207	14.972	15.784	16.645	17.560	18.531
12	12.683	13.412	14.192	15.026	15.917	16.870	17.888	18.977	20.141	21.384
13	13.809	14.680	15.618	16.627	17.713	18.882	20.141	21.495	22.953	24.523
14	14.947	15.974	17.086	18.292	19.599	21.015	22.550	24.215	26.019	27.975
15	16.097	17.293	18.599	20.024	21.579	23.276	25.129	27.152	29.361	31.772
16	17.258	18.639	20.157	21.825	23.657	25.673	27.888	30.324	33.003	35.950
17	18.430	20.012	21.762	23.698	25.840	28.213	30.840	33.750	36.974	40.545
18	19.615	21.412	23.414	25.645	28.132	30.906	33.999	37.450	41.301	45.599
19	20.811	22.841	25.117	27.671	30.539	33.760	37.379	41.446	46.018	51.159
20	22.019	24.297	26.870	29.778	33.066	36.786	40.995	45.762	51.160	57.275
21	23.239	25.783	28.676	31.969	35.719	39.993	44.865	50.423	56.765	64.002
22	24.472	27.299	30.537	34.248	38.505	43.392	49.006	55.457	62.873	71.403
23	25.716	28.845	32.453	36.618	41.430	46.996	53.436	60.893	69.532	79.543
24	26.973	30.422	34.426	39.083	44.502	50.816	58.177	66.765	76.790	88.497
25	28.243	32.030	36.459	41.646	47.727	54.865	63.249	73.106	84.701	98.347
30	34.785	40.568	47.575	56.085	66.439	79.058	94.461	113.28	136.31	164.49
40	48.886	60.402	75.401	95.026	120.80	154.76	199.64	259.06	337.88	442.59
50	64.463	84.579	112.80	152.67	209.35	290.34	406.53	573.77	815.08	1163.9
60	81.670	114.05	163.05	237.99	353.58	533.13	813.52	1253.2	1944.8	3034.8

기간	이 자 율									
	12%	14%	15%	16%	18%	20%	24%	28%	32%	36%
1	1.0000	1.0000	1.0000	1.0000	1.0000	1.0000	1.0000	1.0000	1.0000	1.0000
2	2.1200	2.1400	2.1500	2.1600	2.1800	2.2000	2.2400	2.2800	2.3200	2.3600
3	3.3744	3.4396	3.4725	3.5056	3.5724	3.6400	3.7776	3.9184	4.0624	4.2096
4	4.7793	4.9211	4.9934	5.0665	5.2154	5.3680	5.6842	6.0156	6.3624	6.7251
5	6.3528	6.6101	6.7424	6.8771	7.1542	7.4416	8.0484	8.6999	9.3983	10.146
6	8.1152	8.5355	8.7537	8.9775	9.4420	9.9299	10.980	12.136	13.406	14.799
7	10.089	10.730	11.067	11.414	12.142	12.916	14.615	16.534	18.696	21.126
8	12.300	13.233	13.727	14.240	15.327	16.499	19.123	22.163	25.678	29.732
9	14.776	16.085	16.786	17.519	19.086	20.799	24.712	29.369	34.895	41.435
10	17.549	19.337	20.304	21.321	23.521	25.959	31.643	38.593	47.062	57.352
11	20.655	23.045	23.349	25.733	28.755	32.150	40.238	50.398	63.122	78.998
12	24.133	27.271	29.002	30.850	34.931	39.581	50.895	65.510	84.320	108.44
13	28.029	32.089	34.352	36.786	42.219	48.497	64.110	84.853	112.30	148.47
14	32.393	37.581	40.505	43.672	50.818	59.196	80.496	109.61	149.24	202.93
15	37.280	43.842	47.580	51.660	60.965	72.035	100.82	141.30	198.00	276.98
16	42.753	50.980	55.717	60.925	72.939	87.442	126.01	181.87	262.36	377.69
17	48.884	59.118	65.075	71.673	87.068	105.93	157.25	233.79	347.31	514.66
18	55.750	68.394	75.836	84.141	103.74	128.12	195.99	300.25	459.45	700.94
19	63.440	78.969	88.212	98.603	123.41	154.74	244.03	385.32	607.47	954.28
20	72.052	91.025	102.44	115.38	146.63	186.69	303.60	494.21	802.86	1298.8
21	81.699	104.77	118.81	134.84	174.02	225.03	377.46	633.59	1060.8	1767.4
22	92.503	120.44	137.63	157.41	206.34	271.03	469.06	812.00	1401.2	2404.7
23	104.60	138.30	159.28	183.60	244.49	326.24	582.63	1040.4	1850.6	3271.3
24	118.16	158.66	184.17	213.98	289.49	392.48	723.46	1332.7	2443.8	4450.0
25	133.33	181.87	212.79	249.21	342.60	471.98	898.09	1706.8	3226.8	6053.0
30	241.33	356.79	434.75	530.31	790.95	1181.9	2640.9	5873.2	12941.2	8172.3
40	767.09	1342.0	1779.1	2360.8	4163.2	7343.9	22729.	69377.	*	*
50	2400.0	4994.5	7217.7	10436.	21813	45497	*	*	*	*
60	7471.6	18535.	29220.	46058.	*	*	*	*	*	*

부표-3 현가이자요소($PVIF_{r,\,n}$) $= \dfrac{1}{(1+r)^n}$

기간	이 자 율									
	1%	2%	3%	4%	5%	6%	7%	8%	9%	10%
1	0.9901	0.9804	0.9709	0.9615	0.9524	0.9434	0.9346	0.9259	0.9174	0.9091
2	0.9803	0.9612	0.9426	0.9246	0.9070	0.8900	0.8734	0.8573	0.8417	0.8264
3	0.9706	0.9423	0.9151	0.8890	0.8638	0.8396	0.8163	0.7938	0.7722	0.7513
4	0.9610	0.9238	0.8885	0.8548	0.8227	0.7921	0.7629	0.7350	0.7084	0.6830
5	0.9515	0.9057	0.8626	0.8219	0.7835	0.7473	0.7130	0.6806	0.6499	0.6209
6	0.9420	0.8880	0.8375	0.7903	0.7462	0.7050	0.6663	0.6302	0.5963	0.5645
7	0.9327	0.8706	0.8131	0.7599	0.7107	0.6651	0.6227	0.5835	0.5470	0.5132
8	0.9235	0.8535	0.7894	0.7307	0.6768	0.6274	0.5820	0.5403	0.5019	0.4665
9	0.9143	0.8368	0.7664	0.7026	0.6446	0.5919	0.5439	0.5002	0.4604	0.4241
10	0.9053	0.8203	0.7441	0.6756	0.6139	0.5584	0.5083	0.4632	0.4224	0.3855
11	0.8963	0.8043	0.7224	0.6496	0.5847	0.5268	0.4751	0.4289	0.3875	0.3505
12	0.8874	0.7885	0.7014	0.6246	0.5568	0.4970	0.4440	0.3971	0.3555	0.3186
13	0.8787	0.7730	0.6810	0.6006	0.5303	0.4688	0.4150	0.3677	0.3262	0.2897
14	0.8700	0.7579	0.6611	0.5775	0.5051	0.4423	0.3878	0.3405	0.2992	0.2633
15	0.8613	0.7430	0.6419	0.5553	0.4810	0.4173	0.3624	0.3152	0.2745	0.2394
16	0.8528	0.7284	0.6232	0.5339	0.4581	0.3936	0.3387	0.2919	0.2519	0.2176
17	0.8444	0.7142	0.6050	0.5134	0.4346	0.3714	0.3166	0.2703	0.2311	0.1978
18	0.8360	0.7002	0.5874	0.4936	0.4155	0.3503	0.2959	0.2502	0.2120	0.1799
19	0.8277	0.6864	0.5703	0.4746	0.3957	0.3305	0.2765	0.2317	0.1945	0.1635
20	0.8195	0.6730	0.5537	0.4564	0.3769	0.3118	0.2584	0.2145	0.1784	0.1486
21	0.8114	0.6598	0.5375	0.4388	0.3589	0.2942	0.2415	0.1987	0.1637	0.1351
22	0.8034	0.6468	0.5219	0.4220	0.3418	0.2775	0.2257	0.1839	0.1502	0.1228
23	0.7954	0.6342	0.5067	0.4057	0.3256	0.2618	0.2109	0.1703	0.1378	0.1117
24	0.7876	0.6217	0.4919	0.3901	0.3101	0.2470	0.1971	0.1577	0.1264	0.1015
25	0.7798	0.6095	0.4776	0.3751	0.2953	0.2330	0.1842	0.1460	0.1160	0.0923
30	0.7419	0.5521	0.4120	0.3083	0.2314	0.1741	0.1314	0.0994	0.0754	0.0573
40	0.6717	0.4529	0.3066	0.2083	0.1420	0.0972	0.0668	0.0460	0.0318	0.0221
50	0.6080	0.3715	0.2281	0.1407	0.0872	0.0543	0.0339	0.0213	0.0134	0.0085

기간	이 자 율									
	12%	14%	15%	16%	18%	20%	24%	28%	32%	36%
1	0.8929	0.8772	0.8696	0.8621	0.8475	0.8333	0.8065	0.7813	0.7576	0.7353
2	0.7972	0.7695	0.7561	0.7432	0.7182	0.6944	0.6504	0.6104	0.5739	0.5407
3	0.7118	0.6750	0.6575	0.6407	0.6086	0.5787	0.5245	0.4768	0.4348	0.3975
4	0.6355	0.5921	0.5718	0.5523	0.5158	0.4823	0.4230	0.3725	0.3294	0.2923
5	0.5674	0.5194	0.4972	0.4761	0.4371	0.4019	0.3411	0.2910	0.2495	0.2149
6	0.5066	0.4556	0.4323	0.4104	0.3704	0.3349	0.2751	0.2274	0.1890	0.1580
7	0.4523	0.3996	0.3759	0.3538	0.3139	0.2791	0.2218	0.1776	0.1432	0.1162
8	0.4039	0.3506	0.3269	0.3050	0.2660	0.2326	0.1789	0.1388	0.1085	0.0854
9	0.3606	0.3075	0.2843	0.2630	0.2255	0.1938	0.1443	0.1084	0.0822	0.0628
10	0.3220	0.2697	0.2472	0.2267	0.1911	0.1615	0.1164	0.0847	0.0623	0.0462
11	0.2875	0.2366	0.2149	0.1954	0.1619	0.1346	0.0938	0.0662	0.0472	0.0340
12	0.2567	0.2076	0.1869	0.1685	0.1372	0.1122	0.0757	0.0517	0.0357	0.0250
13	0.2292	0.1821	0.1625	0.1452	0.1163	0.0935	0.0610	0.0404	0.0271	0.0184
14	0.2046	0.1597	0.1413	0.1252	0.0985	0.0779	0.0492	0.0316	0.0205	0.0135
15	0.1827	0.1401	0.1229	0.1079	0.0835	0.0649	0.0397	0.0247	0.0155	0.0099
16	0.1631	0.1229	0.1069	0.0930	0.0708	0.0541	0.0320	0.0193	0.0118	0.0073
17	0.1456	0.1078	0.0929	0.0802	0.0600	0.0451	0.0258	0.0150	0.0089	0.0054
18	0.1300	0.0946	0.0808	0.0691	0.0508	0.0376	0.0208	0.0118	0.0068	0.0039
19	0.1161	0.0829	0.0703	0.0596	0.0431	0.0313	0.0168	0.0092	0.0051	0.0029
20	0.1037	0.0728	0.0611	0.0514	0.0365	0.0261	0.0135	0.0072	0.0039	0.0021
21	0.0926	0.0638	0.0531	0.0443	0.0309	0.0217	0.0109	0.0056	0.0029	0.0016
22	0.0826	0.0560	0.0462	0.0382	0.0262	0.0181	0.0088	0.0044	0.0022	0.0012
23	0.0738	0.0491	0.0402	0.0329	0.0222	0.0151	0.0071	0.0034	0.0017	0.0008
24	0.0659	0.0431	0.0349	0.0284	0.0188	0.0126	0.0057	0.0027	0.0013	0.0006
25	0.0588	0.0378	0.0304	0.0245	0.0160	0.0105	0.0046	0.0021	0.0010	0.0005
30	0.0334	0.0196	0.0151	0.0116	0.0070	0.0042	0.0016	0.0006	0.0002	0.0001
40	0.0107	0.0053	0.0037	0.0026	0.0013	0.0007	0.0002	0.0001	*	*
50	0.0035	0.0014	0.0009	0.0006	0.0003	0.0001	*	*	*	*

부표-4 연금의 현가이자요소($PVIFA_{r,\,n}$) $=\left[\frac{1}{r}-\frac{1}{r(1+r)^n}\right]$

기간	이 자 율									
	1%	2%	3%	4%	5%	6%	7%	8%	9%	10%
1	0.9901	0.9804	0.9709	0.9615	0.9524	0.9434	0.9346	0.9259	0.9174	0.9091
2	1.9704	1.9416	1.9135	1.8861	1.8594	1.8334	1.8080	1.7833	1.7591	1.7355
3	2.9410	2.8839	2.8286	2.7751	2.7232	2.6730	2.6243	2.5771	2.5313	2.4869
4	3.9020	3.8077	3.7171	3.6299	3.5460	3.4651	3.3872	3.3121	3.2397	3.1699
5	4.8534	4.7135	4.5797	4.4518	4.3295	4.2124	4.1002	3.9927	3.8897	3.7908
6	5.7955	5.6014	5.4172	5.2421	5.0757	4.9173	4.7665	4.6229	4.4859	4.3553
7	6.7282	6.4720	6.2303	6.0021	5.7864	5.5824	5.3893	5.2064	5.0330	4.8684
8	7.6517	7.3255	7.0197	6.7327	6.4632	6.2098	5.9713	5.7466	5.5348	5.3349
9	8.5660	8.1622	7.7861	7.4353	7.1078	6.8017	6.5152	6.2469	5.9952	5.7590
10	9.4713	8.9826	8.5302	8.1109	7.7217	7.3601	7.0236	6.7101	6.4177	6.1446
11	10.3676	9.7868	9.2526	8.7605	8.3064	7.8869	7.4987	7.1390	6.8052	6.4951
12	11.2551	10.5753	9.9540	9.3851	8.8633	8.3838	7.9427	7.5361	7.1607	6.8137
13	12.1337	11.3484	10.6350	9.9856	9.3936	8.8527	8.3577	7.9038	7.4869	7.1034
14	13.0037	12.1062	11.2961	10.5631	9.8986	9.2950	8.7455	8.2442	7.7862	7.3667
15	13.8651	12.8493	11.9379	11.1184	10.3797	9.7122	9.1079	8.5595	8.0607	7.6061
16	14.7179	13.5777	12.5611	11.6523	10.8378	10.1059	9.4466	8.8514	8.3126	7.8237
17	15.5623	14.2919	13.1661	12.1657	11.2741	10.4773	9.7632	9.1216	8.5436	8.0216
18	16.3983	14.9920	13.7535	12.6593	11.6896	10.8276	10.0591	9.3719	8.7556	8.2014
19	17.2260	15.6785	14.3238	13.1339	12.0853	11.1581	10.3356	9.6036	8.9501	8.3649
20	18.0456	16.3514	14.8775	13.5903	12.4622	11.4699	10.5940	9.8181	9.1285	8.5136
21	18.8570	17.0112	15.4150	14.0292	12.8212	11.7641	10.8355	10.0168	9.2922	8.6487
22	19.6604	17.6580	15.9369	14.4511	13.1630	12.0416	11.0612	10.2007	9.4424	8.7715
23	20.4558	18.2922	16.4436	14.8568	13.4886	12.3034	11.2722	10.3741	9.5802	8.8832
24	21.2434	18.9139	16.9355	15.2470	13.7986	12.5504	11.4693	10.5288	9.7066	8.9847
25	22.0232	19.5235	17.4131	15.6221	14.0939	12.7834	11.6536	10.6748	9.8226	9.0770
30	25.8077	22.3965	19.6004	17.2920	15.3725	13.7648	12.4090	11.2578	10.2737	9.4269
40	32.8347	27.3555	23.1148	19.7928	17.1591	15.0463	13.3317	11.9246	10.7574	9.7791
50	39.1961	31.4236	25.7298	21.4822	18.2559	15.7619	13.8007	12.2335	10.9617	9.9148

기간	이 자 율								
	12%	14%	15%	16%	18%	20%	24%	28%	32%
1	0.8929	0.8772	0.8696	0.8621	0.8475	0.8333	0.8065	0.7813	0.7576
2	1.6901	1.6467	1.6257	1.6052	1.5656	1.5278	1.4568	1.3916	1.3315
3	2.4018	2.3216	2.2832	2.2459	2.1743	2.1065	1.9813	1.8684	1.7663
4	3.0373	2.9137	2.8550	2.7982	2.6901	2.5887	2.4043	2.2410	2.0957
5	3.6048	3.4331	3.3522	3.2743	3.1272	2.9906	2.7454	2.5320	2.3452
6	4.1114	3.8887	3.7845	3.6847	3.4976	3.3255	3.0205	2.7594	2.5342
7	4.5638	4.2883	4.1604	4.0386	3.8115	3.6046	3.2423	2.9370	2.6775
8	4.9676	4.6389	4.4873	4.3436	4.0776	3.8372	3.4212	3.0758	2.7860
9	5.3282	4.9464	4.7716	4.6065	4.3030	4.0310	3.5655	3.1842	2.8681
10	5.6502	5.2161	5.0188	4.8332	4.4941	4.1925	3.6819	3.2689	2.9304
11	5.9377	5.4527	5.2337	5.0286	4.6560	4.3271	3.7757	3.3351	2.9776
12	6.1944	5.6603	5.4206	5.1971	4.7932	4.4392	3.8514	3.3868	3.0133
13	6.4235	5.8424	5.5831	5.3423	4.9095	4.5327	3.9124	3.4272	3.0404
14	6.6282	6.0021	5.7245	5.4675	5.0081	4.6106	3.9616	3.4587	3.0609
15	6.8109	6.1422	5.8474	5.5755	5.0916	4.6755	4.0013	3.4834	3.0764
16	6.9740	6.2651	5.9542	5.6685	5.1624	4.7296	4.0333	3.5026	3.0882
17	7.1196	6.3729	6.0472	5.7487	5.2223	4.7746	4.0591	3.5177	3.0971
18	7.2497	6.4674	6.1280	5.8178	5.2732	4.8122	4.0799	3.5294	3.1039
19	7.3658	6.5504	6.1982	5.8775	5.3162	4.8435	4.0967	3.5386	3.1090
20	7.4694	6.6231	6.2593	5.9288	5.3527	4.8696	4.1103	3.5458	3.1129
21	7.5620	6.6870	6.3125	5.9731	5.3837	4.8913	4.1212	3.5514	3.1158
22	7.6446	6.7429	6.3587	6.0113	5.4099	4.9094	4.1300	3.5558	3.1180
23	7.7184	6.7921	6.3988	6.0442	5.4321	4.9245	4.1371	3.5592	3.1197
24	7.7843	6.8351	6.4338	6.0726	5.4509	4.9371	4.1428	3.5619	3.1210
25	7.8431	6.8729	6.4641	6.0971	5.4669	4.9476	4.1474	3.5640	3.1220
30	8.0552	7.0027	6.5660	6.1772	5.5168	4.9789	4.1601	3.5693	3.1242
40	8.2438	7.1050	6.6418	6.2335	5.5482	4.9966	4.1659	3.5712	3.1250
50	8.3045	7.1327	6.6605	6.2463	5.5541	4.9995	4.1666	3.5714	3.1250

부표-5 표준정규분포표

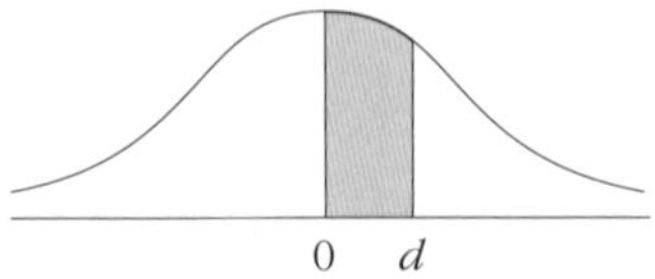

d	0.00	0.01	0.02	0.03	0.04	0.05	0.06	0.07	0.08	0.09
0.0	0.0000	0.0040	0.0080	0.0120	0.0160	0.0199	0.0239	0.0279	0.0319	0.0359
0.1	.0398	.0438	.0478	.0517	.0557	.0596	.0636	.0675	.0714	.0753
0.2	.0793	.0832	.0871	.0910	.0948	.0987	.1026	.1064	.1103	.1141
0.3	.1179	.1217	.1255	.1293	.1331	.1368	.1406	.1443	.1480	.1517
0.4	.1554	.1591	.1628	.1664	.1700	.1736	.1772	.1808	.1844	.1879
0.5	.1915	.1950	.1985	.2019	.2054	.2088	.2123	.2157	.2190	.2224
0.6	.2257	.2291	.2324	.2357	.2389	.2422	.2454	.2486	.2517	.2549
0.7	.2580	.2611	.2642	.2673	.2704	.2734	.2764	.2794	.2823	.2852
0.8	.2881	.2910	.2939	.2967	.2995	.3023	.3051	.3078	.3106	.3133
0.9	.3159	.3186	.3212	.3238	.3264	.3289	.3315	.3340	.3365	.3389
1.0	.3413	.3438	.3461	.3485	.3508	.3531	.3554	.3577	.3599	.3621
1.1	.3643	.3665	.3686	.3708	.3729	3749	.3770	.3790	.3810	3830
1.2	.3849	.3869	.3888	.3907	.3925	.3944	.3962	.3980	.3997	.4015
1.3	.4032	.4049	.4066	.4082	.4099	.4115	.4131	.4147	.4162	.4177
1.4	.4192	.4207	.4222	.4236	.4251	.4265	.4279	.4292	.4306	.4319
1.5	.4332	.4345	.4357	.4370	.4382	.4394	.4406	.4418	.4429	.4441
1.6	.4452	.4463	.4474	.4484	.4495	.4505	.4515	.4525	.4535	.4545
1.7	.4554	.4564	.4573	.4582	.4591	.4599	.4608	.4616	.4625	.4633
1.8	.4641	.4649	.4656	.4664	.4671	.4678	.4686	.4693	.4699	.4706
1.9	.4713	.4719	.4726	.4732	.4738	.4744	.4750	.4756	.4761	.4767
2.0	.4772	.4778	.4783	.4788	.4793	.4798	.4803	.4808	.4812	.4817
2.1	.4821	.4826	.4830	.4834	.4838	.4842	.4846	.4850	.4854	.4857
2.2	.4861	.4864	.4868	.4871	.4875	.4878	.4881	.4884	.4887	.4890
2.3	.4893	.4896	.4898	.4901	.4904	.4906	.4909	.4911	.4913	.4916
2.4	.4918	.4920	.4922	.4925	.4927	.4929	.4931	.4932	.4934	.4936
2.5	.4938	.4940	.4941	.4943	.4945	.4946	.4948	.4949	.4951	.4952
2.6	.4953	.4955	.4956	.4957	.4959	.4960	.4961	.4962	.4963	.4964
2.7	.4965	.4966	.4967	.4968	.4969	.4970	.4971	.4972	.4973	.4974
2.8	.4974	.4975	.4976	.4977	.4977	.4978	.4979	.4979	.4980	.4981
2.9	.4981	.4982	.4982	.4983	.4984	.4984	.4985	.4985	.4986	.4986
3.0	.4987	.4987	.4987	.4988	.4988	.4989	.4989	.4989	.4990	.4990
3.1	4990	.4991	.4991	.4991	.4992	.4992	.4992	.4992	.4993	.4993
3.2	.4993	.4993	.4994	.4994	.4994	.4994	.4994	.4995	.4995	.4995
3.3	.4995	.4995	.4995	.4996	.4996	.4996	.4996	.4996	.4996	.4997
3.4	.4997	.4997	.4997	.4997	.4997	.4997	.4997	.4997	.4997	.4998
3.6	.4998	.4998	.4999	.4999	.4999	.4999	.4999	.4999	.4999	.4999
3.9	.5000									

부록 Ⅱ | 연습문제 해설

제 1 장 옵션의 가치평가

▶ 객관식 문제

01 ⑤ 콜옵션가치의 상한선: $C \leq S$

02 ③ 무위험이자율이 상승하면 행사가격의 현재가치가 감소하여 콜옵션의 가격은 상승한다.

03 ① 콜옵션(C 20×103 212.5)의 가격(4.55) > 풋옵션(P 20×103 212.5)의 가격(3.30)

② 손익 = (3.50 − 2.34) × 25만원 × 10계약 = 290만원

③ 콜옵션(C 20×103 217.5)의 거래량(597,323), 풋옵션(P 20×103 207.5)의 거래량(329,762)

④ 콜옵션(C 20×103 210.5)의 미결제약정수량(30,597)

⑤ $P = C - S + \dfrac{X}{1+r_T} \rightarrow P = 4.55 - 213.44 + \dfrac{212.5}{1.002} = 3.19 <$ 풋옵션가격(3.30)

: 과대평가

04

거 래	현재 현금흐름(원)	만기일(1년 후) 현금흐름(원)		
		$P < 180,000$	$180,000 < P < 200,000$	$P \geq 200,000$
콜 매입	−20,000	0	0	$P - 200,000$
풋 매입	−10,000	$180,000 - P$	0	0
차 입	30,000	−30,000×1.1	−30,000×1.1	−30,000×1.1
합 계	0	$147,000 - P$	−33,000	$P - 233,000$

∴ 손실구간: 147,000원 $< P <$ 233,000원

05 ⑤ 행사가격이 높은 콜옵션의 가격 < 행사가격이 낮은 콜옵션의 가격

06 ②

거 래	현재 현금흐름	만기일(T) 현금흐름		
		$S_T < 105$	$105 \le S_T < 110$	$S_T \ge 110$
풋(105) 1개 매수	-6.0	$105 - S_T$	0	0
풋(110) 1개 매도	11.5	$-(110 - S_T)$	$-(110 - S_T)$	0
무위험채권 매수(대출)	-5.5	$5.5(1+r_T)$	$5.5(1+r_T)$	$5.5(1+r_T)$
차익거래이익	0	$0.5 + 5.5r_T$	$(S_T - 104.5) + 5.5r_T$	$5.5 + 5.5r_T$

무위험이자율(r_T)이 양수일 때 만기일(T) 현금흐름은 모두 0보다 크기 때문에 차익거래이익을 얻을 수 있는 차익거래가 가능하게 된다.

07 $$\alpha = \frac{C_u - C_d}{(u-d)S} = \frac{5{,}000 - 0}{(1.5 - 0.7) \times 10{,}000} = \frac{5}{8} \rightarrow (\text{나}), (\text{가})$$

$$\alpha' = \frac{P_d - P_u}{(u-d)S} = \frac{3{,}000}{(1.5 - 0.7) \times 10{,}000} = \frac{3}{8} \rightarrow (\text{라}), (\text{다})$$

08 $P_u = \text{Max}[9{,}000 - 12{,}000,\ 0] = 0$, $P_d = \text{Max}[9{,}000 - 6{,}000,\ 0] = 3{,}000$원

$$p = \frac{(1+r_T) - d}{u - d} = \frac{1.05 - 0.6}{1.2 - 0.6} = 0.75$$

$$\therefore\ P = \frac{0.75 \times 0 + 0.25 \times 3{,}000}{1 + 0.05} = 714.29\text{원}$$

09 $$u = \frac{11{,}000}{9{,}500} = 1.1579,\ \ d = \frac{9{,}000}{9{,}500} = 0.9474 \rightarrow p = \frac{1.1 - 0.9474}{1.1579 - 0.9474} = 0.7249$$

$$\therefore\ P = \frac{0.7249 \times 0 + (1 - 0.7249) \times 1{,}000}{1.1} = 250\text{원}$$

10 $$\text{위험중립확률}(p) = \frac{1.1 - 1.05}{1.2 - 1.05} = \frac{1}{3}$$

$$\rightarrow C = \frac{pC_u + (1-p)C_d}{1 + r_T} = \frac{\frac{1}{3} \times 10\text{만} + \frac{2}{3} \times 0}{1.1} = 30{,}303.03\text{원}$$

$$P = \frac{pP_u + (1-p)P_d}{1 + r_T} = \frac{\frac{1}{3} \times 0 + \frac{2}{3} \times 5\text{만}}{1.1} = 30{,}303.03\text{원} \quad \therefore\ C - P = 0$$

별해 $$S + P - C = \frac{X}{1 + r_T} \rightarrow 100 + P - C = \frac{110}{1.1} \quad \therefore\ C - P = 0$$

11 ① $P=2{,}000$원 $<$ 합성풋 $=C-S+\dfrac{X}{1+r_T}=3{,}000-10{,}000+\dfrac{11{,}000}{1.1}=3{,}000$

: 과소평가된 풋 매입, 과대평가된 합성풋 매도(콜 매도, 주식 매입, 무위험채권 공매도(차입))

차익거래	현재 현금흐름(원)	만기일(1년 후) 현금흐름(원)	
		$S_T<11{,}000$	$S_T\geq 11{,}000$
풋 매입	−2,000	$11{,}000-S_T$	0
콜 매도	3,000	0	$-(S_T-11{,}000)$
주식 매입	−10,000	S_T	S_T
차　입	9,000	$-9{,}000\times 1.1$	$-9{,}000\times 1.1$
차익거래이익	0	1,100	1,100

②

거　래	현재 현금흐름(원)	만기일(1년 후) 현금흐름(원)	
		$S_T<11{,}000$	$S_T\geq 11{,}000$
콜 2개 매입	−6,000	0	$2\times(S_T-11{,}000)$
주식 1주 공매도	10,000	$-S_T$	$-S_T$
예금(대출)	−10,000	$10{,}000\times 1.1$	$10{,}000\times 1.1$
합　계	−6,000	$-S_T+11{,}000$	$S_T-11{,}000$

- $S_T=2{,}500$원: 이익 $=-S_T+11{,}000-6{,}000=-S_T+5{,}000=2{,}500$원
- $S_T=12{,}500$원: 이익 $=S_T-11{,}000-6{,}000=S_T-17{,}000=-4{,}500$원(손실 발생)

③ $C-P=3{,}000-2{,}500=500$원 $>\dfrac{F-X}{1+r_T}=\dfrac{10{,}500-11{,}000}{1.1}=-454.55$원

→ 차익거래기회 존재[1)]

④ $C=S+P-\dfrac{X}{1+r_T}$

※ 배당이 없는 경우 미국형 콜옵션은 조기행사되지 않으므로 유럽형 콜옵션과 동일한 가치를 가진다.

⑤ $C-P=\dfrac{F-X}{1+r_T}=0 \quad \therefore\ C=P$

12 ⑤ 옵션탄력성은 기초자산가격의 변동률에 대한 옵션가격의 변동률을 의미하는 것으로, 이것이 1보다 작다는 의미는 옵션이 기초자산보다 위험이 작다는 것을 나타낸다.

1) 선물−옵션 패리티: $C-P=\dfrac{F-X}{1+r_T}$ (※ 본서 제4장 식 (4−24) 참조)

13 $C=SN(d_1)-Xe^{-rT}N(d_2) \rightarrow 2{,}000 \le 10{,}000 \times N(d_1)$

$\rightarrow N(d_1) \ge 0.2,\ \ 0.2 \le \dfrac{\partial C}{\partial S} \le 1$

$\therefore\ 0.2 \times \Delta S \le \Delta C \le \Delta S \rightarrow$ 200원 $\le \Delta C \le$ 1,000원

(※ 옵션가격 변동액은 기초자산가격 변동액보다 작으나, 옵션가격 변동률은 기초자산가격의 변동률 (10%)보다 크다.)

14 ③ 다른 조건이 동일하다면 등가격 상태에서 콜옵션의 시간가치는 풋옵션의 시간가치보다 크다.

15 ① 옵션가격을 계산하는 데 주식의 베타는 필요 없다.

③ $N(d_2)$는 만기에 유럽형 콜옵션이 행사될 위험중립확률이며, 만기에 유럽형 풋옵션이 행사될 위험중립확률은 $1-N(d_2)$이다.

④ $N(d_1)$은 유럽형 콜옵션 한 개의 매도포지션을 동적헤지하기 위해 보유해야 할 주식의 개수이다.

⑤ 주가의 변동이 로그정규분포를 따른다고 가정한다.

16 ① $S+P-C=\dfrac{X}{1+r_T} \rightarrow C-P=S-\dfrac{X}{1+r_T}>0$ (등가격, 즉 $S=X$라면)

17 콜옵션 델타 $=\dfrac{\partial C}{\partial S}=\dfrac{C-2{,}000}{9{,}000-10{,}000}=0.8\quad \therefore$ 콜옵션의 가격$(C)=$1,200원

18 ③ $\dfrac{\Delta P}{\Delta S}=\dfrac{P-20{,}000}{190{,}000-200{,}000}=-0.6\qquad \therefore\ P=$26,000원

19

100,000 → 120,000 ; $C_u=30{,}000,\ P_u=0$

100,000 → 80,000 ; $C_d=0,\ P_d=10{,}000$

$$\Delta_P=\frac{\Delta P}{\Delta S}=\frac{0-10{,}000}{120{,}000-80{,}000}=-0.25$$

$$\Delta_C=\frac{\Delta C}{\Delta S}=\frac{30{,}000-0}{120{,}000-80{,}000}=0.75$$

▶ 주관식 문제

01 (1) 당신은 지금 즉시 다음과 같은 차익거래를 행하여야 한다.

차익거래	현금흐름
콜옵션 매입	−3,000원
콜옵션 행사에 의해 주식매입	−20,000원
주식 매도	25,000원
차익거래이익	2,000원

당신은 위와 같은 차익거래(콜옵션을 매입하고 즉시 행사한 후, 주식을 매도하는 거래)를 실시함에 의하여 2,000원의 이익을 얻을 수 있다.

(2) 앞의 예와 같이 콜옵션의 가격이 (주가−행사가격)보다 작은 경우, 차익거래이익을 얻기 위하여 투자자들은 콜옵션을 매입하고 그 즉시 행사한 후, 주식을 매도하는 차익거래를 할 것이다. 이와 같은 차익거래는 콜옵션의 가격이 최소한 (주가−행사가격)이 될 때까지 지속될 것이다. 따라서 미국형 콜옵션의 하한가는 (주가−행사가격)이다.

(3) 콜옵션은 행사가격을 지불하고 주식을 매입할 수 있는 권리이다. 따라서 어떠한 사람도 주식을 매입할 수 있는 권리(콜옵션)를 주식자체의 가격 이상으로 매입하지는 않을 것이다. 따라서 콜옵션의 상한가는 주식가격이다.

02 (1) $S-X \leq C-P \leq S-Xe^{-rT} \rightarrow Xe^{-rT}-S \leq P-C \leq X-S$

$30{,}000 \times e^{-0.05}-28{,}000 \leq P-C \leq 30{,}000-28{,}000 \rightarrow 536.87 \leq P-C \leq 2{,}000$

$\therefore$ $(P-C)$의 최대값 $=2{,}000$원, $(P-C)$의 최소값 $=536.87$원

(2) 차익거래기회가 발생하는 미국형 풋옵션가격의 범위

- $P-C<536.87 \rightarrow P<C+536.87$
- $P-C>2{,}000 \rightarrow P>C+2{,}000$

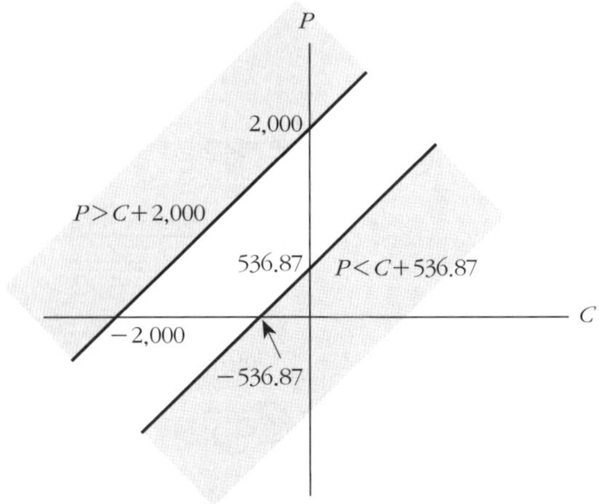

03 주가(S), 행사가격 90의 콜옵션 가치(C_{90}), 행사가격 100의 콜옵션 가치(C_{100}), 행사가격 100의 풋옵션 가치(P_{100})의 만기일(1년 후)에서의 성과를 나타내면 다음과 같다.

$$S \begin{cases} 110 \\ 100 \\ 90 \end{cases} ; \quad C_{90}(=7.2) \begin{cases} 20 \\ 10 \\ 0 \end{cases} ; \quad C_{100}(=1.6) \begin{cases} 10 \\ 0 \\ 0 \end{cases} ; \quad P_{100}(=2.4) \begin{cases} 0 \\ 0 \\ 10 \end{cases}$$

- 풋-콜 패리티: $S+P_{100}-C_{100}=\dfrac{100}{1+r_T} \rightarrow S+2.4-1.6=\dfrac{100}{1+r_T}$
- 헤지포트폴리오 구성(주식을 α주 매입하고, 행사가격이 90인 콜옵션을 1개 매도)[2)]

$$\alpha S-C_{90} \begin{cases} 110\alpha-20 \\ 100\alpha-10 \\ 90\alpha \end{cases}$$

$$110\alpha-20=100\alpha-10=90\alpha \quad \therefore\ \alpha=1 \rightarrow S-7.2=\frac{90}{1+r_T}$$

$$\therefore\ r_T=0.25, \quad S=79.2$$

(1) 1년 동안의 무위험이자율=25%

(2) $E(S_T)=110\times0.3+100\times0.4+90\times0.3=100$

$$\therefore\ E(r)=\frac{E(S_T)-S}{S}=\frac{100-79.2}{79.2}=0.2626\,(26.26\%)$$

---

2) 만약 행사가격이 90인 풋옵션이 있다면, 만기일의 모든 상황에서 가치가 0이기 때문에 풋옵션의 현재가격은 0이 될 것이다. 이를 이용하여 다음과 같은 풋-콜 패리티를 구성할 수 있다.

$$S+P_{90}-C_{90}=\frac{X}{1+r_T} \quad \rightarrow \quad S-7.2=\frac{90}{1+r_T}$$

Tip

■ 위험중립확률을 이용하는 방법

$$\frac{20p_1+10p_2}{1+r_T}=7.2,\quad \frac{10p_1}{1+r_T}=1.6,\quad \frac{10p_3}{1+r_T}=2.4,\quad p_1+p_2+p_3=1$$

$$\rightarrow p_1=0.2,\quad p_2=0.5,\quad p_3=0.3,\quad r_T=0.25,\quad S=\frac{110\times0.2+100\times0.5+90\times0.3}{1+0.25}=79.2$$

■ 상태선호이론을 이용하는 방법

$$20p(\theta_1)+10p(\theta_2)=7.2,\quad 10p(\theta_1)=1.6,\quad 10p(\theta_3)=2.4$$

$$\rightarrow p(\theta_1)=0.16,\quad p(\theta_2)=0.4,\quad p(\theta_3)=0.24$$

- $p(\theta_1)+p(\theta_2)+p(\theta_3)=0.8=\frac{1}{1+r_T}\rightarrow r_T=0.25$
- $S=110\times0.16+100\times0.4+90\times0.24=79.2$

04 (1) $C\geq S-\frac{X}{1+r}\rightarrow C\geq 31{,}000-\frac{30{,}000}{1+0.03}=1{,}873.79$원

∴ 콜옵션의 현재가격이 3,000원이므로 가격하한선 조건이 성립함.

(2) 풋-콜 패리티: $S+P-C=\frac{X}{1+r}$

- 좌변: $S+P-C=31{,}000+2{,}200-3{,}000=30{,}200$원
- 우변: $\frac{X}{1+r}=\frac{30{,}000}{1+0.03}=29{,}126.21$원

∴ 좌변>우변 → 풋-콜 패리티가 성립하지 않음.

(3) 주식과 풋옵션은 과대평가되고 콜옵션과 무위험채권은 과소평가되어 있다.
차익거래전략: 주식 공매도, 풋옵션 매도, 콜옵션 매입, 무위험채권 매입(대출)

(4) 차익거래에 의해 만기일(1년 후)에 1,106원의 차익거래이익을 얻을 수 있다.

(단위: 원)

차익거래	현재 현금흐름	만기일 현금흐름	
		$S_T<30{,}000$	$S_T\geq30{,}000$
주식 공매도	31,000	$-S_T$	$-S_T$
풋옵션 매도	2,200	$-(30{,}000-S_T)$	0
콜옵션 매입	−3,000	0	$S_T-30{,}000$
무위험채권 매입(대출)	−30,200	30,200×1.03=31,106	30,200×1.03=31,106
차익거래이익	0	1,106	1,106

05 • $S+P_{40}-C_{40}=\dfrac{40}{1+r_T}$, $S+P_{50}-C_{50}=\dfrac{50}{1+r_T}$

$\rightarrow (P_{50}-P_{40})-(C_{50}-C_{40})=\dfrac{10}{1+r_T} \rightarrow P_{50}-P_{40}<\dfrac{10}{1+r_T}$ $\quad(\because C_{40}>C_{50})$

• $95=\dfrac{100}{1+r_T} \rightarrow r_T=\dfrac{100}{95}-1=0.05263$

두 개의 풋옵션에 의해 구성된 부등식의 좌변은 9.69(=11.15−1.46)이고, 우변은 9.5이므로 좌변이 과대평가(P_{50}: 과대평가, P_{40}: 과소평가)되었음을 알 수 있다. 따라서 만기일(T)에서 차익을 얻기 위한 차익거래과정을 나타내면 다음과 같다.

차익거래	현재 현금흐름	만기일(T) 현금흐름		
		$S_T<40$	$40\leq S_T<50$	$S_T\geq 50$
행사가격이 40인 풋매입	−1.46	$40-S_T$	0	0
행사가격이 50인 풋매도	11.15	$-(50-S_T)$	$-(50-S_T)$	0
현금 대출*	−9.69	10.2	10.2	10.2
차익거래이익	0	0.2	$S_T-39.8$	10.2

* 9.69×1.05263=10.2

06 (1)

10,000원 → 12,000원 / 7,000원 $\qquad C$ → $C_u=2{,}000$원 / $C_d=0$ $\qquad \rightarrow 10{,}000\alpha+C$ → $12{,}000\alpha-2{,}000$ / $7{,}000\alpha$

$12{,}000\alpha-2{,}000=7{,}000\alpha \rightarrow \alpha=0.4$

$(10{,}000\times 0.4-C)\times(1+0.1)=12{,}000\times 0.4-2{,}000 \quad \therefore C=1{,}454.55$원

(2) 무위험 헤지포트폴리오(riskless hedge portfolio)는 주가의 상승 또는 하락과 관계없이 만기일에서의 포트폴리오의 성과가 항상 일정해야 한다.

(3) 주식 α주를 매입하고 무위험채권 B를 공매도(차입)하여 콜옵션을 복제할 수 있으며, 그 성과는 다음과 같다.

$10{,}000\alpha-B$ → $12{,}000\alpha-1.1B=2{,}000$원 / $7{,}000\alpha-1.1B=0$

$\rightarrow \alpha=0.4,\quad B=2{,}545.45$원 $\qquad \therefore C=10{,}000\times 0.4-2{,}545.45=1{,}454.55$원

그러므로 과대평가된 콜옵션을 1개 매도하고, 과소평가된 콜옵션 복제포트폴리오를 매입, 즉 주식 0.4주를 매입하고 무위험채권 2,545.45원을 공매도(차입)하는 차익거래 전략을 구성할 수 있다.

차익거래	현재 현금흐름	만기일(1년 후) 현금흐름	
		S_T=7,000원	S_T=12,000원
콜옵션 1개 매도	1,600원	0	−2,000원
주식 0.4주 매입	−4,000원	2,800원	4,800원
무위험채권 공매도(차입)	2,545.45원	−2,545.45원×(1+0.1)	−2,545.45원×(1+0.1)
차익거래이익	145.45원	0	0

(4) 주식 α'주를 공매도하고 무위험채권 B를 매입(대출)하여 풋옵션을 복제할 수 있으며, 그 성과는 다음과 같다.

$$10{,}000\alpha' + B \quad \begin{cases} -12{,}000\alpha' + 1.1B = 0 \\ -7{,}000\alpha' + 1.1B = 3{,}000\text{원} \end{cases}$$

$\rightarrow \alpha' = 0.6, \quad B = 6{,}545.45$원 $\quad \therefore P = -10{,}000 \times 0.6 + 6{,}545.45 = 545.45$원

그러므로 과대평가된 풋옵션을 1개 매도하고, 과소평가된 풋옵션 복제포트폴리오를 매입, 즉 주식 0.6주를 공매도하고 무위험채권 6,545.45원을 매입(대출)하는 차익거래 전략을 구성할 수 있다.

차익거래	현재 현금흐름	만기일(1년 후) 현금흐름	
		S_T=7,000원	S_T=12,000원
풋옵션 1개 매도	600원	−3,000	0
주식 0.6주 공매도	6,000원	−4,200원	−7,200원
무위험채권 매입(대출)	−6,545.45원	+6,545.45원×(1+0.1)	+6,545.45원×(1+0.1)
차익거래이익	54.55원	0	0

07 (1) $p = \dfrac{1.05 - 0.6}{1.2 - 0.6} = 0.75$

(2)

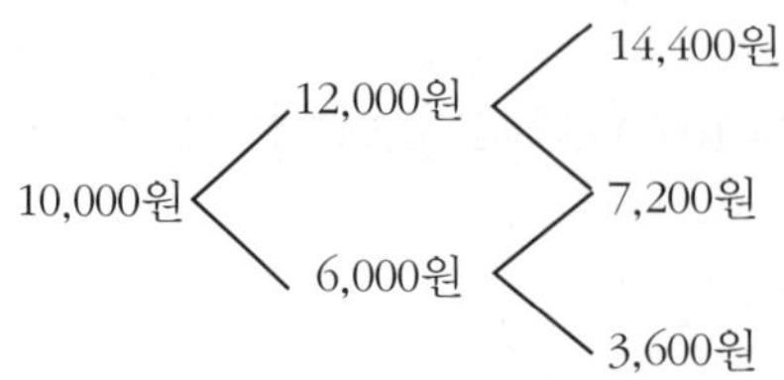

(3) 현 재 1년 후 2년 후

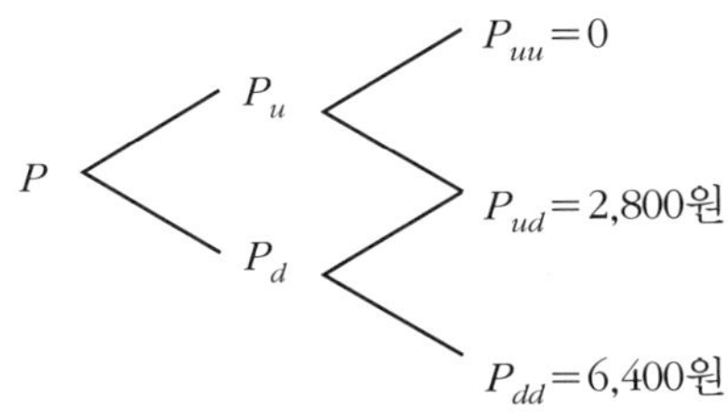

$$P_u=\frac{0.75\times0+0.25\times2,800}{1.05}=666.67\text{원},$$

$$P_d=\frac{0.75\times2,800+0.25\times6,400}{1.05}=3,523.81\text{원}$$

$\alpha S+P=B \rightarrow P=-\alpha S+B$

$-10,000\alpha+B$ → $-12,000\alpha+1.05B=666.67$

$-10,000\alpha+B$ → $-6,000\alpha+1.05B=3,523.81$

∴ $\alpha=0.4762$, $B=6,077.21$원(주식을 0.4762주 공매도하고, 6,077.21원을 무위험예금하는 포트폴리오를 구성하면 1년 후 시점의 유럽형 풋옵션의 가치를 복제할 수 있다.)

(4) $P=\dfrac{2\times0.75\times0.25\times2,800+0.25^2\times6,400}{1.05^2}=1,315.19$원

(5) ① 1년 후 풋옵션가치평가

- 주가상승시: $P_u=666.67$원

  $P_u^*=\text{Max}[X-uS,\ 0]=\text{Max}[10,000-12,000,\ 0]=0$원

계속 보유하는 경우의 미국형 풋옵션가치($P_u=666.67$원)는 조기행사시의 가치($P_u^*=0$원)보다 크기 때문에 이 옵션은 조기행사하지 않는다. 따라서 이 시점에서의 미국형 풋옵션가치는 666.67원이 된다.

- 주가하락시: $P_d=3,523.81$원

  $P_d^*=\text{Max}[X-dS,\ 0]=\text{Max}[10,000-6,000,\ 0]=4,000$원

계속 보유하는 경우의 미국형 풋옵션가치($P_d=3,523.81$원)는 조기행사시의 가치($P_d^*=4,000$원)보다 작기 때문에 이 옵션은 조기행사될 것이다. 따라서 이 시점에서의 미국형 풋옵션가치는 4,000원이 된다.

② 현재시점에서의 풋옵션가치평가

$$P=\frac{0.75\times666.67+0.25\times4{,}000}{1.05}=1{,}428.57\text{원}$$

$$P^{*}=\text{Max}[X-S,\ 0]=\text{Max}[10{,}000-10{,}000,\ 0]=0\text{원}$$

계속 보유하는 경우의 미국형 풋옵션가치($P=1{,}428.57$원)는 조기행사시의 가치($P^{*}=0$원)보다 더 크기 때문에 이 옵션은 조기행사되지 않을 것이다. 따라서 현재시점에서의 미국형 풋옵션가치는 1,428.57원이다.

08 (1)

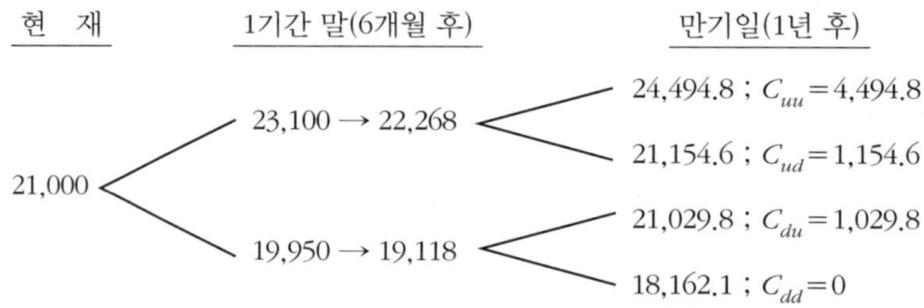

여기서 $S_{uu}=(21{,}000\times1.1-832)\times1.1=24{,}494.8$원, $S_{ud}=(21{,}000\times1.1-832)\times0.95=21{,}154.6$원
$S_{du}=(21{,}000\times0.95-832)\times1.1=21{,}029.8$원, $S_{dd}=(21{,}000\times0.95-832)\times0.95=18{,}162.1$원

$$p=\frac{(1+r_{T/2})-d}{u-d}=\frac{1.04-0.95}{1.1-0.95}=0.6,\quad 1-p=0.4$$

그러므로 1년 만기 유럽형 콜옵션의 가치는 다음과 같다.

$$\begin{aligned}C&=\frac{p^2C_{uu}+p(1-p)C_{ud}+(1-p)pC_{du}+(1-p)^2C_{dd}}{(1+r_{T/2})^2}\\&=\frac{0.6^2\times4{,}494.8+0.6\times0.4\times1{,}154.6+0.4\times0.6\times1{,}029.8+0.4^2\times0}{1.04^2}\\&=1{,}980.8\text{원}\end{aligned}$$

(2) 만기일 이전에 배당이 지급되는 경우, 풋-콜 패리티는 다음과 같다.[3)]

$$S-PV(D)+P-C=\frac{X}{(1+r_{T/2})^2}\ \rightarrow\ 21{,}000-\frac{832}{1.04}+P-1{,}980.8=\frac{20{,}000}{1.04^2}$$

$\therefore\ P=271.9$원

풋옵션의 가격(250원) < 합성풋의 가격(271.9원) → 풋옵션 매입, 합성풋 매도

3) $$\begin{aligned}P&=\frac{p^2P_{uu}+p(1-p)P_{ud}+(1-p)pP_{du}+(1-p)^2P_{dd}}{(1+r_{T/2})^2}\\&=\frac{0.6^2\times0+0.6\times0.4\times0+0.4\times0.6\times0+0.4^2\times1{,}837.9}{1.04^2}=271.9\text{원}\end{aligned}$$

(단위: 원)

차익거래	현재 현금흐름	만기일(1년 후) 현금흐름	
		$S_T<20{,}000$	$S_T\geq 20{,}000$
풋옵션 매입	-250	$20{,}000-S_T$	0
주식 매입*	$-21{,}000$	$S_T+865.3$	$S_T+865.3$
콜옵션 매도	1,980.8	0	$-(S_T-20{,}000)$
무위험채권 공매도(차입)**	19,291.1	$-19{,}291.1\times(1+0.04)^2$	$-19{,}291.1\times(1+0.04)^2$
차익거래이익	21.9	0	0

* 6개월 후 현금배당의 만기일 가치 $=832\times(1+0.04)=865.3$원

** 현재시점에서 무위험채권의 공매도금액(차입액) $=20{,}000/1.04^2+832/1.04=19{,}291.1$원

(3) 만기일인 2기간 말(1년 후)의 풋옵션가치를 구하면 다음과 같다.

- $P_{uu}=\text{Max}[X-S_{uu},\ 0]=\text{Max}[20{,}000-24{,}494.8,\ 0]=0$원
- $P_{ud}=\text{Max}[X-S_{ud},\ 0]=\text{Max}[20{,}000-21{,}154.6,\ 0]=0$원
- $P_{du}=\text{Max}[X-S_{du},\ 0]=\text{Max}[20{,}000-21{,}029.8,\ 0]=0$원
- $P_{dd}=\text{Max}[X-S_{dd},\ 0]=\text{Max}[20{,}000-18{,}162.1,\ 0]=1{,}837.9$원

(i) 1기간 말(6개월 후)에서의 풋옵션가치평가

■ 주가상승시[4)]

- 계속보유: $P_u=\dfrac{pP_{uu}+(1-p)P_{ud}}{1+r_{T/2}}=\dfrac{0.6\times 0+0.4\times 0}{1.04}=0$원
- 조기행사: $P_u^*=\text{Max}[X-S_u,\ 0]=\text{Max}[20{,}000-22{,}268,\ 0]=0$원

→ 계속보유 또는 조기행사

■ 주가하락시

- 계속보유: $P_d=\dfrac{pP_{du}+(1-p)P_{dd}}{1+r_{T/2}}=\dfrac{0.6\times 0+0.4\times 1{,}837.9}{1.04}=706.9$원
- 조기행사: $P_d^*=\text{Max}[X-S_d,\ 0]=\text{Max}[20{,}000-19{,}118,\ 0]=882$원

→ 조기행사

(ii) 현재시점에서의 미국형 풋옵션가치평가

- 계속보유: $P=\dfrac{pP_u+(1-p)P_d^*}{1+r_{T/2}}=\dfrac{0.6\times 0+0.4\times 882}{1.04}=339.2$원
- 조기행사: $P^*=\text{Max}[X-S,\ 0]=\text{Max}[20{,}000-21{,}000,\ 0]=0$원

→ 계속보유

∴ 미국형 풋옵션가치 $=339.2$원

4) 미국형 풋옵션의 조기행사시의 가치는 배당락 금액을 기준으로 계산된다.

09 (1)

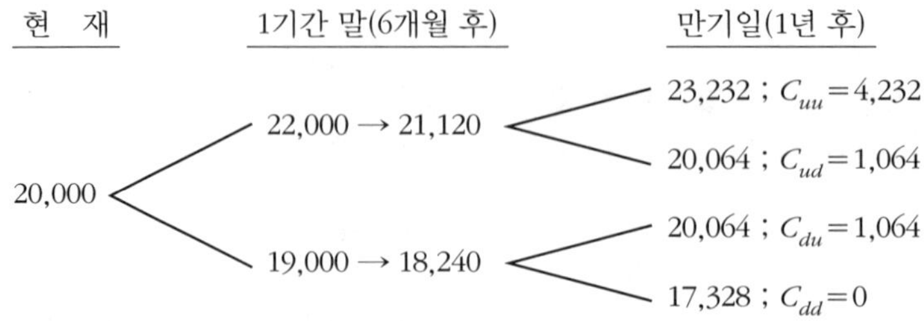

여기서 $S_{uu}=20,000\times1.1^2\times(1-0.04)=23,232$원, $S_{ud}=S_{du}=20,000\times1.1\times0.95\times(1-0.04)=20,064$원
$S_{dd}=20,000\times0.95^2\times(1-0.04)=17,328$원

$$p=\frac{(1+r_{T/2})-d}{u-d}=\frac{1.04-0.95}{1.1-0.95}=0.6,\quad 1-p=0.4$$

① 1년 만기 유럽형 콜옵션의 가치는 다음과 같다.

$$C=\frac{p^2C_{uu}+2p(1-p)C_{ud}+(1-p)^2C_{dd}}{(1+r_{T/2})^2}$$

$$=\frac{0.6^2\times4,232+2\times0.6\times0.4\times1,064+0.4^2\times0}{1.04^2}=1,880.77\text{원}$$

② 미국형 콜옵션의 가치는 다음과 같은 단계를 거쳐서 구할 수 있다.

(i) 1기간 말(6개월 후)에서의 콜옵션가치

■ 주가상승시

• 계속보유: $C_u=\dfrac{pC_{uu}+(1-p)C_{ud}}{1+r_{T/2}}=\dfrac{0.6\times4,232+0.4\times1,064}{1.04}=2,850.77\text{원}$

• 조기행사[5]: $C_u^*=\text{Max}[S_u-X,\ 0]=\text{Max}[22,000-19,000,\ 0]=3,000\text{원}$

→ 조기행사

■ 주가하락시

• 계속보유: $C_d=\dfrac{pC_{du}+(1-p)C_{dd}}{1+r_{T/2}}=\dfrac{0.6\times1,064+0.4\times0}{1.04}=613.85\text{원}$

• 조기행사: $C_d^*=\text{Max}[S_d-X,\ 0]=\text{Max}[19,000-19,000,\ 0]=0\text{원}$

→ 계속보유

(ii) 현재시점에서의 미국형 콜옵션가치

• 계속보유: $C=\dfrac{pC_u^*+(1-p)C_d}{1+r_{T/2}}=\dfrac{0.6\times3,000+0.4\times613.85}{1.04}=1,966.87\text{원}$

---

5) 미국형 콜옵션은 배당락가격이 형성되기 직전에 조기행사할 수 있기 때문에 1기간 말에서의 조기행사가격을 구할 때 배당부 가격 22,000원을 사용하여야 함을 유의해야 한다.

• 조기행사: $C^* = \text{Max}[S - X,\ 0] = \text{Max}[20{,}000 - 19{,}000,\ 0] = 1{,}000$원

→ 계속보유 ∴ 미국형 콜옵션가치 = 1,966.87원

(2) ①

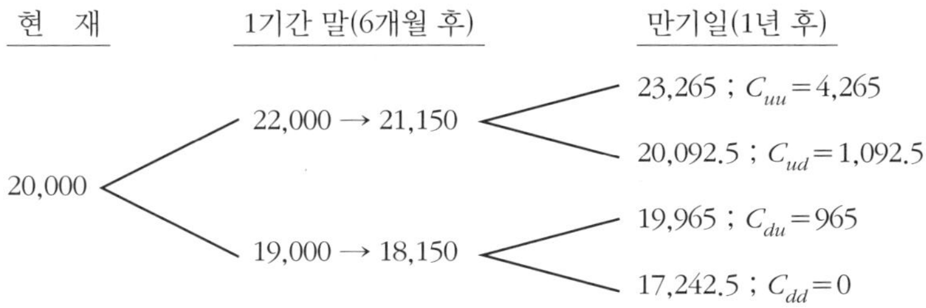

여기서 $S_{uu} = (20{,}000 \times 1.1 - 850) \times 1.1 = 23{,}265$원, $S_{ud} = (20{,}000 \times 1.1 - 850) \times 0.95 = 20{,}092.5$원
$S_{du} = (20{,}000 \times 0.95 - 850) \times 1.1 = 19{,}965$원, $S_{dd} = (20{,}000 \times 0.95 - 850) \times 0.95 = 17{,}242.5$원

$$p = \frac{(1 + r_{T/2}) - d}{u - d} = \frac{1.04 - 0.95}{1.1 - 0.95} = 0.6, \quad 1 - p = 0.4$$

1년 만기 유럽형 콜옵션의 가치는 다음과 같다.

$$C = \frac{p^2 C_{uu} + p(1-p)C_{ud} + (1-p)pC_{du} + (1-p)^2 C_{dd}}{(1 + r_{T/2})^2}$$

$$= \frac{0.6^2 \times 4{,}265 + 0.6 \times 0.4 \times 1{,}092.5 + 0.4 \times 0.6 \times 965 + 0.4^2 \times 0}{1.04^2} = 1{,}876.11\text{원}$$

② 미국형 콜옵션의 가치는 다음과 같은 단계를 거쳐서 구할 수 있다.

(i) 1기간 말(6개월 후)에서의 콜옵션가치

■ 주가상승시

• 계속보유: $C_u = \dfrac{pC_{uu} + (1-p)C_{ud}}{1 + r_{T/2}} = \dfrac{0.6 \times 4{,}265 + 0.4 \times 1{,}092.5}{1.04} = 2{,}880.77$원

• 조기행사: $C_u^* = \text{Max}[S_u - X,\ 0] = \text{Max}[22{,}000 - 19{,}000,\ 0] = 3{,}000$원

→ 조기행사

■ 주가하락시

• 계속보유: $C_d = \dfrac{pC_{du} + (1-p)C_{dd}}{1 + r_{T/2}} = \dfrac{0.6 \times 965 + 0.4 \times 0}{1.04} = 556.73$원

• 조기행사: $C_d^* = \text{Max}[S_d - X,\ 0] = \text{Max}[19{,}000 - 19{,}000,\ 0] = 0$원

→ 계속보유

(ii) 현재시점에서의 미국형 콜옵션가치

- 계속보유: $C=\dfrac{pC_u^*+(1-p)C_d}{1+r_{T/2}}=\dfrac{0.6\times 3{,}000+0.4\times 556.73}{1.04}=1{,}944.90$원
- 조기행사: $C^*=\text{Max}[S-X,\ 0]=\text{Max}[20{,}000-19{,}000,\ 0]=1{,}000$원

→ 계속보유 ∴ 미국형 콜옵션가치$=1{,}944.90$원

③

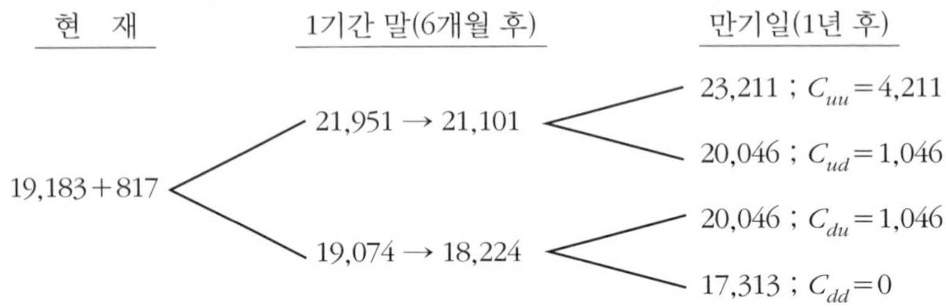

여기서 $PV(D)=\dfrac{850}{1.04}=817$원

$S_{uu}=19{,}183\times 1.1^2=23{,}211$원, $S_{ud}=S_{du}=19{,}183\times 1.1\times 0.95=20{,}046$원,
$S_{dd}=19{,}183\times 0.95^2=17{,}313$원

$$p=\frac{(1+r_{T/2})-d}{u-d}=\frac{1.04-0.95}{1.1-0.95}=0.6,\quad 1-p=0.4$$

(i) 1기간 말(6개월 후)에서의 콜옵션가치

■ 주가상승시

- 계속보유: $C_u=\dfrac{pC_{uu}+(1-p)C_{ud}}{1+r_{T/2}}=\dfrac{0.6\times 4{,}211+0.4\times 1{,}046}{1.04}=2{,}831.73$원
- 조기행사: $C_u^*=\text{Max}[S_u-X,\ 0]=\text{Max}[21{,}951-19{,}000,\ 0]=2{,}951$원

→ 조기행사

■ 주가하락시

- 계속보유: $C_d=\dfrac{pC_{du}+(1-p)C_{dd}}{1+r_{T/2}}=\dfrac{0.6\times 1{,}046+0.4\times 0}{1.04}=603.46$원
- 조기행사: $C_d^*=\text{Max}[S_d-X,\ 0]=\text{Max}[19{,}074-19{,}000,\ 0]=74$원

→ 계속보유

(ii) 현재시점에서의 미국형 콜옵션가치

- 계속보유: $C=\dfrac{pC_u^*+(1-p)C_d}{1+r_{T/2}}=\dfrac{0.6\times 2{,}951+0.4\times 603.46}{1.04}=1{,}934.6$원
- 조기행사: $C^*=\text{Max}[S-X,\ 0]=\text{Max}[20{,}000-19{,}000,\ 0]=1{,}000$원

→ 계속보유 ∴ 미국형 콜옵션가치$=1{,}934.6$원

Tip

배당의 현재가치를 차감한 주가를 기준으로 u, d가 결정되는 경우에 이항모형을 적용하는 절차는 다음과 같다.

① 현재의 주가에서 배당금의 현재가치를 차감한 조정주가($S'=S-PV(D)$)를 구한다.
② 배당조정주가의 변동과정, 즉 이항과정수(binomial trees)를 파악한다.
③ 배당락 전일 경우 각 시점마다(node)에 그 시점의 배당가치를 더해 준다.
④ 이항모형을 이용하여 옵션의 가치를 구한다.

이와 같은 방법은 물음 (2)의 ②에서 적용한 방법에 비해 이항과정수를 단순화시킬 수 있으며, 주가변동기간 중간에 배당이 실시되는 경우에도 적용가능하다는 장점이 있다.

10 이 문제에서 배당수익률을 헤지확률(위험중립확률)에 반영하라고 하였기 때문에 배당지급 후 주가가 20% 상승하거나 10% 하락한다고 보아야 한다. 따라서 이 문제의 배당지급 후 주가변화과정이 앞의 문제 9의 물음 (1)과 다르다는 점을 유의해야 한다. 이 문제에서 헤지확률은 배당수익률을 포함한 주가(기초자산인 주식을 보유했을 때의 가치)를 기준으로 계산해야 한다. 그리고 만기일의 콜옵션가격은 유럽형일 경우 배당지급 후 주가에 의해 계산되나, 미국형일 경우 배당지급 전 주가에 의해 계산된다.

(1) 현 재 → 1기간 말(6개월 후) → 만기일(1년 후)

20,000
- 24,000×1.04 → 24,000
  - 28,800×1.04 → 28,800 ; $C_{uu}=8{,}800$
  - 21,600×1.04 → 21,600 ; $C_{ud}=1{,}600$
- 18,000×1.04 → 18,000
  - 21,600×1.04 → 21,600 ; $C_{du}=1{,}600$
  - 16,200×1.04 → 16,200 ; $C_{dd}=0$

여기서 $S_u=20{,}000\times1.2=24{,}000$원, $S_d=20{,}000\times0.9=18{,}000$원
$S_{uu}=20{,}000\times1.2^2=28{,}800$원, $S_{ud}=S_{du}=20{,}000\times1.2\times0.9=21{,}600$원
$S_{dd}=20{,}000\times0.9^2=16{,}200$원

$$p=\frac{\left(\dfrac{1+r_{T/2}}{1+r_{d_{T/2}}}\right)-d}{u-d}=\frac{\left(\dfrac{1.06}{1.04}\right)-0.9}{1.2-0.9}=0.397436\ (39.7436\%)$$

$$\therefore\ C=\frac{p^2C_{uu}+2p(1-p)C_{ud}+(1-p)^2C_{dd}}{(1+r_{T/2})^2}$$

$$=\frac{0.397436^2\times8{,}800+2\times0.397436\times0.602564\times1{,}600+0.602564^2\times0}{1.06^2}$$

$=1{,}919.14$원

(2) $\frac{S}{(1+r_{d_{T/2}})^2}+P-C=\frac{X}{(1+r_{T/2})^2}\rightarrow\frac{20,000}{1.04^2}+P-1,919.14=\frac{20,000}{1.06^2}$

$\therefore\ P=1,227.94$원

(3) 미국형 콜옵션의 경우 배당락 직전에 행사할 것이기 때문에 만기일의 콜옵션가격은 다음과 같다.

$C_{uu}=\text{Max}[u^2S(1+r_{d_{T/2}})-X,\ 0]=\text{Max}[28,800\times1.04-20,000,\ 0]=9,952$원

$C_{ud}=C_{du}=\text{Max}[udS(1+r_{d_{T/2}})-X,\ 0]=\text{Max}[21,600\times1.04-20,000,\ 0]=2,464$원

$C_{dd}=\text{Max}[d^2S(1+r_{d_{T/2}})-X,\ 0]=\text{Max}[16,200\times1.04-20,000,\ 0]=0$

(i) 1기간 말(6개월 후)에서의 콜옵션가치

▪ 주가상승시

• 계속보유: $C_u=\frac{pC_{uu}+(1-p)C_{ud}}{1+r_{T/2}}$

$=\frac{0.397436\times9,952+0.602564\times2,464}{1.06}=5,132.08$원

• 조기행사: $C_u^*=\text{Max}[uS(1+r_{d_{T/2}})-X,\ 0]$

$=\text{Max}[24,000\times1.04-20,000,\ 0]=4,960$원

→ 계속보유

▪ 주가하락시

• 계속보유: $C_d=\frac{pC_{du}+(1-p)C_{dd}}{1+r_{T/2}}$

$=\frac{0.397436\times2,464+0.602564\times0}{1.06}=923.85$원

• 조기행사: $C_d^*=\text{Max}[dS(1+r_{d_{T/2}})-X,\ 0]=\text{Max}[18,000\times1.04-20,000,\ 0]=0$

→ 계속보유

(ii) 현재시점에서의 미국형 콜옵션가치

• 계속보유: $C=\frac{pC_u+(1-p)C_d}{1+r_{T/2}}$

$=\frac{0.397436\times5,132.08+0.602564\times923.85}{1.06}=2,449.39$원

• 조기행사: $C^*=\text{Max}[S-X,\ 0]=\text{Max}[20,000-20,000,\ 0]=0$

→ 계속보유 $\therefore$ 미국형 콜옵션가치$=2,449.39$원

11 (1) 헤지포트폴리오 구성: 주식 1주 매입, 풋옵션 n_p개 매입

20,000원 → 22,000원 / 18,000원

P → $P_u = \text{Max}[19{,}000 - 22{,}000,\ 0] = 0$ / $P_d = \text{Max}[19{,}000 - 18{,}000,\ 0] = 1{,}000$원

; $20{,}000 + n_p P$ → $22{,}000$ / $18{,}000 + 1{,}000n_p$

$22{,}000 = 18{,}000 + 1{,}000n_p \rightarrow n_p = 4$

∴ 풋옵션 매입수량 = 100 × 4 = 400개

(2) $20{,}000 + 4P = \dfrac{22{,}000}{1.06}$ ∴ $P = 188.68$원

또는 $p = \dfrac{1.06 - 0.9}{1.1 - 0.9} = 0.8$ ∴ $P = \dfrac{0.8 \times 0 + 0.2 \times 1{,}000}{1.06} = 188.68$원

(3) 제시된 옵션은 일종의 콜옵션 형태를 띠고 있으므로 무배당인 경우 옵션의 유형과 관계없이 조기행사되지 않음.

20,000 → 22,000 / 18,000

22,000 → 24,200 / 19,800; 18,000 → 19,800 / 16,200

24,200 → 26,620 ; 옵션 만기수익 = 2,648 / 21,780 ; 옵션 만기수익 = 712

19,800 → 21,780 ; 옵션 만기수익 = 712 / 17,820 ; 옵션 만기수익 = 0

16,200 → 17,820 ; 옵션 만기수익 = 0 / 14,580 ; 옵션 만기수익 = 0

∴ 옵션가치 $= \dfrac{0.8^3 \times 2{,}648 + 3 \times 0.8^2 \times 0.2 \times 712}{1.06^3} = 1{,}367.89$원

(4)

20,000 → 22,000 / 18,000

22,000 → 24,200 / 19,800; 18,000 → 19,800 / 16,200 ; 소멸

24,200 → 26,620 ; $P_{uuu} = 0$ / 21,780 ; $P_{uud} = 220$

19,800 → 21,780 ; $P_{uud} = 220$ / 17,820 ; $P_{udd} = 4{,}180$

16,200 ; 소멸 → 17,820 ; $P_{udd} = 4{,}180$ / 14,580 ; 소멸

- $P_{uu} = \dfrac{0.8 \times 0 + 0.2 \times 220}{1.06} = 41.51$원, $P_{ud} = \dfrac{0.8 \times 220 + 0.2 \times 4{,}180}{1.06} = 954.72$원

- $P_u = \dfrac{0.8 \times 41.51 + 0.2 \times 954.72}{1.06} = 211.46$원

- $P_d = \dfrac{0.8 \times 954.72 + 0.2 \times 0}{1.06} = 720.54$원

$\therefore\ P = \dfrac{0.8 \times 211.46 + 0.2 \times 720.54}{1.06} = 295.54$원

12 통화옵션의 기초자산인 외국통화는 투자를 통해서 외국의 무위험이자율 r_T^F를 얻을 수 있다. 따라서 헤지포트폴리오를 구성할 때 외국통화의 투자액은 외국의 무위험이자율로 할인한 금액이 되어야 하며, 위험중립확률 p를 구할 때 외국의 무위험이자율을 반영해 주어야 함을 유의해야 한다.

(1)

$$\frac{S}{1+r_T^F} \left\langle \begin{array}{l} 1{,}100\text{원/\$} \\ 950\text{원/\$} \end{array} \right. \qquad P \left\langle \begin{array}{l} 0 \\ 30\text{원/\$} \end{array} \right.$$

$$\rightarrow \alpha\left(\frac{S}{1+r_T^F}\right) + P \left\langle \begin{array}{l} 1{,}100\alpha \\ 950\alpha + 30 \end{array} \right.$$

- 헤지비율: $1{,}100\alpha = 950\alpha + 30 \rightarrow \alpha = \dfrac{30}{150} = 0.2$
- 달러화 매수규모=50만달러×0.2=10만달러

(2) 본서 제4장에서 설명할 통화선물의 가격을 구하는 공식을 이용하여 미국의 무위험이자율을 고려한 상승계수와 하락계수를 구하면 다음과 같다.

- $F_{0,T} = S\left(\dfrac{1+r_T}{1+r_T^F}\right) \rightarrow \dfrac{S}{1+r_T^F} = \dfrac{F_{0,T}}{1+r_T} = \dfrac{1{,}050}{1.06} = 990.57$원/$
- $u(1+r_T^F) = \dfrac{1{,}100}{990.57} = 1.11, \quad d(1+r_T^F) = \dfrac{950}{990.57} = 0.96$

$$\therefore\ p = \frac{\left(\dfrac{1+r_T}{1+r_T^F}\right) - d}{u-d} = \frac{(1+r_T) - d(1+r_T^F)}{u(1+r_T^F) - d(1+r_T^F)} = \frac{1.06 - 0.96}{1.11 - 0.96} = 0.67$$

(또는 $990.57 = \dfrac{p \times 1{,}100 + (1-p) \times 950}{1.06} \rightarrow p = 0.67$)

별해 선물가격을 이용하는 방법

$$F_{0,T} = 1{,}050 \left\langle \begin{array}{l} u'F_{0,T} = uS = 1{,}100 \\ d'F_{0,T} = dS = 950 \end{array} \right. \rightarrow u' = \frac{1{,}100}{1{,}050} = 1.05, \quad d' = \frac{950}{1{,}050} = 0.90$$

$$\therefore\ p=\frac{1-d'}{u'-d'}=\frac{1-0.90}{1.05-0.90}=0.67$$

(또는 $1{,}050=p\times1{,}100+(1-p)\times950 \rightarrow p=0.67$)

(3) • 만기시 옵션의 수익 $=\text{Min}[S_T-920,\ 50]=50+\text{Min}[S_T-970,\ 0]$

$=50-\text{Max}[970-S_T,\ 0]$

• 행사가격이 970원/$인 풋옵션의 현재가치($P$)

$$\rightarrow P=\frac{0.67\times0+0.33\times20}{1.06}=6.23\text{원/\$}$$

• 옵션의 현재가치[6] $=50/1.06-6.23=40.94$원/$

• 옵션 1계약금액(프리미엄) $=40.94$원/$ × 50만달러 $=20{,}470$천원

Tip

• 물음 (1)에서 미국의 무위험이자율(r_T^F)이 주어져야 정확한 달러화 매수규모를 구할 수 있으며, 그 값은 $0.2\times\left(\frac{50\text{만달러}}{1+r_T^F}\right)$, 즉 $\frac{10\text{만달러}}{1+r_T^F}$이다.

• 물음 (2)에서 위험중립확률은 선물가격을 이용하여 구할 수 있다.

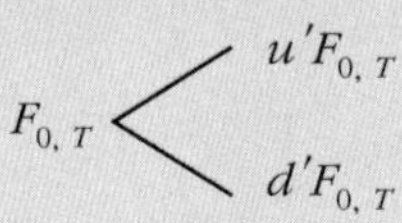

$$\rightarrow pu'F_{0,T}+(1-p)d'F_{0,T}=F_{0,T}\ \therefore\ p=\frac{1-d'}{u'-d'}$$

• 물음 (3)을 풀 때 다음과 같은 수학적 등식관계를 이용할 수 있다.

$\text{Min}[x,\ y]=-\text{Max}[-x,-y]$, $\text{Min}[x,\ y]=y+\text{Min}[x-y,\ 0]$

13

(1) 미화 1달러에 대한 1년 만기 선물의 적정가격($F_{0,1}$)[7]

$$F_{0,1}=S_0\left(\frac{1+r_T}{1+r_T^F}\right)=1{,}250\times\frac{1.06}{1.04}=₩1{,}274/\$$$

---

6) 옵션의 현재가치 $=\frac{0.67\times\text{Min}[1{,}100-920,\ 50]+0.33\times\text{Min}[950-920,\ 50]}{1.06}$

$=\frac{0.67\times50+0.33\times30}{1.06}=40.94$원/$

7) 선물의 가격결정이론에 대해서는 본서 제4장 참조.

(2) $P = C - \frac{S}{1+r_T^F} + \frac{X}{1+r_T} = 300 - \frac{1,250}{1.04} + \frac{1,000}{1.06} = 41$원

(3) • 시카고옵션시장(외화(₩) 매도):

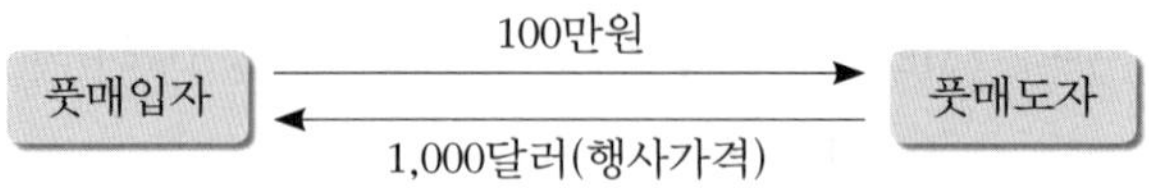

이것은 한국거래소에서 1,000달러를 100만원에 매입할 수 있는 콜옵션, 즉 1달러를 1,000원(행사가격)으로 매입할 수 있는 콜옵션과 동일함.

• 한국거래소(외화($) 매입):

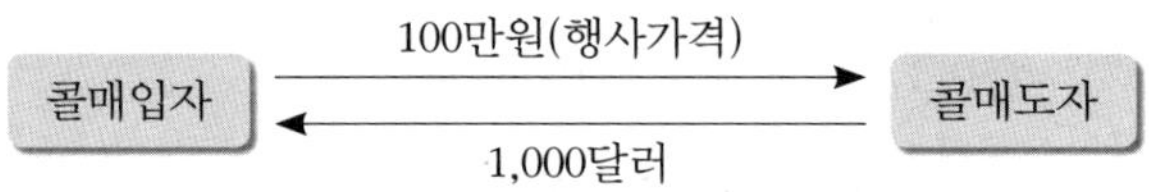

국내 및 미국의 금융시장에는 어떠한 차익거래의 기회도 존재하지 않는다면, 한국거래소에서 거래되는 통화콜옵션을 이용하여 시카고옵션시장 통화풋옵션의 가격(P)을 구할 수 있다.

$\therefore\ P = \$1,000 \times (300원 \times \$0.0008/원) = \$240$

14 (1) $\frac{1,400}{1.02} + P - 450 = \frac{1,000}{1.04} \rightarrow P = 38.99$원

(2) • 독일옵션시장(외화(₩) 매입):

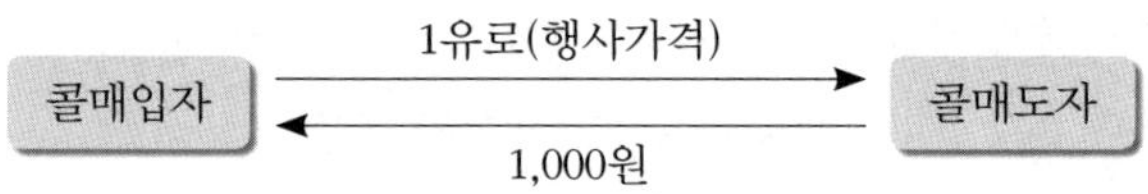

이것은 한국거래소에서 1유로를 1,000원(행사가격)에 매도할 수 있는 풋옵션과 동일함.

• 한국거래소(외화(유로) 매도):

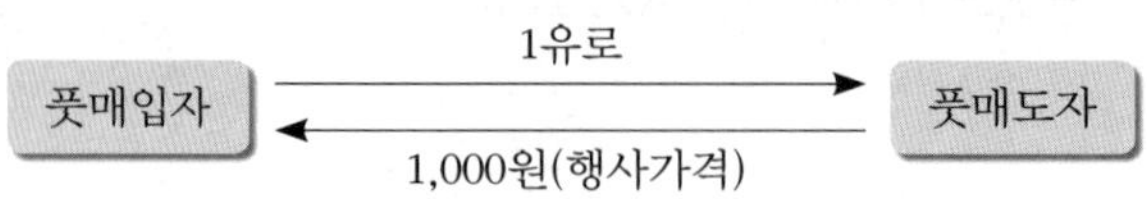

$\therefore\ C = 38.99원 \times 0.000714(유로/원) = 0.0278유로$

15 미국형 통화콜옵션의 경우 조기행사가 가능하기 때문에 매기간 말 이항과정을 역행하면서 조기행사시의 가치와 비교해 주어야 한다. 통화콜옵션의 조기행사가격은 그 시점의 환율에 의해 결정된다. 미국형 주식콜옵션의 경우 배당락 직전에 행사함으로써 배당을 받을 수 있는 반면, 미국형 통화콜옵션의 경우 언제 행사하더라도 행사 전에 발생된 외국통화의 무위험이자를 받을 수 없음을 유의해야 한다.

(1)

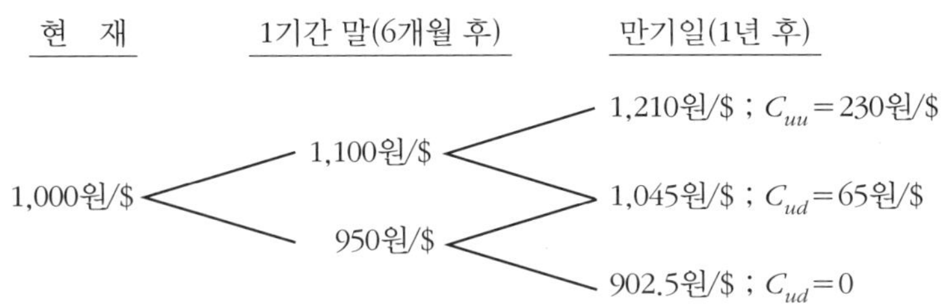

$$p=\frac{\left(\dfrac{1+r_{T/2}}{1+r^F_{T/2}}\right)-d}{u-d}=\frac{\left(\dfrac{1.02}{1.03}\right)-0.95}{1.1-0.95}=0.2686$$

$$\therefore\ C=\frac{p^2C_{uu}+2p(1-p)C_{ud}+(1-p)^2C_{dd}}{(1+r_{T/2})^2}$$

$$=\frac{0.2686^2\times230+2\times0.2686\times0.7314\times65+0.7314^2\times0}{1.02^2}=40.50\text{원/\$}$$

(2) 미국형 미달러 콜옵션의 가치는 다음과 같은 단계를 거쳐서 구할 수 있다.

(i) 1기간 말(6개월 후)에서의 미달러 콜옵션가치

▪ 주가상승시

- 계속보유: $C_u=\dfrac{pC_{uu}+(1-p)C_{ud}}{1+r_{T/2}}=\dfrac{0.2686\times230+0.7314\times65}{1.02}=107.18\text{원/\$}$
- 조기행사: $C_u^*=\text{Max}[S_u-X,\ 0]=\text{Max}[1{,}100-980,\ 0]=120\text{원/\$}$

  → 조기행사

▪ 주가하락시

- 계속보유: $C_d=\dfrac{pC_{ud}+(1-p)C_{dd}}{1+r_{T/2}}=\dfrac{0.2686\times65+0.7314\times0}{1.02}=17.12\text{원/\$}$
- 조기행사: $C_d^*=\text{Max}[S_d-X,\ 0]=\text{Max}[950-980,\ 0]=0\text{원}$

  → 계속보유

(ii) 현재시점에서의 미달러 콜옵션가치

- 계속보유: $C=\dfrac{pC_u^*+(1-p)C_d}{1+r_{T/2}}=\dfrac{0.2686\times120+0.7314\times17.12}{1.02}=43.88$원/$

- 조기행사: $C^*=\text{Max}[S-X,\ 0]=\text{Max}[1{,}000-980,\ 0]=20$원/$

→ 계속보유

∴ 미국형 미달러 콜옵션가치＝43.88원/$

16 (1)

포트폴리오	투자액(원)	만기일(3개월 후) 성과(원)	
		$S_T<25{,}000$	$S_T\geq25{,}000$
콜 매입	1,000	0	$S_T-25{,}000$
풋 매도	−522	$-(25{,}000-S_T)$	0
합성선물	478	$S_T-25{,}000$	$S_T-25{,}000$
만기 손익* (만기일 성과−투자액)		$S_T-25{,}490$	$S_T-25{,}490$

* 시간가치를 고려하고 차익거래기회가 존재하지 않는다면(선물가격＝합성선물가격) 투자액의 3개월 후 가치는 490원[＝478×(1＋이자율)]이 됨.

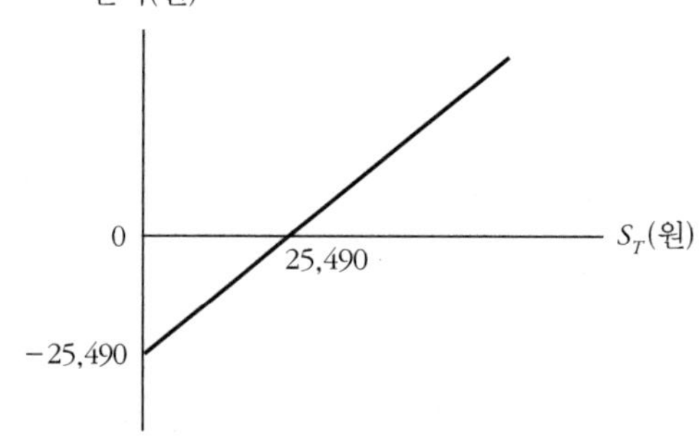

(2) 합성무위험채권: $S+P-C=\dfrac{X}{1+r_T}$

옵션거래전략	현재 현금흐름(원)	3개월 후 현금흐름(원)	
		$S_T<27{,}000$	$S_T\geq27{,}000$
주식 100주 보유	0	$S_T\times100$	$S_T\times100$
풋 100개 매입	−171,700	$(27{,}000-S_T)\times100$	0
콜 100개 매도	24,400	0	$-(S_T-27{,}000)\times100$
합성무위험채권	−147,300	2,700,000	2,700,000

∴ 초기비용＝147,300원

(3) ① $1{,}000 = 24{,}866 \times 0.6165 - 25{,}000 \times e^{-rT}N(d_2) \rightarrow e^{-rT}N(d_2) = 0.573196$

주가가 25,000원(행사가격)보다 높아 옵션이 행사될 확률이 $N(d_2)$이므로 금융상품의 가격(프리미엄)은 다음과 같이 구할 수 있다.

$$\therefore \text{금융상품 프리미엄} = \frac{100\text{만원} \times N(d_2)}{e^{rT}} = 100\text{만원} \times 0.573196 = 573{,}196\text{원}$$

② $N(d_1)$은 주가의 변화에 대한 콜옵션가격의 민감도를 나타내는 값(콜옵션의 델타)으로, 주가가 순간적으로 1원 변할 때 콜옵션가격은 $N(d_1)$만큼 변한다는 것을 의미한다. 한편 $N(d_2)$는 주가가 행사가격보다 높아 콜옵션이 행사될 확률을 의미한다.

17 (1) $u = e^{\sigma\sqrt{T/n}} = e^{0.2\sqrt{90/365}} = 1.1044$

$$d = \frac{1}{u} = \frac{1}{1.1044} = 0.9055, \quad e^{r(T/n)} = e^{0.06 \times (90/365)} = 1.0149$$

$$p = \frac{e^{r(T/n)} - d}{u - d} = \frac{1.0149 - 0.9055}{1.1044 - 0.9055} = 0.55, \quad 1 - p = 0.45$$

그러므로 2기간 주가변동과정을 나타내면 다음과 같다.

현 재	1기간 말(6개월 후)	만기일(180일 후)
		$20{,}000 \times 1.1044^2 = 24{,}394$; $C_{uu} = 3{,}394$
	$20{,}000 \times 1.1044 = 22{,}088$	
20,000		$20{,}000 \times 1.1044 \times 0.9055 = 20{,}000$; $C_{ud} = 0$
	$20{,}000 \times 0.9055 = 18{,}110$	
		$20{,}000 \times 0.9055^2 = 16{,}399$; $C_{dd} = 0$

$$\therefore C = [p^2 C_{uu} + 2p(1-p)C_{ud} + (1-p)^2 C_{dd}] \cdot e^{-2r(T/n)}$$
$$= [0.55^2 \times 3{,}394 + 2 \times 0.55 \times 0.45 \times 0 + 0.45^2 \times 0](0.9853)^2 = 996.72\text{원}$$

(2) $e^{(r-\delta)(T/n)} = e^{(0.06-0.03)(90/365)} = 1.0074$

$$p = \frac{e^{(r-\delta)(T/n)} - d}{u - d} = \frac{1.0074 - 0.9055}{1.1044 - 0.9055} = 0.51, \quad 1 - p = 0.49$$

$$\therefore C = [p^2 C_{uu} + 2p(1-p)C_{ud} + (1-p)^2 C_{dd}] \cdot e^{-2r(T/n)}$$
$$= [0.51^2 \times 3{,}394 + 2 \times 0.51 \times 0.49 \times 0 + 0.49^2 \times 0](0.9853)^2 = 857.02\text{원}$$

18 (1) $\beta_S = 0.2 \times 0.8 + 0.5 \times 0.5 + 0.3 \times 1.2 = 0.77$

$$\rightarrow n_C = -\frac{\beta_S V_S}{I\Delta_C} = -\frac{0.77 \times 10{,}000\text{만원}}{(110 \times 25\text{만원}) \times 0.7} = -4\text{계약}$$

∴ 국민연금은 KOSPI 200 콜옵션 4계약을 매도하여야 한다.

(2) • $\Delta V_S = \left(\dfrac{\Delta I}{I}\right)\beta_S V_S = (-10\%) \times 0.77 \times 10{,}000\text{만원} = -770\text{만원}$

• $\Delta C = \Delta_C \times \Delta I = 0.7 \times [110 \times (-10\%)] = -7.7\text{포인트}$

∴ 헤지포트폴리오의 가치변동$(\Delta V_H) = \Delta V_S + n_C \Delta C$

$= -770\text{만원} + [-4 \times (-7.7) \times 25\text{만원}] = 0$

(3) $n_C = \dfrac{V_S(\beta_H - \beta_S)}{C(\beta_C - \beta_H)} = \dfrac{10{,}000\text{만원} \times (2 - 0.77)}{11 \times 25\text{만원} \times (7-2)} = 8.95\text{계약}$

여기서 $\beta_C = \dfrac{\frac{\partial C}{C}}{\frac{\partial I}{I}} = \dfrac{\partial C}{\partial I} \times \dfrac{I}{C} = \Delta_C \times \dfrac{I}{C} = 0.7 \times \left(\dfrac{110 \times 25\text{만원}}{11 \times 25\text{만원}}\right) = 7$

∴ 국민연금은 KOSPI 200 콜옵션 8.95계약을 매입하여야 한다.

Tip

물음 (1)과 (3)은 포트폴리오의 베타를 구하는 방법을 이용하여 풀 수 있다.

$$V_H = V_S + n_C C \rightarrow \beta_H = \beta_S\left(\frac{V_S}{V_S + n_C C}\right) + \beta_C\left(\frac{n_C C}{V_S + n_C C}\right)$$

(1) $0 = 0.77 \times \left(\dfrac{10{,}000\text{만원}}{10{,}000\text{만원} + n_C \times 11 \times 25\text{만원}}\right) + 7 \times \left(\dfrac{n_C \times 11 \times 25\text{만원}}{10{,}000\text{만원} + n_C \times 11 \times 25\text{만원}}\right)$

$\rightarrow n_C = -4\text{계약}$

(3) $2 = 0.77 \times \left(\dfrac{10{,}000\text{만원}}{10{,}000\text{만원} + n_C \times 11 \times 25\text{만원}}\right) + 7 \times \left(\dfrac{n_C \times 11 \times 25\text{만원}}{10{,}000\text{만원} + n_C \times 11 \times 25\text{만원}}\right)$

$\rightarrow n_C = 8.95\text{계약}$

19 $V_H = n_S S - 1{,}000C_1 - 500C_2 + 2{,}000P_1 - 500P_2 + n_A O_A + n_B O_B$

(1) $\dfrac{\partial V_H}{\partial S} = n_S - 1{,}100 + 0.9n_A = 0, \quad \dfrac{\partial^2 V_H}{\partial S^2} = -800 + 1.6n_A = 0$

∴ $n_S = 650\text{주}, \quad n_A = 500\text{개}$

즉 주식 650주를 매입하고, 옵션 A 500개를 매입하면 델타-중립 및 감마-중립으로 만들 수 있다.

(2) $\dfrac{\partial V_H}{\partial S} = n_S - 1{,}100 + 0.9n_A - 0.1n_B = 0$

$$\frac{\partial^2 V_H}{\partial S^2} = -800 + 1.6n_A + 0.7n_B = 0$$

$$\frac{\partial V_H}{\partial \sigma} = -1{,}200 + 0.8n_A + 0.6n_B = 0$$

$\therefore\ n_S = 2{,}230$주, $\quad n_A = -900$개, $\quad n_B = 3{,}200$개

즉 주식 2,230주를 매입하고, 옵션 A 900개를 매도하고 동시에 옵션 B 3,200개를 매입하면 델타-중립, 감마-중립, 베가-중립으로 만들 수 있다.

제 2 장

옵션투자전략

▶ 객관식 문제

06 ③ 방비콜(covered call) 전략은 기초자산을 보유한 투자자가 향후 자산가격이 하락하거나 상승하지 않을 경우를 대비하여 콜옵션을 매도하는 전략이다. 방비콜에 의해 기초자산 가격하락으로 인한 손실은 콜옵션의 발행(매도)으로 받은 옵션가격만큼 줄어들게 된다.

07 ⑤ 나비스프레드 매입전략은 기초자산의 가격변동성이 감소할 경우 이익이 기대되나 그 반대의 경우 제한된 손실이 발생하는 특징을 지닌다. 반면 나비스프레드 매도전략의 경우 기초자산의 가격변동성이 감소할 경우 손실이 기대되나 그 반대의 경우 제한된 이익이 발생하는 손익구조를 지닌다.

08 (가), (나) 방어적 풋 (다), (라) 동적 자산배분전략

09 ⑤ 스트랩(strap) 전략은 만기와 행사가격이 동일한 콜옵션을 2개 매입하고 풋옵션을 1개 매입하는 전략이다.

10

(단위: 포인트)

포트폴리오	투 자 액	만기일 성과		
		$S_T < 1,100$	$1,100 \leq S_T < 1,200$	$S_T \geq 1,200$
콜옵션(1,200) 매도	−32	0	0	$-(S_T - 1,200)$
풋옵션(1,100) 매도	−21	$-(1,100 - S_T)$	0	0
스트랭글 매도	−53	$S_T - 1,100$	0	$-S_T + 1,200$
만기손익 (만기일 성과−투자액)		$S_T - 1,047$	53	$-S_T + 1,253$

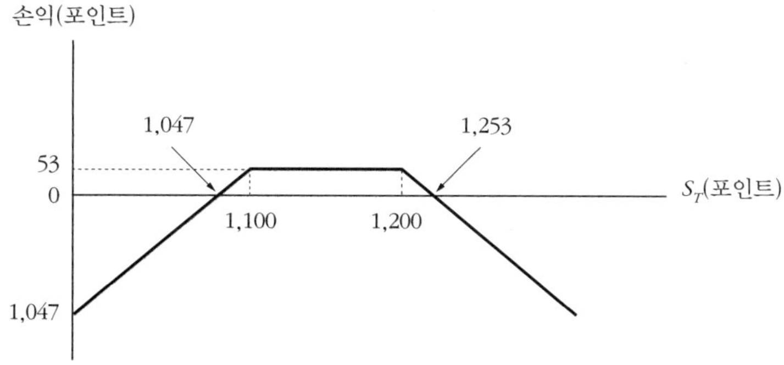

11 a. 칼라(collar)는 만기는 동일하나 행사가격이 높은 콜옵션을 1개 매도하고 행사가격이 낮은 풋옵션을 1개 매입하는 전략임.

→ 기초자산+칼라=범위선도계약: 손익 한정

d. 기초자산 가격변동에 따른 손익을 곡선의 형태로 실현하기 위해서는 수평스프레드(vertical spread)를 이용하면 된다.

e. 기초자산 가격이 큰 폭으로 변동하고, 특히 하락보다는 상승이 예상되는 경우 스트랩(strap)을 매입하면 된다.

12 ② 포트폴리오보험의 가장 단순한 형태인 보호풋(또는 방어적 풋)은 기초자산을 보유한 투자자가 풋옵션을 매입하는 전략이다.

③ 선물=현물−무위험채권 → 현물=선물+무위험채권

선물을 매입하고 동시에 무위험채권을 매입(무위험이자율로 대출)함으로써 현물매입을 복제할 수 있다. 동시에 풋옵션을 매입하면 보호풋 등 포트폴리오 보험을 구성할 수 있다.

④, ⑤ $P=-\alpha' S+B'$

▶ 주관식 문제

01 (1) 만기일 성과(또는 손익)에 대한 그래프를 그릴 때 영역별로 y축 또는 x축 절편, 경계값 등 두 점을 구해서 연결해 주면 된다.

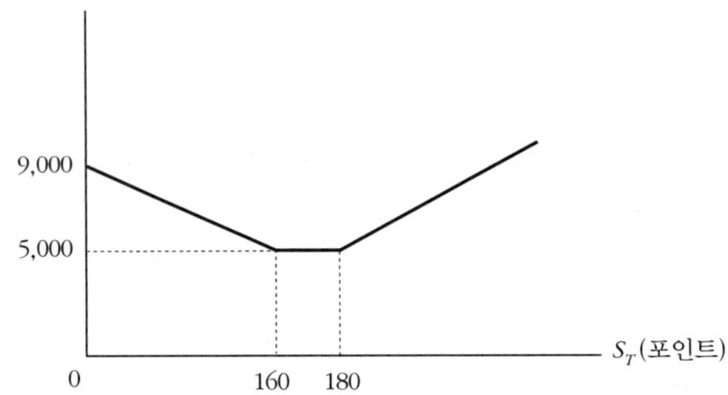

(2) 새로운 금융상품은 콜옵션(행사가격=180.0)과 풋옵션(행사가격=160.0)이 결합된 조건부 상품으로서 스트랭글(strangle)형태이다. 이와 같은 경우 옵션을 이용하여 그 가치를 평가할 수 있다.

(단위: 만원)

포트폴리오	투 자 액	만기일(6개월 후) 성과		
		$S_T < 160$	$160 \leq S_T < 180$	$S_T \geq 180$
콜(180.0) 1계약 매입	40	0	0	$(S_T - 180) \times 25$
풋(160.0) 1계약 매입	100	$(160 - S_T) \times 25$	0	0
무위험채권 매입	5,000/1.05	5,000	5,000	5,000
합 계	4,901.90	5,000+ $(160 - S_T) \times 25$	5,000	5,000+ $(S_T - 180) \times 25$

∴ 새로운 금융상품의 적정 가격=4,901.90만원

02 (1)

(단위: 만원)

투자전략	현재 투자액	6개월 후 투자성과(현금흐름)		
		$S_T<5$	$5\le S_T<5.5$	$S_T\ge 5.5$
1: 주식 매도	−10,000			
CD 매입	10,000	10,500	10,500	10,500
(무위험채권 전략)	0	10,500	10,500	10,500
2: 주식 보유	0	$2{,}000S_T$	$2{,}000S_T$	$2{,}000S_T$
콜옵션 매도	−400	0	0	$-2{,}000(S_T-5.5)$
대 출	400	420	420	420
(방비 콜 전략)	0	$2{,}000S_T+420$	$2{,}000S_T+420$	11,420
3: 주식 보유	0	$2{,}000S_T$	$2{,}000S_T$	$2{,}000S_T$
풋옵션 매입	400	$2{,}000(5-S_T)$	0	0
차 입	−400	−420	−420	−420
(방어적 풋 전략)	0	9,580	$2{,}000S_T-420$	$2{,}000S_T-420$
4: 주식 보유	0	$2{,}000S_T$	$2{,}000S_T$	$2{,}000S_T$
콜옵션 매도	−400	0	0	$-2{,}000(S_T-5.5)$
풋옵션 매입	400	$2{,}000(5-S_T)$	0	0
(헤지 전략)[1]	0	10,000	$2{,}000S_T$	11,000

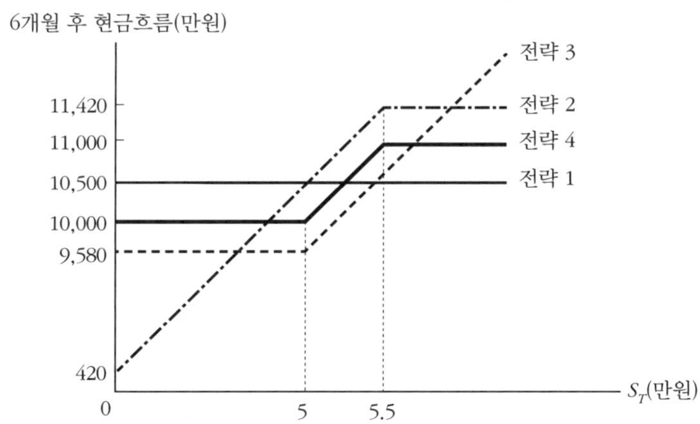

(2) 6개월 후 최소한 원금(10,000만원)을 보장함과 동시에 11,000만원도 가능한 투자전략은 전략 4이다.

1) 콜옵션과 풋옵션의 행사가격이 다르기 때문에 완전한 헤지포트폴리오를 구성할 수 없으며, 이 전략은 범위선도계약(range forward)과 동일하다.

03 (1), (2) 나비스프레드(butterfly spread)는 만기는 동일하나 행사가격이 상이한 세 가지 옵션을 결합하는 전략이다.

(단위: 원)

포트폴리오	투자액	만기일(1년 후) 성과			
		$S_T \le 1{,}000$	$1{,}000 < S_T \le 1{,}150$	$1{,}150 < S_T \le 1{,}300$	$1{,}300 < S_T$
콜(1,000) 1개 매입	100	0	$S_T - 1{,}000$	$S_T - 1{,}000$	$S_T - 1{,}000$
콜(1,150) 2개 매도	−80	0	0	$-2(S_T - 1{,}150)$	$-2(S_T - 1{,}150)$
콜(1,300) 1개 매입	5	0	0	0	$S_T - 1{,}300$
나비스프레드	25	0	$S_T - 1{,}000$	$1{,}300 - S_T$	0

(단위: 원)

포트폴리오	투자액	만기일(1년 후) 성과			
		$S_T \le 1{,}000$	$1{,}000 < S_T \le 1{,}150$	$1{,}150 < S_T \le 1{,}300$	$1{,}300 < S_T$
풋(1,000) 1개 매입	20	$1{,}000 - S_T$	0	0	0
풋(1,150) 2개 매도	−120	$-2(1{,}150 - S_T)$	$-2(1{,}150 - S_T)$	0	0
풋(1,300) 1개 매입	105	$1{,}300 - S_T$	$1{,}300 - S_T$	$1{,}300 - S_T$	0
나비스프레드	5	0	$S_T - 1{,}000$	$1{,}300 - S_T$	0

(3) 콜을 이용한 나비스프레드(과대평가)를 매도하고 풋을 이용한 나비스프레드(과소평가)를 매입함으로써 만기일에서 22원의 차익거래이익을 얻을 수 있다.

(단위: 원)

차익거래	현재 현금 흐름	만기일(1년 후) 현금흐름			
		$S_T \le 1{,}000$	$1{,}000 < S_T \le 1{,}150$	$1{,}150 < S_T \le 1{,}300$	$1{,}300 < S_T$
콜(1,000) 1개 매도	100	0	$-(S_T - 1{,}000)$	$-(S_T - 1{,}000)$	$-(S_T - 1{,}000)$
콜(1,150) 2개 매입	−80	0	0	$2(S_T - 1{,}150)$	$2(S_T - 1{,}150)$
콜(1,300) 1개 매도	5	0	0	0	$-(S_T - 1{,}300)$
풋(1,000) 1개 매입	−20	$1{,}000 - S_T$	0	0	0
풋(1,150) 2개 매도	120	$-2(1{,}150 - S_T)$	$-2(1{,}150 - S_T)$	0	0
풋(1,300) 1개 매입	−105	$1{,}300 - S_T$	$1{,}300 - S_T$	$1{,}300 - S_T$	0
현금 대출	−20	22	22	22	22
차익거래이익	0	22	22	22	22

(4) 행사가격이 1,000원, 1,150원인 옵션 또는 행사가격이 1,150원, 1,300원인 옵션으로 만들 수 있는 전략으로 박스스프레드(box spread)가 있다. 박스스프레드는 강세스프레드와 약세스프레드를 합성하여 위험 없이 이익을 얻을 수 있는 투자전략이다.

① 행사가격이 1,000원, 1,150원인 옵션으로 만든 박스스프레드전략

(단위: 원)

포트폴리오	투자액	만기일(1년 후) 성과		
		$S_T \leq 1,000$	$1,000 \leq S_T \leq 1,150$	$1,150 < S_T$
콜(1,000) 매입	100	0	$S_T - 1,000$	$S_T - 1,000$
콜(1,150) 매도	−40	0	0	$-(S_T - 1,150)$
풋(1,000) 매도	−20	$-(1,000 - S_T)$	0	0
풋(1,150) 매입	60	$1,150 - S_T$	$1,150 - S_T$	0
합　계	100	150	150	150

$$\therefore \text{ 수익률} = \frac{150 - 100}{100} = 50\%$$

② 행사가격이 1,150원, 1,300원인 옵션으로 만든 박스스프레드전략

(단위: 원)

포트폴리오	투자액	만기일(1년 후) 성과		
		$S_T \leq 1,150$	$1,150 < S_T \leq 1,300$	$1,300 < S_T$
콜(1,150) 매입	40	0	$S_T - 1,150$	$S_T - 1,150$
콜(1,300) 매도	−5	0	0	$-(S_T - 1,300)$
풋(1,150) 매도	−60	$-(1,150 - S_T)$	0	0
풋(1,300) 매입	105	$1,300 - S_T$	$1,300 - S_T$	0
합　계	80	150	150	150

$$\therefore \text{ 수익률} = \frac{150 - 80}{80} = 87.5\%$$

04 (1), (2)

(단위: 원)

포트폴리오	투자액	만기일(1년 후) 현금흐름		
		$S_T < 2,000$	$2,000 \leq S_T < 2,300$	$S_T \geq 2,300$
콜(2,000) 매입	200	0	$S_T - 2,000$	$S_T - 2,000$
콜(2,300) 매도	−20	0	0	$-(S_T - 2,300)$
풋(2,000) 매도	−40	$-(2,000 - S_T)$	0	0
풋(2,300) 매입	120	$2,300 - S_T$	$2,300 - S_T$	0
합　계	260	300	300	300

(3)

(단위: 원)

차익거래	현재 현금흐름	만기일(1년 후) 현금흐름		
		$S_T < 2{,}000$	$2{,}000 \leq S_T < 2{,}300$	$S_T \geq 2{,}300$
콜(2,000) 매입	−200	0	$S_T - 2{,}000$	$S_T - 2{,}000$
콜(2,300) 매도	20	0	0	$-(S_T - 2{,}300)$
풋(2,000) 매도	40	$-(2{,}000 - S_T)$	0	0
풋(2,300) 매입	−120	$2{,}300 - S_T$	$2{,}300 - S_T$	0
현금 차입	260	−260(1+0.1)	−260(1+0.1)	−260(1+0.1)
차익거래이익	0	14	14	14

(4)

(단위: 원)

포트폴리오	투자액	만기일(1년 후) 성과			
		$S_T < 2{,}000$	$2{,}000 \leq S_T < 2{,}300$	$2{,}300 \leq S_T < 2{,}600$	$S_T \geq 2{,}600$
콜(2,000) 1개 매입	200	0	$S_T - 2{,}000$	$S_T - 2{,}000$	$S_T - 2{,}000$
콜(2,300) 2개 매도	−40	0	0	$-2(S_T - 2{,}300)$	$-2(S_T - 2{,}300)$
콜(2,600) 1개 매입	10	0	0	0	$S_T - 2{,}600$
나비스프레드	170	0	$S_T - 2{,}000$	$2{,}600 - S_T$	0

$$\therefore\ S_T = 2{,}400 : \text{수익률} = \frac{(2{,}600 - 2{,}400) - 170}{170} = 17.7\%$$

05 (1) ① 최소값=100원

(단위: 원)

포트폴리오	투자액	만기일(1년 후) 현금흐름		
		$S_T < 1{,}500$	$1{,}500 \leq S_T < 1{,}600$	$S_T \geq 1{,}600$
콜옵션(1,500) 매수	104	0	$S_T - 1{,}500$	$S_T - 1{,}500$
풋옵션(1,600) 매수	125	$1{,}600 - S_T$	$1{,}600 - S_T$	0
매수스트랭글 ①	229	$1{,}600 - S_T$	100	$S_T - 1{,}500$

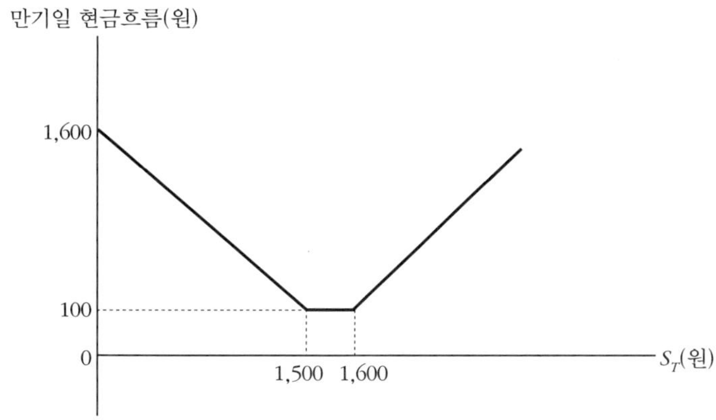

② 최소값 = 0

(단위: 원)

포트폴리오	투자액	만기일(1년 후) 현금흐름		
		$S_T < 1,500$	$1,500 \le S_T < 1,600$	$S_T \ge 1,600$
콜옵션(1,600) 매수	60	0	0	$S_T - 1,600$
풋옵션(1,500) 매수	70	$1,500 - S_T$	0	0
매수스트랭글 ②	130	$1,500 - S_T$	0	$S_T - 1,600$

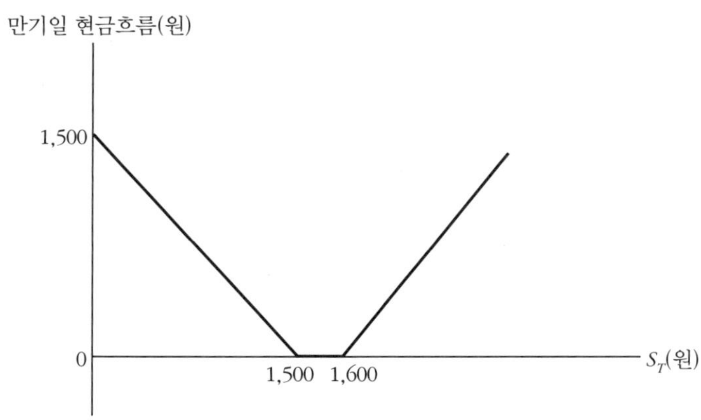

(2) 투자액 차이(① − ②) = 229 − 130 = 99

만기일 현금흐름 차이(① − ②) = 100

$$\rightarrow 99 > \frac{100}{1+0.03} = 97.09$$

∴ 매수스트랭글 ①을 구성하기 위한 추가 투자액 99원은 만기일의 추가 현금흐름 100원의 현재가치인 97.09원보다 크므로, 매수스트랭글 ②가 더 유리하다.

(3) ① 최대값=100원

(단위: 원)

포트폴리오	투자액	만기일(1년 후) 현금흐름		
		$S_T<1,500$	$1,500 \le S_T<1,600$	$S_T \ge 1,600$
콜옵션(1,500) 매수	104	0	$S_T-1,500$	$S_T-1,500$
콜옵션(1,600) 매도	−60	0	0	$-(S_T-1,600)$
강세스프레드 ①	44	0	$S_T-1,500$	100

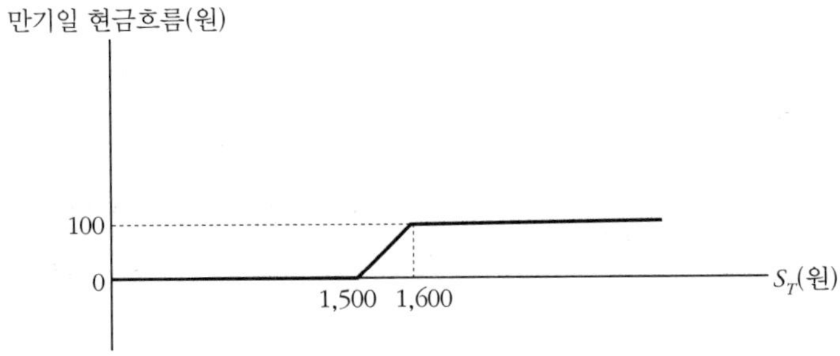

② 최대값=0

(단위: 원)

포트폴리오	투자액	만기일(1년 후) 현금흐름		
		$S_T<1,500$	$1,500 \le S_T<1,600$	$S_T \ge 1,600$
풋옵션(1,500) 매수	70	$1,500-S_T$	0	0
풋옵션(1,600) 매도	−125	$-(1,600-S_T)$	$-(1,600-S_T)$	0
강세스프레드 ②	−55	−100	$S_T-1,600$	0

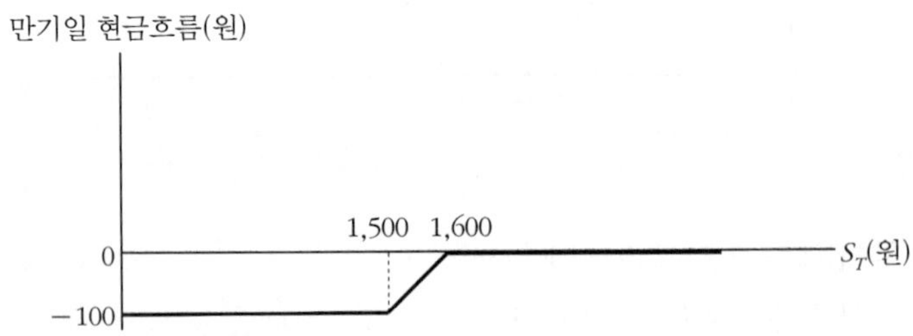

(4) 매수스트랭글 ①−매수스트랭글 ②=강세스프레드 ①−강세스프레드 ②

=박스스프레드: 현재 투자액=99원, 만기일(1년 후) 현금흐름=100원

$$99=\frac{100}{1+r_f} \rightarrow r_f=1.01\%$$

06 (1)

포트폴리오	투자액	만기일 성과		
		$S_T<K_1$	$K_1 \le S_T < K_2$	$S_T \ge K_2$
콜(K_1) 매입	C_1	0	S_T-K_1	S_T-K_1
콜(K_2) 매도	$-C_2$	0	0	$-(S_T-K_2)$
풋(K_1) 매도	$-P_1$	$-(K_1-S_T)$	0	0
풋(K_2) 매입	P_2	K_2-S_T	K_2-S_T	
박스스프레드	$C_1-C_2-P_1+P_2$	K_2-K_1	K_2-K_1	K_2-K_1
손 익		$K_2-K_1-C_1+C_2+P_1-P_2$		

(2)

포트폴리오	투자액	만기일 성과	
		$S_T<K$	$S_T \ge K$
주식 매입	S	S_T	S_T
콜(K) 매도	$-C$	0	$-(S_T-K)$
보호된 콜	$S-C$	S_T	K
손 익		S_T-S+C	$K-S+C$

(3)

포트폴리오	투자액	만기일 성과	
		$S_T<\$30.55$	$S_T \ge \$30.55$
콜 매도	$-\$2.25$	0	$-(S_T-\$30.55)$
풋 매도	$-\$1.50$	$-(\$30.55-S_T)$	0
스트래들 매도	$-\$3.75$	$S_T-\$30.55$	$-S_T+\$30.55$
손익($S_T=\$30.55$)		\$3.75	\$3.75

07 (1) 콜옵션 복제포트폴리오($\alpha S - B = C$) 구성

$$16{,}000 \begin{cases} 50{,}000 \; ; \; C_u = 35{,}000, \; P_u = 0 \\ 2{,}000 \; ; \; C_d = 0, \; P_d = 13{,}000 \end{cases} \rightarrow \; 16{,}000\alpha - B \begin{cases} 50{,}000\alpha - B \times 1.08 \\ 2{,}000\alpha - B \times 1.08 \end{cases}$$

$50{,}000\alpha - B \times 1.08 = 35{,}000, \; 2{,}000\alpha - B \times 1.08 = 0 \rightarrow \alpha = 0.7292, \; B = 1{,}350$원

$\therefore$ 콜옵션가격 $= 16{,}000 \times 0.7292 - 1{,}350 = 10{,}317$원

(2) 풋옵션 복제포트폴리오($-\alpha' S + B' = P$) 구성

$$-16{,}000\alpha' + B' \begin{cases} -50{,}000\alpha' + B' \times 1.08 \\ -2{,}000\alpha' + B' \times 1.08 \end{cases}$$

$-50{,}000\alpha' + B' \times 1.08 = 0, -2{,}000\alpha' + B' \times 1.08 = 13{,}000$

$\rightarrow \; \alpha' = 0.2708, \; B' = 12{,}537$원

$\therefore$ 풋옵션가격 $= -16{,}000 \times 0.2708 + 12{,}537 = 8{,}204$원

포트폴리오의 총가치($C+P$) $= 10{,}317 + 8{,}204 = 18{,}521$원

(3)

포트폴리오	투자액(원)	만기일(1년 후) 성과(원)	
		$S_T < 15{,}000$	$S_T \geq 15{,}000$
콜옵션 매입	10,317	0	$S_T - 15{,}000$
풋옵션 매입	8,204	$15{,}000 - S_T$	0
스트래들	18,521	$15{,}000 - S_T$	$S_T - 15{,}000$
손 익		$-S_T - 3{,}521$	$S_T - 33{,}521$

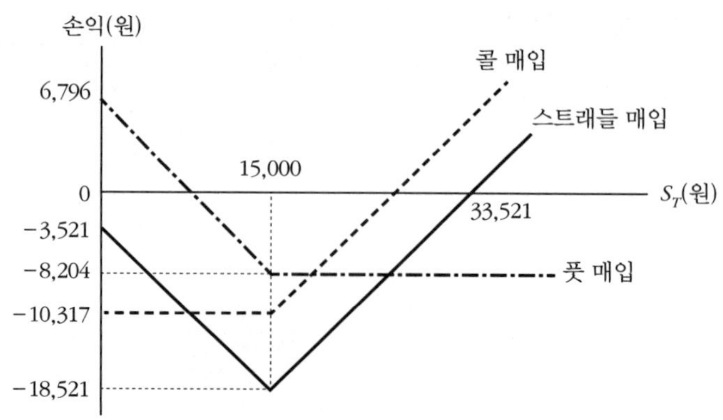

스트래들(straddle)은 현물가격이 크게 변동할 것으로 예상되지만 그 변동의 방향이 불확실한 경우 사용하는 전략이다.

08 (1)

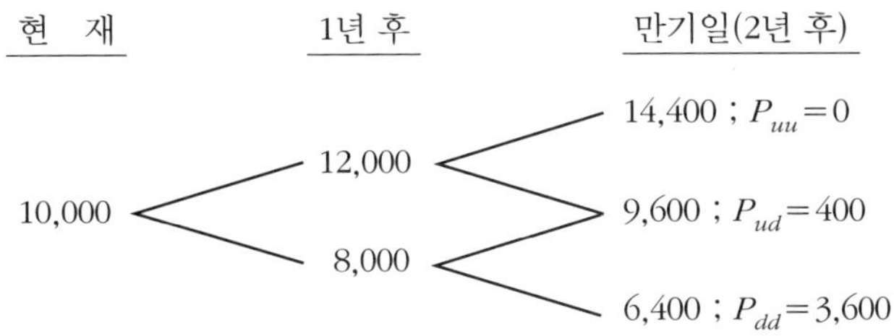

$$10,000=\frac{12,000p+8,000(1-p)}{1+0.05}\rightarrow p=0.625$$

$$\text{또는 } p=\frac{(1+r_T)-d}{u-d}=\frac{1.05-0.8}{1.2-0.8}=0.625$$

$$\rightarrow P_u=\frac{0.625\times 0+0.375\times 400}{1+0.05}=142.86\text{원},$$

$$P_d=\frac{0.625\times 400+0.375\times 3,600}{1+0.05}=1,523.81\text{원}$$

$$P=\frac{0.625\times 142.86+0.375\times 1,523.81}{1+0.05}=629.25\text{원}$$

∴ 현재시점에서 방어풋 구성비용 $=10,000+629.95=10,629.95$원

1년 후 시점에서 주가 하락 시 방어풋 가치 $=8,000+1,523.81=9,523.81$원

(※ $10,000/1.05=9,523.81$원)

(2) 주식+무위험채권=방어풋

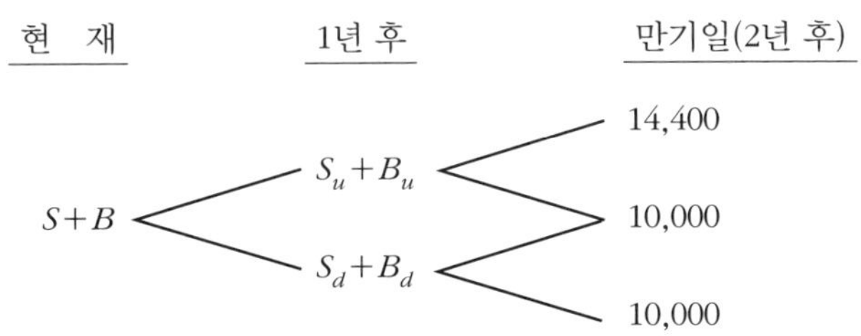

- $1.2S_u+1.05B_u=14,400$, $0.8S_u+1.05B_u=10,000\rightarrow S_u=11,000$원, $B_u=1,142.86$원
- $1.2S_d+1.05B_d=10,000$, $0.8S_d+1.05B_d=10,000\rightarrow S_d=0$, $B_d=9,523.81$원
- $1.2S+1.05B=12,142.86$, $0.8S+1.05B=9,523.81\rightarrow S=6,547.63$원, $B=4,081.62$원

① $S=0.6548$주, $B=4,081.62$원

② $S_d=0$, $B_d=9,523.81$원

③ 포트폴리오의 가치$(S_{dd}+B_{dd})=10,000$원

(3) ① $m\left(=\frac{1}{a'}\right)=\frac{S_u-S_d}{P_d-P_u}=\frac{12,000-8,000}{1,523.81-142.86}=2.8966$

∴ 델타중립포트폴리오$=S+2.8966P$

② 현 재 | 1년 후

$10,000+2.8966\times629.25$ → $12,000+2.8966\times142.86=12,413.82$

→ $8,000+2.8966\times1,523.81=12,413.82$

③ • $m_u=\frac{S_{uu}-S_{ud}}{P_{ud}-P_{uu}}=\frac{14,400-9,600}{400-0}=12$

1년 후 | 만기일(2년 후)

$12,000+12\times142.86$ → $14,400$

→ $9,600+12\times400=14,400$(A)

• $m_d=\frac{S_{du}-S_{dd}}{P_{dd}-P_{du}}=\frac{9,600-6,400}{3,600-400}=1$

1년 후 | 만기일(2년 후)

$8,000+1,523.81$ → $9,600+400=10,000$ (B)

→ $6,400+3,600=10,000$

09 (1) 방어적 풋 전략은 주식 1주에 대해 풋옵션 1개를 매입하는 전략이다. 따라서 방어적 풋 전략을 구사하기 위해서는 주식 1,000주에 대하여 풋옵션 1,000개를 매입해야 하며, 그 결과 구성된 포트폴리오의 가치는 다음과 같다.

$V_0=n_sS+n_pP=$ 1,000주 × 10,000원 + 1,000개 × 500원 = 10,500,000원

(2) 방어적 풋의 만기일 성과

포트폴리오	투자액	만기일(1년 후) 성과	
		S_T=5,000원	S_T=15,000원
주식 1,000주 매입	10,000,000원	5,000,000원	15,000,000원
풋옵션 1,000개 매입	500,000원	5,000,000원*	0
방어적 풋	10,500,000원	10,000,000원	15,000,000원

* (10,000원−5,000원)×1,000개=5,000,000원

(3) 포트폴리오보험을 구성하기 위해서 주식과 풋옵션을 각각 N개씩 매입하고, 무위험이자율로 D만큼 대출하는 전략을 취해야 한다.

$$1{,}000\text{만원} = N \times (10{,}000\text{원} + 500\text{원}) + D \qquad (\text{i})$$

그리고 만기일의 주가가 풋옵션의 행사가격(10,000원)보다 작을 때(S_T<10,000원) 만기일에서 포트폴리오보험은 최저가치를 가지며, 그 값은 1,000만원이 되어야 한다.

$$1{,}000\text{만원} = N \times 10{,}000\text{원} + D \times (1 + 0.1) \qquad (\text{ii})$$

식 (i)과 (ii)에 의해서 N과 D를 구하면 다음과 같다.

$$\therefore N = 645.16\text{개},\ D = 3{,}225{,}820\text{원}$$

1,000만원 중 3,225,820원을 무위험이자율로 대출한 후, 6,774,180원으로 주식과 풋옵션을 각각 645.16개를 매입함으로써 최소 1,000만원의 가치를 보장받을 수 있는 포트폴리오보험을 구성할 수 있다. 이와 같은 포트폴리오보험의 만기일 가치(성과)는 다음과 같다.

포트폴리오보험의 만기일 가치(성과)

포트폴리오	투자액	만기일(1년 후) 가치(성과)	
		S_T<10,000원	$S_T \geq$10,000원
주식 645.16주 매입	6,451,600원	$645.16S_T$	$645.16S_T$
풋옵션 645.16개 매입	322,580원	645.16×(10,000원−S_T)	0
3,225,820원 대출	3,225,820원	3,548,402원	3,548,402원
포트폴리오보험	10,000,000원	10,000,000원	$645.16S_T$+3,548,402원

* 반올림에 의한 약간의 차이는 조정하였음.

즉 S_T<10,000원인 경우 포트폴리오보험이 작동하며, 그 최저가치는 1,000만원임을 확인할 수 있다.

(4) 포트폴리오보험(portfolio insurance)은 주가가 상승하는 경우 이익은 그대로 취하나, 하락할 경우 손실을 일정수준으로 제한하는 전략을 의미한다. 주식과 풋옵션을 매입하는 전략, 즉 방어적 풋(protective put)은 가장 단순한 형태의 포트폴리오보험이라 할 수 있다. 그러나 방어적 풋은 주가하락 시 포트폴리오의 최소가치가 풋옵션의 행사가격으로 제한된다는 한계가 있다. 이와 같은 한계점을 해결하기 위해서 방어적 풋과 무위험채권을 결합함으로써 투자자가 원하는 포트폴리오 만기일 가치의 최저수준을 정할 수 있게 된다.

10 (1)

20,000원 → 24,000원 → 28,800원 ; $P_{uu}=0$
　　　　　　　　　→ 19,200원 ; $P_{ud}=800$원
20,000원 → 16,000원 → 19,200원 ; $P_{ud}=800$원
　　　　　　　　　→ 12,800원; $P_{dd}=7{,}200$원

$$p=\frac{(1+r_{T/2})-d}{u-d}=\frac{1.05-0.8}{1.2-0.8}=0.625$$

$$\therefore\ P=\frac{0.625^2\times 0+2\times 0.625\times 0.375\times 800+0.375^2\times 7{,}200}{1.05^2}=1{,}258.50\text{원}$$

(2) 델타중립(헤지) 포트폴리오 구성: 주식 1주 매입, 풋옵션 n_P개 매입[2)]

20,000원 → 24,000원 / 16,000원

P → $P_u=\dfrac{0.625\times 0+0.375\times 800}{1.05}=285.71$원 / $P_d=\dfrac{0.625\times 800+0.375\times 7{,}200}{1.05}=3{,}047.62$

; $20{,}000+n_PP$ → $24{,}000+285.71n_P$ / $16{,}000+3{,}047.62n_P$

$\rightarrow 24{,}000+285.71n_P=16{,}000+3{,}047.62n_P$

$\therefore$ 풋옵션 매입수량$(n_P)=2.8965$개

$$\text{풋옵션델타}(\Delta_P)=\frac{\partial P}{\partial S}=\frac{P_u-P_d}{(u-d)S}=\frac{285.71-3{,}047.62}{24{,}000-16{,}000}=-0.3452$$

$$\text{또는 } \Delta_P=-\frac{1}{n_P}=-\frac{1}{2.8965}=-0.3452$$

2) 1년 후 주가가 하락하여 16,000원일 때는 풋옵션을 조기행사($P_u^*=4{,}000$원)하는 것이 더 유리하다. 그러나 여기서는 유럽형 옵션을 전제로 하고 있기 때문에 조기행사는 고려되지 않는다.

현재 및 1년 후 델타중립 포트폴리오의 가치(V_H)는 다음과 같다.

$$20{,}000 + n_P P = 23{,}645.25\text{원} \begin{cases} 24{,}000 + 285.71 n_P = 24{,}827.56 \\ 16{,}000 + 3{,}047.62 n_P = 24{,}827.43 \end{cases}$$

(※ 1년 후 델타중립 포트폴리오의 가치가 약간 차이가 나는 것은 반올림에 의한 계산상의 오차 때문임.)

(3) 2년 후 주가가 가장 낮을 때, 즉 12,800원일 때도 20,000원이 되도록 주식과 무위험채권으로 포트폴리오를 구성하면 된다.

$12{,}800N + D(1+0.05)^2 = 20{,}000$

$20{,}000N + D = 20{,}000$

∴ $N = 0.2216$주, 즉 주식 $= 4{,}432$원, 무위험채권 $= 15{,}568$원 투자하면 어떤 경우도 20,000원 이상의 가치를 보장하는 포트폴리오보험전략을 구성할 수 있다.

(4) $S + P_1 - C_1 = \dfrac{K_1}{1.07}$, $S + P_2 - C_2 = \dfrac{K_2}{1.07}$

$\rightarrow (P_2 - C_2) - (P_1 - C_1) = \dfrac{K_2 - K_1}{1.07}$

; $(4{,}490 - 2{,}470) - (2{,}950 - 4{,}640) = 3{,}710 < \dfrac{4{,}000}{1.07} = 3{,}738.32$

(단위: 원)

차익거래	현재 현금흐름	1년 후 현금흐름		
		$S_T < K_1$	$K_1 \le S_T < K_2$	$S_T \ge K_2$
P_2 매입	−4,490	$K_2 - S_T$	$K_2 - S_T$	0
C_2 매도	2,470	0	0	$-(S_T - K_2)$
P_1 매도	2,950	$-(K_1 - S_T)$	0	0
C_1 매입	−4,640	0	$S_T - K_1$	$S_T - K_1$
차 입	3,738.32	−4,000	−4,000	−4,000
차익거래이익	28.32	0	0	0

∴ 현재 차익거래이익 = 28.32원

☞ 박스스프레드(box spread): 강세스프레드(콜(K_1) 매입, 콜(K_2) 매도)를 매입하고, 동시에 약세스프레드(풋(K_1) 매도, 풋(K_2) 매입)도 매입하는 전략으로서 강약합성스프레드라고도 한다. 이 전략의 만기일 성과는 만기일 주가(S_T)에 관계없이 항상 옵션 행사가격의 차이($K_2 - K_1$)와 동일하게 된다.

제 3 장

옵션의 응용

▶ 객관식 문제

01 ⑤ 부채의 상환일에서 위험부채의 가치는 기업가치와 부채의 액면가 중에서 항상 작은 값을 취한다.

02 ② 전환사채의 현재가치는 일반사채가치와 전환권의 현재가치를 합한 값이다.

03 ④ 수의상환사채의 만기일 가치는 일반사채의 만기일 가치에서 수의상환권의 만기일 가치를 차감한 것과 같다. 이는 투자자(채권자)입장에서 기업의 수의상환권이 부여된 수의상환사채가 일반사채에 비해 불리하다는 점을 반영한 것이다.

04 ③ 확장옵션(expansion option)의 만기는 후속 투자안이 실행되는 시점이다.

05 $PV(\text{확장기회가 없는 경우}) = \dfrac{0.6\times40+0.4\times25}{1.1} = 30.91$억원

30.91 → 40 → $C_u = \text{Max}[30-20,\ 0] = 10$억원

30.91 → 25 → $C_d = \text{Max}[10-20,\ 0] = 0$

$$u = \frac{40}{30.91} = 1.2941,\ d = \frac{25}{30.91} = 0.8088 \rightarrow p = \frac{1.06-0.8088}{1.2941-0.8088} = 0.5176$$

∴ 확장옵션의 가치$(C) = \dfrac{0.5176\times10}{1.06} = 4.88$억원

06 $NPV(\text{지금 참여}) = 100-100 = 0,\quad NPV(\text{1년 연기}) = \dfrac{100-95}{1.3} = 3.85$억원

$NPV(\text{2년 연기}) = \dfrac{100-90}{1.3^2} = 5.92$억원, $NPV(\text{3년 연기}) = \dfrac{100-88}{1.3^3} = 5.46$억원

∴ 2년 연기하는 것이 가장 유리 → 연기옵션의 가치 = 5.92억원

▶ 주관식 문제

01 (1) $r_S = r_f + [E(r_M) - r_f]\beta_S = 0.1 + 0.05 \times 1.4 = 0.17$

$$\rightarrow \text{자산의 시장가치} = \frac{800\text{억원}}{(1+0.17)^3} = 499.50\text{억원}$$

새로운 사업에 진출할 경우 ㈜충남의 재무상태표는 다음과 같다.

(주)충남의 재무상태표(시장가치)

(단위: 억원)

자 산		부채와 자본	
구 자 산	499.50	부 채	150
투 자 액	150	자기자본	527.50
NPV	28		
합 계	677.50	합 계	677.50

그러므로 ㈜충남의 총자산가치는 677.5억원이다.

(2) 콜옵션의 현재가치 = 자기자본의 가치 = 527.50억원

콜옵션의 행사가격 = 3년 만기 순수할인채권의 상환가액

$= 150\text{억원} \times 1.12^3 = 210.74\text{억원}$

(3) 위험채권의 현재가치 = 무위험채권의 현재가치 − 풋옵션의 현재가치

$$150\text{억원} = \frac{210.74\text{억원}}{(1+0.1)^3} - P \quad \therefore \text{풋옵션의 현재가치}(P) = 8.33\text{억원}$$

$$\text{또는 } P = S - V + \frac{D}{(1+r_f)^T} = 527.50 - 677.50 + \frac{210.74}{1.1^3} = 8.33\text{억원}$$

(4) 풋−콜 패리티에 의해서 다음의 식이 성립하여야 한다.

$$10 = 500 - 677.50 + \frac{210.74}{(1+r_f)^3}$$

$(1+r_f)^3 = 1.1239 \quad \therefore r_f = 0.0397$

02 (1) • 배당할인모형:

$$r_S = \frac{D_1}{P_0} + g = \frac{5{,}000 \times (1+0.054)}{62{,}000} + 0.054 = 0.139\ (13.9\%)$$

$WACC=0.65\times0.139+0.35\times0.104\times(1-0.25)=0.118$ (11.8%)

- CAPM:

$r_S=0.04+(0.11-0.04)\times1.6=0.152$ (15.2%)

$WACC=0.65\times0.152+0.35\times0.104\times(1-0.25)=0.126$ (12.6%)

(2) • 우선주 발행[1]:

$$\text{우선주자본비용}=\frac{\text{우선주의 주당배당금}}{\text{우선주의 가격}}=\frac{4,200}{35,000}=0.12$$

$$WACC=\frac{650}{1,400}\times0.152+\frac{400}{1,400}\times0.12+\frac{350}{1,400}\times0.104\times(1-0.25)$$

$$=0.124\ (12.4\%)$$

- 회사채 발행:

$$0.152=r_U+(r_U-0.104)(1-0.25)\left(\frac{350}{650}\right)\rightarrow r_U=0.1382$$

$$r_S=r_U+(r_U-r_B)(1-T_C)\left(\frac{B}{S_L}\right)=0.1382+(0.1382-0.104)(1-0.25)\left(\frac{750}{650}\right)$$

$$=0.1678$$

$$WACC=\frac{650}{1,400}\times0.1678+\frac{750}{1,400}\times0.104\times(1-0.25)=0.120\ (12.0\%)$$

또는 $WACC=r_U\left[1-T_C\left(\frac{B}{V_L}\right)\right]=0.1382\left(1-0.25\times\frac{750}{1,400}\right)=0.120$

∴ WACC를 최소화하기 위하여 회사채(2안)를 발행해야 함.

(3) $$d_1=\frac{\ln\left(\frac{1,000}{350}\right)+\left(0.05+\frac{1}{2}\times0.8^2\right)\times1}{0.8\times\sqrt{1}}=1.7748\rightarrow N(1.7748)=0.9620$$

$$d_2=1.7748-0.8\times\sqrt{1}=0.9748\rightarrow N(0.9748)=0.8352$$

∴ 자기자본가치 $=1,000\times0.9620-350\times0.9512\times0.8352=684$억원

부채가치 $=1,000-684=316$억원

1) 우선주를 발행할 때 보통주의 위험에 영향을 미칠 수 있으나 여기서는 그것을 반영하기 어렵다. 또한 WACC를 구할 때 신규투자안의 순현가를 알 수 없기 때문에 산출가치(시장가치)가 아닌 투입가치(장부가치)인 400억원으로 가중치를 계산한다.

03 만기일에서 담보부대출의 상환 여부는 차입자인 갑돌이가 결정하게 된다. 따라서 갑돌이는 만기일에서의 담보물의 가치(V_T)와 담보부대출의 상환액(D) 중 큰 것을 취하게 되고, 그 상대방으로서 대출자인 KM은행은 둘 중 작은 것을 취하게 된다. 이와 같은 논리를 이용하면 차입자와 대출자 각각의 입장에서 담보부대출의 가치를 구할 수 있다.

(1) 담보물인 아파트의 가치변동과 위험중립확률은 다음과 같다.

현 재	1년 후
2.1억원	2.31억원
	1.89억원

$$\rightarrow p=\frac{(1+r_T)-d}{u-d}=\frac{1.05-0.9}{1.1-0.9}=0.75$$

- $C=\dfrac{pC_u+(1-p)C_d}{1+r_T}=\dfrac{0.75\times0.31+0.25\times0}{1.05}=0.2214$억원
- $P=\dfrac{pP_u+(1-p)P_d}{1+r_T}=\dfrac{0.75\times0+0.25\times0.11}{1.05}=0.0262$억원

(2) 대출자인 KM은행의 입장에서 담보부대출의 가치(B)

$B=V-C=2.1-0.2214=1.8786$억원
또는 $B=PV(D)-P=2/1.05-0.0262=1.8786$억원

KM은행은 갑돌이에게 담보부대출의 가치인 1.8786억원만큼 담보부대출을 해줄 수 있다. 이 경우 위험채권인 담보부대출의 이자율은 무위험이자율 5%보다 높은 $6.46\%\left(=\dfrac{2-1.8786}{1.8786}\right)$이다.

(3) 차입자인 갑돌이의 입장에서 담보부대출의 가치(B')

$B'=PV(D)+C=2/1.05+0.2214=2.1262$억원
또는 $B'=V+P=2.1+0.0262=2.1262$억원

갑돌이는 담보부대출로 인해 0.0262억원(=2.1262억원−2.1억원), 즉 풋옵션의 가치만큼 이익을 얻는다.[2] 따라서 갑돌이는 보험료로 0.0262억원을 지급할 수 있다.

2) 지급보증의 가치는 풋옵션의 가치와 동일하다.

Tip

대출자와 차입자 각각의 입장에서 담보부대출의 가치를 구하면 다음과 같다.

- 대출자 입장: $B_T = \text{Min}[V_T, D] = V_T - C_T = D - P_T \rightarrow B = V - C = PV(D) - P$

$$B = \frac{p\text{Min}[V_u, D] + (1-p)\text{Min}[V_d, D]}{1+r_T} = \frac{0.75 \times 2 + 0.25 \times 1.89}{1.05} = 1.8786\text{억원}$$

- 차입자 입장: $B_T' = \text{Max}[V_T, D] = D + C_T = V_T + P_T \rightarrow B' = PV(D) + C = V + P$

$$B' = \frac{p\text{Max}[V_u, D] + (1-p)\text{Max}[V_d, D]}{1+r_T} = \frac{0.75 \times 2.31 + 0.25 \times 2}{1.05} = 2.1262\text{억원}$$

04 (1) 먼저 희석효과를 반영하기 전 신주인수권(콜옵션)의 가치를 $B-S$모형에 의해 구하면 다음과 같다.

- 신주인수권의 총발행가격 = 신주인수권부사채의 발행가격 − 일반사채의 가치
  = 20억원 − 15억원 = 5억원
- 기초자산의 현재가치$(S) = S' + \frac{N_w w'}{N} = 11{,}500\text{원} + \frac{5\text{억원}}{100\text{만주}} = 12{,}000\text{원}$
- 행사가격(x) = 10,000원, 만기(T) = 4년, 주식수익률의 표준편차(σ) = 0.4, 무위험이자율(r) = 10%

$$d_1 = \frac{\ln\left(\frac{12{,}000}{10{,}000}\right) + \left(0.1 + \frac{0.4^2}{2}\right) \times 4}{0.4 \times \sqrt{4}} = 1.13, \quad d_2 = 1.13 - 0.4 \times \sqrt{4} = 0.33$$

$\rightarrow N(d_1) = 0.8708, \quad N(d_2) = 0.6293$

$w_{nd} = 12{,}000 \times 0.8708 - 10{,}000 \times e^{-0.1 \times 4} \times 0.6293 = 6{,}151.48\text{원}$

희석효과를 반영한 신주인수권의 가치를 구하면 다음과 같다.[3)]

신주인수권 1개의 가치$(w) = \left(\frac{100\text{만주}}{100\text{만주} + 10\text{만주}}\right) \times 6{,}151.48\text{원} = 5{,}592.25\text{원}$

∴ 신주인수권의 총가치$(N_w w)$ = 10만주 × 5,592.25 = 559,225,000원

(2) 신주인권부사채의 내재가치는 2,059,225,000원(= 1,500,000,000원 + 559,225,000원)으로서 현재의 발행가격 20억원보다 높다. 따라서 신주인수권부사채는 과소평가되어 있다고 할 수 있다.

---

3) 보다 정확한 신주인수권의 가치를 구하기 위해서는 여기서 구해진 신주인수권의 가치로 다시 주가를 수정한 후, 새로운 신주인수권의 가치를 구한다. 이와 같은 절차를 계속 반복하면 신주인수권의 가치는 일정한 값으로 수렴하게 되며, 그 값이 정확한 신주인수권의 가치라 할 수 있다.

05 (1)

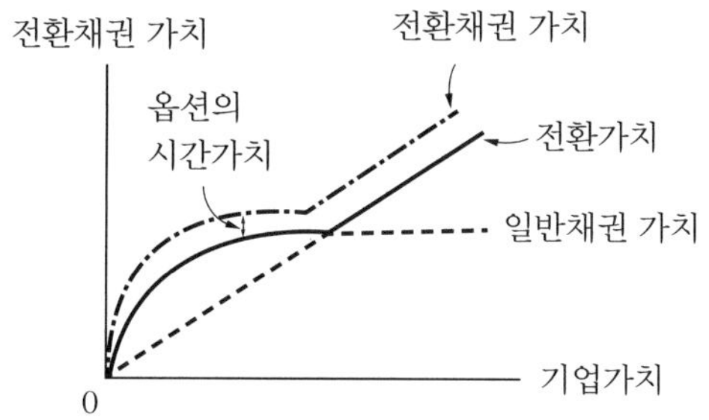

(2) ① 일반채권 가치가 전환가치보다 높은 영역: 일반채권 가치보다 약간 높은 가격

② 일반채권 가치가 전환가치와 비슷한 영역: 일반채권 가치 또는 전환가치보다 약간 높은 가격

③ 일반채권 가치가 전환가치보다 낮은 영역: 전환가치보다 약간 높은 가격

06 (1) 주가변동과 신주인수권(희석효과 고려 안 함)의 만기일 가치

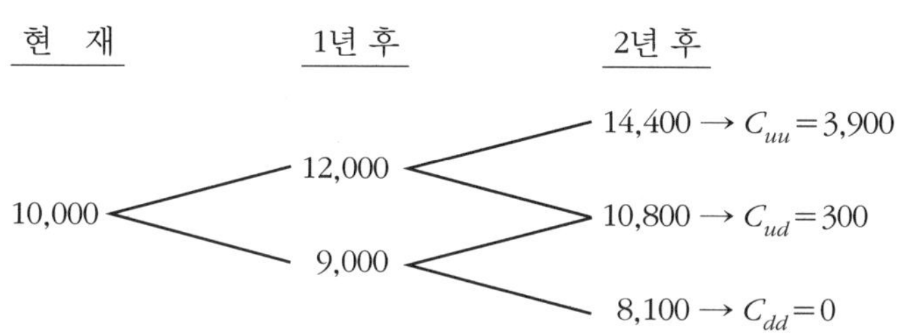

$$p=\frac{1.05-0.9}{1.2-0.9}=0.5$$

$$\rightarrow C=\frac{0.5^2\times3{,}900+2\times0.5\times0.5\times300+0.5^2\times0}{1.05^2}=1{,}020.408\text{원}$$

∴ 신주인수권 1단위당(1좌당) 가치 $=\frac{100\text{만}}{100\text{만}+10\text{만}}\times1{,}020.408=927.64$원

(2) 전환가격 $=\frac{\text{사채의 액면가}}{\text{전환비율}}=\frac{100{,}000\text{원}}{10\text{주}}=10{,}000$원

주가변동과 전환권(희석효과 고려 안 함)의 만기일 가치

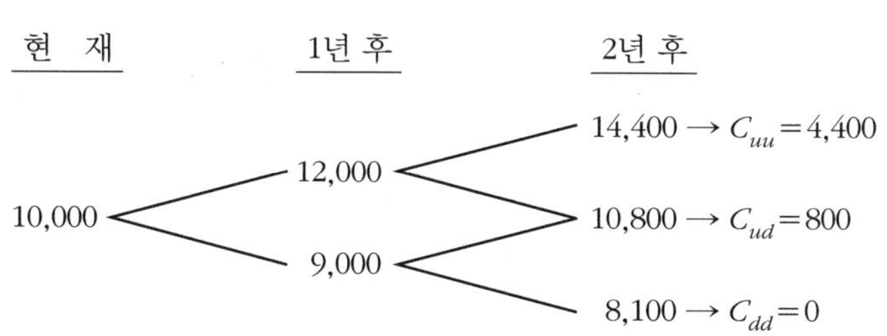

$$C=\frac{0.5^2\times4{,}400+2\times0.5\times0.5\times800+0.5^2\times0}{1.05^2}=1{,}360.544\text{원}$$

$$\therefore \text{ 전환권 1단위당(1좌당) 가치}=\frac{100\text{만}}{100\text{만}+100\text{만}}\times1{,}360.544\text{원}\times10\text{주}$$

$$=6{,}802.72\text{원}$$

(3) 일반사채 1좌의 가치 $=\frac{2{,}000}{1.06}+\frac{102{,}000}{1.06^2}=92{,}666.43$원

- 신주인수권부사채의 가치＝(92,666.43원＋927.64원)×10만좌＝93.59억원
  → 신주인수권부사채의 발행가격(95억원) 과대평가

- 전환사채의 가치＝(92,666.43원＋6,802.72원)×10만좌＝99.47억원
  → 전환사채의 발행가격(95억원) 과소평가

(4) 권리락주가 $=\frac{\text{권리부주가}+\text{신주발행가}\times\text{유상증자비율}}{1+\text{유상증자비율}}$

$$=\frac{10{,}000+8{,}000\times0.25}{1+0.25}=9{,}600\text{원}$$

∴ 신주인수권 1단위당 가격＝권리락주가－신주발행가격

＝9,600원－8,000원＝1,600원

07 채권가격이 아닌 이자율이 이항분포에 따라 변하고 있다는 점을 유의해야 한다. 따라서 이항분포하에서 주어진 미래 각 기간의 시장이자율(현물이자율)을 이용하여 만기에서 현재, 즉 역순으로 채권가격을 구할 수 있다. 그리고 수의상환사채의 경우 매년 말 액면(표면)이자의 지급 후 기업이 수의상환권을 행사할 것인지를 결정해야 한다.

(1) 각 기간의 시장이자율(현물이자율)은 다음과 같다.

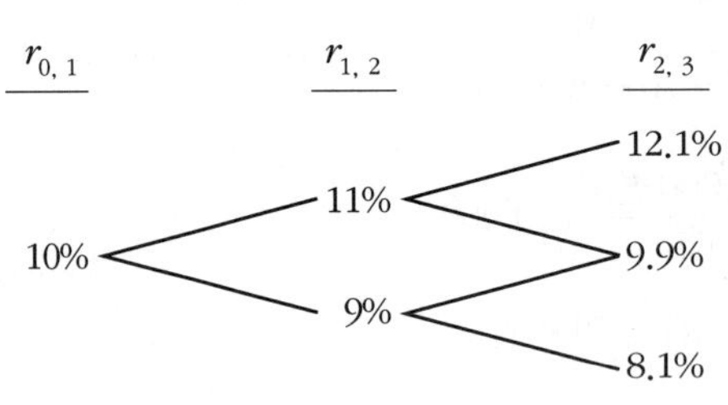

매년 말 기대현금흐름을 위에 주어진 이자율로 1기간씩 할인하여 각 시점의 채권가치를 구하면 다음과 같다.

(단위: 억원)

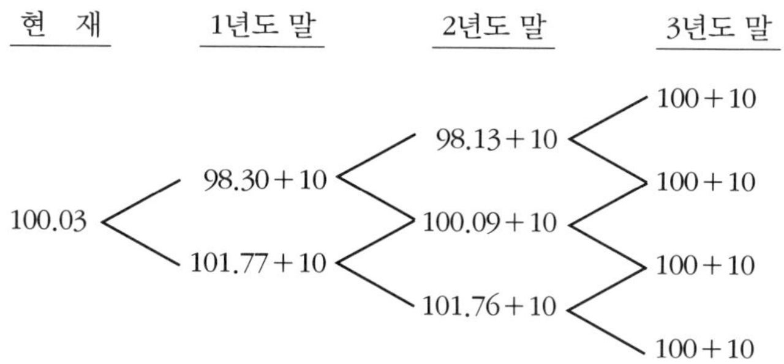

(계산 예)

- 2년도 말 첫째 상황: $\dfrac{0.5\times(100+10)+0.5\times(100+10)}{1+0.121}=98.13$억원
- 1년도 말 첫째 상황: $\dfrac{0.5\times(98.13+10)+0.5\times(100.09+10)}{1+0.11}=98.30$억원
- 현재: $\dfrac{0.5\times(98.30+10)+0.5\times(101.77+10)}{1+0.1}=100.03$억원

∴ 일반사채의 현재가치=100.03억원

(2) 수의상환사채의 가치를 평가하면 다음과 같다.

(단위: 억원)

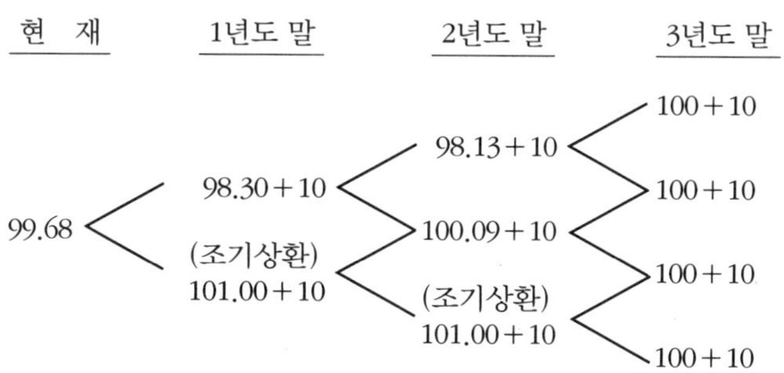

(계산 예)

현재: $\dfrac{0.5\times(98.30+10)+0.5\times(101.00+10)}{1+0.1}=99.68$억원

∴ 수의상환사채의 현재가치=99.68억원

(3) 수의상환권의 가치=일반사채의 가치−수의상환사채의 가치

=100.03−99.68=0.35억원

08 일반적으로 전환사채는 수의상환권이 첨부된 형태로 발행된다. 즉 투자자는 사채를 주식으로 전환할 수 있는 권리를 가지며, 발행기업은 사채를 조기상환할 수 있는 권리를 가진다.

▶ 기업가치의 변화와 위험중립확률

(단위: 억원)

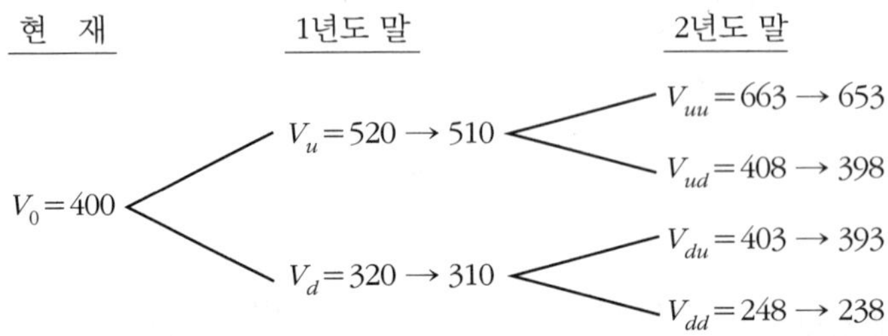

* 채권의 액면(표면)이자 = 100×0.1 = 10억원

$u=1.3, \quad d=0.8, \quad r=0.08 \rightarrow$ 위험중립확률$(p)=\dfrac{1.08-0.8}{1.3-0.8}=0.56$

▶ 수의상환권부 전환사채의 가치평가

(단위: 억원)

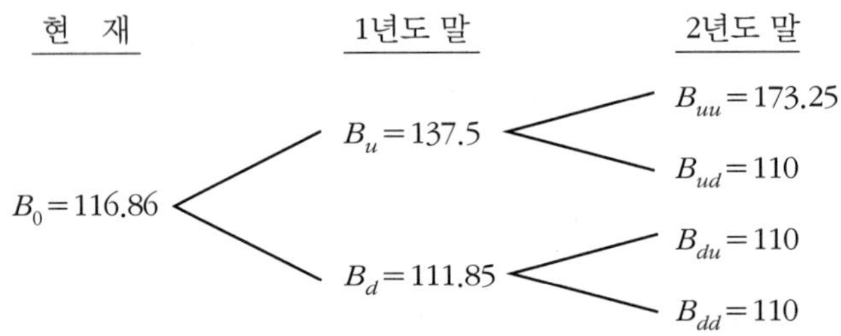

(계산과정)

① 2년도 말에서의 수의상환권부 전환사채의 가치

= Max(액면가 + 액면이자, 전환가치 + 액면이자)

- B_{uu} = Max(100 + 10, 0.25×653 + 10 = 173.25) = 173.25억원 (전환)
- B_{ud} = Max(100 + 10, 0.25×398 + 10 = 109.5) = 110억원 (전환하지 않음)
- B_{du} = Max(100 + 10, 0.25×393 + 10 = 108.25) = 110억원 (전환하지 않음)
- B_{dd} = Max(100 + 10, 0.25×238 + 10 = 69.5) = 110억원 (전환하지 않음)

② 1년도 말에서의 수의상환권부 전환사채의 가치

= Max[Min(시장가치 + 액면이자, 수의상환가치 + 액면이자), 전환가치 + 액면이자]

- B_u = Max[Min(144.65, 120 + 10), 0.25×510 + 10 = 137.5]

  = 137.5억원 (수의상환 전 전환)

* 시장가치 + 액면이자 $=\dfrac{0.56\times173.25+0.44\times110}{1.08}+10=144.65$억원

- $B_d = \text{Max}[\text{Min}(111.85,\ 120+10),\ 0.25\times 310+10=87.5]$

  $=111.85$억원 (전환하지 않음)

  * 시장가치 + 액면이자 $= \dfrac{0.56\times 110+0.44\times 110}{1.08}+10=111.85$억원

③ 현재시점에서의 수의상환권부 전환사채의 가치 = Max(시장가치, 전환가치)

- $B_0=\text{Max}(116.86,\ 0.25\times 400=100)=116.86$억원 (전환하지 않음)

  * 시장가치 $= \dfrac{0.56\times 137.5+0.44\times 111.85}{1.08}=116.86$억원

09 (1) 주식 2주의 이항과정:

(단위: 만원)

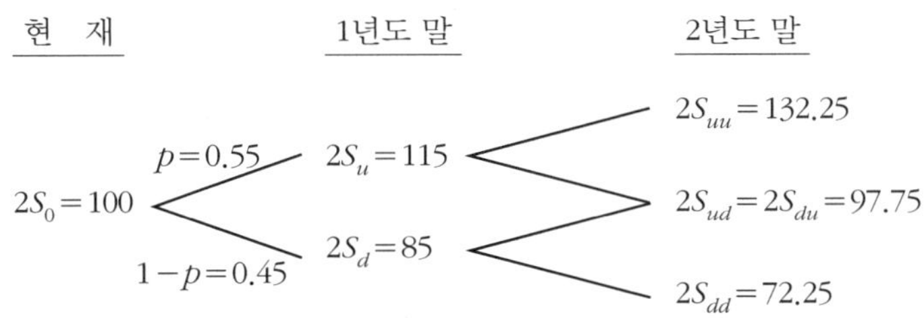

전환사채의 가치평가:

(단위: 만원)

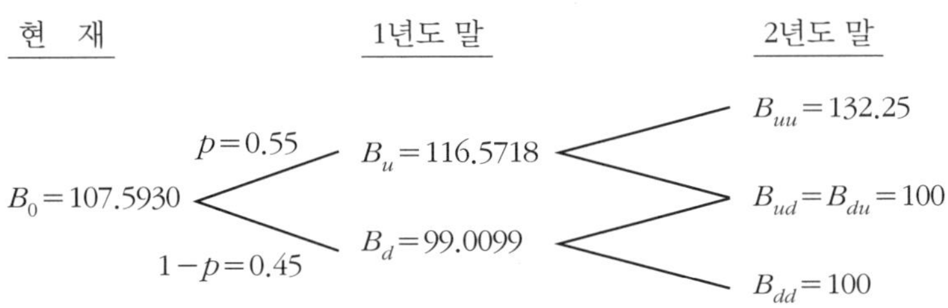

(계산과정)

- 1년도 말에서의 전환사채의 가치:

$$B_u=\frac{0.55\times 132.25+0.45\times 100}{1.01}=116.5718\text{만원}$$

$$B_d=\frac{0.55\times 100+0.45\times 100}{1.01}=99.0099\text{만원}$$

- 현재시점에서의 전환사채의 가치:

$$B_0=\frac{0.55\times 116.5718+0.45\times 99.0099}{1.01}=107.5930\text{만원}$$

(2) ① • 1년도 말에서의 수의상환권부 전환사채의 가치

=Max[Min(시장가치, 수의상환가치), 전환가치]

B_u=Max[Min(116.5718, 108), 115]=115만원 (수의상환 전 전환)

B_d=Max[Min(99.0099, 108), 85]=99.0099만원 (전환하지 않음)

• 현재시점에서의 수의상환권부 전환사채의 가치=Max(시장가치, 전환가치)

B_0=Max(106.7371, 100)=106.7371만원 (전환하지 않음)

$$* \text{ 시장가치} = \frac{0.55 \times 115 + 0.45 \times 99.0099}{1.01} = 106.7371\text{만원}$$

② 수의상환권의 현재가치=1,075,930−1,067,371=8,559원

(3) 주식 2주의 삼항과정:

(단위: 만원)

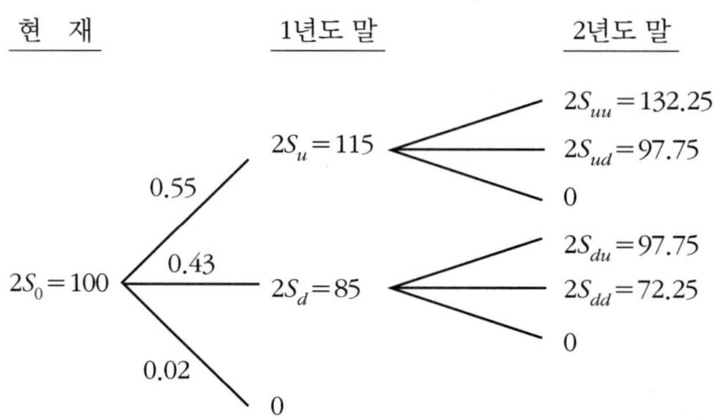

수의상환권부 전환사채의 가치평가:

(단위: 만원)

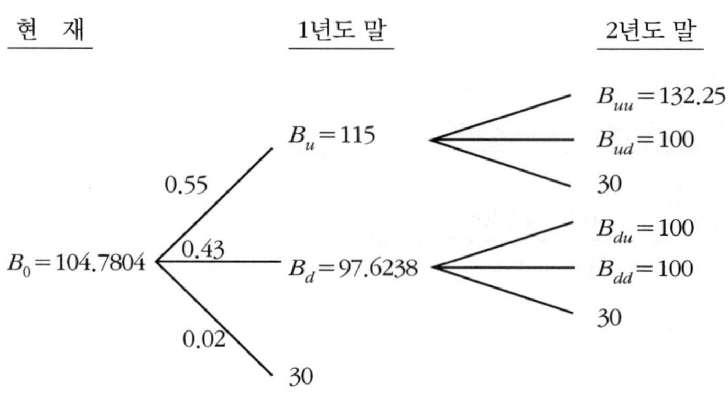

(계산과정)

B_u = Max[Min(115.1856, 108), 115] = 115만원 (수의상환 전 전환)

$$* \text{ 시장가치} = \frac{0.55 \times 132.25 + 0.43 \times 100 + 0.02 \times 30}{1.01} = 115.1856\text{만원}$$

B_d = Max[Min(97.6238, 108), 85] = 97.6238만원 (전환하지 않음)

$$* \text{ 시장가치} = \frac{0.55 \times 100 + 0.43 \times 100 + 0.02 \times 30}{1.01} = 97.6238\text{만원}$$

B_0 = Max(104.7804, 100) = 104.7804만원 (전환하지 않음)

$$* \text{ 시장가치} = \frac{0.55 \times 115 + 0.43 \times 97.6238 + 0.02 \times 30}{1.01} = 104.7804\text{만원}$$

10 (1) • 주택임대수요가 높을 경우 연간 영업현금흐름

= (500 − 120)(1 − 0.4) + 200 × 0.4 = 308억원

• 주택임대수요가 낮을 경우 연간 영업현금흐름

= (350 − 100)(1 − 0.4) + 200 × 0.4 = 230억원

(2) 투자안의 기대NPV = (308 × 0.6 + 230 × 0.4) × $PVIFA_{0.1,\ 3}$ − 600

= 276.8 × 2.4869 − 600 = 88.37억원

(3) ① • 1년 후 주택임대수요가 높을 경우: NPV_1 = 308 × 2.4869 − 600 = 165.97억원

→ 주택을 건설함.

• 1년 후 주택임대수요가 낮을 경우: NPV_1 = 230 × 2.4869 − 600 = −28.01억원

→ 주택을 건설하지 않음. (NPV_1 = 0)

$$\therefore \text{ 투자안의 기대}NPV = \frac{165.97 \times 0.6 + 0 \times 0.4}{1.1} = 90.53\text{억원}$$

② • 주택건설을 당장 시행하는 방안의 기대NPV = 88.37억원

• 주택건설을 1년간 연기하는 방안의 기대NPV = 90.53 − 5 = 85.53억원

∴ 주택건설을 당장 시행하는 방안이 유리하다.

(4) 전통적 NPV법과는 달리 실물옵션접근법은 정보가 활용가능한 미래시점에서 추가적인 의사결정을 할 수 있다는 유연성을 포함하여 투자안을 평가한다는 장점을 가지고 있다. 그러나 거래가 활발하게 이루어지지 않는 실물자산은 복제포트폴리오의 구성이 어렵고, 분산의 추정 및 안정성에 문제가 있을 수 있다. 또한 실물옵션의 행사가격(투자비용, 처분가치 등)이 일정하지 않거나 불확실한 경우가 대부분이다.

11 (1) $NPV = \dfrac{10만대 \times 10만원 + \dfrac{(0.5 \times 30만대 + 0.5 \times 10만대) \times 10만원}{0.1}}{1.1} - 2{,}100억원$

$= -191억원$

∴ 사업을 추진하지 않음.

(2) 투자안의 가치변동과 연기옵션의 가치[4)]

현 재	1년도 말
1,909억원	100억원+3,000억원 → $C_u = \text{Max}[3{,}000 - 2{,}100,\ 0] = 900억원$
	100억원+1,000억원 → $C_d = \text{Max}[1{,}000 - 2{,}100,\ 0] = 0$

* $\dfrac{30만대 \times 10만원}{0.1} = 3{,}000억원, \quad \dfrac{10만대 \times 10만원}{0.1} = 1{,}000억원$

$\rightarrow u = 3{,}100/1{,}909 = 1.6239, \quad d = 1{,}100/1{,}909 = 0.5762$

$$p = \frac{1.06 - 0.5762}{1.6239 - 0.5762} = 0.4618$$

$$C = \frac{0.4618 \times 900 + 0.5382 \times 0}{1 + 0.06} = 392억원$$

∴ 연기에 대한 옵션가치를 고려하면 이 사업은 392억원의 가치를 가지는 것으로 평가되므로 이 사업을 추진해야 한다.

12 (1) $S = 150억원, \quad X = 200억원, \quad T = 5년, \quad \sigma^2 = 0.08, \quad r = 6\%$

$$d_1 = \frac{\ln\left(\frac{S}{X}\right) + \left(r + \frac{1}{2}\sigma^2\right)T}{\sigma\sqrt{T}} = \frac{\ln\left(\frac{150}{200}\right) + \left(0.06 + \frac{1}{2} \times 0.08\right) \times 5}{\sqrt{0.08}\sqrt{5}} = 0.34$$

$d_2 = d_1 - \sigma\sqrt{T} = 0.34 - \sqrt{0.08}\sqrt{5} = -0.29$

본서의 부록 Ⅰ 〈부표-5〉를 이용하여 $N(d_1)$과 $N(d_2)$의 값을 구하면 다음과 같다.

$N(d_1) = N(0.34) = 0.5 + 0.1331 = 0.6331$

$N(d_2) = N(-0.29) = 0.5 - 0.1141 = 0.3859$

$C = SN(d_1) - Xe^{-rT}N(d_2) = 150 \times 0.6331 - 200 \times e^{-0.06 \times 5} \times 0.3859 = 37.79억원$

---

4) 1년도 말 투자안의 가치를 계산할 때 처음 1년 동안의 현금흐름 100억원(=10만개×10만원)은 보유수익의 성격을 가진 것으로 볼 수 있기 때문에 이를 포함시켜야 하나, 연기옵션(콜옵션)의 만기가치를 계산할 때는 이를 포함시키지 않아야 한다.

(2) 향후의 아파트 건설사업에 대한 옵션가치를 포함시킬 경우 택지조성사업에 대한 순현가는 다음과 같다.

$NPV = -20$억원$+37.79$억원$=17.79$억원

㈜부산건설은 현재 서울시가 추진하고 있는 택지조성 사업에 참여해야 한다.

13 (1) $NPV = \dfrac{10만개 \times 1만원}{0.2} - 55억원 = -5억원$ (사업을 추진하지 않음)

(2) 투자안의 가치변동과 포기옵션의 가치[5]

현 재	1년도 말
50억원	10억원+75억원 → $P_u = \text{Max}[40-75,\ 0] = 0$
	10억원+25억원 → $P_d = \text{Max}[40-25,\ 0] = 15$억원

* $\dfrac{15만개 \times 1만원}{0.2} = 75억원$, $\dfrac{5만개 \times 1만원}{0.2} = 25억원$

$\rightarrow u = 85/50 = 1.7, \quad d = 35/50 = 0.7, \quad p = \dfrac{1.1-0.7}{1.7-0.7} = 0.4$

$\therefore\ P = \dfrac{0.4 \times 0 + 0.6 \times 15}{1+0.1} = 8.18억원$

그러므로[6]

$NPV =$ 전통적 $NPV +$ 포기옵션의 가치 $= -5 + 8.18 = 3.18$억원 (사업추진)

5) 1년도 말 투자안의 가치를 계산할 때 처음 1년 동안의 현금흐름 10억원(=10만개×1만원)은 보유수익의 성격을 가진 것으로 볼 수 있기 때문에 이를 포함시켜야 하나, 포기옵션(풋옵션)의 만기가치를 계산할 때는 이를 포함시키지 않아야 한다.

6) $NPV = \dfrac{0.4 \times (10+75) + 0.6 \times (10+40)}{1+0.1} - 55 = 3.18억원$

Tip

의사결정수분석(DTA)에 의해 포기옵션을 포함한 투자안을 평가하면 다음과 같다.

$$NPV=\frac{0.5\times(10+75)+0.5\times(10+40)}{1+0.2}-55=1.25\text{억원}$$

이 경우 포기옵션의 가치는 6.25억원[=1.25-(-5)]이 된다. 이 값은 옵션모형에 의해서 구해진 포기옵션의 가치 8.18억원보다 작게 나온다. 포기옵션의 경우 풋옵션으로서 기초자산인 투자안의 위험을 줄여주지만, DTA에서는 이를 반영하지 않고 투자안의 높은 자본비용 20%에 의해 할인하기 때문에 포기옵션의 가치가 과소평가된다.

포기옵션의 위험조정할인율을 계산하면 다음과 같다.

$$E(r)=\frac{(0.5\times0+0.5\times15)-8.18}{8.18}=-0.0831\,(-8.31\%)$$

14 (1) 투자안과 대용기업은 재무위험 및 이항분포가 동일하므로, 효율적 자본시장에서 대용기업 기대수익률을 투자안의 할인율로 사용할 수 있다.

$$24{,}560=\frac{0.6\times36{,}000+0.4\times16{,}000}{1+E(r)}\rightarrow E(r)=0.14$$

$$\text{투자안의 가치}=\frac{0.6\times1{,}800+0.4\times800}{1+0.14}=1{,}228.07\text{만원}$$

$$\rightarrow NPV=1{,}228.07-1{,}100=128.07\text{만원}$$

(2) 위험중립확률(p): $1{,}228.07=\dfrac{1{,}800p+800(1-p)}{1+0.1}\rightarrow p=0.5509$

투자결정을 1년 연기하는 경우 투자안의 미래현금흐름을 확실하게 알 수 있기 때문에 2년 후($t=2$) 발생하는 현금흐름을 무위험이자률로 할인하여 1년 후 가치를 구해야 한다.

$$\frac{426.36\times0.5509}{1.1}=213.53$$

$$\text{Max}\left(\frac{1{,}800}{1.1}-1{,}210,\ 0\right)=426.36$$

$$\text{Max}\left(\frac{800}{1.1}-1{,}210,\ 0\right)=0$$

∴ 연기옵션의 가치 $=213.53-128.07=85.46$만원

(3) 정부보증 시 미래현금흐름은 항상 1,800이므로 무위험이자율로 할인한다.

$$NPV = \frac{1{,}800}{1.1} - 1{,}100 = 536.36$$

∴ 정부보증의 가치 = 536.36 − 128.07 = 408.29만원

(4) 실물옵션들을 포함하여 1년 후의 현금흐름을 구한 후, 투자안의 현재가치(V_0)를 구하면 다음과 같다.

$V_0 = 1{,}258.33$
- $\text{Max}(1{,}800,\ 1800 \times 1.3 - 500,\ 1{,}100 \times 0.75) = 1{,}840$
- $\text{Max}(800,\ 800 \times 1.3 - 500,\ 1{,}100 \times 0.75) = 825$

$$* \ V_0 = \frac{1{,}840 \times 0.5509 + 825 \times (1 - 0.5509)}{1.1} = 1{,}258.33\text{만원}$$

∴ $NPV = 1{,}258.33 - 1{,}100 = 158.33$만원

15 (1)

V
- 200
- 70

$$\rightarrow V = \frac{0.4 \times 200 + 0.6 \times 70}{1.1} = 110.91\text{억원}$$

∴ $NPV = 110.91 - 115 = -4.09$억원 (기각)

(2) $u = \dfrac{200}{110.91} = 1.8033, \quad d = \dfrac{70}{110.91} = 0.6311$

$$\rightarrow p = \frac{1.05 - 0.6311}{1.8033 - 0.6311} = 0.3574$$

P
- 0
- 10

$$\therefore P = \frac{0.3574 \times 0 + 0.6426 \times 10}{1.05} = 6.12\text{억원}$$

(3) $NPV = -4.09 + 6.12 = 2.03$억원 (채택)

16 (1) $NPV = \dfrac{0.7 \times 600 + 0.3 \times 100}{1 + 0.5} - 400 = -100$억원

(2) 투자안의 가치변동과 연기옵션의 가치

$$300억원 \begin{cases} 600억원 \rightarrow C_u = \text{Max}(600-400,\ 0) = 200억원 \\ 100억원 \rightarrow C_d = \text{Max}(100-400,\ 0) = 0 \end{cases}$$

$$u = \frac{600}{300} = 2, \quad d = \frac{100}{300} = \frac{1}{3} \rightarrow p = \frac{(1+r_T)-d}{u-d} = \frac{1.2 - \frac{1}{3}}{2 - \frac{1}{3}} = 0.52, \quad 1-p = 0.48$$

$$\therefore \text{ 연기옵션의 가치} = \frac{pC_u + (1-p)C_d}{1+r_T} = \frac{0.52 \times 200 + 0.48 \times 0}{1+0.2} = 86.67억원$$

ABC제약회사의 경우 신약생산 투자안은 현재시점에서 볼 때 순현가가 −100억원(=300억원−400억원)으로 가치가 없는 것처럼 보이나, 연기에 대한 옵션가치를 고려하면 이 사업은 86.67억원의 가치를 가지는 것으로 평가된다.

(3) 만기일인 1년 후 처분옵션(풋옵션)의 가치를 구하면 다음과 같다.

$$P \begin{cases} P_u = \text{Max}(300-600,\ 0) = 0 \\ P_d = \text{Max}(300-100,\ 0) = 200억원 \end{cases}$$

$$\therefore \text{ 처분옵션의 가치}(P) = \frac{pP_u + (1-p)P_d}{1+r_T} = \frac{0.52 \times 0 + 0.48 \times 200}{1+0.2} = 80억원$$

처분기회의 옵션가치는 현재 신약생산 투자안을 실시하는 경우 추가적으로 얻을 수 있는 가치이므로 이와 같은 처분기회를 고려한 신약생산 투자안의 순현가는 다음과 같다.[7)]

NPV = 처분기회가 없는 경우 투자안의 NPV + 처분옵션의 가치
= −100억원 + 80억원 = −20억원

따라서 ABC제약회사의 경우 신약생산 투자안은 처분기회의 옵션가치를 고려하더라도 가치가 없는 것으로 평가된다.

17 투자안의 할인율이 무위험이자율이기 때문에 위험중립확률(p)은 상승확률(50%)과 동일함을 알 수 있다. 그리고 현금흐름이 연초에 발생됨을 유의해야 한다.

---

7) 처분기회를 포함한 투자안의 가치를 구한 후 NPV를 구할 수도 있다.

$$PV = \frac{0.52 \times 600 + 0.48 \times 300}{1+0.2} = 380억원 \quad \therefore NPV = 380 - 400 = -20억원$$

(1) ① 현재 투자할 경우의 NPV: $NPV=2+\dfrac{0.5\times3+0.5\times1}{0.1}-16=6$억원

② 1년 후 투자할 경우 NPV:

- 제품단가 상승시 $NPV_1=3+\dfrac{3}{0.1}-16=17$억원 (투자 채택)
- 제품단가 하락시 $NPV_1=1+\dfrac{1}{0.1}-16=-5$억원 (투자 포기: $NPV_1=0$)

$\rightarrow NPV=\dfrac{0.5\times17+0.5\times0}{1+0.1}=7.73$억원

∴ 1년 후 투자할 경우 NPV가 더 크기 때문에 1년 후 투자를 해야 한다.[8)]

(2) $\dfrac{\left(3+\dfrac{3}{0.1}-I^*\right)\times0.5}{1+0.1}=6 \quad \therefore\ I^*=19.8$억원

(3) i) A설비제품 1단위의 현재 선물가격 $=0.5\times3+0.5\times1=2$억원

ii) 1년 후부터 매년 초에 A설비제품 1단위를 매도하는 선물매도계약을 체결함.

iii) 헤지를 통해 1년 후부터 A설비제품의 가격 상승 또는 하락에 관계없이 매년 초에 항상 2억원의 판매수익(현금흐름)을 얻게 됨.

iv) 헤지를 하는 경우 현재 투자 또는 1년 후 투자의 NPV는 다음과 같다.

- 현재 투자: $NPV=2+\dfrac{2}{0.1}-16=6$억원
- 1년 후 투자: $NPV_1=2+\dfrac{2}{0.1}-16=6$억원 $\rightarrow NPV=\dfrac{6}{1+0.1}=5.45$억원

∴ 현재 투자할 경우 NPV가 더 크기 때문에 현재 투자를 해야 한다. 이는 앞의 물음 (1)과 다른 결과이다.[9)]

v) MM 명제 3은 자본구조가 투자안의 할인율에 영향을 미치지 않는다는 주장이다. 이와 유사한 논리로 동북아㈜는 위험이 충분히 다양화되어 있기 때문에 선물을 이용한 헤지가 할인율에는 영향을 미치지 않는다. 그러나 헤지로 인해 연기의 유연성이 사라지고 투자지연에 따른 기회비용이 발생하여 물음 (1)과 다른 결과가 나타난다.

---

8) 연기의 유연성의 가치 $=7.73-6=1.73$억원

9) 이와 같은 결과는 선물에 의한 헤지로 인해 연기의 유연성은 사라지는 반면, 연기로 인한 기회비용(1년간 투자지연으로 인한 투자수익의 감소액)이 발생하기 때문이다.

18 (1) $E(CF_1)=0.5\times30+0.5\times200=115$억원

$E(r_M)=0.5\times(-0.2)+0.5\times0.4=0.1$

$Var(r_M)=0.5\times(-0.2-0.1)^2+0.5\times(0.4-0.1)^2=0.09$

$Cov(CF_1,\ r_M)=0.5\times(30-115)\times(-0.2-0.1)+0.5\times(200-115)\times(0.4-0.1)$

$=25.5$억원

$$\therefore\ CEQ_1=E(CF_1)-\left[\frac{E(r_M)-r_f}{Var(r_M)}\right]Cov(CF_1,\ r_M)$$

$$=115-\left(\frac{0.1-0.05}{0.09}\right)\times25.5=100.8333\text{억원}$$

별해 위험중립확률을 이용하는 방법

$$0.4p+(-0.2)(1-p)=0.05\rightarrow p=\frac{5}{12}$$

$$\therefore\ CEQ_1=\frac{5}{12}\times200+\frac{7}{12}\times30=100.8333\text{억원}$$

(2) $NPV=\dfrac{CEQ_1}{1+r_f}-I_0=\dfrac{100.8333}{1.05}-60=36.0317$억원

(3) $\dfrac{CEQ_1}{1+r_f}=\dfrac{E(CF_1)}{1+E(r)}\rightarrow\dfrac{100}{1.05}=\dfrac{115}{1+E(r)}\quad\therefore\ E(r)=0.2075$

(4) $200p+30(1-p)=100\quad\therefore\ p=0.4118$

(5) $NPV=\dfrac{100}{1.05}-60=35.2381$억원

연기 NPV → $C_u=\text{Max}\left[\dfrac{200}{1.05}-65,\ 0\right]=125.4762$억원

연기 NPV → $C_d=\text{Max}\left[\dfrac{30}{1.05}-65,\ 0\right]=0$

$\rightarrow$ 연기 $NPV=\dfrac{0.4118\times125.4762+0.5882\times0}{1.05}=49.2106$억원

$\therefore$ 연기옵션의 가치$=49.2106-35.2381=13.9725$억원

19 (1) $S' = Se^{-\delta T} = 408.2 \times e^{-0.05 \times 12} = 408.2 \times 0.5488 = 224.0202$억달러

$$d_1 = \frac{\ln\left(\frac{224.0202}{290}\right) + \left(0.08 + \frac{0.04}{2}\right) \times 12}{0.2 \times \sqrt{12}} = \frac{0.9418}{0.6928} = 1.3594$$

$\rightarrow N(d_1) = 0.9130$

$d_2 = 1.3594 - 0.2 \times \sqrt{12} = 0.6666 \rightarrow N(d_2) = 0.7475$

∴ 채굴권의 가치$(C) = 224.0202 \times 0.9130 - 290 \times e^{-0.08 \times 12} \times 0.7475$

$= 121.5273$억달러

(2) 유전 K의 가치 $= \frac{27}{1.09} + \frac{27}{1.09^2} + \frac{27}{1.09^3} = 68.3450$억달러

적정 주가 $= \frac{121.5273 + 68.3450 - 65}{1.5} = 83.2482$달러

∴ 현재 주가는 저평가되어 있음.

(3) 전통적 NPV법은 미래상황의 안정성을 전제로 하며, 의사결정 이후 상황변화에 따른 의사결정의 변경가능성(연기, 확장, 포기, 축소 등), 즉 경영의 유연성(managerial flexibility)을 무시하고 있다. 그러나 전통적 순현가법과 달리 실물옵션접근법은 이와 같은 경영의 유연성을 투자안의 가치평가에 반영하고 있다.

20 (1) ① 프로젝트의 2년간 사상트리(event tree)

(단위: 억원)

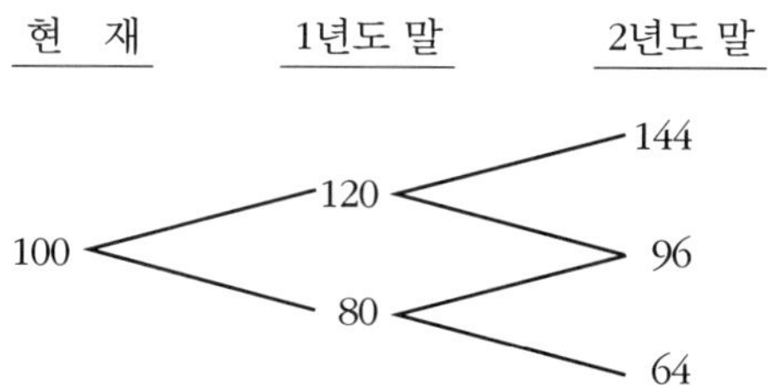

② $NPV = 100 - 105 = -5$억원

③ 객관적 확률$(q) = \frac{(1 + E(r)) - d}{u - d} = \frac{1.1 - 0.8}{1.2 - 0.8} = 0.75$

위험중립확률$(p) = \frac{(1 + r) - d}{u - d} = \frac{1.08 - 0.8}{1.2 - 0.8} = 0.7$

(2) (단위: 억원)

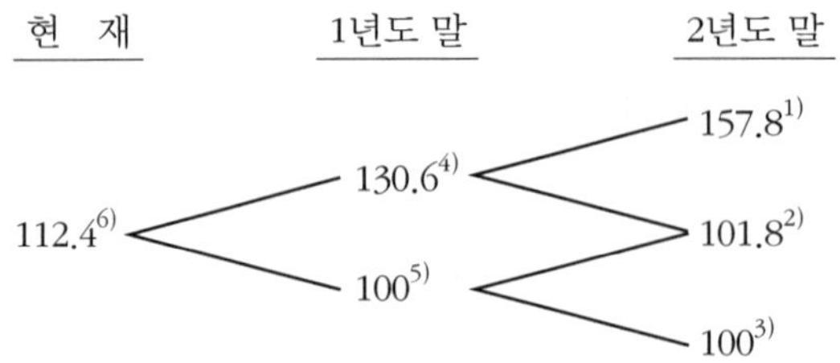

(계산과정)

옵션가치＝Max(유지가치, 확장가치, 축소가치, 포기가치)

1) 옵션가치＝Max(144, $144\times1.2-15=157.8$, $144\times0.8+25=140.2$, 100)
＝157.8억원(확장)

2) 옵션가치＝Max(96, $96\times1.2-15=100.2$, $96\times0.8+25=101.8$, 100)
＝101.8억원(축소)

3) 옵션가치＝Max(64, $64\times1.2-15=61.8$, $64\times0.8+25=76.2$, 100)＝100억원(포기)

4) 옵션가치＝Max(130.6, $120\times1.2-15=129$, $120\times0.8+25=121$, 100)
＝130.6억원(유지)

* 유지가치$=\frac{0.7\times157.8+0.3\times101.8}{1.08}=130.6$

5) 옵션가치＝Max(93.8, $80\times1.2-15=81$, $80\times0.8+25=89$, 100)＝100억원(포기)

* 유지가치$=\frac{0.7\times101.8+0.3\times100}{1.08}=93.8$

6) 옵션가치＝Max(112.4, $100\times1.2-15=105$, $100\times0.8+25=105$, 100)
＝112.4억원(유지)

* 유지가치$=\frac{0.7\times130.6+0.3\times100}{1.08}=112.4$

∴ $NPV=112.4-105=7.4$억원(실물옵션의 가치＝$7.4-(-5)=12.4$억원)

Tip

실물옵션가치평가방법

1. 현금흐름할인(DCF)법을 이용하여 유연성이 없는 기본시나리오하에서의 현재가치 계산
2. 사상트리를 이용하여 불확실성을 모델링: 상황마디(chance node) 설정
3. 경영상의 유연성을 찾아내고 구체화함으로써 의사결정트리(decision tree) 구성: 의사결정 마디(decision node) 추가
4. 옵션가치 계산

21 인수조건(풋백옵션)은 ㈜동해가 서해금융에 공모가를 행사가격으로 하는 미국형 풋옵션을 발행해 주는 것으로 볼 수 있다. 따라서 ㈜동해가 부담해야 하는 비용은 미국형 풋옵션의 가치와 동일하다.

• 주식가치의 변동과정과 위험중립확률

(단위: 억원)

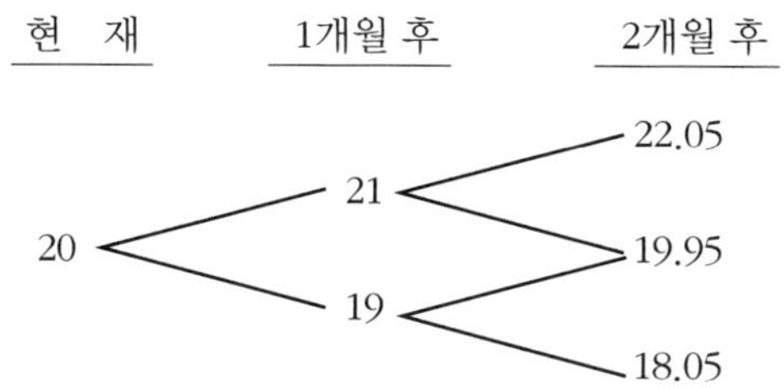

$$\rightarrow p=\frac{(1+r_T)-d}{u-d}=\frac{1.01-0.95}{1.05-0.95}=0.6$$

• 풋백옵션, 즉 미국형 풋옵션의 가치

(단위: 억원)

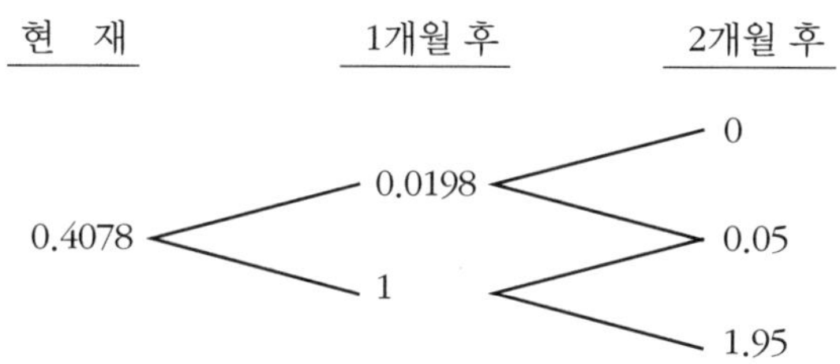

(계산과정)

• $P_u=\text{Max}\left[\frac{0.6\times 0+0.4\times 0.05}{1+0.01}=0.0198,\ 0\right]=0.0198$억원

• $P_d=\text{Max}\left[\frac{0.6\times 0.05+0.4\times 1.95}{1+0.01}=0.8020,\ (20-19)\right]=1$억원

• $P=\text{Max}\left[\frac{0.6\times 0.0198+0.4\times 1}{1+0.01}=0.4078,\ 0\right]=0.4078$억원

그러므로 ㈜동해가 부담해야 하는 비용은 4,078만원이다.

제 4 장

선물거래

▶ 객관식 문제

01 ⑤ 선도거래에는 쌍방간 직접 계약으로서 일일정산, 증거금 등의 제도가 없다.

02 선물가격은 무위험가격인 반면, 기대현물가격은 위험을 포함한 가격(기대치)이다.

03 $F_{0,\,T}(=11{,}000\text{원}) > 10{,}000 \times \left(1 + \dfrac{0.1}{2}\right) = 10{,}500\text{원}$

→ 매수차익거래: 선물매도, 현물(주식)매입, 차입

04 $F_{0,\,T}(=76.00) > 75.00 \times \left(1 + \dfrac{0.08 - 0.04}{4}\right) = 75.75$

→ 매수차익거래: 선물매도, 현물(KOSPI 200 지수)매입, 차입

→ 선물가격 하락, 현물가격(KOSPI 200 지수) 상승

05 ① $\dfrac{1{,}140\text{원}}{0.95\text{달러}} = ₩1{,}200/\$$

② $92 = \dfrac{100}{1 + r_1} \rightarrow r_1 = 8.70\%,\quad 87 = \dfrac{100}{(1 + r_2)^2} \rightarrow r_2 = 7.21\%$

$$B_0 = \frac{800}{1.087} + \frac{10{,}800}{1.0721^2} = 10{,}132.19\text{원}$$

③ $F_{0,\,T}(=10{,}100\text{원}) > 10{,}000 \times (1 + 0.05) - 400 \times \left(1 + \dfrac{0.05}{2}\right) = 10{,}090\text{원}$

→ 매수차익거래: 선물매도, 현물(주식)매입, 차입

④ 나비스프레드를 이용한 차익거래

(단위: 원)

포트폴리오	현재의 현금흐름	만기일 성과			
		$S_T<K_1$	$K_1 \le S_T<K_2$	$K_2 \le S_T<K_3$	$S_T \ge K_3$
풋(K_1) 1개 매입	−800	K_1-S_T	0	0	0
풋(K_2) 2개 매도	2,600	$-2(K_2-S_T)$	$-2(K_2-S_T)$	0	0
풋(K_3) 1개 매입	−1,700	K_3-S_T	K_3-S_T	K_3-S_T	0
나비스프레드	100	$K_1-2K_2+K_3$ =0	$S_T-2K_2+K_3$ >0	$-S_T+K_3$ >0	0

⑤ $(1+r_2)^2=1.07^2=1.1449>(1+r_1)(1+f_{1,2})=1.06\times1.075=1.1395$

- 1년 만기 현물이자율이 낮음, 즉 1년 만기 무이표채 과대평가 → 공매도
- 2년 만기 현물이자율이 높음, 즉 2년 만기 무이표채 과소평가 → 매입

06 a. 선물매도 = 현물매도 + 대출(채권매입)

→ 선물환 매도 = (미 달러채권 공매도 + 현물환 매도) + 원화채권 매입

☞ 미래에 받을 달러화의 환위험을 헤지하기 위하여 선물환을 매도할 수 있으며, 이와 동일한 효과를 얻기 위해 미국 금융시장에서 달러화를 차입(달러채권 공매도)하여 원화로 환전(현물환 매도)한 후 한국 금융시장에서 원화채권을 매입함.[1)]

b. 선물매입 = 현물매입 + 차입(채권공매도)

→ 대출(채권매입) = 현물매입 + 선물매도

c. 풋−콜 패리티 → $-S=-C+P-\dfrac{X}{1+r_T}$

07 ② $F_{0,1}=uF_{0,1}\times p+dF_{0,1}\times(1-p)$ → $1{,}800=1{,}900\times p+1{,}500\times(1-p)$

∴ 위험중립확률(p) = 0.75

(※ 현재의 유로선물환율($F_{0,1}$)은 현재시점에서 측정한 선물만기일인 1년 후 선물환율이므로 무위험이자율로 할인하지 않음.)

③, ④ $P-C=\dfrac{X}{1+r_1}-\dfrac{S_0}{1+r_1^F}$, $F_{0,1}=S_0\left(\dfrac{1+r_1}{1+r_1^F}\right)$

$$\rightarrow P-C=\frac{X}{1+r_1}-\frac{F_{0,1}\left(\dfrac{1+r_1^F}{1+r_1}\right)}{1+r_1^F}=\frac{X-F_{0,1}}{1+r_1}$$

1) 자세한 내용은 본서 제9장 국제재무관리 참조.

$\therefore X>F_{0,1} \rightarrow P>C, \quad X=F_{0,1} \rightarrow P=C, \quad X<F_{0,1} \rightarrow P<C$

⑤ $C=\dfrac{(1{,}900-1{,}570)\times 0.75+0\times 0.25}{1+0.1}=225$원

08 ④ 통화스왑에서는 이자 및 원금의 교환이 이루어진다.

09 a. 기업 K는 원화차입에 비교우위에 있고, 기업 C는 위안화 차입에 비교우위가 있기 때문에 통화스왑을 맺을 경제적 유인을 갖는다.

c. 스프레드 차이 = (6.60% − 5.60%) − (4.20% − 3.83%)
= 0.63%포인트(63베이시스포인트)

→ 통화스왑 당사자들이 이를 균등하게 분할해야 하는 것은 아니다.

e. 통화스왑은 양자간의 계약이므로 신용위험은 존재하며, 일반적으로 약정된 이자율 및 환율을 적용하므로 이자율 및 환율의 변동에 따라서 스왑이자율의 조정 및 계약의 갱신 등이 이루어지지는 않는다.

10 스프레드 차이 = (LIBOR + 3% − LIBOR − 1%) − (9% − 8%) = 1%포인트

→ 기업 A의 이득 = $\dfrac{1\%-0.2\%}{2}$ = 0.4%포인트

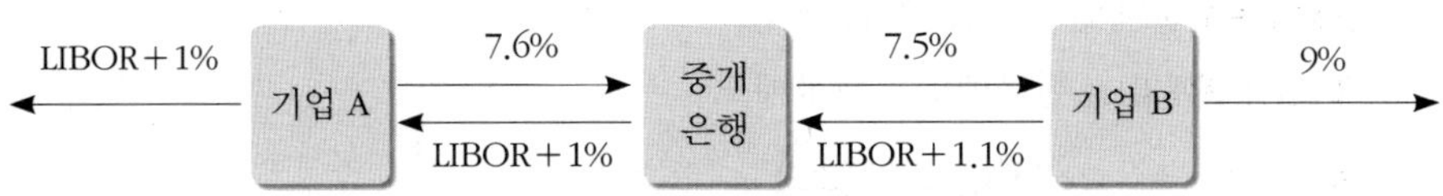

11

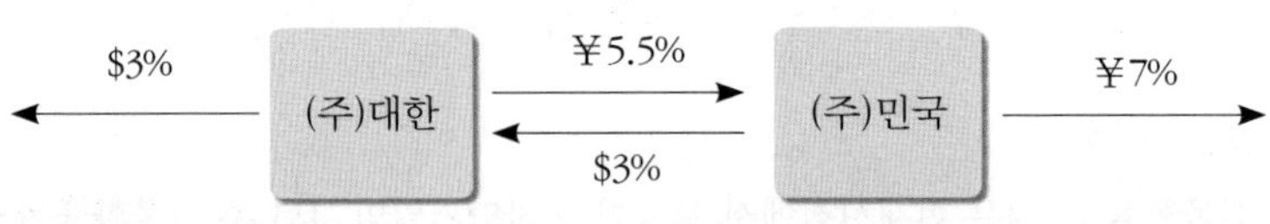

	스왑 전 이자비용	스왑 후 이자비용	스왑의 이득
㈜대한	$3%	¥5.5%	¥6% − ¥5.5% = ¥0.5%
㈜민국	¥7%	$3% + ¥1.5%	$5% − ($3% + ¥1.5%) = ($1.5% − ¥1.5%) + $0.5%

- ㈜대한: 엔화차입비용을 0.5%p 줄일 수 있음.

• ㈜민국: 달러화차입비용을 0.5%p 줄일 수 있으나 이자 중 일부($1.5% − ¥1.5%)가 환위험에 노출된다. 즉 달러화와 엔화 환위험에 노출된다.

▶ 주관식 문제

01 (1) $F_{0,T}=S_0(1+r_T)+C_T-D_T=400\times(1+0.1)+2=\$442$/온스

그러므로 금선물 1계약금액은 $44,200(=$442/온스×100온스)이다.

(2) 금선물가격($500/온스) > 금선물의 이론적 가격($442/온스)

→ 매수차익거래(현물보유차익거래)

거래내용	$t=0$	$t=1$
금선물 1계약 매도	0	$\$50{,}000-S_T$
금 100온스 매입	−$40,000	$S_T-\$200$
현금 $40,000 차입	$40,000	$-\$40{,}000\times(1+0.1)=-\$44{,}000$
차익(payoff)	0	$5,800

(3) 금선물가격($420/온스) < 금선물의 이론적 가격($442/온스)

→ 매도차익거래(역현물보유차익거래)

거래내용	$t=0$	$t=1$
금선물 1계약 매입	0	$S_T-\$42{,}000$
금 100온스 공매도	$40,000	$-S_T+\$200$
현금 $40,000 대출	−$40,000	$\$40{,}000\times(1+0.1)=\$44{,}000$
차익(payoff)	0	$2,200

(4) ① 금선물가격이 과대평가된 경우 다음과 같은 매수차익거래를 할 수 있다.

거래내용	$t=0$	$t=1$
금선물 1계약 매도	0	$F_{0,T}-S_T$
금 100온스 매입	−$40,000	$S_T-\$200$
현금 $40,000 차입	$40,000	$-\$40{,}000\times(1+0.12)=-\$44{,}800$
차익(payoff)	0	$F_{0,T}-\$45{,}000$

$F_{0,T}-\$45{,}000\le 0 \qquad \therefore\ F_{0,T}\le\$45{,}000$

② 금선물가격이 과소평가된 경우 다음과 같은 매도차익거래를 할 수 있다.

거래내용	$t=0$	$t=1$
금선물 1계약 매입	0	$S_T - F_{0,T}$
금 100온스 공매도	$\$40,000 \times 0.9 = \$36,000$	$-S_T + \$200 + \$40,000 \times 0.1 \times 1.03$
현금 \$36,000 대출	$-\$36,000$	$\$36,000 \times (1+0.08) = \$38,880$
차익(payoff)	0	$-F_{0,T} + \$43,200$

$-F_{0,T} + \$43,200 \le 0 \qquad \therefore F_{0,T} \ge \$43,200$

③ ①과 ②의 결과에 의해서 차익거래기회가 존재하지 않기 위해서는 1년물 금선물은 다음과 같은 범위 내에 있어야 한다.

$\$43,200 \le F_{0,T} \le \$45,000$

즉 선물가격이 $\$43,200 \le F_{0,T} \le \$45,000$ 범위를 벗어나면 차익거래가 발생하게 된다.

02 (1) 헤지펀드는 1년 만기 주식선물을 매입하여 1년 후 주당 100원의 이익을 확실하게 얻을 수 있다.

$$프리미엄 = \frac{(9,500-9,400)\times 100,000}{1.06} = 9,433,962원$$

∴ 헤지펀드는 계약시점에서 9,433,962원의 프리미엄을 주어야 함.

(2) 헤지펀드는 주식 1주를 기준으로 풋옵션을 1개 매입하고, 콜옵션을 2개 매도하는 것으로 볼 수 있다.

$$프리미엄 = (P-2C)\times 100,000 = (781 - 2\times 652)\times 100,000 = -52,300,000원$$

∴ 헤지펀드는 계약시점에서 52,300,000원의 프리미엄을 받아야 함.

03 (1) $93 = \dfrac{100}{1+r_1} \rightarrow r_1 = 0.075269$

$$87 = \frac{100}{(1+r_2)^2} \rightarrow r_2 = 0.072113$$

$$\therefore f_{1,2} = \frac{(1+r_2)^2}{1+r_1} - 1 = \frac{(1+0.072113)^2}{1+0.075269} - 1 = 0.068966$$

(2) 선물매도 = 현물(2년 만기 채권 B) 공매도 + 대출(1년 만기 채권 A 매입)

거 래		현금흐름(만원)		
		현재(0시점)	1년 후	2년 후
I	선물매도	0	95	−100
II	채권 B 공매도	87	0	−100
	채권 A 0.93548개 매입*	−87	93.548	0
	합 계	0	93.548	−100

* 87만원/93만원 = 0.93548개

(3) 거래 II의 경우 거래 I (선물매도)에 비해 1년 후 현금흐름이 적음을 알 수 있다. 이는 현재 선물이 과대평가되고 현물(채권 B)이 과소평가됨을 의미한다.

☞ '선물가격 = 95만원' > '이론적 선물가격 = 87만원 × (1 + 0.075269) = 93.548만원'

차익거래	현금흐름(만원)		
	현재(0시점)	1년 후	2년 후
선물 매도	0	95	−100
채권 B 매입	−87	0	100
채권 A 0.93548개 공매도(차입)	87	−93.548	0
차익거래이익	0	1.452	0

Tip

물음 (3)에서 실질적인 차익거래는 선물만기일(1년 후)에서 종료된다. 따라서 다음과 같이 차익거래를 구성해도 결과가 동일함을 알 수 있다.

차익거래	현금흐름(만원)	
	현재(0시점)	만기일(1년 후)
선물 매도	0	$95 - S_T$
채권 B 매입	−87	S_T
채권 A 0.93548개 공매도(차입)	87	−93.548
차익거래이익	0	1.452

04

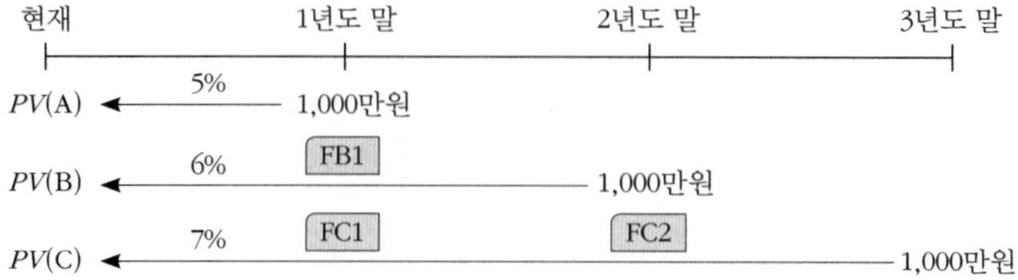

(1) 먼저 액면가 1,000만원인 순수할인채권의 현재가치를 각각 구하면 다음과 같다.

- $PV(\mathrm{A})=\dfrac{1{,}000\text{만원}}{1+0.05}=952.4\text{만원}$

- $PV(\mathrm{B})=\dfrac{1{,}000\text{만원}}{(1+0.06)^2}=890.0\text{만원}$

- $PV(\mathrm{C})=\dfrac{1{,}000\text{만원}}{(1+0.07)^3}=816.3\text{만원}$

이와 같은 채권을 기초자산으로 하는 금리선물의 이론적 가격은 다음과 같다.

- FB1의 이론적 가격$=PV(\mathrm{B})(1+r_1)=890.0\times(1+0.05)=934.5$만원
- FC1의 이론적 가격$=PV(\mathrm{C})(1+r_1)=816.3\times(1+0.05)=857.1$만원
- FC2의 이론적 가격$=PV(\mathrm{C})(1+r_2)^2=816.3\times(1+0.06)^2=917.2$만원

(2) $f_{1,2}=\dfrac{(1+r_2)^2}{1+r_1}-1=\dfrac{1.06^2}{1.05}-1=0.0701,\quad f_{2,3}=\dfrac{(1+r_3)^3}{(1+r_2)^2}-1=\dfrac{1.07^3}{1.06^2}-1=0.0903$

- 채권 B의 1년 후 내재선도가격$=\dfrac{1{,}000\text{만원}}{1+0.0701}=934.5\text{만원}$

- 채권 C의 1년 후 내재선도가격$==\dfrac{1{,}000\text{만원}}{(1+0.0701)(1+0.0903)}=857.1\text{만원}$

- 채권 C의 2년 후 내재선도가격$=\dfrac{1{,}000\text{만원}}{1+0.0903}=917.2\text{만원}$

(3)

거 래		현금흐름(만원)		
		현재(0시점)	1년 후	2년 후
Ⅰ	금리선물 FC2 매입	0	0	S_2-920
Ⅱ	금리선물 FC1 매입	0	$S_1-857.1$	0
	1년 후 현물(채권 C) 매입	0	$-S_1$	S_2
	금리선물 FB1 0.9172계약 매도*	0	857.1	−917.2
	합 계	0	0	$S_2-917.2$

* 금리선물 FB1 1계약의 가격은 934.5만원이므로 1년 후 857.1만원의 현금흐름을 얻기 위해서는 0.9172계

약(=857.1만원/934.5만원)을 매도해야 하며, 이는 1년 후에 857.1만원을 차입하고 2년 후 원리금 917.2만원[=857.1만원×(1+0.0701)]을 상환하는 것과 동일함.

(4) 거래 Ⅱ가 거래 Ⅰ에 비해 2년 후 현금흐름이 많음을 알 수 있다. 이는 현재 금리선물 FC2는 과대평가되고 금리선물 FC1은 과소평가되었음을 의미한다.

차익거래	현금흐름(만원)		
	현재(0시점)	1년 후	2년 후
금리선물 FC2 매도	0	0	$920-S_2$
금리선물 FC1 매입	0	$S_1-857.1$	0
1년 후 현물(채권 C) 매입	0	$-S_1$	S_2
금리선물 FB1 0.9172계약 매도	0	857.1	−917.2
차익거래이익	0	0	2.8

Tip

물음 (4)에서 만기일이 서로 다른 선물가격간의 차이, 즉 만기간 스프레드(FC2−FC1)는 62.9만원(=920만원−857.1만원)으로서 금리선물 FC1의 가격에 1년도 말부터 2년도 말까지의 선도이자율을 곱한 값($FC1 \cdot f_{1,2}$)인 60.1만원(=857.1만원×0.0701)보다 크다. 따라서 과대평가된 원월물 금리선물 FC2를 매도하고, 과소평가된 근월물 금리선물 FC1을 매입하는 차익거래를 함으로써 2.8만원(=62.9만원−60.1만원)의 차익거래이익을 얻을 수 있다.

05 (1) $\frac{C}{1.045}+\frac{C}{1.0512^2}+\frac{C}{1.0553^3}+\frac{10,000}{1.0553^3}=10,000$

$\rightarrow C=549.67$원 ∴ 액면이자율$=\frac{549.67}{10,000}=0.054967(5.4967\%)$

(2) $f_{1,2}=\frac{1.0512^2}{1.045}-1=0.057437(5.7437\%) \rightarrow E(r_{1,2})=5.7437-0.5=5.2437\%$

$f_{2,3}=\frac{1.0553^3}{1.0512^2}-1=0.063548(6.3548\%) \rightarrow E(r_{2,3})=6.3548-0.6=5.7548\%$

$\therefore E(B_1)=\frac{600}{1+0.052437}+\frac{10,600}{(1+0.052437)(1+0.057548+0.005)}=10,049.08$원

☞ 1년 후 2차년도의 유동성프리미엄($L_{1,2}=0.5\%$)이 3차년도로 옮겨간다.

$(1+E(r_{1,3}))^2=(1+E(r_{1,2}))(1+E(r_{2,3})+L_{1,2})$

(3)

거 래	현금흐름(원)		
	현 재	1년 후	2년 후
1년 만기 무이표채 1개 공매도	9,569.38	−10,000	
2년 만기 순수할인채 1.057437개 매입*	−9,569.38		10,574.37
합 계	0	−10,000	10,574.37

* $\frac{9,569.38}{10,000/1.0512^2}=1.057437$개

$\therefore$ 투자수익률$=\frac{10,574.37-10,000}{10,000}=0.057437=f_{1,2}$

(4) $w_B\times 5.45\%+w_C\times 7.15\%=6.47\% \rightarrow w_B=0.4, \quad w_C=0.6$

일반사채가격$=0.4\times 10,528$원$+0.6\times 12,350=11,621.2$원

$\therefore$ 풋옵션의 가치$=12,000-11,621.2=378.8$원

상환요구사채가격에 대한 비율$=\frac{378.8}{12,000}=0.031567(3.1567\%)$

06 (1) $F_{0,T}=S_0\left(\frac{1+r_T}{1+r_T^F}\right)=₩980.70/\$\times\left(\frac{1+0.06}{1+0.05}\right)=₩990.04/\$$

$\therefore$ 1년 만기 미국달러선물 1계약의 가격$=₩990.04/\$\times\$10,000=₩9,900,400$

(2) 선물환율(₩985.40/$) < 이론적 선물환율(₩990.04/$)

차익거래	현금흐름(만원)	
	현재(0시점)	만기일(1년 후)
1년 만기 미국달러선물 1계약 매입[1]	0	$S_T-985.4$
미국달러(현물) 공매도[2]	934	$-S_T$
현금 대출	−934	$934\times(1+0.06)$
차익거래이익	0	4.64

주) 1. $\$10,000\times₩985.40/\$=985.4$만원,

2. $\frac{\$10,000}{1.05}\times₩980.70/\$=934$만원

07 (1) $F_{0,T}=100\times\left[1+(0.12-0.03)\left(\frac{40}{360}\right)\right]=101$포인트

(2)

(단위: 포인트)

포트폴리오	투 자 액	만기일(40일 후) 현금흐름	
		$S_T<100$	$S_T\geq 100$
콜옵션 매입	2.50	0	S_T-100
풋옵션 매도	−2.50	$-(100-S_T)$	0
합성선물 매입	0	S_T-100	S_T-100

※ 만기일에서의 합성선물 매입의 손익(만기일 현금흐름−투자액)그래프

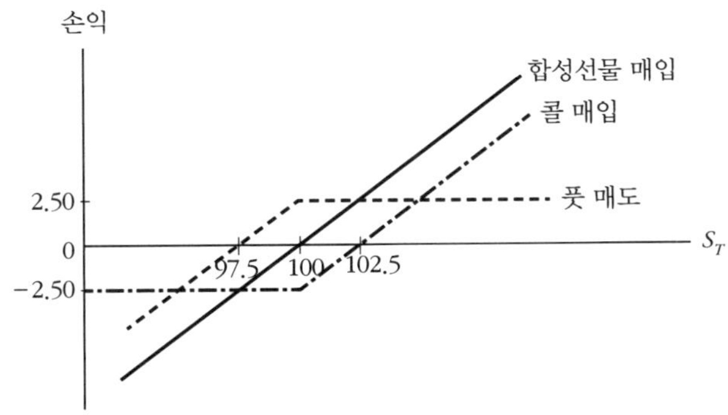

(3) 6월물 선물가격(101.5포인트) > 합성선물(100포인트)

(단위: 포인트)

차익거래	현재의 현금흐름	만기일(40일 후) 현금흐름	
		$S_T<100$	$S_T\geq 100$
선물 매도	0	$101.5-S_T$	$101.5-S_T$
콜옵션 매입	−2.50	0	S_T-100
풋옵션 매도	2.50	$-(100-S_T)$	0
차익거래이익	0	1.5	1.5

Tip

물음 (3)의 차익거래는 다음과 같은 두 개의 차익거래를 합한 것과 같다.

① 6월물 선물가격(101.5포인트) > 이론적 선물가격(101포인트)
→ 과대평가된 6월물 선물매도, 과소평가된 현물매입 및 차입

(단위: 포인트)

차익거래	현재의 현금흐름	만기일(40일 후) 현금흐름	
		$S_T<100$	$S_T\geq 100$
선물 매도	0	$101.5-S_T$	$101.5-S_T$
현물 매입	−100	$S_T+100\times 0.03\times 40/360$	$S_T+100\times 0.03\times 40/360$
차 입	100	$-100\times(1+0.12\times 40/360)$	$-100\times(1+0.12\times 40/360)$
차익거래이익	0	0.5	0.5

② 이론적 선물가격(101포인트) > 합성선물(100포인트)

→ 과대평가된 현물 공매도 및 대출, 과소평가된 합성선물 매입(콜옵션 매입, 풋옵션 매도)

(단위: 포인트)

차익거래	현재의 현금흐름	만기일(40일 후) 현금흐름	
		$S_T<100$	$S_T\geq 100$
현물 공매도	100	$-(S_T+100\times 0.03\times 40/360)$	$-(S_T+100\times 0.03\times 40/360)$
대 출	−100	$100\times(1+0.12\times 40/360)$	$100\times(1+0.12\times 40/360)$
콜옵션 매입	−2.5	0	S_T-100
풋옵션 매도	2.5	$-(100-S_T)$	0
차익거래이익	0	1.0	1.0

08 (1) $F_{0,\,3개월}=100.00\times(1+r_T)=101.00\rightarrow r_T=0.01$

(단위: 포인트)

포트폴리오	투 자 액	만기일(3개월 후) 현금흐름	
		$S_T<100$	$S_T\geq 100$
콜옵션 매입	3.00	0	S_T-100
풋옵션 매도	−2.50	$-(100-S_T)$	0
현금 차입	−0.50	$-0.50\times(1+0.01)$	$-0.50\times(1+0.01)$
합성선물 매입	0	$S_T-100.505$	$S_T-100.505$

(2) KOSPI 200 선물가격(101.00) > 합성선물가격(100.505)

→ KOSPI 200 선물: 과대평가, 합성선물: 과소평가

(단위: 만원)

차익거래	현재의 현금흐름	만기일(3개월 후) 현금흐름	
		$S_T<5,000$	$S_T \geq 5,000$
선물 1계약 매도	0	$5,050-S_T$	$5,050-S_T$
콜 1계약 매입	−150	0	$S_T-5,000$
풋 1계약 매도	125	$-(5,000-S_T)$	0
현금 차입	25	$-25\times(1+0.01)$	$-25\times(1+0.01)$
차익거래이익	0	24.75	24.75

09 (1) ㈜백두: 콜옵션 매입+풋옵션 매도

$$C-P=\frac{F_{0,1}\left(\frac{1+r_1^F}{1+r_1}\right)}{1+r_1^F}-\frac{X}{1+r_1}=\frac{F_{0,1}-X}{1+r_1}=\frac{970-1,000}{1+0.03}=-29.1262\text{원/\$}$$

∴ ㈜백두입장에서의 계약가치= $10,000×(−29.1262원/$)=−291,262원

(2) $50-P=-29.1262$ ∴ $P=79.1262$원/$

(3)

(단위: 원/$)

포트폴리오	투 자 액	만기일(1년 후) 성과	
		$S_T<1,000$	$S_T \geq 1,000$
콜매입	C	0	$S_T-1,000$
풋매도	$-P$	$-(1,000-S_T)$	0
합성선물	$C-P$	$S_T-1,000$	$S_T-1,000$

∴ ㈜백두 입장에서 만기일의 현금흐름=(900−1,000)×10,000=−1,000,000원

(4) 1년 후 시점에서 잔존만기 1년의 달러 선물가격($F_{1,2}$)을 계산하면 다음과 같다.

$$F_{1,2}=S_1\left(\frac{1+r_{1,2}}{1+r_{1,2}^F}\right)=900\times\left(\frac{1+0.03}{1+0.02}\right)=908.82\text{원/\$}$$

한편 ㈜백두의 입장에서 1년 후 현금흐름은 −100원/$이므로 이를 반영한 1년 만기의 달러 선도계약의 가격(F)을 구하면 다음과 같다.

$$-100=\frac{908.82-F}{1+0.03} \quad \therefore F=1,011.82\text{원/\$}$$

10 (1) $r_1=5\%,\ r_2=6\%,\ r_3=7\%$

- $f_{1,2}=\dfrac{(1+r_2)^2}{1+r_1}-1=\dfrac{(1+0.06)^2}{1+0.05}-1=0.0701$
- $f_{2,3}=\dfrac{(1+r_3)^3}{(1+r_2)^2}-1=\dfrac{(1+0.07)^3}{(1+0.06)^2}-1=0.0903$

A기업의 입장에서 스왑의 순현금흐름을 계산하면 다음과 같다.

(단위: 억원)

현금흐름 \ 시 점	1년 후	1년 후	1년 후
고정금리 이자지급	−6	−6	−6
변동금리 이자수취	5	7.01	9.03
순현금흐름	−1	1.01	3.03

* 만기일에 상환되는 원금은 동일하기 때문에 이를 고려할 필요가 없음.

- $B_{fx}=\dfrac{6}{1.05}+\dfrac{6}{1.06^2}+\dfrac{106}{1.07^3}=97.58$억원
- $B_{fl}=\dfrac{5}{1.05}+\dfrac{7.01}{1.06^2}+\dfrac{109.03}{1.07^3}=100$억원

∴ $V_S=B_{fl}-B_{fx}=100-97.58=2.42$억원

(2) $V_S=\dfrac{-1}{1.05}+\dfrac{1.01}{1.06^2}+\dfrac{3.03}{1.07^3}=2.42$억원

(3) $V_S=\dfrac{5-x}{1.05}+\dfrac{7.01-x}{1.06^2}+\dfrac{9.03-x}{1.07^3}=0 \rightarrow x=6.91$억원

∴ 지급 고정금리(스왑금리)$=6.91/100=0.0691$ (6.91%)

(4) $1+0.05=\left(1+0.04\times\dfrac{182}{365}\right)\left(1+f_{0.5,1}\times\dfrac{183}{365}\right)\rightarrow f_{0.5,1}=0.0588$

선도금리계약 매입포지션＝고정금리 지급＋변동금리 수취

- 고정금리 지급$=-100\times0.0588\times\dfrac{183}{365}=-2.95$억원
- 변동금리 수취$=100\times0.07\times\dfrac{183}{365}=3.51$억원

∴ C기업이 수령하는 금액$=3.51-2.95=0.56$억원

11 ㈜가야의 입장에서는 향후 3년 동안 매년 말 변동금리를 지급하고 고정금리를 받는 조건으로 AB은행과 스왑을 체결한 것이다.

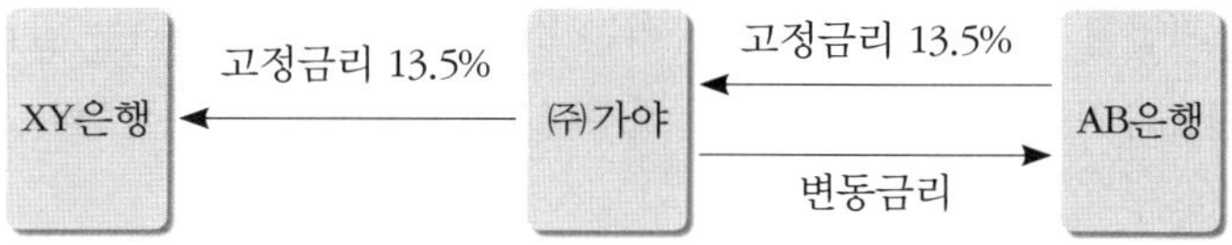

순수기대이론은 시장참가자들이 위험중립적이라는 전제하에서 성립하는 것이며, 이 이론에 의하면 각 기간의 선도이자율이 해당기간의 기대현물이자율과 동일하게 된다.

(1) $r_1 = 10\%,\ r_2 = 12\%,\ r_3 = 13\%$

- $f_{1,2} = \dfrac{(1+r_2)^2}{1+r_1} - 1 = \dfrac{(1+0.12)^2}{1+0.1} - 1 = 0.14$
- $f_{2,3} = \dfrac{(1+r_3)^3}{(1+r_2)^2} - 1 = \dfrac{(1+0.13)^3}{(1+0.12)^2} - 1 = 0.15$

그러므로 ㈜가야의 입장에서 스왑의 순현금흐름을 계산하면 다음과 같다.

(단위: 억원)

현금흐름 \ 시 점	20×3. 12. 31	20×4. 12. 31	20×5. 12. 31
고정금리 이자수취	13.5	13.5	13.5
변동금리 이자지급	−10	−14	−15
순현금흐름	3.5	−0.5	−1.5

* 만기일인 20×5. 12. 31 시점에 상환되는 원금은 동일하기 때문에 이를 고려할 필요가 없음.

(2) $V_S = \dfrac{3.5}{1.1} - \dfrac{0.5}{1.12^2} - \dfrac{1.5}{1.13^3} = 1.7$억원

스왑의 가치는 1.7억원으로서 AB은행이 스왑거래의 대가로 요구하는 수수료 2억원보다 작기 때문에 ㈜가야는 이 제의를 받아들이지 않아야 한다.

Tip

㈜가야의 스왑계약은 고정금리채권(B_{fx})을 매입하고 변동금리채권(B_{fl})을 매도하는 채권포트폴리오 개념에 의해 평가할 수도 있다.

- $B_{fx} = \dfrac{13.5}{1.1} + \dfrac{13.5}{1.12^2} + \dfrac{13.5+100}{1.13^3} = 101.7$억원
- $B_{fl} = \dfrac{10}{1.1} + \dfrac{100}{1.1} = 100$

$\therefore\ V_S = B_{fx} - B_{fl} = 101.7 - 100 = 1.7$억원

12 ㈜한반도가 지급할 수 있는 최대고정금리는 스왑의 가치가 0이 되는 금리수준이다. 그리고 매기간 말 변동금리이자는 매기간 초에 결정된 CD금리에 의해 계산된다.

(1) $r_{3개월}=6\%,\ r_{6개월}=8\%,\ r_{9개월}=10\%$

$$\rightarrow f_{3개월,\,6개월}=\frac{1.08^2}{1.06}-1=10.04\%,\quad f_{6개월,\,9개월}=\frac{1.1^3}{1.08^2}-1=14.11\%$$

그러므로 ㈜한반도의 입장에서 스왑의 순현금흐름을 계산하면 다음과 같다.

(단위: 억원)

현금흐름 \ 시 점	3개월 후	6개월 후	9개월 후
변동금리 이자수취*	1.5	2.51	3.5275
고정금리 이자지급	$-C$	$-C$	$-C$
순현금흐름	$1.5-C$	$2.51-C$	$3.5275-C$

* 1.5억원 $=100\times\left(\frac{0.06}{4}\right)$, 2.51억원 $=100\times\left(\frac{0.1004}{4}\right)$, 3.5275억원 $=100\times\left(\frac{0.1411}{4}\right)$

$$V_S=\frac{1.5-C}{1+0.06/4}+\frac{2.51-C}{(1+0.08/4)^2}+\frac{3.5275-C}{(1+0.1/4)^3}=7.1660-2.8750C=0$$

$$\rightarrow C=2.4925\text{억원}\qquad \therefore\ r=\left(\frac{2.4925}{100}\right)\times 4=9.97\%$$

(2) $r_{3개월}=5\%,\ r_{6개월}=7\%,\ r_{9개월}=9\%$

$$\rightarrow f_{3개월,\,6개월}=\frac{1.07^2}{1.05}-1=9.04\%,\quad f_{6개월,\,9개월}=\frac{1.09^3}{1.07^2}-1=13.11\%$$

그러므로 ㈜한반도의 입장에서 스왑의 순현금흐름을 계산하면 다음과 같다.[2)]

(단위: 억원)

현금흐름 \ 시 점	3개월 후	6개월 후	9개월 후
변동금리 이자수취*	1.5	2.26	3.2775
고정금리 이자지급	−2.4925	−2.4925	−2.4925
순현금흐름	−0.9925	−0.2325	0.7850

* 1.5억원 $=100\times\left(\frac{0.06}{4}\right)$, 2.26억원 $=100\times\left(\frac{0.0904}{4}\right)$, 3.2775억원 $=100\times\left(\frac{0.1311}{4}\right)$

$$\therefore\ V_S=-\frac{0.9925}{1+0.05/4}-\frac{0.2325}{(1+0.07/4)^2}+\frac{0.7850}{(1+0.09/4)^3}=-0.4705\text{억원}$$

2) 첫 번째 이자지급일인 3개월 후의 변동금리 이자지급액은 금리변동과 관계없이 스왑계약시점에서 결정된 이자율을 기준으로 계산됨을 유의해야 한다.

13 (1) 스프레드 차이 = (10% − 8%) − (LIBOR + 2.3% − LIBOR − 1.5%) = 1.2%포인트

→ ㈜골리앗의 이득 = 1.2% × 0.6 = 0.72%포인트

㈜다비드의 이득 = 1.2% × 0.4 = 0.48%포인트

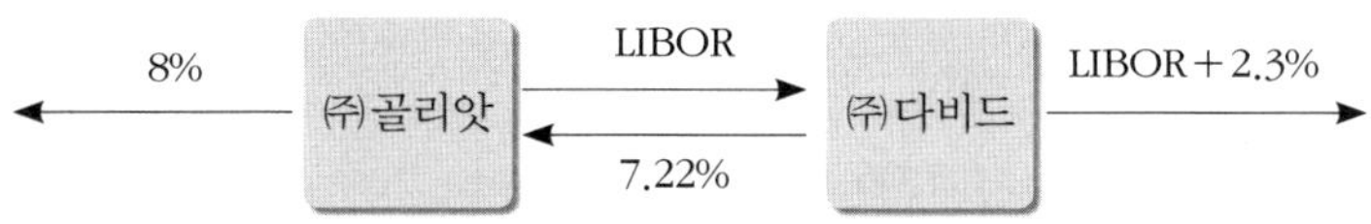

	스왑 전 이자비용	스왑 후 이자비용	스왑의 이득
㈜골리앗	LIBOR + 1.5%	LIBOR + 0.78%	0.72%포인트
㈜다비드	10%	9.52%	0.48%포인트

(2) ㈜골리앗의 이득 $= \dfrac{1.2\% - 0.2\%}{2} = 0.5\%$포인트

㈜다비드의 이득 $= \dfrac{1.2\% - 0.2\%}{2} = 0.5\%$포인트

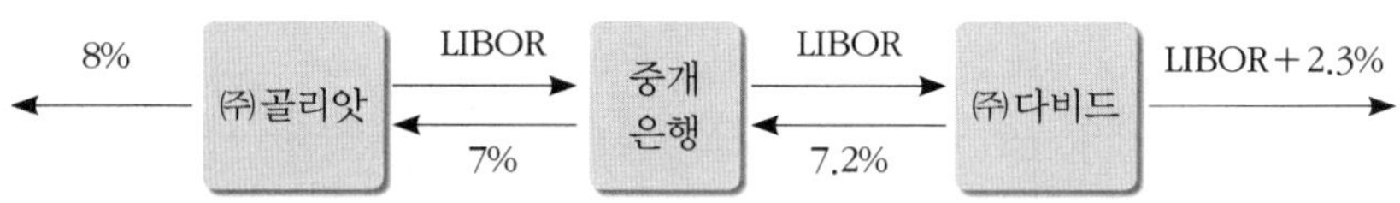

	스왑 전 이자비용	스왑 후 이자비용	스왑의 이득
㈜골리앗	LIBOR + 1.5%	LIBOR + 1%	0.5%포인트
㈜다비드	10%	9.5%	0.5%포인트

(3) $f_{1,2} = \dfrac{1.06^2}{1.055} - 1 = 6.5024\%,\quad f_{2,3} = \dfrac{1.065^3}{1.06^2} - 1 = 7.5071\%$

(단위: 억원)

현금흐름 \ 시 점	1년 후	2년 후	3년 후
변동금리 이자수취	5.5	6.5024	7.5071
고정금리 이자지급	−7.2	−7.2	−7.2
순현금흐름	−1.7	−0.6976	0.3071

$\therefore\ V_S = -\dfrac{1.7}{1.055} - \dfrac{0.6976}{1.06^2} + \dfrac{0.3071}{1.065^3} = -1.9780$억원

14 통화스왑의 가치를 구하기 위해서는 선물환율 및 이자율의 기간구조를 알아야 한다. 이 문제에서 양국 이자율의 기간구조가 수평이라는 것은 3년간 현물이자율이 일정하다는 것을 의미한다. 그리고 통화스왑의 현금흐름을 계산할 때 외화표시채권의 경우 선물환율을 이용하여 원화로 환산해야 하며, 만기일에 이루어지는 원금의 교환도 고려해 주어야 한다.

$r_1 = r_2 = r_3 = 6\%, \quad r_1^F = r_2^F = r_3^F = 4\%$

$\rightarrow \bullet\ F_{0,1} = S_0\left(\frac{1+r_1}{1+r_1^F}\right) = 980 \times \left(\frac{1.06}{1.04}\right) = ₩998.85/\$$

$\bullet\ F_{0,2} = S_0\left(\frac{1+r_2}{1+r_2^F}\right)^2 = 980 \times \left(\frac{1.06}{1.04}\right)^2 = ₩1,018.05/\$$

$\bullet\ F_{0,3} = S_0\left(\frac{1+r_3}{1+r_3^F}\right)^3 = 980 \times \left(\frac{1.06}{1.04}\right)^3 = ₩1,037.63/\$$

㈜글로벌의 입장에서 통화스왑의 순현금흐름을 계산하면 다음과 같다.

(단위: 억원)

현금흐름 \ 시 점	1년 후	2년 후	3년 후
원화채권 매입	6	6	106
달러화채권 매도*	−4.9943	−5.0903	−108.9512
순현금흐름	1.0057	0.9097	−2.9512

* 4.9943억원 = $1,000만 × 0.05 × ₩998.85/$, 5.0903억원 = $1,000만 × 0.05 × ₩1,018.05/$, 108.9512억원 = $1,000만 × 1.05 × ₩1,037.63/$

$\therefore\ V_S = \frac{1.0057}{1.06} + \frac{0.9097}{1.06^2} - \frac{2.9512}{1.06^3} = -0.7195$억원

Tip

㈜글로벌의 통화스왑계약은 원화채권(B_D)을 매입하고 달러화채권(B_F)을 매도하는 채권포트폴리오 개념에 의해 평가할 수도 있다.

$\bullet\ B_D = \frac{6}{1.06} + \frac{6}{1.06^2} + \frac{6+100}{1.06^3} = 100$억원

$\bullet\ B_F = \frac{50}{1.04} + \frac{50}{1.04^2} + \frac{50+1,000}{1.04^3} = 1,027.75$만달러

$\therefore\ V_S = B_D - S_0 B_F = 100$억원 $- ₩980/\$ \times \$1,027.75$만 $= -0.7195$억원

제 5 장 선물거래와 위험관리

▶ 객관식 문제

01 ④ 베이시스가 일정하게 유지되는 특별한 상황에서만 헤저의 손익은 0이 된다.

02 ① 1개월 후에 자금을 차입하려는 경우 금리상승에 따른 위험을 헤지하기 위해서는 금리선물을 매도하여야 한다.

03 $H^* = -\dfrac{Cov(\Delta S, \Delta F)}{Var(\Delta F)} = -\dfrac{0.00105}{0.00148} = 0.7095$

$\rightarrow$ 난방유선물 매입계약수 $= \dfrac{0.7095 \times 1{,}000{,}000}{42{,}000} = 16.89$계약

04 $H = (\beta_H - \beta_S)\dfrac{S_0}{F_{0,T}} = (1.0 - 1.5) \times \dfrac{1{,}000\text{억원}}{80.0 \times 25\text{만원}} = -2{,}500$계약

05 합성주식포트폴리오 = 무위험채권 + 주가지수선물

$\rightarrow$ 주가지수선물을 균형가격에 매입 : $F_{0,T} = 100 \times \left[1 + (0.06 - 0.04) \times \dfrac{6}{12}\right] = 101\text{pt.}$

Tip

주가지수선물의 매입계약수 $= \dfrac{\text{무위험채권의 가치}}{\text{주가지수(현물)} \times \text{거래단위승수}} = \dfrac{1{,}000{,}000{,}000}{100 \times 250{,}000} = 40$계약

거　　래	현금흐름(억원)	
	현재(0시점)	만기일(6개월 후)
무위험채권 매입(대출)	−10	$10 \times (1 + 0.03)$
주가지수선물 40계약 매입*	0	$S_T - 10.1$
합성주식포트폴리오	−10	$S_T + 0.2$

* 주가지수선물 매입금액 = 101 × 25만원 × 40계약 = 10.1억원

> 합성주식포트폴리오를 구성하는 경우 펀드매니저 B는 만기일의 주식가치(S_T)에 향후 3개월 동안의 배당금 0.2억원(=10억원×0.02)을 합한 투자성과, 즉 주식 인덱스펀드를 보유하는 것과 동일한 투자성과를 얻을 수 있음을 알 수 있다.

06 단순헤지비율$=-\dfrac{S_0}{F_{0,T}}$, 최소분산헤지비율$=-\dfrac{S_0}{F_{0,T}}\beta_S$

$$\beta_S=\frac{4천만원}{1억원}\times 1.5+\frac{4천만원}{1억원}\times 1.2+\frac{2천만원}{1억원}\times 0.8=1.24$$

$$\therefore \frac{최소분산헤지비율}{단순헤지비율}=\beta_S=1.24$$

07 만기↓, 액면이자율↑, 만기수익률(시장이자율)↑ → 듀레이션↓

08 ④ 액면이자율이 상당히 낮은 할인채(deep discount bond)의 경우 만기가 길수록 듀레이션이 증가하다가 만기가 일정수준에 도달하면 듀레이션이 감소할 수도 있다.

⑤ 다른 모든 조건이 동일할 때, 수의상환조항(call provision)이나 상환청구조항(put provision)이 있는 채권의 경우 만기 전 채권이 상환될 수 있으므로 일반채권에 비해 매컬리 듀레이션이 작다.

09 ⑤ 다른 조건이 일정할 경우 액면이자율이 높을수록 듀레이션이 감소하기 때문에 동일한 이자율 변동에 대한 채권가격 변동률은 작아진다.

10 ⑤ 수의상환조건(call provision)이나 상환청구조건(put provision)이 있는 채권의 경우 만기 이전에 채권이 상환될 수 있으므로 듀레이션이 감소하게 된다.

11 ③ 영구채의 듀레이션은 시간의 경과와 관계없이 일정하다.

12 ⑤ 액면이자율이 낮을수록 듀레이션이 크므로 채권 B의 듀레이션은 채권 C의 듀레이션보다 크다.

13 $B=63.06+56.81+51.18+46.11+634.99=852.15$원

$B'=64.22+58.92+54.05+49.59+695.43=922.21$원

$$\rightarrow \text{채권가격변화율}_A = \frac{922.21-852.15}{852.15} = 8.22\%$$

$$D = \frac{63.06}{852.15} + \frac{113.63}{852.15} + \frac{153.55}{852.15} + \frac{184.44}{852.15} + \frac{3{,}174.96}{852.15} = 4.3298\text{년}$$

$$\rightarrow \text{채권가격변화률}_B = -\frac{D}{1+r}\cdot\Delta r = -\frac{4.3298}{1.11}\times(-0.02) = 7.80\%$$

$$\therefore\ \text{채권가격변화율}_A - \text{채권가격변화율}_B = 8.22\% - 7.80\% = 0.42\%$$

14 ③ 이자율이 상승하면 상환청구권부사채의 행사가능성이 높아져 일반사채에 비해 덜 하락하기 때문에 볼록성이 더 커진다.

④ 이자율이 하락하면 수의상환사채의 행사가능성이 높아져 채권자는 일반사채에 비해 더 적은 금액을 받을 수 있으므로 볼록성은 음(−)의 값을 가질 수 있다.

⑤ 이자율이 상승하면 수의상환사채의 행사가능성이 없어지므로 볼록성은 일반사채와 같게 된다.

15 $$\Delta E = -(D_A \cdot A - D_L \cdot L)\left(\frac{\Delta r}{1+r}\right) = -(6\times 100 - 4\times 92)\left(\frac{0.01}{1+0.08}\right) = -2.148\text{조원}$$

* 부채가치 = (1 − 0.08) × 100 = 92조원

16 $$D_{\text{부채}} = \frac{0.5\times 3.2625\times 0.9650 + 1.0\times 3.2625\times 0.9313 + 1.5\times 3.2625\times 0.8987 + 2.0\times 93.2625\times 0.8672}{90} = 1.90\text{년}$$

$$\rightarrow 100\times D_{\text{자산}} = 90\times 1.90 \quad \therefore\ D_{\text{자산}} = 1.71\text{년}$$

17 ① 만기가 길어짐에 따라 채권가격의 변동 폭은 체감하면서 증가한다. 따라서 시장이자율이 상승할 때, 채권 A와 채권 B의 가격하락 폭의 차이는 채권 B와 채권 C의 가격하락 폭의 차이보다 크다.

18 ① ② 볼록성이 클수록 이자율 하락에 따른 가격상승 폭은 더 크고, 이자율 상승에 따른 가격하락 폭은 더 작아지므로 볼록성이 더 클수록 투자자에게 유리하다.

⑤ 우상향 수익률곡선의 기울기가 심하게(steeper) 변한다면, 단기채는 수익률이 낮아져 가격이 상승하고 장기채는 수익률이 높아져 가격이 하락하므로 단기채를 매입하고 장기채를 공매도하는 투자전략이 그 반대전략보다 투자자에게 유리하다.

19 b. 향후 이자율 변동에 따라 사후적인 투자성과는 다를 수 있다.

c. 다른 조건이 동일하다면 수의상환조건이 있는 채권의 만기수익률은 수의상환조건이 없는 채권의 만기수익률보다 높다.

e. 만기가 길어짐에 따라 이표채의 듀레이션은 체감하면서 증가한다.

20 ① A은행의 자산의 듀레이션(D_A), 부채의 듀레이션(D_L):

- $D_A = \frac{100}{1{,}000}\times 0 + \frac{500}{1{,}000}\times 1.2 + \frac{400}{1{,}000}\times 6.0 = 3.0$년
- $D_L = \frac{600}{900}\times 1.0 + \frac{300}{900}\times 5.5 = 2.5$년

② 듀레이션갭(D_{gap})$= D_A - D_L \times \frac{L}{A} = 3.0 - 2.5\times\frac{900}{1{,}000} = 0.75$년

③ $\Delta E = -\frac{D_{gap}}{1+r}\cdot\Delta r\cdot A = -\frac{0.75}{1+r}\cdot\Delta r\cdot A$

금리가 상승하면($\Delta r>0$) 자기자본의 가치가 하락한다.

④ 금리가 하락하면($\Delta r<0$) 자기자본의 가치가 상승한다. 즉 자산가치의 증가분이 부채가치의 증가분보다 크다.

▶ 주관식 문제

01 (1) $\beta_S = \frac{\rho_{SM}\sigma_S}{\sigma_M} = \frac{0.9\times 0.3}{0.2} = 1.35$

$\therefore H^* = -\frac{S_0}{F_{0,T}}\beta_S = -\frac{10\text{억원}}{52\times 25\text{만원}}\times 1.35 = -104$계약

(2) ① 시나리오 1:

- 주식포트폴리오의 기대가치 = 10억원 × (1 − 0.193) + 10억원 × 0.01 = 8.17억원

※ $E(r_s) = r_f + [E(r_M) - r_f]\beta_S = 0.05 + (-0.13 - 0.05)\times 1.35 = -0.193$

여기서 $E(r_M) = \frac{43-50}{50} + 0.01 = -0.13$

- 선물매도포지션의 손익(가치) = (52 − 46) × 25만원 × 104계약 = 1.56억원
- 헤지포트폴리오의 가치(X) = 8.17억원 + 1.56억원 = 9.73억원

② 시나리오 2:

- 주식포트폴리오의 기대가치 = 10억원 × (1 + 0.266) + 10억원 × 0.01
  = 12.76억원

※ $E(r_s) = r_f + [E(r_M) - r_f]\beta_S = 0.05 + (0.21 - 0.05) \times 1.35 = 0.266$

여기서 $E(r_M) = \frac{60-50}{50} + 0.01 = 0.21$

- 선물매도포지션의 손익(가치) = (52 − 64) × 25만원 × 104계약 = −3.12억원
- 헤지포트폴리오의 가치(Y) = 12.76억원 − 3.12억원 = 9.64억원

∴ X − Y = 9.73억원 − 9.64억원 = 0.09억원

02 (1) $B = \frac{400}{1+\frac{0.08}{2}} + \frac{400}{\left(1+\frac{0.08}{2}\right)^2} + \frac{400}{\left(1+\frac{0.08}{2}\right)^3} + \frac{10,400}{\left(1+\frac{0.08}{2}\right)^4} = 10,000\text{원}$

$$D = \frac{\frac{1}{2}\text{년} \times \frac{400}{1.04} + \frac{2}{2}\text{년} \times \frac{400}{1.04^2} + \frac{3}{2}\text{년} \times \frac{400}{1.04^3} + \frac{4}{2}\text{년} \times \frac{10,400}{1.04^4}}{10,000} = 1.8875\text{년}$$

(2) $D_m = \frac{D}{1+r/2} = \frac{1.8875}{1+0.04} = 1.8149\text{년}$

(3) $V = \frac{1}{1.04^2}\left[\frac{\frac{1\times2}{2^2} \times \frac{400}{1.04} + \frac{2\times3}{2^2} \times \frac{400}{1.04^2} + \frac{3\times4}{2^2} \times \frac{400}{1.04^3} + \frac{4\times5}{2^2} \times \frac{10,400}{1.04^4}}{10,000}\right]$

$= 4.277335$

$$\frac{\Delta B}{B} = -D_m \cdot \Delta r + \frac{1}{2} \cdot V \cdot \Delta r^2$$

∴ 볼록성에 기인한 오차조정부분 $= \frac{1}{2} \cdot V \cdot \Delta r^2 = \frac{1}{2} \times 4.277335 \times (-0.01)^2$
$= 0.000214$ (0.0214%)

03 (1) $B = \frac{200}{1+\frac{0.12}{4}} + \frac{200}{\left(1+\frac{0.12}{4}\right)^2} + \frac{10,200}{\left(1+\frac{0.12}{4}\right)^3} = 9,717.14\text{원}$

$$D = \frac{\frac{1}{4}\text{년} \times \frac{200}{1.03} + \frac{2}{4}\text{년} \times \frac{200}{1.03^2} + \frac{3}{4}\text{년} \times \frac{10,200}{1.03^3}}{9,717.14} = 0.7352\text{년}$$

$$\therefore \varepsilon_{B,r} = \frac{dB/B}{dr/r} = -D\left(\frac{r}{1+r/4}\right) = -0.7352 \times \frac{0.12}{1.03} = -0.0857$$

(2) $$V = \frac{1}{1.03^2}\left[\frac{\frac{1\times2}{4^2}\times\frac{200}{1.03}+\frac{2\times3}{4^2}\times\frac{200}{1.03^2}+\frac{3\times4}{4^2}\times\frac{10,200}{1.03^3}}{9,717.14}\right]=0.6883$$

(3) $0.5\times D + 0.5\times 4 = 3 \rightarrow D = 2$년

1년 만기 무이표채 발행규모$=x$

$$\frac{50}{100}\times2+\frac{50-x}{100}\times4+\frac{x}{100}\times1=2$$

$\therefore$1년 만기 무이표채 발행규모$(x)=33.33$억원

04

(1) $$D = 1\times\frac{50/1.05}{1,000}+2\times\frac{1,050/1.05^2}{1,000}=1.95\text{년}$$

$$\therefore \frac{\Delta B}{B} = -\frac{1.95}{1.05}\times1\% = -1.86\%$$

(2) $$C = \frac{1}{1.05^2}\left[1\times2\times\frac{50/1.05}{1,000}+2\times3\times\frac{1,050/1.05^2}{1,000}\right]=5.27$$

(3) $$\frac{\Delta B}{B} = -\frac{1.95}{1.05}\times0.01+\frac{1}{2}\times5.27\times0.01^2=-1.83\%$$

05

(1) $$\text{현행수익률} = \frac{\text{액면이자}}{\text{채권가격}}$$

$$\rightarrow \text{채권가격} = \frac{\text{액면이자}}{\text{현행수익률}} = \frac{0.03\times100,000}{0.032} = 93,750\text{원}$$

(※ 현행수익률을 경상수익률, 단순수익률, 직접수익률이라고도 한다.)

$$93,750 = \frac{3,000}{1+r}+\frac{103,000}{(1+r)^2} \rightarrow r^2+1.968r-0.1307=0$$

$$r = \frac{-1.968\pm\sqrt{1.968^2-4\times1\times(-0.1307)}}{2} \rightarrow r=0.0643 \text{ 또는 } -2.0323$$

$\therefore$ 만기수익률$(r)=6.43\%$

(2) ① ⓐ $$93,750 = \frac{0}{1+r}+\frac{0}{(1+r)^2} \rightarrow r=-100\%$$

ⓑ $$93,750 = \frac{3,000}{1+r}+\frac{0}{(1+r)^2} \rightarrow r=-96.8\%$$

ⓒ $93{,}750=\frac{3{,}000}{1+r}+\frac{73{,}000}{(1+r)^2}\rightarrow r=-10.14\%$

ⓓ $93{,}750=\frac{3{,}000}{1+r}+\frac{103{,}000}{(1+r)^2}\rightarrow r=6.43\%$

② $E(r)=-100\%\times0+(-96.8\%)\times0.01+(-10.14\%)\times0.02+6.43\%\times0.97=5.07\%$

(3) 수익률 스프레드＝만기수익률(약속수익률)－무위험수익률＝6.43%－2%＝4.43%

채무불이행 위험프리미엄＝약속수익률－기대수익률＝6.43%－5.07%＝1.36%

(4) • $D=\dfrac{1\text{년}\times\frac{3{,}000}{1.0643}+2\text{년}\times\frac{103{,}000}{1.0643^2}}{93{,}750}=1.97\text{년}$

$\rightarrow\frac{\Delta B}{B}=-\frac{D}{1+r}\cdot\Delta r=-\frac{1.97}{1.0643}\times(-2\%)=3.70196\%$

• $B'=\frac{3{,}000}{1.0443}+\frac{103{,}000}{1.0443^2}=97{,}319\text{원}$

$\rightarrow\frac{\Delta B}{B}=\frac{97{,}319-93{,}750}{93{,}750}=3.80693\%$

∴ 차이＝실제 변화율－듀레이션에 의한 변화율＝3.80693%－3.70196%＝0.10497%

(5) 실제 채권의 가격변화와 듀레이션을 통해 추정한 채권의 가격변화 사이의 차이는 볼록성에 의해 발생하므로 볼록성을 반영해주면 그 차이를 줄일 수 있다.

$$\frac{\Delta B}{B}=-\frac{D}{1+r}\cdot\Delta r+\frac{1}{2}\cdot V\cdot\Delta r^2$$

06 (1) $H^*=-\left(\frac{D_S}{D_F}\right)\left(\frac{B_S}{B_F}\right)=-\left(\frac{0.5\text{년}}{0.25\text{년}}\right)\left(\frac{10\text{억원}}{4.9\text{억원}}\right)=-4.08\text{계약}$

현물(채권)이 매도포지션(short position)에 있기 때문에 헤지를 위해 순수할인채선물 4.08계약을 매입해야 한다.

(2) 6개월 만기 순수할인채의 이자손실＝10억원×1%×0.5년＝500만원

순수할인채선물의 이익＝4.08계약×(49,100만원－49,000만원)×(1＋0.035)
＝422.28만원[1)]

∴ 헤지포트폴리오의 총손실＝500－422.28＝77.72만원

1) 6개월 만기 순수할인채의 이자손실은 헤지종료일로부터 6개월 후의 가치이므로 순수할인채선물의 이익도 동일한 시점의 가치로 환산해 주어야 한다. 즉 헤지종료일(8월 5일)에서 순수할인채선물로부터 얻는 청산이익은 향후 6개월간 연 7%로 투자될 수 있기 때문에 이에 대한 이자수익을 고려해야 한다.

(3) $H^* = \left(\dfrac{1\text{년}-0.5\text{년}}{0.25\text{년}}\right)\left(\dfrac{10\text{억원}}{4.9\text{억원}}\right) = 4.08\text{계약}$

헤지종료일(8월 5일)에 매입할 순수할인채의 듀레이션을 1년으로 만들기 위해 순수할인채선물 4.08계약을 매도해야 한다.

Tip

물음 (2)에서 헤지포트폴리오가 77.72만원의 손실을 보게 된 것은 이자율 하락에 따라 발생하는 현물의 손실(500만원)을 선물의 이익(422.28만원)에 의해서 완전히 상쇄하지 못하기 때문이다. 그 결과 헤지포트폴리오를 구성하여도 6개월간 순수할인채에 투자 시 얻을 수 있는 연간 유효이자율이 8%로 고정되지 못하고 그보다 작게 됨을 알 수 있다.

$$\text{투자 시 연간 유효이자율} = 0.07 + \frac{422.28\text{만원} \times 2}{100{,}000\text{만원}} = 0.0784$$

다음과 같은 두 가지 이유로 인하여 베이시스위험(basis risk)이 존재하게 되며, 이 경우 완전헤지(perfect hedge)를 달성할 수 없게 된다.

- 현물(6개월 만기 순수할인채)과 순수할인채선물의 기초자산(91일 만기 순수할인채)이 서로 다르기 때문이다.
- 헤지종료일(8월 5일)과 선물의 만기일(9월)이 서로 다르기 때문이다.

07 헤지종료일(3개월 후)에서 헤지대상자산인 채권포트폴리오의 평균듀레이션은 6.80년이며, 선물의 만기일(12월)에서 선물의 기초자산인 T−bond 선물계약의 듀레이션은 9.20년이다.

$$H^* = -\left(\frac{D_S}{D_F}\right)\left(\frac{B_S}{B_F}\right) = -\left(\frac{6.80\text{년}}{9.20\text{년}}\right)\left(\frac{10{,}000{,}000\text{달러}}{93{,}062.50\text{달러}}\right) = -79.42\text{계약}$$

㈜ABC의 재무관리자는 T−bond 선물 79.42계약을 매도하여야 한다.

08 헤지종료일에서 헤지대상자산의 듀레이션을 추정하기가 어렵고 헤지기간이 짧을 경우에는 현재 알고 있는 듀레이션을 사용할 수 있다. 그리고 현물과 선물의 수익률이 다르거나 수익률의 변화비율이 1이 아닌 경우 이를 반영하여 헤지비율을 구해야 한다.

(1) $H^* = -\left(\dfrac{D_S^m}{D_F^m}\right)\left(\dfrac{B_S}{B_F}\right)\left(\dfrac{\Delta r_S}{\Delta r_F}\right) = -\dfrac{6.82/1.10}{7.84/1.12} \times \dfrac{50\text{억원}}{0.964 \times 1\text{억원}} \times 1 = -45.94\text{계약}$

3개월 만기 국채 B 선물 45.94계약을 매도해야 한다.

(2) $H^* = -\left(\dfrac{D_S^m}{D_F^m}\right)\left(\dfrac{B_S}{B_F}\right)\left(\dfrac{\Delta r_S}{\Delta r_F}\right) = -\dfrac{6.27/1.14}{7.84/1.12} \times \dfrac{20\text{억원}}{0.964 \times 1\text{억원}} \times 1.2 = -19.56\text{계약}$

3개월 만기 국채 B 선물 19.56계약을 매입해야 한다.

(3) $H=\left(\dfrac{D_H^m-D_S^m}{D_F^m}\right)\left(\dfrac{B_S}{B_F}\right)=\dfrac{8-6.82/1.10}{7.84/1.12}\times\dfrac{10\text{억원}}{0.964\times1\text{억원}}=2.67\text{계약}$

3개월 만기 국채 B 선물 2.67계약을 매입해야 한다.

09 (1) LIBOR = 100.00 − 91.88 = 8.12%

6월물 유로달러선물 1계약 가격 $=\$1,000,000\times\left(1-\dfrac{0.0812\times90\text{일}}{360\text{일}}\right)=\$979,700$

선물계약만료시 선물계약 기초자산의 듀레이션은 3개월, 즉 0.25년이고, 헤지종료시 헤지대상자산의 듀레이션은 1개월, 즉 0.08333년이다.

$H^*=-\left(\dfrac{D_S}{D_F}\right)\left(\dfrac{B_S}{B_F}\right)=-\left(\dfrac{0.08333\text{년}}{0.25\text{년}}\right)\left(\dfrac{15,000,000\text{달러}}{979,700\text{달러}}\right)=-5.10\text{계약}$

변동금리채무의 경우 이자율 상승시 손실을 보게 되므로 ㈜XYZ는 6월물 유로달러선물 5.10계약을 매도하여야 한다.

(2) LIBOR = 100.00 − 91.44 = 8.56%

9월물 유로달러선물 1계약 가격 $=\$1,000,000\times\left(1-\dfrac{0.0856\times90\text{일}}{360\text{일}}\right)=\$978,600$

$H^*=-\left(\dfrac{D_S}{D_F}\right)\left(\dfrac{B_S}{B_F}\right)=-\left(\dfrac{0.08333\text{년}}{0.25\text{년}}\right)\left(\dfrac{15,000,000\text{달러}}{978,600\text{달러}}\right)=-5.11\text{계약}$

㈜XYZ는 9월물 유로달러선물 5.11계약을 매도하여야 한다.

(3) 초과이자(이자손실) = 1,500만달러 × 0.8% × 1/12 = 10,000달러

6월물 유로달러선물 5.10계약의 이익 = 5.10 × ($979,700 − $977,800) = $9,690

* 6월물 유로달러선물 1계약 가격 $=\$1,000,000\times\left(1-\dfrac{0.0888\times90\text{일}}{360\text{일}}\right)=977,800\text{달러}$

∴ 헤징전략의 총손익 = −$10,000 + $9,690 = −$310

(4) 초과이자(이자손실) = 1,500만달러 × 1.4% × 1/12 = 17,500달러

9월물 유로달러선물 5.11계약의 이익 = 5.11 × ($978,600 − $975,400) = $16,352

* 9월물 유로달러선물 1계약 가격 $=\$1,000,000\times\left(1-\dfrac{0.0984\times90\text{일}}{360\text{일}}\right)=975,400\text{달러}$

∴ 헤징전략의 총손익 = −$17,500 + $16,352 = −$1,148

10 (1) 이자율위험을 면역화하기 위해 채권의 가중평균듀레이션을 5년(채무의 듀레이션)으로 해야 한다.

- 영구채권의 듀레이션$=\dfrac{1+r}{r}=\dfrac{1+0.1}{0.1}=11$년
- $W\times 3$년$+(1-W)\times 11$년$=5$년 → $W=0.75$

여기서 W: 순수할인채권의 구성비율

∴ 순수할인채권의 투자금액＝100원×0.75＝75원
영구채권의 투자금액＝100원×0.25＝25원

(2) 이자율이 1%포인트 상승하는 경우 채무액의 현재가치와 영구채권의 듀레이션을 조정해 주어야 한다.[2)]

- 채무액의 현재가치$=\dfrac{100\times(1+0.1)^5}{(1+0.11)^5}=95.58$원
- 영구채권의 듀레이션$=\dfrac{1+r}{r}=\dfrac{1+0.11}{0.11}=10.09$년
- $W\times 3$년$+(1-W)\times 10.09$년$=5$년 → $W=0.72$

∴ 순수할인채권의 투자금액＝95.58원×0.72＝68.82원
영구채권의 투자금액＝95.58원×0.28＝26.76원

(3) 1년이 지난 후에는 채무와 순수할인채권의 만기(듀레이션)가 각각 1년씩 줄어들고, 채무액의 현재가치는 상승하게 된다.

- 채무액의 현재가치$=100\times(1+0.1)=110$원
- $W\times 2$년$+(1-W)\times 11$년$=4$년 → $W=0.78$

∴ 순수할인채권의 투자금액＝110원×0.78＝85.8원
영구채권의 투자금액＝110원×0.22＝24.2원

☞ 채권포트폴리오의 재구성: 1년 전에 투자한 순수할인채권의 현재가치는 82.5원(＝75원×1.1)으로 상승한다. 한편 영구채권의 경우 현재가치는 25원으로 변하지 않으나 2.5원(＝25원×0.1)의 이자수익을 얻을 수 있다. 따라서 영구채권을 0.8원만큼 매각(영구채권의 투자금액＝25원－0.8원＝24.2원)하고, 그 매각대금과 이자수익 2.5원을 합한 금액 3.3원만큼 순수할인채권을 매입(순수할인채권의 투자금액＝82.5원＋3.3원＝85.8원)하면 된다.

---

2) 여기서 채무의 원리금, 즉 $100\times(1+0.1)^5$은 만기(5년 후)에 일시 상환하는 것으로 보아야 한다.

(4) 이자율이 변하거나 기간이 경과함에 따라 채권포트폴리오를 지속적으로 재구성(re-balancing)해야 한다. 그러나 이 경우 많은 거래비용이 발생하기 때문에 현실적으로 채권포트폴리오를 지속적으로 재구성하기는 어렵다. 따라서 채권포트폴리오의 지속적인 재구성에 의한 완전 면역화의 필요성과 재구성에 따른 거래비용을 고려하여 적절한 수준에서 재구성 빈도수를 결정해야 한다.

11 (1) 대출(자산)의 현재가치 $=\dfrac{1{,}000}{1.1}+\dfrac{1{,}000}{1.1^2}+\dfrac{1{,}000}{1.1^3}=2{,}486.9$만원

(2) $D=\dfrac{1\text{년}\times\dfrac{1{,}000}{1.1}+2\text{년}\times\dfrac{1{,}000}{1.1^2}+3\text{년}\times\dfrac{1{,}000}{1.1^3}}{2{,}486.9}=1.937\text{년}$

(3) 대출의 듀레이션 = 순수할인채권과 현금(듀레이션 = 0)의 가중평균듀레이션

$1.937\text{년}=W\times 3\text{년}+(1-W)\times 0\text{년}\ \rightarrow\ W=0.6457$

여기서 W: 대출의 면역화를 위한 순수할인채권의 조달비율

∴ 순수할인채권에 의한 자금조달액 = 2,486.9만원 × 0.6457 = 1,605.79만원

(4) 「이자율 ↓ → 자산(대출)의 가치↑ 부채의 가치↑」이고, 듀레이션이 길수록 이자율변동에 따른 가치변동은 커지게 된다. 따라서 새나라은행이 이자율하락을 예상하고 있는 경우, 부채의 가치상승을 최소화하기 위하여 부채의 듀레이션을 줄여야 한다. 즉 이 은행은 순수할인채권의 발행을 감소시켜야 할 것이다.

12 (1) • $PV(\text{주택대출})=\dfrac{118{,}340}{1+0.1}+\dfrac{118{,}340}{(1+0.1)^2}=205{,}383.47\text{원}$

• 주택대출의 듀레이션 $=\dfrac{1\times\left(\dfrac{118{,}340}{1.1}\right)+2\times\left(\dfrac{118{,}340}{1.1^2}\right)}{205{,}383.47}=1.4762\text{년}$

$\therefore\ D_A=\left(\dfrac{100{,}000}{305{,}383.47}\right)\times 0+\left(\dfrac{205{,}383.47}{305{,}383.47}\right)\times 1.4762=0.9928\text{년}$

(2) $PV(\text{예금증서})=\dfrac{50{,}000\times(1+0.11)}{1+0.1}=50{,}454.55\text{원}$

$\therefore\ D_L=\left(\dfrac{100{,}000}{150{,}454.55}\right)\times 0+\left(\dfrac{50{,}454.55}{150{,}454.55}\right)\times 1=0.3353\text{년}$

(3) $\Delta E = \Delta A - \Delta L = -(D_A \cdot A - D_L \cdot L)\left(\frac{\Delta r}{1+r}\right)$

$$= -(0.9928 \times 305{,}383.47 - 0.3353 \times 150{,}454.55)\left(\frac{0.01}{1+0.1}\right) = -2{,}297.61\text{원}$$

(4) $\Delta E = 0 \rightarrow D_A \cdot A = D_L \cdot L$

$D_A \times 305{,}383.47 = 0.3353 \times 150{,}454.55 \quad \therefore\ D_A = 0.1652\text{년}$

(5) 2년 만기 순수할인채권을 α만큼 공매도하여 마련한 자금을 현금으로 보유할 경우 시장가치로 표시된 재무상태표는 다음과 같다.

재무상태표 (단위: 원)

현 금	100,000+α	요 구 불 예 금	100,000
주택대출	205,383.47	예 금 증 서	50,454.55
		순 수 할 인 채 권	α
		자 기 자 본	154,928.92

$$D_A \cdot A = \left[\left(\frac{100{,}000+\alpha}{305{,}383.47+\alpha}\right)\times 0 + \left(\frac{205{,}383.47}{305{,}383.47+\alpha}\right)\times 1.4762\right]\times(305{,}383.47+\alpha)$$

$$= 303{,}187.08$$

$$D_L \cdot L = \left[\left(\frac{100{,}000}{150{,}454.55+\alpha}\right)\times 0 + \left(\frac{50{,}454.55}{150{,}454.55+\alpha}\right)\times 1 + \left(\frac{\alpha}{150{,}454.55+\alpha}\right)\times 2\right]$$

$$\times(150{,}454.55+\alpha) = 50{,}454.55 + 2\alpha$$

$$\rightarrow 303{,}187.08 = 50{,}454.55 + 2\alpha \quad \therefore\ \alpha = 126{,}366.27\text{원}$$

ABC은행은 2년 만기 순수할인채권을 126,366.27원만큼 공매도하여 마련한 자금을 현금으로 보유함으로써 자기자본가치를 이자율변동으로부터 면역화시킬 수 있다.

13 (1) • $PV(\text{상업대출}) = \frac{500\times(1+0.08)^3}{(1+0.06)^3} = 528.84\text{억원}$

• 주택대출의 매년 균등상환액(C)

$$300 = \frac{C}{1+0.07} + \frac{C}{(1+0.07)^2} = C\times 1.8080 \rightarrow C = 165.93\text{억원}$$

$$PV(\text{주택대출}) = \frac{165.93}{1+0.06} + \frac{165.93}{(1+0.06)^2} = 304.21\text{억원}$$

$$\text{주택대출의 듀레이션} = \frac{1\times\left(\frac{165.93}{1.06}\right)+2\times\left(\frac{165.93}{1.06^2}\right)}{304.21} = 1.4855\text{년}$$

• $PV(\text{CD}) = \frac{400\times(1+0.03)}{1+0.05} = 392.38\text{억원}$

• $PV(\text{정기예금}) = \dfrac{300 \times (1+0.04)^2}{(1+0.05)^2} = 294.31$억원

KS은행의 자산의 듀레이션(D_A)과 부채의 듀레이션(D_L):

• $D_A = \left(\dfrac{200}{1{,}033.05}\right) \times 0 + \left(\dfrac{528.84}{1{,}033.05}\right) \times 3 + \left(\dfrac{304.21}{1{,}033.05}\right) \times 1.4855 = 1.9732$년

• $D_L = \left(\dfrac{100}{786.69}\right) \times 0 + \left(\dfrac{392.38}{786.69}\right) \times 1 + \left(\dfrac{294.31}{786.69}\right) \times 2 = 1.2470$년

(2) ① $\Delta E = \Delta A - \Delta L = \left(-\dfrac{D_A}{1+r_A} \cdot \Delta r_A \cdot A\right) - \left(-\dfrac{D_L}{1+r_L} \cdot \Delta r_L \cdot L\right)$

$$= -\left(\frac{D_A}{1+r_A} \cdot A - \frac{D_L}{1+r_L} \cdot L\right) \times \Delta r$$

$$= -\left(\frac{1.9732}{1.06} \times 1{,}033.05 - \frac{1.2470}{1.05} \times 786.69\right) \times 0.01 = -9.89\text{억원}$$

듀레이션에 의한 변동부분만 고려한다면 KS은행의 자기자본가치는 9.89억원 감소하게 된다.

② 듀레이션에 의해서 자산(또는 부채)의 변동액을 산출할 때는 이자율과 자산가치(또는 부채가치)간의 함수가 선형이라는 가정이 포함되어 있다. 그러나 실제로는 이자율과 자산가치(또는 부채가치)가 비선형관계, 즉 원점에 대해 볼록한 형태를 갖기 때문에 오차가 발생하게 된다.

(3) 1년 만기 CD를 α만큼 발행하여 마련한 자금을 현금으로 보유할 경우 시장가치로 표시된 재무상태표는 다음과 같다.

재무상태표 (단위: 억원)

항 목	금 액	듀레이션	항 목	금 액	듀레이션
현 금	$200+\alpha$	0	요구불예금	100	0
상업대출	528.84	3	CD	$392.38+\alpha$	1
주택대출	304.21	1.4855	정기예금	294.31	2
			자기자본	246.36	–

• $D_A = \left(\dfrac{200+\alpha}{1{,}033.05+\alpha}\right) \times 0 + \left(\dfrac{528.84}{1{,}033.05+\alpha}\right) \times 3 + \left(\dfrac{304.21}{1{,}033.05+\alpha}\right) \times 1.4855$

$$= \frac{2{,}038.42}{1{,}033.05+\alpha}$$

$$\rightarrow \frac{D_A}{1+r_A} \cdot A = \frac{\left(\dfrac{2{,}038.42}{1{,}033.05+\alpha}\right)}{1+0.06} \times (1{,}033.05+\alpha) = 1{,}923.04$$

• $D_L = \left(\frac{100}{786.69+\alpha}\right)\times 0 + \left(\frac{392.38+\alpha}{786.69+\alpha}\right)\times 1 + \left(\frac{294.31}{786.69+\alpha}\right)\times 2$

$$= \frac{981+\alpha}{786.69+\alpha}$$

$$\rightarrow \frac{D_L}{1+r_L}\cdot L = \frac{\left(\frac{981+\alpha}{786.69+\alpha}\right)}{1+0.05}\times(786.69+\alpha) = 934.29 + \frac{\alpha}{1.05}$$

$1{,}923.04 = 934.29 + \alpha/1.05 \quad \therefore\ \alpha = 1{,}038.19$억원

KS은행은 1년 만기 CD를 1,038.19억원만큼 추가로 발행하여 마련한 자금을 현금으로 보유함으로써 자기자본가치를 이자율변동으로부터 면역화시킬 수 있다.

14 (1) • 대출채권의 매년 균등상환액(C)

$$400 = \frac{C}{1.1} + \frac{C}{1.1^2} = C\times 1.7355 \rightarrow C = 230.4811\text{원}$$

$$PV(\text{대출채권}) = \frac{230.4811}{1.08} + \frac{230.4811}{1.08^2} = 411.0088\text{원}$$

$$\text{대출채권의 듀레이션} = \frac{1\times\left(\frac{230.4811}{1.08}\right) + 2\times\left(\frac{230.4811}{1.08^2}\right)}{411.0088} = 1.4808\text{년}$$

• $PV(\text{장기채권}) = \text{액면채} = 150\text{원}$

$$\text{장기채권의 듀레이션} = \frac{1\times\left(\frac{12}{1.08}\right) + 2\times\left(\frac{12}{1.08^2}\right) + 3\times\left(\frac{162}{1.08^3}\right)}{150} = 2.7833\text{년}$$

$$\therefore\ \text{자산의 듀레이션} = \frac{50}{611.0088}\times 0 + \frac{411.0088}{611.0088}\times 1.4808 + \frac{150}{611.0088}\times 2.7833$$
$$= 1.6794\text{년}$$

(2) $PV(\text{CD}) = \frac{130\times(1+0.07)}{1+0.08} = 128.7963\text{원}$

$$\therefore\ \text{부채의 듀레이션} = \frac{400}{528.7963}\times 0 + \frac{128.7963}{528.7963}\times 1 = 0.2436\text{년}$$

(3) 재무상태표(시장가치) (단위: 원)

자 산		부채와 자본	
현 금	50	요구불예금	400
대출채권	411.0088	CD	128.7963
장기채권	150	자기자본	82.2125
합 계	611.0088	합 계	611.0088

$$\therefore\ \Delta E = -(D_A \cdot A - D_L \cdot L)\left(\frac{\Delta r}{1+r}\right)$$

$$= -(1.6794 \times 611.0088 - 0.2436 \times 528.7963) \times \frac{0.01}{1.08} = -8.3085\text{원}$$

(4) ① 자산의 듀레이션×자산가치=부채의 듀레이션×부채가치

② $D_A \cdot A - D_L \cdot L = 1.6794 \times 611.0088 - D_L \times 528.7963 = 0$

∴ 부채의 듀레이션$(D_L) = 1.9405$년

(5) $\dfrac{E+\Delta E}{A+\Delta A} = \dfrac{E}{A}$, $\Delta E \times A = \Delta A \times E$, $(\Delta A - \Delta L) \times A = \Delta A \times (A - L)$

$$\Delta L \times A = \Delta A \times L \rightarrow \left(-\frac{D_L}{1+r} \cdot \Delta r \cdot L\right) \times A = \left(-\frac{D_A}{1+r} \cdot \Delta r \cdot A\right) \times L$$

∴ 자산의 듀레이션(D_A)=부채의 듀레이션(D_L)

15 (1) 고정금리대출(자산)의 듀레이션>고정금리예금(부채)의 듀레이션

→ 고정금리대출(자산)의 가치하락>고정금리예금(부채)의 가치하락

∴ 이자율 상승에 따른 가격위험에 노출됨.

(2) $$D_{\text{채권}} = \frac{\frac{1}{2}\text{년} \times \frac{4}{1.04} + \frac{2}{2}\text{년} \times \frac{4}{1.04^2} + \frac{3}{2}\text{년} \times \frac{4}{1.04^3} + \frac{4}{2}\text{년} \times \frac{104}{1.04^4}}{100} = 1.89\text{년}$$

$$\rightarrow D_{\text{자산}} = \frac{5}{105} \times 0 + \frac{100}{105} \times 1.89 = 1.80\text{년}$$

$D_{CD} = D_{\text{부채}} = 1$년(∵ CD는 1년 후 액면금액$[90 \times (1+0.04)^2 = 97.344$억원]을 상환하는 순수할인채권이다.)

$$\therefore\ \Delta E = -(D_A \cdot A - D_L \cdot L)\left(\frac{\Delta r}{1+r/2}\right)$$

$$= -(1.80 \times 105 - 1 \times 90) \times \frac{0.02}{1.04} = -1.90\text{억원}$$

(3) $\Delta E = \Delta A - \Delta L = -(D_A \cdot A - D_L \cdot L)\left(\frac{\Delta r}{1+r/m}\right)$

$\rightarrow D_A \times A = D_L \times L \rightarrow D_A \times 105 = 1 \times 90 \quad \therefore D_A = 0.86$년

(4) $\Delta A = \frac{4}{1.05} + \frac{4}{1.05^2} + \frac{4}{1.05^3} + \frac{104}{1.05^4} - 100 = -3.55$억원

$\Delta L = \frac{97.344}{1.05^2} - 90 = -1.71$억원

$\therefore \Delta E = (-3.55) - (-1.71) = -1.84$억원

(5) 채권가격의 변화는 볼록성에도 영향을 받기 때문에 차이가 난다.

16 (1) • 시장이자율이 1%포인트 상승하는 경우

장기채권(A)의 가치 $= \frac{40}{1.05} + \frac{40}{1.05^2} + \frac{1{,}040}{1.05^3} = 972.77$원

$\rightarrow \Delta A = 972.77 - 1{,}000 = -27.23$원

정기예금(L)의 가치 $= \frac{24+600}{1.05} = 594.29$원

$\rightarrow \Delta L = 594.29 - 600 = -5.71$원

$\therefore \Delta E = \Delta A - \Delta L = (-27.23) - (-5.71) = -21.52$원

• 시장이자율이 1%포인트 하락하는 경우

장기채권(A)의 가치 $= \frac{40}{1.03} + \frac{40}{1.03^2} + \frac{1{,}040}{1.03^3} = 1{,}028.29$원

$\rightarrow \Delta A = 1{,}028.29 - 1{,}000 = 28.29$원

정기예금(L)의 가치 $= \frac{24+600}{1.03} = 605.83$원

$\rightarrow \Delta L = 605.83 - 600 = 5.83$원

$\therefore \Delta E = \Delta A - \Delta L = 28.29 - 5.83 = 22.46$원

(2) 장기채권의 듀레이션(D_A) $= \dfrac{1\times\left(\frac{40}{1.04}\right) + 2\times\left(\frac{40}{1.04^2}\right) + 3\times\left(\frac{1{,}040}{1.04^3}\right)}{1{,}000} = 2.8861$년

정기예금의 듀레이션(D_L) $= 1$년

• 시장이자율이 1%포인트 상승하는 경우

$$\Delta E = -(D_A A \cdot D_L \cdot L)\left(\frac{\Delta r}{1+r}\right)$$

$$= -(2.8861 \times 1{,}000 - 1 \times 600) \times \frac{0.01}{1.04} = -21.98\text{원}$$

• 시장이자율이 1%포인트 하락하는 경우

$$\Delta E = -(D_A A \cdot D_L \cdot L)\left(\frac{\Delta r}{1+r}\right)$$
$$= -(2.8861 \times 1{,}000 - 1 \times 600) \times \frac{-0.01}{1.04} = 21.98\text{원}$$

(3) 물음 (1)과 같이 실제로는 이자율과 채권가격이 비선형관계, 즉 원점에 대해 볼록한 형태를 갖기 때문에 시장이자율이 1%포인트 오를 때 자기자본이 감소하는 금액(21.52원)보다 시장이자율이 1%포인트 내릴 때 자기자본이 증가하는 금액(22.46원)이 더 크게 된다.

한편 물음 (2)와 같이 듀레이션에 의해서 채권가격변동액을 산출할 때는 이자율과 채권가격 간의 함수가 선형이라는 가정이 포함되어 있기 때문에 시장이자율이 1%포인트 오르고 내릴 때 자기자본은 동일한 금액(21.98원)으로 감소하고 증가한다. 특히 이자율의 변동에 따라 물음 (2)의 결과, 즉 자기자본의 변동액은 물음 (1)보다 항상 적게 나온다.

이와 같은 결과는 이자율과 채권가격이 비선형관계, 즉 원점에 대해 볼록한 형태를 갖기 때문에 나타나게 된다.

17 (1) ① 담보부대출의 가치 = 무위험대출의 가치($PV(D)$) − 풋옵션의 가치(P)

$$= \frac{1{,}260}{1+0.05} - 50 = 1{,}150\text{원}$$

② • 차입자 입장에서 담보부대출은 담보물을 제공하여 무위험대출을 받고 동시에 담보물이 기초자산인 콜옵션(행사가격 = 1,260원)을 취득한 것으로 볼 수 있다.[3)]

• 풋−콜 패리티에 의해 콜옵션의 가치를 구하면 다음과 같다.

$$C = V + P - PV(D) = 1{,}300 + 50 - \frac{1{,}260}{1+0.05} = 150\text{원}$$

(2) 이자율 변동이 채권가격에 미치는 영향과 이자의 재투자수익에 미치는 영향이 서로 균형을 이루게 되는 시점은 듀레이션시점을 의미한다. (목표시기면역전략)

$$\therefore D = \frac{1 \times \dfrac{2{,}300 \times 0.09}{1.09} + 2 \times \dfrac{2{,}300 \times 0.09}{1.09^2} + 3 \times \dfrac{2{,}300 + 2{,}300 \times 0.09}{1.09^3}}{2{,}300} = 2.7591\text{년}$$

(3) 각 자산의 수익률이 서로 다르기 때문에 각 자산의 가치변화는 각각 구해야 한다.

---

3) 또한 차입자의 입장에서는 담보물과 그것을 기초자산으로 하는 풋옵션(행사가격 = 1,260원)을 취득한 것으로도 볼 수 있으며, 이 경우 풋옵션의 가치는 주어진 가격인 50원이라 할 수 있다.

① 자산의 가치변화($\Delta A = -\frac{D_A}{1+r_A} \cdot \Delta r \cdot A$)

	현재가치(원)	듀레이션	수익률	가치변화(원)
담보부대출*	1,150	1년	9.565%	$-\frac{1}{1+0.09565} \times 0.02 \times 1{,}150 = -20.9921$
채권 B	2,300	2.7591년	9%	$-\frac{2.7591}{1+0.09} \times 0.02 \times 2{,}300 = -116.4391$
투자부동산(토지)**	50	6년	20%	$-\frac{6}{1+0.2} \times 0.02 \times 50 = -5$
합 계	3,500			−142.4312

* 담보부대출의 수익률 $= \frac{1{,}260-1{,}150}{1{,}150} = 0.09565\ (9.565\%)$

** 투자부동산(영구채권)의 듀레이션 $= \frac{1+r}{r} = \frac{1+0.2}{0.2} = 6$년

② 부채의 가치변화($\Delta L = -\frac{D_L}{1+r_L} \cdot \Delta r \cdot L$)

	현재가치(원)	듀레이션	수익률	가치변화(원)
부 채	3,450	1.2년	6%	$-\frac{1.2}{1+0.06} \times 0.02 \times 3{,}450 = -78.1132$

③ 자기자본의 가치변화(ΔE) $= \Delta A - \Delta L = (-142.4312) - (-78.1132) = -64.3180$

대한은행의 새로운 자기자본가치(E')는 다음과 같이 나타낼 수 있다.

$E' = E + \Delta E = 50 - 64.3180 = -14.3180$원

이자율이 2% 포인트 상승할 경우 대한은행의 자기자본잠식액은 14.3180원이 될 것으로 예상된다.

(4) 단기적으로 조정가능한 채권 B를 듀레이션이 작은 동일가치의 채권(만기가 짧거나 액면이자율이 높은 채권) 또는 변동금리부채권으로 교체함으로써 이자율상승에 따른 자기자본가치의 하락을 최소화시킬 수 있을 것이다.

18 (1) 99%의 신뢰수준에서 $Z = -2.33$이다.

- 주식 A: 3개월 동안의 표준편차(σ_A) $= 0.1 \times \sqrt{3/12} = 0.05$
- 주식 B: 3개월 동안의 표준편차(σ_B) $= 0.2 \times \sqrt{3/12} = 0.1$

∴ 주식 A의 평균기준 $VaR=-W_A \cdot Z \cdot \sigma_A=-5{,}000$만원$\times(-2.33)\times 0.05$
$=582.5$만원

주식 B의 평균기준 $VaR=-W_B \cdot Z \cdot \sigma_B=-5{,}000$만원$\times(-2.33)\times 0.1$
$=1{,}165$만원

(2) 포트폴리오의 $VaR=\sqrt{582.5^2+1{,}165^2+2\times 582.5\times 1{,}165\times 0.2}=1{,}402.85$만원

∴ 포트폴리오효과$=(582.5+1{,}165)-1{,}402.85=344.65$만원

포트폴리오의 분산효과로 인해 최대손실액이 344.65만원 감소하였다.

(3) • 주식 A의 표준편차(금액)$=\sum_A=5{,}000$만원$\times 0.05=250$만원

• 주식 B의 표준편차(금액)$=\sum_B=5{,}000$만원$\times 0.1=500$만원

$\rightarrow \sum_p^2=\sum_A^2+\sum_B^2+2\sum_A\sum_B\rho_{AB}=(\sum_A^2+\sum_A\sum_B\rho_{AB})+(\sum_B^2+\sum_A\sum_B\rho_{AB})$
$=250^2+500^2+2\times 250\times 500\times 0.2=362{,}500$

• 주식 A의 공헌비율$=\dfrac{\sum_A^2+\sum_A\sum_B\rho_{AB}}{\sum_p^2}=\dfrac{250^2+250\times 500\times 0.2}{362{,}500}=0.2414$

• 주식 B의 공헌비율$=\dfrac{\sum_B^2+\sum_A\sum_B\rho_{AB}}{\sum_p^2}=\dfrac{500^2+250\times 500\times 0.2}{362{,}500}=0.7586$

∴ 주식 A의 공헌 $VaR=1{,}402.85\times 0.2414=338.65$만원

주식 B의 공헌 $VaR=1{,}402.85\times 0.7586=1{,}064.20$만원

Tip

포트폴리오의 VaR와 공헌비율은 먼저 포트폴리오의 표준편차(σ_p)를 계산한 후, 이를 이용하여 구할 수도 있다.

• $\sigma_p=w_A^2\sigma_A^2+w_B^2\sigma_B^2+2w_Aw_B\sigma_A\sigma_B\rho_{AB}$
$=(0.5)^2(0.05)^2+(0.5)^2(0.1)^2+2\times 0.5\times 0.5\times 0.05\times 0.1\times 0.2=0.060208$

→ 포트폴리오의 $VaR=-10{,}000$만원$\times(-2.33)\times 0.060208=1{,}402.85$만원

• 주식 A의 공헌비율$=\dfrac{w_A^2\sigma_A^2+w_Aw_B\sigma_A\sigma_B\rho_{AB}}{\sigma_p^2}$
$=\dfrac{(0.5)^2(0.05)^2+0.5\times 0.5\times 0.05\times 0.1\times 0.2}{0.003625}=0.2414$

• 주식 B의 공헌비율$=\dfrac{w_B^2\sigma_B^2+w_Aw_B\sigma_A\sigma_B\rho_{AB}}{\sigma_p^2}$
$=\dfrac{(0.5)^2(0.1)^2+0.5\times 0.5\times 0.05\times 0.1\times 0.2}{0.003625}=0.7586$

19 (1) $Z=\dfrac{r^*-E(r)}{\sigma}=\dfrac{-50\%-16\%}{33\%}=-2$

$\therefore\ P(Z\le -2)=\dfrac{1-P(-2\le Z\le 2)}{2}=\dfrac{1-0.954}{2}=0.023(2.3\%)$

(2) 평균기준 $VaR=-W_0(r^*-E(r))=-W_0\cdot Z\cdot\sigma$

$VaR_A=-40\times(-1.65)\times 0.25=16.5$억원, $VaR_B=-60\times(-1.65)\times 0.35=34.65$억원

$\therefore\ VaR_p=\sqrt{16.5^2+34.65^2+2\times 16.5\times 34.65\times 0.4}=43.9346$억원

별해 $\sigma_p=\sqrt{(0.4)^2(0.25)^2+(0.6)^2(0.35)^2+2\times 0.4\times 0.6\times 0.25\times 0.35\times 0.4}=0.26627$

$\therefore\ VaR_p=-100\times(-1.65)\times 0.26627=43.9346$억원

(3) 목표기간(ΔT)의 표준편차(σ')$=\sigma\sqrt{\Delta T}$

$VaR_A=-40\times(-1.65)\times 0.25\times\sqrt{\dfrac{1}{2}}=11.6673$억원

$VaR_B=-60\times(-1.65)\times 0.35\times\sqrt{\dfrac{1}{2}}=24.5012$억원

$\therefore\ VaR_p=\sqrt{11.6673^2+24.5012^2+2\times 11.6673\times 24.5012\times 0.4}=31.0665$억원

제 6 장

리 스

▶ 객관식 문제

01 $NPV = PV(리스) - PV(구입) = I_0 - \sum_{t=1}^{10} \frac{L_{Max}}{(1+r)^t}$

$\rightarrow 10{,}000{,}000 - L_{Max} \times 6.7101 = 0 \quad \therefore L_{Max} = \$1{,}490{,}291$

02 매년 증분흐름(리스－구입)은 현재 ＋1,200(기계설비 구입가격), 그리고 1년도 말 ~10년도 말까지 매년 －(세후 리스료＋감가상각비의 세금절감액)＝－(리스료×(1－0.35)＋120×0.35)이다.

균형리스료(L)은 세후 할인율 5.85%(＝9%×(1－0.35))로 할인한 후 $NPV=0$이 되게 하는 리스료이므로,

$NPV = 1{,}200 - (L \times (1-0.35) + 120 \times 0.35) \times 7.4127 = 0 \quad \therefore L = 184.44$억원

03 ③ 자산의 소유권을 이전할 경우 소요되는 거래비용은 리스계약에 따른 비용(대리인비용, 감시비용 등)보다 크게 나타난다.

④ 리스는 흔히 생각하는 것과 같이 100%의 자금조달효과를 제공하지 못한다. 기업은 최적자본구조를 유지하려고 노력하기 때문에 리스의 사용은 단순히 부채를 대체한다. 그러므로 리스를 사용하는 기업은 최적자본구조를 유지하기 위하여 기존의 부채를 상환하든가 추가적인 부채조달계획을 포기해야 할 것이다.

▶ 주관식 문제

01 (1) 먼저 리스로 인한 증분현금흐름(리스－구입)을 구하면 다음과 같다.

(단위: 만원)

	0년	1년	2년	3년	4년	5년
리 스:						
리 스 료	−1,200	−1,200	−1,200	−1,200	−1,200	
리스료의 세금절감액*	408	408	408	408	408	
구입(차감):						
기계의 구입가격	−6,000					1,000
감가상각비의 세금절감액**		340	340	340	340	340
증분현금흐름	5,208	−1,132	−1,132	−1,132	−1,132	−1,340

* 리스료의 세금절감액＝1,200만원×0.34＝408만원

** 감가상각비의 세금절감액$=\left(\dfrac{6{,}000\text{만원}-1{,}000\text{만원}}{5\text{년}}\right)\times 0.34=340\text{만원}$

앞에서 구한 증분현금흐름을 세후 할인율 6.6%[10%×(1－0.34)]로 할인하여 순현재가치(NPV)를 계산하면 다음과 같다.

$$NPV=5{,}208\text{만원}-1{,}132\text{만원}\times PVIFA_{0.066,\ 4}-1{,}340\text{만원}\times PVIF_{0.066,\ 5}$$
$$=5{,}208\text{만원}-1{,}132\text{만원}\times 3.4180-1{,}340\text{만원}\times 0.7265=365.31\text{만원}$$

새 기계의 차입에 의한 구입과 비교한 리스의 순현가가 365.31만원으로서 양(＋)의 값을 가지므로 백두주식회사는 새 기계를 리스해야 한다.

(2) 백두주식회사는 새 기계의 차입에 의한 구입과 비교한 리스의 순현가가 0일 때, 리스와 차입에 의한 구입을 무차별하게 생각하게 될 것이다. 따라서 리스와 차입에 의한 구입을 무차별하게 만드는 매년 초 리스료 L은 다음과 같이 구할 수 있다.

(단위: 만원)

	0년	1년	2년	3년	4년	5년
리 스:						
세후 리스료	−0.66*L*	−0.66*L*	−0.66*L*	−0.66*L*	−0.66*L*	
구입(차감):						
기계의 구입가격	−6,000					1,000
감가상각비의 세금절감액		340	340	340	340	340
증분현금흐름	−0.66*L* ＋6,000	−0.66*L* −340	−0.66*L* −340	−0.66*L* −340	−0.66*L* −340	−1,340

$NPV = 6{,}000\text{만원} - 0.66L - (0.66L + 340\text{만원}) \times PVIFA_{0.066,\ 4} - 1{,}340\text{만원} \times PVIF_{0.066,\ 5}$

$= 6{,}000\text{만원} - 0.66L - (0.66L + 340\text{만원}) \times 3.4180 - 1{,}340\text{만원} \times 0.7265$

$= 3{,}864.37\text{만원} - 2.9159L = 0 \qquad \therefore L = 1{,}325.28\text{만원}$

02 (1) 계룡주식회사(임차인)가 지급할 수 있는 최대리스료 L_{Max}를 구해 보자. 임차인이 0%의 세율하에 있을 때 현금흐름은 다음과 같다.

(단위: 만원)

	현 재	1년도 말	2년도 말	3년도 말
리 스:				
리 스 료		$-L_{Max}$	$-L_{Max}$	$-L_{Max}$
구입(차감):				
기계의 구입가격	−6,000			
증분현금흐름	6,000	$-L_{Max}$	$-L_{Max}$	$-L_{Max}$

그리고 세율이 0%이므로 세후 이자율은 세전 이자율과 동일한 10%이다. 따라서 계룡주식회사에 대한 리스의 가치는 다음과 같다.

$$\text{리스의 가치} = 6{,}000\text{만원} - \sum_{t=1}^{3} \frac{L_{Max}}{(1+0.1)^t}$$

리스의 가치를 0으로 만드는 리스료, 즉 임차인이 지급할 수 있는 최대리스료 L_{Max}를 다음과 같이 구할 수 있다.

$$6{,}000\text{만원} - \sum_{t=1}^{3} \frac{L_{Max}}{(1+0.1)^t} = 0$$

$$\therefore L_{Max} = \frac{6{,}000\text{만원}}{PVIFA_{0.1,\ 3}} = \frac{6{,}000\text{만원}}{2.4869} = 2{,}412.64\text{만원}$$

따라서 계룡주식회사는 2,412.64만원 이상의 리스료를 지급하지는 않을 것이다.

(2) 한솔리스회사에 적용되는 법인세율이 20%일 때 임대인이 받아야 하는 최소 리스료 L_{Min}을 구해 보자. 이 회사의 리스로 인한 현금흐름(구입−리스)은 다음과 같다.

(단위: 만원)

	현 재	1년도 말	2년도 말	3년도 말
기계의 구입가격	−6,000			
감가상각비의 세금절감액*		400	400	400
세후 리스료		$L_{Min} \times 0.8$	$L_{Min} \times 0.8$	$L_{Min} \times 0.8$
증분현금흐름	−6,000	$0.8L_{Min} + 400$	$0.8L_{Min} + 400$	$0.8L_{Min} + 400$

* 감가상각비의 세금절감액 $= \left(\frac{6{,}000\text{만원} - 0}{3\text{년}}\right) \times 0.2 = 400\text{만원}$

세후 이자율은 8%[=10%×(1−0.2)]이다. 따라서 한솔리스회사에 대한 리스의 가치는 다음과 같이 구할 수 있다.

$$리스의\ 가치 = -6{,}000만원 + \sum_{t=1}^{3} \frac{0.8L_{Min} + 400만원}{(1+0.08)^t}$$

리스의 가치를 0으로 만드는 리스료, 즉 임대인이 받아야 하는 최소리스료 L_{Min}는 다음과 같이 구할 수 있다.

$$-6{,}000만원 + \sum_{t=1}^{3} \frac{0.8L_{Min} + 400만원}{(1+0.08)^t} = 0$$

$$\therefore\ L_{Min} = \frac{1}{0.8} \times \left(\frac{6{,}000만원}{PVIFA_{0.08,\,3}} - 400만원 \right) = 2{,}410.25만원$$

이 경우 한솔리스회사는 최소한 2,410.25만원 이상의 리스료를 받아야 한다.

(3) 한솔리스회사가 받아야 하는 최소리스료 2,410.25만원과 계룡주식회사가 지급할 수 있는 최대리스료 2,412.64만원 사이에서 양 당사자 협의에 의해 리스료가 결정될 것이다.

03 (1) ① 대안 1(리스)로부터의 현금흐름:

(단위: 만원)

	0년	1년	2년	3년	4년	5년
세후 영업비절감액*		3,960	3,960	3,960	3,960	3,960
리 스 료		−2,100	−2,100	−2,100	−2,100	−2,100
리스료의 세금절감액**		714	714	714	714	714
현금흐름		2,574	2,574	2,574	2,574	2,574

* 세후 영업비절감액=6,000만원×(1−0.34)=3,960만원

** 리스료의 세금절감액=2,100만원×0.34=714만원

② 대안 2(구입)로부터의 현금흐름:

(단위: 만원)

	0년	1년	2년	3년	4년	5년
세후 영업비절감액*		5,940	5,940	5,940	5,940	5,940
기계의 구입가격	−15,000					
감가상각비의 세금절감액**		1,020	1,020	1,020	1,020	1,020
현금흐름	−15,000	6,960	6,960	6,960	6,960	6,960

* 세후 영업비절감액=9,000만원×(1−0.34)=5,940만원

** $감가상각비의\ 세금절감액 = \left(\frac{15{,}000만원 - 0}{5년} \right) \times 0.34 = 1{,}020만원$

③ 구입과 비교한 리스의 증분현금흐름(리스－구입):

(단위: 만원)

	0년	1년	2년	3년	4년	5년
리 스		2,574	2,574	2,574	2,574	2,574
구 입	－15,000	6,960	6,960	6,960	6,960	6,960
리스－구입	15,000	－4,386	－4,386	－4,386	－4,386	－4,386

④ 증분현금흐름(리스－구입)의 순현가:

NPV = 15,000만원 － 4,386만원 × $PVIFA_{0.066,\ 5}$

= 15,000만원 － 4,386만원 × 4.1445 = －3,177.78만원

구입과 비교한 리스의 순현가가 －3,177.78만원으로서 0보다 작기 때문에 한라주식회사는 리스를 하지 말고 구입해야 한다. 즉 대안 2를 선택해야 한다.

(2) 기업이 목표 자본구조를 유지하는 한, 물음 (1)의 결과는 직접 구입의 자금조달방법과 무관하다. 금융리스는 자금조달형태와 관계없이 부채를 대체할 것이다.

(3) 리스에 의해 대체되는 부채금액은 1년도 말부터 5년도 말까지의 증분현금흐름의 현가와 같다.

부채대체금액 = 4,386만원 × $PVIFA_{0.066,\ 5}$ = 4,386만원 × 4.1445 = 18,177.78만원

04 (1) ① 대안 1(리스이용)의 현금흐름과 NPV

(단위: 만원)

	0년	1년	2년	3년	4년	5년	6년
리 스 료	－6,400	－6,400	－6,400	－6,400	－6,400	－6,400	
리스료의 세금절감액*		1,600	1,600	1,600	1,600	1,600	1,600
현금흐름	－6,400	－4,800	－4,800	－4,800	－4,800	－4,800	1,600

* 리스료의 세금절감액은 1,600만원(＝6,400만원×0.25)이며, 리스료가 기초에 선급되므로 리스료의 감세효과는 1기간 후에 나타나는 것으로 볼 수 있다.

세후 이자율은 9%(＝12%×0.75)이므로 대안 1의 순현가는 다음과 같다.

NPV(대안 1) = －6,400 － 4,800 × $PVIFA_{0.09,\ 5}$ + 1,600 × $PVIF_{0.09,\ 6}$

= －24,116.30만원

② 대안 2(사채발행에 의한 구입)

먼저 정률법에 의한 감가상각비를 구하면 다음과 같다.

(단위: 만원)

연 도 말	계 산	감가상각비	감가상각누계액	장부가액
0				30,000
1	30,000×0.369	11,070	11,070	18,930
2	18,930×0.369	6,985.17	18,055.17	11,944.83
3	11,944.83×0.369	4,407.64	22,462.81	7,537.19
4	7,537.19×0.369	2,781.22	25,244.03	4,755.97
5	4,755.97×0.369	1,755.97*	27,000	3,000
		27,000		

* 잔존가치가 3,000만원이 되도록 마지막 연도에는 반올림 등으로 인한 오차를 모두 조정해 준다.

따라서 사채발행에 의해 기계를 구입한 경우의 현금흐름을 다음과 같이 추정할 수 있다.

(단위: 만원)

	0년	1년	2년	3년	4년	5년
기계의 구입가격	−30,000					
감가상각비의 세금절감액*		2,767.50	1,746.29	1,101.91	695.31	438.99
잔존가치						3,000
현금흐름	−30,000	2,767.50	1,746.29	1,101.91	695.31	3,438.99

* 감가상각비×법인세율(25%)

세후 이자율은 9%(=12%×0.75)이므로 대안 2의 순현가는 다음과 같다.

$$NPV(\text{대안 }2) = -30{,}000 + \frac{2{,}767.50}{1.09} + \frac{1{,}746.29}{1.09^2} + \frac{1{,}101.91}{1.09^3} + \frac{695.31}{1.09^4} + \frac{3{,}438.99}{1.09^5}$$
$$= -22{,}412.63\text{만원}$$

③ 대안의 평가

$NPV(\text{대안 }1) = -24{,}116.30\text{만원} < NPV(\text{대안 }2) = -22{,}412.63\text{만원}$

그러므로 ㈜ABC는 대안 2, 즉 사채를 발행하여 새 기계를 구입하는 대안을 선택하여야 한다.

(2) 세금효과를 얻을 수 없다는 것은 한계법인세율이 0%라는 것을 의미하기 때문에 세후 이자율은 세전 이자율 12%와 같게 된다. 또한 리스료 또는 감가상각비의 세금절감효과는 나타나지 않는다.

① 대안 1(리스이용)의 현금흐름과 *NPV*

$NPV(\text{대안 }1) = -6{,}400 - 6{,}400 \times PVIFA_{0.12,\ 5} = -29{,}470.57\text{만원}$

② 대안 2(사채발행에 의한 구입)

$$NPV(\text{대안 2}) = -30{,}000 + \frac{3{,}000}{1.12^5} = -28{,}297.72\text{만원}$$

③ 대안의 평가

NPV(대안 1) = −29,470.57만원 < NPV(대안 2) = −28,297.72만원

세금효과가 존재하지 않는 경우에도 리스이용자는 대안 2, 즉 사채를 발행하여 새 기계를 구입하는 대안을 선택할 것이다.

(3) ① 사채를 발행하여 새 기계를 구입할 경우의 APV는 다음과 같이 구할 수 있다.

APV = 기본 NPV + 부채사용으로 인한 부수적 효과

여기서 기본 NPV = −300만원으로 주어져 있고, 부채사용으로 인한 부수적 효과는 이자비용의 세금절감효과의 현재가치로서 다음과 같이 구할 수 있다.

부채사용으로 인한 부수적 효과 = $30{,}000 \times 0.12 \times 0.25 \times PVIFA_{0.12,\ 5}$ = 3,244.30만원

(※ 앞의 NPV법에서는 이자비용의 감세효과를 할인율에 간접적으로 고려해 주는 반면, APV법에서는 이자비용의 감세효과를 직접 현금흐름에서 고려해 준다. 따라서 APV법의 경우 할인율로 세후 이자율이 아닌 세전 이자율을 사용함을 유의해야 한다.)

∴ APV = −300만원 + 3,244.30만원 = 2,944.30만원

☞ 이와 같이 계산된 APV는 사채발행에 의한 새 기계 구입이라는 독립적 투자안을 평가한 것으로서, 본장의 보론에서 설명하는 구입에 대한 리스의 APV(리스에서 구입을 차감한 증분개념하의 APV)와는 다르다.

② 세금효과가 없는 경우 부채사용으로 인한 부수적 효과는 0이다. 그러므로 APV는 기본 NPV와 같은 −300만원이다.

(4) 먼저 리스회사(임대인)의 현금흐름을 구하면 다음과 같다.

(단위: 만원)

	0년	1년	2년	3년	4년	5년	6년
기계의 구입가격	−30,000						
감가상각비 세금절감액		2,767.50	1,746.29	1,101.91	695.31	438.99	
잔존가치						3,000	
리 스 료	6,400	6,400	6,400	6,400	6,400	6,400	
리스료의 법인세*		−1,600	−1,600	−1,600	−1,600	−1,600	−1,600
증분현금흐름	−23,600	7,567.50	6,546.29	5,901.91	5,495.31	8,238.99	−1,600

* 기초에 리스료를 받고, 기말에 세금을 내는 것으로 본다.

그러므로 리스회사의 순현가를 구하면 다음과 같다.

$$NPV = -23{,}600 + \frac{7{,}567.50}{1.09} + \frac{6{,}546.29}{1.09^2} + \frac{5{,}901.91}{1.09^3} + \frac{5{,}495.31}{1.09^4} + \frac{8{,}238.99}{1.09^5} - \frac{1{,}600}{1.09^6}$$

$= 1{,}703.67$만원

이와 같이 리스회사의 NPV가 정(+)의 값을 가지는 이유는 리스에 따른 이익(리스료수입, 감가상각비 및 이자비용의 세금절감효과 등)이 비용(구입가격, 리스료수입에 대한 법인세 부담 등)보다 크기 때문이다.

(5) ① 불확실: 리스료, 감가상각비, 이자비용 등의 감세효과가 불확실하기 때문임.
② 불확실: 잔존가치의 증가시 구입에 비해 상대적으로 리스가치는 감소하나, 잔존가치의 감소시 상대적으로 리스가치는 증가하게 됨.
③ 증가: 감가상각비 감세효과의 감소에 따라 구입의 가치가 감소하기 때문에 상대적으로 리스가치는 증가함.
④ 증가: 리스의 현금흐름이 증가하여 리스가치가 증가함.

제 7 장

기업의 합병과 매수

▶ 객관식 문제

01 ① 적대적 M&A의 경우 경영권 확보를 위한 주식매입 경쟁으로 피인수기업 주주는 이익을 볼 수도 있다.

02 NPV = 시너지 − 프리미엄 = (1,200 − 800 − 100) − (150 − 100) = 250억원

∴ 합병 공시 후 인수기업의 가치(주가) 상승률 = $\frac{250}{800}$ = 0.3125

03 ㈜설악의 합병 후 주가 ≥ 합병 전 주가

$$\left(\frac{1{,}500\text{원}\times 100\text{주}+1{,}000\text{원}\times 50\text{주}+40{,}000\text{원}}{100\text{주}+ER\times 50\text{주}}\right)\times 10 \geq 1{,}500\text{원}\times 12$$

→ $ER \leq 0.667$

∴ 최대 주식교환비율(ER) = 0.667

04 • NPV = 시너지 − 프리미엄 = 5억원 − 2억원 = 3억원

→ 인수 후 A기업 주가 = 9,000원 + $\frac{3\text{억원}}{30\text{만주}}$ = 10,000원

• B기업의 인수가격 = 4,000원 + $\frac{2\text{억원}}{20\text{만주}}$ = 5,000원

; 교환비율 = $\frac{5{,}000\text{원}}{10{,}000\text{원}}$ = 0.5

∴ 발행주식수 = 20만주 × 0.5 = 10만주

05 합병 NPV = 시너지 − 프리미엄

= $[PV(A+B)-(PV(A)+PV(B))]$ − [기업 B의 매수가격 − $PV(B)$]

= [100억원 − (10,000 × 50만주 + 8,000 × 35만주)] − (45억원 − 8,000 × 35만주) = 5억원

06

구 분	기업 A	기업 B
당기순이익	30억원	5억원
주 식 수	1,000,000주	500,000주
EPS	3,000원	1,000원

합병 후 당기순이익=30억원+5억원+10억원=45억원

$$\rightarrow \text{합병 후 } EPS=\frac{45\text{억원}}{100\text{만주}+50\text{만주}\times\text{교환비율}}\geq 3{,}000\text{원}$$

∴ 교환비율≤1 → 최대교환비율=1

※ 기업 B 주주입장에서 최소교환비율

$$\left(\frac{45\text{억원}}{100\text{만주}+50\text{만주}\times\text{교환비율}}\right)\times\text{교환비율}\geq 1{,}000\text{원}$$

∴ 교환비율≥0.25 → 최소교환비율=0.25

07 현재 B사의 주당배당금(D_0)은 45원(29,250원/650주)이므로 항상성장모형을 이용하여 합병 전 B사의 자본비용(r)을 구하면 다음과 같다.

$$r=\frac{D_1}{P_0}+g=\frac{45\times(1+0.05)}{900}+0.05=0.1025$$

그러므로 합병 후 B사의 주가는 다음과 같이 구할 수 있다.

$$P_0=\frac{D_1}{r-g}=\frac{45\times(1+0.07)}{0.1025-0.07}=1{,}481.5\text{원}$$

∴ 순현가(NPV)=(1,481.5원−1,350원)×650주=85,475원

08 ① 인수합병 전 B기업의 가치=2,000×5,700=11,400,000원

② $2{,}000=\frac{80}{r_S-0.05}\rightarrow r_S=0.09$ ∴ 합병 후 기업 B의 주가$=\frac{80}{0.09-0.07}=4{,}000$원

합병기업의 가치=8,000×10,000+4,000×5,700=102,800,000원

③ 시너지=(4,000−2,000)×5,700=11,400,000원

④ 인수프리미엄=(2,500−2,000)×5,700=2,850,000원

⑤ $\frac{5{,}700}{3}=1{,}900$주 → 합병 후 주가$=\frac{102{,}800{,}000}{10{,}000+1{,}900}=8{,}638.6555$원

- A기업 주주의 지분가치=8,638.6555×10,000=86,386,555원
- B기업 주주의 지분가치=8,638.6555×1,900=16,413,445원

∴ 인수프리미엄 = 16,413,445 − 11,400,000 = 5,013,445원

09 모두 적대적 M&A에 대한 방어전략임.

10 ② 차입매수(LBO)에 의해 비공개기업이 되면 우호적인 경우 외에는 M&A가 원칙적으로 일어날 수 없게 되므로 M&A와 관련이 있다.

▶ 주관식 문제

01 (1) $\text{주식교환비율} = \dfrac{12{,}000\text{원}}{30{,}000\text{원}} = 0.4$

㈜소리통신 1주에 대하여 ㈜인천산업 0.4주를 교환해 준다. 그러므로 ㈜인천산업이 ㈜소리통신을 인수하기 위하여 신규로 발행하여야 하는 주식수는 20만주(= 50만주 × 0.4)이다.

합병 후 ㈜인천산업의 총발행주식수와 순이익, 그리고 주당순이익(EPS)은 각각 다음과 같이 구할 수 있다.

- 총발행주식수 = 100만주 + 20만주 = 120만주
- 순이익 = ㈜인천산업의 순이익 + ㈜소리통신의 순이익
  = (2,000원 × 100만주) + (1,000원 × 50만주)
  = 250,000만원

$$\rightarrow EPS = \frac{\text{순이익}}{\text{총발행주식수}} = \frac{250{,}000\text{만원}}{120\text{만주}} = 2{,}083.33\text{원}$$

시장이 효율적이어서 ㈜인천산업과 ㈜소리통신의 주가가 정확히 그 내재가치를 반영하고 있다면, ㈜인천산업은 ㈜소리통신을 정확히 그 시장가치로 매수한 것이기 때문에 합병으로 인하여 ㈜인천산업의 EPS가 약간 상승하더라도 ㈜인천산업의 기존 주주의 부에는 영향을 미치지 않는다.[1] 즉 합병 후 ㈜인천산업의 EPS의 상승은 PER의 하락으로 그 효과가 상쇄될 것이다.

1) 이 경우 어떠한 시너지도 나타나지 않는다고 가정한다.

구 분	합병 전		합병 후
	㈜인천산업	㈜소리통신	
주 가	30,000원	12,000원	30,000원
주당순이익(EPS)	2,000원	1,000원	2,083.33원
PER(주가/EPS)	15	12	14.40

(2) 교환비율 $=\dfrac{12{,}000\text{원}\times 1.25}{30{,}000\text{원}}=0.5$

즉 ㈜소리통신 1주에 대하여 ㈜인천산업 0.5주를 교환해 준다. 그러므로 ㈜인천산업이 ㈜소리통신을 인수하기 위하여 신규로 발행하여야 하는 주식수는 25만주(=50만주×0.5)이다.

☞ 합병 후 ㈜인천산업의 총발행주식수와 순이익, 그리고 주당순이익(EPS)은 각각 다음과 같이 구할 수 있다.

- 총발행주식수 = 100만주 + 25만주 = 125만주
- 순이익 = ㈜인천산업의 순이익 + ㈜소리통신의 순이익
  = (2,000원×100만주) + (1,000원×50만주) = 250,000만원

$\rightarrow EPS=\dfrac{\text{순이익}}{\text{총발행주식수}}=\dfrac{250{,}000\text{만원}}{125\text{만주}}=2{,}000\text{원}$

합병으로 인한 시너지 효과가 나타나지 않는다면, PER이 낮은 ㈜소리통신을 인수함으로써 ㈜인천산업의 PER이 낮아져서 주가가 하락할 것이다. 따라서 ㈜인천산업의 기존 주주의 부는 감소하게 된다.[2)]

02 (1) NPV = 시너지 − 프리미엄
= 시너지 − (㈜산라의 매수가격 − ㈜산라의 시장가치)
= 20,000원 − (30,000원 − 20,000원) = 10,000원

(2) 합병 후 ㈜가야 주주의 지분가치 $=\left(\dfrac{15\text{주}}{40\text{주}+15\text{주}}\right)\times 120{,}000\text{원}=32{,}727.27\text{원}$

$\therefore NPV=20{,}000\text{원}-(32{,}727.27\text{원}-20{,}000\text{원})=7{,}272.73\text{원}$

(3) ㈜가야 주주의 합병 후 합병기업에 대한 지분비율을 α라 하면, 합병 후 ㈜가야 주주의 지분가치가 현금매수가격 30,000원과 동일하기 위한 α를 다음과 같이 구할 수 있다.

$\alpha\times 120{,}000\text{원}=30{,}000\text{원}\rightarrow\alpha=0.25$

2) 합병 후 PER을 15로 유지하는 경우 ㈜인천산업의 주가는 30,000원(=20,000원×15)으로 변하지 않으나, PER이 14.40으로 하락할 경우 주가는 28,800원(=20,000원×14.40)으로 하락하게 된다.

이 경우 ㈜가야 주주에게 발행해 주어야 할 주식수 N은 다음과 같이 계산할 수 있다.

$$0.25=\frac{N}{40\text{주}+N}\rightarrow N=13.33\text{주}\quad \therefore\ ER=\frac{13.33\text{주}}{20\text{주}}=0.67$$

㈜가야의 주식 1주에 대해 ㈜산라의 주식 0.67주를 발행하여 교환해 주어야 한다.

(4) 합병 전 가치를 기준으로 시너지 20,000원이 ㈜산라와 ㈜가야에게 동등하게 10,000원씩 배분되기 위해서는, ㈜가야를 30,000원에 현금매수하거나 합병 후 ㈜가야 주주의 지분비율이 25%가 되도록 ㈜산라 주식 13.33주를 발행하여 매수해야 한다.
㈜산라 주주 입장에서의 합병 NPV를 구하면 각각 다음과 같다.

① 현금매수: NPV=15,000원−(30,000원−20,000원)=5,000원
주식교환: NPV=15,000원−(0.25×115,000원−20,000원)=6,250원
∴ 주식교환 선호

② 현금매수: NPV=20,000원−(30,000원−20,000원)=10,000원
주식교환: NPV=20,000원−(0.25×115,000원−20,000원)=11,250원
∴ 주식교환 선호

③ 현금매수: NPV=20,000원−(30,000원−25,000원)=15,000원
주식교환: NPV=20,000원−(0.25×125,000원−25,000원)=13,750원
∴ 현금매수 선호

이상의 결과를 요약하여 표로 나타내면 다음과 같다.[3)]

문 항	㈜산라 주주 입장에서의 합병 NPV		선호방식
	현금매수	주식교환	
①	5,000원	6,250원	주식교환
②	10,000원	11,250원	주식교환
③	15,000원	13,750원	현금매수

03 (1) ㈜녹수전자의 합병으로 인한 ㈜청산실업의 추가적인 현금흐름은 다음과 같다.

0	1년도 말	2년도 말	3년도 말	4년도 말	……………
	1,500만원	2,000만원	2,000만원	2,000만원(1+0.04)	……………

$$r=r_f+[E(r_M)-r_f]\beta=0.06+(0.1-0.06)\times1.2=0.108$$

3) 인수기업인 ㈜산라의 입장에서는 합병의 성과가 나쁘게 나타날 경우(① 또는 ②)에는 주식교환에 의한 인수가 유리하나, 합병의 성과가 좋게 나타날 경우(③)에는 현금매수가 유리함을 알 수 있다.

$$㈜녹수전자의 가치 = \frac{1,500만원}{1.108} + \frac{2,000만원}{1.108^2} + \frac{1}{1.108^2}\left(\frac{2,000만원}{0.108-0.04}\right)$$
$$= 26,940.40만원$$

㈜녹수전자의 주식가치 = ㈜녹수전자의 가치 − ㈜녹수전자의 부채가치
= 26,940.40만원 − 15,000만원 = 11,940.40만원

그러므로 ㈜청산실업이 ㈜녹수전자의 주주들에게 지급할 수 있는 최대금액은 11,940.40만원이다.

(2) ㈜녹수전자의 총주식가치가 10,000만원이고 이 회사의 주주들이 인수시 20%의 프리미엄을 추가로 요구한다면, 이 회사를 인수하기 위해서는 ㈜녹수전자의 주주들에게 12,000만원(= 10,000만원 × 1.2)을 지급하여야 한다. 이 금액은 ㈜청산실업이 ㈜녹수전자의 주주들에게 지급할 수 있는 최대금액은 11,940.40만원보다 더 높으므로 이 회사를 인수하지 않아야 한다.

04 ㈜XYZ 주식 1주에 대하여 교환하게 될 ㈜ABC 주식의 수, 즉 주식교환비율을 ER이라고 하면, 합병 후 주가는 다음과 같이 구할 수 있다.

합병기업의 주가 = 합병 후 주당순이익 × 합병 후 PER

$$= \frac{1,500원 \times 100만주 + 1,000원 \times 80만주}{100만주 + 80만주 \times ER} \times 20 = \frac{46,000원}{1+0.8ER}$$

인수기업 또는 인수대상기업 모두 최소한 합병 전 주가를 유지하려고 할 것이다.

(1) $\frac{46,000원}{1+0.8ER} \geq 30,000원 \quad \therefore ER \leq 0.6667$

인수기업인 ㈜ABC의 입장에서는 주식교환비율이 0.6667 이하일 경우에만 ㈜XYZ를 인수하려 할 것이다.

(2) $\frac{46,000원}{1+0.8ER} \times ER \geq 15,000원 \quad \therefore ER \geq 0.4412$

인수대상기업인 ㈜XYZ의 입장에서는 주식교환비율이 0.4412 이상일 경우에만 합병에 동의할 것이다.

(3) 합병이 성사되기 위해서는 주식교환비율은 다음의 범위 내에 있어야 한다.

$0.4412 \leq ER \leq 0.6667$

05 (1) ㈜평양의 합병 전 $EPS_{평양}$, $PER_{평양}$을 구하면 각각 다음과 같다.

$$EPS_{평양} = \frac{10{,}000만원}{25만주} = 400원 \rightarrow PER_{평양} = \frac{4{,}000원}{400원} = 10$$

(2) $ER = \dfrac{4{,}000원 \times (1+0.3)}{20{,}000원} = 0.26$

(3) $EPS_{(서울+평양)} = \dfrac{100{,}000만원 + 10{,}000만원}{50만주 + 25만주 \times 0.26} = 1{,}946.90원$

- ㈜서울의 EPS 변화: 합병 전 $EPS = 2{,}000$원 → 합병 후 $EPS = 1{,}946.90$원(감소)
- ㈜평양의 EPS 변화: 합병 전 $EPS = 400$원 → 합병 후 $EPS = 1{,}946.90원 \times 0.26$
  $= 506.19$원(증가)

(4) $EPS_{서울} = 2{,}000원,\ EPS_{(서울+평양)} = \dfrac{100{,}000만원 + 10{,}000만원}{50만주 + 25만주 \times ER}$

$\rightarrow 2{,}000원 = \dfrac{100{,}000만원 + 10{,}000만원}{50만주 + 25만주 \times ER} \quad \therefore\ ER = 0.2$

(5) ① 합병기업인 ㈜서울의 주주가 수용할 수 있는 최대의 주식교환비율

$EPS_{(서울+평양)} \geq EPS_{서울} \rightarrow \dfrac{100{,}000만원 + 10{,}000만원 + 10{,}000만원}{50만주 + 25만주 \times ER} \geq 2{,}000원$

$\therefore\ ER \leq 0.4$

② 피합병기업인 ㈜평양의 주주가 수용할 수 있는 최소의 주식교환비율

$EPS_{(서울+평양)} \times ER \geq EPS_{평양}$

$\rightarrow \left(\dfrac{100{,}000만원 + 10{,}000만원 + 10{,}000만원}{50만주 + 25만주 \times ER}\right) \times ER \geq 400원$

$\therefore\ ER \geq 0.182$

06 (1) $PER(동해) = \dfrac{40{,}000원}{20{,}000원} = 2,\ PER(백두) = \dfrac{10{,}000원}{5{,}000원} = 2$

(2) $ER = \dfrac{10{,}000원 \times (1+0.2)}{40{,}000원} = 0.3$

합병 후 발행주식수 $= 250주 + 100주 \times 0.3 = 280주$

$\rightarrow EPS = \dfrac{5{,}500{,}000원}{280주} = 19{,}643원$

(3) $ER = \dfrac{10{,}000원 \times (1+PR)}{40{,}000원} = \dfrac{1}{4}(1+PR)$

합병 후 발행주식수 $= 250주 + 100주 \times \dfrac{1}{4}(1+PR) = 275주 + 25주 \times PR$

$$\rightarrow EPS=\frac{5{,}500{,}000원}{275주+25주\times PR}=20{,}000원$$

∴ 프리미엄(PR)=0, 주식교환비율(ER)=0.25

07 (1) ㈜민국의 이익=160억원×0.5−50만주×12,000원=20억원

(2) ㈜대한에 대한 공개매수가 성공하여 경영진 교체가 이루어진다면 ㈜대한의 가치는 160억원이며 주가는 16,000원이 될 것이다. 이와 같은 경우 공개매수에 참여한다면 주당 12,000원에 매각해야 하므로 공개매수에 참여하지 않는다.

※ ㈜대한에 대한 공개매수가 취소되는 경우에는 공개매수의 참여 여부와 관계없이 ㈜대한의 주가는 10,000원이 된다.

(3) NPV=160억원×0.5−20,000원×50만주×ER ≥0

∴ 교환비율(ER)≤0.8

별해 최대인수가격=160억원×0.5=80억원

$$최대\ 지급가능한\ ㈜민국의\ 주식수=\frac{80억원}{20{,}000원}=400{,}000주$$

$$최대교환비율=\frac{400{,}000주}{500{,}000주}=0.8$$

(4) 시너지=160억원−100억원=60억원

공개매수 프리미엄=2,000원×50만주=10억원

공개매수 후 ㈜대한의 기업가치는 160억원이고, 부채는 60억원(=12,000원×50만주)이며, 자기자본가치는 100억원(=160억원−60억원)이다. 그러므로 공개매수에 응하지 않은 ㈜대한의 50% 주주들은 공개매수 후에도 지분가치가 50억원으로 변하지 않는다.

∴ ㈜만세의 이익=60억원−(50억원−50억원)−10억원=50억원

(5) 공개매수에 참여할 경우 주당 12,000원에 매도할 수 있기 때문에 지분 50%의 가치는 60억원이 된다. 참여하지 않는 경우 지분 50%의 가치는 매수 전과 매수 후 50억원으로 동일하며, 주가도 10,000원으로 변하지 않는다. 따라서 공개매수에 참여하는 것이 유리하다.

08 (1) • 인수 전 XYZ기업의 가치=6억원×10=60억원

$$60억원=\frac{2억원\times 1.05}{r_S-0.05}\rightarrow r_S=8.5\%$$

$$\bullet\ 인수\ 후\ XYZ기업의\ 가치=\frac{2억원\times 1.07}{0.085-0.07}=142.7억원$$

(2) 주당 최대인수가격 $= \dfrac{142.7\text{억원}}{500{,}000\text{주}} = 28{,}540\text{원}$

(3) ① • 현금매수방식의 합병 NPV:

매수가격 = 14,000원 × 500,000주 = 70억원

시너지 = 142.7억원 − 60억원 = 82.7억원

프리미엄 = 70억원 − 60억원 = 10억원

합병 NPV = 시너지 − 프리미엄 = 82.7억원 − 10억원 = 72.7억원

• 주식제공방식의 합병 NPV:

합병 후 기업가치 = 30억원 × 15 + 142.7억원 = 592.7억원

매수가격 $= 592.7\text{억원} \times \dfrac{150{,}000\text{주}}{1{,}150{,}000\text{주}} = 77.3\text{억원}$

시너지 = 592.7억원 − (450억원 + 60억원) = 82.7억원

프리미엄 = 77.3억원 − 60억원 = 17.3억원

합병 NPV = 시너지 − 프리미엄 = 82.7억원 − 17.3억원 = 65.4억원

∴ 현금매수방식이 유리하다.

② 인수 후 XYZ기업의 가치(성장률 = 6%) $= \dfrac{2\text{억원} \times 1.06}{0.085 - 0.06} = 84.8\text{억원}$

• 현금매수방식의 합병 NPV:

매수가격 = 14,000원 × 500,000주 = 70억원

시너지 = 84.8억원 − 60억원 = 24.8억원

프리미엄 = 70억원 − 60억원 = 10억원

합병 NPV = 24.8억원 − 10억원 = 14.8억원

• 주식제공방식의 합병 NPV:

합병 후 기업가치 = 30억원 × 15 + 84.8억원 = 534.8억원

매수가격 $= 534.8\text{억원} \times \dfrac{150{,}000\text{주}}{1{,}150{,}000\text{주}} = 69.8\text{억원}$

시너지 = 534.8억원 − (450억원 + 60억원) = 24.8억원

프리미엄 = 69.8억원 − 60억원 = 9.8억원

합병 NPV = 24.8억원 − 9.8억원 = 15억원

∴ 주식제공방식이 유리하다.

(4) ① $\dfrac{30\text{억원}}{100\text{만주}} \times 15 \leq \dfrac{36\text{억원}}{100\text{만주} + 50\text{만주} \times ER} \times 15$ ∴ 주식교환비율(ER) ≤ 0.4

② $\dfrac{6\text{억원}}{50\text{만주}} \times 10 \leq \dfrac{36\text{억원}}{100\text{만주} + 50\text{만주} \times ER} \times 15 \times ER$ ∴ 주식교환비율(ER) ≥ 0.25

09 (1) 주가에 의한 주식교환비율: $ER=\dfrac{7{,}000원}{14{,}000원}=0.5$

$$\rightarrow 합병기업의\ EPS=\frac{3{,}000원\times 10만주+2{,}000원\times 6만주}{10만주+6만주\times 0.5}=3{,}230.77원$$

① ㈜한국의 주주: 합병 전 EPS(3,000원) < 합병 후 EPS(3,230.77원)

∴ 합병 찬성

② ㈜조선의 주주: 합병 전 EPS(2,000원) > 합병 후 EPS(3,230.77원×0.5=1,615.39원)

∴ 합병 반대

③ 합병의 평가 시 EPS를 기준으로 하는 경우 다음과 같은 문제점이 있다.

첫째, EPS는 회계적 이익으로서 기업의 경제적 실체를 정확하게 나타내지 못한다.

둘째, 현재의 EPS에는 향후 성장성이 반영되어 있지 않기 때문에 합병의 장기적 영향을 분석하는 데 문제가 있다.

(2) ① $\beta_S=\dfrac{Cov(r_S,\ r_M)}{Var(r_M)}=\dfrac{\sigma_S\rho_{SM}}{\sigma_M}=\dfrac{0.08\times 0.75}{0.05}=1.2$

$$\rightarrow E(r_S)=r_f+[E(r_M)-r_f]\beta_S=0.14+(0.2-0.14)\times 1.2=0.212$$

② $g=유보비율\times 재투자수익률=\left(\dfrac{2{,}000원-1{,}200원}{2{,}000원}\right)\times 0.2=0.08$

$$D_1=D_0(1+g)=1{,}200원\times(1+0.08)=1{,}296원$$

$$\therefore P_0=\frac{D_1}{E(r_S)-g}=\frac{1{,}296원}{0.212-0.08}=9{,}818.18원$$

③ ㈜조선의 보통주 내재가치(9,818.18원)는 이 회사가 요구하는 인수가격(7,000원+2,000원=9,000원)보다 높다. 따라서 ㈜한국은 ㈜조선의 제의를 받아들여 흡수합병하여야 한다.

10 (1) ① 인수대가 $=2{,}000원\times(1+0.3)\times 4{,}000주=10{,}400{,}000원$

인수프리미엄 $=10{,}400{,}000원-2{,}000원\times 4{,}000주=2{,}400{,}000원$

② ㈜타겟의 요구수익률 $=0.05+(0.15-0.05)\times 2=0.25$ (25%)

$$㈜타겟의\ 주당\ 내재가치=\frac{\left(\dfrac{2{,}400{,}000원}{4{,}000주}\right)\times 0.4\times 1.12}{0.25-0.12}=2{,}068원$$

㈜타겟의 내재가치가 2,068원인데 ㈜비더가 주당 2,600원(=2,000원×1.3)으로 인수하겠다고 제안하였으므로 ㈜타겟의 주주는 이를 수용할 것이다.

(2) ① ㈜비더 1주에 대한 교환비율$=\dfrac{5{,}000\text{원}}{2{,}000\text{원}\times 1.3}=1.923$

즉 ㈜비더 1주를 교환받기 위해서는 ㈜타겟 주식 1.923주를 제공해야 한다.

* ㈜타겟 1주에 대한 교환비율$=\dfrac{2{,}000\text{원}\times 1.3}{5{,}000\text{원}}=\dfrac{1}{1.923}=0.52$

② • ㈜비더 EPS의 변화

합병 전 $EPS=\dfrac{8{,}000{,}000\text{원}}{6{,}000\text{주}}=1{,}333.33\text{원}$

→ 합병 後 $EPS=\dfrac{8{,}000{,}000\text{원}+2{,}400{,}000\text{원}}{6{,}000\text{주}+4{,}000\text{주}\times 0.52}=1{,}287.13\text{원}$

• ㈜타겟 EPS의 변화

합병 전 $EPS=\dfrac{2{,}400{,}000\text{원}}{4{,}000\text{주}}=600\text{원}$

→ 합병 後 $EPS=\dfrac{8{,}000{,}000\text{원}+2{,}400{,}000\text{원}}{6{,}000\text{주}+4{,}000\text{주}\times 0.52}\times 0.52=669.31\text{원}$

(3) ① $\dfrac{8{,}000{,}000\text{원}+2{,}400{,}000\text{원}}{6{,}000\text{주}+4{,}000\text{주}\times ER}\times 4.5\geq 5{,}000\text{원}$ $\therefore\ ER\leq 0.84$ (㈜타겟 1주 기준)

* ㈜비더 1주에 대한 교환비율은 $\dfrac{1}{0.84}=1.19$

② • ㈜비더 EPS의 변화

합병 전 $EPS=1{,}333.33\text{원}$

→ 합병 後 $EPS=\dfrac{8{,}000{,}000\text{원}+2{,}400{,}000\text{원}}{6{,}000\text{주}+4{,}000\text{주}\times 0.84}=1{,}111.11\text{원}$

• ㈜타겟 EPS의 변화

합병 전 $EPS=600\text{원}$

→ 합병 後 $EPS=\dfrac{8{,}000{,}000\text{원}+2{,}400{,}000\text{원}}{6{,}000\text{주}+4{,}000\text{주}\times 0.84}\times 0.84=933.33\text{원}$

(4) • 인수기업의 주식이 과대평가되어 있다면, 주식에 의한 방법이 유리하다.

• 현금에 의한 인수는 과세대상이 되는 반면, 보통주에 의한 인수는 과세되지 않으므로 보통주에 의한 인수가 유리할 수 있다.

• 합병의 성과가 좋게 나타날 가능성이 높을 경우에는 현금에 의한 인수가 유리하나, 합병의 성과가 나쁘게 나타날 가능성이 높거나 성과의 불확실성이 높을 경우 보통주에 의한 인수가 유리하다.

11 (1) ㈜한라의 흡수합병으로 인해 ㈜백두의 주주가 추가적으로 얻을 수 있는 순현금흐름의 적절한 할인율은 흡수합병 후 부채위험, 변경된 자본구조, 법인세율을 적용하여 구해진 피합병기업인 ㈜한라의 자기자본비용이다.

- $r_B^* = r_f + [E(r_M) - r_f]\beta_B^* = 0.08 + 0.04\beta_B^* = 0.10 \rightarrow \beta_B^* = 0.5$
- $\beta_U = \dfrac{\beta_S^* + \beta_B^*(1-T_C^*)\left(\dfrac{B}{S_L}\right)^*}{1+(1-T_C^*)\left(\dfrac{B}{S_L}\right)^*} = \dfrac{1.4 + 0.5 \times (1-0.2) \times 1}{1+(1-0.2)\times 1} = 1.0$
- $\beta_S = \beta_U\left[1+(1-T_C)\left(\dfrac{B}{S_L}\right)\right] = 1.0 \times [1+(1-0.3)\times 0.5] = 1.35$

$\therefore\ r_S = r_f + [E(r_M) - r_f]\beta_S = 0.08 + 0.04 \times 1.35 = 0.134$

(2) $V_S = \dfrac{1,400}{1.134} + \dfrac{1,500}{1.134^2} + \dfrac{1,600}{1.134^3} + \left(\dfrac{1,600 \times (1+0.05)}{0.134-0.05}\right)\left(\dfrac{1}{1.134^3}\right) = 17,213$백만원

㈜백두가 ㈜한라를 흡수합병하는 경우 지급할 수 있는 최대금액은 17,213백만원이다.

(3) $P_0 = \dfrac{V_S}{N} = \dfrac{17,213\text{백만원}}{100\text{만주}} = 17,213$원

㈜한라의 공개매수가격이 주당 17,213원일 경우 적정가치로 ㈜한라를 흡수합병하기 때문에 흡수합병의 순현가는 0이고 ㈜백두의 주가는 전혀 영향을 받지 않는다.

Tip

물음 (1)은 MM공식을 이용하여 다음과 같은 절차에 따라 풀면 훨씬 간단하게 된다.

- 합병 전 ㈜한라의 자기자본비용: $r_S^* = r_f + [E(r_M) - r_f]\beta_S^* = 0.08 + 0.04 \times 1.4 = 0.136$
- ㈜한라의 무부채기업 자본비용: $r_S^* = r_U + (r_U - r_B^*)(1-T_C^*)\left(\dfrac{B}{S_L}\right)^*$

  $\rightarrow 0.136 = r_U + (r_U - 0.10)(1-0.2)\times 1 \quad \therefore\ r_U = 0.12$
- 합병 후 ㈜한라의 부채비용, 부채비율, 법인세율을 고려하여 추정된 적절한 할인율:

  $r_S = r_U + (r_U - r_B)(1-T_C)\left(\dfrac{B}{S_L}\right) = 0.12 + (0.12-0.08)(1-0.3)\times 0.5 = 0.134$

이 방법은 부채베타가 반드시 0이라는 것을 전제하지 않기 때문에 위험부채의 경우에도 적용할 수 있다는 장점이 있다.

12 (1) 먼저 ㈜서해의 가중평균자본비용(WACC)을 구하면 다음과 같다.

$$r_S = 0.05 + (0.08 - 0.05) \times 1.5 = 0.095, \quad r_B = 0.05, \quad \frac{B}{S} = 1 \rightarrow \frac{S}{S+B} = \frac{1}{2}$$

$$WACC = \left(\frac{1}{2}\right) \times 0.095 + \left(\frac{1}{2}\right) \times 0.05 \times (1 - 0.4) = 0.0625$$

1년도 말 현금흐름은 1.05억원[=1억원×(1+0.05)]이고 성장률은 5%이므로, 항상성장모형을 이용하여 ㈜서해의 기업가치를 구하면 다음과 같다.

$$\text{㈜서해의 기업가치} = \frac{1.05}{0.0625 - 0.05} = 84\text{억원}$$

(2) 합병 전 ㈜제일과 ㈜서해의 자기자본 및 부채의 가치를 각각 구하면 다음과 같다.

- ㈜제일의 자기자본, 부채의 가치:

$$\frac{B}{S} = 0.8 \rightarrow \frac{S}{S+B} = \frac{1}{1.8}, \quad \frac{B}{S+B} = \frac{0.8}{1.8}$$

$$S = 500 \times \left(\frac{1}{1.8}\right) = 277.78\text{억원}, \quad B = 500 \times \left(\frac{0.8}{1.8}\right) = 222.22\text{억원}$$

- ㈜서해의 자기자본, 부채의 가치:

$$\frac{B}{S} = 1 \rightarrow \frac{S}{S+B} = \frac{1}{2}, \quad \frac{B}{S+B} = \frac{1}{2}$$

$$S = 84 \times \left(\frac{1}{2}\right) = 42\text{억원}, \ B = 84 \times \left(\frac{1}{2}\right) = 42\text{억원}$$

현재의 자본구조를 그대로 유지하면서 합병하는 경우(자기자본가치=277.78+42=319.78억원, 부채가치=222.22+42=264.22억원) 합병 후 ㈜제일의 주식베타(β_S^*)는 두 기업의 주식베타를 각각의 자기자본가치에 의해 가중평균하여 구할 수 있다.

$$\beta_S^* = \left(\frac{277.78}{319.78}\right) \times 1.5 + \left(\frac{42}{319.78}\right) \times 1.5 = 1.5$$

이와 같은 경우 무부채베타(β_U)는 다음과 같다.

$$\beta_U = \frac{\beta_S^*}{1 + (1 - T_C^*)\left(\frac{B}{S}\right)^*} = \frac{1.5}{1 + (1 - 0.4)\left(\frac{264.22}{319.78}\right)} = 1.0028$$

그러므로 합병 후 변경된 자본구조(부채/자기자본=0.9)에 의해 합병 후 ㈜제일의 주식베타(β_S)를 구하면 다음과 같다.

$$\beta_S = 1.0028 \times [1 + (1 - 0.4) \times 0.9] = 1.544$$

(3) 합병 후 추가적으로 발생하는 현금흐름의 적절한 할인율은 피합병기업인 ㈜서해의 가중평균자본비용을 사용해야 한다(단, 합병 후 변경된 자본구조를 고려하여 조정해야 함).
먼저 합병 전 주식베타를 이용하여 ㈜서해의 무부채베타를 구하면 다음과 같다.

$$\beta_U = \frac{1.5}{1+(1-0.4)\times 1} = 0.9375$$

그러므로 합병 후 변경된 자본구조에 의해 ㈜서해의 주식베타, 자기자본비용, 가중평균자본비용을 각각 구하면 다음과 같다.

- $\beta_S = 0.9375\times[1+(1-0.4)\times 0.9] = 1.44375$
  $\rightarrow r_S = 0.05+(0.08-0.05)\times 1.44375 = 0.0933$
- $r_B = 0.05$
- $\frac{B}{S} = 0.9 \rightarrow \frac{S}{S+B} = \frac{1}{1.9},\quad \frac{B}{S+B} = \frac{0.9}{1.9}$

$$\therefore\ WACC = \left(\frac{1}{1.9}\right)\times 0.0933 + \left(\frac{0.9}{1.9}\right)\times 0.05\times(1-0.4) = 0.0633$$

① 합병 후 ㈜서해의 기업가치와 자기자본가치를 구하면 다음과 같다.

- 합병 후 ㈜서해의 기업가치 $= \left(\frac{10}{0.0633}\right)\left(\frac{1}{1+0.0633}\right) = 148$억원
- 합병 후 ㈜서해의 자기자본가치 $= 148-42 = 106$억원

㈜제일의 입장에서는 합병의 대가로 ㈜서해의 주주들이 제시한 현금 90억원을 지급하여 합병시 자기자본의 가치가 106억원이 되는 ㈜서해를 인수하는 것으로 볼 수 있다.

$\therefore\ NPV = 106-90 = 16$억원

② ㈜서해가 제시한 90억원을 현금으로 지급하는 대신에 동일 금액의 보통주를 발행하여 지급(합병 후 주가기준)하는 경우, 발행해야 할 주식수(N)를 구하면 다음과 같다.

합병 후 ㈜서해 주주들의 지분가치 $=$ 90억원

$$\rightarrow \left(\frac{N}{250\text{만주}+N}\right)(277.78\text{억원}+106\text{억원}) = 90\text{억원}$$

$\rightarrow N = 76.59$만주

이와 같은 경우 합병에 따른 주식발행 후 ㈜제일 주식의 주당 시장가치를 구하면 다음과 같다.

$$\text{합병 후 ㈜제일 주식의 주당 시장가치} = \frac{277.78\text{억원}+106\text{억원}}{250\text{만주}+76.59\text{만주}} = 11{,}751\text{원}$$

13 (1) 주가(또는 EPS)를 기준으로 합병을 평가할 경우 인수기업 또는 인수대상기업(피인수기업)의 주주들은 합병 후의 주가(또는 EPS)가 합병 전의 주가(또는 EPS)보다 높아야 합병에 찬성하게 된다.

합병 전 이테크㈜의 $EPS=\dfrac{16.5\text{억원}}{50\text{만주}}=3{,}300\text{원/주}$

• EPS기준: $ER=3{,}300/3{,}000=1.1$

합병기업의 $EPS=\dfrac{60\text{억원}+16.5\text{억원}}{200\text{만주}+50\text{만주}\times 1.1}=3{,}000\text{원/주}$

합병 전 $EPS(=3{,}300\text{원/주})=$합병 후 $EPS(=3{,}000\times 1.1=3{,}300\text{원/주})$

• 주가기준: $ER=21{,}000/30{,}000=0.7$

합병기업의 $EPS=\dfrac{60\text{억원}+16.5\text{억원}}{200\text{만주}+50\text{만주}\times 0.7}=3{,}255.32\text{원/주}$

합병 전 $EPS(=3{,}300\text{원/주})>$합병 후 $EPS(=3{,}255.32\times 0.7=2{,}278.72\text{원})$

∴ 이테크㈜ 주주의 입장에서는 EPS기준이 유리함.

(2) 합병 전 대영㈜의 $EPS=\dfrac{60\text{억원}}{200\text{만주}}=3{,}000\text{원/주}$, $ER=\dfrac{21{,}000+6{,}000}{30{,}000}=0.9$

합병기업의 $EPS=\dfrac{60\text{억원}+16.5\text{억원}}{200\text{만주}+50\text{만주}\times 0.9}=3{,}122.45\text{원/주}$

→ 합병 전 $EPS(=3{,}000\text{원/주})<$합병 후 $EPS(=3{,}122.45\text{원/주})$

∴ 대영㈜ 주주의 입장에서는 합병 후 EPS가 증가하였기 때문에 수용함.

(3) ① 합병 후 대영㈜ 주주의 요구수익률은 두 회사의 자기자본비용을 합병 당시의 자기자본가치에 의해 가중평균하여 구하면 된다.

$r_S^{\text{대영}}=0.04+(0.1-0.04)\times 0.8=0.088$

$r_S^{\text{이테크}}=0.04+(0.1-0.04)\times 1.4=0.124$

$$\rightarrow r_S^{\text{합병}}=\left(\frac{600\text{억원}}{600\text{억원}+105\text{억원}}\right)\times 0.088+\left(\frac{105\text{억원}}{600\text{억원}+105\text{억원}}\right)\times 0.124$$
$$=0.0934\ (9.34\%)$$

② 합병시너지로 인한 증분현금흐름은 인수대상기업인 이테크㈜의 자기자본비용을 사용해야 한다.[4)]

---

4) 문제의 흐름으로 보면 물음 (3)의 ①에서 구한 합병 후 결합기업의 자기자본비용(9.34%)을 사용하는 것이 타당하다고 생각할 수도 있다. 그러나 이는 투자안 평가의 기본원칙(새로운 투자안의 증분현금흐름은 자금의 원천이 아닌 자금의 사용에 따른 위험을 반영한 할인율로 평가되어야 함)에 어긋나는 것이다.

$$NPV = \text{시너지} - \text{프리미엄}$$

$$= \frac{12\text{억원}}{1.124} + \frac{10\text{억원}}{1.124^2} + \frac{7\text{억원}}{1.124^3} + \frac{6\text{억원}}{1.124^4} - 6{,}000\text{원} \times 50\text{만주}$$

$$= 27.28\text{억원} - 30\text{억원} = -2.72\text{억원}$$

∴ 합병의 $NPV<0$ 이므로 합병하지 않아야 함.

③ $NPV = 27.28\text{억원} - \pi \times 50\text{만주} = 0$ ∴ $\pi = \frac{27.28\text{억원}}{50\text{만주}} = 5{,}456\text{원/주}$

14 (1) 합병 전 ㈜울릉

시장상황	확 률	기업가치(억원)	부채가치(억원)	자기자본가치(억원)
호 황	0.4	500	200	300
보 통	0.2	300	200	100
불 황	0.4	100	100	0
기대가치		300	160	140

합병 전 ㈜독도

시장상황	확 률	기업가치(억원)	부채가치(억원)	자기자본가치(억원)
호 황	0.4	200	170	30
보 통	0.2	100	100	0
불 황	0.4	50	50	0
기대가치		120	108	12

(2) 합병 후

시장상황	확 률	기업가치(억원)	부채가치(억원)	자기자본가치(억원)
호 황	0.4	710	370	340
보 통	0.2	410	370	40
불 황	0.4	160	160	0
기대가치		430	286	144

(3) 합병 전 자기자본가치의 합계(152억원) > 합병 후 자기자본가치(144억원)[5)]

∴ 합병의 공동보험효과로 인해 파산위험이 감소하여 자기자본가치가 감소하게 되며,

5) 합병 전 기업가치의 합계(420억원) < 합병 후 기업가치(430억원)
합병 전 부채가치의 합계(268억원) < 합병 후 부채가치(286억원)

합병의 시너지효과가 이를 상쇄할 만큼 충분히 크지 않기 때문에 ㈜울릉의 주주들은 합병에 반대할 것이다.

15 (1) A를 ㈜대한, B를 ㈜민국, P를 합병회사라고 하면,

$$E(r_P) = \frac{1}{2} \times 0.13 + \frac{1}{2} \times 0.1 = 0.115$$

시장모형이 성립한다고 가정하였으므로,

$$\beta_A = \frac{\rho_{AM}\sigma_A}{\sigma_M} = \frac{0.4 \times 0.4}{0.1} = 1.6, \quad \beta_B = \frac{0.4 \times 0.2}{0.1} = 0.8$$

$$Cov(r_A,\ r_B) = \beta_A \beta_B \sigma_M^2 = 1.6 \times 0.8 \times 0.1^2 = 0.0128$$
$$Var(r_P) = 0.5^2 \times 0.4^2 + 0.5^2 \times 0.2^2 + 2 \times 0.5 \times 0.5 \times 0.0128 = 0.0564$$
$$\therefore\ \sigma_P = 0.2375$$

(2) ㈜민국(B)의 베타를 이용하여 균형기대수익률을 계산하여 실제 기대수익률과 비교하면

$E(r_B) = 5 + 0.8 \times (10 - 5) = 9\% <$ 실제 기대수익률 (10%)

∴ ㈜민국은 현재 저평가된 상태이므로 합병을 추진하는 것이 타당하다.

별해 합병회사(P)의 균형기대수익률을 구하면,

$$\beta_P = 0.5 \times 1.6 + 0.5 \times 0.8 = 1.2$$
$$E(r_P) = 5 + 1.2 \times (10 - 5) = 11\%$$

이는 (1)에서 구한 실제 기대수익률(11.5%)보다 작으므로 합병회사(P)는 현재 저평가 상태라 할 수 있다. 따라서 합병 시 향후 주가 상승이 기대되므로 합병 추진을 조언할 수 있다.

(3) 주가 상승을 위해서는 요구수익률이 감소해야 하므로, 사업구조 변경을 통해 기업의 베타를 낮춰야 한다. (2)에서 합병회사(P)의 균형기대수익률이 11%이므로,

$$E(r_P) = 0.05 + (0.1 - 0.05) \times \beta_P < 0.11 \rightarrow \beta_P < 1.2$$

$\beta_P = \dfrac{\rho_{PM}\sigma_P}{\sigma_M}$ 이므로, $\rho_{PM} = \dfrac{\beta_P \sigma_M}{\sigma_P} < \dfrac{1.2 \times 0.1}{0.2375} = 0.51$

∴ 합병기업과 시장포트폴리오와의 상관계수가 0.51보다 작아야 한다.

제 8 장

기업가치평가

▶ 객관식 문제

01 FCF = 세후 영업이익 + 감가상각비 − 총투자액

$$= 76 \times (1-0.25) + 24 - (35+24) - (15-10) = 17\text{억원}$$

02 몇 년간 배당을 하지 않고 부채비율이 심하게 변동할 것으로 예상되며, 기업의 성장률이 시기에 따라 달라질 것으로 보이기 때문에 3단계성장 기업잉여현금흐름모형(FCFF)이 적합하다. 한편 주당순자산이 미미하며 순이익의 변동성도 클 것으로 예상되기 때문에 상대가치평가모형을 사용하기는 어렵다.

03 ⑤ 배당지급과 관계없이 EVA를 계산할 때 자기자본비용을 고려해야 한다.

04 EVA = 세후 영업이익($NOPLAT$) − 투하자본(IC) × 가중평균자본비용($WACC$)

$$= (600-50) - 2{,}500 \times 0.1 = 300\text{백만원}$$

05 EVA = 세후 영업이익($NOPLAT$) − 투하자본(IC) × $WACC$

$$\text{부채의 자본비용}(r_B) = \frac{I}{B} = \frac{84}{1{,}200} = 0.07$$

$$WACC = r_S \cdot \frac{S}{V} + r_B \cdot (1-T_C) \cdot \frac{B}{V} = 0.15 \times \frac{800}{2{,}000} + 0.07 \times (1-0.25) \times \frac{1{,}200}{2{,}000}$$

$$= 0.0915$$

$$\therefore\ EVA = 244 \times (1-0.25) - 2{,}000 \times 0.0915 = 0$$

06 주주잉여현금흐름모형(FCFE)은 주주잉여현금흐름을 자기자본비용으로 할인하며, 주주현금흐름법(FTE)와 동일한 개념이다.

▶ 주관식 문제

01 (1) 영업현금흐름 = 세후 영업이익 + 감가상각비 + 이자비용의 법인세 절감액
= 10,500,000×(1−0.2) + 500,000 + 1,500,000×0.2 = 9,200,000천원

☞ 이자비용의 세금절감효과를 반영하여 계산된 실제 법인세비용을 사용하여 구해도 동일한 결과를 얻을 수 있다.

영업현금흐름 = 영업이익 + 감가상각비 − 법인세
= 10,500,000 + 500,000 − 1,800,000 = 9,200,000천원

※ 기업가치를 평가할 때 사용하는 가중평균자본비용(WACC)에는 이자비용의 세금절감효과를 반영하지 않아야 한다.

$$WACC = \left(\frac{S}{S+B}\right) r_S + \left(\frac{B}{S+B}\right) r_B$$

(2) • 운전자본의 변동 = 유동자산의 증가액 − 유동부채의 증가액
= (600,000 − 200,000) − (400,000 − 120,000) = 120,000천원

• 비유동자산의 변동 = 비유동자산의 증가액 + 감가상각비
= (1,300,000 − 800,000) + 500,000 = 1,000,000천원

→ 총투자액 = 120,000 + 1,000,000 = 1,120,000천원

∴ 자산에 의해 창출된 현금흐름 = 영업현금흐름 − 총투자액
= 9,200,000 − 1,120,000 = 8,080,000천원

(3) 비유동부채상환액 = 신규 차입액 − 비유동부채의 증가액
= 700,000 − (800,000 − 300,000) = 200,000천원

∴ 채권자에게 귀속될 현금흐름[1] = 이자비용 + 비유동부채의 상환액 − 신규 차입액
= 이자비용 − 비유동부채의 증가액
= 1,500,000 − (800,000 − 300,000) = 1,000,000천원

(4) • 지분의 변동 = 총자기자본의 변동 − 유보이익
= (700,000 − 580,000) − 4,200,000 = −4,080,000천원(자사주 매입)

• 주주에게 귀속될 현금흐름 = 배당금 + 자사주 매입액
= 3,000,000 + 4,080,000 = 7,080,000천원

---

1) 이자비용의 세금절감효과를 현금흐름에 직접 반영해 주었기 때문에 채권자에 귀속될 현금흐름을 측정할 때도 세후 이자비용이 아닌 세전 이자비용을 사용해야 한다.

• 자산에 의해 창출된 현금흐름＝채권자에게 귀속될 현금흐름
＋주주에게 귀속될 현금흐름

8,080,000천원＝1,000,000천원＋7,080,000천원

02 건물임대로 인한 수익률의 분산$(\sigma_k^2)=4\sigma_M^2$, $\rho_{kM}=0.5$

- 무위험이자율(r_f)＝5년 만기 국채만기수익률＝10%
- 시장의 기대수익률$(E(r_M))$＝코스피지수연동 펀드의 수익률＝20%

$$\beta_k=\frac{Cov(r_k,\ r_M)}{Var(r_M)}=\frac{\sigma_k\sigma_M\rho_{kM}}{\sigma_M^2}=\frac{2\sigma_M\sigma_M\times 0.5}{\sigma_M^2}=1$$

$\rightarrow r_k=0.1+(0.2-0.1)\times 1=0.2$

건물임대를 제외한 국채와 펀드에 투자한 자금은 적정수익률을 올리고 있기 때문에 이것들의 EVA는 모두 0이라 할 수 있다. 따라서 ㈜삼천리의 EVA, 즉 건물임대의 EVA를 구하면 다음과 같다.

EVA＝순수입－자본비용액＝21억원－70억원×0.2＝7억원

시장의 상황이 지속적으로 유지되는 경우 ㈜삼천리가 얻을 수 있는 EVA는 영구히 지속되며, 그 할인율은 20%라 할 수 있다. 따라서 이 회사의 MVA, 기업가치는 다음과 같이 구할 수 있다.

- $MVA=\frac{7}{0.2}$＝35억원
- 기업가치＝투하자본＋MVA＝100＋35＝135억원

03 (1)

추정손익계산서 (단위: 만원)

항 목	1차년	2차년	3차년
매 출 액	2,800	3,600	4,000
변동비용	1,820	2,340	2,600
감가상각비	900	900	900
법인세차감전순이익	80	360	500
법인세비용$(T_C=25\%)$	20	90	125
순 이 익	60	270	375

(2)

(단위: 만원)

항 목	현 재	1차년	2차년	3차년
영업현금흐름*		960	1,170	1,275
설비투자	−3,000			300
증분현금흐름	−3,000	960	1,170	1,575

* 영업현금흐름＝순이익＋감가상각비＋세후 이자비용＝순이익＋감가상각비

$$\therefore NPV = \frac{960}{1.12} + \frac{1,170}{1.12^2} + \frac{1,575}{1.12^3} - 3,000 = -89.1\text{만원}$$

(3)

(단위: 만원)

항 목	현 재	1차년	2차년	3차년
순 이 익		60	270	375
투하자본(순설비투자액)*	3,000	2,100	1,200	300
자본비용(금액)**		360	252	144
경제적 부가가치(EVA)		−300	18	231

* 투하자본(순설비투자액)＝설비투자액(3,000만원)－감가상각비누계액

** 자본비용＝기초설비투자액×0.12

$$\therefore NPV = -\frac{300}{1.12} + \frac{18}{1.12^2} + \frac{231}{1.12^3} = -89.1\text{만원}$$

04 (1) 합병으로 인한 ㈜태백 주주의 증분현금흐름은 다음과 같이 추정할 수 있다.

(단위: 백만원)

구 분	1년도 말	2년도 말	3년도 말	4년도 말…
매 출 액	2,000	3,000	5,000	
영업비용	(600)	(800)	(1,600)	
감가상각비	(300)	(100)	(200)	
영업이익	1,100	2,100	3,200	
영업이익에 대한 세금(40%)	(440)	(840)	(1,280)	
세후 영업이익	660	1,260	1,920	매년 5%
감가상각비	300	100	200	증가
영업현금흐름	960	1,360	2,120	
증분투자금액	0	(400)	(500)	
기업잉여현금흐름(FCFF)	960	960	1,620	
세후 이자비용*	(120)	(60)	(60)	
주주잉여현금흐름(FCFE)	840	900	1,560	

* FCFF에 이자비용의 세금절감액을 포함시키지 않았기 때문에 FCFE를 구할 때 세후 이자비용을 차감해야 함을 유의해야 한다. (단, FCFF에 이자비용의 세금절감액을 포함시킬 경우에는 FCFE를 구할 때 세전 이자비용을 차감함.)

(2) $\beta_U = \dfrac{\beta_S^*}{1+(1-T_C^*)\left(\dfrac{B}{S}\right)^*} = \dfrac{1.56}{1+(1-0.3)\left(\dfrac{0.3}{0.7}\right)} = 1.2$

$\rightarrow \beta_S = 1.2 \times \left[1+(1-0.4)\left(\dfrac{0.5}{0.5}\right)\right] = 1.92$

$\therefore\ r_S = r_f + [E(r_M) - r_f]\beta_S = 0.10 + (0.16 - 0.10) \times 1.92 = 0.2152$

(3) 증분현금흐름의 총현재가치(S_0)는 다음과 같이 구할 수 있다.

$$S_0 = \frac{840}{1.2152} + \frac{900}{1.2152^2} + \frac{1,560}{1.2152^3} + \left(\frac{1,560 \times 1.05}{0.2152 - 0.05}\right)\left(\frac{1}{1.2152^3}\right)$$

$= 7,695.39$백만원

(4) $P_0 = \dfrac{7,695.39\text{백만원}}{40\text{만주}} = 19,238$원

(5) $WACC = \left(\dfrac{S}{V}\right)r_S + \left(\dfrac{B}{V}\right)r_B(1 - T_C)$

$= 0.5 \times 0.2152 + 0.5 \times 0.1 \times (1 - 0.4) = 0.1376$

→ 투자안의 $EVA = IC \times (ROIC - WACC) = 3,000 \times (0.2 - 0.1376) = 187.2$백만원

투자안의 EVA(187.2백만원) > 합병으로 인한 EVA(150백만원)

∴ 합병을 포기하고 투자안을 선택하는 것이 더 유리하다.

제 9 장

국제재무관리

▶ 객관식 문제

01 ② 직접표시환율(또는 자국통화표시환율)을 사용하는 우리나라의 경우 환율이 상승하였다는 것은 달러가치가 원화에 비해 상승한 반면, 원화가치는 달러에 비해 하락하였음을 뜻한다.

02 ④ 이자율평가이론(IRP)에 따르면, 양국간 명목이자율의 차이는 선물환율의 할증률(혹은 할인율)과 같게 된다.

03 ① $F_{0,\,90일}=S_0\times\dfrac{1+5\%\times\dfrac{90}{360}}{1+5\%\times\dfrac{90}{360}}=S_0$

② $F_{0,\,180일}=S_0\times\dfrac{1+6\%\times\dfrac{180}{360}}{1+5.5\%\times\dfrac{180}{360}}>S_0$

③ $F_{0,\,90일}<F_{0,\,180일}$

⑤ 미국과 한국 모두 90일 만기 국채의 만기수익률보다 180일 만기 국채의 만기수익률이 더 크므로 수익률곡선은 우상향한다.

04 • $F_{0,\,1년}=S_0\left(\dfrac{1+r_{한국}}{1+r_{미국}}\right)=1{,}100\times\dfrac{1.05}{1.1}=\text{KRW}1{,}050/\text{US\$}1$

• 투자자금 3,300만원을 현물환율로 달러로 환전한 후 미국 금융시장에서 대출(예금)하고 동시에 선물환 매도계약을 체결함.

: 투자회수총액 $=\text{US\$}\left(\dfrac{3{,}300만}{1{,}100}\right)\times1.1\times\text{KRW}1{,}050/\text{US\$}1=3{,}465만원$

05 한국시장(1,250원/\$) < 뉴욕시장$\left(\frac{1}{0.00077\$/원} = 1{,}298.70원/\$\right)$

→ 한국시장: 원화 과대평가, 달러화 과소평가

뉴욕시장: 원화 과소평가, 달러화 과대평가

06 $F_{0,1} = S_0\left(\frac{1+r}{1+r^F}\right) = 1{,}000 \times \frac{1.05}{1.02} = 1{,}029원 > 시장선물환율(1{,}020원)$

∴ 선물 매수, 달러 차입, 원화로 환전(달러 매도), 원화 대출

07 6개월 후 수출대금 1백만달러를 받을 경우 환위험헤지방법

- 6개월 만기 달러화 선물환 매도계약 체결
- 외국은행에서 달러를 차입하여 이를 외환시장에서 매도(원화로 환전)한 후 국내은행에 예치
- 동일한 행사가격의 만기 6개월짜리 달러 콜옵션을 매도하고 풋옵션을 매입하여 합성선물 매도포지션을 취함.

08 3개월 후 수입대금 1백만달러를 지급해야 할 경우 환위험헤지방법

- 3개월 만기 달러화 선물환 매입계약 체결
- 국내은행에서 원화를 차입하여 조성한 자금으로 외환시장에서 달러화를 매입한 후 외국은행에 달러를 예치
- 동일한 행사가격의 만기 3개월짜리 달러 콜옵션을 매입하고 풋옵션을 매도하여 합성선물 매입포지션을 취함.

☞ 위에서 설명한 환위험헤지방법과 가장 유사한 문항은 '③ 3개월 만기의 달러 콜옵션을 매입한다.'이다.

09 ① 엔/달러 선물시장에서 500만불 상당의 달러 선물환을 매도해야 1년 후 500만불을 지급하고 5억엔을 받을 수 있음.

② 달러를 차입하여 엔화로 교환한 후 엔화 자금시장에 1년간 예치하는 것은 달러화 선물환을 매도하는 것과 동일함.

③ 현물환 매입을 통해 환위험을 헤지할 수 없음.

④ 달러화 풋옵션을 매입하고 달러화 콜옵션을 매도하는 달러화 합성선물 매도포지션을 취해야 함.

⑤ 달러화 풋옵션을 매입해야 함.

10 ④ 역외금융은 한 나라의 예금취급기관이 비거주자(외국인 등)로부터 외화자금을 받아 비거주자에게 대출하고 그 외화자금이 국내로 유입되는 것을 금지하는 금융방식이다.

▶ 주관식 문제

01 (1) 재정환율 $= \dfrac{₩1,260.00/\$}{¥120.00/\$} = ₩10.5/¥$

(2)「실제환율(₩10.0/¥) < 재정환율(₩10.5/¥)」이므로 원화는 과대평가되어 있고 엔화는 과소평가되어 있음을 알 수 있다. 그러므로 과대평가된 원화를 매도하고, 과소평가된 엔화를 매입함으로써 차익거래이익을 얻을 수 있을 것이다. 시장간 차익거래(inter-market triangular arbitrage)를 실시하면 다음과 같다.

① 서울에서 ₩10,000,000을 지급(매도)하고 ¥1,000,000 매입

② 동경에서 ¥1,000,000을 지급(매도)하고 $8,333.3333(=1,000,000/120) 매입

③ 서울에서 $8,333.3333을 지급(매도)하고 ₩10,500,000(=8,333.3333×1,260) 매입

④ ₩10,000,000의 자금으로 삼각차익거래과정을 실시하여 ₩10,500,000을 얻을 수 있다. 따라서 당신이 얻을 수 있는 차익거래이익은 다음과 같다.

∴ 차익거래이익 = ₩10,500,000 − ₩10,000,000 = ₩500,000

02 a. $\dfrac{F_{0,1}-950}{950} = \dfrac{1+0.08}{1+0.04} - 1 \quad \therefore F_{0,1} = ₩986.54/\$$

b. 선도환율(950/$) < 이론선도환율(986.54/$)

→ • 1년 만기 선도환 10,400달러[=10,000×(1+0.04)] 매입

• 미달러화 10,000달러를 미국은행에서 차입(공매도), 원화로 환전 후 국내은행에 예금(대출)

c. 차익거래

차익거래	현금흐름(만원)	
	현재(0시점)	만기일(1년 후)
미달러선도환 매입*	0	$S_T - 10,400 \times 950$
미달러화(현물) 차입(공매도)	10,000×950	$-S_T$
현금대출(예금)	−10,000×950	10,000×950×(1+0.08)
차익거래이익	0	380,000

* 현재 미국에서 차입(공매도)한 10,000달러는 1년 후 10,400달러[=10,000×(1+0.04)]를 상환해야 하므로, 이 금액을 기준으로 미달러선도환을 매입해야 함.

03 (1) ① 선물환시장 이용: 1년물 미달러화 선물환 3,000만달러 매입

1년 후 총지급액 = 3,000만달러 × ₩1,100/US$ = 3,300,000만원

② 한국과 미국의 단기금융시장 이용:

- (미국 내 은행에서의 예금금액) × (1 + 0.04) = 3,000만달러
  → 미국 내 은행에서의 예금금액 = 2,884.6154만달러
- 국내 은행에서의 차입액 = 2,884.6154만달러 × ₩1,000/US$ = 2,884,615.4만원

∴ 1년 후 총지급액(국내 은행 차입금 상환액)
= 2,884,615.4만원 × (1 + 0.06) = 3,057,692.324만원

따라서 한국과 미국의 단기금융시장을 이용하는 것이 1년 후 총지급액이 적어 더 유리하다.

(2) 두 안이 차이가 나는 것은 선물환율이 국내와 미국 간의 이자율차이를 완전히 반영하지 못하기 때문이다. 따라서 이자율평가이론에 의해 1년물의 선물환율을 구하면 다음과 같다.

$$\frac{F_{0,\,1년}-1,000}{1,000}=\frac{1+0.06}{1+0.04}-1=0.009804 \quad \therefore\ F_{0,\,1년}=₩1,019.2308/US\$$$

04 (1) $$F_{0,\,T}=S_0\left(\frac{1+r_T}{1+r_T^F}\right)=₩1,200/\$\times\left(\frac{1+\dfrac{0.0804}{4}}{1+\dfrac{0.04}{4}}\right)=₩1,212/\$$$

∴ 3개월 만기 미국달러선물 1계약의 가격 = ₩1,212/$ × $10,000 = 1,212만원

(2) SH상사의 재무관리자는 환율변동에 따른 위험을 제거하기 위하여 다음과 같은 두 가지 방안을 고려할 수 있다.

① 통화선물시장을 이용한 헤징: 3개월 만기 미국달러선물 1,000계약(= 1,000만달러/1만달러) 매입

∴ 3개월 후 총지출액 = 1,000계약 × 1,212만원 = 1,212,000만원

② 단기금융시장을 이용한 헤징: 국내 은행에서 차입하여 조달한 자금(1,188,119만원)으로 미달러화(990.099만달러)를 매입하여 미국 내 은행에 예금함.

- (미국 내 은행에서의 예금금액) × (1 + 0.04/4) = 1,000만달러
  → 미국 내 은행에서의 예금금액 = 990.099만달러

• 국내 은행에서의 차입액 = 990.099만달러 × ₩1,200/$ = 1,188,119만원

∴ 3개월 후 총지출액(국내 은행 차입액의 원리합계)

= 1,188,119만원 × (1 + 0.0804/4) = 1,212,000만원

③ 선물환율이 이론적 선물환율과 같을 경우 두 방안의 성과는 항상 같아진다.

(3) 선물가격(₩1,212/$) > 합성선물가격(₩1,200/$)

→ 미국달러선물: 과대평가, 미국달러합성선물: 과소평가

(단위: 만원)

차익거래	현재의 현금흐름	만기일(3개월 후) 현금흐름	
		$S_T < 1,200$	$S_T \geq 1,200$
선물 1계약 매도	0	$1,212 - S_T$	$1,212 - S_T$
콜옵션 1계약 매입*	−10	0	$S_T - 1,200$
풋옵션 1계약 매도	10	$-(1,200 - S_T)$	0
차익거래이익	0	12	12

* 미국달러옵션 1계약의 행사가격은 1,200만원(= ₩1,200/$ × $10,000)임.

Tip

물음 (3)은 단기금융시장을 이용한 차익거래과정, 즉 과대평가된 현물(미달러화) 공매도 및 대출, 과소평가된 미국달러합성선물 매입(미국달러콜옵션 매입, 미국달러풋옵션 매도)에 의해서도 동일한 차익거래이익을 얻을 수 있다.

(단위: 만원)

차익거래	현재의 현금흐름	만기일(3개월 후) 현금흐름	
		$S_T < 1,200$	$S_T \geq 1,200$
현물($) 공매도*	1,188.1	$-S_T$	$-S_T$
현금대출	−1,188.1	1,188.1 × (1 + 0.0804/4) = 1,212	1,188.1 × (1 + 0.0804/4) = 1,212
콜옵션 1계약 매입	−10	0	$S_T - 1,200$
풋옵션 1계약 매도	10	$-(1,200 - S_T)$	0
차익거래이익	0	12	12

* 3개월 후 10,000달러에 해당하는 금액을 현재시점에서 공매도(미국은행에서 차입하여 매도)해야 하며, 그 금액을 원화로 환산하면 1,188.1만원$\left[=\left(\frac{1만달러}{1+0.04/4}\right)\times ₩1,200/\$\right]$임.

05

(1) ① 달러 선물환 매도를 통한 헤징: 3개월물 미달러화 선물환 1,000만달러 매도

∴ 3개월 후 총수입액 = 1,000만달러 × ₩1,230/$ = 123억원

② 단기금융시장을 이용한 헤징: 미국 내 은행에서 미달러화를 차입하여 환전한 후, 국내 은행에 예금

- (미국 내 은행에서의 차입금액) × (1 + 0.084/4) = 1,000만달러
  → 미국 내 은행에서의 차입금액 = 9,794,319달러
- 국내 은행에서의 예금액 = 9,794,319달러 × ₩1,235/$ = 12,095,983,965원

∴ 3개월 후 총수입액(국내 은행 예금액의 원리합계)
= 12,095,983,965원 × (1 + 0.056/4) = 12,265,327,741원

③ ①과 ②를 비교해 보면 S전자의 경우 선물환 매도를 통한 헤징이 34,672,259원만큼 더 유리하다.

(2) 선물환: 과대평가, 현물환: 과소평가 → 매수차익거래

차익거래	현금흐름(만원)	
	현재(0)	만기일(3개월 후)
달러 선물환 매도	0	$\$1,000 \times ₩1,230/\$ - S_T$
현물(달러화) 매입(예금)	$-\left(\dfrac{\$1,000}{1+0.076/4}\right) \times ₩1,245/\$$	S_T
현금(원화) 차입	$\left(\dfrac{\$1,000}{1+0.076/4}\right) \times ₩1,245/\$$	$-\left(\dfrac{\$1,000}{1+0.076/4}\right) \times ₩1,245/\$ \times (1+0.064/4)$
차익거래이익	0	−11,335

달러화 선물환과 현물환의 가격불균형을 이용하여 얻을 수 있는 이익보다 차익거래시 발생되는 외환시장과 단기금융시장에서의 거래비용(매입－매도환율 자, 예대마진)이 더 크기 때문에 차익거래이익을 얻을 수 없다.

06

(1) • (미국 내 은행에서의 차입금액) × $\left[1 + \dfrac{0.08}{2} \times (1-0.2)\right]$ = 4,000,000달러

→ 미국 내 은행에서의 차입금액 = 3,875,969달러

• 국내 투자액 = 3,875,969달러 × ₩980/$ = 3,798,449,620원

∴ 6개월 후 총수입액 = 3,798,449,620원 × $\left[1 + \dfrac{0.06}{2} \times (1-0.2)\right]$
= 3,889,612,411원

(2) 환율하락시 발생할 수 있는 기회손실, 즉 환차손(₩980/$ $-F_{0,\ 6개월}$)의 세금절감액을 고려하여 선물환율($F_{0,\ 6개월}$)을 구하면 다음과 같다.[1)]

$$4,000,000\text{달러}\times F_{0,\ 6개월}+4,000,000\text{달러}\times(₩980/\$-F_{0,\ 6개월})\times 0.2$$
$$=3,889,612,411\text{원}$$

$\therefore F_{0,\ 6개월}=$ ₩970.50/$(선물환 매도포지션)

(3) 투기자가 선물환시장에서 매입포지션을 취하도록 하기 위해서는 선물환율이 기대현물환율보다 낮게 형성되어야 한다. 기대현물환율과 선물환율의 차이는 투기자가 부담하는 위험의 대가, 즉 위험프리미엄이라 할 수 있다.

Tip

- 물음 (2)에서 상품을 수입하고 일정기간 후 수입대금을 결제할 경우에는 환율상승 시 발생할 수 있는 기회손실, 즉 환차손(선물환율－현물환율)의 세금절감액을 고려해야 한다.
- 물음 (3)과 같이 헤저들이 선물시장에서 매도포지션을 취하여 선물의 매도초과현상이 발생되는 경우, 헤저들은 투기자들이 선물을 매입하도록 유인하기 위하여 선물가격을 만기일의 기대현물가격보다 낮게 형성시킨다.

$$F_{0,\ T}<E(S_T)$$

이와 같은 관계를 정상적 백워데이션가설(normal backwardation hypothesis)이라 하며, 기대현물가격과 선물가격간의 차이는 헤저가 자신의 위험헤징에 대한 대가(투기자에게 위험을 전가하는 대가)로서 투기자에게 지급하는 위험프리미엄의 성격을 가지고 있다.

07 (1) ㈜KM의 원화로 표시된 1년 후 투자성과는 다음과 같다.

(단위: 만원)

구 분	현재 투자액	1년 후 투자성과
일본국채	3,000×10	3,000×(1+0.03)×12
미국국채	100×1,200	100×(1+0.06)×$E(S_1)$
합 계	150,000	37,080+106×$E(S_1)$

$$150,000(1+0.1)=37,080+106\times E(S_1)\quad\therefore E(S_1)=₩1,206.79/\$$$

(2) 현재 ㈜KM은 엔화(현물)에 대해 매입포지션 상태에 있으므로 엔화에 대한 통화선물을

1) 만약 선물환율($F_{0,\ 6개월}$)이 현물환율(₩980/$)보다 더 클 경우 환차익이 발생하며, 이로 인한 세금증가액은 차감될 것이다.

매도하면 엔화에 대한 환위험을 헤지할 수 있다. 현재 통화선물을 이용하기 어렵기 때문에 통화콜옵션을 매도하고 통화풋옵션을 매입함으로써 통화선물의 매도포지션을 합성하는 헤지전략을 사용하여야 한다. 한편 엔화에 대한 통화콜옵션의 가격은 80만원이고, 통화풋옵션의 가격은 60만원이기 때문에 Zero Cost Option전략을 취하기 위해서는 콜과 풋을 3 : 4의 비율로 합성해야 한다. 그러나 콜과 풋의 합성비율을 1 : 1로 한다면 완전헤지가 가능하지만, Zero Cost Option전략을 취하기 위해 콜과 풋의 합성비율을 3 : 4로 하였기 때문에 완전헤지를 달성하지 못한다는 문제가 발생하게 된다.

08 (1) 한국과 미국의 수익률곡선을 그림으로 나타내면 다음과 같다.

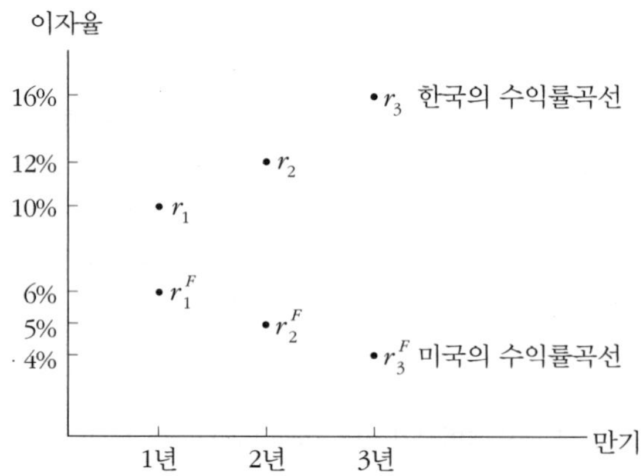

한국의 수익률곡선은 우상향하는 반면, 미국의 수익률곡선은 우하향하고 있다. 따라서 한국 투자자들은 향후 금리가 상승할 것으로 예상하나, 미국 투자자들은 향후 금리가 하락할 것으로 예상하고 있다. 이 경우 향후 한국과 미국의 금리 차이가 보다 확대되기 때문에 금리평가이론에 따르면 원/달러 환율이 상승(원화가치는 하락하고, 달러화가치는 상승함)하리라 예상된다.

(2) 한국의 내년의 1년 만기 내재선도금리($f_{1,2}$)와 내후년의 1년 만기 내재선도금리($f_{2,3}$)를 각각 구하면 다음과 같다.

• $f_{1,2} = \dfrac{(1+r_2)^2}{1+r_1} - 1 = \dfrac{(1+0.12)^2}{1+0.1} - 1 = 0.14$

• $f_{2,3} = \dfrac{(1+r_3)^3}{(1+r_2)^2} - 1 = \dfrac{(1+0.16)^3}{(1+0.12)^2} - 1 = 0.24$

그리고 미국의 내년의 1년 만기 내재선도금리($f_{1,2}^F$)와 내후년의 1년 만기 내재선도금리($f_{2,3}^F$)를 각각 구하면 다음과 같다.

$$\bullet f_{1,2}^{F} = \frac{(1+r_2^F)^2}{1+r_1^F} - 1 = \frac{(1+0.05)^2}{1+0.06} - 1 = 0.04$$

$$\bullet f_{2,3}^{F} = \frac{(1+r_3^F)^3}{(1+r_2^F)^2} - 1 = \frac{(1+0.04)^3}{(1+0.05)^2} - 1 = 0.02$$

순수기대이론이 성립하는 경우 내년과 내후년의 기대현물이자율은 해당기간의 선도이자율과 동일하게 된다. 따라서 한국의 경우 내년과 내후년 금리는 계속 상승할 것으로 예상되며, 미국의 경우 내년과 내후년 금리는 계속 하락할 것으로 예상된다.

(3) 불편선물환이론이 성립하는 경우 선물환율과 예상현물환율이 동일하게 된다. 따라서 금리평가이론에 의해 내년과 내후년의 예상현물환율을 각각 구하면 다음과 같다.

$$\bullet S_1^e = S_0\left(\frac{1+r_1}{1+r_1^F}\right) = 1{,}000 \times \left(\frac{1+0.1}{1+0.06}\right) = ₩1{,}037/\$$$

$$\bullet S_2^e = S_0\left(\frac{1+r_2}{1+r_2^F}\right)^2 = 1{,}000 \times \left(\frac{1+0.12}{1+0.05}\right)^2 = ₩1{,}137/\$$$

(4) 물음 (3)에서 구한 예상현물환율에 의해 달러화 현금흐름을 원화로 환산하면 다음과 같다.

항 목	0	시점 1	시점 2
현금흐름(만달러)	−4,000	2,200	2,200
예상현물환율(₩/$)	1,000	1,037	1,137
현금흐름(백만원)	−40,000	22,814	25,014

$$\therefore NPV = -40{,}000 + \frac{22{,}814}{1.15} + \frac{25{,}014}{1.15^2} = -1{,}247\text{백만원(투자안 기각)}$$

09 (1)

투 자 국	1년 후 현금흐름	기대수익률
한 국	100,000만원×(1+0.08)=108,000만원	8%
일 본	$\left(\frac{100{,}000\text{만원}}{₩10.5/¥}\right)\times(1+0.06)\times(₩10.8/¥)=109{,}028.57$만원	9.03%
미 국	$\left(\frac{100{,}000\text{만원}}{₩1{,}180/\$}\right)\times(1+0.05)\times(₩1{,}220/\$)=108{,}559.32$만원	8.56%

기대수익률을 기준으로 투자할 경우 국민펀드는 기대수익률이 가장 높은 일본국채에 투자해야 한다. 그러나 이와 같은 투자결정은 1년 후 환율이 기대한 대로 나타날 경우에만 유효한 것으로서 각국의 환율변동에 따른 위험을 고려하지 않고 있다는 문제점이 있다.

(2) ① 한국: 투자수익률＝8%

② 일본: 일본에 투자(￥95,238,095)한 후, 환위험에 대한 헤지를 하기 위하여 일본 내 은행으로부터 엔화를 차입하여 한국 국채를 매입함.

- 일본은행으로부터의 차입액$=\dfrac{100{,}000\text{만원}}{₩10.5/￥}=￥95{,}238{,}095$
- 환전 후 국내 투자시 1년 후 현금흐름$=￥95{,}238{,}095\times(₩10.5/￥)\times1.08$
$=108{,}000\text{만원}$

→ 투자수익률＝8%

③ 미국: 미국에 투자($847,457.6)한 후, 환위험에 대한 헤지를 하기 위하여 미국 내 은행으로부터 달러화를 차입하여 한국 국채를 매입함.

- 미국은행으로부터의 차입액$=\dfrac{100{,}000\text{만원}}{₩1{,}180/\$}=\$847{,}457.6$
- 환전 후 국내 투자시 1년 후 현금흐름$=\$847{,}457.6\times₩1{,}180/\$\times1.08$
$=108{,}000\text{만원}$

→ 투자수익률＝8%

이상에서 볼 수 있는 바와 같이 금융시장을 이용하여 헤징을 하는 경우 각국의 투자수익률은 환율변동에 관계없이 8%로 동일하게 기대됨을 알 수 있다.

(3) 구매력평가이론에 의해 각국 통화에 대한 1년 후 기대현물환율을 구하면 다음과 같다.[2)]

- 1년 후 대엔화환율: $\dfrac{E(S_1)-10.5}{10.5}=0.02\quad\therefore\ E(S_1)=₩10.71/￥$
- 1년 후 대미달러화환율: $\dfrac{E(S_1)-1{,}180}{1{,}180}=0.02\quad\therefore\ E(S_1)=₩1{,}203.6/\$$

10 (1) 국제피셔효과가 성립하므로 t기간의 기대환율[$E(S_t)$]은 다음과 같이 구할 수 있다.

$$E(S_t)=S_0\left(\frac{1+r_t}{1+r_t^F}\right)^t$$

- 원/달러 환율

$$E(S_1)=1{,}100\times\frac{1.04}{1.03}=1{,}110.68/\$$$

2) 물음 (3)에서 일본과 미국의 이자율은 변동이 없으므로 인플레이션율은 0%라 할 수 있으며, 한국의 경우에는 실질이자율이 2%p. 하락하였으나 명목이자율의 변동이 없기 때문에 피셔효과에 의해 예상 인플레이션율이 2%임을 알 수 있다. 한편 국제피셔효과는 각국의 실질이자율이 동일하다는 전제하에 도출된 이론이기 때문에 여기에서 사용할 수 없음을 유의해야 한다.

$$E(S_2)=1{,}100\times\left(\frac{1.035}{1.04}\right)^2=1{,}089.45\text{원/\$}$$

$$E(S_3)=1{,}100\times\left(\frac{1.03}{1.045}\right)^3=1{,}053.31\text{원/\$}$$

• 원/엔 환율

$$E(S_1)=1{,}100\times\frac{1.04}{1.005}=1{,}138.31\text{원/100¥}$$

$$E(S_2)=1{,}100\times\left(\frac{1.035}{1.005}\right)^2=1{,}166.65\text{원/100¥}$$

$$E(S_3)=1{,}100\times\left(\frac{1.03}{1.005}\right)^3=1{,}184.15\text{원/100¥}$$

(2) • 한국의 $E(r_{1,\,2})$, $E(r_{2,\,3})$

$$f_{1,\,2}=\frac{1.035^2}{1.04}-1=3.002\% \quad \therefore\ E(r_{1,\,2})=f_{1,\,2}-L_{1,\,2}=3.002\%-0.5\%=2.502\%$$

$$f_{2,\,3}=\frac{1.03^3}{1.035^2}-1=2.007\% \quad \therefore\ E(r_{2,\,3})=2.007\%-0.7\%=1.307\%$$

• 미국의 $E(r_{1,\,2})$, $E(r_{2,\,3})$

$$f_{1,\,2}=\frac{1.04^2}{1.03}-1=5.010\% \quad \therefore\ E(r_{1,\,2})=5.010\%-0.2\%=4.810\%$$

$$f_{2,\,3}=\frac{1.045^3}{1.04^2}-1=5.507\% \quad \therefore\ E(r_{2,\,3})=5.507\%-0.5\%=5.007\%$$

(3) ① 자국통화기준

	0	1	2	3
현금흐름(만달러)	−6,000	3,000	3,000	3,000
원/달러환율(원)	1,100	1,110.68	1,089.45	1,053.31
현금흐름(만원)	−6,600,000	3,332,040	3,268,350	3,159,930

$$\therefore\ NPV=-6{,}600{,}000+\frac{3{,}332{,}040}{1.2}+\frac{3{,}268{,}350}{1.2^2}+\frac{3{,}159{,}930}{1.2^3}=275{,}050.69\text{만원}$$

② 미국통화기준

국제피셔효과가 성립하므로 t기간의 미국통화기준 할인율(R_t^F)을 구하면 다음과 같다.

$$E(S_t)=S_0\left(\frac{1+R_t}{1+R_t^F}\right)^t \rightarrow \frac{E(S_t)}{S_0}=\left(\frac{1+R_t}{1+R_t^F}\right)^t \rightarrow \left(\frac{1+r_t}{1+r_t^F}\right)^t=\left(\frac{1+R_t}{1+R_t^F}\right)^t$$

$$\therefore\ R_t^F=(1+R_t)\left(\frac{1+r_t^F}{1+r_t}\right)-1$$

- $R_1^F=1.2\times\frac{1.03}{1.04}-1=0.188462$
- $R_2^F=1.2\times\frac{1.04}{1.035}-1=0.205797$
- $R_3^F=1.2\times\frac{1.045}{1.03}-1=0.217476$

$$NPV=-6,000+\frac{3,000}{1.188462}+\frac{3,000}{1.205797^2}+\frac{3,000}{1.217476^3}=250.04\text{만달러}$$

※ 미국통화기준으로 구한 NPV를 현재의 원/달러 환율(₩1,100/$)을 이용하여 원화로 환산하면 자국통화기준으로 구한 NPV와 일치하게 된다. 단, 반올림 등 계산상의 오차로 인해 약간 차이는 날 수 있다.

저자 소개

감 형 규(甘炯奎)

성균관대학교 경영학과 졸업
성균관대학교 대학원 졸업(경영학석사, 경영학박사)
SK경제연구소 경영연구실 실장
한국재무관리학회 회장
한국기업경영학회 부회장
한국생산성학회 상임이사
청운대학교 기획처장
현, 청운대학교 인천캠퍼스 글로벌경영학과 교수

저서 및 주요논문

알기쉬운 재무관리(유원북스)
에센스 재무관리(제6판, 공저, 유원북스)
Perfect 재무관리 I (유원북스)
회계와 재무의 이해(유원북스)
파생금융상품(공저, 유원북스)
에센스 선물옵션(공저, 유원북스)
에센스 경영분석(공저, 유원북스)
고급재무관리(공저, 박영사)
증권투자론(제4판, 공저, 율곡출판사)
스마트시대의 재테크와 금융상품(공저, 율곡출판사)
에센스 재테크(공저, 율곡출판사)
주식수익률과 거시경제변수의 관계에 관한 실증적 연구
한국주식시장에서의 역행투자성과에 관한 실증적 연구
정보유형과 주가변동성의 관계에 관한 연구
자본투자와 주식수익률의 관계에 관한 연구 외 다수

신 용 재(辛容在)

성균관대학교 경영학과 졸업
성균관대학교 대학원 졸업(경영학석사, 경영학박사)
공인회계사, 경영지도사, 신용분석사 시험 출제위원
한국재무관리학회 부회장
한국재무학회, 한국증권학회, 한국파생상품학회 이사
한국기업경영학회 부회장, 기술보증기금 자문위원
한국기업경영학회, 한국산업경영학회 논문편집위원
현, 국립한경대학교 경영학과 교수

저서 및 주요논문

에센스 재무관리(제6판, 공저, 유원북스)
Perfect 재무관리 I (유원북스)
스마트 시대의 재테크와 금융상품(공저, 율곡출판사)
에센스 재테크(공저, 율곡출판사)
에센스 선물옵션(공저, 유원북스)
에센스 경영분석 (공저, 유원북스)
파생금융상품(공저, 유원북스)
증권투자론(제4판, 공저, 율곡출판사)
고급재무관리(공저, 박영사)
Reducing Agency Conflicts with Target Debt Ratios
Momentum Profits and Idiosyncratic Volatility
Fintech: Ecosystem, Business Models, Investment Decisions, and Challenges
On the Relations between R&D Investments and Financing Constraints 외 다수

Perfect 재무관리 Ⅱ
파생 및 특수 분야

2019년 5월 1일 초판 인쇄
2019년 5월 8일 초판 발행

저 자 감형규 · 신용재
발행인 이구만
발행처 유원북스 도서출판
04091 서울특별시 마포구 토정로 222,
한국출판콘텐츠센터 416호
전화번호 (02) 593-1800 FAX (02) 6455-1809
등록 2011.9.6. 제25100-2012-3호
www.uwonbooks.com uwbooks@daum.net

정 가 25,000원 ISBN 979-11-6288-073-9 93320

이 도서의 국립중앙도서관 출판예정도서목록(CIP)은 서지정보유통지원시스템 홈페이지(http://seoji.nl.go.kr)와 국가자료공동목록시스템(http://www.nl.go.kr/kolisnet)에서 이용하실 수 있습니다. (CIP제어번호 : CIP2019015086)